本书为2015年度国家社科基金一般项目

"藏汉双语者及藏汉英三语者心理词汇语义表征的SOA多点测试法与ERP对比研究"

（项目编号：15BYY068）的最终成果。

双语者心理词汇的语义表征和词汇连接模式研究

黎明 著

上海三联书店

序言

　　摆在读者面前的这本书,是黎明的新作,是他多年心血的结晶。早在2000年,黎明攻读硕士的时候,他的选题研究的就是双语者心理词典中语义信息的存储问题,得出了颇具说服力的结论,获得了答辩委员会"填补国内空白"的高度评价。但黎明自己却不满意,一来因为当时的技术还不够先进,二来他对自己要求甚高,觉得实验控制不够精确,理论档次不高,因而学术贡献还不足。所以在攻读博士期间,他选择在更高的理论指导下,以更精确的控制技术继续相关研究。功夫不负有心之人,这本题为《双语者心理词汇的语义表征和词汇连接模式研究》的专著终于问世。

　　"有心"说的是黎明的专注、勤奋和创新精神。现代语言科学研究常常不止是脑力劳动,还是个重体力活儿。要取得有价值的原创性成果,特别是突破性成果,除了智慧和专业技能,还得艰苦劳作。二十年如一日,他在教学工作繁重的条件下,跟踪研究国内外关于心理词典语义存储的研究进展,不断学习新的技术,探索研究的新方案。为了掌握 ERP 等新技术,他挤时间参加培训,虚心求教于行家里手;为了收集一手资料,他不辞辛劳在高寒地区一呆就是数月。幸好他争取到了赴美国访学的机会,集中半年时间,一丝不苟地整理实验数据,梳理出数据蕴含的趋势。其中的艰辛只有黎明自己才能体会到。更为重要的是,他同时尽力拓展知识面,尤其注重语言哲学、现代语言学理论的修养,锻炼自己的问题意识和思辨水平。正是这样的锻炼使得他具备了很强的创新能力。这一能力体现在了本书之中。

　　本书主要内容是关于心理词汇的语义表征和词汇连接模式的实证研

究。研究的对象不仅是通常的二语者，还有三语者，各自又有语言水平的熟悉程度之分，且每一个熟悉程度都需要明确的定义和标准。由此即可见实验设计的复杂度。不仅如此，心理词汇的表征研究也突破了现有的名词范围，扩展到了动词和形容词等实词的语义表征和词汇连接模式研究。研究的工作量之大可想而知。但这本书的实验却做得井井有条，数据收集、处理及表达非常规范，得出的结论颇具说服力。

这本书的价值有三：一、理论上，本书以更丰富的设计、更精确的控制，深入探讨双语者心理词典的语义表征和词汇连接的动态发展模式，确定了作者关于语义表征由心理词典共享的结论。其价值不仅在于解决了这个问题上学术界长期的争论，对于心理语言学、语义学理论研究，乃至于对语言哲学的思辨都具有学术借鉴意义。心理词典到底是什么结构，其运作机制可能怎样，这类经验性问题的研究可以借鉴本书的研究。而意义是什么，语言意义又是什么，语言普遍性与特异性之争，这类形而上的问题也可以参考这本书的发现。二、应用方面，本书的研究发现对于外语教学，尤其是词汇教学具有潜在的重要价值，将来的研究者有可能基于本书关于心理词汇的语义表征和词汇连接机制的研究，提出更有效的外语教学方法，甚至模式。这不仅适合于藏族，也适合包括汉族在内的其他民族学生的母语及第二语言的学习。从这个意义上讲，这项研究还具有促进民族关系发展的特别价值。三、方法的创新，特别是 SOA 多点测试行为实验与短时快速启动 ERP 实验相结合的方法是对于现有的关于双语词汇表征问题研究的一个技术突破。这不仅是一个有效的手段，其本身也具有重要的学术贡献，即发现了能产生跨语言语义启动效应的最短SOA。这对于将来的研究设计无疑具有很高的参考价值。

按说，一本书能够做到上面所提到的贡献就已经不错了，但黎明的工作并未停留于此，而是基于他的理论思辨功底，进一步对研究结果从语言与思维的关系这一抽象层面进行了深入思考，创造性地提出了双语者心理词典的语义表征和词汇连接的"语义元通达模型"，旨在从理论的高度对自己的研究结果以及学术界现有的悬而未决的问题给出一个理论说明。本书的解释是自洽的、完整的，关于个体与集体语言共享元和个体与集体语言特异元的讨论确实具有解释力。作为一种理论，语义元通达模型或许并不是完美无缺的，会在将来做更进一步修订，黎明也没有宣称自己的理论是终极的道理,但我认为这个模型是重要的。其重要性不在于其正确性,而在于启发思想,抛砖引玉导致更多理论性研究的产生。之所以这很重要,因为我国的语言学亟需的不仅是语言本身的研究以及研究技术的进步,更要紧的是理论的建设,使我国语言学家能与世界语言学家进行理论对话,而不是引进国外理论,然后以汉语语料做做验证。中国语言学家不应满足于做二传手,努力证明别人的理论是对的或错的。当然,要提出这里所说的中国独创的理论,这并非一日之功,也不是一本书、一篇文章能够做到的。如果中国学者能够从哲理的高度,时常反思语言是什么,什么构成了语言学真知,意义是什么等等不见得能够得到立竿见影的或实在的成绩的问题,即对自己的以及别人的研究成果时常做做哲学的思考,对实证的结论进行理论的提升,那么日积月累,我国语言学家将能够提出原创性的语言学思想,而新的语言学思想一定会开拓语言学研究的新路径、新领域。这就是我特别看重这本书中理论解释成果的原因。

本书的优点很突出,作者黎明也在结论章谈及了不足。这些不足有的确实是因时间、条件有限而没有能够完成的工作,但更多的则是有待深入的研究。如果一个科研项目的研究意味着后续还有很多事情要做,那么这项科研的价值将远超其技术与结论,因为这事实上打开了一扇未知领域的门,里面还有很多的东西值得探索。我这里说的也就不算真正的序言,只是借此表达一个愿望:希望黎明在将来的探索中获得更有启发的成果,提出更有分量的理论。

刘利民

2019 年 7 月 8 日

摘要

　　双语词汇表征一直是语言学和心理学等领域的研究热点和重点。自二十世纪五十年代起,国内外学者主要采用行为学和神经学两大类测量方法,对双语者心理词汇的语义表征和词汇连接模式进行了大量研究,取得了丰硕成果。但该领域的研究尚有四个不足。

　　首先,学界对双语者心理词汇的语义表征和词汇连接模式的研究结论仍不一致,甚至相互矛盾(王沛等 2010;金晓兵 2012;Heredia et al. 2014;Chen et al. 2015)。

　　其次,双语词汇表征研究主要采用的实验方法和设计具有一定的局限性。比如,长时重复启动实验和翻译识别实验方法都无法从理论上排除被试的翻译等有意识的策略加工(Kessler et al. 2013;Ma et al. 2017)。短时快速启动范式下的语义归类和词汇判断实验大多是采用一个 SOA① 的单点测试法。该测试法中,如果 SOA 太短,启动词的激活程度太低,可能无法扩散激活目标词;如果 SOA 太长,被试能完全提取启动词的语义,实验就无法排除有意识的策略加工效应;如果 SOA 足够长,且能排除有意识的策略加工效应,但假如启动词和目标词语义相关度不高,实验仍无法发现跨语言的启动效应。为消除 SOA 单点测试法的设计缺陷,黎明等(2014)将其改进为 SOA 多点测试法不失为一种成功的尝试。fMRI 虽然能定位大脑词汇加工激活的脑区,但定位不等于解释。脑区分

---

① SOA 指启动实验中启动刺激开始呈现到目标刺激开始呈现的时间间隔(英文为 Stimulus Onset Asynchrony,简称 SOA)。

离,双语仍可能相互作用;脑区重叠,双语加工仍可能独立进行(van Heuven et al. 2010)。不同的 ERP 成分为揭示双语心理词汇不同过程和不同阶段的认知加工提供了具体指标,但 N400、N250、N200 和 P200 等脑电成分所反映的认知加工过程目前还存在较大争议。尽管各类实验方法或设计都具有一定局限性,但相对而言短时快速启动范式的行为实验结合 ERP 技术是目前研究双语词汇表征更为理想的工具。

第三,双语词汇表征静态研究多,动态研究不足。学界缺乏从动态的、发展的视角同时考察双语和三语者心理词汇的语义表征及词汇连接模式的研究。

第四,相似双语的词汇表征研究多,形态差异较大的双语词汇表征研究不足。研究像藏、汉或藏、汉、英这样形态差异巨大的双语或三语词汇表征模式,可为考察人类语言的普遍性与特殊性提供重要证据,也有可能得出双语词汇表征更有说服力的结论。然而,目前学界关于藏-汉双语者和藏-汉-英三语者心理词汇的语义表征和词汇连接模式的研究都亟待深入。

鉴于此,本书将采用 SOA 多点测试行为实验和短时快速启动范式的 ERP 实验,对比研究藏-汉双语者和藏-汉-英三语者心理词汇的语义表征和词汇连接模式。在分析、比较二语及三语心理词汇的语义表征和词汇连接模式的基础上,提出一个预测后期双语者学习二语、三语、四语……N 语的心理词汇语义表征和词汇连接的动态、发展模型。进一步丰富、发展以往双语词汇表征研究的实验方法和理论成果,回应目前关于双语词汇表征研究结果存在的矛盾和争议。

本书共设计 4 个 SOA 多点测试行为实验(SOA 分别为 38、50、100、150、200ms)和 6 个短时快速启动范式的 ERP 实验(SOA 为 200ms),采用语义归类任务考察藏-汉双语者和藏-汉-英三语者心理词汇的语义表征模式;1 个长时重复启动范式的 ERP 实验(学习和测试阶段均采用真假词判断任务)考察藏-汉双语者心理词汇的词汇表征模式;8 个短时快速启动范式的 ERP 实验(SOA 为 200ms),采用真假词判断任务考察藏-汉双语者和藏-汉-英三语者心理词汇的词汇连接模式。所得结论如下:

一、藏-汉双语者和藏-汉-英三语者心理词汇的语义表征共享[①]，词汇表征分离。二语（汉语）和三语（英语）词汇表征均可直接通达共享的语义表征。心理词汇的词名层在 L1-L2、L2-L1、L1-L3、L3-L1、L2-L3、L3-L2 等所有 6 个方向上均存在较强连接。在 200ms 的短 SOA 条件下，L2-L1 词名层的连接强于 L1-L2 词名层的连接；L1-L3 词名层的连接强于 L3-L1；L2-L3 词名层的连接强于 L3-L2；在更长的 SOA 条件下，L1-L2、L3-L1 和 L3-L2 词名层的连接强度可能会有增加的趋势。如果启动词词汇表征的激活程度相同，L3-L2 词名层的连接略强于 L3-L1。

二、被试的二语和三语熟悉度不影响语义表征、词汇表征和词汇连接模式的性质，但在一定程度上影响词名层之间，以及词名层和语义表征之间的连接强度。也就是说，不管被试是二语、三语初学者还是熟练者，二语和三语词汇表征均可直接通达共享的语义表征。但初学者的二语和三语词汇与该词语义表征中的集体语言共享元和个体语言共享元的连接数量更少，强度更小，而随着二语和三语熟悉度的提高，连接数量和强度都会不断增加。不管被试是二语、三语初学者还是熟练者，词名层之间都存在一定的联系。随着二语和三语熟练度的增加，其连接强度有减弱的趋势，但并未完全消失。影响藏-汉双语者和藏-汉-英三语者词汇连接模式的主要是语言熟悉度、学习媒介语和语言使用频率等三个因素。

三、不管双语者有几套心理词汇，其所有心理词汇共享语义表征，共享同一套意义系统。即使是初学者，双语者所有语言的词汇表征都直接通达共享语义。语言中的一词多义和一义多形决定了任何语言的词汇无法仅借助于其他语言的词汇表征而间接通达共享语义。各语言词汇表征和共享语义的连接强度主要受语言熟悉度调节，即语言越熟悉，连接强度越大。语言之间的相似性不影响双语者的语义表征模式。双语及多语词名层的连接模式和连接强度则主要受语言熟悉度、学习媒介语、语言使用频率、语言之间的相似性等四个因素影响，并呈现出复杂多变的动态连接

[①] 本书提出的语义元通达模型将双语者心理词汇的语义表征切分为四类语义元，分别是集体语言共享元、个体语言共享元、集体语言特异元和个体语言特异元。其中，后两类语义元只属于双语者某一特定语言（一语或二语）词汇的语义表征组成部分。因此，本书的结论"双语者心理词汇的语义表征共享"其实是指双语者心理词汇语义表征中的前两类语义元共同存储。

模式。但语言之间的相似性不是双语者心理词汇连接模式的决定性影响因素。

四、双语心理词汇语义表征中的个体语言特异元和个体语言共享元的不稳定性，SOA 的长短及其他实验变量的不同控制，这些因素导致了双语心理词汇语义表征的实验研究结果不一致甚至相互矛盾。不同的实验范式和实验设计也会影响双语心理词汇连接模式实验研究的结果。

五、本书提出了双语词汇表征新的语义元通达模型。该模型认为：双语者不同语言的词汇表征与集体语言共享元和个体语言共享元直接相连，其连接数量和强度决定了词汇与共享语义表征之间的直接联系强度；个体语言特异元和个体语言共享元使不同个体对相同心理词汇的语义表征具有一定的差异性和不稳定性；词汇和语义表征的连接强度随语言熟悉度的增加而不断加强。双语者不同语言的词汇在词名层可能存在的连接，决定了词汇与共享语义表征之间的间接联系强度。在语言熟悉度、学习媒介语、语言使用频率和语言相似性等四个因素的共同作用下，双语心理词汇的连接模式是动态变化的。变化的总趋势是，不同语言的词名层之间的连接强度随语言熟悉度的增加不断减弱。本模型可以解释本研究及学界现有相关研究得出的结果。

本书的创新之处有以下几点：

一是研究对象及范围。1、本研究既考察了汉语熟悉、较熟悉和不熟悉的藏-汉双语者，又考察了汉语熟悉、较熟悉，英语熟悉和不熟悉的藏-汉-英三语者。既考察了语义表征模式、又考察了词汇连接模式。既考察了藏-汉双语者 L1－L2 和 L2－L1 两个方向上词名层的连接模式，又考察了藏-汉-英三语者 L1－L2、L2－L1、L1－L3、L3－L1、L2－L3、L3－L2 等所有六个方向上词名层的连接模式。据笔者所知，目前学界还没有研究同时考察了双语者和三语者，也没有研究同时考察了三语者词名层所有六个不同方向上的词汇连接，甚至没有研究考察过 L1－L3 和 L2－L3 词名层的连接模式。2、以往的双语词汇表征研究主要研究了名词，极少考察动词，据笔者所知，目前也没有研究考察形容词。本研究同时考察了语言理解过程中双语者名词、动词、形容词三大词类的语义表征模式。3、以往研究只考察了三语者心理词汇中名词之间的联系，未研究动词、形容词等其他词类。本研究同时考察了三语者的名词、动词、形容词之间的词汇连接模式。

二是研究方法创新。1、本研究同时采用 SOA 多点测试行为实验和 SOA 为 200ms 的 ERP 实验研究双语及三语者心理词汇的语义表征模式。通过方法间的对比研究，发现并非在所有情况下 ERP 脑电指标都比反应时和正确率等行为指标更敏感，且 SOA 多点测试相比只有一个 SOA 水平的 ERP 实验和行为实验有其独特优点。SOA 多点测试行为实验与短时快速启动范式的 ERP 实验相结合可能是目前研究双语词汇表征更好的实证方法。据笔者所知，目前学界尚没有类似研究。2、为了从理论的角度进一步解释测量学视角研究所得结果的差异，本书从语言与思维的关系、言语产出和心理词典中语义信息的存储方式等三个视角，分析和探讨了双语者心理词汇的语义表征和词汇连接模式。目前学界尚无这几个视角的尝试性研究。3、在考察双语者心理词汇的词汇表征模式时，本研究的被试只需完成一次跨语言的长时重复启动实验。这种创造性的实验设计在一定程度上避开了该研究范式可能存在的局限性。

三是理论创新。基于本研究的实验结果和学界相关研究，本书提出了后期双语者心理词汇语义表征和词汇连接的动态模型——语义元通达模型。在对双语心理词汇的语义表征和词汇连接作出说明，给出证据，回答目前关于双语词汇表征研究结果存在的矛盾和争议的同时，也将在一定程度上丰富、发展和推进相关领域的理论研究，深化人们认识语言加工的脑机制，了解大脑的语言功能，考察语言的普遍性与特殊性，探索语言、思维及行为的本质。此外，本书发现，SOA 短至 38ms 时，实验中就可能产生跨语言的语义启动效应。据笔者所知，这是学界目前发现的能产生跨语言语义启动效应的最短 SOA。

关键词：藏-汉双语者；藏-汉-英三语者；心理词汇；语义表征；词汇表征；词汇连接模式；SOA 多点测试法；ERP

ABSTRACT

Semantic Representation and Lexical Linking Patterns of Bilinguals' Mental Lexicon

Bilingual lexical representation has long been the focus of research in linguistics, psychology and other fields. Since the 1950s, scholars at home and abroad have conducted a significant amount of research on the semantic representation and lexical linking patterns of the mental lexicon of bilinguals by using behavioral and neuroscientific measurements, and have made great achievements. However, there are still four deficiencies in this field.

Firstly, the conclusions about the studies on the semantic representation and lexical linking patterns of the mental lexicon of bilinguals are still inconsistent, or even contradictory (Wang et al. 2010; Jin 2012; Heredia et al. 2014; Chen et al. 2015).

Secondly, certain limitations have been found in the main experimental methods and experimental designs of the existing studies of bilingual lexical representation. For example, long-time repetition priming experiments and translation recognition experiments cannot eliminate subjects' strategical processing, such as translation, theoretically (Kessler et al. 2013; Ma et al. 2017). Most semantic categorization and lexical decision experiments under the short-time fast priming paradigm using a single SOA[①] also have problems. If the single SOA is too short, the activation degree of prime words may be too low to activate the target words; if it is too long, the subjects may extract the semantic representations of prime words completely, thus the experiment cannot rule out strategical processing effect; if it is long enough and the experiment can exclude strategical processing effect at the same time, if the semantic correlation between the prime words and the target words is not high, the experiment still cannot find the cross-language semantic priming effect. In order to eliminate the defects in design of SOA Single-point Test Method, Li et al. (2014) proposed an SOA Multi-point Test Method, which can be taken as a successful attempt. fMRI can locate brain regions activated by lexical processing, but positioning doesn't mean explanation. Two languages stored separately in different brain regions could still interact with each other, while overlapping language regions might still be functionally separated (van Heuven et al. 2010). Different ERP components can provide specific indicators to reveal different processes and different stages of cognitive processing of bilingual mental lexicon. However, there are still considerable controversies over the processes of cognitive processing reflected by such ERP components as N400, N250, N200 and P200. Although there are limitations in various experimental methods and designs for the study of bilingual lexical representation, combining ERP technique with the behavior experiments under the paradigm of short-time fast priming is currently an ideal method.

Thirdly, most studies on bilingual lexical representation are static, further dynamic researches are badly needed. At present, there is a lack of studies on the semantic representation and lexical linking patterns of the mental lexicon of bilinguals and trilinguals from a dynamic and

---

① SOA denotes the amount of time between the start of prime and the start of target in priming experiments.

developmental perspective.

Fourthly, there are many studies on the semantic representation and lexical linking patterns of the mental lexicon of bilinguals whose first and second languages are morphologically similar, but studies on bilinguals whose first and second languages are morphologically different need to be further explored. The study of bilingual or trilingual lexical representation based on languages with large morphological differences, such as Tibetan-Chinese or Tibetan-Chinese-English, can provide important evidence for investigating the universality and particularity of human languages, and it is also possible to draw more convincing conclusions about bilingual lexical representation. However, there is an urgent need to conduct further research on the semantic representation and lexical linking patterns of the mental lexicon of Tibetan-Chinese bilinguals and Tibetan-Chinese-English trilinguals.

Therefore, this study will compare the semantic representation and lexical linking patterns of the mental lexicon between Tibetan-Chinese bilinguals and Tibetan-Chinese-English trilinguals. Two kinds of Experiments will be conducted, one is SOA Multi-point Test Behavior Experiment, the other is ERP experiment under the short-time fast priming paradigm. Based on the analysis and comparison of the semantic representation and lexical linking patterns of the mental lexicon of L2 and L3, the author will propose a dynamic and developmental model to help predict the semantic representation and lexical linking patterns of the mental lexicon of L2, L3, L4... Ln for later bilingual learners. It will further enrich and develop the experimental methods and theoretical achievements of the previous studies on bilingual lexical representation, and address the contradictions and controversies over the results of previous studies on bilingual lexical representation.

In the present study, four behavior experiments adopting SOA Multi-point Test Method (SOA - 38, 50, 100, 150, 200ms) and six short-time fast priming ERP experiments (SOA - 200ms) were designed to investigate the semantic representation patterns of the mental lexicon of Tibetan-Chinese bilinguals and Tibetan-Chinese-English trilinguals by using semantic categorization task; one long-time repetition priming ERP experiment was designed to investigate the lexical representation patterns of the mental lexicon of Tibetan-Chinese bilinguals (lexical decision task was used in both the learning and testing stages); eight short-time fast priming ERP experiments (SOA - 200ms) were designed to examine the lexical linking patterns of the mental lexicon of Tibetan-Chinese bilinguals and Tibetan-Chinese-English trilinguals by using lexical decision task. The conclusions of this study are as follows:

1. The semantic representations of the mental lexicon of Tibetan-Chinese bilinguals and Tibetan-Chinese-English trilinguals are stored together[①], however, the lexical representations of their mental lexicon are separated. The lexical representations of both L2 and L3 words have direct access to the shared semantic representations. On the lexical representation level of the mental lexicon of bilinguals and trilinguals, there are strong linkings in all the six directions: L1 - L2, L2 - L1, L1 - L3, L3 - L1, L2 - L3, L3 - L2. Under the condition of short SOA - 200ms, the linking strength of lexical representation of L2 - L1 is stronger than that of L1 - L2; the linking strength of lexical representation of L1 - L3 is stronger than that of L3 - L1; and the linking strength of lexical representation of L2 - L3 is stronger than that of L3 - L2; under the condition of longer SOAs, the linking strength of lexical

---

① **Semantic Primitive Access Model** proposed in this study divides the semantic representations of the mental lexicon of bilinguals into four categories of semantic primitives, namely, Collective Language-Common Semantic Primitive, Individual Language-Common Semantic Primitive, Collective Language-Specific Semantic Primitive, and Individual Language-Specific Semantic Primitive. Among them, the last two categories are only part of the semantic representations of the mental lexicon of a specific language (L1 or L2) of bilinguals. Therefore, the conclusion of this study "the semantic representations of the mental lexicon of bilinguals are stored together" actually means that the first two categories of semantic primitives of the semantic representations of the mental lexicon of bilinguals are stored together.

representations of L1 – L2, L3 – L1 and L3 – L2 is likely to increase. If the activation degree of prime words is similar, the linking strength of lexical representation of L3 – L2 is slightly stronger than that of L3 – L1.

2. The subjects' proficiency level of L2 (Chinese) and L3 (English) does not affect the essence of semantic representations, lexical representations and lexical linking patterns, but to some extent, impact the linking strength between different lexical representations, and the linking strength between lexical representations and semantic representations. In other words, no matter the subjects are L2 or L3 beginners or proficient learners, the lexical representations of L2 or L3 words can directly access the shared semantic representations, except that for beginners, the number and intensity of linking between the lexical representations of L2 or L3 words and the Collective Language-common Semantic Primitives as well as the Individual Language-common Semantic Primitives of the shared semantic representations are less. As the proficiency level of L2 and L3 increases, the number and intensity of linkings will increase. No matter the subjects are L2 or L3 beginners or proficient learners, there are certain linkings between different lexical representations. With the increase of proficiency in L2 or L3, the linking strength tends to decrease, but it does not disappear completely. There are three main factors influencing the lexical linking patterns of the mental lexicon of Tibetan-Chinese bilinguals and Tibetan-Chinese-English trilinguals, namely, language proficiency, medium language for learning, and language frequency.

3. No matter how many sets of mental lexicon bilinguals have, all the mental lexicon shares the same semantic representation and the same set of meaning system. Even for beginners, all of the bilinguals' lexical representations have direct access to the shared semantic representations. Polysemy and synonymy of words in languages determine that any words in a language cannot indirectly access the

shared semantic representations only by means of the lexical representations in other languages. The linking strength between lexical representations and shared semantic representations is mainly regulated by language familiarity, that is, the more familiar the language, the stronger the linking strength. The morphological similarity between languages will not affect the semantic representation patterns of bilingual mental lexicon. The linking patterns and linking strength between the lexical representations of bilingual or multilingual mental lexicon are mainly affected by four factors: language proficiency, medium language for learning, language frequency and language similarity, which show a complex dynamic linking pattern. However, the morphological similarity between languages is not a decisive factor in the lexical linking patterns of bilingual mental lexicon.

4. Due to the instability of the Individual Language-specific Semantic Primitives and Individual Language-common Semantic Primitives of the semantic representation of bilingual mental lexicon, the different length of SOA, and the different degree of control over other relevant experimental variables, the results of the experimental studies on the semantic representation of bilingual mental lexicon are inconsistent or even contradictory. Different experimental paradigms and experimental designs will also affect the results of experiments on the lexical linking patterns of bilingual mental lexicon.

5. This study proposes a new model of bilingual lexical representation, namely, Semantic Primitive Access Model, which holds that the lexical representations of different languages of bilinguals are directly linked with the Collective Language-Common Semantic Primitives and Individual Language-Common Semantic Primitives. The number and intensity of these links determine the direct linking strength between words and the shared semantic representations. The Individual Language-specific Semantic Primitives and Individual Language-common Semantic Primitives lead to the differences and instability in the

semantic representations of the same mental lexicon of different bilinguals. The linking strength between words and the semantic representations increases with the increase of language proficiency. The possible links between the lexical representations of different languages determine the strength of the indirect links between words and the shared semantic representations. Under the influence of language proficiency, medium language for learning, language frequency and language similarity, the lexical linking patterns of bilingual mental lexicon are dynamic. However, the general trend is that the linking strength between the lexical representations of different languages decreases with the increase of language proficiency. This model can be used to explain the results of not jut this study, but other related academic researches as well.

The innovations of this study are as follows:

1. Research subjects and scope

1) This study examines two groups of subjects: Tibetan-Chinese bilinguals who are familiar with, not very familiar with and unfamiliar with Chinese; Tibetan-Chinese-English trilinguals who are familiar with or not very familiar with Chinese and who are familiar with or unfamiliar with English. Not only the semantic representation patterns, but also the lexical linking patterns are examined. The linking patterns of the lexical representations for Tibetan-Chinese bilinguals in both L1 – L2 and L2 – L1 directions, as well as the linking patterns of the lexical representations for Tibetan-Chinese-English trilinguals in all the six directions of L1 – L2, L2 – L1, L1 – L3, L3 – L1, L2 – L3 and L3 – L2 are investigated. To the author's knowledge, there are no studies in the related field that have examined bilinguals and trilinguals at the same time, nor have they examined the lexical linking patterns of trilingual mental lexicon in all the six directions. At present, no research has even been done to investigate the linking patterns of the lexical representations of L1 – L3 and L2 – L3.

2）Previous researches on bilingual lexical representation mainly studied nouns but rarely examined verbs. To the author's knowledge, there is no research on adjectives at present. This study examines the semantic representation patterns of nouns, verbs, and adjectives in language comprehension process of bilinguals.

3）Previous studies only examined the lexical linking patterns between nouns of trilinguals, but not other parts of speech such as verbs, adjectives etc. This study examines the lexical linking patterns of trilinguals between nouns, verbs, and adjectives at the same time.

2. Innovations of research methods

1）The present study investigates the semantic representation patterns of mental lexicon of bilinguals and trilinguals using both ERP experiments with a short SOA（200ms）and behavior experiments adopting SOA Multi-point Test Method. By comparison, it is found that ERP parameters are not more sensitive than behavioral indicators such as reaction time and correct rate in all cases, and behavior experiment adopting SOA Multi-point Test Method has its unique advantages over ERP or behavior experiment using a single SOA. The combination of behavior experiment adopting SOA Multi-point Test Method and ERP experiment under the short-time fast priming paradigm is a better empirical method to study bilingual lexical representation. To the author's knowledge, there is no similar research at present.

2）In order to further explain the differences in the results of studies from the perspective of metrology, this study analyzes and explores the semantic representation and lexical linking patterns of bilingual mental lexicon from three new perspectives: the relationship between language and thinking, the production of speech and the storage mode of the semantic information of mental lexicon. At present, there is no attempt from these perspectives in academic circles.

3）In order to investigate the lexical representation patterns of the mental lexicon of bilinguals, the subjects of this study only need to complete one across-language long-time repetition priming experiment. To a certain extent, this kind of creative experimental design avoids the limitations of the existing research paradigm.

3. Innovations of theories

Based on the experimental results of this study and the related literature, this study proposes a dynamic model of the semantic representation and lexical linking patterns of mental lexicon for later bilingual learners, namely, **Semantic Primitive Access Model.** While explaining and providing evidence for the semantic representation and lexical linking patterns of mental lexicon of bilinguals and addressing the contradictions and controversies over the results of previous studies on bilingual lexical representation, this study, to a certain extent, enrich and advance the theoretical research in related fields, and deepen understanding of the brain mechanism for language processing. It will also be helpful to understand the language function of the brain, to investigate the universality and particularity of language, and to explore the essence of language, thought and behavior. In addition, it is found that cross-language semantic priming effect can be observed when SOAs are as short as 38ms. 38ms, to the author's knowledge, is now the shortest SOA to produce cross-language semantic priming effect.

Key words: Tibetan-Chinese bilingual; Tibetan-Chinese-English trilingual; mental lexicon; semantic representation; lexical representation; lexical linking pattern; SOA multi-point test; ERP

目　录

第一章

绪　论

1.1　研究背景

本研究的选题为"双语者心理词汇的语义表征和词汇连接模式研究",研究对象是藏—汉双语者和藏—汉—英三语者。采用行为学测量和神经学测量相结合的实证研究方法考察双语者心理词汇的语义表征、词汇表征和词汇连接模式。

日常生活中能使用两种或多种语言或方言的人被称为双语者(崔占玲等 2012:1222)。随着认知心理学、脑科学、心理语言学和神经语言学的不断发展,自二十世纪五十年代起,国内外语言和心理学界主要采用行为学和神经学两大类测量方法,对双语者心理词汇的语义表征和词汇连接模式进行了大量研究,展开了深入探讨,取得了丰硕成果,构建了众多理论模型。但该领域的研究尚有四点不足,有待进一步深入研究。

首先,双语者心理词汇的语义是独立存储还是共同存储? 双语者的词汇连接模式如何受二语熟悉度、二语接触程度、二语获得方式和语言间的相似性等因素影响? 目前学界研究结论仍不一致,甚至相互矛盾(王沛等 2010;金晓兵 2012;Heredia et al. 2014;Chen et al. 2015;Ma et al. 2017)。

第二,研究双语词汇表征的主要实验方法及实验设计具有一定的局限性。目前,双语词汇表征的行为学测量主要采用长时重复启动实验和短时快速启动范式下的翻译识别、语义归类和词汇判断实验方法。尽管近十年来,国内学者普遍采用跨语言的长时重复启动范式研究双语词汇表征,Kessler et al. (2013)发现额外的加工策略会影响长时重复启动效应的产生。由于该范式无法排除这样的可能性,即被试在学习阶段会将二语或三语词汇翻译成其学习媒介语一语或二语,因此实验结果不能从理论上排除翻译等有意识的策略加工效应。翻译识别实验中,被试必须要能完全看清楚实验中首先呈现的前词,提取前词的语义。因此,前词开始呈现到后词开始呈现的时间间隔一般都比较长。这意味着被试理论上至少有时间将一部分前词在后词(即目标词)呈现之前翻译成目标语言,以便目标词呈现后,更快地做出判断。所以,该范式理论上也无法避免被试采用翻译加工策略。短时快速启动范式下的语义归类或词汇判断实验大多是采用一个 SOA 的单点测试法。该测试法中,如果 SOA 太短,启动词的激活程度太低,可能无法有效扩散激活目标词;如果 SOA 太长,被试能完全提取启动词的语义,实验就无法排除有意识的策略加工效应;如果 SOA 足够长,且实验能排除有意识的策略加工效应,但假如启动词和目标词语义相关度不高,实验仍无法发现跨语言的启动效应。因此,SOA 单点测试法具有明显缺陷(黎明等 2014)。相较于长时重复启动实验和翻译识别实验,SOA 单点测试法更易于改进。比如黎明等(2014)将其改进为 SOA 多点测试法就是一种成功尝试。在神经学测量领域,研究者常采用 fMRI 和 ERP 技术研究双语词汇表征。但 fMRI 时间分辨率差,难以确定皮层的活动到底是抑制加工还是激活加工,难以区别词汇刺激的概念层和词名层(张积家等 2007);fMRI 能定位大脑词汇加工激活的脑区,但定位不等于解释。脑区分离,双语仍可能相互作用;脑区重叠,双语加工仍可能独立进行(van Heuven et al. 2010)。采用 ERP 技术研究双语心理词汇的认知加工过程,深化了人们对语言加工脑机制的认识。不同 ERP 成分为揭示不同过程和不同阶段的认知加工提供了具体指标,但 N400、N250、N200 和 P200 等主要脑电成分所反映的认知加工过程目前尚未达成一致认识。尽管各实验方法或设计均有其不足,但 SOA 多点测试行为实验和短时快速启动范式的 ERP 实验相结合,可能是目前考察双语词汇表征模式的更好研究方法。

　　第三,目前双语词汇表征的静态研究较多,动态发展研究亟待深入。学界缺乏根据 L2 的语言水平,将被试客观、科学地划分为低、中、高三个层次,动态考察双语词汇表征模式的研究。缺乏从动态、发展的视角同时考察双语者和三语者心理词汇的语义表征和词汇连接模式的研究。

第四,相似双语的词汇表征研究较多,形态差异较大的双语尤其是三语词汇表征研究不足。国外双语词汇表征研究考察的对象主要是英语、法语、西班牙语、意大利语和荷兰语等高度相似的字母文字双语者。国内双语表征研究考察的则主要是汉—英双语者,或汉—英—日和汉—英—法三语者。我国是一个多民族国家,少数民族学生除了掌握自己的民族语言外,也会学习汉语(二语)和英语等第三种语言。总体上,学界对母语为我国某一少数民族语言的双语者和三语者的词汇表征模式研究数量较少,而且基本都是行为实验研究,仅有极少几项研究与 fMRI 和 ERP 等神经学技术手段相结合。在众多少数民族语言中,藏语既重要又特殊。藏、汉、英三种语言的词形、语音等差异非常显著。研究像藏、汉或藏、汉、英这样形态差异巨大的双语或三语词汇表征模式,可为考察人类语言的普遍性与特殊性提供重要证据,也有可能得出双语词汇表征更有说服力的结论。然而,目前学界对藏—汉双语者和藏—汉—英三语者心理词汇的语义表征和词汇连接模式都各仅有一项行为实验研究,亟待进一步深入。

1.2 研究对象及问题

鉴于上述双语词汇表征研究的背景和现状,本研究将以藏—汉双语者和藏—汉—英三语者为研究对象,采用实证研究方法来回答下述两个问题:1、藏—汉双语者心理词汇的语义表征、词汇表征和词汇连接模式是什么?2、藏—汉—英三语者心理词汇的语义表征和词汇连接模式是什么?在分析、比较二语及三语心理词汇的语义表征和词汇连接模式的基础上,提出一个预测后期双语者学习二语、三语、四语……N 语的心理词汇语义表征和词汇连接的动态、发展模型。以期进一步丰富、发展以往双语词汇表征的研究方法和理论成果,回答目前关于双语词汇表征研究结果存在的矛盾和争议。

1.3 研究价值

本研究具有重要的理论价值、实践价值和社会意义。在理论价值方面,本研究将依据藏—汉双语者和藏—汉—英三语者心理词汇的语义表征和词汇连接模式的实验结果,参考前人的相关研究提出一个预测后期双语者学习二语、三语、四语……N语的心理词汇语义表征和词汇连接的动态、发展模型。这将进一步丰富、发展双语心理词汇表征的研究方法和理论成果。对双语心理词汇的语义表征和词汇连接模式的研究不但有助于深入了解大脑的语言功能,为考察人类语言的普遍性与特殊性提供重要证据,同时也为探索语言、思维以及行为的本质提供重要参考。

在实践价值方面,本研究结果有助于揭示生活在我国主要藏区的藏民族学生的汉语和英语学习机制,尤其是汉、英词汇学习机制。为我国藏民族学生的汉语和英语教学尤其是词汇教学提供理论和心理依据。双语者偏爱用母语编码(鹿士义等 2003),但崔占玲等(2009b)认为,藏—汉—英三语者使用汉语作为英语学习的媒介语阻碍了藏、英之间建立词名层的直接联系。如果藏—汉—英三语者需要通过英—汉和汉—藏两个对译过程才能理解英语词(郭显哲 2004),就可能产生思维转换困难,降低英语学习效率。通过本研究,如果发现学习媒介语确实影响了三语者心理词汇的语义表征和词汇连接模式,就应尽可能将母语也作为藏族学生英语教学和学习的媒介语之一。藏语母语就能与英语更好地共享语义,并建立词名层的直接联系。母语编码方式就会提高学习效率,改善学习效果。如果本研究发现语言使用频率影响了双语者心理词汇的语义表征和词汇连接模式,就应当尽量设法调整藏族学生藏、汉、英三种语言在学习和生活中的使用频率,促进学生三种语言共同、良性、和谐发展。

在社会意义方面,藏族是我国重要的少数民族。本研究结果在揭示藏族学生汉、英学习机制的同时,将有助于进一步推进藏民族的汉语和英语教育,从而推动藏民族社会、经济、文化等全面、和谐、健康发展,增进中华民族大团结,维护国家长治久安。此外,藏—汉双语者和藏—汉—英三语者心理词汇语义表征和词汇连接模式的研究结果,对我国其他少数民族学生的外语学习和外语教育也有重要的参考价值和借鉴意义。

1.4 研究方法

本研究将先对双语者心理词汇的语义表征和词汇连接模式的现有研究进行文献综述,然后采用定量的实验研究方法考察双语者心理词汇的语义表征、词汇表征和词汇连接模式。将设计 4 个 SOA 多点测试行为实验和 6 个短时快速启动范式的 ERP 实验,采用语义归类任务对比考察藏—汉双语者和藏—汉—英三语者心理词汇的语义表征模式;设计 1 个长时重复启动范式的 ERP 实验,采用真假词判断任务考察藏—汉双语者心理词汇的词汇表征模式;设计 8 个短时快速启动范式的 ERP 实验,采用真假词判断任务对比考察藏—汉双语者和藏—汉—英三语者心理词汇的连接模式。最后,通过分析、比较藏—汉双语者及藏—汉—英三语者心理词汇的语义表征和词汇连接模式,并结合学界相关研究,本研究将提出一个预测后期双语者学习二语、三语、四语……N 语的心理词汇语义表征和词汇连接的动态、发展模型。

1.5 研究条件

首先,本课题研究的对象是藏—汉双语者和藏—汉—英三语者。总体上,被试资源较为稀缺。本人工作的单位是西南交通大学。作为援藏学校,西藏大学建筑和城市规划两个专业各有一个班的学生,大学期间将在我校学习两年。此外,我校每年招收藏民族大学生约 100 名。因此,本研究能就近招聘到合适的藏—汉双语被试。青海民族大学外国语学院开设有藏—汉—英三语翻译本科专业,因此,本研究能招聘到合适的藏—汉—英三语被试。

其次,本研究需要为 100 余名行为实验和 ERP 实验被试支付一定数量的劳酬,所需经费及实验相关开支均来自本人主持的一个国家社会科学基金一般项目(2015 年度)和一个省教育厅社科项目(2016 年度)。另外,本研究在青海省西宁市完成藏汉英三语实验的差旅费由本人工作的学校全额支付。

第三,本人工作的学校建有语言与认知实验室,能提供 ERP 实验所需要的全套设备和设施。

第四，本人硕士研究生的毕业论文对心理词汇做过一些初步研究。近六年来，本人一直在为我校援藏项目的学生讲授大学英语课程。由于对藏民族和藏语具有一定的研究兴趣，因此，请我自己的藏族学生利用课余时间辅助我学习了一些藏语基础知识，重点学习了藏语语音和藏语构词法，这为本研究的顺利开展打下了基础，扫除了可能存在的语言障碍。

1.6 本书结构

本章简要介绍本研究的选题背景、研究对象、研究问题、研究价值、研究方法、研究条件和本书的结构。本章之后的篇章安排如下：

第二章先介绍双语词汇表征研究涉及的一些相关术语，然后对双语者心理词汇的语义表征和词汇连接模式的现有研究进行文献综述：首先概述双语词汇表征研究所采用的主要研究范式及各范式的主要研究，然后介绍学界围绕双语者心理词汇的语义表征和词汇连接模式所构建的主要理论模型，归纳影响双语词汇表征模式的主要因素，并在综述前人研究的基础上总结归纳其不足，最后阐述双语者心理词汇的语义表征和词汇连接模式研究的发展趋势。

第三章阐述本书的研究问题、研究方案及实验设计思路。

第四章共设计一个行为实验和三个 ERP 实验考察藏—汉双语者心理词汇的语义表征模式。

第五章采用长时重复启动实验范式下的真假词判断任务并结合 ERP 技术考察藏—汉双语者心理词汇的词汇表征模式。

第六章共设计两个 ERP 实验考察藏—汉双语者心理词汇的连接模式。

第七章共设计三个行为实验和三个 ERP 实验考察藏—汉—英三语者心理词汇的语义表征模式。

第八章共设计六个 ERP 实验考察藏—汉—英三语者心理词汇的连接模式。

第九章的综合讨论从理论的角度对实验结果进行进一步的解释。在分别讨论双语者心理词汇的语义表征和词汇连接模式的基础上，构建后

期双语者心理词汇的语义表征和词汇连接的**语义元通达模型**。本章最后
讨论 SOA 多点测试法的合理性。

　　第十章总结本书关于双语者心理词汇的语义表征和词汇连接模式的
研究结论,并指出本研究存在的问题和后续研究努力的方向。

　　本书的研究框架见图 1-1。

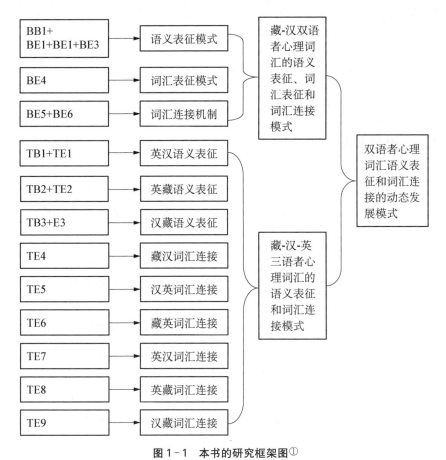

图 1-1　本书的研究框架图①

---

① 图中 BB 表示双语行为实验,BE 表示双语 ERP 实验,TB 表示三语行为实验,TE 表示三语
　ERP 实验。比如 BB1 表示双语行为实验 1,BE1 表示双语 ERP 实验 1。

第二章

文 献 综 述

2.1 相关术语定义

双语者心理词汇的语义表征和词汇连接模式的研究涉及一些关键概念或术语。下面分别介绍双语者、三语者、心理词汇和表征等基本概念。

2.1.1 双语者

目前,学界对"双语者"没有统一的定义。不同的研究者对其界定各不相同。比如,Richards et al. (1985)在《朗曼应用语言学词典》中,将双语者定义为能使用两种语言的人:日常生活中能将一门外语和母语基本等同地运用于听、说、读、写。母语语言知识和能力通常大于二语。郭桃梅等(2002)认为,除了会说母语,还会说另外一种语言的人就是双语者。季伟(2013)认为,只要一个人具备了第二语言听、说、读、写、译能力的基础层次,即是双语者。Grosjean(1992)指出双语者是有规则地使用两种或多种语言的人。Bloomfield 认为两种语言都能像母语一样熟练的人才是双语者;Weinrich 认为双语者就是交替使用两种语言的人;Haugen 认为双语者是能够用两种语言完成有意义的话语的人(转引自李杰等2007:5)。这些定义中,Bloomfield 等的定义要求双语者两种语言的水平都要高,且语言间的能力要平衡,能够达到如此高标准的人很少。而Weinrich, Haugen 和 Grosjean 等的定义则不考虑双语者两种语言的熟练度,也不考虑双语能力是否平衡,因此双语者的外延就大得多。

双语者的定义具有很大灵活性,如何将双语者科学分类更是一个仁者见仁、智者见智的问题。一般可从获得两种语言的方式、时间、两种语言达到的熟练程度、双语者身处的社会环境等角度,对双语者进行不同维度的分类。比如,根据双语者获得两种语言的方式,可分为紧凑型双语者(compact bilingual)、并列型双语者(coordinate bilingual)和从属型双语者(subordinate bilingual)。紧凑型双语者指六岁前同时获得两种语言的个体,通常他们出生于双语家庭,父母分别有自己的语言。并列型双语者指青春期以前获得两种语言的个体,可能在家庭中,也可能在家庭外获得,比如在青春期前随家庭迁居海外的儿童。从属型双语者指有一种语言为母语或第一语言(简称一语或 L1),在青春期以后获得第二语言(简称二语或 L2,类似地,第三种语言简称三语或 L3……第 n 种语言简称 n 语或 Ln),L1 的使用具有优先性(刘育红等 2008:71)。

根据双语者两种语言获得的相对时间,可将双语者分为早期双语者(early bilingual)和后期双语者(later bilingual)[①],前者指在婴幼儿时期就已获得两种语言,后者指 L2 的获得要大大晚于 L1 的获得(刘育红等 2008:71)。Fabbro(1999)、李利等(2008b)认为在 6—7 岁之前获得二语的称为早期双语者,在 6—7 岁之后获得二语,则属于后期双语者。

根据双语习得的年龄和双语习得是否同步,可将双语者分为同时性双语者(simultaneous bilingual)和继时性双语者(successive bilingual)。前者强调个体在语言关键期(3 岁)前习得双语,双语学习同步;后者强调以语言关键期为界,两种语言先后习得,母语在 3 岁前习得,二语在 3 岁后学习(赵丹 2011:4)。

根据双语者两种语言的相对熟练程度,可分为平衡双语者(balanced bilingual)和优势双语者(dominant bilingual)。平衡双语者指两种语言具有同等熟练程度的人,而优势双语者指一种语言的熟练程度高于另一语言的双语者(刘育红等 2008:71)。

根据双语者 L2 获得的熟练程度,还可将双语者分为熟练双语者和非熟练双语者(丁国盛 2001;2004 杨静等)。

[①] 目前,国内相关研究一般都使用"晚期双语者"这一术语,但汉语中提及"晚期"时,容易给人不太好的语义联想;国外相关研究一般使用"late bilingual",但该短于容易产生歧义。因此本研究将该术语改称为"后期双语者",英文改译为"later bilingual"。

可见，不同研究对双语者的界定各不相同，主要分歧在于二语能力是否要完全等同于母语能力。按照不同的分类标准，双语者又可以再分为各种不同类型。为了能涵盖不同水平的二语学习者，本研究将双语者定义为：除母语外，又掌握或学习了一门语言的人。根据本定义，即使是二语初学者也叫双语者。

2.1.2　三语者

值得注意的是，也有学者将双语者定义为：掌握并能使用两种或两种以上语言的人，比如上文提到的 Grosjean（1992）和陈恩泉（2004）等。并且学界现有研究在提及"双语"或"双语现象"时，一般既包括两种语言的情形，也涵盖三语及三语以上的情形，但在强调"双语"和"三语"现象的对比时，"双语"则只包括两种语言的情形。

国内对三语者心理词汇表征的研究可以按照三种语言之间的关系分为两大类：第一类是汉语母语者在学习一门外语后（如英语），又学习了另一门外语（如法语）。被试主要以一语为三语的学习媒介语。第二类是我国的少数民族学生以某一民族语言为母语，汉语为第二语言，之后又学习了英语等另一门外语。被试主要以二语为三语的学习媒介语（崔占玲等 2009b）。

此外，也有学者将双语者定义为掌握或使用两种及两种以上语言或方言的个体（陈恩泉 2004；崔占玲等 2012）。因此，学界现有的双语词汇表征研究，既包括两种或三种语言的情形，也包括一种语言和一种方言的情形，还包括两种方言等多种情形。

鉴于此，为了能涵盖不同水平的第二、第三、第四······第 N 语言和方言学习者，本研究将 **2.1.1 节**的双语者定义调整为：**除母语外，又掌握或学习了一门或一门以上语言或方言的人**，但在强调双语者和三语者的对比时，双语者则只包括掌握或学习了两种语言或方言的个体。根据本定义，即使是第二语言或第二方言初学者也叫双语者。

2.1.3　心理词汇

心理词汇（mental lexicon 或 internal lexicon）又叫"心理词库"（董燕萍等 2002）、"心理词典"（王文斌 2002）、"内部词汇"、"内部词典"、"大脑词库"(杨亦鸣等 2001)等,是研究人们怎样在记忆里保存词语,怎样辨认和提取词语以及怎样理解词语的(桂诗春 2000:27)。Aitchison(1987)认为:心理词汇包含的都是整词。每个词就像一个硬币的两面,一面是词义和词性,另一面是语音结构。它们都可以再细分成一些能在网络中联系其它心理词汇的表征,如意义、语音或形态表征。Levelt(1989)指出,心理词汇中的每一个词条内包括词目(lemma)和词位(lexeme)。其中词目包括语义和句法信息,如词的含义和词类信息;词位包含形态及语音、拼写等信息。贝斯特(2000)、李更春(2009)等认为,心理词汇和普通词典中的词汇都包括语音、语义、词素、句法信息,但二者的组织模式差异显著。这些差异归纳起来主要有四点:第一,心理词汇的发音、意义和数量是动态变化的(桂诗春 1993)。第二,心理词汇的信息量可能更大。除了普通词典所包含的语音、拼写、词性、词义,还包括一些常识性知识(张淑静2004)。第三,心理词汇不按字母顺序排列,其他语音结构如词的末尾部分、重音模式等都可能在词汇组织中发挥重要作用(杨亦鸣等 2001)。第四,心理词汇的提取受词频效应、近现效应、词汇性效应(lexicality effect)、语义效应、语境效应等因素的影响有快慢难易之分。心理词汇既可通过拼写、语音等语言信息,又可通过非语言信息,如学习该词的语境或该词在个人日常生活中的联想等进行提取(李更春 2009:96—97)。值得注意的是,也有学者认为心理词典不列入语义。刘利民(2000:120—124)详细论证了为什么语义不可能固着在心理词汇的词条之下,而是单独存储在人的认知系统之中。

关于母语心理词汇与二语心理词汇的关系,学界有不同看法:"语音说"认为二语心理词汇中词与词之间的联系主要是语音联系;"语义说"认为二语心理词汇与母语心理词汇一样,语义关系占主导地位;"句法说"认为二语心理词汇中词与词的关系主要是一种线性的修饰、搭配关系(张淑静 2005;贾冠杰 2008;李更春 2009;洪雷等 2014)。尽管心理词汇的表征结构模式目前还存在争议,但学界普遍认为心理词汇中占有中心位置的是词的语义表征,心理词汇存在于一个语义网络中(杨亦鸣等 2001;张淑静 2005)。为了揭示心理词汇的语义组织模式,学界进行了大量研究,提出了一系列理论假设,其中最具影响的有"层次网络模型"(Collins et al. 1969)、"激活扩散模型"(Collins et al. 1975)以及 Bock & Levelt 模式

(1994)。激活扩散模型被认为是最理想、最能反映心理词汇本质的模型。但由于该模型主要描述心理词汇的语义表征,忽视词汇的语音知识、句法知识等方面,在一定程度上更像概念而非词汇的心理表征模型。针对这一缺陷,Bock et al.(1994)提出了一个改进的激活扩散模型即 Bock & Levelt 模式。Bock et al. 将心理词汇表征分为概念层、词目层(lemma level)(词性、基本搭配要求等)和词位层面(lexeme or sound level)(包括词汇的音位特征和读音等)。该模型能更灵活描述心理词汇的表征结构(李更春 2009:96—97)。

概而言之,学界普遍认为心理词汇是指人脑长时或永久记忆中存储的词汇,它包括单词的语义、词法、句法、语音、词形等所有语言信息(Carroll 2000;桂诗春 2000;Levow et al. 2005;Navracsics 2007;贾冠杰 2008;常秦等 2012;洪雷等 2014)。这也是本研究对心理词汇的定义。

2.1.4　表征

表征(representation)是指信息在头脑中的呈现方式(张厚粲 1987)。根据信息加工的观点,当有机体对外界信息进行加工(输入、编码、转换、存储和提取等)时,这些信息以表征的形式在头脑中出现。同一事物或信息可以有不同表征方式。比如"花朵"这一概念,既可以用"花朵"一词表征,也可以用一张花朵的图片表征。在语言领域,词汇知识在长时记忆中的表征被称为心理词典。心理词典包括一个词的所有信息,如字形、语音、语义、语法、与其他词的联系等信息。在双语表征研究领域,研究者重点关注词汇表征和语义表征,以及两者之间的联系(李利等 2008b)。其中词汇表征指语言词汇水平上的信息表征,如语音和字形信息。语义表征指语言语义水平上的信息表征。研究者除了关注上述两种表征,也关注这两种表征的连接模式,这就涉及到词汇的语义通达(lexical semantic access)的概念。词汇的语义通达是指接触词汇表征,激活语义信息的过程,即心理词汇语义信息的获得途径。词汇的语义通达过程是理解语言必不可少的认知加工过程。在双语心理词汇研究中,研究者一般认为一语词直接通达语义,二语词或者直接通达语义或者通过一语词间接通达语义。双语词汇表征的研究重点是:双语者两种不同心理词汇的语义是独立存储还是共享?如果共享,共享的方式是什么?即两种不同心理词汇通达共享语义的机制是什么?

2.2 双语者心理词汇的语义表征和词汇连接模式的研究现状

自二十世纪五十年代起,国内外认知心理学、心理语言学、神经语言学、脑科学、人工智能、外语教学和二语习得等领域的专家学者对双语者心理词汇的语义表征和词汇连接模式进行了大量研究,取得了很多有价值的成果。本节将首先概述双语词汇表征研究所采用的主要研究范式及各范式的主要研究,然后介绍学界围绕双语者心理词汇的语义表征和词汇连接模式所构建的主要理论模型,归纳影响双语词汇表征的主要因素,并在综述前人研究的基础上总结归纳其不足,最后阐述双语者心理词汇的语义表征和词汇连接模式研究的发展趋势。由于本书的研究对象是藏—汉双语者和藏—汉—英三语者心理词汇的语义表征和词汇连接模式,因此本章将专门用一节阐述该领域的研究现状及不足。

2.2.1 主要研究范式及各范式的主要研究

双语词汇表征的主要研究方法可归入行为学测量、神经学测量和病理学研究等三大领域。

2.2.1.1 行为学测量

行为学测量主要是通过要求被试完成多种任务,记录、分析被试的口头报告、正确率、反应时等指标进行的。被试完成的任务包括多种,且多基于词汇加工,比如语义归类任务(Zeelenberg et al. 2003;Francis et al. 2011;陈栩茜等 2012;吴文春等 2015;王震 2016)、真假词判断任务(Kiran et al. 2007;Schoonbaert et al. 2009;Brenders 2012;张积家等 2013;胡杰辉等 2014;李利等 2016)、动词产生任务(Klein et al. 1995;祖丽皮努尔·阿卜杜萨迪克等 2016)、词干补笔任务(Durgunoglu et al. 1987;Chee et al. 1999;Palmer et al. 2001)、词汇翻译和图片命名任务(Hernandez et al. 2002;张文鹏等 2007;李利等 2010;张积家等 2010;王涛等 2017)、词汇联想任务(Meara 2009;张萍等 2013;于翠红等 2014;李广利等 2015;李小撒等 2016)、Stroop 任务(高立群等 2003;Chen et al. 2013)等等。行为学实验常用技术手段为视觉刺激呈现,多用 E-prime 等软件进行反应时和准确率等指标的测量(金晓兵 2012)。20 世纪 80—90 年代以前,现代影像学技术尚未用于心理学实验研究,双语心理词汇语义表征研究主要采用各种行为学测量方法。但即使在现代影像学技术广泛使用的今天,行为学实验仍然是双语心理词汇语义表征和词汇连接模式的主要研究手段之一。通过与认知神经科学领域的技术相结合,行为学测量不仅能探索双语者心理词汇的语义表征方式,还能深入了解两种语言的词汇表征和词汇连接模式。20 世纪 60 年代以来,研究者主要采用了以下几类行为学测量方法。

2.2.1.1.1 词汇联想实验

词汇联想实验指被试在看到或听到刺激词后,立刻说出或写下头脑中想到的一个或几个词语,即反应词,前者叫单一联想,后者叫连续联想(李小撒等 2016:74)。主要词汇联想测试方法有听说法、听写法、看说法和看写法。词汇联想实验是探索心理词汇存储结构的重要手段(Aitchison 2003;Zareva 2011;李小撒等 2016)。学界使用词汇联想测试研究母语心理词汇始于 20 世纪 50 年代,并在 60 和 70 年代达到高潮(Deese 1965;Entwisle 1966;Sharp et al. 1972)。此类研究以英语母语者为主,刺激词多为名词,主要发现为:母语心理词汇模式主要是纵聚合联系,其次是横组合联系,但 Nissen et al. (2006)发现丹麦语本族语者的纵聚合反应比例仅为 32.8%,而横组合反应比例却高达 54.0%,因此不同语言的心理词汇组织模式可能存在差异。

80 年代以后,二语习得研究的重要课题之一就是运用词汇联想实验通过调查二语学习者的联想词与母语者的异同,来确定二语心理词汇与母语心理词汇的异同,研究成果相当丰硕(Meara 1980,1983,2009;Read 1993;Singleton 1999;Wolter 2001;张淑静等 2009;Fitzpatrick et al. 2011)。英国斯旺西大学 Meara 教授是利用词汇联想测试研究二语词汇习得和心理词典的专家。他于 2009 年出版了专著《连接的词汇:词汇联想与二语词汇习得》。该书标志着词汇联想测试从传统的手工收集、统计联想测试的数据,发展到利用计算机等高科技手段模拟二语学习者心理词典的网络结构模型的新阶段(陈士法等 2013:313)。目前,利用词汇联想实验研究二语习得和心理词典是我国语言研究相关领域的热点(张淑静 2003,2005;张珊珊 2006;付玉萍等 2009;李永才等 2009;谢谜

2009;崔艳嫣等 2010;张萍 2010,2013;刘绍龙等 2012;陈士法等 2013;冯学芳 2014;于翠红等 2014;李广利等 2015;李小撒等 2016)。国内研究主要聚焦于英、汉两种心理词典。比如冯学芳(2014)对比研究了中国英语学习者与英语母语者的词汇语义连接模式;李广利等(2015)考察了澳大利亚初中级水平汉语学习者的心理词汇关联特征;李小撒等(2016)研究了中美大学生英、汉语言心理词汇的联想模式。

总体上,我国利用词汇联想测试进行二语词汇习得和心理词典的研究起步较晚,研究者缺乏统一理论框架的指导,往往直接采用国外研究者的刺激材料和分类方法,针对以汉语为母语、英语为二语的学习者进行研究。研究内容限于英语二语心理词典的内部结构模式及性质。而利用词汇联想测试进行认知词汇量和运用词汇量的研究以及借助图形理论、计算机技术创建词汇网络的理论创新研究还不多见(陈士法等 2013:317)。

学界对二语词汇的组织模式主要有两种观点:一种是以 Meara(2002)为代表的语音观,认为二语词汇在本质上有别于母语词汇,以语音联系为主,如 Read(1993)、张淑静(2005)等研究;另一种是以 Singleton(1999)为代表的语义观,认为二语词汇尽管较多依赖语音联系,但本质上与母语词汇一样,以语义联系为主,如 Namei(2004)、Zareva(2007)等研究。近来也有学者提出二语心理词汇联想模式既与母语词有相似之处,也有独特之处。如李小撒等(2016)发现,英语本族语者的纵聚合联系、横组合联系与百科式联系(encyclopedic associations)呈逐级递减态势,而中国英语学习者这 3 种联系则呈现 U 型态势,横组合联系比例偏低,并且横组合联系词整体提取速度较慢。

对二语心理词汇构建模式的研究结果差异较大的重要原因之一是词汇联想实验法本身具有局限性。首先,通过被试对刺激词的联想反应类型推测二语心理词汇间的联系,只能局部反映二语心理词汇的组织特征。研究者依据刺激词词表来源、情感色彩、熟悉度等因素选取不同的刺激词可能引发不同类型的反应,仅根据有限数量的刺激词的联想反应推断二语心理词汇的组织概貌存在以偏概全的逻辑缺陷(龚嵘 2008:56)。不同研究选择刺激词应遵循相同标准。选择刺激词时需综合考虑刺激词的词性、词频及具体性(Namei 2004;张萍 2010;李小撒等 2016)。第二,反应词分类缺乏相对客观的科学操作手段,反应词的分类方式差别较大,分类标准不统一,研究发现缺乏可比性(Fitzpatrick 2007;李小撒等 2016)。心理词汇研究者亟须寻找一种更加客观的手段,尽可能保证反应词归类不受研究者个人偏见等人为因素的影响。第三,被试的联想反应容易受身体状况、情绪、环境等多种因素影响,因而具有较大的不稳定性(李小撒等 2016)。相对而言,李小撒等(2016)的研究在选择联想实验刺激词时尽量平衡了词性、词频和具体性等因素,使刺激词更具代表性,同时借助了 WordNet 和 BNC 等数据库对联想测试的反应词进行分类,尽量减小了主观判断的影响。

2.2.1.1.2 词汇回忆实验

词汇回忆常作为一个语义指标来考察双语语义对记忆的促进或干扰作用,并通过这种作用探测双语语义表征的可能状态。Kolers et al. (1980)以及 Paivio et al. (1975)的词汇回忆实验在早期研究中最具代表性。Kolers et al. (1980)的实验向被试呈现西班牙语词和英语词(共 20 列,每列 69 个)。各列词的呈现方式包括四种:1、只呈现单个词;2、呈现单个词和单个词重复 1—3 次;3、呈现单个词加 1—3 个同义词;4、单个词加 1—3 个同义词的翻译对等词。每列词呈现完毕之后,要求被试从词汇表辨认所呈现过的词汇或者回忆并写下所呈现过的词汇。实验的基本思路是,如果双语共享语义表征,对一个词有关语义的重复将促进对该词的回忆,尤其是语言内回忆。Kolers et al. (1980)的实验表明双语者两种语言的心理词汇语义表征分离,但 Liepmann et al. (1984)的词汇回忆实验却得出了相反结果。Durgunoglu et al. (1987)的自由回忆实验发现词汇任务对语言的依赖性较大;语义任务对语言的依赖性较小。这为双语者语义表征共同存储,词汇表征独立存储提供了证据。李德高等(2010:131)采用词汇记忆和自由回忆实验考察了非英语专业一年级大学生在汉英两种语言条件下,是否对主题关联和分类学联系具有相同的意识模式。他们发现,用汉语呈现概念词时,被试表现更好;用英语呈现概念词时,被试表现更差。在汉语条件下,被试对分类学联系和主题关联的敏感性程度没有显著差异;但在英语条件下,被试对分类学联系的意识更强,对主题关联联系的意识更弱。据此,研究者得出结论:对于二语水平较低的双语者,修正层级模型中所指的语义共享应该是类似分类学联系概念这样的普遍性知识,而不是主题关联联系概念这样的文化专门性知识。童燕琴(2011)采用自由回忆实验对比汉(L1)英(L2)两种心理词汇的异同,结果发现不同语言条件下词汇的组织结构不同。可见,采用词汇回忆范式进行的双语词汇表征研究的结果并不一致。

2.2.1.1.3 Stroop 效应实验

Stroop 效应又称色词干扰效应,即字义对字体颜色的干扰效应,由美国心理学家 Stroop(1935)最早发现。广义来说,Stroop 效应就是一个刺激的两个不同维度发生相互干扰的现象。色词的词义信息和颜色信息不一致时,被试颜色命名的反应时比中性情况下的反应时长;两者一致时,被试颜色命名的反应时比中性条件需要的反应时短(陈俊等 2007;de Marchis 2013)。经典 Stroop 范式即命名词(字)的颜色时,书写目标字(颜色词)的颜色与目标字的语义之间产生干扰作用。随着研究的不断深入,经典 Stroop 范式已演变为各种各样的变式。双语 Stroop 范式即为其中一种变式,它指利用两种语言的色词,要求被试用母语和二语分别对两种语言的色词进行颜色或词语命名,然后根据语言间(色词和命名语言使用两种不同语言)和语言内(色词和命名语言使用同一种语言)的不同干扰效果,推断双语者心理词汇的表征结构(鞠鑫等 2004)。翻译任务也是研究双语 Stroop 范式的重要工具。la Heij et al. 采用了翻译任务检验双语 Stroop 效应。被试进行 L2 - L1 的翻译。干扰词以 L1 呈现,与要生成的词在语义或正字法等方面存在相关。结果发现,与生成的词在正字法上相关的干扰词促进了翻译任务的完成,反应时显著缩短;与生成的词在语义上相关的干扰词对翻译任务产生了干扰作用,反应时显著增加。这与经典 Stroop 效应中一致条件下的促进作用和不一致条件下的干扰作用是相似的(转引自陈俊等 2007:416)。另外,图—词干扰范式也是研究双语 Stroop 效应的重要途径和方法。图—词干扰任务是经典 Stroop 范式的一个简单推广。在图—词干扰范式中,向被试呈现图与干扰词。二者可以同时呈现,也可以先呈现图,然后呈现干扰词,要求被试命名干扰词。例如向被试呈现方形中的"圆"或圆形中的"方"字等,要求被试忽略图形,命名图形里的汉字(陈俊等 2007:416)。

Stroop 范式对双语表征的理论假设是:如果双语者两种语言的语义共同表征,两种语言的颜色词对颜色命名的干扰就会出现语言间的效应。Chen et al.(1986)的 Stroop 实验发现,非熟练双语者激活颜色的概念不同于解译外语词的过程。颜色可以直接激活概念,而外语颜色词则要通过 L1 中介才能激活概念。在颜色词解译过程中,只进行形式操作,不会激活语义,因而不会干扰颜色命名。当双语者的二语水平进一步提高后,一种语言的颜色词能够直接激活相关颜色的概念并对另一种语言的命名过程带来干扰,语言间的 Stroop 效应便开始出现。但 Altarriba et al. (1997)的 Stroop 实验发现,语言形式即便在最初的学习阶段就与概念直接相连,并产生了 Stroop 效应。Lee et al. (2000)研究了汉—英双语者和英语单语者的 Stroop 效应,结果发现汉—英双语者的英文 Stroop 干扰量更大,且在双语者字色矛盾的任务中,两种语言的反应时均显著长于单语者的反应时。

在国内,高立群等(2003:120)采用 Stroop 范式和颜色命名方法考察了日—汉双语者心理词汇的表征结构。他们发现语言相似性和二语熟悉度共同影响双语者的心理词汇表征。二语熟悉度影响中文汉字和日文汉字的连接方式,汉语不熟练者为词汇连接模式,汉语熟练者为多通道模式;但二语熟悉度不影响中文汉字和日文假名之间的连接。无论双语者的汉语是否熟悉,两种文字都倾向于语义中介模式。鲜红林(2006)采用双语 Stroop 范式的色词命名任务考察了维—汉双语者的词汇表征模式。结果发现维—汉双语者的语言内干扰效应显著大于语言间干扰,汉语的干扰效应大于维语。维—汉双语者拥有维语和汉语两个心理词典。张学敏(2008)采用双语 Stroop 色词测验的变式——图文干扰范式考察了蒙—汉—英三语者的语义表征和词汇连接模式,结果发现存在蒙、汉、英三个心理词典;蒙、英之间为词汇连接模式,蒙、汉之间为语义中介模式。卢植等(2010)的 Stroop 实验发现,不熟练的汉—英双语者需要将英语词转换为对应的汉语词以理解其意义(词汇连接),所以出现了较大的语言间干扰效应。而熟练的汉—英双语者可以直接理解英语词的意义(概念中介),因此出现了较大的语言内干扰效应。宋珊珊等(2015)的双语 Stroop 效应实验发现,母语为粤语的大学生被试的粤普双语 Stroop 效应不同,用普通话完成 Stroop 任务反应时长于粤语,但与母语为汉语的大学生被试用普通话完成 Stroop 效应实验的反应时无显著差异。

可见,采用 Stroop 实验研究双语者心理词汇的语义表征和词汇连接模式的结果不尽一致,关于二语熟练度因素的作用也存在争议。此外,尽管不少研究者考察了双语的 Stroop 效应,但该范式仍有一些问题。比如,关于 Stroop 效应的发生机制,目前学界至少提出了 6 种理论或模型。分别是：相对加工速度理论(赛马理论)、自动化理论、知觉编码理论、Logan 的平行加工模型、平行分布式加工模型以及 Robert et al.(2003)提出的 Stroop 效应建构理论。而且有多种因素可以影响 Stroop 效应的大小,一方面是文字识别能力,被试对刺激语言的熟练程度越高,字义加工自动化程度越高,字义的干扰程度越大;另一方面是颜色识别能力,被试对颜色的识别能力越高,受到字义的干扰越小。此外,语境因素、操作任务、SOA 的长短、被试的年龄、词和非词的比例等因素也会影响并制约被试在 Stroop 任务中对词的加工(陈俊等 2007：417)。

2.2.1.1.4 词图命名和词汇翻译实验

词汇翻译就是 L1 和 L2 之间的互译。词图命名,也叫图片命名,是指用 L1 或 L2 说出图片的名称。两种方法可分开使用,但更多地同时用来研究双语词汇表征。在词图命名/命名图片和翻译实验方面,Kroll 及其同事做了不少研究(Kroll et al. 1988；Kroll et al. 1992；Kroll et al. 1994；Kroll et al. 1997)。她们大多采用词图命名和翻译实验范式考察两种语言的连接模式。其实验理论基础是,双语者两种语言的词汇表征独立,语义表征共享。被试包括非熟练和熟练双语者。实验要求被试进行 L1 - L2、L2 - L1 翻译,将图片名称翻译成外语,或用外语命名图片。通过实验他们提出了描述双语词汇表征动态变化过程的修正层级模型,在相关领域产生了很大影响。

Potter et al.(1984)发现汉—英双语者完成词汇翻译和图片命名任务的反应时无显著差异,结果支持概念调节模型。

Hernandez et al.(2002)采用图片命名的重复启动范式考察了西班牙语—英语双语者的语言表征模式。结果发现语言间的重复启动效应小于语言内的重复启动效应,而且英语的语言内重复启动效应小于西班牙语的语言内重复启动效应。

张阔等(2005)使用图片命名的重复启动范式考察了语言内和语言间条件下,图片的重复呈现对词汇生成的启动效应。结果发现,语言间的重复启动效应显著小于语言内的重复启动效应;且英—汉间的重复启动效应小于汉—英间的重复启动效应;汉、英语言内的重复启动效应则无显著差异。

龚少英等(2006)采用图片命名、单词命名和单词翻译任务,考察了二语不熟悉的小学三、五年级和初中一年级汉—英双语者后向及前向翻译的内在过程。结果发现,被试用一语命名图片和单词的反应时显著短于用二语命名图片和单词的反应时。被试后向翻译的反应时显著短于前向翻译。随着二语熟悉度的提高,反应时差异逐渐减小,不熟练汉—英双语者的两个翻译方向都是概念中介的,但两个翻译方向的加工速度差异显著。

张文鹏等(2007:50)用图片命名任务考察了熟练后期汉—英双语者心理词汇的语义表征与词汇提取机制。她们发现熟练后期汉—英双语者心理词汇的语义共同表征。

张积家等(2010:452)采用图片命名和分类任务考察了普通话—英语双语者、粤语—普通话双语者和普通话单言者。他们发现双语影响图片命名却不影响图片分类。粤—普双语和普—英双语有相似的认知机制,普、粤作为两种语言存储在粤—普双语者的头脑中。

王涛等(2017:61)采用图片发声命名任务并结合 fMRI 技术,考察了后期熟练汉—英双语者的词汇表征。他们发现汉—英双语者一语和二语的名词及动词表征都是分离的。尽管被试的二语在词汇加工层面已达到与一语相同的熟练程度,但一语作为优势语言,其名词和动词的加工均激活了更大的脑区;二语名词和动词加工激活的脑区相对都更小。这表明,词图命名和翻译实验的双语词汇表征研究结果也不一致,目前的研究发现尚不能揭示双语词汇表征的普遍神经机制。

2.2.1.1.5 启动实验范式

启动范式常用于考察语言加工的心理机制(陈庆荣 2012)。该范式包括一个首先呈现的启动刺激(prime)和一个随后呈现的目标刺激(target)。实验目的是考察启动刺激能否促进目标刺激的加工,这种启动刺激对目标刺激加工的促进效应被称为启动效应(priming effect)。启动效应的理论依据是 Collins et al.(1975)的"语义激活扩散模型"。根据该模型,概念系统按概念之间的不同语义连接强度以网络形式组织起来。不同连接强度的概念之间,在网络中的距离不同。语义网络中,当某个概念被激活后,这种激活会向周围扩散,从而使其邻近概念得到"启动"。如果启动刺激和目标刺激属于同一种语言,考察的就是语言内启动。如果启动刺激和目标刺激属于两种不同语言,考察的就是跨语言启动。跨语言启动的原理是:如果两种语言共享一个语义系统,一种语言的词就能通过在同一系统中的语义表征的激活,对另一语言中的翻译对等词或语义相关词产生认知促进作用。根据启动词和目标词的语义关系可以把跨语言启动效应分为两种类型:如果分属两种不同语言的启动词和目标词在语义上相关,那么启动词所产生的启动效应就是跨语言启动效应。如果分属两种不同语言的启动刺激和目标刺激是翻译对等词,那么这种效应就被称为翻译启动效应或跨语言的重复启动效应(王瑞明等 2016)。如果产生跨语言启动效应或翻译启动效应,说明两种语言可能共享语义表征。学界已有研究通过比较两种启动效应的差异,来考察两种语言在大脑中的表征和加工机制(李利等 2006b;李利等 2008a)。由于上述跨语言启动效应和翻译启动效应都是基于启动词语义的自动激活扩散,从而促进了被试对目标词(启动词的语义相关词或翻译对等词)的认知加工,因此这两种效应,可以统称为跨语言的语义启动效应。与此相对的是,如果双语者两种语言的词名层存在一定的连接强度,那么启动词词汇表征的激活可能促进被试提取目标词(启动词的语义相关词或翻译对等词)的词汇表征,由此而产生的启动效应,本研究称为跨语言的词汇启动效应。

　　自二十世纪八十年代开始,双语词汇表征的实验研究最主要采用各种不同实验任务的启动范式。经常使用的启动任务主要有三种类型。一是范畴判断任务(category judgment task),即要求被试判断目标刺激是否属于特定的语义范畴,因此也叫语义归类任务,比如 Zeelenberg et al. (2003)、Francis et al. (2011)、陈栩茜等(2012)、吴文春等(2015)和王震 (2016)等研究就采用了范畴判断任务。二是真假词判断任务[①](leixical decision task),即要求被试判断目标刺激是真词还是假词,比如 Kiran et al. (2007)、Schoonbaert et al. (2009)、Brenders(2012)、张积家等(2013)、胡杰辉等(2014)、李利等(2016)就采用了真假词判断任务。三是翻译识别任务(translation recognition task),也叫意义匹配任务,要求被试判断先后呈现的两个词是否是翻译对等词(本研究将先呈现的词简记为"前词",后呈现的词简记为"后词"),如 Palmer et al. (2010)、胡敏燕(2011)、

---

① "真假词判断任务"也称为"词汇判断任务"。

Chen et al. (2015)、李黎(2016)、Pu et al. (2016)和 Ma et al. (2017)就采用了翻译识别任务。

　　白学军等(2013)根据启动刺激和目标刺激的呈现方式和时间间隔长短,将启动范式的实验研究分为长时重复启动和立即启动范式。考虑到采用立即启动范式的实验中,SOA 绝对为 0 ms 的实验设计非常少,但 SOA 的设置一般都很短,因此本研究将这类与长时重复启动范式相对的实验范式称为**短时快速启动范式**。目前,跨语言的长时重复启动实验范式已经成为双语词汇表征研究最普遍采用的行为学测量方法之一(高晓雷等 2015:737)。该范式是基于内隐记忆的认知实验范式,它包括一个单独的编码阶段(学习阶段)和一个单独的提取阶段(测试阶段),目的是考察被试在测试阶段对目标词的反应是否会受到学习阶段学习过的同语言词(即目标词本身)或目标词在另一种语言中的翻译对等词的影响。从内隐记忆的角度看,如果测试阶段的提取过程在一定程度上重现了学习阶段的编码过程,测试任务中就能发现语言内或语言间的长时重复启动效应;如果测试阶段的提取过程没有或者极少重现学习阶段的编码过程,测试任务中就不会出现语言内或语言间的长时重复启动效应。该范式用于考察双语词汇表征的基本逻辑是:如果测验阶段对学习阶段呈现的词的翻译对等词反应得更快更准,就说明这些翻译对等词在学习阶段也得到了激活,因而出现了跨语言的重复启动效应;如果测验阶段对学习阶段呈现的词的翻译对等词的反应与未学词不存在显著差异,就说明这些翻译对等词在学习阶段未得到激活,因而没有出现跨语言的重复启动效应。存在跨语言的重复启动效应,就表明两种语言的心理词汇可能共同存储,反之,则可推断两种语言的心理词汇是独立存储(崔占玲等 2009a,2009b;高晓雷等 2015)。这种研究方法是基于 Morris et al. (1977)的迁移恰当加工原则(transfer appropriate processing)。该原则认为编码阶段到测试阶段的迁移程度取决于两个阶段加工相似度的大小,如果编码阶段的任务对测试阶段的任务有促进作用,那么这两个任务一定使用了共同的加工过程或激活了共同的心理表征。不少研究者认为,在这种范式中,被试事先并不知道存在两个阶段,对整个实验的目的、启动刺激和目标刺激之间的关系等都不清楚,因此整个实验考察的是被试无意识的、基于内隐记忆的认知加工过程。该范式与基于外显记忆的传统研究范式有本质区别。传统跨语言的启动实验范式不分学习和提取阶段,启动词与目标词连续呈现,被试容易采用翻译等有意识的策略加工。长时重复启动范式的显著优势是它基于内隐记忆,能尽量降低各种策略加工效应对实验结果的影响(Zeenlenberg et al. 2003；Li et al. 2009；王瑞明等2011；陈亚平 2015；李利等 2016)。

在使用跨语言长时重复启动范式对双语词汇表征问题进行研究时,一般在学习和测试阶段采用语义归类或真假词判断任务。因为被试数量、材料等方面存在差异,在双语词汇表征问题上的早期分歧仍然存在(Weinreich 1953；Ervin 1954；Kolers 1963,1964,1966)。少数研究者认为双语者心理词汇的词汇和语义表征均独立存储(Glanzer et al. 1971；Kirsner et al. 1984；Keatley et al. 1994)。但绝大多数跨语言的长时重复启动实验研究支持双语词汇表征独立存储,语义表征共同存储(Potter 1984；Smith 1997；李荣宝等 2003；Zeelenberg et al. 2003；莫雷等 2005；李利等 2006b,2008b,2010,2011,2016；崔占玲 2009a,2009b；Li et al. 2009；闻素霞等 2009；王凤梅 2010；王瑞明等 2010,2011；马利军等 2011；陈栩茜等 2012；李杰等 2013；杨娜 2013；胡杰辉等 2014；李扬颖 2014；孙鑫等 2014；高晓雷等 2015；王震 2016)。由于 Kessler et al. (2013)发现额外的加工策略也会影响长时重复启动效应的产生,因此王震(2016)等采用学习阶段无需反应的方法,以便尽量避免被试使用额外策略。

与长时重复启动实验范式相比,短时快速启动范式是指实验没有区分学习与提取阶段,启动词和目标词连续呈现。根据不同的实验任务,研究双语词汇表征的跨语言短时快速启动实验又可再分为三种类型。一是翻译识别实验,为了论述方便,本研究将翻译识别实验中前词开始呈现到后词开始呈现的时间间隔也叫作 SOA；二是语义归类实验；三是真假词判断实验,部分典型的短时快速启动实验研究见表 2-1。

表 2-1 近年来双语词汇表征的部分短时快速启动实验研究

研究者及时间	研究对象	SOA	掩蔽	实验任务	研究结果及备注
Schoonbaert et al. 2009	荷—英双语者	250/100 ms	是	真假词判断	考察不平衡双语者语义和翻译启动效应,支持非对称模型(简称 RHM)。

（续　表）

研究者及时间	研究对象	SOA	掩蔽	实验任务	研究结果及备注
Kiran et al. 2007	西—英双语者	150 ms	否	真假词判断	考察早期西班牙语—英语双语者的语义和翻译启动效应，不支持 RHM。
Schoonbaert et al. 2011	英—法双语者	120 ms	是	真假词判断	考察翻译启动效应，发现不对称翻译启动效应，支持 RHM。
Dong et al. 2005	汉—英双语者	200 ms	否	真假词判断	考察语义启动效应，提出共享非对称分布式模型。
Duñabeitia et al. 2010	巴—西双语者	67 ms	是	go/no-go 式语义归类①	ERP 研究；高度熟练的巴斯克人语—西班牙语同时性双语者；发现了非同源词的对称的掩蔽翻译启动效应。
Midgley et al. 2009	法—英双语者	67 ms	是	同上	不平衡双语者 L1-L2 的翻译启动产生 N250 和 N400；L2-L1 产生 N400。
吕勇等 2008	汉—英双语者	1700 ms	否	同上	ERP 研究；不平衡双语者 L2-L1 的重复启动效应更大，不支持 RHM。
Ma et al. 2017	英—西双语者	750/300 ms	否	翻译识别	不熟练的 L2 能直接通达语义，无需借助一语词中介；不支持 RHM。
李黎 2016	汉—英双语者	750 ms	否	翻译识别	二语熟悉比不熟悉者 L2-L1 和 L1-L2 的词形和语义连接强度均更大；两类被试 L2-L1 的词汇连接强度均更大。
周晓林等 2008	维—汉/朝—汉双语者	300 ms	否	真假词判断	维汉语义启动效应大于汉维，无朝汉启动；语言经验可改变词汇表征的加工速度及词汇表征激活语义的模式。
郭桃梅等 2002	汉—英双语者	300 ms	否	真假字判断	非熟练双语者二语词借汉语对译词的词汇表征通达语义，支持 RHM。

---

① go/no-go 范式的语义归类任务是指实验中要求被试执行一个额外的语义分类任务，对关键刺激不作明显的行为反应。比如要求被试对表示动物的词按键作出反应，不表示动物的词不做反应。实验者关心的是被试对那些不做明显行为反应的关键刺激的神经反应（Duñabeitia et al. 2010；侯友等 2012）。

研究者及时间	研究对象	SOA	掩蔽	实验任务	研究结果及备注
易爱文 2017	普—粤/粤—普双语者	2000 ms	否	语义归类	熟练普—粤及粤—普双语者两种语言表征存在非对称性，部分支持 RHM。
林泳海等 2009	瑶—汉儿童双语者	大于 300 ms	否	真假词判断	双语语义共同存贮，L1 的优势地位随年龄增大而下降。
吴文春等 2015	熟练潮—普双语者	同上	否	语义归类	语义表征共享，L2 词直通语义，听—视跨通道下 L2 - L1 的词汇连接强度更大，听觉通道内连接强度无差异。
麦穗妍等 2014	非熟练潮—粤双语者	600 ms	否	语义归类	二语词直通语义，但一语和二语词与语义表征的连接强度仍存在不对称性。
闻素霞等 2009	熟练维—汉双语者	300 ms	否	真假词判断	启动词和目标词具有语义联想关系，结果：双语心理词汇语义共同存储。
盛瑞鑫等 2007	熟练维—汉双语者	250 ms	否	真假词判断	L2 词与语义为强联系，双语词汇通达的不对称性接近消失，支持 RHM。
热比古丽·白克力等 2012	维—汉—英三语者	300 ms	否	真假词判断	熟练 L2 词直通语义；非熟练 L3 词借 L1 或 L2 词通达语义。语言水平和距离影响词汇的语义通达。
热比古丽·白克力等 2011	维—汉—英三语者	300 ms	否	真假词判断	L3 词与 L1 词语义共享；L1 容易启动 L3，非熟练的 L3 不易启动 L1，因 L3 尚未达一定熟练水平。

Chumbley et al. (1984)认为，真正的语义启动效应产生于真正意义上的语义“自动激活扩散”，因此启动实验应当排除翻译等任何形式的策略加工。研究者发现可能导致被试采用策略加工的因素有任务类型、相关词比例、真词比例、SOA 长短、是否掩蔽启动刺激等（Lucas 2000；黎明等 2014）。

首先，任务类型会影响启动效应的结果。在短时快速启动范式的真假词判断实验中，首先呈现启动词，然后呈现目标词，要求被试判断目标词是真词还是假词。这种词汇判断任务没有外显的要求被试关注启动词和目标词的语义相关性,可以在一定程度上排除翻译等策略的使用。因此,短时快速启动范式的真假词判断任务一直是学界研究词汇加工的重要工具之一(Keatley et al. 1992)。而采用翻译识别任务的实验情况则有所不同。所谓翻译识别任务,即要求被试判断后词是否是前词的翻译对等词。国内外都有不少学者使用翻译识别任务考察双语词汇表征模式。比如 Palmer et al. (2010)采用翻译识别任务发现西班牙—英语双语者和英语—西班牙双语者的词汇表征支持非对称模型。胡敏燕(2011:37)采用翻译识别任务考察中国英语学习者双语词汇表征的结构变化,发现非初级阶段中国英语学习者的双语词汇表征结构为概念中介型,且不同英语水平的学习者表现出相同程度的概念调节。在形成双语词汇表征系统时,抽象词滞后于具体词。当学习者英语达到初级以上水平,具体词的双语词汇表征系统发展减慢,抽象词的表征系统则继续发展,两者差距逐渐缩小。Chen et al. (2015)采用翻译识别任务研究了不熟练汉—英双语者的词汇连接模式,发现 L2 - LI 的词名层连接强于 L1 - L2 的连接;词汇熟悉度是影响被试记忆表征的重要因素。李黎(2016:2)采用翻译识别任务考察中国英语学习者心理词汇的连接模式,发现高水平英语学习者在 L1 - L2 的正向连接和 L2 - L1 的反向连接上的语义和词形连接强度均大于低水平英语学习者;高、低水平英语学习者的词汇连接均出现明显的非对称性,即 L1 - L2 的正向连接强度显著更小;L2 - L1 的反向连接强度显著更大。这与基于双语均为拼音文字构建的非对称模型的预期不完全一致。Pu et al. (2016)要求英语为母语的被试在四小时的西班牙二语词汇训练后,完成 L2 - L1 的后向翻译识别任务,发现在二语学习的最初阶段,被试就能直接通达二语词汇的语义表征。Ma et al. (2017:50)采用翻译识别任务,发现母语为英语,二语为不熟练西班牙语的后期双语者可以直接通达二语单词的词义而不需要借助一语的中介作用,这实际否定了非对称模型。翻译识别实验中,被试必须要能完全看清楚前词,提取前词的语义,因此 SOA 的设置都比较长。比如 Palmer et al. (2010)、Chen et al. (2015)和 Pu et al. (2016)的实验中,前词呈现 800 ms 才呈现后词(目标词);李黎(2016)和 Ma et al. (2017)的实验中,前词呈现 750 ms 才呈现后词。这意味着至少有一部分被试有充足的时间采取翻译加工策略。由于被试理论上至少有时间将一部分前词在后词(即目标词)呈现之前翻译成目标语言,以便目标词呈现后更快做出判断,所以该范式理论上无法避免被试采用翻译加工策略。为了最大限度减少翻译策略的影响,并保证被试有足够时间识别前词,胡敏燕(2011)和 Ma et al.(2017)分别将 SOA 缩短为 333 和 300 ms。但这里有一个悖论,如果时间太短,被试无法准确识别前词,如果被试能准确识别前词,就可能实施翻译策略。因此,翻译识别任务范式有其固有缺陷。

其次,研究者也发现语义相关词比例会影响被试的反应。比如 Lucas(2000)等发现如果语义相关词比例太高,被试就更可能注意到启动刺激和目标刺激之间的关系,从而促使被试使用有意识的加工策略。Bodner et al.(2003)采用真假词判断任务测试语义启动效应,在短 SOA (45 ms)和掩蔽启动条件下,发现语义相关词对的比例越大,语义效应就越大。为了减少注意性启动(attentional priming),Altarriba(1992)和 Dong et al.(2005)将实验的语义相关词比例减少到大约 33%。

第三,真假词判断实验中应当降低真词的比例,以减少"正整合倾向" (倾向于作肯定反应)(黎明等 2014)。Altarriba(1992)和 Dong et al. (2005)将其实验的真词比例控制在 67% 左右。

第四,SOA 的设置也会影响启动效应。SOA 较长时,被试能清楚识别启动刺激,有足够的时间实施翻译等有意识的策略加工,从而使实验结果获得更大的启动效应(Kuper et al. 2009),比如表 2-1 中吴文春等 (2015)、林泳海等(2009)的 SOA 远远长于 300 ms[1],麦穗妍等(2014)的 SOA 长达 600 ms,Ma et al.(2017)和李黎(2016)的 SOA 长达 750 ms, 吕勇等(2008)的 SOA 长达 1700 ms,易爱文(2017)的 SOA 甚至长达 2000 ms。不少研究认为,如果 SOA 太长(长达数秒甚至十几分钟),很难解释实验效应到底是来自语义启动,还是来自短时记忆信息的激活,或是外显的策略加工效应(Altarriba et al. 2007)。Keatley et al.(1994)认为,长 SOA 条件下的跨语言语义启动是一种控制性的策略加工所产生的认知效应,不能用语义的自动激活和扩散来解释,短 SOA 条件下产生的启动效应才是真正由语义自动激活扩散而产生的词认知促进效应。Altarriba(1992)认为 300 ms 的 SOA 就足够被试翻译启动刺激或使用其

---

[1] 他们的实验中,SOA 的时间为播放启动词音频的时间再加 300 ms 的时间间隔。

它策略。Schwanenflugel et al.(1986)认为 SOA≤300 ms 时，Neely et al.认为 SOA≤200 ms 时，实验就能够排除策略性启动效应（strategic priming）（转引自 Dong et al. 2005：223）。Neely(1977)、Storbeck et al.(2004)和 Liu et al.(2010)在论述 SOA 与心理加工水平间的关系时，认为 SOA 为 250 ms 时属于自动化加工。自动化加工中个体处于无意识或潜意识状态，而控制加工需要个体意识的参与，也就是意识加工（周志娟2013：12）。表 2-1 中绝大多数实验的 SOA 均不超过 300 ms，表明不少研究者认同 SOA 小于或等于 300 ms 时，被试对启动词的加工属于自动加工。但短 SOA 条件下的启动实验结果并不完全一致：Grainger et al.(1988)发现只有在长 SOA(≥700 ms)条件下才有跨语言的启动效应，短 SOA 条件下(150 ms)没有跨语言的启动效应；Keatley et al.(1994)发现 SOA 为 200 ms 时，低比例相关词对没有对称的语言间启动效应；Schwanenflugel et al.(1986)却发现 SOA 为 100 或 300 ms 时都有跨语言的启动效应；Schoonbaert et al.(2009,2011)设置 SOA 为 100、120、150 ms 时，Duñabeitia et al.(2010)设置 SOA 为 67 ms 时，郭桃梅等(2002)设置 SOA 为 300 ms 时，他们的研究都支持非对称模型；Kiran et al.(2007)设置 SOA 为 150 ms 时，Ma et al.(2017)设置 SOA 为 300 ms 时，他们的研究却不支持非对称模型。

第五，是否掩蔽启动刺激也会影响启动效应的产生及启动效应的大小。掩蔽是实现无意识自动加工的重要手段之一。视觉掩蔽是指一个快速呈现的刺激(≤50 ms)在另一个快速呈现的刺激(称为掩蔽刺激)的呈现作用下的可视性减弱或消失的过程。掩蔽启动范式是将启动刺激掩蔽，使其达到无意识觉知的效果，被掩蔽的启动刺激与靶刺激有某种程度的相关时，靶刺激的加工会受到启动刺激的影响而易化（宋娟等 2012：30）。跨语言的启动实验根据启动词是否被掩蔽可以分为掩蔽启动和非掩蔽启动。有研究者认为，非掩蔽启动不能客观反应词汇的加工过程，发现的启动效应可能受记忆效果或翻译等策略加工的影响。如果采用掩蔽启动，增加掩蔽刺激，就可避免主动有意识加工，排除策略加工效应。已有不少研究者在缩短 SOA 的同时，对启动词进行了前掩蔽或后掩蔽或前后同时掩蔽(在启动词之前或之后或同时在启动词之前和之后呈现一种掩蔽刺激，如一串"＊＊＊＊")，以减弱启动词的视觉刺激强度，使被试很难觉察到启动词,双语任务情景类似于单语任务情景,从而阻断或减少短时记忆效应和外显加工策略效应(Midgley et al. 2009;Schoonbaert et al. 2009,2011;Duñabeitia 2010)。但掩蔽启动范式下的实验结果仍不一致:Gollan et al. (1997)采用 SOA 为 50 ms 的前掩蔽实验发现希伯来语—英语双语间,无论是同形同义还是非同形同义条件,均只存在 L1 对 L2 的启动效应。有研究者发现无论两种语言的形态是否相同,在短 SOA 条件下都能发现跨语言的启动效应(Altarriba 1992)。Basnight-Brown(2007)采用短 SOA 的掩蔽刺激实验发现双语翻译对等词在 L1 - L2 和 L2 - L1 两个方向均存在十分显著的启动效应。Chauncey(2008)利用无意识掩蔽启动范式结合 ERP 技术发现 L1 - L2 的启动(表现为 N200 效应)早于 L2 - L1 的启动(表现为 N400 效应)。Nakamura(2007)把启动词的呈现时间缩减到 29 ms 并加以前后掩蔽[①],被试完全意识不到启动词的内容,但实验结果仍显示出语言间的启动效应。Schoonbaert et al. (2009,2011)采用 100、120、250 ms 的短 SOA,Duñabeitia et al. (2010)采用 67 ms 的短 SOA,他们的掩蔽启动范式实验研究也都发现了跨语言的启动效应,且实验结果都支持非对称模型。

尽管相当多的研究者使用掩蔽手段以尽量降低被试使用翻译等策略加工效应[②],但也有研究指出,快速掩蔽启动范式对语义因素相对不敏感(Gollan et al. 1997;Dong et al. 2005)。尽管掩蔽启动在一定程度上消除了有意识的策略加工效应,但还是可能存在外显记忆的干扰,启动实验设计需要结合多种方式,尽量减少策略加工等干扰因素对实验结果的影响。除了掩蔽、低相关比例和短 SOA 实验设计之外,为克服传统启动效应实验中的词汇后整合和注意力分配等因素的干扰,Fox(1996)采用"忽视"刺激的范式,通过探测负启动效应来考察双语的语义存储问题。如果双语语义是同一表征,在这种实验条件下,跨语言的启动必然出现负效应,但 Fox 的负启动实验只发现了 L1 - L2 之间的非对称负启动效应。

启动范式的运用使双语词汇表征实验研究得到深化,研究者能从更微观的方面考察双语者两种语言之间的连接(李荣宝等 2001)。但启动

---

① 该实验中,启动词和后掩蔽的呈现时间均为 29 ms,因此 SOA=58 ms。
② Dong et al. (2005)使用的是注意性启动(attentional priming)。

实验的结果很不一致：比如 Kirsner et al.（1980,1984）、Kirsner（1986）、Grainger et al.（1988）、Zhang et al.（1994）和 Gollan et al.（1997）没有发现跨语言的语义启动效应；Keatley et al.（1994）、Fox（1996）、Gollan et al.（1997）只发现了 L1 到 L2 的语义启动效应。尽管表 2 - 1 中的所有启动实验研究都发现了语言间的启动效应，但研究结论却不尽一致，甚至相互矛盾。研究者将这些矛盾的结果主要归结为四个原因：SOA 的长短不同；语言类型不同；启动类型不同；L2 熟练程度不同。然而控制这些条件也并不能获得完全一致的结果（李荣宝等 2001；黎明等 2014）。比如表 2 - 1 中，同样是研究二语不熟练的双语者，Schoonbaert et al.（2009,2011）和 Midgley et al.（2009）的研究支持非对称模型，但 Kiran et al.（2007）、吕勇等（2008）、Ma et al.（2017）的研究却不支持非对称模型。同样是研究二语熟练的双语者，盛瑞鑫等（2007）和 Duñabeitia et al.（2010）发现了对称的翻译启动效应；吴文春等（2015）和李黎（2016）的研究却发现了不对称的启动效应。

2.2.1.2　神经学测量

随着认知神经科学的发展，一些神经科学的技术也应用于双语词汇表征研究，这些技术与启动等范式相结合，为双语词汇表征研究提供了更为直接的证据。常用技术手段主要有四种：ERP、fMRI、PET、MEG（金晓兵 2012）。

2.2.1.2.1　功能性磁共振成像（fMRI）

功能性磁共振成像（fMRI，functional magnetic resonance imaging）是一种新兴的神经影像学方式，其原理是利用磁振造影测量神经元活动引发的血液动力的改变。该技术具有相对较高的空间分辨率和毫秒级的时间分辨率，在神经和心理语言学研究领域被用来实时在线记录语言加工时的大脑激活情况（王涛等 2017）。不少学者采用 fMRI 技术研究双语心理词汇的语义表征和词汇连接模式，但研究结论却并不一致，甚至相互矛盾。

Chee et al.（1999）的 fMRI 研究发现，早期和后期双语者加工词汇和语句时，激活的大脑皮层都高度重叠。Hernandez et al.（2001）的 fMRI 实验要求西班牙语—英语熟练双语者用一种语言或交替用两种语言完成图片命名作业，结果发现两种语言的脑区激活模式相同。Isel et al.

(2010)运用 fMRI 技术研究神经成熟(neural maturation)对 L2 词汇知识习得的影响,发现早期和后期法—德字母文字双语者两种心理词汇的语义共同存储。但 Kim et al.(1997)的 fMRI 实验发现,在前额叶皮层的语言敏感区(Broca's area),早期双语者的外语与母语具有相同的表征空间,后期双语者的外语和母语则分别表征。两种类型的双语者的母语和外语表征空间在颞叶的语言区(Werniche's area)却没有显著差异。Dehaene et al.(1997)的 fMRI 实验发现中等熟练程度的后期法—英双语者在听用一语和二语讲的故事时,所激活的脑区差异显著。研究者认为,被试听二语时左半球的语言优势明显减弱,甚至显现为完全的右脑优势。这表明双语者依赖左半球皮层机制习得一语,却不一定依赖先天生物学机制学习后期二语。Ding et al.(2003)的 fMRI 实验发现汉—英双语者心理词汇的语义表征共享,词汇表征分离;两种语言刺激的自动激活与词义加工模式不同,中文刺激倾向于自动激活语义加工来直接提取语义信息。英文刺激倾向于自动激活语音加工,或在词义加工中较多依赖语音加工。李勇等(2006)的 fMRI 实验发现汉—英双语者执行汉英单词语义理解任务时,所激活的脑区明显重叠,右半球执行英语任务的作业机制与二语熟练度相关。曹河圻等(2012)也发现相对于中文,汉—英双语者右脑更多参与了英文加工,在英译汉和汉译英过程中出现了加工不对称现象。Nelson et al.(2009)的 fMRI 实验对比研究了汉—英双语者的汉语和英语阅读,发现 L1 为英语的汉语学习者呈现一个适应模式,即阅读网络通过增加支持特定文字需要的神经资源(neural resources)来适应新的书写系统。L1 为汉语的汉—英双语者呈现一个同化模式,即 L1 的阅读网络已经建立了包含支持 L2 文字需求的神经资源,因此 L1 的阅读网络不需要做出适应性改变。Kim et al.(2016)以朝鲜语—汉语—英语三语者为研究对象,采用 fMRI 实验研究双语之间的相似性如何影响二语的大脑网络。结果发现,当 L1 和 L2 的正字法透明性相似时(如被试的朝鲜语和英语都是字母文字,因而正字法都不透明),L1 和 L2 的阅读网络类似,即被试在阅读 L2 时呈现同化模式;当 L2 比 L1 的正字法更不透明时(如被试的汉语是象形文字,而英语是字母文字,因而英语的正字法更不透明),被试在阅读 L2 时呈现明显的适应模式。

王涛等(2017)的 fMRI 实验采用图片发声命名任务考察了后期熟练

汉—英双语者的词汇表征。他们发现汉—英双语者一语和二语的名词及动词表征都是分离的。尽管被试的双语熟悉度相同,但一语作为优势语言,其名词和动词加工均激活了更大的脑区;二语名词和动词加工激活的脑区相对都更小。Chan et al. (2008)的 fMRI 实验采用词汇判断任务,却发现高熟练度的汉—英双语者加工汉语名词和动词时,脑区差异不显著,加工英语名词和动词时,脑区差异显著。Yang et al. (2011)的 fMRI 研究则发现,汉—英双语者汉语动词和名词的加工脑区没有差异,而且英语动词和名词的加工脑区也没有区别。这些结论并不一致,与印欧双语研究的结论也有差异。英语和其他西方语言支持名动分离,即名词和动词具有不同的神经表征。这表明目前的研究发现尚不能揭示双语词汇表征的普遍神经机制(王涛等 2017:61)。关于双语词汇表征的神经基础主要有两种观点。一种观点认为,一语和二语词汇加工具有共同的神经基础(Hernandez et al. 2001;Pu et al. 2001)。另一种观点认为,一语和二语词汇加工的神经基础不同(de Bleser et al. 2003;Vingerhoets et al. 2003;Hernandez et al. 2006;王涛等 2017)。双语加工所激活皮层的重叠程度可能与二语水平、二语学习年龄、二语学习时间长短和语言类型等因素有关。

2.2.1.2.2　正电子发射计算机断层扫描技术(PET)

核医学脑功能成像主要是利用正电子发射计算机断层扫描(PET,positron emission tomography)技术进行脑功能方面的检测。PET 是应用正电子核素或其标记生物活性物质为显像剂探测脑内血氧代谢变化。PET 血流量测量已被证实是反映大脑功能变化的一个可靠指标(曹河圻等 2012)。学界也有不少利用 PET 技术考察双语词汇表征的研究,但研究结果不尽一致。Klein et al. 用 PET 进行了四项双语词汇表征研究(Klein et al. 1994,1995,1999,2006),结论都是双语者两种语言有共同皮层表征。比如 Klein et al. (2006)的 PET 实验研究了儿童时期学习第二语言是否会改变人脑的功能连接。被试为 5 岁后开始习得并熟练掌握法语的英—法双语者。结果发现被试提取二语和母语单词激活的脑区类似,两种语言的词汇提取可能具有共同的神经基础。但 Perani et al. (1996)的 PET 实验发现双语者听母语时激活的某些脑区,在听二语(7岁后获得,且接触机会有限)时未被激活。这表明双语的表征机制存在差异,实验结果支持独立表征假设。Perani et al. (1998)的 PET 实验发现,至少对两种语言极为相似的双语者而言,与习得时间相比,二语水平是决定二语词汇大脑皮层表征模式的更重要因素。de Bleser et al. (2003)的 PET 实验采用图片命名任务研究熟练荷兰语—法语双语者,他们发现实验结果不支持双语者两种语言有完全不同的神经皮层(neural substrates),二语水平是二语和一语词汇产出激活不同脑区的重要因素。

2.2.1.2.3 脑磁图与磁源成像(MEG)

脑磁图(MEG,magnetoencephalography)是近年出现的一种完全无侵袭高效的脑功能检测技术,可以检测与脑电流方向正切的脑磁场信号。122—160 导的 MEG 具有高空间分辨率,可精确定位语言功能区。毫秒级的时间分辨率使其能动态追踪大脑神经活动的起源和传导。目前,学界采用 MEG 技术考察双语词汇表征模式的研究为数不多。张华宁(2003)应用 MEG 研究了汉—英双语者的语言功能区,发现磁源均位于颞、顶叶交界区,包括颞上回和颞中回的后部,即韦尼克氏区;中英文单词刺激的磁源位置非常接近。Leonard et al. (2010)的 MEG 实验使用判断词汇表示物体大小的任务(要求被试判断视觉呈现的词汇所表示的物体能否放进鞋盒),发现早期获得 L2 的成年西班牙—英语双语者的 L1 和 L2 激活了相似的左半球视觉和腹侧额颞叶区域,L2 激活的时间更迟,且额外激活了右半球视觉和腹侧额颞叶区域,但随着被试 L2 熟悉度的提高,额外激活的右半球脑区趋于消失。Leonard et al. (2011)的 MEG 实验研究使用语义判断任务,被试是 L1 相对更不熟悉,L2 已经成为优势语言的西班牙—英语双语者。结果发现,双语者加工 L1 和 L2 的词汇都激活了经典的左额颞脑区(classical left fronto-temporal region),且不熟悉的 L1 词汇额外激活了双侧后视觉区(bilateral posterior visual regions),这表明是词汇的熟悉度而不是语言的习得顺序决定了词汇加工除了激活经典脑区外,是否额外激活其他脑区。已有的双语词汇表征 MEG 研究主要采用语言理解任务。由于语言产出任务的特殊性,目前 MEG 还很少采用语言产出任务研究双语词汇表征(Pang 2012)。Pang(2012)采用 MEG 技术,要求 L2 相当熟练的双语被试对图片产出动词,结果发现 L1 和 L2 词汇激活了相似脑区,但 L2 的加工时间被延迟了。研究者同时表明他赞同下述观点:L2 的加工更需要双侧大脑的参与,而 L1 的加工主要依赖左侧脑区。

2.2.1.2.4　事件相关电位(ERP)

事件相关电位(ERP，event-related potential)是指外加一种或多种特定刺激，作用于感觉系统或大脑某一部位，在给予刺激或撤消刺激时，引起脑区的电位变化。给予或撤销刺激都可看作一种事件(event)，由事件引发的电位变化则称为事件相关电位。ERP 不同于大脑的自发电位(EEG)。大脑只要没死亡就会不断产生脑电 EEG。ERP 是大脑对刺激产生的反应，是在注意的基础上与识别、比较、判断、记忆等心理活动有关，反映了认知过程中大脑的神经电生理改变，是了解大脑认知功能活动及心理活动的"窗口"。一次刺激诱发的 ERP 波幅通常较小，约 2—10 μV，而 EEG 的振幅通常较大，约 50—100 μV，所以 ERP 通常会被 EEG 淹没，两者构成小信号与大噪音的关系。为了从 EEG 中提取 ERP，需要对被试施以多次重复刺激，将每次刺激产生的含有 ERP 的 EEG 加以叠加与平均。由于 EEG 波形与刺激无固定关系，叠加后 EEG 信号就会按随机方式加和而相互抵消，而其中所包含的 ERP 的波形和潜伏期恒定。因此叠加后总波幅会随叠加次数成比例增大，但基本波形保持不变。这样，ERP 就从 EEG 的背景中得以突显。这就是 ERP 提取的基本原理(Kutas et al. 1983；蔡林江 2013：8—9)。

ERP 主要通过波幅、潜伏期和电位变动或电流的空间分布等指标来提供大脑工作过程的信息。ERP 技术目前已成为一种成熟的认知神经科学研究手段。为考察认知系统的加工提供了理想的研究工具。凭借其多维的探测能力、毫秒级的高时间分辨率、相对不错的空间分辨率以及大脑兴奋源逆向算法的渐趋成熟，ERP 为双语词汇表征的研究提供了更为直接的方法。"ERP 记录不仅提供了字词加工时间进程的信息，而且可以辅助提供大致的空间信息。它与 LORETA 相结合，则可以提供特定时间段内大脑电活动的内部来源"。(赵小雪等 2013：27)这使得研究者可能考察随时间进程而不断变化的大脑激活区域。目前 ERP 已成为研究双语者心理词汇语义表征和词汇连接模式最重要的技术手段之一。国内外研究者采用 ERP 技术，以各种不同双语者为研究对象，广泛考察了双语心理词汇的表征模式，部分典型的双语词汇表征 ERP 实验研究见表 2 - 2。现有 ERP 实验研究采用了多种不同的实验任务，比如表中 Kotz

(2001)、Geyer et al. (2011)、Schoonbaert et al. (2011)的研究采用了词汇判断任务;Palmer et al. (2010)、Chen et al. (2015)、Pu et al. (2016)、Ma et al. (2017)的研究采用了翻译识别任务;吕勇等(2008)、Midgley et al. (2009)、Duñabeitia et al. (2010)、王凤梅(2010)、易爱文(2017)的研究采用了语义归类任务;李荣宝等(2003)、王沛等(2010)的研究采用了句末词语义整合任务;蔡林江(2013)的研究采用了长时重复启动范式下的语义归类和词汇判断任务;张文鹏等(2007)的研究采用了图片命名任务;全交界(2012)的研究采用了词性判断任务,即要求被试判断目标词是否是名词。

表2-2　部分典型的双语词汇表征 ERP 实验研究

研究者及时间	研究对象	SOA	掩蔽	实验任务	研究结果及重要备注
Schoonbaert et al. 2011	英—法双语者	120	是	真假词判断	发现不对称启动效应,支持 RHM。L1-L2 和 L2-L1 的 N400 及 N250 均有差异。
全交界 2012	粤—普双语者	1800	否	词性判断	判断目标词是否是名词;语言间重复启动具有对称性,偏向符合概念中介模型。
Kotz 2001	西—英双语者	不清楚	否	单个词词汇判断	发现早期流利双语者对称的启动效应。
Geyer et al. 2011	俄—英双语者	3350	否	单个词词汇判断	高熟练度的 L2 为优势语;发现对称的 N400,对称的语言间翻译启动效应。
Ma et al. 2017	英—西双语者	750,300	否	翻译识别	不熟练的英语—西班牙双语者二语词直通语义,无需借助一语词,不支持 RHM。
Chen et al. 2015	汉—英双语者	800	否	翻译识别	L2-L1 的词名层连接强于 L1-L2,词汇熟悉度是影响记忆表征的重要因素。
Palmer et al. 2010	西—英/英—西	800	否	翻译识别	西班牙—英语和英—西双语者;目标词包括具体和抽象词;不对称 N400 支持 RHM。
Pu et al. 2016	英—西双语者	800	否	翻译识别	4 小时 L2 词汇训练后完成后向翻译识别任务;L2 学习的最初阶段就能直通语义。

（续 表）

研究者及时间	研究对象	SOA	掩蔽	实验任务	研究结果及重要备注
Midgley et al. 2009	法—英双语者	67	是	go/no-go 语义归类	不平衡双语者 L1-L2 的翻译启动产生 N250 和 N400；L2-L1 只产生 N400 效应。
吕勇等 2008	汉—英双语者	1700	否	同上	不平衡双语者；英—汉的重复启动效应显著大于汉—英，不支持 RHM。
Duñabeitia et al. 2010	巴—西双语者	67	是	同上	高度熟练的巴斯克人语—西班牙语同时性双语者；发现对称的掩蔽翻译启动效应。
王凤梅 2010	蒙—英双语者	700	否	语义归类	非熟练双语者语义表征共享、词汇表征分离。L2 借 L1 词通达概念，支持 RHM。
易爱文 2017	普—粤/粤—普	2000	否	语义归类	熟练普—粤及粤—普双语者；实验结果部分支持 RHM。
蔡林江 2013	普—粤双语者	无	否	语义归类词汇判断	长时重复启动；非熟练普—粤双语者粤语的语义通达偏向符合词汇连接型。
李荣宝等 2003	汉—英双语者	无	否	句末词语义整合	考察 P190 和 N400，发现汉英语义表征共享，词汇表征分离。
王沛等 2010	汉—英双语者	无	否	句末词语义整合	L2 不熟悉被试中英文句子的 N400 效应差异显著，L2 熟悉被试差异不显著；双语语义表征主要取决于 L2 的熟练度。
张文鹏等 2007	汉—英双语者	无	否	图片命名	熟练后期汉英双语者心理词汇的语义共同存储。

　　尽管双语词汇表征的 ERP 实验研究取得了大量成果，但研究结论却并不一致。Weber-Fox et al.（1996）的 ERP 研究发现，开始学习外语的年龄不同会导致 ERP 成分的半球差异。王沛等（2010）的 ERP 实验发现汉—英双语者心理词汇的语义表征主要取决于 L2 的熟练程度。同时，L2 熟练度较低被试的语义表征还受到句法复杂性因素的影响。Chen et al.（2015）运用翻译启动范式和 ERP 技术研究不熟悉汉—英双语者的双语记忆表征以及词汇熟悉度对双语记忆表征的影响。结果发现 L2-L1 的词汇连接强度大于 L1-L2 的词汇连接强度，词汇熟悉度是影响双语

记忆表征的重要因素。Palmer et al. (2010)运用翻译启动范式和 ERP 技术,以西班牙语—英语双语者和英语—西班牙语双语者为被试研究双语词汇表征,结果支持非对称模型。同样,王凤梅(2010)、Schoonbaert et al. (2011)、蔡林江(2013)等的研究也支持非对称模型。易爱文(2017)的实验结果部分支持非对称模型。Kiran et al. (2007)、吕勇等(2008)、Ma et al. (2017)的研究则不支持非对称模型。Pu et al. (2016)让仅仅只进行了 4 小时二语词汇训练的被试完成从二语到一语的后向翻译识别任务。他们发现在二语学习的最初阶段,被试就能直接通达二语词汇的语义表征。白吉可等(2011)采用 ERP 技术研究维吾尔语—汉语双语者汉语认知的神经源分布特点。发现维—汉双语者的汉语语义加工模式不同于汉语母语者,也与拼音文字加工的特点不完全相同。但 Ardal et al. (1990)和张文鹏等(2007)的研究结论却刚好相反。Ardal et al. 的 ERP 实验发现早期和后期双语者加工词汇及语句激活的大脑皮层高度重叠。张文鹏等的 ERP 实验结果表明,熟练后期汉—英双语者心理词汇的语义共同表征。

2.2.1.3 病理学研究

双语词汇表征的病理学研究始于二十世纪六、七十年代,主要是双语者失语及康复的个案研究。April et al. (1977)根据一例不平衡汉—英双语者失语症病例推断,表意文字汉语有其特别的视觉空间构形,可能是大脑右半球表征,而拼音文字大都在左半球表征。Berthier et al. (1990)对一位西班牙—英语双语患者实施大脑皮层定位麻醉实验,发现双语者两种语言都存储在西尔维厄周缘区,但是 L2 存储在中部西尔维厄核心,L1 存储在该区外围。Gomez-Tortosa et al. (1995)根据一名西班牙语—英语双语患者推断,双语者的两种语言在解剖学上具有不同的空间分布。但 Hines(1996)和 Paradis(1996)都认为 Gomez-Tortosa et al. 所报告患者的两种语言在解剖学上具有相同的空间分布。Ku et al. (1996)发现一名 16 岁的汉—英双语失语症患者入院 1 周后汉语书写功能恢复,8 周后英语读写功能才逐渐恢复。Leker et al. (1999)的 fMRI 检测发现一名希伯来语—英语双语脑损伤患者不能理解从右向左书写的希伯来语,但从左向右书写的英语读、写等语言功能正常,这是典型的单一语言功能丧失症。Moretti et al. (2001)考察了一名脑部尾状核梗塞的克罗地亚语

(L1)—意大利语(L2)双语者。病变初期,患者 L1 明显受损,L2 功能基本正常。当梗塞造成的脑缺血症状扩展至大脑皮层,L1 功能逐渐恢复,L2 受损明显。这表明 L1 的功能依赖控制内隐记忆的皮层下结构;L2 的功能主要依赖控制外显记忆的大脑皮层。Timothy et al. (2004)通过对比分析正常单语被试和双语脑损伤患者,发现 L1 和 L2 激活的脑区不同,大脑后部的顶叶和颞叶区可能存在 L2 的特异性脑区。Kiran et al. (2007)采用跨语言的真假词判断任务并结合 ERP 技术,考察 4 名早期西班牙语—英语双语失语症患者的语义和翻译启动效应,结果发现两名患者 L1 - L2 的启动效应更大,但另外两名患者 L2 - L1 的启动效应更大。可见,从病理学角度进行的双语词汇表征研究虽然总体上更支持双语表征存在于不同脑区,双语语义独立表征,但结论并不完全一致。由于这类报道大都是个案研究,其资料的可推广性有限(李荣宝等 2001)。

2.2.2 双语者心理词汇的语义表征和词汇连接的主要理论模型

在上述各种研究范式的基础上,研究者构建了众多双语词汇表征的理论模型。这些模型主要围绕两个问题展开,第一个问题是双语者心理词汇的语义表征是共享的还是独立的。第二个问题是词汇表征与语义表征是如何联系起来的,也就是二语词汇如何通达语义表征的问题。下面将分别介绍围绕这两个问题构建的主要理论模型。

2.2.2.1 双语者心理词汇的语义表征是共享的还是独立的?

二十世纪五六十年代,研究者主要从整体上关注双语者的两种语言是一个系统还是两个系统的问题。这一时期对双语者心理词汇的研究大都处于理论假设的水平,典型的理论假说有共同存储说和独立存储说。

Kolers(1963)根据语言内和跨语言联想实验的结果提出了独立表征模型(independent representation model)。该模型认为两种语言的形式与语义系统都独立表征(参见图 2 - 1:"C"表示词汇的概念或语义)。双语心理词汇不仅词名分离,而且语义信息分别存储。两种语言的单词形式分别与各自独立的语义表征系统相连接,由不同语言编码的人类经验存储在不同的心理空间,必须通过不同的语言通道才能提取或通达。即存在两个语义记忆库,通过两种语言之间的转译来实现两个语言记忆库的联系。该观点主要受临床病理学研究结果的支持(Ku et al. 1996;

Leker et al. 1999；Moretti et al. 2001；Timothy et al. 2004）。研究者发现，脑损伤使双语者表现出一些特定的失语症类型。有的患者丧失了所有语言能力，对各种语言表现出相同的失语症状；有的患者的语言障碍则只表现在一种语言上；有的患者在不同的患病阶段会交替使用两种语言中的一种。这些有关双语失语症的大多数研究被认为支持了双语者大脑中存在两个语言系统的表征。

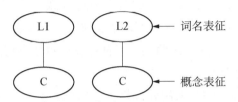

图 2-1　独立表征模型（董燕萍等 2002：25）

除病理学证据外，部分对健康被试的研究也支持独立表征假设（李德高 2016：105—106）。Wickens et al.（1971）采用短时记忆实验，要求被试用两种不同语言书写动物名称，结果发现双语语义独立存储。Kirsner et al.（1980）要求熟练英语—印度语双语者完成词汇判断任务，结果发现两种语言有各自独立的语义表征系统。Perani et al.（1996）的 PET 实验发现双语者听母语时激活的某些脑区，在听二语（7 岁后获得，且接触机会有限）时未被激活。这表明双语的表征机制存在差异，实验结果支持独立表征假设。Peña et al.（2002）发现，虽然儿童双语者在两种语言条件下产生的联想结果数量基本相等，但 68.4％的联想结果却是相应语言所特有的。Blot et al.（2003）采用头脑风暴任务研究英语—西班牙语双语者和西班牙语—英语双语者。结果发现双语者在一语和二语条件下启用了不同的语义系统。Marian et al.（2006）发现课程考试时，如果考题所用语言与学生学习该课程的所用语言相同，学生考分更高；反之则考分更低。Marian et al.（2007）的实验要求熟练的英语学习者说出一尊高举右手望着远方的塑像。如果用汉语提问，得到的回答是"毛泽东"；如果用英语提问，得到的回答却是"自由女神"。

另外，从心理语言学的观点看，后期习得的 L2 与 L1 具有不同的认知机制和皮层表征。L2 的语法知识属于陈述性知识，不同于 L1 的内隐记忆的程序性知识。前者存储在左侧颞叶的神经系统;后者存储在左脑前部基底核的神经系统。因此,后期双语者习得的 L2 不能依赖 L1 的大脑机制进行加工(Ullman 2001;金晓兵 2012:30)。

共同存储说或共同表征假说认为双语心理词汇的词汇表征分离,语义表征共享。这一观点获得了大量证据支持,也是目前比较公认的观点。表 2-1 和表 2-2 中的所有研究都支持共同表征假说。按照双语同源性关系的强弱,支持共同表征假说的研究亦可大致分为两类:一为强同源性双语研究,如英语—西班牙语双语者的研究;二为弱同源性双语研究,如汉—英双语者的研究。这两类研究都比较一致地支持双语心理词汇的语义共同表征(金晓兵 2012:30)。

此外,Francis(1999)采用元分析方法收集、整理、分析了超过 100 项双语者心理词汇语义表征的实证研究,结果发现更多的证据支持共同存储说,支持独立存储说的证据即使有,也非常少。

除了独立存储说和共同存储说以外,还有一种处于中立地位的混合理论观点,认为双语者的两种语言一部分共同表征,另一部分独立表征。依据的是两者语义重叠程度的高低。两种语言重叠程度高的部分共同表征,重叠程度低的部分独立表征(蔡林江 2013:4)。这主要取决于语言形态特征的相似性或者语义的抽象程度(即词型效应,word type effect):两种语言中形态相似部分(cognate)的语义共同存储,形态不同部分(noncognate)的语义单独存储(de Groot et al. 1991);具体词(高意象词)的语义共同表征,抽象词(低意象词)的语义独立表征(Paivio et al. 1980;Jin 1990)。此外,O'Gorman(1996)的词汇联想实验发现香港人的汉英心理词汇并非完全共享相同的语义表征。Dong et al. (2005)发现中国的英语学习者对中英文词既有双语共享的语义表征,同时两种语言的词汇又都有各自特有的语义表征。

独立表征还是共同表征的争论在双语词汇表征研究初期便开始出现。直至今日,对该问题的讨论仍在继续。随着神经科学技术的发展和实验范式的多样化,必将取得更多更有价值的研究成果(金晓兵 2012:30)。

2.2.2.2　二语的词汇表征和语义表征是如何联系起来的?

关于双语词汇表征研究的第一个问题,目前虽然没有达成完全一致的观点,但绝大多数研究者认为双语心理词汇的词汇表征分离,语义表征共享(崔占玲等 2009a)。在此基础上,研究者进一步考察二语或三语的词汇表征与语义表征连接的具体模式,构建了多种理论模型。其中影响较大的有词汇连接模型、概念调节模型、混合模型、非对称模型、分布式模型、共享分布式非对称模型、意义模型、语义表征层次选择模型等。此外,影响较大的还有双编码模型。下面将分别介绍这些模型及相关实验证据。

2.2.2.2.1 词汇连接模型和概念调节模型

Potter et al.(1984)根据图片命名和 L1-L2 词汇翻译的实验结果,首先提出了词汇连接模型(Word association)和概念调节/中介模型(concept mediation)两个对立的模型。词汇连接模型认为两种语言的概念表征共享,词汇表征相互独立,L1 与概念表征直接联系,L2 需借助 L1 对译词才能通达概念表征(参见图 2-2)。该模型得到了不少实验支持(Kroll 1988;郭桃梅等 2002;热比古丽·白克力等 2012;蔡林江 2013)。概念调节模型认为两种语言的概念表征共享,词汇表征相互独立,词汇表征之间没有直接联系,需通过概念层间接发生联系,L2 无须借助 L1 对译词,可直接通达概念表征(参见图 2-2)。概念调节模型同样也有不少实验支持(莫雷等 2005;Duñabeitia et al. 2010;Geyer et al. 2011;全交界 2012;热比古丽·白克力等 2012)。

图 2-2 概念调节型和词汇连接型(董燕萍等 2002:25)

不少研究发现,当被试的 L2 水平很低时,其双语的表征模型为词汇连接型,随着 L2 水平的提高,表征结构转变为概念调节型。比如 de Groot et al.(1995)研究了荷兰语—英语—法语三语者心理词汇的语义表征。L1、L2、L3 依次是荷兰语、英语、法语,熟练程度从高到低。实验发现 L1 和 L2 的表征结构是概念调节型,而 L2 和 L3 的表征结构是词汇连接型。热比古丽·白克力等(2012)采用真假词判断任务研究维—汉—英三语者,结果发现,熟练的 L2 词汇直接通达语义;非熟练的 L3 词汇既可借助 L1 也可借助 L2 词汇通达语义。这说明双语心理词汇的表征结构和双语的熟练度有关。二语熟练度影响双语者记忆表征系统的发展。

  2.2.2.2.2 非对称模型和混合模型

  通过研究词汇连接模型和概念调节模型,研究者发现,双语词汇表征是二语熟练度的函数,二语熟练度越高,双语词汇表征模式存在从词汇连接模型到概念调节模型的转变。Kroll et al.(1994)在词汇翻译实验中发现了翻译速度的非对称性(L1 - L2 的正向翻译显著慢于 L2 - L1 的反向翻译)和翻译路径的非对称性(即 L1 - L2 的正向翻译涉及形象程度等概念因素,说明正向翻译需通过概念的调节,而反向翻译不涉及概念,仅仅在词名层上进行转换)。因此,Kroll et al.(1994)将概念调节模型和词汇连接模型整合为非对称模型(asymmetrical model),又称修正层级模型(RHM,Revised Hierarchic Model)(参见图 2 - 3)。图中实线和虚线表示强弱的对比,箭头表示方向。RHM 认为一语和二语在词汇表征和语义表征上都有直接联系,但一语词汇表征到二语词汇表征的连接要弱于二语词汇表征到一语词汇表征的连接;二语词汇表征和语义表征的连接要弱于一语词汇表征和语义表征的连接。

图 2 - 3   混合模型和非对称模型(董燕萍等 2002:25)

  Brauer(1998)提出了混合模型(the mixed model)[①],又叫多通道模型(multiple access model)。该模型认为两种语言既在词名层直接相连,也同时和语义层直接相连(参见图 2 - 3)。在混合模型中,如果不同节点间的连接强度或同一对节点间的不同方向的连接强度有所不同,就构成了 RHM。可见,混合模型实际是非对称模型的特例。Brauer(1998)认为

[①] 据笔者所知,目前国内所有研究都将该模型的提出者误写成了"Markus, B.",而实际应该为"Brauer, M."。

混合模型是熟练且相似的两种语言之间的联系方式。也就是说,如果两种语言相似,L2 的词汇表征既可以与语义表征直接相连,也可以经由 L1 的词汇表征与语义表征间接相连。该模型也得到了一些实验结果的支持。比如,高立群等(2003)采用 Stroop 范式和颜色命名方法考察了日—汉双语者心理词汇的表征结构。他们发现二语熟悉度影响形态相似的中文汉字和日文汉字之间的连接方式,汉语不熟悉者为词汇连接模式,汉语熟悉者为多通道模式;但无论双语者的汉语是否熟悉,形态不相似的中文汉字和日文假名之间都倾向于语义中介模式。

RHM 是双语词汇表征研究中颇具影响力的理论假说之一,也是该领域迄今为止最为著名的理论之一(李德高 2016)。RHM 提出后受到研究者的广泛关注,积累了众多支持这一模型的证据。Palmer et al. (2010)运用翻译启动范式和 ERP 技术,以英语-西班牙语双语者和西班牙语-英语双语者为被试研究双语词汇表征,结果支持 RHM。马恒芬等(2014)采用跨语言的重复启动范式研究不同熟练程度的汉-英双语者心理词汇的语义表征,结果支持 RHM。吴文春等(2015)采用跨语言启动的范畴判断范式研究熟练潮-普双语者的语义通达机制,结果支持 RHM。同样,王凤梅(2010)、Schoonbaert et al. (2011)、蔡林江(2013)等的研究也支持 RHM。但并非所有研究都找到了这些非对称性特征。比如,易爱文(2017)的实验结果仅部分支持 RHM。吕勇等(2008)采用 ERP 技术研究汉英语言内及语言间的重复启动效应,却发现从英语到汉语的重复启动效应显著大于从汉语到英语的重复启动效应。此外,Kiran et al. (2007)、Ma et al. (2017)的研究也不支持 RHM。

2.2.2.2.3 分布式模型

前面介绍的表征模型都预设一语和二语词汇的意义完全对应。实际上,语义完全对应,完全相同的翻译对等词几乎不存在。除了共享意义,一语和二语词汇还具有各自特有的意义。此外,RHM 虽然得到很多实验的支持,但也有一些该模型不能解释的现象,如词型效应。所谓词型效应是指不同类型的词在跨语言实验中产生的启动效应不一样。比如具体词在同语言和跨语言两种条件下的反应时相同,而抽象词的反应时则不同。使用同源词(cognate)和非同源词(noncognate)为实验材料也能发现同样的词型效应。de Groot et al. (1991)以荷兰语—英语双语者为被试进行了跨语言的语义启动实验,发现短 SOA 条件下同源词有语义启动,而非同源词没有。因此,上述研究者认为双语同源词语义表征共享,非同源词语义表征独立。为了解释词型效应,de Groot(1992)提出了分布式模型(distributed model)(参见图 2 - 4)。该模型认为词汇的意义不是一个单独的记忆单元,而是由分布式表征的多个概念节点(即语义特征)组成。互为翻译对等词的一语和二语词汇既有共享的概念节点,也有各自特有的概念节点,并且不同类型的词共享的概念节点数不同。比如具体词和同源词在两种语言中的翻译对等词可能比抽象词和非同源词的翻译对等词共享更多的概念节点。如具体名词指代知觉对象,大多数情况下它们是跨语言共享的,不管用哪种语言呈现,它们都将通达相似的或同一概念特征集。具体名词可被认为拥有真正的或接近的跨语言翻译词。相反,抽象名词可能更依赖于它们的语义背景,更有可能跨语言不同,以至于它们比具体名词享有更少的概念特征。从这个角度讲,抽象名词不大可能拥有接近的跨语言翻译词,而只是大概相似。de Groot(1992)认为这种概念重叠不仅存在于翻译词对之间,在跨语言的同义词、近义词等语义相关的跨语言词之间也有概念重叠,只是概念重叠的程度不如翻译词对间概念重叠的程度高。概念重叠是跨语言共享概念的基础。显然,分布式模型建立在双语心理词汇概念共享的前提之下(龚少英等 2004:101—102;杨玉芳 2015:530—531)。

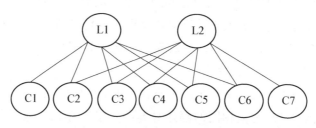

图 2 - 4 分布式模型(董燕萍等 2002:26)

分布式概念特征模型为跨语言加工的具体性效应提供了解释,但Sholl(1995)发现双语被试翻译生物具体名词的速度快于翻译非生物具体名词,产生了显著的生物性效应,因此该实验结果不支持词汇的具体性决定跨语言概念重叠程度的观点。此外,由于分布式模型假设一语和二语翻译对等词的语义表征相互对称,因此不能解释翻译启动的不对称现象(李德高 2016:105)。

2.2.2.2.4 共享分布式非对称模型

董燕萍(1998)采用一个跨语言的语义启动实验和一个单词排序实验考察双语心理词汇的语义表征和词汇通达机制,结果提出了共享分布式非对称模型(参见图 2-5)。

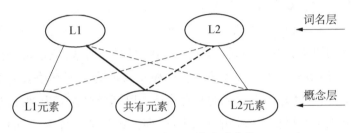

图 2-5 共享分布式非对称模型(董燕萍 1998:5)

该模型的静态特征是:一语和二语翻译对等词既有共有的语义表征(或概念元素),也有不完全共有的语义表征(或概念元素)。图 2-5 中的"共有元素"即为一语和二语翻译对等词的共有语义表征;"L1 元素"和"L2 元素"则分别是一语词和二语词(或者一语词的二语翻译对等词)的不完全共有语义表征。L1 词和共有语义表征(共有元素)的连接强于 L2 词和共有语义表征(共有元素)的连接;L1 词与"L1 元素"、L2 词与"L2 元素"的连接强于 L1 词与"L2 元素"、L2 词与"L1 元素"的连接。

该模型的动态特征是:翻译对等词不完全共有的语义表征之间的差异既有被"调和"的趋势(差异在双语者大脑中逐步缩小),也有"独立"的趋势(差异仍继续存在)。

该模型也得到了一些实验结果的支持。比如,崔占玲等(2009a)采用跨语言的长时重复启动实验范式研究了藏—汉—英三语者心理词汇的语义表征模式。他们的实验结果支持共享分布式非对称模型。

共享分布式非对称模型是国内双语心理词汇语义表征较为完善的理论模型。该模型将双语心理词汇中翻译对等词的不完全共有概念元素作为一个研究维度,考虑了双语者的二语水平及汉、英两个概念系统的制约因素,揭示了双语心理词汇语义表征的动态特征,对双语心理词汇的实验理论和词汇习得及教学都具有指导意义(王慧莉 2008：11—12)。

2.2.2.2.5　意义模型

为了更好解释跨语言启动效应中出现非对称性的具体机制，Finkbeiner et al.(2004)以日—英双语者为被试，在系列掩蔽翻译启动实验的基础上，提出了双语心理词汇语义表征的意义模型(the Sense Model)(参见图 2-6)。该模型认为心理词汇的语义表征由一系列的概念特征集组成。双语者两种语言的词汇既有共享的语义表征(由概念特征组成)，也有各自特有的语义表征(也由概念特征组成)；且双语翻译对等词共享的语义表征是跨语言语义启动的根源。通常，双语者一语为优势语言，二语为弱势语言。优势语言的概念特征集比弱势语言的概念特征集更丰富，这就是语义表征的非对称性。以翻译对等词为例，被试对一语词的意义量掌握更多，对相应二语词(即一语词的翻译对等词)的意义量掌握更少。在一语词到二语词的启动实验中，二语词有更大比例的概念特征被激活，因此启动效应更大；在二语词到一语词的启动实验中，一语词被激活的概念特征相对更少，因此启动效应更小，或根本无法产生启动效应。比如，对日—英双语者来说，日语词"kuroi"的语义表征比英语翻译对等词"black"更丰富。在启动词汇判断任务中，"kuroi"可能预激活"black"的所有语义表征，而"black"只能预激活"kuroi"的一部分语义表征，因此"kuroi"对"black"的启动效应更大；"black"对"kuroi"的启动效应更小。

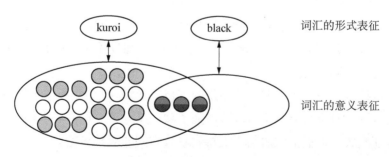

词汇的形式表征

词汇的意义表征

图 2-6　意义模型(Finkbeiner et al. 2004：9)①

---

① 图中深灰色圆圈表示翻译对等词语义表征中共享的语义概念特征集，浅灰色和白色圆圈表示一语词汇的语义表征中特有的语义概念特征集。

简而言之,意义模型认为双语语义表征共享;一语词较二语词语义表征更丰富;二语词可直接通达共享语义表征(李德高 2016：105)。该模型能较为合理地解释跨语言启动的不对称现象,是对双语词汇表征研究的重大拓展和补充(陈宝国 2009：73;蔡林江 2013：5—6;杨玉芳 2015：531)。但是,按照该模型的假设,目标词被启动词预先激活的语义数量与完全激活这个目标词应激活的语义总数量的比率直接决定了跨语言语义启动效应的大小(陈宝国 2009：73 74)。这一点值得商榷。一般情况下,一语词不仅与更多的语义特征集相连,而且连接强度可能更大;二语词不仅与更少的语义特征集相连,而且连接强度可能也更小。因此,一语词为启动词,二语词为目标词时,二语词不仅有更大数量,更大比例的语义特征被激活,而且被激活的程度可能也更深;二语词为启动词,一语词为目标词时,一语词被激活的语义特征不仅数量更小、比例更低,而且被激活的程度可能也更浅。也就是说,是概念特征激活的数量、比例和强度的不对称性共同造成了跨语言启动效应的不对称性。此外,按照意义模型的观点,完成词汇判断任务需要语义因素的参与,而且需要对目标词的全部语义进行加工,但是词汇判断任务是否一定需要语义因素的参与还存在争论(陈宝国 2009：74)。

2.2.2.2.6 语义表征层次选择模型

近年来,有研究者对大中学生英语学习者和聋人学生双语者进行了一系列跨语言的比较实验研究。主要考察被试关于具体词、分类学联系概念中的上下位概念词和情感词的词间联系意识。结果发现聋生和英语学习者既有相似,又有不同。相似性表现在：两类双语者对具体词间的分类学联系意识具有跨语言的一致性,对具体词间的主题关联联系意识具有跨语言的差异;二语上位词的识别能预激活其一语和二语相应的下位词;情感词的语义加工具有跨语言的一致性。两类双语者的差异表现在：英语学习者从英文下位词到中文上位词和英文上位词间的概念联系意识都缺乏,不能自动加工英文情感词的情感信息。然而,即便是在情感词的情感信息加工和上下位词间的概念联系意识方面,健听生和聋生仍有相似性(李德高 2016：110)。这些研究结果有的符合 RHM 和/或意义模型的理论预期,有的则符合语义表征语言独立性理论的预期,这表明现有理论仍有其局限性。

李德高（2016：110）认为，语言理解中既有符号性成分，又有涉身性成分。符号性指词的含义体现在它与其他词的相互关系上，言语理解取决于词与词之间的相互关联性；涉身性指言语理解会激活相应感觉运动的、情感的、文化的亲身经验。言语活动很大程度上取决于言语记忆。聋生和英语学习者的学习经历不同，他们在二语词识别过程中的符号性和涉身性成分的相对比例可能也有不同。于是李德高提出了语义表征层次选择模型。

语义表征层次选择模型的内涵是：如果把词的语义表征看成是知识性和经验性两个层面的有机体，那么对任何双语者来说，其语义表征的双语共享性机制就可以通过图 2-7 所示的理论模型进行解释。知识性表征是指语义表征中体现世界普遍性知识的部分，经验性表征是在语言实践基础上发展起来的体现感知觉运动、情感和文化经历等的部分。一语词可以同时通达相应知识性和经验性两个层面的心理表征。二语词的情况就复杂了。对于知识性层面的表征，如意义模型所述，二语词只能通达一语词对应表征的一小部分；随着双语者二语水平的提高，其二语词可通达越来越多的一语词知识性表征。对于经验性层面的表征，由于语言文化等差异，二语词可通达的只是相应一语词的部分表征。随着双语者二语习得年龄越来越早，二语经验越来越丰富，二语水平越来越高，其二语词经验性层面的心理表征也会越来越丰富（李德高 2016：111—112）。

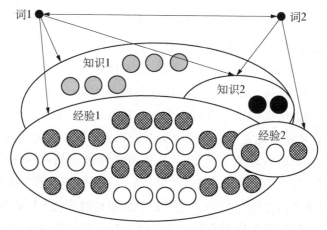

图 2-7　语义表征层次选择模型（李德高 2016：112）

语义表征层次选择模型整合了关于语义表征双语共享性和语言独立性的两种理论,对双语者心理词汇的语义表征及其通达机制形成了较为灵活的理论假设。

2.2.2.2.7 双编码模型

双编码模型(dual-coding model)由 Paivio(1986)提出。它是一个将语言和镜像(image)两个系统都考虑在内的表征模型(参见图 2-8)。双编码模型表示了双语者的两种语言(V1 和 V2)及非语言的镜像系统三者之间的功能性连接。Paivio 将语言发生器分为两类:具体词发生器和抽象词发生器。和语言发生器对应的镜像发生器包括无名镜像发生器("nameless" image:即没有指称特点的镜像的发生器)和所指镜像发生器(referent image:即有指称特点的镜像的发生器)。模型中有三类连接。两种语言间的连接 V1-V2 在翻译对等词上的表现更强,在非对等

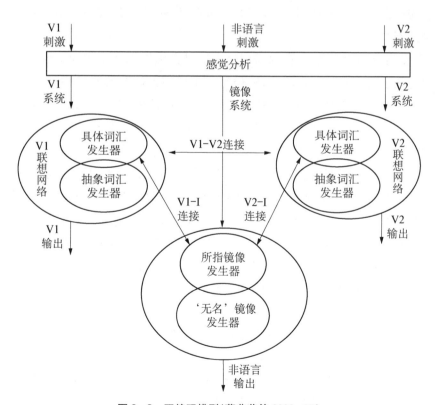

图 2-8 双编码模型(董燕萍等 2002:27)

词上的表现更弱,如"石头"和"doctor"的连接就弱于"医生"和"doctor"的连接。语言和镜像间的连接也是双向的,每个方向都是一对多的关系。双编码模型用于解释词型效应中具体词和抽象词的区别:具体词不仅在两个语言体系的语言发生器得到表征,而且还在镜像系统得到表征。具体词在两种语言中的翻译对等词有两条连接路线,一条是语言间的直接连接,一条是通过镜像系统的间接调节;抽象词只在语言体系的语言发生器得到表征,在镜像系统没有表征,所以抽象词的翻译对等词只有一条连接路线,即语言间的直接连接。该模型使得具体词和抽象词的不同表征得以具体化,但有三点不足:第一,单语研究表明,抽象词并不比具体词更难理解,这和双编码模型的预测相反。第二,双编码模型在两种语言的关系问题上含糊,其它模型都可以将语言的词名层和概念层分开,而该模型的语言表征是一个笼统的概念。第三,双编码模型用镜像表征替代概念表征也显理据不足,概念表征是多方面的,镜像只是其中一个方面(董燕萍等 2002)。

　　以上十个理论模型在双语词汇表征研究领域都产生了较大影响,也都得到了不少实验研究的支持,但每一个模型也都有其不能解释的双语词汇表征现象和实验结果。独立表征模型、词汇连接模型、概念调节模型和混合模型不能解释的双语实验结果相对更多。非对称模型尽管影响深远,但前文已提及,不能解释的实验结果也不少。分布式模型和双编码模型更易于解释词型效应。意义模型能更好解释语言间不对称启动效应的具体机制,但如前文所述,也有其问题所在。共享分布式非对称模型也能解释非对称效应,但由于其对 L1 和 L2 的共有语义元素没有进一步的分类和阐释,因此较难解释词型效应。语义表征层次选择模型能解释非对称效应,若能进一步合理阐释也可以解释词型效应,但把语义表征二分为知识性和经验性两个层面有些过于绝对化,有些知识性的成分来源于人的感官体验,难以与经验性成分绝对分开。以上十个模型都不能较好解释为什么双语词汇表征实验到目前为止不能取得一致结果的原因。但分布式模型、共享分布式非对称模型、意义模型和语义表征层次选择模型等都对词汇的语义表征进行了再切分,这种思想值得借鉴。如果能对双语心理词汇语义表征的具体内容进行更为合理的再切分,使建立的理论模型既能解释词型效应和非对称效应的具体机制,又能更好地说明为什么双语词汇表征的实验研究难以取得一致结论,将会助推该领域的相关研究取得突破性进展。

2.3 双语词汇表征差异的影响因素

在双语词汇表征研究领域,研究者已经发现二语习得年龄、二语水平、二语学习媒介语、语言间的相似性和语言使用频率等因素可能会影响双语者心理词汇的语义表征和词汇连接模式。

目前不少研究发现,第二语言的获得年龄会影响双语者心理词汇的语义表征和词汇连接模式,开始学习二语的时间越早,双语者的大脑加工机制越接近单语者(Kim et al. 1997;Zeelenberg et. al. 2003;Silverberg et al. 2004;李利等 2008b,2013;崔占玲等 2009b;金晓兵 2012)。

值得注意的是,学界也有很多研究发现,习得二语的年龄早晚可能对词汇表征的影响不大。不管习得年龄早晚,二语的词汇语义加工与母语的词汇语义加工都有类似的神经基础,而熟练程度才是决定词汇语义表征的最关键因素,因为后期高熟练度的双语者在加工两种语言的词汇时都激活了相同的脑区(Perani et al. 2005;Indefrey 2006;de Groot 2011;李利等 2013;杨玉芳 2015:532)。比如 Perani et al. (1998)采用 PET 技术对比研究 L2 高度熟练的意大利—英语早期和后期双语者,结果发现至少对于两种语言相似的双语者而言,大脑皮层表征模式的影响因素中,二语熟悉度比二语习得年龄更重要。Isel et al. (2010)的 fMRI 实验发现早期和后期法—德字母文字双语者的心理词汇都共享语义表征。卢植等(2010)发现早期和后期二语熟练者以相同方式存储双语的词汇信息。Geyer et al. (2011)采用 ERP 技术研究 L2 高度熟练且为优势语言的俄—英双语者,他们发现影响跨语言的翻译启动效应是二语熟练度而不是习得年龄。王沛等(2010:287)的研究也发现两种语言语义表征之间的关系主要取决于二语熟练度。Leonard et al. (2011)的 MEG 实验采用语义判断任务,被试是 L1 相对更不熟悉,L2 已经成为优势语言的西班牙语—英语双语者。他们发现双语者加工 L1 和 L2 的词汇都激活了经典的左额颞脑区,且不熟悉的 L1 词汇额外激活了双侧后视觉区(bilateral posterior visual regions)。这表明是词汇的熟悉度而不是语言的习得顺序决定了词汇加工除了激活经典脑区外,是否额外激活其他脑区。以上研究表明,是二语熟悉度而不是二语习得年龄或习得顺序主要影响了双语词汇表征模式。

除了二语习得年龄和二语水平外,不少研究还发现二语学习的媒介语和语言之间的形态相似性也会影响双语词汇的表征模式。前者比如李利等(2008b)、崔占玲等(2009b)、热比古丽·白克力等(2012)的研究;后者比如高立群等(2003)、Costa et al. (2005)、崔占玲等(2009b)、金晓兵(2012)、热比古丽·白克力等(2012)、孙鑫等(2014)的研究。

此外,一些研究者认为语言使用频率也是双语者词汇表征模式的重要影响因素之一(de Bleser 2003;周晓林等 2008;崔占玲等 2012;金晓兵 2012;孙鑫等 2014)。

尽管研究者已经发现影响双语词汇表征模式的可能有二语习得年龄、二语水平、二语学习媒介语、语言间的相似性和语言使用频率等因素,但这些因素究竟如何影响双语者心理词汇的语义表征和词汇连接模式,目前学界尚无定论,还需进一步深入研究(杨静等 2004;戴炜栋等 2008;Ma et al. 2017)。

2.4 现有研究的不足

尽管自二十世纪五十年代起,国内外学者主要采用行为学测量和神经学测量两大类测量方法,对双语心理词汇的语义表征和词汇连接模式进行了大量研究,取得了很多有价值的成果,但该领域的研究尚有下列不足,有待进一步深入研究。

2.4.1 研究结论尚不一致

首先,双语者心理词汇的语义是独立存储还是共同存储? 近半个世纪以来,语言学家和心理学家围绕该问题进行了大量研究。无论是起初的行为实验,还是当前的认知神经科学研究,从目前已有的研究结论来看,对这一问题的解答尚无定论(王沛等 2010)。对于该问题的讨论仍然在继续(金晓兵 2012:30;李德高 2016)。更为重要的是,双语者的词汇表征和语义表征是如何联系起来的? 如何受到双语者的二语水平、二语接触程度、二语获得方式以及语言间的相似性等因素的影响？学界研究结论仍不一致，甚至相互矛盾（董燕萍等 2002；戴炜栋等 2008；Kroll et al. 2012；Heredia et al. 2014；Chen et al. 2015；Ma et al. 2017）。国内外学者先后至少提出了 10 个不同的、较为有影响的双语心理词汇表征的理论模型。至少采用了 ERP、fMRI 等十余种实验方法，但不仅各实验方法间的研究结果不一致，甚至在每一种实验方法内，研究结果也不尽相同，甚至相互矛盾（详见 **2.2.1 节**）。因此双语者心理词汇的语义表征模式，L2 和 L3 词汇通达语义的机制尚需进一步深入研究。

2.4.2　实验方法及实验设计具有一定的局限性

如前所见，双语词汇表征研究结果很不一致，甚至相互矛盾。原因可能较多，但目前已有学者将矛头对准双语词汇表征的研究方法本身（李荣宝等 2002；李杰等 2007）。比如胡敏燕（2011：38）指出："Stroop 类实验受限于颜色词，词—图命名实验受限于可用图片表示的具体词。"词汇回忆实验反应容易受被试身体状况、情绪、环境等多种因素影响而缺乏稳定性，因而采用该范式的双语词汇表征研究相对较少。采取翻译实验任务的实验设计难度较大，不易测量被试完成翻译实验任务的准确反应时，实验结果容易受到被试的注意性策略加工效应的影响。

同样，前文已阐明，词汇联想实验有三个局限性。一是仅根据有限数量的刺激词的联想反应推断二语心理词汇的组织概貌存在以偏概全的逻辑缺陷（龚嵘 2008：56）。二是反应词的分类缺乏科学操作手段，分类标准不统一，研究发现缺乏可比性（Fitzpatrick 2007）。三是被试的联想反应容易受个人及环境等多种因素影响而具有较大的不稳定性（李小撒等 2016：75）。长时重复启动实验和翻译识别实验一样，由于被试有足够时间看清长时重复启动实验中学习阶段呈现的词语，或者是翻译识别实验中的前词，被试有足够时间实施翻译等策略加工，因此这两类实验无法从理论上避免有意识的策略加工效应对实验结果的影响（胡敏燕 2011；Kessler et al. 2013；Ma et al. 2017）。

现有跨语言短时快速启动范式实验大多是只采用一个 SOA 的单点测试法。该测试法中，如果 SOA 太短，启动词的语义激活程度太低，可能无法有效扩散激活目标词。比如白学军等（2013：262）的 ERP 实验采用快速掩蔽启动范式(启动词呈现 47 ms,掩蔽刺激呈现 20 ms)和 go/no-go 范式,考察汉语重复启动和语义相关启动中语义激活程度的差异和特点。结果发现,在重复启动条件下获得了稳定的 N400 效应,在语义相关启动条件下没有 N400 效应。研究者认为语义相关启动效应的缺失应归因于从短暂呈现的启动刺激中获取的形态和意义信息在数量或语义加工类型上的有限性。事实上,在启动刺激呈现时间较长的条件下,N400 效应受到语义相关性的调节(Holcomb et al. 2005)。

另一方面,如果 SOA 太长,被试能完全提取启动词的语义,实验又无法从理论上排除翻译等有意识的策略加工效应。SOA 足够长的条件下,尽管实验能排除有意识的策略加工效应,但假如启动词和目标词语义相关度不高,实验仍无法发现跨语言的语义启动效应。类似地,在跨语言的词汇启动效应实验中,如果 SOA 太短,启动词词汇表征的激活程度太低,可能无法有效激活目标词的词汇表征;如果 SOA 太长,被试能完全提取启动词的词汇表征,甚至是语义表征,实验又无法从理论上排除翻译等有意识的策略加工效应;如果 SOA 足够长,且实验能排除有意识的策略加工效应,但假如启动词和目标词在词名层的连接强度不够大,实验仍无法发现跨语言的词汇启动效应。因此,SOA 单点测试法具有明显缺陷。

此外,包括启动行为实验在内的所有测量被试反应时的实验还都面临如下的"反应时问题":"由于词汇判断的主要分析依据是反应时,因此,准确的结论依赖于真实的反应时。实验里的反应时至少包括三部分:联想时间+判断时间+决定反应的时间,其中有一大部分在判断词汇上,因此所测定的时间不是纯粹的反应时。"(赵翠莲 2012:40)同时,反应时仅是体现复杂言语加工过程综合结果的单维指标(张文鹏等 2007:51)。"以正确率或反应时为因变量,这种以结果来推测过程的研究范式往往很难适应语言加工的高速整合特点。"(王沛等 2010:283)

以上分析可以看出,双语心理词汇表征研究所采用的主要行为学测量方法都有一定的局限性。事实上,双语心理词汇表征研究所采用的各类神经学测量技术虽然都有优点,但也都有不足之处。首先,MEG 虽然具有毫秒级的时间和空间分辨率,但造价很高,限制了大规模应用。此外,它只对某些流向的兴奋源敏感,而其他流向的兴奋源则可能无法被探测到(曹河圻等 2012)。fMRI 虽然可以提供具有高空间分辨率(1—

1.5mm)的三维图像,但由于物理性能的限制和对大脑活动测量的间接性,fMRI 不能提供足够的时间分辨率。fMRI 研究大脑功能表征以秒表示,而语言加工的神经活动以毫秒计算(曹河圻等 2012)。fMRI 虽然能直接反映受刺激后的大脑激活区域,但难以确定皮层的活动到底是抑制加工还是激活加工,难以区别词汇刺激的概念层和词名层(董燕萍等 2002;张积家等 2007)。fMRI 的实验成本也较高,使用的被试数目有限,难以保证研究结果有较高的外部效度。PET 由于其空间分辨率较差,难以对脑功能活动精确定位,同 fMRI 一样,也难以区别词汇刺激的概念层和词名层(胡敏燕 2011)。而且该技术需要核素显影剂,具有一定的放射性;需要加速器制备显像剂,费用昂贵,系统造价高。此外 fMRI/PET 等神经影像研究还有以下几个共同问题。

第一、由于扫描仪测量方式的限制等原因,双语词汇表征的 fMRI/PET 等神经影像研究与行为学研究使用的实验任务差异较大。行为学研究主要使用真假词判断任务、命名任务、翻译识别任务,并与掩蔽启动范式相结合,而 fMRI/PET 研究主要采用隐蔽的动词产生任务、句子产生任务,或者是消极的聆听任务范式(passive listening)。由于实验任务不同,难以直接比较这两种方法的实验结果(van Heuven et al. 2010:105)。

第二、大量 fMRI/PET 研究考察的是被试阅读词汇或句子所激活的特定脑区,因此无法考察大脑的词汇识别过程(van Heuven et al. 2010:106)。

第三、现有 fMRI 研究中绝大多数使用了组块设计(block design),仅有少量使用事件相关设计。前者的优点是对血氧水平依赖性信号(BOLD-Signal)的改变敏感,但却有不少问题和不足。只有事件相关设计的 fMRI 研究才易于考察 L1 和 L2 的具体动态(specific dynamics)和词型效应,且组块设计实验结果更容易受策略加工因素影响(van Heuven et al. 2010:106)。

第四、fMRI/PET 研究采用隐蔽的产出任务(如单词命名、动词产生)或者是消极聆听(句子或故事等)任务时,通常没有收集行为数据。为了解决该问题,一些研究单独采用行为实验收集相关行为数据。实际上要把行为数据和血氧水平依赖性信号改变关联起来,更好的办法是使用事件相关设计收集行为数据(van Heuven et al. 2010：106)。

第五、有研究者认为在很多 PET 和 fMRI 研究中,实验任务过于复杂而难以定性,比如段落阅读激活的认知结构可能不仅仅是语言上的,而且很多研究都认为语言加工的不同阶段可能涉及的加工类型是不一样的。因此要考察语义加工与语义表征,必须要在特定的时窗下才能进行(王沛等 2010：283)。

第六、双语者加工两种语言激活的脑区重叠并不一定意味着两种语言的加工方式相同,比如,可能激活的程度不同,或时间进程不同,或两者都不同。fMRI、PET 都能定位,但定位不等于解释。而且即使在神经元水平语言加工是分离的,但在更高水平的大脑组织,各语言的加工仍可能有重叠脑区(Hernandez et al. 2005)。总之,脑区分离,双语仍可能相互作用;脑区重叠,双语的加工仍可能独立进行(van Heuven et al. 2010：106)。

ERP 技术的采用深化了人们对双语心理词汇加工脑机制的认识。不同的 ERP 成分为揭示不同过程和不同阶段的认知加工提供了具体指标,但目前各脑电成分所反映的认知加工过程尚未达成一致认识。比如,字词 N170 成分反映的认知机制有三种争论。一是反映文字的字形加工过程(Lin et al. 2011)。二是反映文字的语音编码过程(Hsu et al. 2009)。三是其敏感性受语义调节(曹晓华等 2013)。P200 可能既与字形加工,也与语音加工有关,且词汇加工和亚词汇加工都能诱发明显的 P200(谢敏等 2016)。陈士法等(2016)认为 P200 既可反映词汇的形式(形态)加工,又可反映词汇的语义信息加工。Connolly et al. (1994)认为听觉刺激中 N200 反映音位/语音特征的加工,反映预期单词与呈现单词起始音素的不匹配。徐晓东等(2014)认为 N200 成分的大小主要与对无关任务的抑制程度相关,抑制强度越大该成分越大。张学新等(2012)发现顶中区 N200 反映了中文词汇的词形加工。类似效应在字母文字识别中不存在。陈士法等(2017)发现 N200 不仅涉及中国英语学习者英语二语派生词和屈折词词缀的形态加工,更可能涉及对派生词缀和屈折词缀语义的加工,反映了词缀意义的激活。N250 的争议也较大。侯友等(2013)认为 N250 可能涉及从字母到整词形态表征映射的亚词汇水平的正字法和语音表征。在视觉词汇识别中,N250 反映了视觉词汇的亚词汇层(字母和字母组合)映射到词汇系统的加工过程,即从亚词汇层到词汇层的通达(Holcomb et al. 2006)。Midgley et al.(2009)认为,词汇层的加工,N250更明显一些,词汇加工越困难,N250越显著;语义加工N400更明显一些,尽管某种程度上,这两个脑电成分反映了词形和语义加工的联合影响。Duñabeitia et al.(2010)认为,N250反映前词汇—词汇接口界面的加工,对于启动词和目标词的语义关系不敏感。此外,有研究发现N250与词素加工有关,但N250的变化仅是由词素形引发还是有词素语义的参与则存在争议(赵思敏等2017)。N400的争议相对最大。研究者已经提出了四种关于N400认知功能的理论:词汇后整合理论、前词汇加工理论、词汇加工理论和语义抑制理论(吕彩霞2012)。晚期正成分LPC则既与句法加工有关又与语义加工有关(夏全胜2012)。Kolk et al.(2007)认为,LPC常见于需要外显判断的任务中,是反映语义整合的脑电指标。肖巍等(2016)发现LPC既有词形,也有语义的启动效应。由于反映双语心理词汇认知加工的主要脑电成分的心理功能尚存在较大争议,ERP实验方法本身的局限性不言而喻。

　　除了主要脑电成分所反映的认知加工过程尚存争议外,双语词汇表征的ERP研究结论仍不一致的原因可能还有以下两个方面:一是现有ERP实验的测试任务多基于句子加工。可是,"心理语言学界普遍认为句子理解主要涉及句法加工和语义加工,但对句法加工和语义加工何时及如何整合以达成句子理解这一问题仍见仁见智。"(张文鹏等2009:20)因此,"相比较句子和语篇加工,对于揭示极其复杂的双语现象,词汇不失为一个较为稳妥的着手点,其加工过程相对明晰。即便如此,双语词汇领域的理论观点仍是争执多于统一。"(徐晓东等2014:32)二是利用ERP技术研究双语词汇表征的主要是语言学家和心理学家。他们各有所长,心理学家大多接受过更为严格的实证研究训练,实验设计相对更为科学、严谨,但实验中涉及语言本身的某些关键变量,控制并不十分严格。反之,语言学家对有关语言本身的变量控制相对科学,但实验方法和实验设计有时则值得商榷。此外,为了避免被试反应的相关信号对EEG信号的污染,研究者会设计推迟被试行为反应的实验,或者采用对关键材料不做反应的go/no-go范式,但这样一来就无法将ERP信号同行为数据进行对比研究(van Heuven et al. 2010:106)。

尽管 ERP 实验方法及实验设计也有其局限性,但与测量反应时指标的行为实验方法相比,仍然是双语词汇表征更为理想的研究方法。测量反应时指标的行为学测量可能无法总是能全面把握语言理解的精确机制和时间进程,而 ERP 具有毫秒级的时间分辨率,能精确测量语言加工的内在神经机制的时间进程(Bosch et al. 2018)。比如,Kotz(2001)的研究发现,反应时测量仅能发现联想语义启动效应,而 ERP 脑电成分分析除了联想语义启动效应外,还能发现范畴语义启动效应。de Diego et al. (2005)采用启动范式下的字母搜索(letter search)和词汇决定任务并结合 ERP 技术,考察二语高度熟练的加泰罗尼亚语—西班牙语双语者语言之间的相似性,在词汇形态句法信息的习得和加工中扮演的角色。其实验的反应时测量无法发现各操控条件之间的重要差异,但 ERP 结合启动范式则可以对相应大脑神经网络的激活性质提供有价值的信息。上述研究者因此得出,双语之间的相似性促进相似后缀的识别,但阻碍不相似结构的识别。Dijkstra et al. (1998)、von Studnitz et al. (2002)和 Lemhöfer et al. (2004)采用行为学测量考察双语同形词(形式完全相同,但意义不同)的跨语言启动效应。三项研究结果相互矛盾:产生抑制、促进效应,或完全没有任何启动效应。Kerkhofs et al. (2006)采用词汇决定任务结合 ERP 技术考察二语高度熟练的荷兰语—英语后期双语者的同形词跨语言启动效应,他们发现同形词比控制词产生了更大的 N400 波幅和更长的反应时(RT),且 N400 语义启动效应与 L1 和 L2 同形词的词频产生交互作用,这些发现支持双语词汇识别的非选择提取假设。Thierry et al. (2007)采用 go/no-go 范式的语义判断任务研究弱同源性后期熟练英—汉双语者,当汉语启动词和英语目标词的汉语翻译对等词有一个汉字相同时,他们的行为学数据没有发现任何启动效应,但却产生了更小的 N400 效应。Palmer et al. (2010)的行为学数据并未发现双语在翻译顺序上的差异,但脑电数据的分析却发现了这一差异,此发现支持了 RHM,而仅靠行为学测量却不足以得出该结论。以上研究中 RT(反应时)和 ERP 效应的分离反映了 ERP 可能比 RT 更敏感,能发现更微小的语义启动效应。而且 ERP 能对词汇加工的心理过程进行连续测量,对不同层次的分析有不同的敏感指标(王沛等 2010:283)。因此,考察双语词汇表征的更好技术手段是聚焦于语言加工过程,对时间敏感的 ERP(van

Heuven et al. 2010：106)。

然而,值得注意的是,行为和神经两种测量方法并不是非此即彼。双语词汇表征脑机制的研究应当综合行为学和神经学两方面的理据。现在越来越多的研究都将两种测量方法相结合,在采集受试行为学数据的同时考察其大脑的活动状况,并在解释脑部活动数据时参考行为学数据,从而为双语词汇表征的神经机制研究提供更为严谨和充分的解释。

2.4.3 静态研究多,动态发展研究亟待深入

目前大多数研究者认为双语者的心理词汇分为词汇表征和语义表征两个层次。两种语言的语义共同表征,词汇单独表征。在分层次表征的基础上,研究者认为,双语者独立的词汇表征与共享的语义表征之间如何联系主要取决于以下四因素：L2 获得的方式、L2 的熟练程度、各语言的使用频率和相似程度(崔占玲等 2009b：208—219;金晓兵 2012：32;黎明等 2014)。在考察双语者心理词汇的语义表征和词汇连接模式时,很少研究将四个因素都进行严格控制,尤其是 L2 的熟练程度。张积家等(2007)指出,绝大多数双语词汇表征实验对被试 L2 的语言流利程度并未进行严格评估,只粗略划分为流利或中等,或模糊、松散地区分为熟悉和不熟悉两个层次。由于划分的标准不尽相同,语言能力又涉及太多方面,有时难免会顾此失彼,不利于探索双语心理词汇语义表征和词汇连接的动态发展模式。因此,语言水平的划分应尽量标准化。如果能根据词汇能力等因素,把 L2 划分为低、中、高三个水平,同时严格控制另外三个变量,就可能构建双语心理词汇的语义表征和词汇连接更有说服力的动态、发展模型。但就笔者所知,把 L2 的语言水平客观、科学地划分为低、中、高三个水平的双语心理词汇语义表征和词汇连接模式研究,目前学界还是空白。很多研究仅用 5 点、7 点或 9 点量表评估被试的词汇和语言熟悉度。不同时空环境下,被试的评价分数可能相差较大;且不同的评估者评分定级的标准不一样,难以统一。因此,这种词汇和语言熟悉度评估法具有一定的主观性和随意性,但这却是目前研究普遍的做法。

此外,目前学界要么只研究双语者,要么只考察三语者。就笔者所知,学界还没有从动态的、发展的视角同时研究双语和三语者心理词汇的语义表征和词汇连接模式。而从动态、发展的观点来研究双语心理词汇,有

利于更清晰、全面了解双语心理词汇的表征模式(龚嵘 2010；魏晶等 2011)。

2.4.4 国内研究数量较多,但实验方法和实验设计有待改进

近十多年来,国内语言、心理学界主要围绕汉—英双语者的心理词汇进行了大量实证研究,研究成果相当丰富。由于词汇回忆、词汇联想、Stroop 效应、词图命名、长时重复启动等行为实验范式的缺陷比较明显,前文已有阐述,本节只讨论国内学者采用跨语言短时快速启动范式的行为学实验和 ERP 实验研究。国内近 16 年来双语词汇表征部分典型的跨语言短时快速启动行为实验和 ERP 实验研究见表 2 - 3。

表 2 - 3　国内近 16 年来部分典型的双语词汇表征研究

编号	研究者、研究时间及研究对象	SOA（ms）	实验任务	研究结果及备注
1	Dong et al. ;2005;汉—英双语者	200	真假词判断	考察语义启动效应,提出共享非对称分布式模型。
2	盛瑞鑫等;2007;熟练维—汉双语者	250	真假词判断	词汇和概念表征都建立了强联系,双语词汇通达的不对称性接近消失,支持 RHM。
3	闻素霞等;2009;熟练维—汉双语者	300	真假词判断	启动词和目标词具有语义联想关系,结果:双语心理词汇语义共同存储。
4	热比古丽·白克力等;2012;维—汉—英三语者	300	真假词判断	熟练 L2 词直通语义;非熟练 L3 词借 L1 或 L2 词通达。语言水平和距离影响词汇的语义通达。
5	热比古丽·白克力等;2011;维—汉—英三语者	300	真假词判断	三语词与一语词语义共享;一语容易启动三语,非熟练的三语不易启动一语。
6	周晓林等;2008;维—汉、朝—汉双语者	300	真假词判断	维汉语义启动效应大于汉维,无朝汉启动;语言经验可改变词汇表征的加工速度及词汇表征激活语义的模式。
7	郭桃梅等;2002;汉—英非熟练双语者	300	真假字判断	中国英语学习者的二语词只能借助其汉语对译词通达语义,支持 RHM。
8	吴文春等;2015;熟练潮—普双语者	大于 300	语义归类	语义表征共享,L2 词直通语义,听—视跨通道下 L2 - L1 的词汇连接强度更大,听觉通道内连接强度无差异。

（续　表）

编号	研究者、研究时间及研究对象	SOA（ms）	实验任务	研究结果及备注
9	林泳海等；2009；瑶—汉儿童双语者	大于300	真假词判断	双语语义共同存贮，L1 的优势地位随年龄增大而下降。
10	麦穗妍等；2014；非熟练潮—粤双语者	600	语义归类	二语词直通语义，但一语和二语词与语义表征的连接强度仍存在不对称性。
11	李黎；2016；汉—英双语者	750	翻译识别	二语熟悉比不熟悉者 L2‐L1 和 L1‐L2 的词形和语义连接强度均更大；两类被试 L2‐L1 的词汇连接强度均更大。
E1	张文鹏等；2007；汉—英双语者	无	图片命名	熟练后期汉英双语者心理词汇的语义共同存储。
E2	李荣宝等；2003 汉—英双语者	无	句末词语义整合	（英语已过六级）考察 P190 和 N400，发现汉英语义表征共享，词汇表征分离。
E3	王沛等；2010；汉—英双语者	无	句末词语义整合	L2 不熟悉被试中英文句子的 N400 效应差异显著，L2 熟悉被试差异不显著；双语语义表征主要取决于 L2 的熟练度。
E4	蔡林江；2013；普—粤双语者	无	语义归类词汇判断	长时重复启动；非熟练普—粤双语者粤语的语义通达偏向符合词汇连接型。
E5	王凤梅；2010；非熟练蒙—英双语者	700	语义归类	双语语义表征共享，词汇表征分离。L2 借 L1 词通达概念，支持 RHM。
E6	Chen et al.；2015；汉—英双语者	800	翻译识别	L2‐L1 的词名层连接强于 L1‐L2，词汇熟悉度是影响记忆表征的重要因素。
E7	吕勇等；2008；不平衡汉—英双语者	1700	语义归类	go/no‐go 范式；英—汉的重复启动效应显著大于汉—英，不支持 RHM。
E8	全交界；2012；粤—普双语者	1800	词性判断	判断目标词是否为名词；语间重复启动具有对称性，偏向符合概念中介模型。
E9	易爱文；2017；普—粤/粤—普双语者	2000	语义归类	熟练普—粤及粤—普双语者；实验结果部分支持 RHM。

表 2‐3 共有 20 项研究，其中编号为 1—11 的是跨语言短时快速启动范式的行为学测量。11 项中仅有 1 项研究的 SOA 为 200 ms；1 项研究的 SOA 为 250 ms；5 项研究的 SOA 为 300 ms；2 项研究的 SOA 远大于 300 ms（SOA＝启动词的音频播放时间＋300 ms）；另有 2 项研究的 SOA 分别长达 600 ms 和 750 ms。如前文所述，Altarriba（1992）认为 300 ms 的 SOA 就足够被试翻译启动刺激或者使用其它策略，而 Neely

(1977)、Storbeck et al.(2004)和 Liu et al.(2010)在论述 SOA 与心理加工水平间的关系时,认为在 250 ms 的 SOA 条件下,被试对启动词的加工属于自动化加工。因此可以推断,SOA≤300 ms 时,被试采用翻译等有意识的策略加工概率将大大降低,而 SOA≤250 ms 时,就能避免有意识的策略加工效应对实验结果的影响。11 项研究中仅有第一项的 SOA 为200 ms,但该研究中非词比例为 33%,这意味着真词比例高达 67%,因此被试词汇判断时容易产生"正整合倾向"。第二项研究的 SOA 为250 ms,但该研究采用了真假字判断任务。由于该研究构造的假字不能正常打印输出,视觉呈现时被试很容易就能作出真假判断。另外该研究的实验材料中实验组的启动词和目标词是翻译关系或语义高度相关,控制组的启动词和目标词语义无关,但实验组和控制组的目标刺激相同,因此实验结果可能受到目标刺激重复的影响而降低了研究信度。其余 9 项研究的 SOA 都大于或等于 300 ms。此外,行为学测量不结合神经学测量,也会在一定程度上影响实验结果的信度。编号为 E1—E9 的都是ERP 研究,其中 E7 只收集了脑电数据,没有收集行为学数据,其余 8 项ERP 实验既收集了脑电数据,又收集了反应时等行为数据。9 项 ERP 研究中,E1 的图片命名实验受限于可用图片表示的具体词,且研究者考察的是熟练后期汉—英双语者心理词汇的语义表征,但实验只发现了 N200效应,却没有发现主要反映词汇语义加工的 N400 效应。E2 和 E3 的测试任务基于句子加工,即采用句末词语义整合任务考察句末词在语义一致和语义不一致两种条件下,P190 及 N400 的潜伏期和波幅。这种整个句子按单词逐词呈现的方式并不符合真实的阅读语境。而且如前文所述,心理语言学界认为句子理解既涉及句法加工,也涉及语义加工,二者何时及如何整合以达成句子理解,学界结论并不一致(张文鹏等2009:20)。E4 采用的长时重复启动实验范式无法避免被试在学习阶段实施翻译策略。E5—E9 均为跨语言的短时快速启动范式,但这五项研究的 SOA 长达 700—2000 ms,这样的实验设计使得被试在理论上有充足的时间实施翻译策略。

表 2 - 3 中,汉 - 英双语研究共 8 项,维—汉双语 3 项,维—汉—英双语 2 项,粤—普双语 2 项,普—粤双语 2 项,朝—汉双语 1 项,瑶—汉双语1 项,潮—普双语 1 项,潮—粤双语 1 项,蒙—英双语 1 项。其中只研究语

义表征模式的有 11 项；同时研究语义表征和词汇连接模式的也有 11 项，各占 50％。这也说明，双语心理词汇的语义表征和词汇连接模式仍然是国内双语词汇表征研究的两个热点。从表 2－3 可知，各实验的研究结论并不完全一致，甚至差异较大。此外，表中有两项研究为博士学位论文，值得进一步分析。

第一篇博士学位论文是 E9。该文用了 50％的篇幅采用语义归类任务并结合 ERP 技术，研究熟练普—粤及粤—普双语者心理词汇的语义表征。实验采用语言内和语言间的重复启动范式，主要考察了 P200 和 N400 两个脑电成份，发现两种语言表征存在非对称性，部分支持了 RHM。从研究结果看，似乎没有新发现。该研究的实验程序是：首先在电脑屏幕呈现第一个线索（提示启动词是"普"或"粤"语）500 ms，之后呈现启动词，要求被试根据提示线索用相应语言默读启动词。启动词呈现 1500 ms 后，呈现第二个线索（提示目标词是"普"或"粤"语）500 ms，随后呈现目标词 1500 ms，同样要求被试根据线索用相应语言默读目标词。最后呈现"？"，要求被试判断目标词是否是生物词。研究者呈现有关语言类型的两个提示，以及要求被试默读启动词和目标词的目的，是为了分散被试的注意力，期待被试不使用翻译策略加工。也就是期望语言提示和默读达到掩蔽启动或短 SOA 的作用。问题是该实验中启动词开始呈现到目标词开始呈现，即 SOA 长达 2000 ms，且被试实施目标词语义判断之前，还有 1500 ms。理论上，被试在长达 3500 ms 的时间内，除了默读，还有充足的时间实施翻译等加工策略，这可能影响到该实验研究的信度。

第二篇是以专著形式出版的博士学位论文，编号为 11。该研究采用翻译识别任务从二语词汇变量（高频具体、低频具体和高频抽象）、目标语言（英语/汉语）和二语水平（高水平/低水平）三个层面考察中国英语学习者心理词汇的连接模式。该研究设计了两个行为实验。实验一先呈现一个英语词，再呈现一个汉语词。要求被试判断汉语词和英语词是否是翻译对等词。共有四种实验条件。条件一是汉语和英语词是翻译对等词（如汉语词是"身体"，英语词是"body"）；条件二不是对等词，且汉语词和英语词的汉语翻译对等词形式相近（汉语双字词的第一个汉字相同，如汉语词是"身份"，英语词是"body"），即存在词形干扰；条件三不是对等词，且汉语词和英语词的汉语翻译对等词语义相近（如汉语词是"四肢"，英语词是"body"），即存在语义干扰；条件四是语义无关，且无词形和语义干扰（如汉语词是"苹果"，英语词是"body"）。实验目的是考察 L2（英语）—L1（汉语）之间的词汇及语义连接模式。实验设计的理论依据是：翻译对等词之间存在翻译启动效应，即条件 1 的反应时应显著短于条件 4，且错误率更低；如果双语在词汇层面相互连接，则存在词形干扰的条件 2 中，被试的反应时应显著长于条件 4，且错误率更高；如果双语语义共同表征，则存在语义干扰的条件 3 中，被试的反应时应显著长于条件 4，且错误率更高。

该研究的实验二只是把 L1 和 L2 的汉英词汇位置对调。即先呈现一个汉语词，再呈现一个英语词。要求被试判断英语词和汉语词是否是翻译对等词。实验目的是考察 L1（汉语）—L2（英语）之间的词汇及语义连接模式。从该研究的实验设计看，有以下六点值得进一步思考。

一、L1 和 L2 词汇层的连接可能只是 L1 和 L2 翻译对等词之间因为翻译学习法和翻译实践操作等原因不断强化二者的关联，从而建立词汇层的连接，但 L1 词与 L2 翻译对等词的那些形式相近的词要么联系很弱，要么根本就没有词汇层的联系。如果假设成立，那条件 2 就可能不会产生词形干扰效应。

二、如果 L1 词汇（启动词）与 L2 词汇（目标词）语义相近，L1 词汇可能会对识别 L2 词汇产生促进效应。因此即使是在随后判断 L1 和 L2 词汇是否是翻译对等词时，两者意义相近会产生语义干扰效应，即被试更难以做出判断，但只有这一过程中的语义干扰效应大于前一过程的促进效应时，条件三的理论依据才成立。但后一过程的语义干扰效应大于、等于、小于前一过程的促进效应的可能性其实都存在。

三、两个实验中，前后呈现的要求被试判断是否具有翻译对等关系的两个词时间间隔长达 750 ms。这意味着至少有一部分被试有充足的时间采取翻译加工策略。即在实验一中，被试可能会将英语词翻译为汉语，待汉语目标词呈现后，更快地做出判断；实验二中，被试可能会将汉语词翻译为英语，待英语目标词呈现后，更快地做出判断。因此该实验设计理论上无法避免被试采用翻译加工策略。

四、实验设计中，影响汉语词汇识别速度的汉语词频和笔画数，影响英语词汇识别速度的音节数和字母数都没有得到严格控制。

五、翻译对等词之间存在翻译启动效应,只需要满足以下三种情况之一就足够:一、条件 1 的反应时显著短于条件 4,但错误率无显著差异;二、条件 1 和条件 4 的反应时无显著差异,但条件 1 的错误率更低;三、条件 1 的反应时显著短于条件 4,且错误率更低。但研究者却认为,只有条件 1 的反应时显著短于条件 4,且条件 1 的错误率更低,才能推断翻译对等词之间存在翻译启动效应。

六、实验的施测时间也值得思考。被试完成两次实验的时间分别是前一学期期末备考阶段和第二个学期的开学阶段。实验一研究二语与一语的反向连接强度,实验二研究一语与二语的正向连接强度。实验一期间被试可能会忙于期末备考,而对实验力不从心,被试对两个实验的认真程度可能存在差异,且目标词为不同的语言,连接强度本不能直接对比反应时或正确率。

由于本书以藏—汉双语者和藏—汉—英三语者为研究对象,因此下面进一步综述藏—汉双语者和藏—汉—英三语者心理词汇的语义表征和词汇连接模式的研究现状及不足。

2.4.5 藏—汉双语者和藏—汉—英三语者心理词汇的语义表征和词汇连接模式的研究现状及不足

2.4.5.1 藏—汉双语者心理词汇的语义表征和词汇连接模式的研究现状及不足

现有双语心理词汇语义表征的研究大多集中在拼音文字之间,以及表意文字汉语作为 L1 时对拼音文字加工的影响。当 L1 是表形文字或拼音文字,L2 是表意文字汉语时,L2 的加工特点如何受 L1 加工策略的影响?学界对此研究相对较少,且主要研究对象为英—汉双语者。藏族是我国重要的少数民族,藏族地区最通用的藏语是我国一种重要的少数民族语言。由于藏族地区大多使用藏—汉双语教学模式,因此我国有人数众多的藏—汉双语者;由于我国在民族地区中小学阶段普遍开设英语课,英语课也是大学生的必修课,因此,我国尤其是西南地区也存在一定数量,英语水平参差不齐的藏—汉—英三语者。藏—汉双语者及藏—汉—英三语者心理词汇语义表征和词汇连接模式的研究可以为藏族学生的汉语及英语教学,尤其是词汇教学提供理论依据和指导,为藏民族二语和三语教育提供决策参考。

另外,英语和藏语虽然同为拼音文字,但藏文是参照梵文的字母体系而创制的辅音字母式的音素拼音文字,二者差异很大。更关键的是,两者分属不同语系,英语属于印欧语系日耳曼语族的分支,而藏语属于汉藏语系,两者具有形态的不同。汉语和藏语虽同属汉藏语系,但藏语属于汉藏语系的藏缅语族的藏语语支,汉语属于汉藏语系的汉语语族。藏语和汉语之间不仅音、形不同,而且还有很多其他区别。比如藏语和汉语句子的基本成分语序不同;汉语中量词十分丰富,而藏语几乎没有量词;定语在汉语和藏语句中或短语中的位置不同;藏语中的大部分形容词都有级的变化,而汉语形容词没有级的变化;藏语动词有"三时一式"的变化,但汉语动词没有时态变化;汉语和藏语表示语法意义的主要手段也不同等等(王玉超等2017:4)。此外,藏文和英文虽然都属于拼音字母文字,但英文词汇识别涉及分辨几十个字母或语音单位的一维线性组合,藏文词汇尽管也由音节构成,但每一个音节则可以由不同字母组合构成上中、中下、上中下等多种不同的结构。汉语属于表意文字,汉语词汇包含数量众多的方块汉字,需要在部件、单字和多字层次上抽取复杂的形状和空间信息,两类文字视觉形态差异巨大(张学新等2012:332)。

由于三种语言系统在正字法、语音、句法上都存在差异,这些差异可能导致在加工过程中使用不同的认知策略。王沛等(2010:284)认为语言类型的差异可能是双语词汇表征理论产生矛盾的一个潜在原因。语言类型与双语的脑机制之间存在复杂的关系。不同语言在词形、语音、词法、句法等方面存在显著差异。像中文和英文这样特征相差较大的语言,其语义激活模式差异极大(Pu et al. 2001)。因此,研究藏—汉双语者及藏—汉—英三语者心理词汇的语义表征和词汇连接模式可为考察人类语言的普遍性与特殊性提供重要证据。

据笔者所知,到2018年为止,国内公开发表在北大核心期刊及以上的藏—汉双语者心理词汇表征研究仅有高晓雷等(2015)一项,国外目前尚无针对藏—汉双语者的词汇表征研究。高晓雷等(2015)采用跨语言的长时重复启动实验范式考察了熟练和非熟练藏—汉双语者的语义和词汇表征特点。该研究在以下几个方面值得思考,并进一步深入研究。

一、只采用了行为实验,没有结合 ERP 等神经学测量技术。

二、没有考察藏—汉双语者心理词汇的连接模式。

三、长时重复启动范式无法从理论上排除被试采用翻译加工策略。

四、实验设计为被试间设计。关于双语词汇表征的实验设计问题，笔者有幸于 2015 年底赴深圳大学医学院请教了著名神经语言学家、国家 973 重大项目主持人谭力海教授。谭教授认为，双语尤其是多语实验研究最好采用被试内设计，尽量减少被试间的差异对实验结果造成的影响，这样才更能保证实验研究的可靠性。

五、该实验的同语言和跨语言部分分别由两个不同的被试组完成。从反应时可明确推断，跨语言组被试无论在已学还是未学条件下，其反应时显著长于同语言组，这说明两组被试完全不同质，但研究者却将两组被试的反应时和正确率进行比较，似有不妥（高晓雷等 2015：740）。

六、研究者在使用真假词判断任务考察双语心理词汇的词汇表征时需要构造一批假词。其汉语双字假词是通过改变双字词中的某个字而成，藏语假词都可发音，是通过改变现存藏语真词的一个或两个字母而成（高晓雷等 2015：740）。这些汉、藏假词是否与特定真词同音，文章没有阐明，但是假词是否与特定真词同音具有重要区别。如果实验中有部分假词与特定真词同音，被试在判断真词时就可能会有意识去提取词汇的语义帮助其判断，而该实验的词汇判断任务假设的逻辑是被试不会提取目标词的语义，只需要提取目标词的词汇表征就可以完成词汇判断任务。

七、该研究与现有大多数词汇表征实验设计一样，均表示匹配了藏、汉词汇的词长、笔画数、词频，也用 7 点量表测评了被试对实验用词的主观熟悉度。问题是如何匹配？究竟控制了哪些因素？匹配词长时控制了音节数没有？文章没有阐明这些细节。因此，其研究结论"跨语言条件下已学词的反应时显著长于未学词，未获得长时重复启动效应"（高晓雷等 2015：737），完全有可能是因为影响词汇提取速度的某一个或几个变量没有得到合理控制造成的。因为通常情况下，跨语言条件下已学词的反应时要么显著短于未学词，要么两者之间没有显著差异。

2.4.5.2 藏—汉—英三语者心理词汇的语义表征和词汇连接模式的研究现状及不足

我国少数民族学生在掌握本民族语言的同时，一般还学习汉语（L2）和英语（L3），他们都是双语者或三语者。因此，民族地区的民族语、汉语和英语三种语言教学和运用非常普遍,探讨三语心理词汇的语义表征和词汇连接模式很有必要。但国内对少数民族学生双语及三语心理词汇的语义表征和词汇连接模式的研究尚处于萌芽阶段,仅涉及蒙古文、维文和藏文三种民族文字,且研究数量极少。据笔者所知,目前为止,藏—汉—英三语者心理词汇语义表征的研究国内仅有崔占玲等(2009a)一项,国外目前尚无针对藏—汉—英三语者的词汇表征研究。崔占玲等(2009a)采用跨语言的长时重复启动范式,考察了藏—汉—英三语者词汇与语义表征的特点。结论是藏—汉—英三语者三种语言的语义属分布式共享表征,并有词汇与共享概念的不对称性。该研究有以下几点值得进一步思考。

一、只采用了行为实验,没有结合 ERP 等神经学测量技术。

二、长时重复启动范式无法从理论上排除被试采用翻译加工策略。被试在学习阶段可能会将 L2 或 L3 词汇翻译成其学习媒介语(L2)。

三、仅采用 7 点量表评估被试藏、汉、英三种语言的水平,具有一定的主观性。

四、该研究包括四个小实验。实验 1 考察藏—汉、藏—英之间的语义表征模式;实验 2 考察汉—英之间的语义表征模式;实验 3 考察藏—汉、藏—英之间的词汇表征模式;实验 4 考察汉—英之间的词汇表征模式。实验 1 和 3 的被试分 3 组,每组分别完成不同语言条件的实验:A组完成的实验是学习阶段为藏语词,测试阶段为藏语词;B组完成的实验是学习阶段为汉语词,测试阶段为藏语词;C组完成的实验是学习阶段为英语词,测试阶段为藏语词。实验 2 和 4 的被试分 2 组,每组分别完成不同语言条件的实验:A组完成的实验是学习阶段为汉语词,测试阶段为汉语词;B组完成的实验是学习阶段为英语词,测试阶段为汉语词。实验 1、2、3、4 共 10 个组的 200 名被试各不相同。可见,该研究的所有实验均为被试间设计。也就是用于考察藏—汉、藏—英之间的语义表征模式与汉—英之间的语义表征模式的被试完全不同,用于考察藏—汉、藏—英之间的词汇表征模式与汉—英之间的词汇表征模式的被试也完全不同。且根据文章提供的对被试藏、汉、英三种语言熟悉度的评估数据看,10 组被试不完全同质。事实上,要保证 10 被试组完全同质也非常困难。像这样的多语被试间设计很难保证实验结果的信度和效度。

五、该研究的绝大部分被试在内地已经生活了 8—9 年,最短也已经生活了 6 年。他们在语言学习环境、语言使用环境和语言使用频率等方面与生活在西藏、青海和四川藏区的藏—汉—英三语者可能存在很大差异。长期生活在藏区的藏—汉—英三语者心理词汇的语义表征模式是什么?目前学界还没有任何相关研究。因此,藏—汉—英三语者心理词汇的语义表征模式有待进一步深入研究。

目前,学界对三语心理词汇的连接模式研究较少,且结论尚不一致。比如张学敏(2008)采用图—文干扰范式考察蒙—汉—英三语者三种语言之间的联系,发现蒙—英之间的联系为词汇连接,蒙—汉语之间的联系以语义为中介。热比古丽·白克力(2012)采用短时快速启动范式考察维—汉—英三语者的词汇连接模式,发现熟练的二语词汇直接通达语义;非熟练的三语词既能借助一语词汇又能借助二语词汇通达语义。孙鑫等(2014)运用跨语言长时重复启动范式的词汇判断任务对比研究汉—英—日与汉—英—法三语者三语词汇的语义通达机制,发现日语学习者经由英语词汇通达概念;法语学习者经由汉语和英语词汇通达概念。

目前为止学界仅有崔占玲等(2009b)采用跨语言的长时重复启动范式,考察了藏—汉—英三语者心理词汇的连接模式,他们发现藏—汉之间为概念中介模式,汉—英之间为词汇连接模式,藏—英之间没有直接联系;语言熟练程度、语言间的相似性和学习媒介语影响藏—汉—英三语者心理词汇的联系模式。

该研究除了同样存在前述崔占玲等(2009a)的前四个问题外,技术上讲,还有以下几点值得进一步考虑。

一、实验采用的汉语单字假词由于不能正常打印输出,视觉呈现时被试很容易就能作出真假判断。构造的汉语双字假词与真词同音,英语假词与真词同音,或读音相近。被试在判断真词时就可能会有意识去提取词汇的语义帮助其判断,而该实验的词汇判断任务假设的逻辑是被试不会提取目标词的语义,只需要提取目标词的词汇表征就可以完成词汇判断任务。

二、仅考察了汉语中等熟练,英语极不熟练者的词汇连接模式。

三、没有考察 L1-L2 和 L1-L3 词汇层面的正向连接。

四、某些影响被试词汇判断速度的变量没有得到控制,没有控制词频、词长。

五、该研究只考察了三语者心理词汇中名词之间的联系,未考察动词、形容词等其他词类。而动词、形容词、名词的表征和加工都存在一定差异。以动词和名词为例,以往研究发现,动词和名词在亚词汇水平、词汇水平、概念语义水平和神经生理水平上都存在差异(陈新葵等2005)。那么,三语者的动词之间、形容词之间的联系是否与名词之间的联系相似? 该问题值得研究。

六、该研究发现藏—汉—英三语者相似的英、藏之间在词名层没有直接联系,而不相似的英、汉之间却能建立词名层的直接联系。研究者认为原因有两个,其一,藏语和英语词虽然都是拼音文字,但显著的正字法差异削弱了两种语言间的相似性。其二,汉语既是藏—汉—英三语者英语教学的媒介语,又是英语学习的媒介语。因此英语词首先与汉语词建立直接联系,英语词也需要借助汉语词的词汇表征才能通达共享语义。郭显哲(2004)发现,藏—汉—英三语者对英语词的理解包括英—汉和汉—藏两个对译过程,容易产生信息损失、信息歧义、反应时间延长、思维转换困难等问题。尤其是学生汉语水平较低时,汉语媒介语会降低英语学习效率,不利于建立藏语与英语的联系。而鹿士义等(2003)发现双语者偏爱用母语编码。因此,学习媒介语对词汇连接的影响可能掩盖了语言自身的特征对词汇连接的影响,使相似的藏、英之间未能建立词名层的直接联系(崔占玲等2009b:216)。但崔占玲等(2009b)研究的被试是河北师范大学附属民族学院的藏族学生。其实验中三批不同的被试有两批在内地已生活9年,另外一批在内地也已生活5年。他们在语言学习环境、语言使用环境和语言使用频率等方面与生活在西藏、青海和四川藏区的藏—汉—英三语者可能存在很大差异。对于那些长期生活在藏区的藏—汉—英三语者,他们英语学习的主要媒介语是否也主要是汉语? 他们的英、藏词名层是否也没有建立起直接联系? 这些问题当然值得研究,但目前学界仍是空白,没有任何相关研究。

此外,如前所述,蒙—汉—英三语者L3经由L1,汉—英—法三语者L3经由L1和L2的词汇通达语义,为什么藏—汉—英三语者的英语词汇不能经由L1藏语词通达语义? 周晓林等(2008)研究发现,语言经验导致主导语言的改变。经常使用的语言类型也会影响被试的外语学习及语义通达过程。藏—汉—英三语者的英语大都通过汉语获得,但藏语显然也是藏族学生日常生活使用的主要语言之一。而且藏—汉—英三语者中学阶段英语的学习媒介语至少有一部分应该是藏语。因此,崔占玲等(2009b)的"英语与藏语词汇在词名层没有任何联系"这一结论似乎有悖常理。可见,藏—汉—英三语者心理词汇的连接模式也有待进一步深入研究。

2.5　本章小结

双语词汇表征研究中,从双语词的自由联想实验,到跨语言的语义启动实验乃至脑成像实验,大部分实验都将双语者两种语言之间语义的相互促进或相互干扰程度作为双语语义是否共同存储,形、义是如何连接的一个最重要参考指标。从双语词汇表征整个研究历史看,发展趋势如下:

从研究方法看,双语词汇表征的研究始于上世纪 60 年代。60—70年代的早期研究一般采用词汇联想、词汇回忆、Stroop 效应等比较粗放的实验手段和一些脑神经病理学方面的个案研究。随着计算机科学的发展,实验技术越来越精密,上世纪 80 年代起,双语词汇表征研究主要采用以毫秒为计时单位的各种不同范式的跨语言启动行为实验。随着认知神经科学的发展,同样在上世纪 80 年代,fMRI 和 ERP 为代表的神经学测量技术开始为双语词汇表征提供更为直接的研究方法。近年来,越来越多的研究将行为学测量与 ERP、fMRI 为代表的神经学测量技术相结合,在采集被试行为学数据的同时考察其大脑的活动状况,并在解释脑部活动数据时参考行为学数据,从而为双语词汇表征神经机制的研究提供更为严谨和科学的解释(金晓兵 2012)。

从研究内容看,早期研究主要考察双语心理词汇的语义表征。后来开始采用更为精确的启动行为实验不但探索双语心理词汇的语义表征,而且还研究双语心理词汇的连接模式(李荣宝等 2001:293)。近十几年来,除了继续深入研究双语心理词汇的语义表征、词汇连接模式,修正和发展以往的模型,研究者越来越多地关注两种词汇表征的神经机制。主要使用 fMRI 和 PET 技术考察双语者在两种语言的形式加工方面是否存在明显差异,在语义整合方面是否高度相似,即是否激活了相似的脑区,是否具有共同的神经基础(杨玉芳 2015:531—532)。同时,主要通过 ERP 技术揭示双语词汇认知加工中不同信息作用的时间进程。

从研究视角看,早期的双语词汇表征研究一般为静态研究,研究者只考察某种单一水平的被试,后来不少研究开始基于被试的 L2 熟练程度和习得时间等变量考察双语心理词汇的动态表征模式。

从研究对象看,早期的双语词汇表征研究对象基本都是以英语、西班牙语、法语、荷兰语、德语和意大利语为主的拼音文字;近年来以表意文字汉语作为 L1 的双语研究开始增多,且三语心理词汇的语义表征和词汇连接模式已逐渐成为双语词汇表征研究的热点。

尽管自二十世纪五十年代起,国内外学者主要采用行为学测量和神经学测量两大类测量方法,对双语者心理词汇的语义表征和词汇连接模式进行了大量研究,取得了丰硕成果,提出了众多理论模型。但该领域的研究尚有下列不足:

第一、学界对双语者心理词汇的语义表征和词汇连接模式的研究结论仍不一致,甚至相互矛盾。

第二、双语词汇表征研究所主要采用的实验方法及实验设计具有一定的局限性。尽管相对而言短时快速启动范式的行为实验结合 ERP 技术是目前研究双语词汇表征更为理想的工具,但启动范式下常用的 SOA 单点测试法亦有其缺陷,需要进一步改进。黎明等(2014)将 SOA 单点测试法改进为 SOA 多点测试法就是一种成功的尝试。

第三、目前双语词汇表征的静态研究较多,动态发展研究较少;双语词汇表征研究较多,三语词汇表征问题关注较少,尤其是 L1 为少数民族母语的三语词汇加工讨论不足(崔占玲等 2012:1225)。

第四、国内双语词汇表征研究数量较多,但实验方法和实验设计有待改进。

第五、相似双语的词汇表征研究较多,形态差异较大的双语词汇表征研究亟待深入。研究象藏、汉、英这样三语形态各异的语言有可能得出更有说服力的结论,但目前藏—汉双语及藏—汉—英三语词汇表征的研究不仅数量极少,实验方法和实验设计等方面也存在不少问题。

因此,本研究采用 SOA 多点测试行为实验和短时快速启动范式的 ERP 实验方法,将藏—汉双语者和藏—汉—英三语者作为研究对象,以双语者心理词汇的语义表征和词汇连接模式为研究内容,在研究方法、研究内容和理论等三个方面都有所创新,应当说符合双语者心理词汇语义表征和词汇连接模式研究的发展趋势,具有一定的理论价值、实践价值和社会意义。

第三章

研究方案及设计

3.1 研究问题及方案

    鉴于双语心理词汇表征的研究现状、不足及其发展趋势,本研究尝试在改进短时快速启动行为实验方法的基础上,从动态、发展的视角进一步深入研究双语词汇表征模式。上一章的研究表明,是二语熟悉度而不是二语习得年龄或习得顺序主要影响了双语词汇表征模式。此外,虽然我国目前双语和三语现象非常普遍,双语者和三语者人数众多,但绝大多数都是后期双语者或三语者。早期双语者和三语者数量相对非常少。因此,本研究不对早期和后期双语者做对比研究,而是根据被试的具体情况,只考察二语和三语熟悉度不同的后期藏—汉双语者和后期藏—汉—英三语者。在分析、比较二语及三语心理词汇的语义表征和词汇连接模式的基础上,本研究试图提出一个预测后期双语者学习 L2、L3、L4……Ln 的心理词汇语义表征和词汇连接的动态模型,进一步丰富、发展以往双语词汇表征研究的实验方法和理论成果,回答目前关于双语词汇表征研究结果存在的矛盾和争议。打算通过实验具体回答以下五个问题:

    1. 藏—汉双语者心理词汇的语义表征模式是什么?

    2. 藏—汉双语者心理词汇的词汇表征模式是什么?

    3. 藏—汉双语者心理词汇的连接模式是什么?

    4. 藏—汉—英三语者心理词汇的语义表征模式是什么?

    5. 藏—汉—英三语者心理词汇的连接模式是什么?

本研究主要采用三类实验任务研究双语词汇表征模式。一是采用长时重复启动范式下的词汇判断任务考察藏—汉双语者心理词汇的词汇表征模式;二是采用短时快速启动范式下的语义归类任务考察藏—汉双语者和藏—汉—英三语者心理词汇的语义表征模式;三是采用短时快速启动范式下的词汇判断任务考察藏—汉双语者和藏—汉—英三语者心理词汇的连接模式。上一章的研究表明,SOA 单点测试法具有一定的局限性,本研究将同时采用 SOA 多点测试行为实验和短时快速启动范式的 ERP 实验方法,首先对双语者的语义表征模式进行对比研究。在随后考察双语者的词汇连接模式时,通过前期语义表征实验研究结果的分析与比较,已经可以选择一个单一的 SOA 点,在该 SOA 条件下,既能确保被试没有时间对启动词实施翻译等策略加工,又能确保被试能较为充分地提取启动词的词汇表征信息。再加上本研究的实验任务较多,因此,本研究只采用短时快速启动范式的 ERP 实验方法,不再结合 SOA 多点测试行为实验研究双语者的词汇连接模式。接下来,本书将阐述分别采用三类不同实验任务研究双语者心理词汇的语义表征、词汇表征和词汇连接模式的理论依据。

3.1.1 采用长时重复启动范式考察词汇表征模式的依据

如前文所述,长时重复启动实验范式包括一个单独的编码阶段(学习阶段)和一个单独的提取阶段(测试阶段)。主要目的是通过变换学习阶段和测试阶段的材料之间的联系,考察测试阶段的目标刺激在学习阶段是否学习过对其识别和判断的影响,或考察测试阶段的目标词的翻译对等词在学习阶段是否学习过对其识别和判断的影响。从内隐记忆的角度说,如果测试阶段的提取过程在一定程度上重现了学习阶段的编码过程,那么测试任务中能够发现长时重复启动效应;如果测试阶段的提取过程没有或者极少重现学习阶段的编码过程,则不能在测试任务中发现长时重复启动效应(李利等 2016:1402)。李利等(2006b:675)认为,如果被试在学习和测试阶段都完成真假词判断任务,而实验不能获得跨语言的长时重复启动效应,就表明双语者的词汇表征是分离的,其联系需要语义作为中介,否则实验就可以获得跨语言的长时重复启动效应。这是因为语言认知研究者普遍认为,心理词汇在大脑中的表征有两个层面,一个是语义层,指词汇的语义(概念意义),一个是词名层,指词形和语音(Zeelenberg et al. 2003;Silverberg et al. 2004;Li et al. 2009)。目前,国内外都有相当多的研究分别采用真假词判断任务和语义判断任务考察心理词汇不同层面的激活状态,其假设的逻辑是真假词判断任务只需要被试在词汇层面上进行语言加工。而语义判断任务需要被试在语义层面上进行语言加工(Potter 1984;Smith 1997;Zeelenberg et al. 2003;李利等 2006b,2008b,2010,2011,2016;崔占玲 2009a,2009b;Li et al. 2009;王瑞明等 2010,2011;李杰等 2013;高晓雷等 2015;孟迎芳等 2016;王震 2016)。因此长时重复启动实验中,学习阶段和测试阶段被试都完成真假词判断任务时只需要提取词汇表征信息,而不需要提取语义表征信息。此时如果实验中发现了跨语言的长时重复启动效应,说明测试阶段的提取过程在一定程度上重现了学习阶段的编码过程,也就是双语者两种语言的词汇表征在一定程度上是相同的,表明双语者心理词汇的词汇表征不是分离的。而如果实验中没有发现跨语言的长时重复启动效应,表明测试阶段提取的词汇表征信息和学习阶段编码的词汇表征信息是不同的,因此双语者两种心理词汇的词汇表征是分离的。据此,本研究采用长时重复启动范式下的词汇判断任务考察藏—汉双语者的词汇表征模式。

3.1.2 采用短时快速启动范式考察语义表征和词汇连接模式的依据

本研究采用短时快速启动范式下的语义归类任务和词汇判断任务分别考察双语者心理词汇的语义表征和词汇连接模式,主要依据来源于关于以下两个问题的七项相关研究。

问题一是双语者语言理解中加工目标语言时,非加工语言是否被激活?所谓目标语言是指在当前任务中要求被试进行加工判断的语言,所谓非加工语言是指在当前任务中要求被试忽略的语言(王瑞明等 2011:773)。尽管学界对该问题尚存争议,但观点已渐趋一致(王瑞明等 2011:772)。王瑞明等(2011)采用长时重复启动范式考察了汉—英双语者语言理解中非加工语言的激活状况,并提出了"双语语言理解的语境观":在双语者的语言理解过程中,加工一种语言(目标语言)时,非加工语言(要求被试忽略的另一种语言)会自动激活。非加工语言激活到哪个层面受语言使用时的具体情境限制。在词汇任务情境中,非加工语言只在词汇层面上激活,语义不会自动激活,而在概念任务情境中,非加工语言的词汇层面和语义层面都会自动激活。这反映了语言加工深度对语言加工的影响,也是认知经济原则在双语语言理解中的具体体现(王瑞明等 2011:780)。双语语言理解的语境观得到了其他学者相关研究的支持。李利等(2013)采用概念判断任务考察了非熟练汉—英双语者语言理解转换中非目标语言的词汇通达。结果发现,无论非目标语言是英语词还是汉语词,被试在完成语言理解转换的概念任务中,非目标词汇的语义信息都会自动激活。而先前多数使用词汇判断任务的研究(被试双语都属于拼音文字)发现语言理解转换中非目标语言的语义没有激活。由此李利等推测,实验任务是影响语言转换中非目标语言词汇通达的一个重要因素(李利等 2013:53)。值得注意的是,王瑞明等人的"双语语言理解的语境观"认为,概念任务情境中,非加工语言的语义层面和词汇层面都会自动激活。但实际上,从他们的相关实验设计和实验结果可以得出如下两个推论:一、非加工语言只有语义层面被自动激活;二、语义层面和词汇层面同时被自动激活。而根据下述第二个问题的相关研究,可以推断,在概念任务情境中,非加工语言只有语义层面被自动激活。

　　问题二是任务定势对自动加工有何影响?所谓任务定势是指有效完成既定任务的认知系统中的适应性的结构,是完成当前任务、实现当前目标的即时操作化的结果,是按照任务指导语指定的规则进行反应后产生的一种知觉和反应倾向(Wager 2004;宋娟等 2012:30)。所谓自动加工是对无意识觉知的信息的加工过程。无意识的自动加工最早被认为是自动的、独立的、不受任何认知资源和目的限制而产生的(Posner et al.1975)。Kiefer(2007)对这种经典的自动加工理论提出了质疑。他认为自动加工过程并非是完全自下而上的刺激信息自动输入、激活过程,它可能与控制加工相同,也受到自上而下的因素的调节,并且可能具有同控制加工相似或相同的门控机制(宋娟等 2013:134)。Kiefer(2006)采用ERP 技术研究了任务定势对自动加工的影响。他们在掩蔽语义启动任务开始之前,让被试完成对词汇的语义判断(是否为动物),或是对词汇进行知觉判断(词首或词尾字母是否为封闭性的)。结果发现只有在先前进

行语义判断的情况下,才会产生 N400 启动效应。说明先前的任务定势
会影响掩蔽语义启动效应的产生。宋娟等(2012)也采用 ERP 技术研究
了任务定势对自动加工过程的调节作用。她们考察的自动加工过程为自
动语义激活过程。结果发现,在词汇分类判断任务后,掩蔽启动刺激对靶
刺激产生语义启动效应;在词汇结构判断任务后,掩蔽启动刺激对靶刺激
没产生显著的语义启动效应。表明任务定势对随后的自动语义激活过程
产生了调节作用。2013 年,宋娟等再次采用 ERP 技术仍然发现了自上
而下的任务因素对自动语义激活过程具有调节作用(宋娟等 2013:134)。
于是她们提出了自上而下的任务因素对自动加工的调节模型(宋娟等
2013,2015)(参见图 3-1)。根据该模型,无意识觉知的信息的自动加工
过程受自上而下的任务指示的影响。无意识觉知的刺激信息本身可以自
动化地输入,但是在先前任务设定后,被试对随后信息的加工有与任务相
关的期待,这使得符合期待的信息很快地被选择性加工,以快速准确完成
任务。而与任务无关的信息被抑制和屏蔽掉,这也是为了快速准确完成
任务。从实践的角度讲,这种加工机制有利于人类利用有限的注意资源
最优化地进行分配,将注意分配在有意义之处,最大化地利用注意资源,
进行生产实践、学习等活动。而且这种机制对有意识觉知的信息的控制
加工具有相同的机制,这也验证了 Kiefer(2007)等人的假设和预想(宋娟
等 2013:139)。

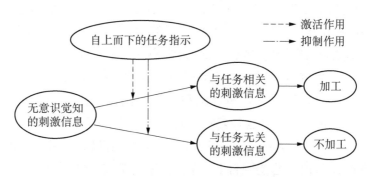

图 3-1　自上而下的任务因素对自动加工的调节模型(宋娟等 2013:139)

本研究采用的所有短时快速启动实验中,SOA 均≤200 ms。如前文
所述,Neely(1977)、Schwanenflugel et al.(1986)、Storbeck et al.

(2004)、Neely et al.（转引自 Dong et al. 2005）、Liu et al.（2010）等研究均认为,当 SOA≤200 ms 时,被试对启动刺激的加工属于自动化加工,此时被试处于无意识或潜意识状态而非控制加工。控制加工需要被试意识的参与,也就是意识加工。而且在跨语言的短时快速启动实验中,被试的目标是对目标刺激进行语义或词汇加工,因此目标词的语言就是目标语言。由于不要求被试加工启动刺激,启动刺激的语言是被试忽略的语言,即非目标语言或非加工语言。因此,短时快速启动实验中,当 SOA 小于或等于 200 ms 时,被试对启动词的加工既是非目标语言的加工,又属于自动加工。根据 Kiefer（2006,2007）、王瑞明等（2011）、李利等（2013）和宋娟等（2012,2013,2015）的研究,在 SOA 小于或等于 200 ms 的短时快速启动实验中,如果被试对目标刺激完成真假词判断任务,启动词的词汇表征会被激活,但语义表征会被抑制。因为词汇判断任务只需要被试在词汇层面进行语言加工（王瑞明等 2011：780）。为了最优化利用有限的注意资源,快速准确完成词汇判断任务,被试会激活启动词与词汇判断任务有关的词汇表征信息,抑制和屏蔽启动词与词汇判断任务无关的语义表征信息。同样,在 SOA 小于或等于 200 ms 的短时快速启动实验中,如果被试对目标刺激完成语义归类任务,启动词的语义表征会被激活,但词汇表征会被抑制。因为语义归类任务需要被试在语义层面进行语言加工（王瑞明等 2011：780）。为了对目标词快速准确完成语义归类任务,被试会激活启动词的语义表征。尽管被试在激活启动词语义的过程中也可能会激活启动词的词汇表征,为了最优化利用有限的注意资源,快速准确完成语义归类任务,启动词中符合期待的语义表征信息很快地被选择性加工。由于启动词的语音和词形等词汇表征信息和语义判断任务无关,至少不直接相关,因而会被抑制和屏蔽。

根据以上分析,本研究采用 SOA 小于或等于 200 ms 的短时快速启动范式下的语义归类实验考察藏—汉双语者和藏—汉—英三语者心理词汇的语义表征模式。郭桃梅等（2002：25）和热比古丽・白克力等（2012：288）认为短时快速启动范式下的语义归类实验中如果产生了跨语言的启动效应,可能有以下三种解释。一是由于启动词直接通达了语义表征,被激活的语义特征在向四周扩散的过程中,使得语义网络中与之相连的目标词（启动词在目标语言中的翻译对等词）得到预先激活,从而加快了被试对目标词的反应。二是由于启动词激活了目标词的词汇表征(包括词形和语音表征),从而促进了被试对目标词的反应,或者说启动效应是以目标词的词汇表征为中介产生的。三是上述两种情况同时发生。

虽然郭桃梅等(2002)和热比古丽·白克力等(2012)的研究与本研究都采用了短时快速启动范式下的语义归类任务,但他们的实验中的 SOA 都长达 300 ms,而本研究所有语义归类实验的 SOA 都小于或等于 200 ms。而且当 SOA 为 200 ms 时,本研究各实验均采用了后掩蔽刺激模式,即首先呈现启动词 180 ms,然后呈现掩蔽刺激"＃＃＃＃＃＃＃＃＃"20 ms,之后才呈现目标刺激,以便在一定程度上减弱启动词的视觉刺激效果。因此,启动词的语音和词形等词汇表征信息会被抑制和屏蔽。启动词的词汇表征不能得到较为充分的激活,当然就无法扩散激活目标词的词汇表征。这表明上述第二和第三种解释不适合本研究的各语义归类实验。而上述第一种解释的前提是启动词能直接通达其语义表征。本研究各语义归类实验中启动词为藏—汉双语者的二语(汉语)词或藏—汉—英三语者的二语(汉语)词及三语(英语)词。后期双语者的二语词和三语词能否直接通达其语义表征呢? 首先,对于熟练后期双语者,学界的研究结论比较一致:二语词能够直接通达语义表征,且连接强度大。对二语不熟练的后期双语者,学界主要有两种观点,一是二语词只能借助一语词的词汇表征间接通达语义,不能直接通达语义,比如词汇连接模型和 RHM 就支持该观点;二是二语词能直接通达语义,但不一定能借助一语词的词汇表征间接通达语义。比如,Altarriba et al. (1997)的 Stroop 实验发现,语言形式即便在最初的学习阶段就与概念直接相连,产生了 Stroop 效应。Finkbeiner et al. (2004)提出的意义模型也表明二语词可以直通达共享语义表征。麦穗妍等(2014)发现不熟练潮—粤双语者的二语词直接通达语义表征,不需要以一语词为中介。李黎(2016)发现低水平二语学习者(母语为汉语,英语为二语)的二语词和共享语义的连接在习得早期就已经存在。Pu et al. (2016)让仅仅只进行了 4 小时二语词汇训练的被试完成从二语到一语(L2 - L1)的后向翻译识别任务。他们发现在二语学习的最初阶段,被试就能直接通达二语词汇的语义表征。Ma et al. (2017)发现不熟练的英语—西班牙双语者的二语词直接通达语义,不需要借助一语词作中介。

　　此外,语言中非常普遍的一词多义和一义多形现象也决定了任何语言的词汇无法仅借助于其他语言的词汇表征而间接通达语义表征。而且任何双语者的二语中都可能有一些语言特异词,即这些词汇在一语中根本找不到翻译对等词,但双语者仍然能掌握这些语言特异词的语义。这也说明即使是二语初学者,二语词也能直接通达语义表征。只是初学者这种语义连接强度较小,可能因为某些实验方法(比如长时重复启动范式)对较小的启动效应不够敏感,或者实验设计不够科学,比如 SOA 太短,或者启动词和目标词语义相关度不够高等原因,致使部分实验未能发现二语词名层和语义表征之间较为微弱的连接。

　　本研究各语义归类实验均没有考察二语或三语初学者。所考察的双语者的二语分为汉语熟悉、较熟悉和不熟悉三个层次。即使是二语不熟悉的被试也基本都能用汉语进行正常的日常交流。所考察的三语者的二语分为汉语熟悉和较熟悉两个层次,二语水平总体都比较高。所考察的三语者的三语分为英语熟悉和不熟悉两个层次。即使是不熟悉英语的被试,他们也都通过了大学英语四级考试,英语水平相对也算不错。因而本研究的双语和三语者的二语及三语水平远高于初学者,而且本研究的实验用词都是被试相当熟悉的高频藏语、汉语、英语词汇。因此他们的二语词和三语词都能直接通达其语义表征,而且词汇表征和语义表征之间已经建立了较强联系。也就是说,在 SOA 为 200 ms 的启动实验中,被试既能抑制和屏蔽启动词的词汇表征,同时又能直接激活其语义表征,且激活程度较为充分。

　　综上所述,本研究的各语义归类实验中,如果发现了跨语言的语义启动效应,只适合上述三种解释中的第一种,即启动词直接通达了语义表征,被激活的语义特征在向四周扩散的过程中,使得语义网络中与之相连的目标词得到预先激活,从而加快了被试对目标词的反应。简言之,如果实验中产生了启动效应,那么启动词和目标词共享语义表征,且启动词的词汇表征能直接通达共享语义,反之则语义表征分离。但是当 SOA 远小于 200 ms 时,就可能因为启动词的语义表征不能得到一定程度的激活,因而无法有效扩散激活目标词,从而不能产生语义启动效应。

　　除了考察语义表征模式外,本研究还将采用 SOA 为 200 ms 的短时快速启动范式下的词汇判断实验考察藏—汉双语者和藏—汉—英三语者心理词汇的连接模式。由于被试在完成词汇判断任务时,启动词的语义表征会被抑制和屏蔽,词汇表征会被激活,因此如果发现了跨语言的启动效应,就表明启动词词汇表征的激活,促进了被试对目标词词汇表征的提取,即实验中产生了跨语言的词汇启动效应。启动词的词名层到目标词的词名层存在较强连接,反之则没有直接联系。

值得注意的是,如前所述,尽管目前不少研究者均认为词汇判断中被试只会加工到刺激的词汇层面,但 Pexman et al.(2008)认为词汇判断中被试可能会自动加工到刺激的概念层面,并发现了词汇判断中的语义影响效应。陈宝国等(2009:74)也认为,词汇判断任务是否一定需要语义因素的参与还存在争论。本研究认为,如果词汇判断的实验设计能控制好以下两点,被试就很可能只会加工到刺激的词汇层面。一是构造的实验假词不能与真词同音或近音。因为如果有假词和真词的语音相同或非常相近,被试在实施真假词判断时,就可能不得不提取目标词的语义表征,以帮助其判断;二是实验中,需要要求被试又快又准地作出真假词判断。被试具有一定的速度压力,一旦提取了目标刺激的词汇表征,就很可能立刻作出真假词判断,而不会有意识地提取目标刺激的语义表征,因为这会花费额外的时间。同样,根据前文所述的认知经济原则,被试在提取词汇表征信息后,不会进一步自动加工目标刺激的语义表征信息,因为这与完成当前的词汇判断任务无关,所以会受到抑制。而如果被试在词汇判断后,期望通过提取目标刺激的语义信息来进一步核实自己的判断是否准确,被试就有可能有意识地提取目标刺激的语义表征信息。但这不会影响被试完成词汇判断这一过程。而且既然是被试"有意识地提取"目标刺激的语义表征信息,就可以明确要求被试尽量避免该行为过程的发生。鉴于此,本研究各实验中均采用词汇判断任务考察双语者心理词汇的词汇表征和连接模式。但在相关实验设计中,不构造与真词同音或近音的假词,并要求被试又快又准地作出真假词判断。

在研究对象上,以往的双语词汇表征研究主要考察了名词,极少考察动词。国外有少量研究,如 Seger et al.(1999)、Prull(2004)、de la Riva López et al.(2012),考察了语言产出过程中动词双语记忆的表征,结果发现双语者动词的语义表征共享。据笔者所知,目前学界尚无研究专门考察双语者形容词的语义表征模式。而名词、动词、形容词的加工和表征存在一定差异。比如陈新葵等(2005)发现动词和名词在亚词汇、词汇、概念—语义和神经生理水平上都存在差异。本研究将同时考察语言理解或识别过程中双语者名词、动词、形容词三大类实词的语义表征模式。由于以往研究只考察了三语者心理词汇中名词之间的联系,未研究动词、形容词等其他词类(崔占玲等 2009b)。本研究将同时考察藏—汉—英三语者的名词之间、动词之间和形容词之间的词汇连接模式。

此外,词义的具体性对双语心理词汇语义表征的通达具有重要影响(李德高 2016:106))。以往也有不少研究考察具体性对双语心理词汇语义表征的影响,但研究都限于抽象和具体名词的比较,比如 Francis et al.(2011)运用语义归类任务考察了西班牙语—英语双语者抽象和具体名词的记忆表征模型。本研究将考察双语者心理词汇语义表征中跨词性的语义具体性效应,即对比考察语义最具体的具体名词、语义较为抽象的动词和语义最为抽象的形容词是否具有不同的语义表征模式。

3.2　实验设计思路

根据以上研究思路,本研究共设计了 19 个实验来回答 **3.1 节**提出的5 个需要研究的问题。其中 SOA 多点测试行为实验共 4 个,ERP 实验共15 个。所有 19 个实验的设计思路如下:

双语行为实验 1:藏—汉双语者心理词汇的语义表征研究 1

设计思路:该实验被试为藏—汉双语者,采用短时快速启动范式的语义归类任务。五个 SOA 水平分别为 38、50、100、150、200 ms。被试分为汉语熟悉、较熟悉和不熟悉三组。启动词全部为汉语词,目标词全部为藏语词。要求被试判断目标词是否表示生物或生物体的一部分。实验组的启动词和目标词互为翻译对等词,控制组的启动词和目标词既无语义,也无语音联系。

上一节的研究表明,本实验中,被试在完成语义归类任务时,启动词的语义信息会被激活,语音和词形信息会被抑制。因此,五个 SOA 水平中,如果能在其中任何一个 SOA 水平下的实验组发现跨语言的语义启动效应,就表明汉语启动词直接通达了语义表征,被激活的语义特征在向四周扩散的过程中,使得语义网络中与之相连的藏语目标词得到预先激活,从而促进了被试对目标词语义表征的提取,产生了跨语言的语义启动效应。据此,可以推断藏—汉双语者心理词汇的语义表征共享,且汉语词的词汇表征可直接通达共享的语义表征,反之则语义表征分离。

本实验的**实验假设**是:如果藏—汉双语者心理词汇的语义表征共享,且汉语词的词汇表征可直接通达共享的语义表征,那么在采用多个 SOA 水平的语义归类实验中,至少可以在其中一个 SOA 水平下发现跨语言的语义启动效应;反之就不会在任何一个 SOA 水平下发现跨语言的语义启动效应。

双语 ERP 实验 1:藏—汉双语者心理词汇的语义表征研究 2

设计思路:该实验被试为藏—汉双语者,采用短时快速启动范式的语义归类任务。SOA 为 200 ms。被试分为汉语熟悉、较熟悉两组。启动词全部为汉语名词,目标词全部为藏语名词。要求被试判断目标词是否表示生物或生物体的一部分。实验组的启动词和目标词互为翻译对等词,控制组的启动词和目标词既无语义,也无语音联系。

本实验同双语行为实验 1 一样,被试在完成语义归类任务时,启动词的语义信息会被激活,语音和词形信息会被抑制。因此,如果能在实验组发现跨语言的语义启动效应,同样可以推断藏—汉双语者心理词汇的语义表征共享,且汉语词的词汇表征可直接通达共享的语义表征,反之则语义表征分离。

本实验的**实验假设**是:如果藏—汉双语者心理词汇的语义表征共享,且汉语词的词汇表征可直接通达共享的语义表征,那么在短 SOA 条件下的语义归类实验中就会产生跨语言的语义启动效应;反之就不会产生跨语言的语义启动效应。

双语 ERP 实验 2:藏—汉双语者心理词汇的语义表征研究 3

设计思路:该实验被试为藏—汉双语者,采用短时快速启动范式的语义归类任务。SOA 为 200 ms。被试分为汉语熟悉、较熟悉两组。启动词全部为汉语动词,目标词全部为藏语动词。要求被试判断目标词表示的动作是否主要是由五官或者手、脚完成。实验组的启动词和目标词互为翻译对等词,控制组的启动词和目标词既无语义,也无语音联系。

本实验与双语 ERP 实验 1 的设计完全相同。因此,如果能在实验组发现跨语言的语义启动效应,同样可以推断双语心理词汇的语义表征共享,且汉语词的词汇表征可直接通达共享的语义表征,反之则语义表征分离。

本实验的**实验假设**同双语 ERP 实验 1。

双语 ERP 实验 3:藏—汉双语者心理词汇的语义表征研究 4

设计思路:该实验被试为藏—汉双语者,采用短时快速启动范式的语义归类任务。SOA 为 200 ms。被试分为汉语熟悉、较熟悉两组。启动词全部为汉语形容词,目标词全部为藏语形容词。要求被试判断目标词是否主要用来表示事物的某种属性。实验组的启动词和目标词互为翻译对等词,控制组的启动词和目标词既无语义,也无语音联系。

本实验与双语 ERP 实验 1 的设计完全相同。因此,如果能在实验组发现跨语言的语义启动效应,同样可以推断双语心理词汇的语义表征共享,且汉语词的词汇表征可直接通达共享的语义表征,反之则语义表征分离。

本实验的**实验假设**同双语 ERP 实验 1。

双语 ERP 实验 4:藏—汉双语者心理词汇的词汇表征研究

设计思路:本研究的主要目的是考察双语者心理词汇的语义表征和词汇连接模式。而要考察词汇连接模式,就需要先证实双语者心理词汇的词汇表征是分离的。因此本实验采用长时重复启动范式下的真假词判断任务考察藏—汉双语者心理词汇的词汇表征模式。被试为藏—汉双语者。实验分为 A、B、C、D 四个部分。A、B、D 每个部分均为 46 个藏语真词和 46 个藏语假词;C 为 46 个汉语真词和 46 个汉语假词。其中 A、B 构成一个独立的长时重复启动实验,A 为学习阶段,B 为测试阶段。B 中的 46 个真词是 A 中全部真词的重复出现。A、B 中的假词则各不相同。**A、B 部分实验的目的是考察语言内的长时重复启动效应。**D 中的 46 个藏语真词与 A 中的 46 个藏语真词的音节数、字母数和词汇熟悉度等三个影响被试词汇判断速度的变量都严格匹配。C 中的真词则是 D 中 46 个藏语真词的汉语翻译对等词。A、B、C、D 中的假词各不相同。因此 A、C、D 也构成一个独立的长时重复启动实验,**实验目的是考察语言间的长时重复启动效应。**

本实验中,被试学习阶段和测试阶段都完成真假词判断任务,只需要提取词汇表征信息而不需要提取语义表征信息。由于 B 部分的所有真词是 A 部分真词的重复，被试在判断 B 部分的真词时，必然会产生语言内的长时重复启动效应，因为测试阶段（B 部分）的提取过程必然重现学习阶段（A 部分）的编码过程。

由于本实验 D 中的 46 个藏语真词与 A 中的 46 个藏语真词的音节数、字母数和词汇熟悉度等三个影响被试词汇判断速度的变量都严格匹配，因此，同等条件下，被试判断 A、D 部分真词的反应时和正确率应该没有显著差异。同时，由于 C 部分的汉语真词是 D 部分所有藏语真词的汉语翻译对等词，这表明测试阶段（D 部分）的藏语真词的汉语翻译对等词在学习阶段（C 部分）已经出现过了。此时，如果被试判断 A、D 部分真词的反应时、正确率和 N400 等 ERP 指标没有显著差异，也就是被试判断 D 部分的真词时，实验中没有发现语言间的长时重复启动效应，就表明测试阶段提取的藏语词汇表征信息和学习阶段编码的汉语词汇表征信息是不同的。因此，藏—汉双语者两种心理词汇的词汇表征是分离的。

如果被试判断 A、D 部分真词的反应时、正确率和 N400 等 ERP 指标具有显著差异，也就是被试判断 D 部分的真词时，实验中发现了语言间的长时重复启动效应，就表明测试阶段藏语词汇表征信息的提取过程在一定程度上重现了学习阶段汉语词汇表征信息的编码过程。因此，藏—汉双语者两种语言的词汇表征是共享的。

本实验的**实验假设**是：如果藏—汉双语者的词汇表征是分离的，其联系需要语义作中介，那么在学习和测验阶段都使用词汇判断任务就不会发现跨语言的长时重复启动效应。反之如果藏—汉双语者的词汇表征是共享的，那么在学习和测验阶段都使用词汇判断任务则会发现跨语言的长时重复启动效应。

双语 ERP 实验 5：藏—汉双语者 L2 - L1 词名层的连接模式研究

设计思路：该实验被试为藏—汉双语者，采用短时快速启动范式的词汇判断任务。SOA 为 200 ms。被试分为汉语熟悉、较熟悉两组。启动词全部为汉语词，目标刺激全部为藏语真词或假词。要求被试判断目标刺激是否是真词。实验组的启动词和目标词互为翻译对等词，控制组的启动词和目标词既无语义，也无语音联系。

上一节的研究表明，本实验中，被试在完成词汇判断任务时，启动词的词汇表征信息会被激活，语义表征信息被抑制。因此，如果能在实验组发现跨语言的启动效应,就表明汉语启动词词汇表征的自动激活,扩散激活了藏语目标词的词汇表征,促进了被试对藏语目标词词汇表征的提取。据此,可以推断 L2－L1 的词名层存在连接,反之则 L2－L1 的词名层没有直接联系。

本实验的**实验假设**是:如果藏—汉双语者 L2－L1 的词名层存在连接,那么在短 SOA 条件下的词汇判断实验中就会产生跨语言的词汇启动效应;反之则不会产生跨语言的词汇启动效应。

双语 ERP 实验 6:藏—汉双语者 L1－L2 词名层的连接模式研究

设计思路:该实验被试为藏—汉双语者,采用短时快速启动范式的词汇判断任务。SOA 为 200 ms。被试分为汉语熟悉、较熟悉两组。启动词全部为藏语词,目标刺激全部为汉语真词或假词。要求被试判断目标刺激是否是真词。实验组的启动词和目标词互为翻译对等词,控制组的启动词和目标词既无语义,也无语音联系。

本实验与双语 ERP 实验 5 的设计完全相同。因此,如果能在实验组发现跨语言的启动效应,同样可以推断 L1－L2 的词名层存在连接,反之则 L1－L2 的词名层没有直接联系。

本实验的**实验假设**是:如果藏—汉双语者 L1－L2 的词名层存在连接,那么在短 SOA 条件下的词汇判断实验中就会产生跨语言的词汇启动效应;反之则不会产生跨语言的词汇启动效应。

三语行为实验 1:藏—汉—英三语者汉、英心理词汇的语义表征研究 1

设计思路:该实验被试为藏—汉—英三语者,采用短时快速启动范式的语义归类任务。五个 SOA 水平分别为 38、50、100、150、200 ms。被试分为英语熟悉和不熟悉两组。启动词全部为英语词,目标词全部为汉语词。要求被试判断目标词是否表示生物或生物体的一部分。实验组的启动词和目标词互为翻译对等词,控制组的启动词和目标词既无语义,也无语音联系。

本实验与双语行为实验 1 的设计完全相同。因此,五个 SOA 水平中,如果能在其中任何一个 SOA 水平下发现实验组存在跨语言的启动效应,同样可以推断汉、英双语心理词汇的语义表征共享,且英语词的词汇表征可直接通达共享的语义表征,反之则语义表征分离。

本实验的**实验假设**是：如果藏—汉—英三语者汉、英心理词汇的语义表征共享，且英语词的词汇表征可直接通达共享的语义表征，那么在采用多个 SOA 水平的语义归类实验中，至少可以在其中一个 SOA 水平下发现跨语言的语义启动效应；反之就不会在任何一个 SOA 水平下发现跨语言的语义启动效应。

三语 ERP 实验 1：藏—汉—英三语者汉、英心理词汇的语义表征研究 2

设计思路：该实验被试为藏—汉—英三语者，采用短时快速启动范式的语义归类任务。SOA 为 200 ms。被试分为英语熟悉和不熟悉两组，启动词全部为英语词，目标词全部为汉语词，要求被试判断目标词是否表示生物或生物体的一部分。实验组的启动词和目标词互为翻译对等词，控制组的启动词和目标词既无语义，也无语音联系。

本实验与双语 ERP 实验 1 的设计完全相同。因此，如果能在实验组发现跨语言的启动效应，同样可以推断汉、英心理词汇的语义表征共享且英语词的词汇表征可直接通达共享的语义表征，反之则语义表征分离。

本实验的**实验假设**是：如果藏—汉—英三语者汉、英心理词汇的语义表征共享，且英语词的词汇表征可直接通达共享的语义表征，那么在短 SOA 条件下的语义归类实验中就会产生跨语言的语义启动效应；反之就不会产生跨语言的语义启动效应。

三语行为实验 2：藏—汉—英三语者藏、英心理词汇的语义表征研究 1

设计思路：该实验被试为藏—汉—英三语者，采用短时快速启动范式的语义归类任务。五个 SOA 水平分别为 38、50、100、150、200 ms。被试分为英语熟悉和不熟悉两组。启动词全部为英语词，目标词全部为藏语词。要求被试判断目标词是否表示生物或生物体的一部分。实验组的启动词和目标词互为翻译对等词，控制组的启动词和目标词既无语义，也无语音联系。

本实验与双语行为实验 1 的设计完全相同。因此，五个 SOA 水平中，如果能在其中任何一个 SOA 水平下发现实验组存在跨语言的启动效应，同样可以推断藏、英双语心理词汇的语义表征共享，且英语词的词汇表征可直接通达共享的语义表征，反之则语义表征分离。

本实验的**实验假设**是：如果藏—汉—英三语者藏、英心理词汇的语义表征共享，且英语词的词汇表征可直接通达共享的语义表征，那么在采用多个 SOA 水平的语义归类实验中，至少可以在其中一个 SOA 水平下发现跨语言的语义启动效应；反之就不会在任何一个 SOA 水平下发现跨语言的语义启动效应。

三语 ERP 实验 2：藏—汉—英三语者藏、英心理词汇的语义表征研究 2

设计思路：该实验被试为藏—汉—英三语者，采用短时快速启动范式的语义归类任务。SOA 为 200 ms。被试分为英语熟悉和不熟悉两组。启动词全部为英语词，目标词全部为藏语词。要求被试判断目标词是否表示生物或生物体的一部分。实验组的启动词和目标词互为翻译对等词，控制组的启动词和目标词既无语义，也无语音联系。

本实验与双语 ERP 实验 1 的设计完全相同。因此，如果能在实验组发现跨语言的启动效应，同样可以推断藏、英双语心理词汇的语义表征共享，且英语词的词汇表征可直接通达共享的语义表征，反之则语义表征分离。

本实验的**实验假设**是：如果藏—汉—英三语者藏、英心理词汇的语义表征共享，且英语词的词汇表征可直接通达共享的语义表征，那么在短 SOA 条件下的语义归类实验中就会产生跨语言的语义启动效应；反之就不会产生跨语言的语义启动效应。

三语行为实验 3：藏—汉—英三语者藏、汉心理词汇的语义表征研究 1

设计思路：该实验被试为藏—汉—英三语者，采用短时快速启动范式的语义归类任务。五个 SOA 水平分别为 38、50、100、150、200 ms。被试分为汉语熟悉和较熟悉两组。启动词全部为汉语词，目标词全部为藏语词。要求被试判断目标词是否表示生物或生物体的一部分。实验组的启动词和目标词互为翻译对等词，控制组的启动词和目标词既无语义，也无语音联系。

本实验与双语行为实验 1 的设计完全相同。因此，五个 SOA 水平中，如果能在其中任何一个 SOA 水平下发现实验组存在跨语言的启动效应，同样可以推断藏、汉双语心理词汇的语义表征共享，且汉语词的词汇表征可直接通达共享的语义表征,反之则语义表征分离。

本实验的**实验假设**是:如果藏—汉—英三语者藏、汉心理词汇的语义表征共享,且汉语词的词汇表征可直接通达共享的语义表征,那么在采用多个 SOA 水平的语义归类实验中,至少可以在其中一个 SOA 水平下发现跨语言的语义启动效应;反之就不会在任何一个 SOA 水平下发现跨语言的语义启动效应。

三语 ERP 实验 3:藏—汉—英三语者藏、汉心理词汇的语义表征研究 2

设计思路:该实验被试为藏—汉—英三语者,采用短时快速启动范式的语义归类任务。SOA 为 200 ms。被试分为汉语熟悉、较熟悉两组。启动词全部为汉语词,目标词全部为藏语词。要求被试判断目标词是否表示生物或生物体的一部分。实验组的启动词和目标词互为翻译对等词,控制组的启动词和目标词既无语义,也无语音联系。

本实验与双语 ERP 实验 1 的设计完全相同。因此,如果能在实验组发现跨语言的启动效应,同样可以推断藏、汉双语心理词汇的语义表征共享,且汉语词的词汇表征可直接通达共享的语义表征,反之则语义表征分离。

本实验的**实验假设**是:如果藏—汉—英三语者藏、汉心理词汇的语义表征共享,且汉语词的词汇表征可直接通达共享的语义表征,那么在短 SOA 条件下的语义归类实验中就会产生跨语言的语义启动效应;反之就不会产生跨语言的语义启动效应。

三语 ERP 实验 4:藏—汉—英三语者 L1 - L2 词名层的连接模式研究

设计思路:该实验被试为藏—汉—英三语者,采用短时快速启动范式的词汇判断任务。SOA 为 200 ms。被试分为汉语熟悉、较熟悉两组。启动词全部为藏语词,目标刺激全部为汉语真词或假词。要求被试判断目标刺激是否是真词。实验组的启动词和目标词互为翻译对等词,控制组的启动词和目标词既无语义,也无语音联系。

本实验与双语 ERP 实验 5 的设计完全相同。因此,如果能在实验组发现跨语言的启动效应,同样可以推断 L1 - L2 的词名层存在连接,反之则 L1 - L2 的词名层没有直接联系。

本实验的**实验假设**是：如果藏—汉—英三语者 L1 - L2 的词名层存在连接，那么在短 SOA 条件下的词汇判断实验中就会产生跨语言的词汇启动效应；反之则不会产生跨语言的词汇启动效应。

三语 ERP 实验 5：藏—汉—英三语者 L2 - L3 词名层的连接模式研究

设计思路：该实验被试为藏—汉—英三语者，采用短时快速启动范式的词汇判断任务。SOA 为 200 ms。被试分为英语熟悉、不熟悉两组。启动词全部为汉语词，目标刺激全部为英语真词或假词。要求被试判断目标刺激是否是真词。实验组的启动词和目标词互为翻译对等词，控制组的启动词和目标词既无语义，也无语音联系。

本实验与双语 ERP 实验 5 的设计完全相同。因此，如果能在实验组发现跨语言的启动效应，同样可以推断 L2 - L3 的词名层存在连接，反之则 L2 - L3 的词名层没有直接联系。

本实验的**实验假设**是：如果藏—汉—英三语者 L2 - L3 的词名层存在连接，那么在短 SOA 条件下的词汇判断实验中就会产生跨语言的词汇启动效应；反之则不会产生跨语言的词汇启动效应。

三语 ERP 实验 6：藏—汉—英三语者 L1 - L3 词名层的连接模式研究

设计思路：该实验被试为藏—汉—英三语者，采用短时快速启动范式的词汇判断任务。SOA 为 200 ms。被试分为英语熟悉、不熟悉两组。启动词全部为藏语词，目标刺激全部为英语真词或假词。要求被试判断目标刺激是否是真词。实验组的启动词和目标词互为翻译对等词，控制组的启动词和目标词既无语义，也无语音联系。

本实验与双语 ERP 实验 5 的设计完全相同。因此，如果能在实验组发现跨语言的启动效应，同样可以推断 L1 - L3 的词名层存在连接，反之则 L1 - L3 的词名层没有直接联系。

本实验的**实验假设**是：如果藏—汉—英三语者 L1 - L3 的词名层存在连接，那么在短 SOA 条件下的词汇判断实验中就会产生跨语言的词汇启动效应；反之则不会产生跨语言的词汇启动效应。

三语 ERP 实验 7：藏—汉—英三语者 L3 - L2 词名层的连接模式研究

设计思路：该实验被试为藏—汉—英三语者，采用短时快速启动范式的词汇判断任务。SOA 为 200 ms。被试分为英语熟悉、不熟悉两组。启动词全部为英语词，目标刺激全部为汉语真词或假词。要求被试判断目标刺激是否是真词。实验组的启动词和目标词互为翻译对等词，控制组的启动词和目标词既无语义，也无语音联系。

本实验与双语 ERP 实验 5 的设计完全相同。因此，如果能在实验组发现跨语言的启动效应，同样可以推断 L3 – L2 的词名层存在连接，反之则 L3 – L2 的词名层没有直接联系。

本实验的**实验假设**是：如果藏—汉—英三语者 L3 – L2 的词名层存在连接，那么在短 SOA 条件下的词汇判断实验中就会产生跨语言的词汇启动效应；反之则不会产生跨语言的词汇启动效应。

三语 ERP 实验 8：藏—汉—英三语者 L3 – L1 词名层的连接模式研究

设计思路：该实验被试为藏—汉—英三语者，采用短时快速启动范式的词汇判断任务。SOA 为 200 ms。被试分为英语熟悉、不熟悉两组。启动词全部为英语词，目标刺激全部为藏语真词或假词。要求被试判断目标刺激是否是真词。实验组的启动词和目标词互为翻译对等词，控制组的启动词和目标词既无语义，也无语音联系。

本实验与双语 ERP 实验 5 的设计完全相同。因此，如果能在实验组发现跨语言的启动效应，同样可以推断 L3 – L1 的词名层存在连接，反之则 L3 – L1 的词名层没有直接联系。

本实验的**实验假设**是：如果藏—汉—英三语者 L3 – L1 的词名层存在连接，那么在短 SOA 条件下的词汇判断实验中就会产生跨语言的词汇启动效应；反之则不会产生跨语言的词汇启动效应。

三语 ERP 实验 9：藏—汉—英三语者 L2 – L1 词名层的连接模式研究

设计思路：该实验被试为藏—汉—英三语者，采用短时快速启动范式的词汇判断任务。SOA 为 200 ms。被试分为汉语熟悉、较熟悉两组。启动词全部为汉语词，目标刺激全部为藏语真词或假词。要求被试判断目标刺激是否是真词。实验组的启动词和目标词互为翻译对等词，控制组的启动词和目标词既无语义，也无语音联系。

　　本实验与双语 ERP 实验 5 的设计完全相同。因此,如果能在实验组发现跨语言的启动效应,同样可以推断 L2 - L1 的词名层存在连接,反之则 L2 - L1 的词名层没有直接联系。

　　本实验的**实验假设**是:如果藏—汉—英三语者 L2 - L1 的词名层存在连接,那么在短 SOA 条件下的词汇判断实验中就会产生跨语言的词汇启动效应;反之则不会产生跨语言的词汇启动效应。

第四章

藏—汉双语者心理词汇的语义表征模式研究

本章共设计一个行为实验和三个 ERP 实验,即双语行为实验 1 和双语 ERP 实验 1、2、3,考察藏—汉双语者心理词汇的语义表征模式。

4.1 双语行为实验 1

4.1.1 实验目的

采用短时快速启动范式下的语义归类任务考察藏—汉双语者具体名词的语义表征模式。

4.1.2 实验方法

4.1.2.1 被试

本实验被试为西藏大学和西南交通大学的 49 名藏族大二和大三在校学生。所有被试母语均为藏语,且藏语高考成绩均≥110 分或已通过公共藏文等级考试四级①。现有大多数研究仅采用 5 点、7 点或 9 点量表评估被试的二语熟悉度。然后根据评估结果将二语粗略划分为流利或中等,或模糊、松散地区分熟悉和不熟悉两个层次。这种评估法具有一定的主观性和随意性。目前,也有一些研究采用各种不同的语言水平考试成绩作为衡量被试二语或三语熟悉度的依据。比如,高晓雷等(2015)根据被试的汉语高考成绩衡量藏—汉双语者的二语熟悉度;李利等(2008b)、

---

① 公共藏文等级考试是西藏大学组织的藏文水平考试,分预备级(一级)、初级(二级)、中级(三级)和高级(四级)。

王瑞明等(2010)根据被试的英语专业八级考试成绩衡量汉—英—日和汉—英—法三语者的二语熟悉度;孙鑫等(2014)根据被试的日语国际能力测试一级(JLPT, the Japanese-Language Proficiency Test)和法语专业八级考试成绩衡量汉—英—日和汉—英—法三语者的三语熟悉度。因此,本研究各实验将分别根据被试的汉语高考成绩和大学英语四级考试成绩衡量被试的二语(汉语)和三语(英语)熟悉度。本实验依据被试的汉语高考成绩,把被试分为汉语熟悉、较熟悉和不熟悉三组。熟悉汉语组(A组)16人,较熟悉汉语组(B组)16人,不熟悉汉语组(C组)17人。

对 A、B、C 三组被试的汉语高考成绩进行单因素方差分析,结果显示:$F(2, 46)=82.220$, p[①]<0.001, $\eta2=0.781$。因此,三组被试汉语高考成绩的差异具有统计显著性。事后两两比较发现,A>B>C。即 A 组被试的汉语高考成绩显著高于 B 组被试;B 组被试的汉语高考成绩显著高于 C 组被试(参见表4-1)。这表明三组被试的汉语平均熟悉程度差异显著。

表4-1　A、B、C 三组被试的汉语高考成绩分析表

A组平均分[②]	B组平均分	C组平均分	A组—B组			B组—C组		
			Mean[③]	SE[④]	P	Mean	SE	P
119.17(7.20)	105.82(2.37)	95.59(5.16)	13.35	1.87	.000	10.23	1.84	.000

考虑到被试进入大学已经 1—2 年时间了,尽管进入大学后,他们接触汉语和藏语的时间基本是均等的,但其汉语水平仍然有可能发生变化。因此,学生自愿报名参加本实验后,本人请他们用 7 点量表评估了自己的汉语水平。再对照学生的汉语高考成绩,如果二者差异较大,比如汉语高考成绩较高,但学生的自评汉语水平分数却较低,或者汉语高考成绩较低,但自评汉语水平分数却较高,则不将该学生选为本实验的被试;如果二者的趋势一致,则将其选为被试。本研究中其他各实验均采用这一方法选择被试。

---

① 本研究的所有 t-检验和 F-检验中,"置信区间"均设为 $p=0.05$。

② 本表括号内的数据均为标准偏差值。

③ 本研究在报告统计数据时,Mean 均表示平均值。

④ 本研究在报告统计数据时,SE 均表示标准误差。

　　所有 49 名被试中,男生 23 人,女生 26 人,平均年龄 20.47 岁(SD①
=1.26)。所有被试进入大学前均一直在西藏或四川藏区生活,从幼儿园
或小学阶段开始接触汉语,接触汉语的平均年龄为 7.33 岁(SD=1.36)。
平均接触或学习汉语 13.14 年(SD=1.15),属于后期双语者。被试主观
报告语言使用模式如下:小学阶段的教学语言 48 人主要为藏语,1 人主
要为汉语;初中阶段的教学语言 5 人主要为藏语,44 人主要为汉语;高中
阶段的教学语言 1 人主要为藏语,48 人主要为汉语;大学阶段的教学语
言全部为汉语。与同学朋友交流时 49 人均报告更多使用藏语;与老师交
流时 21 人更多用藏语,28 人更多用汉语;与家人交流时 49 人表示全部
使用藏语。因此总体上看,课堂教学语言中汉语使用多于藏语,但课堂教
学语言之外,被试大多数交流以藏语为主。所有 49 名被试视力或矫正视
力正常,无躯体和精神疾病,均为右利手者。

　　需要说明的是,本研究一共设计了 7 个双语实验,12 个三语实验。7
个双语实验中包括 1 个行为实验和 6 个 ERP 实验。共计 59 名被试参加
了双语实验。59 名被试中共有 52 名来自西藏大学,7 名来自西南交通大
学。西藏大学的 52 名被试均为西南交通大学援藏项目的学生,参加本实
验时,他们正就读于西南交通大学。因此本研究的所有双语实验均在西
南交通大学完成。59 名双语被试中,绝大多数参加了所有 7 个实验。其
中的 6 个 ERP 实验分两次完成,第一次完成双语 ERP 实验 1—3;第二次
完成双语 ERP 实验 4—6;两次实验中间的时间间隔为 3 周。双语 ERP
实验从 2016 年 9 月 8 日开始,2016 年 10 月 31 日结束,2016 年 12 月
27—29 日完成双语行为实验。

　　12 个三语实验包括 3 个行为实验和 9 个 ERP 实验。共计 42 名被试
参加了三语实验。所有三语实验被试均为青海民族大学外国语学院的学
生和教师。因此,本研究的所有三语实验均在青海民族大学完成。42 名
三语被试中,绝大多数参加了所有 12 个实验。其中的 9 个 ERP 实验分
两次完成,第一次完成三语 ERP 实验 1—4;第二次完成三语 ERP 实验
5—9;两次实验中间的时间间隔为 3 周。三语 ERP 实验从 2016 年 11 月
6 日开始,2016 年 12 月 25 日结束。2016 年 10 月 11—14 日完成 3 个三

---

① 本研究在报告统计数据时,SD 均表示标准偏差。

语行为实验。行为实验和 ERP 实验之间的时间间隔同样为 3 周。

本研究所有被试在完成行为实验和 ERP 实验任务后,都需要完成关于教学语言、交流语言和各语言的学习时间及语言水平等问题的书面问卷(参见附件 17)。为了进一步核实书面问卷中,被试是否提供了准确信息,实验完成三个月后,本人又通过电话采访的形式,就书面问卷中的重要问题再次与所有被试进行交流、核实。每名被试的电话采访时间约20—30 分钟。因此,绝大多数被试需要完成两次 ERP 实验,一次行为实验,完成一份书面问卷,并接受一次电话访谈。由于双语被试的实验任务相对少一些,因此全部完成以上所有实验任务的双语被试,每人获得 250元人民币的劳动报酬,并同时获得国家社会科学基金科研项目的参与证明一份;全部完成以上所有实验任务的三语被试,每人获得 350 元人民币的劳动报酬,也获得本科研项目参与证明一份。本研究各实验的所有经费开支均来源于相关课题的科研经费和西南交通大学的支持。

4.1.2.2 实验设计

本研究各实验中(除了双语 ERP 实验 4),因素 1 均为"语义关系",共有 2 个水平:"语义相关"和"语义无关"。所谓"语义无关"是指启动词和目标词之间既无语义联系,也无语音联系,比如启动词为"石头",目标词为"doctor";所谓"语义相关"是指启动词和目标词互为翻译对等词,比如启动词为"石头",目标词为"stone"。

本实验包括三个因素,因素 1 为语义关系,有 2 个水平:语义相关、语义无关;因素 2 为 SOA,有 5 个水平:38、50、100、150、200 ms;因素3 为被试类型,有 3 个水平:熟悉汉语、较熟悉汉语、不熟悉汉语。各水平组的汉语高考平均成绩详见 **4.1.2.1 节**。因此,本实验为 $2 \times 5 \times 3$ 的ANOVA 设计。其中,因素 1、2 为被试内变量,因素 3 为被试间变量。因变量为被试完成语义归类任务的反应时和正确率。

4.1.2.3 SOA 取值

启动实验中,SOA 至关重要,它影响启动效应的发生、相关策略的使用等等(Lucas 2000)。在设置本研究 SOA 多点测试行为实验的 SOA 水平之前,先看学界以下几项短时快速启动范式实验研究对 SOA 的设置。Rastle et al.(2000)针对英语母语者的研究发现,SOA 为 230 ms 时语义启动效应才特别明显;Boudelaa et al.(2005)针对阿拉伯语母语者的研究发现，SOA≥80 ms时才会产生语义启动效应；而Nakamura(2007)针对日语母语者的研究发现，在启动词的呈现时间缩短至29 ms并加以前后掩蔽的条件下[①]，被试完全意识不到启动词的内容，但实验结果仍然发现了日语汉字和假名之间的语音及语义启动效应。以上三项研究表明，不同被试、不同实验材料、不同语言条件下，启动实验中产生词汇和语义启动效应的SOA长短可能不一样。这也证明，双语词汇表征研究中的SOA单点测试法确实具有设计缺陷。如果设置的唯一SOA太短，就可能无法发现跨语言的启动效应，如果SOA太长，被试又可能采用翻译等有意识的加工策略。因此，本研究专门设置了四个SOA多点测试行为实验研究双语者的语义表征模式。Li et al.(2013)发现在语义归类任务中，当SOA从87 ms增加到137 ms，从137 ms增加到187 ms，以及从187 ms增加到237 ms时，启动效应有不断增加的趋势。本研究据此推测，在其他条件相同的情况下，如果双语者心理词汇的语义表征共享，SOA越长，跨语言的语义启动效应也会有增加的趋势。为了验证这一推测，需要设置不同长度的SOA水平。

如文献综述部分所述，为消除翻译等外显策略加工效应，SOA最好缩短至200 ms以内。因此，本研究的SOA多点测试行为实验中，SOA的最大取值为200 ms。

尽管目前学界还没有针对二语或三语启动词呈现时间的专门研究，但药盼盼等(2012)和陈亚平(2015)在研究汉—英双语者的屈折词和派生词加工模式时，将SOA分别设置为48和60 ms；Duñabeitia et al.(2010)在研究高度熟练的巴斯克人语—西班牙语同时性双语者的掩蔽翻译启动效应时，将SOA设置为67 ms；Midgley et al.(2009)在研究不平衡法—英双语者的掩蔽翻译启动效应时，SOA的设置也为67 ms。因此，研究二语或三语学习者的启动实验中，SOA可以设置在48—67 ms之间。据此，本研究将其中一个SOA水平设置为50 ms。

据笔者所知，在研究双语词汇表征时，目前学界设置的最短SOA为48 ms。有研究指出当SOA小于40 ms时，人眼对视觉呈现的词汇就会"视而不见"(魏景汉等2010：148)。因此，本研究SOA的最小取值为

---

① 该实验中，启动词和后掩蔽的呈现时间均为29 ms，因此SOA=58 ms。

38 ms。此时,被试根本不可能看清楚启动词,无法实施翻译等有意识的加工策略。如果实验仍然能发现跨语言的语义启动效应,就说明启动效应确实来源于启动词语义的自动激活扩散。

此外,Schoonbaert et al. (2009)在考察不平衡荷兰语—英语双语者的语义和翻译启动效应时,将 SOA 设置为 100 ms;Kiran et al. (2007)在考察早期西班牙语—英语双语者的语义和翻译启动效应时,将 SOA 设置为 150 ms。据此,本研究除了 38、50、200 ms 等 3 个 SOA 水平外,也设置了 100、150 ms 的 SOA 水平。因此,本研究所有四个 SOA 多点测试行为实验中,均设置了 38、50、100、150、200 ms 等 5 个 SOA 水平。以上 5 个水平为实验组和控制组试次 SOA 的设置,练习组和填充组试次 SOA 的设置则均为 170 ms(参见表 4-2)。

4.1.2.4 实验材料

由于本实验和本研究的其他部分实验都需要选择一定数量的藏、汉词汇作为实验材料,因此本部分将首先阐述藏、汉词汇的选词来源和选词方法。经前期考察、专家咨询及采访,笔者了解到选择藏族大学生被试常用藏语词汇较为理想的来源有两个。分别是张连生编著的《汉藏英对照常用词手册》和卢亚军主编的《现代藏文频率词典》。《汉藏英对照常用词手册》是根据《普通话三千常用词表》,加上部分藏语常用词制作的 3684 个词条的汉、藏、英对照手册。该书由中国社会科学出版社于 1981 年出版发行。由于出书时间较早,书中部分常用词汇可能已经并不常用了,而一些新的常用词又未能收录其中。2007 年民族出版社出版了现代藏语唯——本频率词典——《现代藏文频率词典》。该词典中《藏文词汇频率与通用度统计分析对照表》的前 5000 词是现代藏文最常用的词汇,覆盖率高达 96%。但是该词典只提供了藏文词的使用频率,没有提供汉、英对照翻译。同时,笔者在对西藏大学大二和大三学生共 20 人的前期访谈中,发现该词典收集的常用词多来自书面语,很多词汇在口语中并不常用,因此,受访学生对频率排位在前 5000 中的部分词汇其实并不太熟悉。鉴于目前学界对现代藏语词频的上述研究现状,本研究决定同时参考以上两本词典选择藏语词汇。

确定藏语选词来源后,接下来是艰苦的藏语选词工作。由于《现代藏文频率词典》收录的现代藏文使用频率最高的前 5000 词没有给出汉文或英文翻译。本人于 2016 年 3 月从西藏大学的 29 名大学本科二年级和三年级在校学生中,两个年级各挑选 10 名,共计 20 名耐心、热情、工作认真的学生组成了本研究藏语词汇挑选组,负责利用课余时间挑选适合本研究实验需要的藏语常用词汇。20 名学生利用课余时间在一个月内主要参考张怡荪主编,并由民族出版社于 1985 年出版发行的《藏汉大辞典》,查阅并整理出了前 5000 藏语词的汉语翻译,每名学生负责查阅并整理 250 个藏语词汇。

查阅的要求是:如果一个藏语词在《藏汉大辞典》中仅有三个或三个以内的汉文释义,就全部将其记录下来;一部分高频常用藏语词有四个及以上的汉文释义时,则要求学生在记录下前三个汉文释义的同时,做好标记,表明该词还有其他释义没有记录,以便后期集体讨论并选择这类词汇最常用的汉语释义。所有藏语词的汉文释义包括三项内容,一是词性;二是该词在《藏汉大辞典》上的页码,便于后期核查;三是一到三项汉文释义。由于《藏汉大辞典》比《现代藏文频率词典》早出版 22 年,因此前者并未收录后者的部分高频词。凡是《藏汉大辞典》未收录的词汇,则要求学生使用布谷鸟藏汉在线词典进一步查阅。该电子词典使用微软藏文输入法,查询框字号大,查询速度快,学生携带、使用都非常方便。凡是在《藏汉大辞典》和布谷鸟藏汉在线词典都不能查找到的极少量藏文词,则要求学生将其删除,同时做好标记,以便后期核查。

由于本研究所选的藏语词汇大部分是名词,还包括少量的动词和形容词,因此初步汇总学生查阅的 5000 常用藏文词后,首先删除了名词、动词、形容词以外的其他词汇。由于《现代藏文频率词典》将同一个单词的不同形式作为不同词汇统计其频率,比如一个藏语动词的过去式、未来式和命令式会作为三个独立的词汇统计其频率,删除这些重复的词形后,实际剩下 1703 个藏语高频名词、动词和形容词。在此基础上,笔者广泛征求了 20 名藏族学生的意见和建议,再次删除了学生感觉不太熟悉的藏语词汇近 500 个,最后剩下 1237 个藏语高频常用词。

此外,本人又从《汉藏英对照常用词手册》增选了 595 个常用藏语名词、272 个常用藏语动词、200 个常用藏语形容词,共计 1067 个。至此,两部工具书中初步选出的藏语常用名词、动词和形容词共计 2304 个。除去两书中重复的选词,并进一步删除学生相对不太熟悉的词汇,最终剩下

1691 个常用高频藏语词,其中名词 942 个,动词 412 个,形容词 337 个。由于大多数常用词汇具有不止一个义项。因此接下来的工作是通过集体讨论的形式,删除相对不太常用的义项,每个单词只保留一个最常用义项。然后请上述 20 名藏族学生外加一名藏族学生共计 21 人,使用 7 点量表对每个单词的熟悉度进行逐个评估。参与选词和评估的所有 21 名藏族学生均不参加正式实验,但他们与本研究的藏—汉双语和藏—汉—英三语被试是同质的,对其藏语、汉语高考成绩等基本情况都进行了匹配。本研究的所有评估中,"7"均定义为非常熟悉;"6"为熟悉;"5"为比较熟悉;"4"为一般;"3"为不太熟悉;"2"为不熟悉;"1"为非常不熟悉。学生对藏文词汇的评估分两个部分,一是评估特定藏文词汇表达特定概念时的熟悉度;二是评估表达该概念的汉语词的熟悉度。比如,21 名学生对"འགུལ་བ"表达概念"移动"时的平均熟悉度为 6.67,其对汉语词"移动"的平均熟悉度则为 6.79。

由于任务繁多,难度较大,从 2016 年 3 月开始,2016 年 6 月结束,历时 4 个月,终于制成了《现代藏语常用名词表》、《现代藏语常用动词表》和《现代藏语常用形容词表》。表中包括每个藏语词的汉语翻译对等词、藏语词的音节数、字母数、藏语词的熟悉度评分,汉语翻译词的笔画数、频数和熟悉度评分等信息。本研究所有实验中实验组和控制组的藏语真词均选自上述三个常用藏语词汇表。

相比之下,汉语选词的来源则丰富得多。重要的现代汉语词频词典有两部。第一部是 1986 年出版,北京语言学院语言教学研究所编写的《现代汉语频率词典》。该词典对 4 类语体(报刊政论、科普、生活口语、文学作品),多达 179 种,共计 180 万字的语料进行了统计,共得到词条 31159 个,其中出现频率在 10 次以上的常用词有 8000 个,累计出现频率超过全部语料总量的 95%,其余 23159 个词的累计出现频率少于全部语料总量的 5%。第二部是刘源等编著的《现代汉语常用词词频词典(音序部分)》,1990 年由宇航出版社出版。该词典选材 3 亿汉字,编码输出 2000 万汉字(含标点符号),统计出 7 万余词条,统计材料覆盖 1919 年至 1982 年社会科学和自然科学的 10 类学科。尽管这两部词频词典影响巨大,但成书时间都较早,语料相对较为陈旧,因此,本研究没有将其作为汉语选词来源。

除词典外,目前国内的主要汉语语料库有北京航空航天大学的现代汉语词频统计语料库(182万字),北京语言学院的现代汉语词频统计语料库(182万字),清华大学的现代汉语语料库(1亿字),北京语言文化大学的大型中文语料库(5亿字)和国家语言文字工作委员会的国家级大型汉语均衡语料库(2000万字)。国家语委现代汉语通用平衡语料库全库约为1亿字符(1919—2002),其中1997年以前的语料约7000万字符,均为手工录入印刷版语料;1997之后的语料约为3000万字符,手工录入和取自电子文本各50%。该语料库的通用性和平衡性通过语料样本的广泛分布和比例控制实现。国家语委现代汉语语料库在线(http://www.cncorpus.org/)提供免费检索的语料约2000万字(语料库字符数:19455328个,总汉字词语个数:151300),为分词和词性标注语料(语料库的分词单位包括词、词组或短语)。由于国家语委现代汉语语料库是一个大规模的平衡语料库,语料选材类别广泛,时间跨度大。在线提供检索的语料经过分词和词性标注,可以按词检索和分词类检索。而本研究各实验中的汉语选词需要控制词性,因此,各实验的汉语真词主要从下载自国家语委语料库在线网站(http://www.cncorpus.org/)的《现代汉语语料库词语分词类频率表》中选择。

首先从该表频数排位在前8885位的汉语词汇中选择了单字或双字名词1527个、动词1307个、形容词362个,共计3196个。然后按照制作藏语常用词汇表同样的方式,请上述21名学生评估所有3196个汉语词的熟悉度,查阅每个词汇的笔画数并做成了《现代汉语常用名词、动词、形容词表》,表中包含每个汉语词的笔画数、频数和熟悉度得分。本研究除了一个三语实验外,其余所有实验中实验组和控制组的汉语真词均选自本研究制作的《现代汉语常用名词、动词、形容词表》。需要说明的是,本表和本研究中的汉语词汇均采用频数,而不采用频率作为衡量特定汉语词是否常用的标准之一。本表和本研究中的汉语词频数都是指特定汉语词在约2000万字的汉语语料中出现的总次数。频数与频率成正比,频数越大,频率也越大,但频数比频率更直观。

现在来看本实验的材料(参见表4-2和附件1)。本实验材料包括1个练习组、1个填充组、5个控制组和5个实验组。其中练习组12个语义无关词对(启动词和目标词既无语义,也无语音联系)。填充组108个语义无关词对。每个控制组12个语义无关词对,5个控制组共计60个语义无关词对。练习组、填充组和控制组共计 180 个语义无关词对。每个实验组 12 个语义相关词对(启动词和目标词互为翻译对等词)。5 个实验组共计 60 个语义相关词对。

表 4-2　双语行为实验 1 的材料①

实验组成部分	SOA 取值	实验材料分组	实验材料	启动词和目标词的语义关系	启动词和目标词的词性
练习部分	170 ms	练习组	12 对启动词—目标词词对	语义无关	
正式实验部分	38 ms	实验组 1	12 对启动词—目标词词对	翻译关系	启动词均为汉语名词;目标词均为藏语名词。
		控制组 1	12 对启动词—目标词词对	语义无关	
	50 ms	实验组 2	12 对启动词—目标词词对	翻译关系	
		控制组 2	12 对启动词—目标词词对	语义无关	
	100 ms	实验组 3	12 对启动词—目标词词对	翻译关系	
		控制组 3	12 对启动词—目标词词对	语义无关	
	150 ms	实验组 4	12 对启动词—目标词词对	翻译关系	
		控制组 4	12 对启动词—目标词词对	语义无关	
	200 ms	实验组 5	12 对启动词—目标词词对	翻译关系	
		控制组 5	12 对启动词—目标词词对	语义无关	
	170 ms	填充组	108 对启动词—目标词词对	语义无关	

本实验中语义相关词比例为 25%。同类实验中,该语义相关比例不算高,比如 Kotz(2001)的语义相关词比例为 20%,但 Altarriba(1992)和 Dong et al.(2005)的语义相关词比例均为 33%。5 个控制组和 5 个实验组所有试次的 SOA 水平分别为 38、50、100、150 和 200 ms,练习组和填充组所有试次的 SOA 水平均为 170 ms(参见表 4-2)。所有词对中,启动词均为汉语名词,全部选自《现代汉语语料库词语分词类频率表》中频率排位在前 8885 的单字或双字名词。所有目标词均为藏语名词,全部选自《现代藏语常用名词表》。尽量确保被试熟悉所有练习组及填充组的启动词和目标词,但没有控制影响被试对其识别速度的相关变量。

———————————

① 本实验中,练习组和填充组的所有启动词均只呈现 150 ms,然后呈现掩蔽刺激"＃＃＃＃＃＃＃＃＃"20 ms;"实验组 5"和"控制组 5"的所有启动词均只呈现 180 ms,然后呈现掩蔽刺激"＃＃＃＃＃＃＃＃＃＃"20 ms。

每个 SOA 水平下,实验组的所有启动词和控制组与之相对应的启动词中,影响被试识别速度的笔画数、频数和词汇熟悉度都得到了控制(参见表 4-3)。根据表 4-3 的描述统计,5 个实验组和 5 个控制组中所有启动词的笔画数最少是 4 画,最多是 27 画,组平均笔画数都是 13.58 画;频数最少是 110,组平均频数最低是 568.50;词汇熟悉度得分最小值是 5.29,组平均熟悉度得分最小值是 6.46。这表明 5 个实验组和 5 个控制组都没有选择笔画数特别复杂,可能引起被试识别困难的启动词。所有启动词均是现代汉语的高频词汇,且被试相当熟悉。由于本实验不考察被试对启动词的判断速度,因此 5 个实验组的启动词和 5 个控制组与之相对应的启动词的频数和熟悉度得分只是大致相近,没有严格匹配。但五个实验组的启动词的相关变量在组间进行了较为严格的控制和匹配:五个实验组的组平均笔画数都是 13.58;组平均频数分别为 781.50、787.33、783.68、790.58、786.42,差异非常小;词汇熟悉度得分的组平均值都高达 6.80 以上,且差异也很小。

表 4-3　双语行为实验 1 启动词的描述统计

SOA 水平	启动词的变量名称	个数	最小值	最大值	平均值	标准偏差
38 ms	控制组 1 启动词的笔画数	12	5.00	26.00	13.58	5.45
	实验组 1 启动词的笔画数	12	5.00	26.00	13.58	5.45
	控制组 1 启动词的频数	12	125.00	2050.00	568.50	594.68
	实验组 1 启动词的频数	12	119.00	2927.00	781.50	891.60
	控制组 1 启动词的熟悉度	12	5.43	7.00	6.46	0.58
	实验组 1 启动词的熟悉度	12	6.55	7.00	6.83	0.16
50 ms	控制组 2 启动词的笔画数	12	7.00	22.00	13.58	4.50
	实验组 2 启动词的笔画数	12	7.00	22.00	13.58	4.50
	控制组 2 启动词的频数	12	130.00	7695.00	993.25	2126.75
	实验组 2 启动词的频数	12	144.00	4459.00	787.33	1196.35
	控制组 2 启动词的熟悉度	12	5.29	7.00	6.68	0.48
	实验组 2 启动词的熟悉度	12	6.45	6.95	6.80	0.14
100 ms	控制组 3 启动词的笔画数	12	4.00	27.00	13.58	5.73
	实验组 3 启动词的笔画数	12	4.00	27.00	13.58	5.73

（续　表）

SOA 水平	启动词的变量名称	个数	最小值	最大值	平均值	标准偏差
	控制组 3 启动词的频数	12	119.00	3022.00	667.67	831.65
	实验组 3 启动词的频数	12	115.00	2561.00	783.67	881.47
	控制组 3 启动词的熟悉度	12	5.95	7.00	6.68	0.39
	实验组 3 启动词的熟悉度	12	6.76	7.00	6.88	0.06
150 ms	控制组 4 启动词的笔画数	12	5.00	26.00	13.58	5.98
	实验组 4 启动词的笔画数	12	5.00	26.00	13.58	5.98
	控制组 4 启动词的频数	12	113.00	1278.00	589.42	448.59
	实验组 4 启动词的频数	12	110.00	3223.00	790.58	898.96
	控制组 4 启动词的熟悉度	12	6.02	6.95	6.62	0.28
	实验组 4 启动词的熟悉度	12	6.69	7.00	6.87	0.10
200 ms	控制组 5 启动词的笔画数	12	7.00	20.00	13.58	4.10
	实验组 5 启动词的笔画数	12	7.00	20.00	13.58	4.10
	控制组 5 启动词的频数	12	118.00	1663.00	642.75	525.89
	实验组 5 启动词的频数	12	111.00	2282.00	786.42	679.82
	控制组 5 启动词的熟悉度	12	5.86	7.00	6.53	0.44
	实验组 5 启动词的熟悉度	12	6.69	7.00	6.93	0.09

　　5 个实验组的所有目标词和 5 个控制组与之对应的目标词的音节数、字母数和熟悉度得分等三个变量都得到严格匹配。5 个实验组内的所有目标词和 5 个控制组与之对应的目标词的音节数和字母数完全相等,熟悉度得分非常相近。10 组中所有目标词的熟悉度得分最小值是 6.30,组平均熟悉度得分都至少高达 6.7442。这表明被试对所有藏语目标词都非常熟悉。且 5 个实验组目标词的熟悉度得分和与之对应的控制组目标词的熟悉度得分的差异不具有统计显著性,其配对样本 t-检验的显著性值(双尾)p 分别为 0.618、0.602、0.292、0.720、0.133。

　　需要说明的是,现有双语词汇表征的实验研究设计中,在控制和匹配词长时,一般都只考虑了字母数。但也有研究控制了音节数,比如李利等(2016)的三语者语义通达实验研究。本研究认为,音节数的多少也是影响被试提取词汇和语义表征速度的一个重要因素,因此本研究的所有实验中都控制或严格匹配了英语和藏语词汇的字母数及音节数。

4.1.2.5 实验程序

本研究各实验均在戴尔计算机上进行。计算机的系统型号是 XPS 8700,处理器是 Intel(R)Core(TM)i7‑4790 CPU @ 3.60 GHz。采用 E‑Prime 2.0 软件编程。本实验首先在电脑屏幕中央呈现一个星号(＊)注视点 1000 ms。星号(＊)消失后,在同样位置呈现一个汉语名词,该词呈现时间极短,仅 38—180 ms[①]。此时不要求被试做任何判断。汉语词消失后,在电脑屏幕中央呈现一个藏语名词,这时要求被试既快又准地做语义归类判断。如果该名词表示生物[②]或生物体的一部分,前者比如"作家"、"蝴蝶",后者比如"牙齿"、"嘴巴"等名词,被试用左手按电脑键盘字母 F 键,否则用右手按电脑键盘字母 J 键。本研究各实验中,汉语、英语启动刺激和目标刺激均用 36 号宋体字,藏语启动刺激和目标刺激均用 36 号微软喜马拉雅字体,白底黑字,在显示屏中央呈现。

本实验包括练习部分和正式实验两部分。在练习部分,电脑会对被试的每次回答及时反馈,回答正确,电脑屏幕中央呈现"正确"二字;回答错误,电脑屏幕中央呈现"错误"二字。反馈时间为 1000 ms。反馈结束后,在电脑屏幕同一位置立刻呈现一个星号(＊)注视点 1000 ms。星号(＊)消失后,进入下一次判断。

正式实验开始前,主试会明确告知被试:在正式实验部分,电脑不会对被试的回答及时反馈。被试按键判断后,在电脑屏幕中央立刻呈现一个星号(＊)注视点 1000 ms。星号(＊)消失后,进入下一次判断。直至实验结束。正式实验需完成语义归类判断 228 次,被试完成前 114 次判断后,休息 2 分钟再继续完成其余 114 次判断。本实验持续时间约 15—20 分钟。实验中,平衡被试左右手按键反应,以降低左、右利

[①] 本实验中,虽然"实验组 5"和"控制组 5"中所有试次的 SOA 均为 200 ms,但"实验组 5"和"控制组 5"的所有启动词均只呈现 180 ms,后掩蔽刺激"＃＃＃＃＃＃＃＃＃"呈现 20 ms。

[②] 所谓"生物"在本研究各实验中均指有生命的人、动物或植物。

手对反应时等实验结果的影响。计算机记录被试的反应时和正确率。

4.1.3 实验结果与分析

本研究所有实验的行为数据均使用 SPSS 软件第 23 版进行分析。所有实验均只分析实验组和控制组目标词的反应时、正确率及脑电数据。不统计练习组和填充组的目标词数据,不统计正确率低于 70% 的被试数据(高晓雷等 2015:739)。分析所有实验的反应时数据前,反应时小于 300 毫秒和大于 5000 或 6000 毫秒的试次均作为极端数据删除。就本研究各实验中的特定被试而言,目标词为汉语时,反应时相对都比较短,所以反应时大于 5000 毫秒的试次作为明显异常值删除。尽管被试的母语均为藏语,但其藏语目标词的反应时都较长,因此藏语目标词反应时大于 6000 毫秒的试次才视为异常值而被删除。英语为被试第二外语,被试英语目标词的反应时相比汉语目标词也较长,因此本研究各实验中,英语目标词反应时大于 6000 毫秒的试次也视为异常值而被删除。删除反应时太短或太长的异常试次后,再采用 MD+/－3SD 的条件进一步删除反应时中的异常值(MD 表示反应时的平均值,SD 表示标准差),但不反复删除被试反应时间在 3 个标准差之外的实验数据。

4.1.3.1 反应时

本实验首先删除反应时小于 300 毫秒的试次 0 个,大于 6000 毫秒的试次 25 个,然后删除反应时小于 MD－3SD 的试次 0 个,大于 MD+3SD 的试次 11 个。共删除 36 个试次,约占总试次的 0.6%。

本实验为三因素 ANOVA 设计。因素 1 语义关系是被试内设计,包括语义相关、语义无关两个水平;因素二 SOA 也是被试内设计,包括 38、50、100、150、200 ms 等五个水平;因素 3 被试类型是被试间设计,被试按其汉语熟悉度分为三组,熟悉汉语组 16 人,较熟悉汉语组 16 人,不熟悉汉语组 17 人。运用三因素重复测量方差分析对被试语义判断的反应时进行分析,得出结果见表 4－4。

表4-4　双语行为实验1的反应时(ms)分析结果(N＝49)

SOA水平	被试分类	语义无关组的反应时		语义相关组的反应时		无关组－相关组	
		MEAN	SD	MEAN	SD	MEAN	SD
SOA38	熟悉汉语组	1299.17	291.32	1235.87	420.61	63.30	－129.29
	较熟悉汉语组	1313.65	324.55	1235.91	317.07	77.74	7.48
	不熟悉汉语组	1253.88	242.97	1287.13	320.57	－33.25	－77.61
SOA50	熟悉汉语组	1441.87	452.87	1161.35	299.93	280.53	152.94
	较熟悉汉语组	1320.04	328.32	1200.86	366.63	119.19	－38.31
	不熟悉汉语组	1344.18	367.30	1210.40	333.45	133.78	33.85
SOA100	熟悉汉语组	1292.86	385.04	1081.04	288.38	211.83	96.66
	较熟悉汉语组	1315.08	317.23	1111.96	308.00	203.12	9.23
	不熟悉汉语组	1371.94	285.46	1184.66	246.51	187.27	38.95
SOA150	熟悉汉语组	1182.17	298.30	1043.92	255.51	138.25	42.79
	较熟悉汉语组	1152.25	320.21	982.29	121.31	169.96	198.90
	不熟悉汉语组	1297.44	439.32	1057.76	213.85	239.69	225.47
SOA200	熟悉汉语组	1283.22	347.64	943.86	298.90	339.37	48.74
	较熟悉汉语组	1288.72	333.57	1036.64	279.58	252.08	53.99
	不熟悉汉语组	1241.44	282.62	978.71	210.81	262.74	71.81

因素1语义关系的主效应具有统计显著性，$F(1, 46) = 105.064$，$p < 0.001$，$\eta 2 = 0.695$，说明语义关系影响了被试语义判断的反应时。

因素2　SOA的主效应具有统计显著性，$F(4, 184) = 13.940$，$p < 0.001$，$\eta 2 = 0.233$，说明SOA水平也影响了被试语义判断的反应时。

因素3被试类型的主效应不具有统计显著性，$F(2, 46) < 1$，$p = 0.942$，$\eta 2 = 0.003$，说明被试的汉语熟悉度不影响其语义判断的反应时。

因素1×因素3的交互作用不具有统计显著性，$F(2, 46) < 1$，$p = 0.464$，$\eta 2 = 0.033$，说明被试语义判断的反应时未受到因素1×因素3的影响。

因素2×因素3的交互作用不具有统计显著性，$F(8, 184) = 1.075$，$p = 0.383$，$\eta 2 = 0.045$，说明被试语义判断的反应时也未受到因素2×因素3的影响。

因素 1×因素 2 的交互作用具有统计显著性，F(4，184)＝5.610，$p < 0.001$，$\eta 2＝0.109$，说明被试语义判断的反应时受到了因素 1×因素 2 的影响。对语义关系进行简单效应分析发现，当 SOA＝38 ms 时，语义无关组与语义相关组反应时的差异不具有统计显著性，其余四个 SOA 水平下，语义相关组的反应时均显著短于语义无关组(参见表 4 - 5、图 4 - 1 和图 4 - 2)。

表 4 - 5　双语行为实验 1 不同 SOA 水平下的反应时(ms)分析结果(N＝49)

SOA 水平	语义无关组的反应时		语义相关组的反应时		语义无关组－语义相关组		
	MEAN	SE	MEAN	SE	MEAN	SE	P
SOA38	1288.90	41.06	1252.97	50.77	35.93	34.67	.305
SOA50	1368.70	55.16	1190.87	47.80	177.83	40.91	.000
SOA100	1326.63	47.29	1125.88	40.22	200.74	32.61	.000
SOA150	1210.62	51.45	1027.99	29.29	182.63	43.11	.000
SOA200	1271.13	45.97	986.40	37.83	284.73	37.47	.000

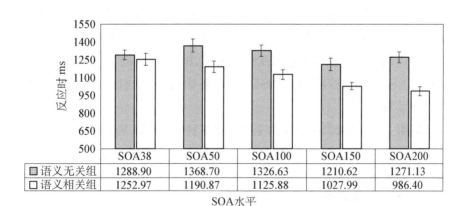

图 4 - 1　双语行为实验 1 不同 SOA 水平下的反应时统计图 1[①]

---

① 本图和之后图中的误差线都是标准误。

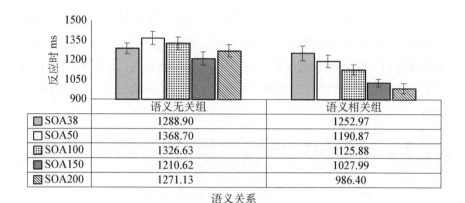

	语义无关组	语义相关组
□ SOA38	1288.90	1252.97
□ SOA50	1368.70	1190.87
▦ SOA100	1326.63	1125.88
■ SOA150	1210.62	1027.99
▨ SOA200	1271.13	986.40

语义关系

图 4-2　双语行为实验 1 不同 SOA 水平下的反应时统计图 2

对 SOA50、SOA100、SOA150 和 SOA200 四个水平下的反应时启动效应进行两两之间的配对样本 t-检验,结果发现:$M_{SOA50} - M_{SOA200} = -107.35$ ms(SD = 397.98),$p = 0.065$;$M_{SOA100} - M_{SOA200} = -83.81$ ms(SD = 349.80),$p = 0.100$;$M_{SOA150} - M_{SOA200} = -100.48$ ms(SD = 381.66),$p = 0.072$。这表明,SOA50、SOA100、SOA150 水平下的启动效应和 SOA200 水平下的启动效应差异在 5% 的显著性水平下不具有统计显著性,但在 10% 的显著性水平下都具有统计显著性。SOA200 水平下的启动效应边缘性大于 SOA50、SOA100 和 SOA150 水平下的启动效应,但 SOA50、SOA100 和 SOA150 水平下的反应时启动效应两两之间没有差异。

因素 1×因素 2×因素 3 的交互作用不具有统计显著性,F(8, 184) < 1,$p = 0.628$,$\eta2 = 0.032$,说明被试语义判断的反应时未受到因素 1×因素 2×因素 3 的影响。

4.1.3.2　正确率

运用三因素重复测量方差分析被试对语义判断的正确率进行分析,得出结果见表 4-6。

表 4-6　双语行为实验 1 的正确率(%)分析结果(N=49)

SOA 水平	被试分类	语义无关组的正确率		语义相关组的正确率		无关组－相关组	
		MEAN	SD	MEAN	SD	MEAN	SD
SOA38	熟悉汉语组	95.31	6.06	92.71	8.54	2.60	－2.48
	较熟悉汉语组	97.40	3.99	94.27	5.87	3.13	－1.88
	不熟悉汉语组	98.53	3.27	94.61	7.18	3.92	－3.91
SOA50	熟悉汉语组	98.44	3.36	98.44	3.36	0.00	0.00
	较熟悉汉语组	99.48	2.08	99.48	2.08	0.00	0.00
	不熟悉汉语组	99.02	2.77	99.51	2.02	－0.49	0.75
SOA100	熟悉汉语组	87.50	8.05	95.31	6.06	－7.81	1.99
	较熟悉汉语组	90.10	8.72	91.67	7.45	－1.56	1.27
	不熟悉汉语组	92.16	6.23	91.18	9.07	0.98	－2.84
SOA150	熟悉汉语组	88.02	5.24	92.19	7.74	－4.17	－2.50
	较熟悉汉语组	90.63	8.54	90.10	6.95	0.52	1.59
	不熟悉汉语组	90.69	5.81	94.61	6.55	－3.92	－0.74
SOA200	熟悉汉语组	92.19	5.67	97.92	3.73	－5.73	1.94
	较熟悉汉语组	91.15	6.43	97.92	3.73	－6.77	2.71
	不熟悉汉语组	92.16	8.05	96.57	5.15	－4.41	2.90

因素 1 语义关系的主效应具有统计显著性,$F(1, 46) = 10.001$,$p = 0.003$,$\eta2 = 0.179$,说明语义关系影响了被试语义判断的正确率。

因素 2 SOA 的主效应具有统计显著性,$F(4, 184) = 33.558$,$p < 0.001$,$\eta2 = 0.422$,说明 SOA 水平也影响了被试语义判断的正确率。

因素 3 被试类型的主效应不具有统计显著性,$F(2, 46) < 1$,$p = 0.473$,$\eta2 = 0.032$,说明被试的汉语熟悉度不影响其语义判断的正确率。

因素 1×因素 3 的交互作用不具有统计显著性,$F(2, 46) = 2.067$,$p = 0.138$,$\eta2 = 0.082$,说明被试语义判断的正确率未受到因素 1×因素 3 的影响。因素 2×因素 3 的交互作用不具有统计显著性,$F(8, 184) < 1$,$p = 0.686$,$\eta2 = 0.030$,说明被试语义判断的正确率也未受到因素 2×因素 3 的影响。

因素 1×因素 2 的交互作用具有统计显著性,$F(4, 184) = 7.635$,

$p < 0.001$，$\eta2 = 0.142$，说明被试语义判断的正确率受到了因素1×因素2的影响。对语义关系进行简单效应分析发现，SOA＝38 ms 时，语义无关组的正确率显著高于语义相关组；SOA＝50 ms 时，语义无关组和语义相关组正确率的差异没有统计显著性；SOA＝100、150 ms 时，语义无关组的正确率边缘性低于语义相关组；SOA＝200 ms 时，语义无关组的正确率显著低于语义相关组(参见表4-7)。

表4-7 双语行为实验1不同 SOA 水平下的正确率(%)分析结果(N=49)

SOA 水平	语义无关组的正确率		语义相关组的正确率		语义无关组－语义相关组		
	MEAN	SE	MEAN	SE	MEAN	SE	P
SOA38	97.08	0.65	93.86	1.04	3.22	1.13	.007
SOA50	98.98	0.40	99.14	0.37	－ 0.16	0.46	.726
SOA100	89.92	1.10	92.72	1.10	－ 2.80	1.56	.080
SOA150	89.78	0.95	92.30	1.01	－ 2.52	1.40	.077
SOA200	91.83	0.98	97.47	0.61	－ 5.64	1.06	.000

对 SOA100、SOA150 和 SOA200 三个水平下的正确率启动效应进行两两之间的配对样本 t-检验，结果发现：$M_{SOA150} - M_{SOA200} = 3.06\%$（SD＝11.87%），$p = 0.077$。这表明，SOA150 和 SOA200 水平下的启动效应差异在 5% 的显著性水平下不具有统计显著性，但在 10% 的显著性水平下具有统计显著性。SOA200 水平下的启动效应边缘性大于 SOA150 水平下的启动效应；但 SOA100 和 SOA150 水平下的正确率启动效应差异不具有统计显著性。

因素1×因素2×因素3的交互作用不具有统计显著性，$F_{(8, 184)} = 1.253$，$p = 0.271$，$\eta2 = 0.052$，说明被试语义判断的正确率未受到因素1×因素2×因素3的影响。

4.1.4 讨论

根据以上分析，从反应时和正确率看，当 SOA＝38 ms 时，语义相关组和语义无关组反应时的差异不具有统计显著性，且语义相关组的正确率显著低于语义无关组，表明无启动效应产生。当 SOA＝50 ms 时，语义相关组的反应时显著短于语义无关组,语义相关组和语义无关组正确率的差异不具有统计显著性,表明汉语启动词和藏语目标词是翻译关系时,启动词的激活提高了被试提取目标词语义表征的速度,而且提取速度的加快不是以牺牲正确率为代价,即不存在反应时和正确率的权衡现象。当 SOA=100、150 ms 时,语义相关组的反应时显著短于语义无关组,且语义相关组正确率边缘性高于语义无关组。表明当汉语启动词和藏语目标词是翻译关系时,启动词的激活不仅显著提高了被试提取目标词语义表征的速度,而且边缘性提高了被试提取目标词语义表征的正确率。当 SOA= 200 ms 时,不仅语义相关组的反应时显著短于语义无关组,而且语义相关组正确率显著高于语义无关组。表明当汉语启动词和藏语目标词是翻译关系时,启动词的激活不仅显著提高了被试提取目标词语义表征的速度,而且显著提高了正确率。因此,在所有五个短 SOA水平下,当 SOA 为 50、100、150 和 200 ms 时,语义相关组汉语启动词的激活,促进了被试对藏语目标词语义表征的提取,产生了跨语言的启动效应。

本书在 **3.1.2 节**已经阐明,在 SOA 小于或等于 200 ms 的短时快速启动实验中,被试对启动词的加工既是非目标语言的加工,又属于自动加工。根据 Kiefer(2006,2007)、王瑞明等(2011)、李利等(2013)和宋娟等(2012,2013,2015)的研究,SOA 小于或等于 200 ms 的短时快速启动范式的语义归类实验中,启动词的语义信息会被激活,与语义归类任务无关的语音和词形等词名层信息会被抑制。这说明,本实验中启动效应的产生是由于汉语启动词直接通达了语义表征,被激活的语义特征在向四周扩散的过程中,使得语义网络中与之相连的藏语目标词(启动词的翻译对等词)得到预先激活,从而促进了被试对目标词语义表征的提取,产生了跨语言的语义启动效应。由此可以推断藏—汉双语者心理词汇的语义表征共享,且二语(汉语)词汇能直接通达共享的语义表征。

此外,尽管 SOA50、SOA100 和 SOA150 水平下的反应时启动效应两两之间没有差异,但 SOA200 水平下的反应时启动效应边缘性大于SOA50、SOA100 和 SOA150 水平下的反应时启动效应;尽管 SOA100和 SOA150 水平下的正确率启动效应差异不具有统计显著性,但

SOA200 水平下的正确率启动效应边缘性大于 SOA150 水平下的正确率启动效应。由图 4-1、图 4-2、表 4-5、表 4-7 也可以发现，随着 SOA 时间长度的增加，语义相关组的反应时有缩短的趋势，正确率有提高的趋势。也就是跨语言的语义启动效应有增强的趋势。在影响启动词加工速度的相关变量得到组间匹配的条件下，语义启动效应受 SOA 长短的调节。SOA 越长，启动效应越大。而且，对本实验的被试而言，太短的 SOA(38 ms)不足以产生语义启动效应，而 50 毫秒的 SOA 则足以产生语义启动效应。此外，本实验中，被试的汉语熟悉度既不影响其语义判断的反应时，也不影响正确率。因此藏—汉双语者心理词汇的语义表征共享，且不受二语(汉语)熟悉度的调节。即使是汉语相对不熟悉的被试，他们的两种心理词汇也共享语义表征。

4.1.5 实验结果的重新组合分析

本实验中的 5 个实验组可以合并视为一个新实验组，5 个控制组合并视为一个新控制组。在新实验组和新控制组中，虽然 SOA 的取值有 5 个水平(38、50、100、150、200 ms)，但新实验组中任何一个试次和新控制组中与之相对应的试次的 SOA 水平是完全相同的。因此，这就可以构成一个新的实验，新实验中实验组和控制组的 SOA 为具有不同水平的短 SOA，因为所有 SOA 都在 38—200 ms 之间，见表 4-8。

表 4-8　双语行为实验 1 新组实验的材料

实验组成部分	SOA 取值(ms)	实验材料分组	实验材料	启动词和目标词的语义关系	启动词和目标词的词性
练习部分	170	练习组	12 对启动词—目标词词对	语义无关	启动词均为汉语名词；目标词均为藏语名词。
正式实验部分	38—200	新实验组	60 对启动词—目标词词对	翻译关系	
	38—200	新控制组	60 对启动词—目标词词对	语义无关	
	170	填充组	108 对启动词—目标词词对	语义无关	

新组实验中，新实验组的所有 60 个启动词和新控制组与之相对应的 60 个启动词中，影响被试识别速度的笔画数、频数和词汇熟悉度等三个变量都得到了控制。一是新实验组的每一个启动词和新控制组与之相对应的启动词笔画数完全相同，且新实验组和新控制组启动词的笔画

最少是 4 画,最多是 27 画,平均笔画数是 13.58 画。二是新实验组和新控制组启动词的最小频数分别是 110、113,平均频数分别是 785.90、692.32,熟悉度最小值分别是 6.45、5.29,平均值分别是 6.87、6.59。这表明新实验组和新控制组启动词的频率都较高,被试都相当熟悉。

新实验组的所有目标词和新控制组与之对应的目标词的音节数、字母数和熟悉度得分等三个变量都严格匹配。一是新实验组的所有目标词和新控制组与之对应的目标词的音节数和字母数完全相同;二是新实验组的所有目标词和新控制组与之对应的目标词的熟悉度得分都非常相近。新控制组和新实验组目标词的熟悉度得分平均值分别是 6.76、6.78。尽管新控制组目标词的熟悉度平均得分比新实验组目标词的熟悉度平均得分低 0.024,但二者的差异不具有统计显著性,因为其配对样本 t-检验的显著性值(双尾)$p = 0.406$。由于新实验组和新控制组目标词的熟悉度得分最小值分别是 6.30、6.43,平均值都至少高达 6.76,这表明被试对新实验组和新控制组的所有藏语目标词都非常熟悉。

在分析新组实验的反应时之前,首先删除反应时小于 300 ms 的试次 0 个,大于 6000 ms 的试次 25 个,然后删除反应时小于 MD－3SD 的试次 0 个,大于 MD＋3SD 的试次 122 个。共删除异常值 147 个,约占总试次的 2.65%。

重新组合后的实验只有两个因素,即因素 1 语义关系和因素 2 被试类型。运用两因素重复测量方差分析对新组实验被试语义判断的反应时进行分析,得出结果见表 4-9 和图 4-3。

表 4-9　双语行为实验 1 新组实验的反应时(ms)(N＝49)

被试分类	语义无关组的反应时		语义相关组的反应时		语义无关组－语义相关组	
	MEAN	SD	MEAN	SD	MEAN	SD
熟悉汉语组	1254.70	303.01	1052.17	258.91	202.53	44.10
较熟悉汉语组	1252.47	289.50	1065.13	194.77	187.34	94.73
不熟悉汉语组	1251.51	248.99	1088.89	200.15	162.62	48.84

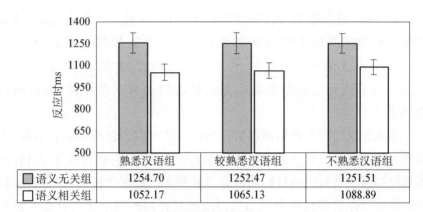

图4-3 双语行为实验1新组实验的反应时统计图

因素1语义关系的主效应具有统计显著性，F(1, 46) = 146.784，$p < 0.001$，$\eta_2 = 0.761$。结合表4-9和图4-3可知，语义相关组的反应时显著短于语义无关组的反应时。

因素2被试类型的主效应不具有统计显著性，F(2, 46) < 1，$p = 0.980$，$\eta_2 = 0.001$，说明被试的汉语熟悉度不影响其语义判断的反应时。

因素1×因素2的交互作用不具有统计显著性，F(2, 46) < 1，$p = 0.556$，$\eta_2 = 0.025$，说明被试语义判断的反应时未受到因素1×因素2的影响。

运用两因素重复测量方差分析对新组实验被试语义判断的正确率进行分析，得出结果见表4-10。

表4-10 双语行为实验1新组实验的正确率(%)分析结果(N=49)

被试分类	语义无关组的正确率		语义相关组的正确率		语义无关组-语义相关组	
	MEAN	SD	MEAN	SD	MEAN	SD
熟悉汉语组	92.29	2.35	95.31	3.66	− 3.02	− 1.32
较熟悉汉语组	93.75	3.36	94.69	2.29	− 0.94	1.07
不熟悉汉语组	94.51	2.81	95.29	3.87	− 0.78	− 1.06

因素1语义关系的主效应具有统计显著性，F(1, 46) = 10.001，$p = 0.003$，$\eta_2 = 0.179$。结合表4-10可知，语义相关组的正确率显著高

于语义无关组的正确率。

因素 2 被试类型的主效应不具有统计显著性，$F(2, 46) < 1$，$p = 0.473$，$\eta2 = 0.032$，说明被试的汉语熟悉度不影响其语义判断的正确率。

因素 1×因素 2 的交互作用不具有统计显著性，$F(2, 46) = 2.067$，$p = 0.138$，$\eta2 = 0.082$，说明被试语义判断的正确率未受到因素 1×因素 2 的影响。

值得注意的是，虽然因素 1×因素 2 的交互作用不具有统计显著性，但从表 4-10 的描述统计可以发现，在熟悉汉语组，语义无关组和语义相关组正确率的差异较大；而在较熟悉汉语组和不熟悉汉语组，语义无关组和语义相关组正确率的差异相对小得多。对语义关系的简单效应分析发现：在熟悉汉语组，语义相关组的正确率显著高于语义无关组（$p = 0.001$）；在较熟悉汉语组和不熟悉汉语组，语义相关组和语义无关组正确率的差异不具有统计显著性（p 分别为 $0.289, 0.360$）。

根据以上重组分析，从反应时看，语义相关组的反应时显著短于语义无关组的反应时。表明当汉语启动词和藏语目标词是翻译关系时，启动词扩散激活了目标词，促进了被试对目标词的认知加工，缩短了被试完成语义归类任务的时间。从正确率看，语义相关组的正确率显著高于语义无关组的正确率。说明不存在反应时和正确率的权衡现象。当启动词和目标词语义高度相关时，启动词的激活不仅缩短了被试语义判断的反应时，而且提高了正确率。实验中产生了显著的启动效应。由 **4.1.4 节**的分析可知，本实验中启动效应的产生是由于汉语启动词直接通达了语义表征，从而促进了被试对藏语目标词语义的提取。由此可以推断藏—汉双语者心理词汇的语义表征共享，而且二语（汉语）词汇能直接通达共享的语义表征。这一结论与 **4.1.4 节**得出的结论完全相同。

此外，虽然重组分析中被试类型的反应时和正确率的主效应都不具有统计显著性，但仔细观察熟悉汉语组、较熟悉组和不熟悉组三组的平均反应时和正确率，可以发现，熟悉汉语组中，语义无关组的反应时比语义相关组长 202.53 ms；较熟悉汉语组中，语义无关组的反应时比语义相关组长 187.34 ms；不熟悉汉语组中，语义无关组的反应时比语义相关组长 162.62 ms。可以发现汉语越熟悉，语义相关组的反应时有缩短的趋势。同样，熟悉汉语组中，语义无关组的正确率比语义相关组低 3.02%；较熟悉汉语组中,语义无关组的正确率比语义相关组低 0.94%;不熟悉汉语组中,语义无关组的正确率比语义相关组低 0.78%。可以发现汉语越熟悉,语义相关组的正确率有提高的趋势。而且在熟悉汉语组,语义无关组的正确率显著低于语义相关组;在较熟悉汉语组和不熟悉汉语组,语义无关组和语义相关组正确率的差异不具有统计显著性。因此,从正确率和反应时看,在一定程度上可以说,汉语越熟悉,语义相关组的语义启动效应有增加的趋势。

综合以上两部分的分析,本实验得出结论:藏—汉双语者两种心理词汇的语义表征共享,被试的二语(汉语)熟悉度从质上不会影响双语心理词汇的语义表征模式,即使是汉语相对不熟悉的被试,他们的两种心理词汇也共享语义表征。但二语熟悉度有影响跨语言语义启动效应量的趋势,即二语越熟悉,启动效应有增大的趋势,也就是二语词汇与共享语义表征之间的连接强度有增大的趋势。

4.2 双语 ERP 实验 1

4.2.1 实验目的

采用短时快速启动范式下的语义归类任务考察藏—汉双语者具体名词的语义表征模式。

4.2.2 实验方法

4.2.2.1 被试

本实验的被试为西藏大学和西南交通大学的 52 名藏族大二和大三学生,多数被试和双语行为实验 1 的被试相同,有 3 个被试参加了双语行为实验 1 但没有参加本实验。有 6 个被试参加了本实验,但没有参加双语行为实验 1。所有被试母语均为藏语,且藏语高考成绩均≥110 分或已通过公共藏文等级考试四级。本实验依据被试的汉语高考成绩,把被试分为熟悉汉语组和较熟悉汉语组[①]。其中,熟悉汉语组(A 组)21 人,较熟悉汉语组(B 组)31 人。

---

① 从双语行为实验 1 看,被试分为三组的实验结果差异不大。因此,从本实验起,本研究所有实验的被试只分为两组。

对 A、B 两组被试的汉语高考成绩进行独立样本 t -检验,结果显示:
$t(50) = 10.132$, $p < 0.001$。因此,A、B 两组被试汉语高考成绩的差异
具有统计显著性,且 A 组被试的汉语高考成绩显著高于 B 组被试(参见表
4 - 11)。这表明两组被试的汉语平均熟练程度差异显著。

表 4 - 11　A、B 两组被试的汉语高考成绩分析表

A 组汉语高考平均分		B 组汉语高考平均分		A 组 - B 组		
Mean	SD	Mean	SD	Mean	SE	p
109.95	5.90	88.45	8.41	21.50	2.12	.000

本实验所有 52 名被试中,男生 24 人,女生 28 人,平均年龄 20.69
岁(SD=1.44)。进入大学前所有被试均一直在西藏或四川藏区生活,
从幼儿园或小学阶段开始接触汉语,接触汉语的平均年龄为 7.54 岁
(SD=1.65)。平均接触或学习汉语 13.15 年(SD=1.49),属于后期双
语者。被试主观报告语言使用模式如下:小学阶段的教学语言 51 人主
要为藏语,1 人主要为汉语;初中阶段的教学语言 9 人主要为藏语,43
人主要为汉语;高中阶段的教学语言 2 人主要为藏语,50 人主要为汉
语;大学阶段的教学语言全部为汉语。与同学朋友交流时 52 人均报告
更多使用藏语;与老师交流时 24 人更多用藏语,28 人更多用汉语;与
家人交流时 52 人表示全部用藏语。因此总体上看,课堂教学语言中,
汉语的使用多于藏语,但课堂教学语言之外,被试大多数交流以藏语为
主。所有 52 名被试视力或矫正视力正常,无躯体和精神疾病,均为右
利手者。

4.2.2.2　实验设计

本实验包括两个因素,因素 1 语义关系有 2 个水平:语义相关、语义
无关;因素 2 被试类型有 2 个水平:熟悉汉语、较熟悉汉语。各水平组的
汉语高考平均成绩详见 **4.2.2.1 节**。因此,本实验为 2×2 的 ANOVA
设计。其中,因素 1 为被试内变量,因素 2 为被试间变量。因变量为被试
完成语义归类任务的反应时、正确率和 N400 等脑电成分。

4.2.2.3　SOA 取值

实验组和控制组所有试次的 SOA 为 200 ms;练习组和填充组所有

试次的 SOA 为 170 ms(参见表 4 - 12)。

4.2.2.4　实验材料

本实验的材料和双语行为实验 1 的材料相同,但为了让被试更加熟悉 ERP 实验的操作流程,本实验从双语行为实验 1 的填充组中选择了 4 对词作为练习词对。因此本实验共有 16 个练习词对,但只有 104 个填充词对(参见表 4 - 12 和附件 1)。实验组所有 60 个启动词和控制组与之相对应的 60 个启动词中,影响被试识别速度的笔画数、频数和词汇熟悉度得分等变量都得到了控制;实验组的所有目标词和控制组与之相对应的目标词的音节数、字母数和词汇熟悉度得分等三个变量都得到严格匹配(详见 **4.1.5 节**)。

表 4 - 12　双语 ERP 实验 1 的材料

实验组成部分	SOA 取值	实验材料分组	实验材料	启动词和目标词的语义关系	启动词和目标词的词性
练习部分	170 ms	练习组	16 对启动词—目标词词对	语义无关	启动词均为汉语名词;目标词均为藏语名词。
正式实验部分	200 ms	实验组	60 对启动词—目标词词对	翻译关系	
	200 ms	控制组	60 对启动词—目标词词对	语义无关	
	170 ms	填充组	104 对启动词—目标词词对	语义无关	

4.2.2.5　实验程序

本实验在具有隔音效果的 ERP 实验室进行,温度及亮度适中①。被试充分洗头去除头皮屑,用电吹风吹干后舒适地坐在正对显示屏约 80 cm 的椅子上。主试首先向被试介绍本实验的目的,告知被试所收集数据仅用于科学研究,并承诺对测试结果保密;然后简要介绍 ERP 的工作原理,告知被试实验没有辐射,对人体无毒,无副作用;最后强调要完成 ERP 实验,并取得良好效果,关键是认真、专注,实验过程中尽量放松身心,拒绝紧张,禁止头部摇晃,尽量避免身体运动,尽量少眨眼睛。得到被试的充分理解后,在轻松愉悦的氛围中给被试戴上电极帽,打上导电膏,并连接好参考电极、水平眼电和垂直眼电极后,请被试阅读实验指导语。

---

① 室温控制在 26 摄氏度左右,室内照明能保证被试看清楚电脑屏幕,实验期间不感到视觉疲劳。

被试明白实验流程、实验任务和操作方法后按按键盒"1"键进入练习,练习用过的材料在正式实验中不再呈现。整个实验过程通过 E-Prime 程序来实现。首先在电脑屏幕中央呈现一个星号(＊)注视点 500 ms。星号(＊)消失后,在同样位置呈现一个汉语名词,该词呈现时间极短,仅 150 或 180 ms。不要求被试做任何判断。汉语词消失后,在电脑屏幕中央呈现掩蔽刺激"＃＃＃＃＃＃＃＃＃＃"20 ms,掩蔽刺激消失后,在同样位置呈现一个藏语名词,要求被试既快又准地做语义归类判断。如果该名词表示生物或生物体的一部分,前者比如"作家"、"蝴蝶",后者比如"牙齿"、"嘴巴"等名词,被试用左手按按键盒 1 键,否则用右手按按键盒 5 键。实验流程简易图见图 4 - 4。

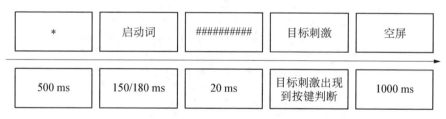

图 4 - 4　实验流程简易图

本实验分练习部分和正式实验两部分。在练习部分,电脑会对被试的每次回答及时反馈,回答正确,电脑屏幕呈现"正确"二字;回答错误,电脑屏幕呈现"错误"二字。反馈时间 1000 ms。反馈结束后,在电脑屏幕同一位置立刻呈现一个星号(＊)注视点 500 ms。星号(＊)消失后,进入下一次判断。在正式实验部分,电脑不对被试回答及时反馈。被试按键判断后,空屏 1000 ms 后再次呈现一个星号(＊)注视点 500 ms,进入下一次判断。直至本实验结束。正式实验需要实施语义归类判断 228 次,被试完成前 114 次判断后休息 2 分钟,然后完成剩余 114 次判断。本实验持续约 15—20 分钟。实验中,平衡被试左右手按键反应。计算机记录被试的反应时和正确率。

4.2.2.6　脑电记录及 ERP 数据处理流程

实验仪器为美国 Neuroscan 公司生产的 ERP 系统。被试戴上该公司生产的 64 导银/氯化银电极帽,导联方法采用国际 10—20 系统(参见图 4 - 5)。以头顶作为参考电极,前额发际下 1 cm 处接地,在双眼的外侧和左眼上下各放置一个电极记录水平眼电（HEOG）和垂直眼电（VEOG），模拟滤波带通为 0.05—100 Hz，连续记录 EEG，采样率为 1000 Hz，头皮电阻小于 5 KΩ。

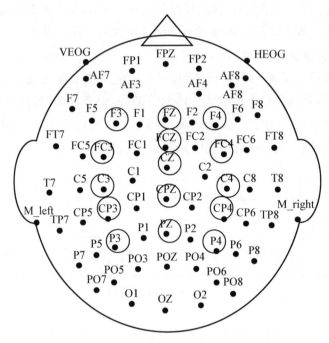

图 4-5　记录电极和参与统计的电极（加圆圈的 15 个电极点）

对测验阶段记录的 EEG 进行离线分析，以左右乳突的平均幅值作为数据的参考转换。本研究所有 ERP 实验数据分析的时间窗口均从目标刺激出现前 400 ms 开始到目标刺激出现后 1000 ms 结束，用 -400～-200 ms 的平均波幅进行基线校正。只有双语 ERP 实验 4 数据分析的时间窗口从目标刺激出现前 200 ms 开始到目标刺激出现后 1000 ms 结束，用 -200～0 ms 的平均波幅进行基线校正。所有试次分别检查眼电和其他伪迹（肌电、心电等），包含伪迹的试次不参加平均计算。在排除伪迹时，超过 ±75 μV 的试次去除。滤波带通采用 0.01—50 Hz(24 dB/oct)。每个条件剔除试次超过 15% 的被试被排除在数据分析之外。分别对每个被试的实验组和控制组目标词进行叠加平均，从而获得每个被试的 ERP 波形，最后对各组所有被试进行总平均得到每种条件下的总平均波形图。

本研究各 ERP 实验参照吕勇等(2008)、Duñabeitia et al.(2010)和 Ma et al.(2017)的研究,选择 15 个代表性电极(F3、FZ、F4、FC3、FCZ、FC4、C3、CZ、C4、CP3、CPZ、CP4、P3、PZ、P4)的数据进行分析。电极位点包括区域(前部 F3、F4,前中部 FC3、FC4,中部 C3、C4,中后部 CP3、CP4,后部 P3、P4)、半球(左半球 F3、FC3、C3、CP3、P3,右半球 F4、FC4、C4、CP4、P4)和中线(FZ、FCZ、CZ、CPZ、PZ)。吕勇等(2008)将上述 15 个电极分为:额区(F3、FZ、F4)、额中央(FC3、FCZ、FC4)、中央(C3、CZ、C4)、中央—顶部(CP3、CPZ、CP4)和顶部(P3、PZ、P4)。本研究各 ERP 实验中(双语 ERP 实验 4 除外),脑区和半球的电极构成 5(区域:前部、前中部、中部、中后部、后部)×2(半球:左半球、右半球)×2(语义关系:语义相关、语义无关)×2(被试类型:二语熟悉、二语较熟悉/不熟悉)的 ANOVA 设计;中线的电极构成 5(电极点:FZ、FCZ、CZ、CPZ、PZ)×2(语义关系)×2(被试类型)的 ANOVA 设计。分别进行四因素和三因素重复测量方差分析。

4.2.3 实验结果与分析

4.2.3.1 反应时

本实验首先剔除反应时大于 6000 毫秒的试次 7 个,小于 300 毫秒的试次 6 个,然后删除反应时大于 MD+3SD 的试次 109 个,小于 MD-3SD 的试次 0 个。其实,在除去 MD+3SD 的异常数据时,所有反应时超过 6000 的试次也都被剔出了,也就是不用单独提前将其剔除。但为了与其它实验保持一致,本实验仍然先剔除了反应时大于 6000 毫秒的试次。共删除 115 个试次,约占总试次的 1.99%。

本实验为两因素 ANOVA 设计。因素 1 语义关系是被试内变量,包括语义相关、语义无关两个水平;因素 2 被试类型是被试间变量,被试按其汉语熟悉度分为两组,熟悉汉语组 21 人,较熟悉汉语组 31 人。运用两因素重复测量方差分析对被试语义判断的反应时进行分析,得出结果见表 4-13 和图 4-6。

表 4-13　双语 ERP 实验 1 的反应时(ms)分析结果(N=52)

被试分类	语义无关组的反应时		语义相关组的反应时		语义无关组－语义相关组	
	MEAN	SD	MEAN	SD	MEAN	SD
熟悉汉语	1368.68	461.06	1010.98	248.55	357.70	212.51
较熟悉汉语	1270.61	285.30	972.94	209.83	297.66	75.47

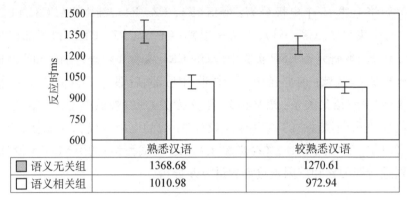

	熟悉汉语	较熟悉汉语
▨ 语义无关组	1368.68	1270.61
☐ 语义相关组	1010.98	972.94

被试的汉语熟悉度

图 4-6　双语 ERP 实验 1 的反应时统计图

因素 1 语义关系的主效应具有统计显著性,$F(1, 50) = 142.875$,$p < 0.001$,$\eta2 = 0.741$。结合表 4-13 和图 4-6 可知,语义相关组的反应时显著短于语义无关组的反应时。

因素 2 被试类型的主效应不具有统计显著性,$F(1, 50) < 1$,$p = 0.407$,$\eta2 = 0.014$,说明被试的汉语熟悉度不影响其语义判断的反应时。

因素 1×因素 2 的交互作用不具有统计显著性,$F(1, 50) = 1.199$,$p = 0.279$,$\eta2 = 0.023$,说明被试语义判断的反应时未受到因素 1×因素 2 的影响。

4.2.3.2　正确率

运用两因素重复测量方差分析对被试语义判断的正确率进行分析,得出结果见表 4-14。

表4-14 双语ERP实验1的正确率(%)分析结果(N=52)

被试分类	语义无关组的正确率		语义相关组的正确率		语义无关组-语义相关组	
	MEAN	SD	MEAN	SD	MEAN	SD
熟悉汉语	90.63	3.51	94.13	2.56	-3.49	0.95
较熟悉汉语	90.65	4.98	94.30	3.94	-3.66	1.04

因素1语义关系的主效应具有统计显著性,$F(1, 50) = 43.180$,$p < 0.001$,$\eta2 = 0.463$。结合表4-14可知,语义相关组的正确率显著高于语义无关组的正确率。

因素2被试类型的主效应不具有统计显著性,$F(1, 50) < 1$,$p = 0.926$,$\eta2 < 0.001$,说明被试的汉语熟悉度不影响其语义判断的正确率。

因素1×因素2的交互作用不具有统计显著性,$F(1, 50) < 1$,$p = 0.881$,$\eta2 < 0.001$,说明被试语义判断的正确率未受到因素1×因素2的影响。

4.2.3.3 ERP数据

ERP的成分是多维的,包括极性(正/负)、波幅、潜伏期、头皮分布等多种记录指标,还可以形成地形图(常欣等2007)。波幅和潜伏期是其中两个重要的测量指标。一般情况下,波幅代表脑电位的强度,波幅大小与参与同步放电的神经元数目的多少以及神经元的排列方向密切相关。如果参与同步放电的神经元数量多且排列方向一致,波幅就大。其结果还与记录电极距离的远近有关,距离越近,波幅越大(杨亦鸣等2008)。波幅反映大脑兴奋度,反映参与特定认知过程的脑细胞数量的多少或脑区能量的多少。

ERPs成分潜伏期反映参与完成特定认知过程的神经细胞的传导速度(董瑞国等1998)。潜伏期的长短可以反映刺激的加工难度。一般来说,潜伏期延长则难度增加,缩短则难度减小(杨亦鸣等2008)。语言认知加工中ERPs成分的潜伏期则反映语言认知加工的速度(罗跃嘉2006)。在语言认知加工的ERP实验中,有学者同时考察波幅和潜伏期两个指标。比如宋娟等(2013)考察任务目的对自动语义激活过程的调节作用时,他们发现启动—靶刺激词对相关条件下N400波幅小于无关条件,对N400的潜伏期进行统计分析则没有发现任何显著差异。有研究利用ERP技术考察双语的启动效应,结果发现翻译启动效应N400成分L2-L1比L1-L2的波幅更大,潜伏期更短(Holcomb et al. 2002)。王渊博等(2017)采用跨语言中介启动范式,考察非熟练汉—维双语者非目标语言语音激活与语义激活状态的差异。结果发现 L2－L1 启动方向下,语音相关词对比语音无关词对诱发的 P200 峰值差异更大,潜伏期更长。L1－L2 启动方向下,语义相关词对比语义无关词对诱发的 N400 峰值差异更大,潜伏期更长。Holcomb et al.(2006)通过测试短 SOA 条件下的 ERP 掩蔽(启动刺激)重复启动效应,对视觉词汇识别加工过程的时间进程进行分解。他们的启动词和目标词有三种关系,关系一是启动词和目标词词形完全相同,比如 table-TABLE;关系二是只差一个字母,比如 teble-TABLE;关系三是完全无关,比如 mouth-TABLE。结果发现,关系一的 N250 波幅最小,关系二的波幅居中,关系三的波幅最大,但关系二的潜伏期比关系三更长;关系一和关系二的潜伏期没有显著区别。也就是启动词和目标词在词形上越相似,N250 的波幅越小,峰值潜伏期越长。同时,他们发现关系一的 P325 波幅更大,关系二和关系三波幅更小(less positive),且这两种条件下波幅的差异没有统计显著性。关系二的峰值潜伏期边缘性短于关系一,但是关系二和关系三的潜伏期没有显著区别。同 N250 类似,他们发现关系一的 N400 波幅最小,关系二的波幅居中,关系三的波幅最大,但三种关系的峰值潜伏期却没有差异。也就是说该实验的三种脑电成分中,如果是正波,无关条件比相关条件波幅更小;如果是负波,无关条件比相关条件波幅更大,但潜伏期的长短则不一致,甚至相互矛盾。

当然,笔者发现更多双语词汇表征研究的 ERP 实验都没有考察潜伏期。比如 Midgley et al.(2009)、Schoonbaert et al.(2011)、全交界(2012)、Chen et al.(2015)、Pu et al.(2016)、Ma et al.(2017)、易爱文(2017)等研究都只分析了语义无关条件和相关条件诱发的 N250 和 N400 等脑电成分的平均波幅,没有分析潜伏期。Schoonbaert et al.(2011)在比较 L1－L2 和 L2－L1 两个不同方向上的不同 N250 效应和 N400 效应时,则考察了潜伏期和持续时间。但是本研究中的 L1、L2 和 L3 之间的差异巨大,被试对 L1、L2、L3 词汇的语义和词汇判断反应时也可能差异较大。因此,比较 L1－L2、L2－L1、L1－L3、L3－L1、L2－L3 或者 L3－L2 不同方向上脑电成分的潜伏期,不能说明太多问题。因此,本研究各 ERP 实验主要比较不同实验条件下 ERPs 成分的平均波幅,不分析潜伏期,但在分析、比较部分实验的差异波等情况时,会提及潜伏期。

在比较不同实验条件下的波幅差异时,尽管目前学界还没有统一的表述方式,但笔者发现,有相当一部分正式发表的期刊文章和硕士、博士学位论文在比较负波的波幅值大小时,使用了"更负"这一表达法,比如"A 条件诱发了比 B 条件更负的 ERP 成分";在比较正波的波幅值大小时,使用了"更正"这一表达法,比如"A 条件诱发了比 B 条件更正的 ERP 成分"。近年来,以下 14 项研究都采用了上述表达法:1、郭文姣(2011);2、于琤(2012);3、李正祥(2013);4、史光远(2014);5、李帅霞(2017);6、王洋(2017);7、易爱文(2017);8、欧阳取平等(2009);9、琚长庭等(2012);10、王一牛等(2007)①;11、吕勇等(2008);12、聂衍刚等(2018);13、王益文等(2017);14、赵庆柏等(2017)。其中,前 5 项研究均为硕士学位论文;第 6、7 项为博士学位论文;第 8 项发表在《中国临床心理学杂志》上;第 9 项发表在《首都师范大学学报(社会科学版)》上;第 10 项发表在《北京师范大学学报(自然科学版)》上;第 11 项发表在《心理与行为研究》上;第 12 项发表在《心理科学》上;最后 2 项发表在《心理学报》上。

此外,学界更多研究在比较波幅差异时,使用了"更大"、"更小"之类的表达法,比如王一牛等(2007)、孟迎芳等(2016)、郭丰波等(2017)、易爱文(2017)、赵思敏等(2017)、邓欣媚等(2018)、谢清等(2018)的研究。理论上讲,"更大"、"更小"这类表达法比"更正"、"更负"更自然一些,但这里有一个问题。研究者在比较正波时,都使用"更大"表示波幅值更大的波;而在比较负波时,不同的研究对"更大"和"更小"的界定却不尽一致。比如上述研究中,孟迎芳等(2016)、赵思敏等(2017)和谢清等(2018:180—181)的研究中,波幅值更大的负波被界定为波幅"更小";但王一牛等(2007)、邓欣媚等(2018:19)的研究中,波幅值更大的负波,却被界定为波幅"更大"。郭丰波等(2017:79)比较负波时对波幅"更大"的界定却是:两个波幅值均为负值时,绝对值大的波幅被界定为更大;两个波幅值均为正值时,波幅值更大的被界定为波幅更大;两个波幅值一个为正值,一个为负值时,即使负值的绝对值比另一个正值大,波幅值为正的始终被界定为波幅更大。由于波幅"更大"和"更小"的内涵不一致,因而可能会

---

① 王一牛在比较正波和负波时都使用了"更正"这一说法(波幅值较大的波更正)。

影响到不同研究结果之间的相互比较。

值得注意的是,研究者们在采用上述两类表达法时,有的只采用"更正"、"更负"的表达法;有的只采用"更大"、"更小"的表达法;有的则是两种表达法同时采用。

当然,除了上述两类主要的表达法外,还有研究使用了波幅"更高"、"增高"、"增大"、"下降"、"减低"、"更负走向"、"更加负向偏转"、"更正走向"等表达法(欧阳取平等 2009;聂衍刚等 2018)。

鉴于此,本研究采用"更大"、"更小"的表达法比较不同实验条件下的波幅差异,并根据孟迎芳等(2016)、赵思敏等(2017)和谢清等(2018:180—181)的研究对波幅"更大"、"更小"界定如下:

1. 如果比较的是正波,波幅值较大的波,其波幅"更大",反之则"更小";

2. 如果比较的是负波,波幅值较小的波,其波幅"更大",反之则"更小";

3. 在不清楚 ERP 成分极性的情况下,直接比较波幅值的大小差异。

现在来看本实验的 ERP 数据分析。

本实验 52 个被试按照二语(汉语)熟悉度分为两组,熟悉汉语组 21 人,较熟悉汉语组 31 人。语义无关条件和语义相关条件下藏语目标词产生的 ERP 波形图见图 4-7。根据本实验的波形图,选择 220—350 ms 的时间窗分析脑电成分 N250 和 P325;选择 350—650 ms 的时间窗分析 N400。

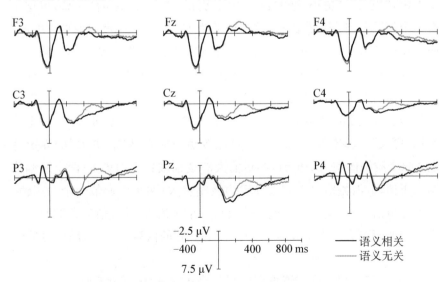

图 4-7　双语 ERP 实验 1 的波形图

一、220—350 ms 时间窗的分析

在该时间窗的前部、前中部脑区及中线 FZ、FCZ 电极上，语义无关条件和语义相关条件都诱发了 N250；在中部、中后部、后部脑区及中线 CZ、CPZ、PZ 电极上，语义无关条件和语义相关条件都诱发了 ERP 正成分。对五个脑区、两个半球的十个电极进行 $5 \times 2 \times 2 \times 2$ 的重复测量方差分析，发现语义关系的主效应具有统计显著性（$F_{(150)} = 9.67$，$p < 0.01$，$\eta 2 = 0.162$），语义无关条件和语义相关条件波幅值分别为 $2.03 \pm 0.29\ \mu V$ vs. $2.37 \pm 0.27\ \mu V$。语义关系和脑区的交互作用具有统计显著性（$F_{(4, 200)} = 7.41$，$p < 0.01$，$\eta 2 = 0.129$）。进一步简单效应分析显示，前部和前中部的语义关系效应不具有统计显著性（$Fs_{(1, 50)} < 1$，$1.58 \pm 0.40\ \mu V$ vs. $1.55 \pm 0.40\ \mu V$，$2.18 \pm 0.35\ \mu V$ vs. $2.33 \pm 0.34\ \mu V$，$ps > 0.1$）；中部、中后部和后部的语义关系效应具有统计显著性（$F_{(1, 50)} = 8.74$，$p < 0.01$，$\eta 2 = 0.149$，$2.50 \pm 0.32\ \mu V$ vs. $2.89 \pm 0.30\ \mu V$；$F_{(1, 50)} = 30.31$，$p < 0.01$，$\eta 2 = 0.377$，$2.30 \pm 0.32\ \mu V$ vs. $2.96 \pm 0.31\ \mu V$；$F_{(1, 50)} = 24.89$，$p < 0.01$，$\eta 2 = 0.332$，$1.61 \pm 0.40\ \mu V$ vs. $2.13 \pm 0.39\ \mu V$），语义相关条件诱发的波幅更大。

对中线的五个电极进行 $5 \times 2 \times 2$ 的重复测量方差分析，发现语义关系的主效应具有统计显著性（$F_{(1, 50)} = 8.49$，$p < 0.01$，$\eta 2 = 0.145$）。语义无关条件和语义相关条件的波幅值分别为 $2.10 \pm 0.32\ \mu V$ vs. $2.54 \pm 0.30\ \mu V$。语义关系和中线电极的交互作用具有统计显著性（$F_{(4, 200)} = 7.53$，$p < 0.01$，$\eta 2 = 0.131$）。语义无关条件和相关条件在前部和前中部（FZ、FCZ）的波幅差异不具有统计显著性（$Fs_{(1, 50)} < 1$，$0.92 \pm 0.48\ \mu V$ vs. $0.88 \pm 0.48\ \mu V$，$1.36 \pm 0.43\ \mu V$ vs. $1.57 \pm 0.41\ \mu V$，$ps > 0.1$）；在中部、中后部和后部电极的差异具有统计显著性（$F_{(1, 50)} = 10.63$，$p < 0.01$，$\eta 2 = 0.175$，$2.21 \pm 0.36\ \mu V$ vs. $2.78 \pm 0.36\ \mu V$；$F_{(1, 50)} = 19.57$，$p < 0.01$，$\eta 2 = 0.281$，$3.01 \pm 0.34\ \mu V$ vs. $3.77 \pm 0.36\ \mu V$；$F_{(1, 50)} = 5.73$，$p < 0.01$，$\eta 2 = 0.239$，$3.03 \pm 0.40\ \mu V$ vs. $3.68 \pm 0.42\ \mu V$），语义相关条件诱发的波幅更大。

二、350—650 ms 时间窗的分析

对五个脑区、两个半球的十个电极进行 $5 \times 2 \times 2 \times 2$ 的重复测量方差分析，发现语义关系的主效应具有统计显著性（$F_{(1, 50)} = 79.62$，$p <$

0.01，$\eta2 = 0.614$)，语义无关条件比语义相关条件诱发显著更大的 N400 波幅($-0.04 \pm 0.28\,\mu V$ vs. $1.28 \pm 0.23\,\mu V$)。语义关系、区域和半球的三重交互作用具有统计显著性($F_{(4,200)} = 4.01$，$p < 0.01$，$\eta2 = 0.074$)。进一步的简单效应分析显示，在所有脑区语义无关都诱发了比语义相关条件显著更大的 N400 波幅($ps < 0.05$)。此外，语义关系、半球和二语(汉语)熟悉度的三重交互作用具有统计显著性($F_{(4,200)} = 4.05$，$p < 0.05$，$\eta2 = 0.075$)。进一步的简单效应分析结果显示，熟悉和较熟悉汉语的被试，在左半球和右半球的语义关系效应均具有统计显著性($ps < 0.001$)，熟悉汉语组左半球的平均波幅值是：$-0.40 \pm 0.55\,\mu V$ vs. $0.79 \pm 0.42\,\mu V$；右半球的平均波幅值是：$-0.87 \pm 0.45\,\mu V$ vs. $0.78 \pm 0.43\,\mu V$；较熟悉汉语组左半球的平均波幅值是：$0.42 \pm 0.42\,\mu V$ vs. $1.70 \pm 0.32\,\mu V$；右半球的平均波幅值是：$0.68 \pm 0.34\,\mu V$ vs. $1.83 \pm 0.32\,\mu V$。

对中线的五个电极进行 $5 \times 2 \times 2$ 的重复测量方差分析，发现语义关系的主效应具有统计显著性($F_{(1, 50)} = 49.89$，$p < 0.01$，$\eta2 = 0.499$；$0.13 \pm 0.34\,\mu V$ vs. $1.50 \pm 0.32\,\mu V$)，语义无关条件比语义相关条件诱发显著更大的 N400 波幅。语义关系和中线电极的交互作用具有统计显著性($F_{(4,200)} = 13.43$，$p < 0.01$，$\eta2 = 0.212$)。进一步简单效应分析显示，在中线所有电极上的语义关系效应均具有统计显著性($ps < 0.01$，FZ：$-1.63 \pm 0.46\,\mu V$ vs. $-0.81 \pm 0.40\,\mu V$；FCZ：$-1.04 \pm 0.45\,\mu V$ vs. $-0.06 \pm 0.41\,\mu V$；CZ：$0.56 \pm 0.39\,\mu V$ vs. $2.02 \pm 0.39\,\mu V$；CPZ：$1.51 \pm 0.37\,\mu V$ vs. $3.36 \pm 0.39\,\mu V$；PZ：$1.24 \pm 0.39\,\mu V$ vs. $2.99 \pm 0.39\,\mu V$)，语义无关条件诱发的 N400 波幅更大，且脑区前部电极的波幅值小于后部电极。

4.2.4　讨论

本实验采用了 SOA 为 200 ms 的短时快速启动范式下的语义归类任务，根据 Kiefer(2006,2007)、王瑞明等(2011)、李利等(2013)和宋娟等(2012,2013,2015)的研究，本实验启动词的语义信息会被激活，与语义归类任务无关的语音和词形等词名层信息则会被抑制。根据以上分析，从脑电实验的行为数据看，语义无关组的反应时显著长于语义相关组的反应时,语义无关组的正确率显著低于语义相关组。表明当汉语启动词和藏语目标词是翻译关系时,汉语启动词语义表征的激活,促进了被试对藏语目标词的语义加工,提高了被试语义判断的速度和正确率。因而从行为数据看,由于汉语启动词直接通达了藏汉双语心理词汇共享的语义表征,从而产生了显著的跨语言语义启动效应。

从脑电数据看,在 350—650 ms 的时间窗口,在前部(F3、F4),前中部(FC3、FC4),中部(C3、C4)、中后部(CP3、CP4)和后部(P3、P4)等所有 5 个脑区的 10 个电极以及中线 FZ、FCZ、CZ、CPZ 和 PZ 等所有 5 个电极上,语义无关条件比语义相关条件都诱发了显著更大的 N400 波幅。目前研究者一致认可 N400 反映了语言认知的加工过程,但其认知意义尚存争议。比如,Bosch et al.(2018)指出,有研究认为 N400 与语义加工过程有关,尤其与提取语义记忆表征有关(Kutas et al. 2000,2011)。有研究认为 N400 与语义整合有关(Hagoort et al. 2009)。也有相当多的一语研究发现 N400 对词的形态加工敏感(Lavric et al. 2007;Lehtonen et al. 2007;Morris et al. 2007;Morris et al. 2008;Leinonen et al. 2009;Leminen et al. 2014)。关于 N400 反映的认知功能,学界至少提出了词汇后整合理论、语义抑制理论、词汇加工和前词汇加工等四种不同理论(Brown et al. 2000;Deacon et al. 2004;Debruille 2007;吕彩霞 2012;吕彩霞等 2012;赵桂一 2014)。其中前词汇加工(Pre-lexical Processing)理论认为,N400 启动效应可以用前词汇理论的自动化加工来解释,即对靶刺激的判断可受益于对启动刺激的自动激活(吕彩霞 2012:3;赵桂一 2014:5)。

尽管语义整合、语义分析过程引起了典型的 N400 效应,在一些不需要语义整合过程或者几乎不涉及语义分析的研究中,也得到了显著的 N400 效应。例如,在一些并不能被意识到的情境中(残缺刺激、模糊刺激或掩蔽刺激等条件),也得到了明显的 N400。Kutas et al.(1989)以及 Anderson et al.(1995)研究发现,在短 SOA 条件下不能进行有意识的语义整合时,依然存在 N400 启动效应。Misra et al.(2003)和 Holcomb et al.(2005)的研究发现,当启动词被掩蔽不能被识别时,仍然有显著的 N400 重复启动效应和语义启动效应。为了排除语义整合的作用,Wang et al.(2008)将真假复合词(如声梦、猫烟)进行高度模糊,还是发现了

N400 效应。Wang et al.(2009)将靶刺激高度模糊仍然产生了 N400 重复启动效应。这些结果可以用前词汇理论的自动化加工来解释,即对靶刺激的判断受益于对启动刺激的自动激活。宋娟等也发现自动加工中,语义启动的发生可以用 N400 作指标进行研究(宋娟等 2012)。由于本实验采用了短时快速启动范式的语义归类任务,启动词的语义信息会被激活,与语义归类任务无关的语音和词形等词名层信息会被抑制。因此本实验所诱发的 N400 效应可以用前词汇加工理论解释如下:被试对藏语目标词的语义归类判断受益于对汉语启动词语义的自动激活。也就是被试直接通达了汉语启动词的语义表征,并扩散激活了藏语目标词的语义表征,从而促进了对藏语目标词语义的提取。本实验诱发的 N400 成分就是目前语言研究所公认的反映语义加工的脑电成分(侯友等 2013:102)。N400 效应表明,实验中产生了显著的语义启动效应,也进一步证实了行为数据结果的可靠性。

除 350—650 ms 时间窗的 N400 效应外,在 220—350 ms 时间窗的前部、前中部脑区及 FZ、FCZ 电极上,语义无关和语义相关条件都诱发了 N250,但二者波幅值差异不显著。在中部、中后部、后部脑区及 CZ、CPZ、PZ 电极上,语义无关和语义相关条件都诱发了 ERP 正成分。Holcomb et al.(2006)在研究词汇识别的时间进程中,首次发现刺激呈现后 325 ms 时出现了一个正成分,称之为 P325,位于 N250 和 N400 之间,波幅在 325 ms 时达到峰值,主要分布在右半球后部靠左的部位。P325 也受刺激重复程度的调节,但只有在完全重复启动的条件下波幅更大,部分启动和无关启动之间波幅没有差异。P325 反映了内在的整词水平表征的加工过程。Kiyonaga et al. 也发现了这一成分,重复启动的波幅显著大于无关启动的波幅,然而假词重复启动和假词无关启动激活的波幅没有差异,因为假词没有词汇水平的表征过程,所以在整词的内部表征加工过程中就不会产生重复效应(转引自侯友等 2013:101—102)。Grainger et al. 发现了假同音词启动的 P325 效应,证明该成分既反映了整词水平语音表征的加工也反映了整词水平正字法表征的加工。早先的研究者利用 ERP 和 MEG 技术也在与 P325 相同的时间窗口发现了类似的成分,认为这一成分反映了词汇水平的识别(转引自侯友等 2013:102)。本实验在 220—350 ms 时间窗的中部、中后部、后部脑区及 CZ、

CPZ、PZ 电极上诱发的 ERP 正成分潜伏期约为 319 ms,而且也是相关启动条件下的波幅大于无关启动条件下的波幅。因此,从潜伏期和以往实验的研究结果看,本实验的这一正成分很可能是 P325。

本实验 SOA 为 200 ms。如前文所述,在小于或等于 200 ms 的短 SOA 条件下的语义归类实验中,启动词的语义表征信息会被激活,与语义归类任务无关的词汇表征信息会被抑制,但实验结果却发现了反映了词汇水平的识别的 P325 效应,如何解释这一效应呢? Midgley et al.(2009)采用掩蔽启动范式并结合 ERP 技术考察了法—英双语者的语义表征模式。他们的实验共设计了 4 种启动条件:语言内重复启动、语言内无关启动、语言间重复启动和语言间无关启动。实验任务是:如果目标词是生物词,则作出相应反应,如果不是,则不作反应。共包括两个实验,实验一的目标词为二语词,实验二的目标词为一语词。Midgley et al.(2009)发现,L1 和 L2 语言内重复启动都诱发了 N250 和 N400。当 L1 是启动词,L2 是目标词时,实验中产生了 N250 和 N400 翻译启动效应;当 L2 是启动词,L1 是目标词时,实验中却没有产生 N250 效应,只产生了 N400 效应。上述研究者认为这是由于 L1 启动词迅速激活了语义,语义反馈到词名层表征,从而产生了对词名层加工敏感的 N250(Midgley et al. 2009)。本实验中,二语(汉语)词是启动词,一语词是目标词。尽管本实验的被试以藏语为母语,但被试使用汉语频繁,对汉语相当熟悉,汉语水平总体上相当好。且本实验的所有汉语启动词的平均笔画数是 13.58 画,平均频数高达 785.90 次(每 2000 万字中),词汇熟悉度得分平均高达 6.86。这表明所有汉语启动词都不太复杂,且频率高,被试非常熟悉。因此,可能是本实验中的 L2 启动词迅速激活了藏汉双语心理词汇的共享语义,被激活的共享语义反馈到藏语目标词的词名层表征,从而产生了对词名层整词水平加工敏感的 P325 效应。语义相关条件比语义无关条件产生了显著更大的 P325 波幅。这与 Midgley et al.(2009)对其实验中诱发的 N250 效应的解释是一致的。也就是说,尽管在短时快速启动范式的语义归类实验中,与语义归类任务无关的启动词语音和词形等词名层信息得到抑制,但由于汉语启动词直接通达了藏—汉双语心理词汇共享的语义表征,当藏语目标词被激活的语义反馈到它的词名层表征时,便产生了对词名层加工敏感的 P325 效应。

肖巍等(2016)采用语义判断任务(在前词呈现和后词开始呈现间隔500 ms的条件下,要求被试判断前、后词是否语义相关),并结合 ERP 技术研究了我国英语学习者(非平衡双语者)在纯二语语境中,加工二语词汇时的一语自动激活位点和时间进程。他们发现二语词形首先激活概念,然后激活对应的一语词形,并进一步在亚词形层激活一语尾字及首字。肖巍等的研究与采用相同范式的 Wu et al.(2013)和 Morford et al.(2014)的研究结果较为一致。Thierry et al.(2007)研究了平衡汉—英双语者,在视觉和听觉通道都发现了二语加工中一语的自动激活。二语词汇语义加工中一语的自动激活体现在本实验就是:二语启动词自动激活启动词和目标词的共享语义,然后激活一语目标词的词形,从而使得被试在提取目标词的语义时产生了对词名层整词水平加工敏感的 P325 效应。

本实验的反应时、正确率、P325、N400 效应一致表明,语义相关条件中产生了显著的语义启动效应,藏—汉双语者两种心理词汇的语义表征共享,且二语(汉语)词的词汇表征直接通达共享的语义表征。

此外,本实验中被试的汉语熟悉度对其语义判断的反应时和局部脑区的 N400 波幅产生了一定影响。熟悉汉语组产生了 357.70 ms 的启动效应,而较熟悉汉语组则只产生了 297.66 ms 的启动效应。在 350—650 ms 的时间窗,熟悉汉语组在左半球中,无关启动和相关启动条件的波幅值差为 -1.19 μV,较熟悉汉语组的波幅值差为 -1.28 μV。熟悉和较熟悉汉语组的波幅值差无显著差异($p>0.05$)。熟悉汉语组在右半球的波幅值差为 -1.65 μV,而较熟悉汉语组的波幅值差仅为 -1.15 μV。熟悉和较熟悉汉语组的两组波幅差值存在显著差异($p<0.05$)。这表明,熟悉汉语组的 N400 效应更大。因此,被试二语越熟悉,启动效应有增加的趋势。这表明,藏—汉双语者两种心理词汇的语义表征共享,二语词直接通达共享语义;二语越熟悉,二语词的词汇表征与共享语义表征的连接强度有增加的趋势。

4.3 双语 ERP 实验 2

4.3.1 实验目的

采用短时快速启动范式下的语义归类任务考察藏—汉双语者动词的

语义表征模式。

4.3.2 实验方法

4.3.2.1 被试

本实验的被试为西藏大学和西南交通大学的 51 名藏族大二和大三学生,多数被试和双语行为 1 的被试相同,有 4 个被试参加了双语行为实验 1 但没有参加本实验,有 6 个被试参加本实验但没有参加双语行为实验 1。所有被试母语均为藏语,且藏语高考成绩均≥110 分或已通过公共藏文等级考试四级。本实验依据被试的汉语高考成绩,把被试分为熟悉汉语组(A 组 20 人)和较熟悉汉语组(B 组 31 人)。

对 A、B 两组被试的汉语高考成绩进行独立样本 t-检验,结果显示:$t(49)=9.883$,$p<0.001$。因此,A、B 两组被试汉语高考成绩的差异具有统计显著性,且 A 组被试的汉语高考成绩显著高于 B 组被试(参见表 4-15)。这表明两组被试的汉语平均熟练程度存在显著差异。

表 4-15 A、B 两组被试的汉语高考成绩分析表

A组汉语高考平均分		B组汉语高考平均分		A组-B组		
Mean	SD	Mean	SD	Mean	SE	p
109.95	6.05	88.45	8.41	21.50	2.18	.000

本实验所有 51 名被试中,男生 24 人,女生 27 人,平均年龄 20.63 岁(SD=1.37)。所有被试进入大学前均一直在西藏或四川藏区生活,从幼儿园或小学阶段开始接触汉语,接触汉语的平均年龄为 7.55 岁(SD=1.67)。平均接触或学习汉语 13.08 年(SD=1.40),属于后期双语者。被试主观报告语言使用模式如下:小学阶段的教学语言 50 人主要为藏语,1 人主要为汉语;初中阶段的教学语言 8 人主要为藏语,43 人主要为汉语;高中阶段的教学语言 2 人主要为藏语,49 人主要为汉语;大学阶段的教学语言全部为汉语。与同学朋友交流时 51 人均报告更多使用藏语;与老师交流时 23 人更多用藏语,28 人更多用汉语;与家人交流时 51 人表示全部用藏语。因此总体上看,课堂教学语言中,汉语使用多于藏语,但课堂教学语言之外,被试大多数交流以藏语为主。所有 51 名被试视力或矫正视力正常,无躯体和精神疾病,均为右利手者。

4.3.2.2 实验设计

同双语 ERP 实验 1。

4.3.2.3 SOA 取值

见表 4 – 16。

表 4 – 16 双语 ERP 实验 2 的材料

实验组成部分	SOA取值	实验材料分组	实验材料	启动词和目标词的语义关系	启动词和目标词的词性
练习部分	170 ms	练习组	18 对启动词—目标词词对	语义无关	启动词均为汉语动词;目标词均为藏语动词。
正式实验部分	200 ms	实验组	50 对启动词—目标词词对	翻译关系	
	200 ms	控制组	50 对启动词—目标词词对	语义无关	
	170 ms	填充组	53 对启动词—目标词词对	语义无关	

4.3.2.4 实验材料

本实验的材料包括练习组、填充组和控制组的 121 个语义无关词对(启动词和目标词既无语义联系,也无语音联系)和实验组 50 个语义相关词对(启动词和目标词为翻译对等词)(参见表 4 – 16 和附件 2)。本实验的语义相关词比例为 29%。同类实验中,该语义相关词比例不算高,比如 Kotz(2001)的语义相关词比例为 20%,但 Altarriba(1992)和 Dong et al.(2005)的语义相关词比例均为 33%。所有词对中,启动词均为汉语动词,全部选自《现代汉语语料库词语分词类频率表》中频率排位在前 8885 的单字或双字动词。目标词均为藏语动词,全部选自《现代藏语常用动词表》。尽量确保被试熟悉所有练习组及填充组的启动词和目标词,但没有控制影响被试对其识别速度的相关变量。

实验组所有 50 个启动词和控制组与之相对应的 50 个启动词中,影响被试识别速度的笔画数、频数和熟悉度等三个变量都得到了控制。一是实验组每一个启动词和与之相对应的控制组启动词的笔画数完全相同(除三对词的笔画数有 1—2 画的差异外)。实验组和控制组启动词的笔画数的最小值分别是 4、5,最大值都是 29,平均值分别是 13.74、13.83,这表明实验组和控制组启动词的笔画数差异很小。二是实验组和控制组启动词的最小频数分别是 58、79,平均频数分别是 1633.84、1257.18。三是实验组和控制组启动词的熟悉度最小值分别是 6.26、5.95,平均值分别是 6.80、6.66。这表明实验组和控制组的启动词频率都较高,且被试相当熟悉。

　　由于本实验不考察被试对启动词的判断速度,因此实验组的启动词和控制组与之相对应的启动词的频数和熟悉度得分只是大致相近,没有严格匹配。而实验组的所有目标词和控制组与之相对应的目标词的音节数、字母数和熟悉度得分等三个变量都得到严格匹配。一是实验组的所有目标词和控制组与之相对应的目标词的音节数完全相等。二是实验组的所有目标词和控制组与之相对应的目标词的字母数完全相等(除三对词有 1—2 个字母数的差异外)。控制组目标词的平均字母数比实验组目标词的平均字母数多 0.02,但两者之间的差异不具有统计显著性(p = 0.709)。实验组的所有目标词和控制组与之相对应的目标词的熟悉度得分都非常相近。控制组和实验组目标词的熟悉度得分平均值分别是 6.61、6.66。尽管控制组目标词的熟悉度平均值得分比实验组目标词的熟悉度平均值得分低 0.05,但二者的差异不具有统计显著性,因为其配对样本 t-检验的显著性值(双尾)p = 0.31。由于实验组和控制组目标词的熟悉度得分最小值分别是 6.10、6.21;平均值都至少高达 6.61,这表明被试对实验组和控制组所有藏语目标词都非常熟悉。

4.3.2.5　实验程序

　　本实验的程序与双语 ERP 实验 1 基本相同,但有四点不同。一、本实验的启动词为汉语动词,目标词为藏语动词。二、本实验的实验任务是:如果目标词主要表示由人的五官(眼、耳、口、鼻、舌)或手、脚发出的动作,比如“鼓掌”、“闻”等动词,被试用左手按按键盒 1 键。如果目标词表示的动作主要不是由人的五官或手、脚发出,比如“死亡”、“流行”等,被试用右手按按键盒 5 键。三、本实验的正式实验部分需做语义归类判断153 次,被试完成前 77 次判断后休息 2 分钟,然后完成剩余 76 次。四、虽然本实验被试需要完成的语义判断任务数量比双语 ERP 实验 1 更少,但本实验的语义归类任务难度可能相对更大,因此本实验持续时间同样约15—20 分钟。

4.3.2.6　脑电记录及 ERP 数据处理流程

同双语 ERP 实验 1。

4.3.3 实验结果与分析

4.3.3.1 反应时

因伪迹和设备故障等原因，本实验删除了 3 个被试的行为数据和 ERP 数据。在剩余 48 个有效被试的数据中，首先删除反应时大于 6000 ms 的试次 15 个，小于 300 ms 的试次 4 个，然后删除反应时大于 MD+3SD 的试次 38 个，小于 MD−3SD 的试次 0 个。共删除 57 个试次，约占总试次的 1.47%。

本实验为两因素 ANOVA 设计。因素 1 语义关系是被试内变量，包括语义相关、语义无关两个水平；因素 2 被试类型是被试间变量，被试按汉语熟悉度分为两组，熟悉汉语组 19 人，较熟悉汉语组 29 人。运用两因素重复测量方差分析对被试语义判断的反应时进行分析，得出结果见表 4−17 和图 4−8。

表 4−17　双语 ERP 实验 2 的反应时(ms)分析结果(N=48)

被试分类	语义无关组的反应时		语义相关组的反应时		语义无关组−语义相关组	
	MEAN	SD	MEAN	SD	MEAN	SD
熟悉汉语	1633.35	392.09	1315.32	259.52	318.03	132.57
较熟悉汉语	1656.77	528.14	1301.55	365.44	355.22	162.70

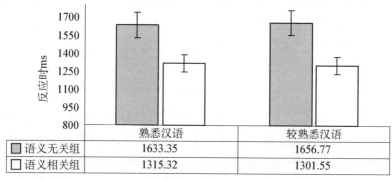

图 4−8　双语 ERP 实验 2 的反应时统计图

因素 1 语义关系的主效应具有统计显著性，F(1, 46) = 64.589，

$p<0.001$，$\eta2=0.636$。结合表 4-17 和图 4-8 可知，语义相关组的反应时显著短于语义无关组的反应时。

因素 2 被试类型的主效应不具有统计显著性，$F(1, 46)<1$，$p=0.968$，$\eta2<0.001$，说明被试的汉语熟悉度不影响其语义判断的反应时。

因素 1×因素 2 的交互作用不具有统计显著性，$F(1, 46)<1$，$p=0.660$，$\eta2=0.005$，说明被试语义判断的反应时未受到因素 1×因素 2 的影响。

4.3.3.2　正确率

运用两因素重复测量方差分析对被试语义判断的正确率进行分析，得出结果见表 4-18。

表 4-18　双语 ERP 实验 2 的正确率(%)分析结果(N=48)

被试分类	语义无关组的正确率		语义相关组的正确率		语义无关组-语义相关组	
	MEAN	SD	MEAN	SD	MEAN	SD
熟悉汉语	79.37	4.62	81.16	4.44	-1.79	0.18
较熟悉汉语	80.70	6.66	81.50	6.01	-0.80	0.64

因素 1 语义关系的主效应不具有统计显著性，$F(1, 46)=1.704$，$p=0.200$，$\eta2=0.044$，说明语义关系不影响被试语义判断的正确率。

因素 2 被试类型的主效应不具有统计显著性，$F(1, 46)<1$，$p=0.573$，$\eta2=0.009$，说明被试的汉语熟悉度不影响其语义判断的正确率。

因素 1×因素 2 的交互作用不具有统计显著性，$F(1, 46)<1$，$p=0.621$，$\eta2=0.007$，说明被试语义判断的正确率未受到因素 1×因素 2 的影响。

4.3.3.3　ERP 数据

因伪迹和设备故障等原因删除 3 个被试的 ERP 数据后，剩余 48 个有效被试按照二语(汉语)水平分为两组，熟悉汉语组 19 人，较熟悉汉语组 29 人。语义无关和语义相关条件下，藏语目标动词产生的 ERP 波形图见图 4-9。根据本实验的波形图，选择 220—350 ms 和 350—650 ms 的时间窗分析脑电成分 N250 和 N400。

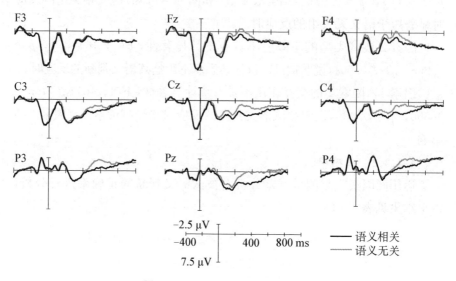

-2.5 μV

-400   400   800 ms   —— 语义相关

7.5 μV   —— 语义无关

图 4‐9 双语 ERP 实验 2 的波形图

一、220—350 ms 时间窗的分析

对五个脑区、两个半球的十个电极进行 $5 \times 2 \times 2 \times 2$ 的重复测量方差分析,发现语义关系的主效应具有统计显著性($F(1, 46) = 4.51$,$p < 0.05$,$\eta 2 = 0.089$),语义无关条件比语义相关条件诱发了显著更大的 N250 波幅(2.03 ± 0.26 μV vs. 2.46 ± 0.29 μV)。语义关系和半球的交互作用具有统计显著性($F(1, 46) = 10.13$,$p < 0.01$,$\eta 2 = 0.18$)。进一步的简单效应分析显示,左半球不存在语义关系效应($p > 0.1$,2.90 ± 0.31 μV vs. 3.05 ± 0.35 μV),右半球语义无关条件比语义相关条件诱发了显著更大的 N250 波幅($F(1, 46) = 13.51$,$p < 0.05$,$\eta 2 = 0.227$,1.15 ± 0.30 μV vs. 1.87 ± 0.30 μV)。此外,语义关系、脑区和语言熟悉度的三重交互作用具有统计显著性($F(4, 184) = 7.33$,$p < 0.01$,$\eta 2 = 0.137$)。进一步简单效应分析显示,较熟悉汉语组中后部的语义关系效应在 5% 的显著性水平下不具有统计显著性,但在 10% 的显著性水平下具有统计显著性($F(1, 46) = 4.02$,$p = 0.051$,$\eta 2 = 0.08$,1.38 ± 0.46 μV vs. 2.00 ± 0.50 μV);后部的语义关系效应具有统计显著性($F(1, 46) = 4.35$,$p < 0.05$,$\eta 2 = 0.086$,-0.28 ± 0.57 μV vs. 0.23 ± 0.59 μV),语义无关条件的波幅更大。熟悉汉语组在后部不存在语义关系效

应,其他区域的语义关系效应均具有统计显著性(前部:$F(1, 46)=7.30$,$p < 0.05$,$\eta2 = 0.137$,$2.38 \pm 0.53\ \mu V$ vs. $3.41 \pm 0.52\ \mu V$;前中部:$F(1, 46)=6.79$,$p < 0.05$,$\eta2 = 0.129$,$3.06 \pm 0.42\ \mu V$ vs. $3.95 \pm 0.45\ \mu V$;中部:$F(1, 46)=5.73$,$p < 0.05$,$\eta2 = 0.111$,$2.94 \pm 0.37\ \mu V$ vs. $3.65 \pm 0.40\ \mu V$;中后部:$F(1, 46) = 5.21$,$p < 0.05$,$\eta2 = 0.102$,$1.10 \pm 0.46\ \mu V$ vs. $1.14 \pm 0.48\ \mu V$),语义无关条件的波幅更大。

对中线的五个电极进行 $5 \times 2 \times 2$ 的重复测量方差分析,发现语义关系的主效应具有统计显著性 ($F(1, 46)=7.81$,$p < 0.05$,$\eta2 = 0.145$),语义无关条件比语义相关条件诱发了显著更大的 N250 波幅($2.15 \pm 0.31\ \mu V$ vs. $2.80 \pm 0.33\ \mu V$)。此外,语义关系、电极和语言熟悉度的三重交互作用具有统计显著性($F(4, 184)=5.95$,$p < 0.05$,$\eta2 = 0.115$)。进一步的简单效应分析显示,较熟悉汉语组仅后部电极(PZ)的语义关系效应具有统计显著性($F(1, 46) = 6.91$,$p < 0.05$,$\eta2 = 0.131$,$0.98 \pm 0.61\ \mu V$ vs. $1.83 \pm 0.63\ \mu V$)。熟悉汉语组所有电极的语义关系效应均具有统计显著性($ps < 0.05$;前部:$F(1, 46) = 10.17$,$p < 0.05$,$\eta2 = 0.181$,$1.96 \pm 0.61\ \mu V$ vs. $3.29 \pm 0.58\ \mu V$;前中部:$F(1, 46) = 6.68$,$p < 0.05$,$\eta2 = 0.127$,$2.23 \pm 0.54\ \mu V$ vs. $3.26 \pm 0.50\ \mu V$;中部:$F(1, 46)=7.71$,$p < 0.05$,$\eta2 = 0.143$,$2.60 \pm 0.44\ \mu V$ vs. $3.50 \pm 0.43\ \mu V$;中后部:$F(1, 46)=9.52$,$p < 0.05$,$\eta2 = 0.171$,$3.12 \pm 0.44\ \mu V$ vs. $4.01 \pm 0.44\ \mu V$;后部:$F(1, 46)=5.47$,$p < 0.05$,$\eta2 = 0.106$,$2.53 \pm 0.50\ \mu V$ vs. $3.15 \pm 0.51\ \mu V$),语义无关条件的波幅更大。

二、350—650 ms 时间窗的分析

对五个脑区、两个半球的十个电极进行 $5 \times 2 \times 2 \times 2$ 的重复测量方差分析,发现语义关系的主效应具有统计显著性($F(1, 46) = 20.28$,$p < 0.05$,$\eta2 = 0.306$),语义无关条件比语义相关条件诱发了显著更大的 N400 波幅($0.53 \pm 0.21\ \mu V$ vs. $1.37 \pm 0.26\ \mu V$)。语义关系、半球、脑区的三重交互作用在 5% 的显著性水平下不具有统计显著性,但在 10% 的显著性水平下具有统计显著性($F(4, 184) = 2.70$,$p = 0.05$,$\eta2 = 0.055$)。进一步的简单效应分析显示,除了左半球的前部和前中部语义关系效应不具有统计显著性外($ps > 0.1$,$1.55 \pm 0.38\ \mu V$ vs. $1.59 \pm 0.41\ \mu V$;$1.75 \pm 0.31\ \mu V$ vs. $2.01 \pm 0.36\ \mu V$),所有其他电极的语义关系效应均具有统计显著性(ps＜0.05,左半球中部：1.76±0.28 μV vs. 2.42±0.32 μV；中后部：0.90±0.30 μV vs. 1.88±0.35 μV；后部：−1.04±0.39 μV vs. −0.10±0.43 μV；右半球前部：0.74±0.32 μV vs. 1.54±0.36 μV；前中部：1.08±0.27 μV vs. 2.04±0.30 μV；中部：0.84±0.31 μV vs. 2.04±0.30 μV；中后部：−0.16±0.34 μV vs. 1.31±0.33 μV；后部：−2.14±0.45 μV vs. −1.00±0.43 μV），语义无关条件的波幅更大。

对中线的五个电极进行 $5 \times 2 \times 2$ 的重复测量方差分析,发现语义关系的主效应具有统计显著性（F(1, 46)＝32.56, p＜0.05, $\eta2$＝0.414, 0.93±0.25 vs. 2.11±0.30 μV），语义无关条件的 N400 波幅更大。语义关系和中线电极的交互作用具有统计显著性（p＜0.05）。进一步简单效应分析显示,中线所有电极的语义关系效应均具有统计显著性（ps＜0.05；FZ：0.49±0.36 μV vs. 1.14±0.39 μV；FCZ：0.58±0.33 μV vs. 1.45±0.33 μV；CZ：1.33±0.27 vs. 2.62±0.31 μV；CPZ：1.64±0.29 μV vs. 3.15±0.35 μV；PZ：0.62±0.38 μV vs. 2.18±0.43 μV），语义无关条件的波幅更大。

4.3.4 讨论

本实验采用了 SOA 为 200 ms 的短时快速启动范式的语义归类任务,根据 Kiefer（2006,2007）、王瑞明等（2011）、李利等（2013）和宋娟等（2012,2013,2015）的研究,本实验启动词的语义信息会被激活,与语义归类任务无关的语音和词形等词名层信息则会被抑制。根据以上分析,从脑电实验的行为数据看,语义无关组的反应时显著长于语义相关组的反应时；语义无关组和语义相关组正确率的差异不具有统计显著性。表明当汉语启动词和藏语目标词是翻译关系时,汉语启动词语义表征的激活,促进了被试对藏语目标词的语义加工,提高了被试语义判断的速度。而且速度的加快不是以牺牲正确率为代价,即不存在反应时和正确率的权衡现象。因而从行为数据看,由于汉语启动词直接通达了藏汉双语心理词汇共享的语义表征,实验中产生了显著的跨语言语义启动效应。

从脑电数据看,除了左半球的前部和前中部外,在所有 5 个脑区和中线所有 5 个电极上,语义无关条件比语义相关条件都诱发了显著更大的 N400 波幅。本实验与双语 ERP 实验 1 的设计相同,因此本实验诱发的 N400 成分反映的也是语义加工。即汉语启动词语义的自动激活使得被试在提取与启动词共享语义表征的藏语目标词语义时,难度降低,提取速度加快,N400 波幅变小。

除 N400 外,在右半球和中线的 5 个电极上,语义无关条件比语义相关条件还诱发了显著更大的 N250 波幅。同 N400 一样,N250 所反应的认知加工也存在争议。现有研究认为,它既可以反映字形加工,也可以反映语音加工,还可以反映语义加工(Diependaele et al. 2005,Morris et al. 2007;Midgley et al. 2009;Lavric et al. 2012;侯友等 2013;赵思敏等 2017)。但绝大多数研究认为,N250 反映了从亚词汇形式表征(sublexical form representations)(即字母和字母串)到整词正字法表征(whole word orthographic representation)的映射(Bosch et al. 2018)。Holcomb et al. (2006)也推测,在视觉词汇识别中,N250 反映了视觉词汇的亚词汇层(字母和字母组合)映射到词汇系统的加工过程,即反映了从亚词汇层(sublexical level)到词汇层(lexical level)的通达过程。Midgley et al. (2009)认为,词汇层的加工,N250 更明显一些,词汇加工越困难,N250 越显著;语义加工 N400 更明显一些,尽管某种程度上,这两个脑电成分反映了词形和语义加工的联合影响。Bosch et al. (2018)也指出,现有研究发现反映翻译启动效应的 ERP 脑电成分主要是 N250 和 N400。比如 Midgley et al. (2009)、Hoshino et al. (2010)和 Schoonbaert et al. (2011)的跨语言翻译启动实验都诱发了反映翻译启动效应的 N250 和 N400,这在本实验中再次得到了验证。因此,尽管本实验中语义无关条件比语义相关条件都诱发了更大的 N250 和 N400 波幅,但两种成分反应的认知功能却可能不相同。N400 反应的是语义加工。即汉语启动词语义的自动激活使得被试在提取与启动词共享语义表征的藏语目标词语义时,难度降低,提取速度加快,N400 波幅变小。

与 N400 相反,本实验的 N250 更可能反应的是词形或语音加工。如前文所述,Midgley et al. (2009)采用掩蔽启动范式并结合 ERP 技术考察法—英双语者的语义表征模式时发现,当 L1 是启动词,L2 是目标词时,实验中产生了 N250 和 N400 翻译启动效应;当 L2 是启动词,L1 是目标词时,实验中却没有产生 N250 效应,只产生了 N400 效应。Midgley et al. 认为这是由于 L1 启动词迅速激活了语义,语义反馈到词名层表征,从而产生了对词名层加工敏感的 N250 效应。本实验中,二语(汉语)词是启动词,一语词是目标词。尽管本实验的被试以藏语为母语,但被试使用汉语频繁,对汉语相当熟悉,汉语水平总体上相当好。且本实验中实验组的所有汉语启动词的平均笔画数是 13.74,平均频数高达 1633.84 次(每2000 万字中),平均熟悉度高达 6.80。这表明所有汉语启动词都不是太复杂,频率高,且被试非常熟悉。因此,虽然在短时快速启动范式的语义归类实验中,与语义归类任务无关的启动词语音和词形等词名层信息得到抑制,但由于汉语启动词迅速激活了藏汉双语心理词汇共享的语义表征,被激活的共享语义反馈到藏语目标词的词名层表征,从而产生对词名层加工敏感的 N250 效应。这与 Midgley et al. (2009)对其实验中诱发的N250 效应的解释是一致的。也就是说,尽管在短时快速启动范式的语义归类实验中,与语义归类任务无关的启动词语音和词形等词名层信息得到抑制,但由于汉语启动词直接通达了藏—汉双语心理词汇共享的语义表征,当藏语目标词的语义反馈到它的词名层表征,便产生了对词名层加工敏感的 N250 效应。此外,如前文所述,Thierry et al. (2007)、Wu et al. (2013)、Morford et al. (2014)、肖巍等(2016)都发现了二语语义加工中一语的自动激活。二语词汇语义加工中一语的自动激活体现在本实验就是:二语启动词自动激活启动词和目标词的共享语义,然后激活一语目标词的词形,并进一步激活一语目标词的亚词形层,从而使得被试在提取目标词的语义时产生了对词名层加工敏感的 N250 效应。当然,N250成分也可以反映语义加工的认知过程。也就是 N250 同 N400 效应一样,直接反映了语义相关条件下藏语目标词的语义加工难度降低,波幅变小。但这种可能性相对更小。无论本实验中诱发的 N250 效应符合以上两种解释中的哪一种,N250 和 N400 效应均表明语义相关条件中产生了显著的语义启动效应,藏—汉双语者两种心理词汇的语义表征共享,且二语(汉语)词的词汇表征可以直接通达共享的语义表征。

此外,与较熟悉汉语组相比,熟悉汉语组在更多脑区诱发了显著更大的 N250 波幅。较熟悉汉语组在右半球中后部语义关系效应在 5% 的显著性水平下不具有统计显著性,但在 10% 的显著性水平下具有统计显著性,在右半球后部语义关系效应具有统计显著性;熟悉汉语组在右半球后部语义关系效应不具有统计显著性,在右半球其他区域语义关系效应均具有统计显著性。在中线电极上,较熟悉汉语组仅后部电极(PZ)语义关系效应具有统计显著性,熟悉汉语组则所有电极的语义关系效应均具有统计显著性。因此,与较熟悉汉语组相比,在熟悉汉语组,N250 效应的脑区分布更为广泛。这可能是因为,与较熟悉汉语组相比,熟悉汉语组被试二语(汉语)词的词汇表征和共享语义表征之间的连接强度更大。L2 启动词激活共享语义表征更为迅速,语义反馈到 L1 词名层表征,从而产生了对词名层加工敏感、分布广泛的 N250 效应。这说明,虽然被试的汉语熟悉度没有影响其语义判断的反应时、正确率和 N400 的波幅及脑区分布,但影响了 N250 的脑区分布。因此在一定程度上可以说,熟悉汉语组的语义相关条件中产生了更大的语义启动效应。

本实验的 N250、N400 及反应时指标一致表明,藏—汉双语者两种心理词汇的语义表征共享,且二语(汉语)动词的词汇表征可以直接通达共享的语义表征。表征模式的性质不受被试的汉语熟悉度调节。即使是相对不熟悉汉语的被试,他们的两种心理词汇也共享语义表征。但启动效应的大小可能受被试的汉语熟悉度调节。汉语越熟悉,启动效应有增大的趋势,也就是二语(汉语)词汇表征和共享语义表征的连接强度有增大的趋势。

4.4　双语 ERP 实验 3

4.4.1　实验目的

采用短时快速启动范式下的语义归类任务考察藏—汉双语者形容词的语义表征模式。

4.4.2　试验方法

4.4.2.1　被试
同双语 ERP 实验 2。

4.4.2.2　实验设计
同双语 ERP 实验 1。

4.4.2.3 SOA 取值

见表 4 - 19。

表 4 - 19　双语 ERP 实验 3 的材料

实验组成部分	SOA取值	实验材料分组	启动词和目标词的对数	启动词和目标词的语义关系	启动词和目标词的词性
练习部分	170 ms	练习组	18 对启动词—目标词词对	语义无关	启动词均为汉语形容词；目标词均为藏语形容词。
正式实验部分	200 ms	实验组	50 对启动词—目标词词对	翻译关系	
	200 ms	控制组	50 对启动词—目标词词对	语义无关	
	170 ms	填充组	53 对启动词—目标词词对	语义无关	

4.4.2.4 实验材料

本实验的材料包括练习组、填充组和控制组的 121 个语义无关词对（启动词和目标词既无语义联系，也无语音联系）和实验组 50 个语义相关词对（启动词和目标词为翻译对等词）。本实验的语义相关词比例同双语 ERP 实验 2，均为 29%。所有词对中，启动词均为单字或双字汉语形容词，全部选自《现代汉语语料库词语分词类频率表》，其中绝大多数形容词的频数排位在前 8885。目标词均为藏语形容词，全部选自《现代藏语常用形容词表》（参见表 4 - 19 和附件 3）。尽量确保被试熟悉所有练习组及填充组的启动词和目标词，但没有控制影响被试对其识别速度的相关变量。

实验组所有 50 个启动词和控制组与之相对应的 50 个启动词中，影响被试识别速度的笔画数、频数和熟悉度等三个变量都得到了控制。一是实验组的每一个启动词和与之相对应的控制组启动词笔画数完全相同（除 12 对词的笔画数有 1—3 画的差异外）。实验组和控制组启动词的笔画数最小值分别是 3、6，最大值分别是 27、26，平均值分别是 14.28、14.56。二是实验组和控制组启动词的最小频数分别是 92、86，平均频数分别是 1370.22、691.08；实验组和控制组启动词的熟悉度最小值分别是 6.43、5.81，平均值分别是 6.83、6.64。这表明实验组和控制组启动词的笔画数差异不大，频率都较高，且被试相当熟悉。

由于本实验不考察被试对启动词的判断速度，因此实验组的启动词和控制组与之相对应的启动词的笔画数、频数和熟悉度得分只是大致相近,没有严格匹配。而实验组的所有目标词和控制组与之对应的目标词的音节数、字母数和熟悉度得分等三个变量都得到严格匹配。一是实验组的所有目标词和控制组与之相对应的目标词的音节数完全相等;二是实验组的所有目标词和控制组与之相对应的目标词的字母数完全相等(除七对词的字母数有 1 个字母的差异外)。控制组目标词的平均字母数比实验组目标词的平均字母数多 0.02,但两者之间的差异不具有统计显著性($p=0.709$)。实验组的所有目标词和控制组与之相对应的目标词的熟悉度得分都非常相近。控制组和实验组目标词的熟悉度得分平均值分别是 6.73、6.75。尽管控制组目标词的熟悉度平均得分比实验组目标词的熟悉度平均得分低 0.02,但二者的差异不具有统计显著性,因为其配对样本 t-检验的显著性值(双尾)$p=0.65$。由于实验组和控制组目标词的熟悉度得分最小值分别是 6.33、6.36;平均值都至少高达 6.73,这表明被试对实验组和控制组所有藏语目标都非常熟悉。

4.4.2.5 实验程序

本实验的程序与双语 ERP 实验 1 设计基本相同,但有四点区别。一、本实验的启动词为汉语形容词,目标词为藏语形容词。二、本实验的实验任务是:又快又准地对藏语目标词做语义归类判断。如果目标词主要用于修饰人,表示人的某种属性,比如"诚实"、"顽皮"等词;或既可修饰人,也可修饰事物,比如"可笑"、"著名"等词,被试用左手按按键盒 1 键。如果目标词主要用于修饰事物,表示事物的某种属性,比如"响亮"、"整齐"等词,被试用右手按按键盒 5 键。三、本实验的正式实验部分需做语义归类判断 153 次,被试完成前 77 次判断后休息 2 分钟,然后完成剩余76 次。四、虽然本实验被试需要完成的语义判断任务数量比双语 ERP实验 1 少,但本实验的语义归类任务难度可能相对更大,因此本实验持续时间同样约 15—20 分钟。

4.4.2.6 脑电记录及 ERP 数据处理流程

同双语 ERP 实验 1。

4.4.3 实验结果与分析

4.4.3.1 反应时

因伪迹和实验设备等原因,本实验删除了 3 个被试的行为数据和 ERP 数据。在剩余 48 个有效被试的数据中,首先删除反应时大于 6000 ms 的试次 16 个,小于 300 ms 的试次 1 个,然后删除反应时大于 MD+3SD 的试次 57 个,小于 MD−3SD 的试次 0 个。共删除 74 个试次,约占总试次的 1.89%。

本实验为两因素 ANOVA 设计。因素 1 语义关系是被试内变量,包括语义相关、语义无关两个水平;因素 2 被试类型是被试间变量,被试按其汉语熟悉度分为两组,熟悉汉语组 19 人,较熟悉汉语组 29 人。运用两因素重复测量方差分析对被试语义判断的反应时进行分析,得出结果见表 4-20 和图 4-10。

表 4-20　双语 ERP 实验 3 的反应时(ms)分析结果(N=48)

被试分类	语义无关组的反应时		语义相关组的反应时		语义无关组−语义相关组	
	MEAN	SD	MEAN	SD	MEAN	SD
熟悉汉语	1555.31	466.23	1403.62	411.66	151.68	54.57
较熟悉汉语	1610.45	436.58	1419.92	402.34	190.53	34.24

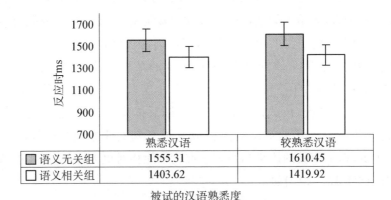

	熟悉汉语	较熟悉汉语
语义无关组	1555.31	1610.45
语义相关组	1403.62	1419.92

被试的汉语熟悉度

图 4-10　双语 ERP 实验 3 的反应时统计图

因素 1 语义关系的主效应具有统计显著性,$F(1, 46) = 17.018$,

$p < 0.001$，$\eta^2 = 0.321$。结合表4-20和图4-10可知，语义相关组的反应时显著短于语义无关组的反应时。

因素2被试类型的主效应不具有统计显著性，$F_{(1, 46)} < 1$，$p = 0.790$，$\eta^2 = 0.002$，说明被试的汉语熟悉度不影响其语义判断的反应时。

因素1×因素2的交互作用不具有统计显著性，$F_{(1, 46)} < 1$，$p = 0.642$，$\eta^2 = 0.006$，说明被试语义判断的反应时未受到因素1×因素2的影响。

4.4.3.2 正确率

运用两因素重复测量方差分析对被试语义判断的正确率进行分析，得出结果见表4-21。

表4-21 双语ERP实验3的正确率(%)分析结果(N=48)

被试分类	语义无关组的正确率		语义相关组的正确率		语义无关组-语义相关组	
	MEAN	SD	MEAN	SD	MEAN	SD
熟悉汉语	81.37	3.95	82.11	4.08	-0.74	-0.13
较熟悉汉语	81.05	4.64	82.42	3.10	-1.37	1.54

因素1语义关系的主效应在5%的显著性水平下不具有统计显著性，但在10%的显著性水平下具有统计显著性，$F_{(1, 46)} = 2.903$，$p = 0.097$，$\eta^2 = 0.075$。结合表4-21可知，语义相关组的正确率边缘性高于语义无关组的正确率。

因素2被试类型的主效应不具有统计显著性，$F_{(1, 46)} < 1$，$p = 1.000$，$\eta^2 < 0.001$，说明被试的汉语熟悉度不影响其语义判断的正确率。

因素1×因素2的交互作用不具有统计显著性，$F_{(1, 46)} < 1$，$p = 0.612$，$\eta^2 = 0.007$，说明被试语义判断的正确率未受到因素1×因素2的影响。

4.4.3.3 ERP数据

因伪迹等原因删除3个被试的ERP数据后，剩余48个有效被试按照二语(汉语)水平分为两组，熟悉汉语组19人，较熟悉汉语组29人。语义无关和语义相关条件下，藏语目标形容词产生的ERP波形图见图4-11。根据本实验的波形图，选取220—350 ms和350—650 ms的时间

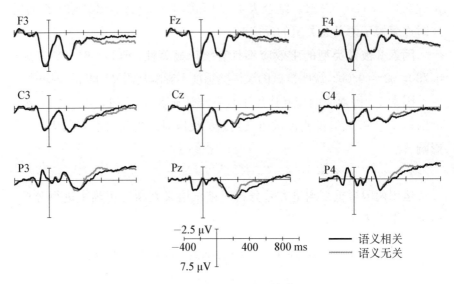

图 4-11 双语 ERP 实验 3 的波形图

窗分别分析脑电成分 P325 和 N400。

一、220—350 ms 时间窗的分析

对五个脑区、两个半球的十个电极进行 5×2×2×2 的重复测量方差分析,发现语义关系和语言熟练度的交互作用具有统计显著性(F(1, 46)＝4.68, p＜0.05, $\eta2$＝0.092)。进一步的简单效应分析显示,熟悉汉语组语义关系效应在 5% 的显著性水平下不具有统计显著性,但在 10% 的显著性水平下具有统计显著性(F(1, 46)＝3.13, p＝0.08, $\eta2$＝0.064, 2.31±0.40 μV vs. 1.89±0.39 μV),语义无关条件比语义相关条件诱发了边缘性更大的 ERP 正成分。较熟悉汉语组的语义关系效应不具有统计显著性(p＞0.1, 2.62±0.32 μV vs. 2.86±0.32 μV)。

对中线的五个电极进行 5×2×2 的重复测量方差分析,发现没有任何语义关系效应具有统计显著性(ps＞0.1)。

二、350—650 ms 时间窗的分析

对五个脑区、两个半球的十个电极进行 5×2×2×2 的重复测量方差分析,发现语义关系的主效应在 5% 的显著性水平下不具有统计显著性,但在 10% 的显著性水平下具有统计显著性(F(1, 46)＝3.50, p＝0.068, $\eta2$＝0.071, 0.79±0.25 μV vs. 1.08±0.26 μV),语义无关条件比语义相关条件诱发了边缘性更大的 N400 波幅。语义关系和脑区的交互作用具有统计显著性($F_{(4, 184)}=12.24$，$p < 0.01$，$\eta2=0.210$）。进一步的简单效应分析显示，前部、前中部、中部的语义关系效应不具有统计显著性（$ps > 0.1$）。中后部、后部的语义关系效应具有统计显著性（中后部：$F_{(1, 46)}=11.30$，$p < 0.01$，$\eta2=0.197$，$0.64 \pm 0.32 \mu V$ vs. $1.21 \pm 0.32 \mu V$；后部：$F_{(1, 46)}=26.03$，$p < 0.01$，$\eta2=0.361$，$-1.30 \pm 0.37 \mu V$ vs. $-0.49 \pm 0.38 \mu V$），语义无关条件诱发了显著更大的 N400 波幅。语义关系和半球的交互作用在 5% 的显著性水平下不具有统计显著性，但在 10% 的显著性水平下具有统计显著性（$F_{(1, 46)}=3.65$，$p=0.062$，$\eta2=0.074$）。进一步的简单效应分析显示，左半球的语义关系效应不具有统计显著性（$p > 0.1$，$0.99 \pm 0.29 \mu V$ vs. $1.14 \pm 0.31 \mu V$）；右半球的语义关系效应具有统计显著性（$F_{(1, 46)}=8.54$，$p < 0.01$，$\eta2=0.157$，$0.58 \pm 0.26 \mu V$ vs. $1.02 \pm 0.27 \mu V$），语义无关条件诱发了显著更大的波幅。

对中线的五个电极进行 $5 \times 2 \times 2$ 的重复测量方差分析，发现语义关系的主效应具有统计显著性（$F_{(1, 46)}=11.87$，$p < 0.01$，$\eta2=0.205$，$1.19 \pm 0.27 \mu V$ vs. $1.76 \pm 0.27 \mu V$），语义无关条件比语义相关条件诱发了显著更大的 N400 波幅。语义关系和中线电极的交互作用具有统计显著性（$F_{(4, 184)}=10.92$，$p < 0.01$，$\eta2=0.192$）。进一步简单效应分析显示，在前部和前中部电极上，语义关系效应不具有统计显著性（$ps > 0.1$），在中部、中后部和后部电极上，语义关系效应具有统计显著性（中部：$F_{(1, 46)}=13.11$，$p < 0.01$，$\eta2=0.222$，$1.54 \pm 0.31 \mu V$ vs. $2.23 \pm 0.32 \mu V$；中后部：$F_{(1, 46)}=26.41$，$p < 0.01$，$\eta2=0.365$，$1.89 \pm 0.34 \mu V$ vs. $2.87 \pm 0.36 \mu V$；后部：$F_{(1, 46)}=29.69$，$p < 0.01$，$\eta2=0.392$，$1.10 \pm 0.41 \mu V$ vs. $2.09 \pm 0.41 \mu V$），语义无关条件诱发了显著更大的波幅。

4.4.4 讨论

本实验采用了 SOA 为 200 ms 的短时快速启动范式的语义归类任务。根据 Kiefer（2006，2007）、王瑞明等（2011）、李利等（2013）和宋娟等（2012，2013，2015）的研究，本实验启动词的语义信息会被激活，与语义归类任务无关的语音和词形等词名层信息则会被抑制。根据以上数据结果的分析,从脑电实验的行为数据看,语义无关组的反应时显著长于语义相关组的反应时;语义无关组的正确率边缘性低于语义相关组的正确率。表明当汉语启动词和藏语目标词是翻译关系时,汉语启动词语义表征的激活,促进了被试对藏语目标词的语义加工,显著提高了被试语义判断的速度,边缘性提高了正确率,因而从行为数据看,本实验由于汉语启动词直接通达了藏汉双语心理词汇共享的语义表征,从而产生了显著的跨语言语义启动效应。

从脑电数据看,在 350—650 ms 的时间窗口,中后部和后部脑区,以及中线 CZ、CPZ、PZ 电极的语义关系效应具有统计显著性。语义无关条件比语义相关条件诱发了显著更大的 N400 波幅。本实验与双语 ERP 实验 1 和 2 的设计相同,因此本实验诱发的 N400 成分反映的也是语义加工。即汉语启动词语义的自动激活使得被试在提取与启动词共享语义表征的藏语目标词语义时,难度降低,提取速度加快,正确率提高,N400 波幅变小。N400 效应表明,本实验语义相关组中产生了显著的语义启动效应。

除 N400 外,在 220—350 ms 的时间窗口,在两个半球的所有 10 个电极上,语义无关条件和语义相关条件都诱发了潜伏期约为 321 ms 的 ERP 正成分。从潜伏期看,该正成分应该是 P325。如前文所述,Holcomb et al.(2006)、侯友等(2013)认为 P325 反映了整词水平的语音和正字法表征的加工。而且 Holcomb et al.(2006)发现,相关启动条件下的 P325 波幅大于无关启动条件下的波幅。但在本实验的汉语熟悉组中,相关启动条件下的 P325 波幅却边缘性小于无关启动条件下的波幅。尽管与 Holcomb et al.(2006)的发现不一致,但如前文所述,ERP 成分的波幅反映大脑兴奋度,反映参与特定认知过程的脑细胞数量的多少或脑区能量的多少。一般情况下,参与同步放电的神经元数量越多,波幅越大(杨亦鸣等 2008)。本实验的熟悉汉语组中,语义无关条件诱发的 P325 波幅边缘性更大,表明被试投入的心理资源可能更多,完成语义判断任务的难度可能更大;语义相关条件诱发的 P325 波幅边缘性更小,表明被试投入的心理资源可能更少,完成语义判断任务的难度可能更小。本实验的设计与双语 ERP 实验 1 相同。因此,双语 ERP 实验 1 中对 P325 效应的解释也适用于本实验。也就是,尽管在短时快速启动范式的语义归类实验中,与语义归类任务无关的启动词语音和词形等词名层信息得到抑制,但由于汉语启动词直接通达了藏—汉双语心理词汇共享的语义表征,当藏语目标词被激活的语义反馈到它的词名层表征,便产生了对词名层整词水平加工敏感的 P325 效应。同 N400 效应一样,P325 效应也表明,本实验语义相关组中产生了显著的语义启动效应。

　　值得注意的是,本实验中,较熟悉汉语组中没有产生任何 P325 效应。这可能是因为,较熟悉汉语组启动词的词汇表征和共享语义之间的连接强度较小。共享语义的激活程度不够深,被激活的共享语义没有及时反馈到目标词的词名层表征,因而没有产生对词名层加工敏感的 P325 效应。由于本实验较熟悉汉语组的高考汉语成绩显著低于熟悉汉语组,因此,较熟悉汉语组的汉语水平相对更低,这一可能性是相当大的。

　　本实验的 P325、N400、反应时及正确率等指标一致表明,藏—汉双语者的藏语形容词和汉语形容词共享语义表征,且二语(汉语)形容词的词汇表征可以直接通达共享的语义表征。表征模式的性质不受被试的汉语熟悉度调节。即使是相对不熟悉汉语的被试,他们的两种心理词汇也共享语义表征。但启动效应的大小可能受被试的汉语熟悉度调节。汉语越熟悉,启动效应有增大的趋势,也就是二语(汉语)词汇表征和共享语义表征的连接强度有增大的趋势。

4.5　双语 ERP 实验 1、2、3 的差异波比较

　　为了对比考察汉语名词、动词、形容词作启动词时对其藏语翻译对等词启动效应的大小,本节将进一步分析双语 ERP 实验 1、2、3 语义无关条件和语义相关条件所诱发的差异波(无关条件－相关条件),主要通过比较平均波幅的差异来考察三个实验启动效应的大小。

4.5.1　双语 ERP 实验 1、2、3 的差异波分析

　　双语 ERP 实验 1、2、3 的差异波波形图见图 4-12。根据差异波的波形图,本研究选择 220—350 ms 和 350—650 ms 的时间窗,对三个实验的差异波的平均波幅进行重复测量方差分析,结果如下:

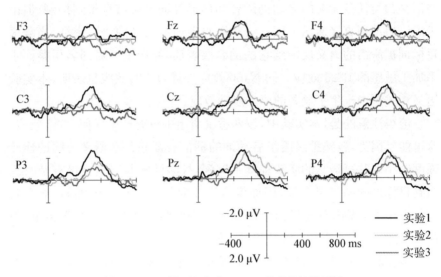

图 4‑12　双语 ERP 实验 1、2、3 的差异波波形图

一、220—350 ms 时间窗的分析

在该时间窗,实验 1 的前部、前中部脑区及中线 FZ、FCZ 电极上,语义无关条件和语义相关条件都诱发了 N250;中部、中后部、后部脑区及中线 CZ、CPZ、PZ 电极上,语义无关条件和语义相关条件都诱发了 P325。实验 2 的语义无关条件和语义相关条件在该时间窗都诱发了 N250。实验 3 的语义无关条件和语义相关条件在该时间窗都诱发了 P325。

经方差分析,发现在五个脑区、两个半球的十个电极上,三个实验的语义关系效应差异在 5% 的显著性水平下不具有统计显著性,但在 10% 的显著性水平下具有统计显著性 ($F(2, 94) = 2.50$, $p = 0.088$, $\eta2 = 0.05$, -0.33 ± 0.11 μV, -0.48 ± 0.20 μV vs. 0.02 ± 0.16 μV)。语义关系效应和脑区的交互作用具有统计显著性($F(4, 188) = 2.67$, $p = 0.048$, $\eta2 = 0.054$)。进一步的简单效应分析显示,中后部、后部的语义关系效应差异具有统计显著性($ps < 0.05$)。在中后部,实验 1、2、3 差异波的平均波幅值分别为:-0.65 ± 0.13 μV, -0.58 ± 0.19 μV vs. 0.07 ± 0.17 μV。实验 1 和实验 3 的差异具有统计显著性;实验 2 和实验 3 的差异具有统计显著性。在后部,实验 1、2、3 差异波的平均波幅值分别为:-0.52 ± 0.11 μV, -0.23 ± 0.16 μV vs. 0.08 ± 0.16 μV。只有

实验 1 和实验 3 的差异具有统计显著性。语义关系效应和半球的交互作用在 5% 的显著性水平下不具有统计显著性,但在 10% 的显著性水平下具有统计显著性(F(2, 94)＝2.65, p＝0.078, $\eta2$＝0.053)。进一步的简单效应分析显示,在右半球实验 2 和实验 3 的差异具有统计显著性(p＝0.05, －0.73±0.19 μV vs. －0.11±0.17 μV)。

在中线的 5 个电极上,实验 1、2、3 的语义关系效应差异具有统计显著性 (F(2, 94)＝3.57, p＜0.05, $\eta2$＝0.07; －0.41±0.16 μV, －0.72±0.23 μV vs. －0.03±0.16 μV)。事后配对检验结果显示,实验 2 和实验 3 的差异具有统计显著性(－0.72±0.23 μV vs. －0.03±0.16 μV, p＜0.05);实验 1 和实验 2、实验 1 和实验 3 的差异都不具有统计显著性(ps＞0.05)。实验和电极的交互作用在 5% 的显著性水平下不具有统计显著性,但在 10% 的显著性水平下具有统计显著性(F(2, 94)＝2.32, p＝0.077, $\eta2$＝0.047)。进一步的事后比较发现,在前部(FZ)、(FCZ),3 个实验的两两差异不具有统计显著性(ps＞0.05);在中部(CZ),实验 2 和实验 3 的差异具有统计显著性(p＜0.05, －0.76±0.25 μV vs. 0.001±0.19 μV);在中后部(CPZ),实验 2 和实验 3 的差异具有统计显著性(p＜0.05, －0.79±0.22 μV vs. －0.053±0.20 μV);实验 1 和实验 3 的差异具有统计显著性(p＜0.05, －0.73±0.18 vs. －0.053±0.20);在后部(PZ),实验 2 和实验 3 的差异具有统计显著性(p＜0.05, －0.71±0.20 μV vs. 0.08±0.17 μV),实验 1 和实验 3 的差异具有统计显著性(p＜0.05, －0.65±0.17 μV vs. 0.08±0.17 μV)。

就脑区分布而言,实验 1 的 P325 效应脑区分布最广泛,实验 2 的 N250 效应脑区分布较为广泛,尽管在实验 3 的汉语熟悉组中,无关启动条件诱发的 P325 波幅边缘性更大,但实验 3 在总体上没有产生显著的 P325 效应。

二、350—650 ms 时间窗的分析

在该时间窗,实验 1、2、3 的语义无关条件和语义相关条件都诱发了 N400。在五个脑区、两个半球的十个电极上,3 个实验的语义关系效应差异具有统计显著性 (F(2, 94)＝9.40, p＜0.05, $\eta2$＝0.167; －1.32±0.15 μV, －0.85±0.18 μV vs. －0.34±0.16 μV)。事后配对检验结果显示,实验 1 和实验 2 的差异在 5% 的显著性水平下不具有统计显著性,但在 10% 的显著性水平下具有统计显著性($p=0.091$),实验 1 差异波的 N400 波幅边缘性更大;实验 1 和实验 3 的差异具有统计显著性($p<0.01$),实验 1 差异波的 N400 波幅显著更大。

在中线的 5 个电极上,实验 1、2、3 的语义关系效应差异具有统计显著性(F(2, 94) $=5.64$, $p<0.05$, $\eta2=0.107$; $-1.40\pm0.20\,\mu V$, $-1.19\pm0.20\,\mu V$ vs. $-0.60\pm0.16\,\mu V$)。事后配对检验结果显示,实验 1 和实验 3 的差异具有统计显著性($-1.40\pm0.20\,\mu V$ vs. $-0.60\pm0.16\,\mu V$, $p<0.05$);实验 2 和实验 3 的差异在 5% 的显著性水平下不具有统计显著性,但在 10% 的显著性水平下具有统计显著性($-1.19\pm0.20\,\mu V$ vs. $-0.60\pm0.16\,\mu V$, $p=0.079$);实验 1 和实验 2 的差异不具有统计显著性($p>0.1$)。实验和电极的交互作用不具有统计显著性($p>0.1$)。

就脑区分布而言,实验 1 中,在所有 5 个脑区的 10 个电极以及中线所有 5 个电极上,语义无关条件比语义相关条件都诱发了显著更大的 N400 波幅;实验 2 中,除了左半球的前部和前中部外,在所有 5 个脑区和中线所有 5 个电极上,语义无关条件比语义相关条件都诱发了显著更大的 N400 波幅;实验 3 中,仅在中后部和后部脑区以及中线的 CZ、CPZ、PZ 电极上,语义无关条件比语义相关条件诱发了显著更大的 N400 波幅。因此,实验 1 的 N400 效应脑区分布最广泛,其次是实验 2,实验 3 的 N400 效应脑区分布最少。

4.5.2 双语 ERP 实验 1、2、3 的差异波讨论

现有双语心理词汇语义表征的研究一般都考察名词,很少研究考察动词,并且据笔者所知,学界还没有通过考察形容词来研究双语心理词汇的语义表征模式。但名词、动词和形容词是各语言词汇中非常重要的三大词类,因此本章共设计了三个 ERP 实验,实验 1 考察汉语名词启动词对其藏语翻译对等词(目标词)的语义启动效应,在以往研究的基础上进一步从名词的角度深入考察双语心理词汇的语义表征模式。实验 2 考察汉语动词启动词对其藏语翻译对等词(目标词)的语义启动效应,尝试从动词的角度考察双语心理词汇的语义表征模式。实验 3 考察汉语形容词启动词对其藏语翻译对等词(目标词)的语义启动效应,尝试从形容词的角度考察双语心理词汇的语义表征模式。

首先看实验1、2、3在时间窗 220—350 ms 的语义关系效应差异。根据以上分析,3个实验在前部、前中部语义关系效应的差异不具有统计显著性。在中部、中后部、后部脑区实验1和实验3诱发的是 P325 效应,实验2诱发的是 N250 效应。尽管两种效应的极性不同,但仍可以通过比较差异波波幅值的绝对值大小来比较实验间启动效应的差异。

就脑区而言,在中后部脑区,实验1、2、3的平均波幅值分别为:$-0.65\pm0.13\,\mu V$、$-0.58\pm0.19\,\mu V$ vs. $0.07+0.17\,\mu V$。实验1和实验3的差异具有统计显著性,由于实验1差异波的绝对值显著大于实验3,因此实验1的语义相关条件诱发的 P325 效应显著更大;实验3的语义无关和语义相关条件的波幅差值为 $0.07\pm0.17\,\mu V$,说明总体上没有产生任何 P325 效应。实验2和实验3的差异具有统计显著性,由于实验2差异波的绝对值显著大于实验3,因此实验2的语义相关条件诱发的 N250 效应显著更大。

在后部脑区,实验1、2、3的平均波幅值分别为:$-0.52\pm0.11\,\mu V$、$-0.23\pm0.16\,\mu V$ vs. $0.08\pm0.16\,\mu V$。实验1和实验3的差异具有统计显著性。由2个实验差异波波幅值的绝对值大小可知,实验1的语义相关条件诱发的 P325 效应显著更大;实验3总体上没有产生任何 P325 效应。

就半球而言,在右半球,实验2和实验3的差异具有统计显著性($-0.73\pm0.19\,\mu V$ vs. $-0.11\pm0.17\,\mu V$),由2个实验差异波波幅值的绝对值大小可知,实验2的语义相关条件诱发的 N250 效应显著更大;实验3总体上没有产生任何 P325 效应。

就中线电极而言,在中部(CZ),实验2和实验3的差异具有统计显著性($-0.76\pm0.25\,\mu V$ vs. $0.001\pm0.19\,\mu V$);由2个实验差异波波幅值的绝对值大小可知,实验2的 N250 效应显著更大,实验3没有产生任何 P325 效应。在中后部(CPZ),实验2和实验3的差异具有统计显著性($-0.79\pm0.22\,\mu V$ vs. $-0.053\pm0.20\,\mu V$);实验1和实验3的差异具有统计显著性(-0.73 ± 0.18 vs. -0.053 ± 0.20)。根据3个实验差异波波幅值的绝对值大小可知,实验1、2的启动效应大于实验3,实验3没有产生任何 P325 效应。在后部(PZ),实验2和实验3的差异具有统计显著性($-0.71\pm0.20\,\mu V$ vs. $0.08\pm0.17\,\mu V$),实验1和实验3的差异具有统计显著性($-0.65\pm0.17\,\mu V$ vs. $0.08\pm0.17\,\mu V$),同样,根据3个实验差异波波幅值的绝对值大小可知,实验1、2的启动效应大于实验3。

根据以上脑区、半球和中线电极的分析可知,在时间窗 220—350 ms,实验1和实验2的启动效应没有显著差异。实验1、2的启动效应显著大于实验3。总体上,实验3没有产生任何P325效应。

再来看实验1、2、3在时间窗 350—650 ms 的语义关系效应差异。在该时间窗的5个脑区,实验1和实验2的差异在5%的显著性水平下不具有统计显著性,但在10%的显著性水平下具有统计显著性,实验1差异波的 N400 波幅比实验2差异波的 N400 波幅边缘性更大。这说明实验1的启动效应边缘性大于实验2。实验1和实验3的差异具有统计显著性,实验1差异波的 N400 波幅比实验3显著更大。这说明实验1的启动效应显著大于实验3。在该时间窗中线的5个电极上,实验1和实验3的差异具有统计显著性,实验1差异波的 N400 波幅比实验3显著更大;实验2和实验3的差异在5%的显著性水平下不具有统计显著性,但在10%的显著性水平下具有统计显著性,实验1差异波的 N400 波幅比实验3边缘性更大。这说明,实验1的启动效应显著大于实验3;实验2的启动效应边缘性大于实验3。因此,在时间窗 350—650 ms,总体上实验1的启动效应边缘性大于实验2,实验2的启动效应显著大于实验3。

此外,就脑区分布而言,在时间窗 220—350 ms,实验1的 P325 效应脑区分布最广泛,其次是实验2的 N250 效应,实验3总体上没有产生P325 效应;在时间窗 350—650 ms,实验1的 N400 效应脑区分布最广泛,其次是实验2的 N400 效应,脑区分布最少的是实验3的 N400 效应。综合考虑差异波的波幅差异和 N400、N250 及 P325 效应在实验间的脑区分布差异,可作如下推断:实验1的启动效应大于实验2;实验2的启动效应大于实验3。

三个 ERP 实验的启动词都是汉语单字或双字词,而且三组启动词的平均笔画数差异很小(参见表4-22)。汉语名词启动词的笔画数相对少一些。虽然三个实验中启动词的频数差异较大,尤其是汉语名词启动词的频数相差较大,但是三个实验启动词的熟悉度得分的差异不具有统计显著性($ps>0.1$)。由于三个实验启动词的复杂程度都差不多,且熟悉度的差异不具有统计显著性,因此被试提取三组启动词语义表征的速度应该不会有显著差异。也就是说,在相同的短 SOA(200 ms)条件下,三组启动词语义表征的激活程度应该没有显著差异。但启动效应的差异却具有统计显著性。因此三个实验启动效应的差异不是因为对启动词语义表征的提取程度的不同造成的。究其原因,首先可能想到的是,启动效应受词性调节,也就是说,名词为启动词时(即双语 ERP 实验 1),启动效应最大;动词为启动词时(即双语 ERP 实验 2),启动效应次之;形容词为启动词时(即双语 ERP 实验 3),启动效应最小。

表 4-22 双语 ERP 实验 1、2、3 的启动词变量控制情况

启动词词性	平均笔画数	平均频数	平均熟悉度
汉语名词	13.58	785.90	6.86
汉语动词	13.74	1633.84	6.80
汉语形容词	14.28	1370.22	6.83

这里还有一个因素需要考虑:实验 1 的汉语启动词和藏语目标词都是具体名词。实验 2 的汉语启动词和藏语目标词都是动词。这些动词表达的语义的具体性程度则不尽相同。其中部分动词表达更为具体的动作,但也有一部分动词表达更为抽象的动作或心理状态。实验 3 的汉语启动词和藏语目标词都是形容词,表示人或事物某种抽象的属性。因此,从具体性维度考虑,实验 1 的启动词和目标词表达的意义最具体,实验 2 次之,实验 3 相对最不具体。也就是说,在其他条件等同的情况下,藏—汉双语者两种心理词汇的语义共享程度受词汇语义具体性的调节。这实际就是双语词汇表征的词型效应,学界已有不少支持词型效应的双语词汇表征研究。分布式模型和双编码模型都可以较好地解释词型效应。但目前学界的具体性效应研究主要以名词为对象,限于抽象和具体名词的比较,比如 Francis et al.(2011)运用语义归类任务考察了西班牙语—英语双语者抽象和具体名词的记忆表征模型。也有少数同时比较名词和动词具体性效应的研究(Zhang et al. 2006;Tsai et al. 2009)。据笔者所知,目前学界还没有研究同时考察名词、动词和形容词三大词类在双语心理词汇语义表征模式上的异同,因此这种词性效应或者说跨词性的语义具体性效应属于新发现,还有待有更多、更深入研究的证实。

值得注意的是，在本章的 3 个 ERP 实验中，在 220—350 ms 的时间窗，实验 1 和实验 3（仅在汉语熟悉组）产生了 P325 效应，但实验 2 产生的却是 N250 效应。本研究认为这也可能与 3 个实验中启动词和目标词的词性不同有关，实验 1 考察的是名词；实验 2 考察的是动词；实验 3 考察的是形容词。当然，这仅是推测，3 个实验在 220—350 ms 时间窗产生不同 ERP 效应的具体原因，值得在今后进一步深入研究。此外，实验 1 中语义无关条件的 P325 波幅显著小于语义相关条件；实验 3 中语义无关条件的 P325 波幅却边缘性大于语义相关条件。这与 Chen et al. (2007) 的发现类似。他们采用语音判断任务考察字形、语音、语义启动的加工进程。结果发现对于低频词，字形启动诱发了更小的 P200，而语音启动诱发了更大的 P200。本研究虽然对两个实验的 P325 效应都做出了解释，但这一现象的原因也值得在今后进一步深入研究。

4.6　本章讨论

本章包括一个行为实验和三个 ERP 实验。四个实验的共同目的是考察藏—汉双语者心理词汇的语义表征模式。从四个实验的反应时看，语义无关组的反应时都显著长于语义相关组（除双语行为实验 1 的 SOA38 条件组）。从四个实验的正确率看，语义无关组的正确率都边缘性低于或显著低于语义相关组（除双语行为实验 1 的 SOA38 和 SOA50 条件组，以及双语 ERP 实验 2）。总之，四个实验的行为数据一致表明，汉语启动词语义表征的激活能促进语义相关组藏语目标词语义表征的提取，实验中都产生了显著的跨语言语义启动效应。藏汉两种心理词汇的语义表征共享，且二语（汉语）词的词汇表征与共享语义表征之间的连接强度都较大。

从三个 ERP 实验的脑电数据看，三个实验在 350—650 ms 的时间窗都诱发了 N400 效应；在 220—350 ms 的时间窗都诱发了 N250 或 P325 效应。N400 反映的是语义加工。即汉语启动词语义的自动激活使得被试在提取与启动词共享语义表征的藏语目标词语义时，难度降低，提取速度加快，正确率提高，N400 波幅变小。N250 和 P325 则更可能是 L2 启动词激活共享语义表征后，语义反馈到 L1 词名层表征，从而产生了对词名层加工敏感的 N250 和 P325 效应。N400、N250 和 P325 效应的产生进一步证实了藏汉两种心理词汇共享语义表征。

从四个实验的行为和脑电数据看,藏汉两种心理词汇的语义表征性质不受二语(汉语)水平的调节,无论是熟悉汉语组、较熟悉汉语组,还是不熟悉汉语组,被试的藏汉两种心理词汇均共享语义表征。但从行为实验 1 重组分析部分的反应时和正确率指标、ERP 实验 1 的反应时和N400、ERP 实验 2 的 N250、ERP 实验 3 的 P325 指标可以发现,二语熟悉度有影响启动效应量的趋势。即二语越熟悉,二语水平越高,启动效应有增大的趋势,也就是二语词与共享语义表征的连接强度有增大的趋势。用分布式模型解释就是,二语与一语心理词汇共享更多的语义特征集。

从行为实验 1 看,在影响启动词加工速度的相关变量得到组间匹配的条件下,语义启动效应受 SOA 长短的调节。SOA 越长,启动效应可能越大。但如果 SOA 太短,则可能无法产生启动效应。该实验证明了SOA 多点测试法能消除 SOA 单点测试法的设计缺陷。

4.7　本章小结

藏—汉双语者心理词汇的语义表征共享。二语词能直接通达共享语义。二语水平越高,二语词与共享语义表征之间的连接强度趋向于越大。

双语词汇表征可能存在词性效应或跨词性的语义具体性效应,即具体名词的语义启动效应大于动词,动词的语义启动效应大于形容词。也就是说,二语具体名词与共享语义的连接强度最大,其次是动词,连接强度最小的是形容词。

语义启动效应受 SOA 长短的调节。太短的 SOA 可能无法产生启动效应。

P325、N250 和 N400 可以反映藏—汉双语者心理词汇语义表征的认知加工过程。

第五章

藏—汉双语者心理词汇的词汇表征模式研究

（双语 ERP 实验 4）

本章设计一个 ERP 实验，即双语 ERP 实验 4，考察藏—汉双语者心理词汇的词汇表征模式。

5.1 实验目的

采用长时重复启动范式下的真假词判断任务考察藏—汉双语者心理词汇的词汇表征是否是分离的。

5.2 实验方法

5.2.1 被试

被试为西藏大学和西南交通大学的 53 名藏族大二和大三学生。本实验的被试与双语 ERP 实验 1 的被试基本相同。有 3 名被试只参加了双语 ERP 实验 1，没有参加本实验；有 4 名被试只参加了本实验，没有参加双语 ERP 实验 1。所有被试母语均为藏语，且藏语高考成绩均≥110分或已通过公共藏文等级考试四级。本实验依据被试的汉语高考成绩，把被试分为熟悉汉语组（A 组 21 人）和较熟悉汉语组（B 组 32 人）。

对 A、B 两组被试的汉语高考成绩进行独立样本 t-检验，结果显示：$t(51) = 9.967$，$p < 0.001$。因此，A、B 两组被试汉语高考成绩的差异具有统计显著性，且 A 组被试的汉语高考成绩显著高于 B 组被试（参见表 5 - 1）。这表明两组被试的汉语平均熟练程度存在显著差异。

表 5-1 A、B 两组被试的汉语高考成绩分析表

A组汉语高考平均分		B组汉语高考平均分		A组－B组		
Mean	SD	Mean	SD	Mean	SE	p
110.62	6.98	88.66	8.36	21.96	2.20	.000

本实验所有 53 名被试中男生 26 人,女生 27 人,平均年龄 20.85 岁 (SD＝1.71)。所有被试进入大学前均一直在西藏或四川藏区生活,从幼儿园或小学阶段开始接触汉语,接触汉语的平均年龄为 7.47 岁(SD＝ 1.46)。平均接触或学习汉语 13.38 年(SD＝1.51),属于后期双语者。被试主观报告语言使用模式如下:小学阶段的教学语言 52 人主要为藏语,1 人主要为汉语;初中阶段的教学语言 10 人主要为藏语,43 人主要为汉语;高中阶段的教学语言 2 人主要为藏语,51 人主要为汉语;大学阶段的教学语言全部为汉语。与同学朋友交流时 53 人均报告更多使用藏语;与老师交流时 25 人更多用藏语,28 人更多用汉语;与家人交流时 53 人表示全部用藏语。因此总体上看,课堂教学语言中,汉语使用多于藏语,但课堂教学语言之外,被试大多数交流以藏语为主。所有 53 名被试视力或矫正视力正常,无躯体和精神疾病,均为右利手者。

5.2.2 实验设计

本实验包括两个因素,因素 1 为藏语词或藏语词的汉语翻译对等词是否学习过,包括藏语词首现组、藏语词再现组和藏语翻译词首现组等三个水平;因素 2 被试类型有 2 个水平:熟悉汉语、较熟悉汉语。各水平组的汉语高考平均成绩详见 **5.2.1 节**。因此,本实验为 3×2 的 ANOVA 设计。其中,因素 1 为被试内变量,因素 2 为被试间变量。因变量为被试完成词汇判断任务的反应时、正确率和 N400 等脑电成分。

5.2.3 实验材料

本实验的材料包括部分汉语假词和藏语假词。在构造假词前,笔者先阅读了现有相关研究构造汉语、英语或藏语假词的方法。王震(2016: 68)在考察汉—英—日三语者词汇判断任务下的跨语言长时重复启动效

应时，其英语假词是通过改变现存单词中的个别字母及其顺序而成。高晓雷等（2015：740）的研究在使用真假词判断模式时，通过改变汉语双字词中的某个字生成汉语双字假词，通过改变藏语真词的一个或两个字母生成可发音藏语假词。为考察词素熟悉性是否会影响视觉词切分线索在新词学习中的作用，梁菲菲等（2016：258）实验研究中的新词由两类假词构成：第一类假词由两个高频字（高熟悉性词素）组成，如"科梦"等。第二类假词由两个低频字（低熟悉性词素）组成，如"渋挺"等。张顺梅等（2016：156）认为，汉语"假词或者假双字词是指 2 个字本身是真字，但组合起来不是一个有意义的词，如'裤胃'。"王娟等（2014：770）将双字动词拆成单字重新搭配，生成假词。由于本实验的真词均是汉语名词，参考以上各研究构造藏、汉、英假词的方法，笔者从《现代汉语语料库词语分词类频率表》选择与本实验真词频数相近的部分名词，将其拆成单字重新搭配，生成双字汉语假词。本研究各实验的汉语假词均为双字假词，笔画数与各实验相应的汉语真词完全相等或相近，符合汉语构词法，没有意义，都能发音，但与被试熟悉的真词语音不相同或不太相近。也就是不构造"国酷"、"主国"这样的假词，因为前者与真词"国库"同音，后者与真词"祖国"语音太过相近。同样也不会构造假词"血宝"，因其与真词"雪豹"音近。这里有必要说明为什么本研究不构造与真词同音或近音的假词。因为本研究实验设计假设的前提是被试做真假词判断时，只需要提取词汇表征信息，不需要提取语义表征信息。而如果有与真词同音或近音假词，被试在判断真假词时就可能需要借助词义，也就是需要提取词汇的语义表征才能做出真假词判断，这与本研究的假设前提相冲突。因此，本研究各实验的所有假词与真词不同音，不近音。

由于笔者不太熟悉藏语构词法，因此邀请了两名藏语熟练的西南交通大学大二在校藏族本科学生编造了 276 个藏语假词。所造假词均满足以下四个条件：一、符合藏语发音规则，能发音；二、无意义；三、与藏语真词不同音，并尽可能与藏语真词发音不相近；四、音节数和字母数与实验中相应的藏语真词完全相等或相近。为了提高可靠度，专门邀请了青海师范大学心理学系的才让措教授对所造 276 个藏语假词逐一审核。才让措教授是藏族人，藏语熟练。她依据《藏汉大词典》等权威藏语工具书进行反复核实,并提出不少宝贵的修改意见。在此基础上,上述两名藏族大学生最终确定了 270 个藏语假词,制成了《藏语假词表》。本研究各实验的藏语假词均选自该假词表。本实验从该表选用了其中的 151 个藏语假词。

　　现在来看本实验的材料。本实验包括 2 个练习部分和 2 个正式实验部分(参见表 5-2 和附件 4)。

表 5-2　双语 ERP 实验 4 的材料

实验组成部分	实验材料分组	真假词个数
练习部分 1	练习组 1	4 个藏语真词+4 个藏语假词
正式实验部分 1	藏语词首现组	49 个藏语真词+49 个是藏语假词
	藏语词再现组	49 个藏语真词+49 个是藏语假词
练习部分 2	练习组 2	4 个汉语真词+4 个汉语假词
正式实验部分 2	汉语词首现组	49 个藏语真词+49 个是藏语假词
	藏语翻译词首现组	49 个藏语真词+49 个是藏语假词

　　练习部分 1 有 8 个目标词,4 个是藏语真词,4 个是藏语假词。练习部分 2 也有 8 个目标词,但 4 个是汉语真词,4 个是汉语假词。正式实验部分 1 包括藏语词首现组和藏语词再现组。两组都是 49 个藏语真词和 49 个藏语假词,且两组真词完全相同,假词完全不同。正式实验部分 2 包括汉语词首现组和藏语翻译词首现组。汉语词首现组是 49 个汉语真词和 49 个汉语假词;藏语翻译词首现组则是 49 个藏语真词和 49 个藏语假词。藏语词首现组和藏语翻译词首现组的真词全部为名词,均选自《藏语常用名词表》。汉语词首现组的汉语真词也全部为名词,且全部选自《现代汉语语料库词语分词类频率表》,笔画数最小值是 5,最大值是 26,平均值是 15.61;频数最小值是 51,最大值是 7422,平均值是 913.74;熟悉度得分最小值是 5.48,平均值是 6.67。这表明汉语词首现组的汉语真词笔画数都不太多,频率较高,被试对这些汉语词都比较熟悉。

　　藏语翻译词首现组的真词全部是汉语词首现组中汉语真词的藏语翻译对等词。藏语词首现组和藏语翻译词首现组真词的音节数、字母数和

熟悉度得分等三个变量都得到严格匹配。藏语词首现组真词的音节数和
与之相对应的藏语翻译词首现组真词的音节数完全相等。藏语词首现组
真词的字母数和与之相对应的藏语翻译词首现组真词的字母数也完全相
等(除一对词仅差一个字母外)。藏语词首现组真词的字母数平均值是
3.96,藏语翻译词首现组真词的字母数平均值是 3.94,二者仅差 0.02,配
对样本 t-检验的显著性值(双尾)$p=0.32$,因而差异不具有统计显著性。
藏语词首现组真词的熟悉度得分和与之相对应的藏语翻译词首现组真词
的熟悉度得分差异非常小,平均值分别是 6.6959、6.6506,二者仅相差
0.0453,配对样本 t-检验的显著性值(双尾)$p=0.206$,因而差异不具有
统计显著性。藏语词首现组和藏语翻译词首现组真词的熟悉度得分最小
值分别是 5.71、5.79;平均值都至少高达 6.6506,因而被试对两组藏语
词都比较熟悉。

本实验的假词比例为 50%。同类实验中,Altarriba(1992)和 Dong
et al.(2005)的非词比例为 33%。Kotz(2001)的假词比例为 37%。陈士
法等(2016:12)的假词比例是 40.24%。很显然,假词比例接近真词比例
相对更科学,因为实验结果不容易受"真词效应"影响。

5.2.4 实验程序

本实验的程序与双语 ERP 实验 1、2、3 的程序基本相同,但本实验
中被试的任务不同。实验开始时,仍然先在电脑屏幕中央呈现一个星号
(*)注视点 500 ms。星号(*)消失后,在同样位置呈现一个藏语或汉语
刺激,要求被试又快又准地做真假词判断:真词用左手食指按按键盒 1
键,假词用右手食指按按键盒 5 键。实验流程简易图见图 5-1。

图 5-1 双语 ERP 实验 4 的流程简易图

本实验包括练习部分 1、2 和正式实验 1、2 共 4 个部分。在两个练

习部分,电脑会对被试的每次回答及时反馈,回答正确,电脑屏幕呈现"正确"二字;回答错误,电脑屏幕呈现"错误"二字。反馈时间 1000 ms。反馈结束后,在电脑屏幕同一位置立刻呈现一个星号(∗)注视点 500 ms。星号(∗)消失后,进入下一次判断。在两个正式实验部分,电脑不会对被试回答及时反馈。被试按键判断后,空屏 1000 ms,然后再次呈现一个星号(∗)注视点 500 ms,进入下一次判断,直至本实验结束。

　　本实验中,被试首先完成练习部分 1,然后完成正式实验部分 1。正式实验部分 1 中,被试完成藏语词首现组的所有 98 次词汇判断后休息 2 分钟,然后完成藏语词再现组的所有 98 次词汇判断。再休息 2 分钟后,被试进入练习部分 2。最后完成正式实验部分 2。同样,正式实验部分 2 中,被试完成汉语词首现组的所有 98 次词汇判断后也休息 2 分钟。休息结束后,完成藏语翻译词首现组的所有 98 次词汇判断。本实验持续约 25—30 分钟。实验中,平衡被试左右手按键反应。计算机记录被试的反应时和正确率。

　　此外,为了确保首次呈现的藏语真词和该真词再次呈现时的时间间隔不会太短或太长,藏语词首现组 49 个真词被分为 A、B 两组。A 组 25 个词,B 组 24 个词。电脑首先将 A 组的真词和 25 个假词随机呈现。然后再随机呈现 B 组真词和 24 个假词。藏语词再现组也同样先随机呈现 A 组 25 个真词和另外不同的 25 个假词,再随机呈现 B 组 24 个真词和另外不同的 24 个假词。同样,为了确保首次呈现的汉语真词和该真词的藏语翻译对等词呈现的时间间隔不会太短或太长,汉语词首现组的 49 个真词也被分为 A、B 两组。电脑首先随机呈现 A 组的 25 个汉语真词和 25 个汉语假词。然后再随机呈现 B 组的 24 个汉语真词和 24 个汉语假词。藏语翻译词首现组也同样先随机呈现 A 组 25 个汉语真词的藏语翻译对等词和 25 个藏语假词,然后随机呈现 B 组 24 个汉语真词的藏语翻译对等词和 24 个藏语假词。

5.2.5　脑电记录及 ERP 数据处理流程

同双语 ERP 实验 1。

5.3 实验结果与分析

5.3.1 反应时

本实验首先删除反应时小于 300 ms 的试次 1 个，大于 6000 ms 的试次 3 个，然后删除反应时小于 MD−3SD 的试次 0 个，大于 MD+3SD 的 157 个。共删除 161 个试次，约占总试次的 2.24%。

本实验为两因素 ANOVA 设计。因素 1 为藏语词或藏语词的汉语翻译对等词是否学习过，包括藏语词首现组、藏语词再现组和藏语翻译词首现组等三个水平，因素 1 是被试内变量；因素 2 被试类型是被试间变量，被试按其汉语熟悉度分为两组，熟悉汉语组 21 人，较熟悉汉语组 32 人。运用两因素重复测量方差分析对被试词汇判断的反应时进行分析，得出结果见表 5−3 和图 5−2。

表 5−3 双语 ERP 实验 4 的反应时(ms)分析结果(N=53)

被试分类	藏语词首现组的反应时		藏语词再现组的反应时		藏语翻译词首现组的反应时	
	MEAN	SD	MEAN	SD	MEAN	SD
熟悉汉语	825.58	211.06	727.72	154.49	827.11	175.97
较熟悉汉语	891.67	135.69	802.76	182.07	882.69	191.29

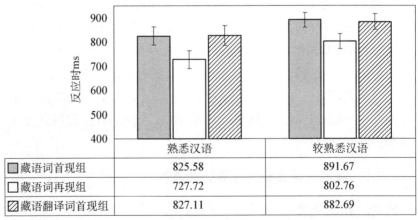

图 5−2 双语 ERP 实验 4 的反应时统计图

因素 1(藏语词或藏语词的汉语翻译对等词是否学习过)的主效应具有统计显著性,$F_{(2, 102)}=21.771$,$p<0.001$,$\eta2=0.299$,说明藏语词首现组、藏语翻译词首现组和藏语词再现组三组之间,被试词汇判断反应时的差异具有统计显著性。

因素 2 被试类型的主效应不具有统计显著性,$F_{(1, 51)}=2.056$,$p=0.158$,$\eta2=0.039$,说明被试的汉语熟悉度不影响其词汇判断的反应时。

因素 1×因素 2 的交互作用不具有统计显著性,$F_{(2, 102)}<1$,$p=0.832$,$\eta2=0.004$,说明被试词汇判断的反应时未受到因素 1×因素 2 的影响。

由于因素 1×因素 2 的交互作用不具有统计显著性,但因素 1 的主效应具有统计显著性,因此对因素 1 的主效应进行事后检验分析。结果发现,藏语词首现组被试词汇判断的反应时(M=858.63,SE=23.77)显著长于藏语词再现组的反应时(M=765.24,SE=24.12),因为前者比后者的反应时长 93.38 ms(SE=17.28),$p<0.001$。藏语词首现组被试的反应时与藏语翻译词首现组被试的反应时(M=854.90,SE=26.04)的差异不具有统计显著性,因为前者比后者的反应时仅长 3.72 ms(SE=16.85),$p=1.000$。藏语翻译词首现组被试的反应时显著长于藏语词再现组的反应时,因为前者比后者的反应时长 89.66 ms(SE=13.71),$p<0.001$(参见表 5-4)。

表 5-4　因素 1 主效应(ms)的事后检验分析[①]

A		B		C		A-B			C-B		A-C	
MEAN		MEAN		MEAN		MEAN	p		MEAN	p	MEAN	p
859(24)		765(24)		855(26)		93(17)	.000		90(14)	.000	4(17)	1.000

5.3.2　正确率

运用两因素重复测量方差分析对被试词汇判断的正确率进行分析,得出分析结果见表 5-5。

---

① 表中 A 为藏语词首现组;B 为藏语词再现组;C 为藏语翻译词首现组。

表 5-5　双语 ERP 实验 4 的正确率(%)分析结果(N=53)

被试分类	藏语词首现组的正确率		藏语词再现组的正确率		藏语翻译词首现组的正确率	
	MEAN	SD	MEAN	SD	MEAN	SD
熟悉汉语	92.23	4.21	91.45	5.57	90.86	5.35
较熟悉汉语	93.11	4.45	94.01	3.28	91.90	4.00

　　因素 1(藏语词或藏语词的汉语翻译对等词是否学习过)的主效应具有统计显著性,F(2, 102)=3.444,$p=0.042$,$\eta2=0.063$。藏语词首现组、藏语翻译词首现组和藏语词再现组三组之间,被试词汇判断正确率的差异具有统计显著性。

　　因素 2 被试类型的主效应不具有统计显著性,F(1, 51)=2.037,$p=0.160$,$\eta2=0.038$,说明被试的汉语熟悉度不影响其词汇判断的正确率。因素 1×因素 2 的交互作用不具有统计显著性,F(2, 102)=1.275,$p=0.284$,$\eta2=0.024$,说明被试词汇判断的正确率未受到因素 1×因素 2 的影响。

　　由于因素 1×因素 2 的交互作用不具有统计显著性,但因素 1 的主效应具有统计显著性,因此对因素 1 的主效应进行事后检验分析。结果发现,藏语词首现组被试词汇判断的正确率(M=92.67,SE=0.61)与藏语词再现组被试词汇判断的正确率的差异不具有统计显著性(M=92.73,SE=0.61),因为前者比后者的正确率仅低.06%(SE=0.48),$p=1.000$。藏语词首现组被试词汇判断的正确率与藏语翻译词首现组被试词汇判断的正确率(M=91.38,SE=0.64)的差异不具有统计显著性,因为前者比后者的正确率仅高 1.29%(SE=0.66),$p=0.173$。藏语词再现组被试的正确率边缘性高于藏语翻译词首现组的正确率,因为前者的正确率比后者高 1.34%(SE=0.58),$p=0.076$(参见表 5-6)。

表 5-6　因素 1 主效应(%)的事后检验分析①

A	B	C	A-B		C-B		A-C	
MEAN	MEAN	MEAN	MEAN	p	MEAN	p	MEAN	p
92.67 (.61)	92.73 (.61)	91.38 (.64)	-0.06 (0.48)	1.000	-1.34 (0.58)	.076	1.29 (0.66)	.173

①　表中 A 为藏语词首现组;B 为藏语词再现组;C 为藏语翻译词首现组。

5.3.3　ERP 数据

因伪迹等原因删除 3 个被试的 ERP 数据,剩余 50 名有效被试按照二语(汉语)水平分为两组,熟悉汉语组 20 人,较熟悉汉语组 30 人。三个实验条件下,藏语名词产生的 ERP 波形图见图 5 - 3。为了便于分析,本部分用字母 A 代表藏语词首现组,字母 B 代表藏语词再现组,字母 C 代表藏语翻译词首现组。根据本实验的波形图,选择 220—350 ms 和 350—650 ms 的时间窗分析脑电成分 N250 和 N400。

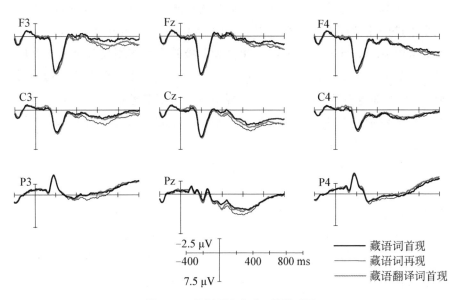

图 5 - 3　双语 ERP 实验 4 的波形图

一、220—350 ms 时间窗的分析

对五个脑区、两个半球的十个电极进行 $5\times2\times2\times3$ 的重复测量方差分析,发现 A、B、C 三个条件的主效应在 5% 的显著性水平下不具有统计显著性,但在 10% 的显著性水平下具有统计显著性($F(2, 96)=2.61$,$p=0.079$,$\eta2=0.052$,三个条件的波幅值分别是 $1.50\pm0.25\ \mu V$ $1.84\pm0.25\ \mu V$ vs. $1.55\pm0.24\ \mu V$。A 和 C,B 和 C 的差异不具有统计显著性($ps>0.1$),A 和 B 的差异在 5% 的显著性水平下不具有统计显著性,但在 10% 的显著性水平下具有统计显著性($p=0.076$,$1.50\pm0.25\ \mu V$ vs.

$1.84 \pm 0.25 \mu V$），A比B诱发了边缘性更大的N250波幅。条件和半球的交互作用在5%的显著性水平下不具有统计显著性，但在10%的显著性水平下具有统计显著性（$F(2, 96) = 3.55$，$p = 0.07$，$\eta 2 = 0.054$）。进一步的简单效应分析显示，在左半球A和B的差异在5%的显著性水平下不具有统计显著性，但在10%的显著性水平下具有统计显著性（$p = 0.069$，A和B的平均波幅分别是$1.34 \pm 0.28 \mu V$ vs. $1.70 \pm 0.28 \mu V$），在右半球B和C的差异具有统计显著性（$p < 0.05$，B和C的平均波幅分别是$1.97 \pm 0.27 \mu V$ vs. $1.55 \pm 0.24 \mu V$）。

对中线的五个电极进行$5 \times 2 \times 3$的重复测量方差分析，发现A、B、C三个条件的主效应不具有统计显著性（$p > 0.1$，$0.73 \pm 0.27 \mu V$，$1.32 \pm 0.28 \mu V$ vs. $0.76 \pm 0.23 \mu V$）。条件和电极的交互作用具有统计显著性（$F(8, 384) = 4.22$，$p < 0.05$，$\eta 2 = 0.081$）。进一步简单效应分析结果显示，在后部电极（PZ），A和B的差异具有统计显著性（$p < 0.05$，A和B的平均波幅值是$0.47 \pm 0.36 \mu V$ vs. $0.93 \pm 0.33 \mu V$。此外，无其他差异具有统计显著性（$p s > 0.1$）。

二、350—650 ms 时间窗的分析

对五个脑区、两个半球的十个电极进行$5 \times 2 \times 2 \times 3$的重复测量方差分析，发现 A、B、C 三个条件的主效应具有统计显著性（$F(2, 96) = 10.61$，$p < 0.01$，$\eta 2 = 0.181$。其平均波幅值分别是$0.73 \pm 0.27 \mu V$，$1.32 \pm 0.28 \mu V$ vs. $0.76 \pm 0.23 \mu V$），B和A以及B和C的差异具有统计显著性（$p s < 0.01$），A和C的差异不具有统计显著性（$p > 0.5$）。条件和脑区的交互作用在5%的显著性水平下不具有统计显著性，但在10%的显著性水平下具有统计显著性（$F(8, 384) = 2.06$，$p = 0.102$，$\eta 2 = 0.041$），A和B，B和C在前部（F3，F4）的差异不具有统计显著性（$p > 0.1$，$0.57 \pm 0.38 \mu V$，$1.00 \pm 0.41 \mu V$ vs. $0.76 \pm 0.33 \mu V$），在其它区域的差异均具有统计显著性（$p s < 0.01$）。条件和半球的交互作用具有统计显著性（$F(2, 96) = 7.37$，$p < 0.01$，$\eta 2 = 0.131$），在左半球，A和B的差异具有统计显著性（$0.47 \pm 0.31 \mu V$ vs. $1.34 \pm 0.32 \mu V$，$p < 0.01$），A比B诱发了显著更大的N400波幅；B和C的差异具有统计显著性（$1.34 \pm 0.32 \mu V$ vs. $0.71 \pm 0.24 \mu V$，$p < 0.01$），C比B诱发了显著更大的N400波幅；A和C的差异不具有统计显著性（A、C的平均波幅值分别$0.47 \pm$

0.31 μV vs. 0.71±0.24 μV, $p > 0.1$)。在右半球只有 B 和 C 的差异具有统计显著性(B、C 的平均波幅值分别是 1.30±0.27 μV vs. 0.82±0.25 μV, $p < 0.01$)。

对中线的五个电极进行 5×2×3 的重复测量方差分析,发现 A、B、C 三个条件的主效应具有统计显著性(F(2, 96)＝6.77, $p < 0.01$, $\eta^2＝0.124$。A、B、C 的平均波幅值分别是 1.19±0.35 μV, 1.85±0.35 μV vs. 1.40±0.31 μV)。两两比较显示 A 和 B 的差异具有统计显著性,B 和 C 的差异具有统计显著性($ps < 0.05$),A 和 C 的差异不具有统计显著性($p > 0.1$)。电极和条件的交互作用具有统计显著性(F(8, 384)＝4.18, $p < 0.01$, $\eta^2＝0.08$),在前部和前中部(FZ、FCZ)两两差异不具有统计显著性($ps > 0.1$)。在中部(CZ)、中后部(CPZ)和后部(PZ),A 和 B 的差异具有统计显著性($ps < 0.01$, CZ:1.08±0.41 μV vs. 2.02±0.39 μV;CPZ:2.08±0.42 μV vs. 3.00±0.37 μV;PZ:2.20±0.42 μV vs. 3.16±0.41 μV)。B 和 C 的差异具有统计显著性($ps < 0.05$, CZ:2.02±0.39 μV vs. 1.54±0.36 μV;CPZ:3.00±0.37 μV vs. 2.51±0.35 μV;PZ:3.16±0.41 μV vs. 2.65±0.37 μV)。A 和 C 的差异不具有统计显著性($ps > 0.05$)。也就是 A、C 诱发了比 B 显著更大的 N400 波幅,但 A、C 之间的 N400 波幅差异不具有统计显著性。

5.4　本章讨论

第四章的四个实验表明藏—汉双语者心理词汇的语义表征共享。本章的实验则是要进一步考察藏—汉双语者的词汇表征是否是分离的。本实验采用了长时重复启动实验范式。根据本书 **3.2 节**的论述,在长时重复启动范式下,学习阶段和测试阶段被试都完成真假词判断任务。如果藏—汉双语者的词汇表征是分离的,其联系需要语义作为中介,那么在词汇判断任务条件下就无法获得跨语言的长时重复启动效应;反之,则会发现(李利等 2006b:675)。根据本实验的分析,从反应时看,藏语词首现组被试词汇判断的反应时显著长于藏语词再现组的反应时,说明在同语言条件下存在长时重复启动效应。藏语词首现组被试词汇判断的反应时与藏语翻译词首现组被试词汇判断的反应时的差异不具有统计显著性,说明在跨语言条件下不存在长时重复启动效应。从正确率看,藏语词首现组被试词汇判断的正确率与藏语词再现组的正确率的差异不具有统计显著性;藏语词首现组被试词汇判断的正确率与藏语翻译词首现组的正确率的差异也不具有统计显著性,说明不存在反应时和正确率的权衡现象。

从脑电数据看,首先在 350—650 ms 的时间窗口,在左半球的中后部脑区以及中线的 CZ、CPZ 和 PZ 电极上,藏语词首现组和藏语翻译词首现组诱发了比藏语词再现组更大的 N400 波幅,在右半球中后部脑区,藏语翻译词首现组诱发了比藏语词再现组更大的 N400 波幅。如前文所述,语言认知研究者普遍认为心理词汇在大脑中有两个表征层面:语义层和词名层(Zeelenberg et al. 2003;Silverberg et al. 2004;Li et al. 2009)。以往研究多采用词汇判断任务和语义判断任务来考察心理词汇不同层面的激活状态,其假设的逻辑是词汇判断中被试只会加工到刺激的词汇层面(王瑞明等 2011;孟迎芳等 2016)。由于本实验被试执行的是真假词判断任务,因此被试只需要在词汇层面上进行语言加工。同样,上文已提及,尽管 N400 是目前语言研究公认的反映语义加工的脑电成分(侯友等 2013:102),但 N400 所反映的语言认知加工过程目前尚存争议。

仔细分析现有考察 N400 效应的实验研究,不难发现 N400 至少可以反映三种不同的语言认知加工过程。

一是有意识的语义整合过程,比如句尾歧义词所产生的 N400 效应,以及长 SOA 条件下的语义归类任务中与启动词有语义关系的靶刺激所产生的 N400 效应。

二是短 SOA 条件下或掩蔽启动刺激的短 SOA 条件下,采用语义判断任务的启动实验中所产生的 N400 效应反映了词汇语义表征的提取过程,即词汇语义信息的自动加工、自动分析过程,而非有意识的语义整合过程,比如 Misra et al. (2003)以及 Holcomb et al. (2005)的实验研究。

三是在不涉及语义加工的阶段,N400 波幅的变化体现了对词汇正字法、语音分析的过程,即 N400 反映的是心理词汇的词汇表征提取过程,比如 Lavric et al. (2007)、Lehtonen et al. (2007)、Morris et al. (2007)、Morris et al. (2008)、Leinonen et al. (2009)、Laszlo et al. (2011)、吕彩霞(2012)、Leminen et al. (2014)的研究。此外,学界还有不少研究发现

N400 反映了词汇表征的提取过程。比如,Rugg(1984)发现 N400 对拼音文字的语音加工敏感。赵桂一(2014)发现 N400 对汉字的正字法加工敏感。汉字字体即汉字的表面特征能改变 N400 波幅。不同字体的汉字,在视觉空间的形状、闭合性、方向、对称性等特征不同。这些特征在汉字的正字法加工过程中为词汇识别提供了知觉线索。知觉线索决定了词汇表征的快捷通道,从而决定 N400 波幅(Chen et al. 2002)。Lv et al.(2012)的汉字真假词汇判断实验发现无论真字还是假字,在 300—500 ms 的时间窗口,行楷体均比宋体产生了更大的 N400 波幅,此即 N400 字体效应。董瑞国等(1996)采用 ERP 技术研究汉字的识别过程。他们发现,当启动词与目标词在形(或音,或义)不匹配时,N400 更大。在音、义分类作业时,N400 的潜伏期较长,波幅较大,左右两侧的波幅不对称(左小于右)。而在字形分类作业时,N400 潜伏期较短,波幅较低,左右两侧波幅无显著差异。因此研究者认为,N400 的波幅和潜伏期可能与对字词的加工深度有关。Radeau et al. (1998)也发现 N400 不只是对语义的相关性敏感,它对语音和字形的相关性也敏感。Deacon et al. (2004)发现衍生假词诱发了和真词一样的 N400 重复启动效应,这表明激活了衍生假词(由不透明词词素颠倒而得的假词)词根的语义信息。而在非衍生假词中,仍然出现了 N400 重复启动效应。研究者认为,如果只是衍生假词出现 N400 重复启动效应说明是由单词的意义加工引起的。而结果发现非衍生假词和衍生假词同样产生了 N400 重复启动效应,非衍生假词和语义无关,不涉及语义整合和语义自动加工,他们认为是对刺激的正字法或语音分析产生了 N400。此外,N400 效应还受词形重复启动影响(Ota et al. 2010),重复启动词的 N400 波幅更小(肖巍等 2016:241)。肖巍等(2016:243)采用 ERP 技术考察了汉—英双语者在纯二语语境中加工二语词时,一语自动激活的位点与时间进程,他们发现 SOA 为 700 ms 时,N400 既有语义也有词形启动效应。蔡林江(2013)设计了三个跨语言长时重复启动范式的 ERP 实验考察了非熟练普—粤双语者的语言表征。他的研究共包括三个实验。实验一中,学习阶段和测试阶段被试均完成语义归类任务;实验二中学习阶段和测试阶段被试均完成词汇判断任务;实验三中学习阶段完成语义归类任务,测试阶段完成词汇判断任务。三个实验分别研究双语心理词汇的语义表征、词汇表征和语义通达机制（即词汇连接模式）。三个实验都只考察了语义相关条件和语义无关条件的 N400 波幅是否有显著差异。这说明，N400 效应既可以解释语义启动效应，也可以解释与语义启动无关的词汇启动效应，即因为启动词与目标词在词汇层的连接而在词汇判断任务中产生的启动效应。

由于 N400 可以反映词汇表征的提取过程，而本实验只需要被试在词汇层面上进行语言加工。因此可以推断，本实验的 N400 效应可能反映了词汇表征提取过程难度的降低。藏语词首现组诱发了比藏语词再现组更大的 N400 波幅，表明产生了语言内的长时重复启动效应。在同语言重复启动条件下，本实验与前人研究（kiyonaga et al. 2007；Holcomb et al. 2009；Ota et al. 2010）结果一致，获得了稳定的 N400 效应。藏语词首现组没有诱发比藏语翻译词首现组更大的 N400 波幅，表明没有产生语言间的长时重复启动效应。因此藏—汉双语者心理词汇的词汇表征是分离的。这与李利等（2006b）和蔡林江（2013）等的研究结果一致。

除了 N400 外，本实验还在 220—350 ms 的时间窗口，在左半球和中线电极（PZ）上，藏语词首现组诱发了比藏语词再现组边缘性更大或显著更大的 N250 波幅。在右半球藏语翻译词首现组诱发了比藏语词再现组显著更大的 N250 波幅。如前文所述，N250 可能涉及从字母到整词形态表征映射的亚词汇水平的正字法和语音表征（侯友等 2013：101）。Holcomb et al.（2006）也推测，在视觉词汇识别中，N250 反映了视觉词汇的亚词汇层（字母和字母组合）映射到词汇系统的加工过程，即反映了从亚词汇层到词汇层的通达过程。本实验发现藏语词首现组诱发了比藏语词再现组边缘性更大或显著更大的 N250 波幅，表明在藏语词再现组，藏语词的重复出现减轻了被试从亚词汇层到词汇层的通达难度，从而产生了语言内的长时重复启动效应。同时，本实验的藏语词首现组没有诱发比藏语翻译词首现组显著更大的 N250 波幅，说明在藏语翻译词首现组，学习阶段被试对汉语词词汇表征的加工，没有显著激活该汉语词的藏语翻译词的词形和语音，因而在测试阶段，未能减轻被试从藏语翻译词的亚词汇层到词汇层的通达难度，也就是没有产生语言间的长时重复启动效应。N250 效应进一步表明藏—汉双语者两种心理词汇的词汇表征是分离的。

由于被试的汉语熟悉度没有影响其词汇判断的反应时、正确率、

N250 和 N400 效应,因此藏—汉双语者两种心理词汇的词汇表征分离,且不受被试二语熟悉度的调节。

此外,本实验一共包括藏语词首现组、藏语词再现组、汉语词首现组和藏语翻译词首现组等 4 个部分。只有汉语词首现组和藏语翻译词首现组这两个部分的真词是跨语言的重复,即藏语翻译词首现组的藏语真词是汉语词首现组中汉语真词的藏语翻译对等词。因此,只有被试完成这两部分的实验后,才可能意识到或者发现学习阶段和测试阶段的真词具有翻译对等关系,从而意识到翻译学习阶段的真词可能有助于促进其完成测试阶段的词汇判断任务。但当被试意识到可以采取翻译策略时,本实验已经结束,而且其他实验都不再采用长时重复启动范式。由于本实验的被试只做一次跨语言的长时重复启动实验,事先无法知道存在两个实验阶段,对整个实验的目的、启动刺激和目标刺激之间的联系等都不清楚,因此本实验能避免被试做两次及以上跨语言的长时重复启动实验所可能产生的有意识的策略加工效应。

5.5　本章小结

藏—汉双语者心理词汇的词汇表征是分离的,且词汇表征模式不受二语熟悉度的调节。

第六章

藏—汉双语者心理词汇的连接模式研究

本章共设计两个 ERP 实验,即双语 ERP 实验 5 和 6,考察藏—汉双语者心理词汇的连接模式。

6.1　双语 ERP 实验 5

6.1.1　实验目的

采用短时快速启动范式的真假词判断任务考察藏—汉双语者 L2 - L1 的词汇连接模式。

6.1.2　实验方法

6.1.2.1　被试

被试为西藏大学和西南交通大学的 56 名藏族大二和大三学生,本实验的被试和双语 ERP 实验 4 的被试基本相同。参加了双语 ERP 实验 4 的所有被试全部参加了本实验;有 3 名被试只参加了本实验,但没有参加双语 ERP 实验 4。所有被试母语均为藏语,且藏语高考成绩均≥110 分或已通过公共藏文等级考试四级。本实验依据被试的汉语高考成绩,把被试分为熟悉汉语组(A 组 24 人)和较熟悉汉语组(B 组 32 人)。

对 A、B 两组被试的汉语高考成绩进行独立样本 t-检验,结果显示:$t(54)=10.789$,$p<0.001$。因此,A、B 两组被试汉语高考成绩的差异具有统计显著性,且 A 组被试的汉语高考成绩显著高于 B 组被试(参见表 6 - 1)。这表明两组被试的汉语平均熟练程度存在显著差异。

表 6-1 A、B 两组被试的汉语高考成绩分析表

A组汉语高考平均分		B组汉语高考平均分		A组-B组		
Mean	SD	Mean	SD	Mean	SE	p
111.58	7.16	88.66	8.36	22.93	2.13	.000

本实验所有 56 名被试中,男生 28 人,女生 28 人,平均年龄 21 岁(SD=1.82)。所有被试进入大学前均一直在西藏或四川藏区生活,从幼儿园或小学阶段开始接触汉语,接触汉语的平均年龄为 7.50 岁(SD=1.43)。平均接触或学习汉语 13.52 年(SD=1.60),属于后期双语者。被试主观报告语言使用模式如下:小学阶段的教学语言 55 人主要为藏语,1 人主要为汉语;初中阶段的教学语言 13 人主要为藏语,43 人主要为汉语;高中阶段的教学语言 2 人主要为藏语,54 人主要为汉语;大学阶段的教学语言全部为汉语。与同学朋友交流时 56 人均报告更多使用藏语;与老师交流时 28 人更多用藏语,28 人更多用汉语;与家人交流时 56 人表示全部用藏语。因此总体上看,课堂教学语言中汉语使用多于藏语,但课堂教学语言之外,被试大多数交流以藏语为主。所有 56 名被试视力或矫正视力正常,无躯体和精神疾病,均为右利手者。

6.1.2.2 实验设计

同双语 ERP 实验 1。

6.1.2.3 SOA 取值

见表 6-2。

表 6-2 双语 ERP 实验 5 的材料

实验组成部分	SOA取值	实验材料分组	实验材料	启动词和目标词的语义关系	启动词和目标词的词性
练习部分	170 ms	练习组	8 个启动词—目标词词对;8 个启动词—目标词非词对	4 个词对为翻译关系,其余词对为语义无关	启动词均为汉语名词;目标词均为藏语名词或藏语假词。
正式实验部分	200 ms	实验组	51 个启动词—目标词词对	翻译关系	
	200 ms	控制组	51 个启动词—目标词词对	语义无关	
	170 ms	填充组	102 个启动词—目标词非词对	语义无关	

6.1.2.4 实验材料

本实验由练习部分和正式实验部分组成(参见表6-2和附件5)。练习部分包括8个词对(启动词是汉语真词,目标词是藏语真词)和8个非词对(启动词是汉语真词,目标词是藏语假词)。8个词对中有4个是翻译关系,即启动词是藏语目标词的汉语翻译对等词,另外4个是语义无关词对,即启动词和它对应的目标词在语义上无关。正式实验包括填充组102个非词对(启动词是汉语真词,目标词是藏语假词)、51个实验词对和51个控制词对。51个实验词对中,启动词和目标词都是真词,且启动词是藏语目标词的汉语翻译对等词。51个控制词对中,启动词和目标词都是真词,但汉语启动词和它对应的藏语目标词在语义上无关。本实验的藏语假词构造方法同双语ERP实验4。本实验的语义相关词比例同双语行为实验1,都是25%。本实验的假词比例同双语ERP实验4,都是50%。

本实验的汉语启动词选自《现代汉语语料库词语分词类频率表》,藏语目标真词选自《藏语常用名词表》。尽量确保被试比较熟悉练习组和填充组的真词,但没有控制影响被试对其识别速度的相关变量。实验组和控制组启动词的笔画数、频数和熟悉度得分等三个变量都得到了控制。首先,实验组中每一个启动词和控制组中与之相对应的启动词的笔画数全部相等。其次,实验组和控制组启动词的最小频数分别是67、84,平均频数分别是756.882、631.745;实验组和控制组启动词的熟悉度得分最小值分别是6.12、5.86,平均值分别是6.8256、6.7035。这表明实验组和控制组的所有启动词的频率都较高,且被试相当熟悉。

由于本实验不考察被试对启动词的判断速度,因此实验组的启动词和控制组与之相对应的启动词的频数和熟悉度得分只是大致相近,没有严格匹配。而实验组的所有目标词和控制组与之对应的目标词的音节数、字母数和熟悉度得分等三个变量都得到严格匹配。一是实验组的所有目标词和控制组与之对应的目标词的音节数完全相等(除一对词有一个音节数的差异外)。显然,实验组的所有目标词和控制组与之对应的目标词音节数的微小差异不具有统计显著性,其配对样本t-检验的显著性值(双尾)$p=0.322$。二是实验组的所有目标词和控制组与之对应的目标词的字母数完全相同(除两对词有 1 个字母数的差异外)。控制组和实验组目标词的平均字母数都是 3.843,其配对样本 t-检验的显著性值(双尾)$p=1.000$。实验组的所有目标词和控制组与之对应的目标词的熟悉度得分都非常相近。控制组和实验组目标词的熟悉度得分平均值分别是 6.6769、6.7023。尽管控制组目标词的熟悉度平均得分比实验组目标词的熟悉度平均得分低.0254,但二者的差异不具有统计显著性,因为其配对样本 t-检验的显著性值(双尾)$p-0.411$。由于实验组和控制组目标词的熟悉度得分最小值分别是 6.19、6.12;平均值都至少高达 6.6769,这表明被试对控制组和实验组所有藏语目标词都非常熟悉。

6.1.2.5 实验程序

本实验的程序与双语 ERP 实验 1 基本相同,只是本实验中启动词是汉语词,目标刺激是藏语真词或假词。实验任务是要求被试对藏语目标刺激又快又准地做真假词判断:真词用左手食指按按键盒 1 键,假词用右食指按按键盒 5 键。正式实验中需要完成 204 次词汇判断任务,被试完成前 102 次判断后休息 2 分钟,然后完成剩余 102 次判断。本实验持续约 12—17 分钟。

6.1.2.6 脑电记录及 ERP 数据处理流程

同双语 ERP 实验 1。

6.1.3 实验结果与分析

6.1.3.1 反应时

本实验首先删除反应时小于 300 ms 的试次 3 个,大于 6000 ms 的试次 4 个,然后删除反应时小于 MD-3SD 的试次 0 个,大于 MD+3SD 的试次 107。共删除 114 个试次,约占总试次的 2.08%。

本实验为两因素 ANOVA 设计。因素 1 语义关系是被试内变量,包括语义相关、语义无关两个水平;因素 2 被试类型是被试间变量,被试按其汉语熟悉度分为两组,熟悉汉语组 24 人,较熟悉汉语组 32 人。运用两因素重复测量方差分析对被试词汇判断的反应时进行分析,得出结果见表 6-3 和图 6-1。

表 6-3　双语 ERP 实验 5 的反应时(ms)分析结果(N=56)

被试分类	语义无关组的反应时		语义相关组的反应时		语义无关组－语义相关组	
	MEAN	SD	MEAN	SD	MEAN	SD
熟悉汉语	1034.54	227.40	788.83	160.89	245.71	66.51
较熟悉汉语	1009.88	274.11	699.37	127.00	310.51	147.11

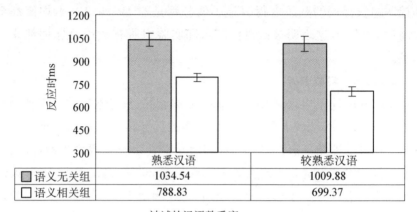

图 6-1　双语 ERP 实验 5 的反应时统计图

因素 1 语义关系的主效应具有统计显著性，$F(1, 54) = 175.827$，$p < 0.001$，$\eta2 = 0.765$。结合表 6-3 和图 6-1 可知，语义相关组的反应时显著短于语义无关组的反应时。

因素 2 被试类型的主效应不具有统计显著性，$F(1, 54) = 1.252$，$p = 0.268$，$\eta2 = 0.023$，说明被试的汉语熟悉度不影响其词汇判断的反应时。

因素 1×因素 2 的交互作用不具有统计显著性，$F(1, 54) = 2.387$，$p = 0.128$，$\eta2 = 0.042$，说明被试词汇判断的反应时未受到因素 1×因素 2 的影响。

6.1.3.2　正确率

运用两因素重复测量方差分析对被试词汇判断的正确率进行分析，得出结果见表 6-4。

表 6-4 双语 ERP 实验 5 的正确率(%)分析结果(N=56)

被试分类	语义无关组的正确率		语义相关组的正确率		语义无关组-语义相关组	
	MEAN	SD	MEAN	SD	MEAN	SD
熟悉汉语	94.42	6.22	98.77	2.21	-4.35	4.01
较熟悉汉语	92.48	3.86	98.12	2.27	-5.64	1.59

因素 1 语义关系的主效应具有统计显著性,F(1, 54)=59.657,$p < 0.001$,$\eta2=0.525$。结合表 6-4 可知,语义相关组的正确率显著高于语义无关组的正确率。

因素 2 被试类型的主效应不具有统计显著性,F(1, 54)=2.084,$p=0.155$,$\eta2=0.037$,说明被试的汉语熟悉度不影响其词汇判断的正确率。　因素 1×因素 2 的交互作用不具有统计显著性,F(1, 54)<1,$p=0.324$,$\eta2=0.018$,说明被试词汇判断的正确率未受到因素 1×因素 2 的影响。

6.1.3.3 ERP 数据

因伪迹等原因删除 4 个被试的 ERP 数据,52 名有效被试按照二语(汉语)水平分为两组,熟悉汉语组 21 人,较熟悉汉语组 31 人。语义无关和语义相关条件下,藏语目标词产生的 ERP 波形图见图 6-2。根据本实验的波形图,选择 220—350 ms、350—650 ms 和 650—1000 ms 的时间窗分别分析脑电成分 N250、N400 和 LPC。

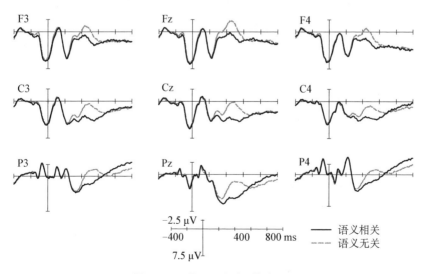

图 6-2 双语 ERP 实验 5 的波形图

一、220—350 ms 时间窗的分析

对五个脑区、两个半球的十个电极进行 $5 \times 2 \times 2 \times 2$ 的重复测量方差分析,发现语义关系的主效应具有统计显著性 ($F(1, 50) = 9.84$, $p < 0.01$, $\eta2 = 0.164$),语义无关条件比语义相关条件诱发了显著更大的 N250 波幅 ($2.38 \pm 0.30 \mu V$ vs. $2.82 \pm 0.28 \mu V$)。在熟悉汉语和较熟悉汉语组,语义无关条件都比语义相关条件诱发了显著更大的 N250 波幅,两组之间的差异不具有统计显著性。

对中线的五个电极进行 $5 \times 2 \times 2$ 的重复测量方差分析,发现语义关系的主效应具有统计显著性($F(1, 50) = 19.13$, $p < 0.01$, $\eta2 = 0.277$, $2.56 \pm 0.37 \mu V$ vs. $3.25 \pm 0.35 \mu V$),五个电极从前到后的波幅值分别是:$1.71 \pm 0.55 \mu V$ vs. $2.47 \pm 0.48 \mu V$;$1.95 \pm 0.48 \mu V$ vs. $2.78 \pm 0.43 \mu V$;$2.57 \pm 0.42 \mu V$ vs. $3.28 \pm 0.41 \mu V$;$3.38 \pm 0.39 \mu V$ vs $4.10 \pm 0.41 \mu V$;$3.20 \pm 0.38 \mu V$ vs. $3.60 \pm 0.43 \mu V$。语义无关条件比相关条件诱发了显著更大的 N250 波幅。

二、350—650m 时间窗的分析

对五个脑区、两个半球的十个电极进行 $5 \times 2 \times 2 \times 2$ 的重复测量方差分析,发现语义关系的主效应具有统计显著性($F(1, 50) = 86.98$, $p < 0.01$, $\eta2 = 0.635$, $0.84 \pm 0.26 \mu V$ vs. $2.58 \pm 0.24 \mu V$),语义无关条件比语义相关条件诱发了显著更大的 N400 波幅。语义关系和脑区的交互作用具有统计显著性($F(4,200) = 10.95$, $p < 0.05$, $\eta2 = 0.069$)。进一步的简单效应分析显示,在各个脑区语义无关条件都诱发了显著更大的波幅($ps < 0.01$, $0.55 \pm 0.39 \mu V$ vs. $1.90 \pm 0.33 \mu V$;$094 \pm 0.36 \mu V$ vs. $2.55 \pm 0.30 \mu V$;$1.52 \pm 0.31 \mu V$ vs. $3.34 \pm 0.29 \mu V$;$1.39 \pm 0.31 \mu V$ vs. $3.46 \pm 0.30 \mu V$;$-0.18 \pm 0.32 \mu V$ vs. $1.67 \pm 0.33 \mu V$),说明语义无关条件诱发了广泛分布的更大的 N400 波幅。在熟悉和较熟悉汉语组,语义无关条件都比相关条件诱发了更大的 N400 波幅,两组之间的差异不具有统计显著性。

对中线的五个电极进行 $5 \times 2 \times 2$ 的重复测量方差分析,发现语义关系的主效应具有统计显著性($F(1, 50) = 110.74$, $p < 0.01$, $\eta2 = 0.689$, $1.04 \pm 0.35 \mu V$ vs. $3.18 \pm 0.33 \mu V$),语义无关条件比相关条件诱发了显著更大的 N400 波幅。语义关系和中线电极的交互作用具有统计显著性($F(4,200) = 4.93$, $p < 0.05$, $\eta2 = 0.09$)。进一步的分析显示,在中线的五个位置上,语义无关条件都比相关条件诱发了显著更大的 N400 波幅($ps < 0.05$;$-0.60 \pm$

$0.47~\mu V$ vs. $1.04\pm0.41~\mu V$；$-0.28\pm0.42~\mu V$ vs. $1.69\pm0.40~\mu V$；$1.30\pm0.42~\mu V$ vs. $3.58\pm0.42~\mu V$；$2.44\pm0.43~\mu V$ vs $4.99\pm0.42~\mu V$；$2.35\pm0.42~\mu V$ vs $4.59\pm0.41~\mu V$）。

三、650—1000 ms 时间窗的分析

对五个脑区、两个半球的十个电极进行 $5\times2\times2\times2$ 的重复测量方差分析，发现语义关系的主效应具有统计显著性（$F(1, 50) = 5.41$，$p < 0.05$，$\eta2 = 0.10$），语义无关条件比相关条件诱发显著更大的 LPC 波幅（1.34 ± 0.23 vs. 0.84 ± 0.23）。语义关系和脑区的交互作用具有统计显著性（$F(4,200) = 6.19$，$p < 0.05$，$\eta2 = 0.112$）。进一步的简单效应分析结果显示，中后部和后部的语义关系效应具有统计显著性（$ps < 0.01$，中后部：1.21 ± 0.26 vs. $0.55\pm0.27~\mu V$；后部：-0.95 ± 0.30 vs. $-2.08\pm0.39~\mu V$），语义无关条件比相关条件诱发了显著更大的波幅。其他区域的语义关系效应不具有统计显著性。

对中线的五个电极进行 $5\times2\times2$ 的重复测量方差分析，发现语义关系的主效应不具有统计显著性（$F(1, 50) < 1$，2.25 ± 0.30 vs. $2.02\pm0.30~\mu V$），语义关系和中线电极的交互作用具有统计显著性（$F(4,200) = 5.20$，$p < 0.05$，$\eta2 = 0.096$）。进一步的简单效应分析发现，仅后部 PZ 电极的语义关系效应具有统计显著性（$p < 0.01$，1.98 ± 0.40 vs. $1.08\pm0.44~\mu V$），语义无关条件比相关条件诱发了显著更大的 LPC 波幅。

6.1.4　讨论

本实验采用 SOA 为 200 ms 的短时快速启动范式下的真假词判断任务。根据 Kiefer（2006,2007）、王瑞明等（2011）、李利等（2013）和宋娟等（2012,2013,2015）的研究，在被试对目标词的真假词判断任务中，启动词的词汇表征会被激活，而语义表征会被抑制。从本实验的反应时看，语义无关组的反应时显著长于语义相关组的反应时。说明启动词和目标词为翻译关系时，汉语启动词词汇表征的激活，促进了被试对藏语目标词词汇表征的认知加工提高了提取词汇表征的速度。从正确率看，语义无关组的正确率显著低于语义相关组的正确率。说明不仅不存在反应时和正确率的权衡现象，而且汉语启动词词汇表征的激活既提高了被试提取藏语目标词词汇表征的速度，又提高了正确率。

　　从脑电数据看,在 220—350 ms 的时间窗口,在所有 5 个脑区和中线所有五个电极点上,语义无关条件比语义相关条件都诱发了显著更大的 N250 波幅。语义无关条件诱发的广泛分布的更大的 N250 说明,在词汇判断任务中,语义相关条件组启动词词汇表征的激活显著降低了目标词词汇表征的提取难度。此外,在 350—650 ms 的时间窗口,在所有 5 个脑区和中线所有 5 个电极点上,语义无关条件比语义相关条件诱发了显著更大的 N400 波幅。这表明 N400 能反映词汇表征加工的认知功能,且进一步证实了语义相关条件组启动词词汇表征的激活促进了被试对目标词词汇表征的加工。

　　此外,由于被试类型的反应时、正确率、N250 和 N400 的主效应都不具有统计显著性,因此,被试的二语熟悉度没有显著影响其词汇判断的反应时、正确率、N250 和 N400 的平均波幅。但仔细观察较熟悉汉语组和熟悉汉语组的平均反应时和正确率,较熟悉汉语组中,语义无关组的反应时比语义相关组长 310.51 ms;熟悉汉语组中,语义无关组的反应时比语义相关组长 245.71 ms。可以发现汉语越熟悉,语义相关组和语义无关组的反应时差异有变小的趋势。同样,较熟悉汉语组中,语义无关组的正确率比语义相关组低 5.64%;熟悉汉语组中,语义无关组的正确率比语义相关组低 4.35%。可以发现汉语越熟悉,语义相关组和语义无关组的正确率差异也有变小的趋势。因此,从正确率和反应时看,在一定程度上可以说,汉语越熟悉,语义相关组的词汇启动效应有减弱的趋势。

　　综合以上分析可以推断,藏—汉双语者 L2 - L1 的词名层存在较强连接,且连接强度在一定程度上受二语(汉语)熟悉度的调节,汉语越熟悉,连接强度有减弱的趋势。

　　值得注意的是,在 650—1000 ms 的时间窗口,在中后部和后部脑区及中线 PZ 电极上,语义无关条件比语义相关条件诱发了显著更大的 LPC 波幅。LPC(late positive component)称为晚期正成分,是在 400—800 ms 左右出现的正波,Ma et al. (2017)认为,LPC 约始于 500 ms。LPC 是与记忆加工有关的成分,在回想或识别任务中经常出现(Johnson 1995; Rugg 1995)。在语言研究中 LPC 既与句法加工有关又与语义加工有关(Osterhout et al. 1992; Hagoort et al. 1993; Kaan et al. 2000; Hill et al. 2002; Kolk et al. 2003; Kandhada et al. 2010;夏全胜 2012)。Kolk et al. (2007)认为,LPC 常见于需要外显判断的任务中,是反映语义

整合的脑电指标。LPC 反映了被试对其所作的反应的监控,对其信息加工和所作决定的再分析。语义整合越困难,LPC 波幅越小。张珊珊等(2006)通过对比无意义字、非自由语素和单字词发现,无意义字的 LPC 最大,词的 LPC 小于无意义字,非自由语素的 LPC 最小,体现为任务难度、加工强度越大,LPC 成分的波幅越小。肖巍等(2016)采用 ERP 技术研究了中—英双语者在纯二语语境中加工二语词时,一语自动激活的位点与时间进程。在 SOA 为 700 ms 的条件下,肖巍等(2016)发现 LPC 既有词形,也有语义的启动效应。

本实验中语义无关条件比语义相关条件诱发了显著更大的 LPC 波幅。说明出现了标志晚期语义整合的 LPC 成分,产生了语义 LPC 效应。即单词由语义相关词启动时,其 LPC 波幅相比语义无关词启动时更小。这是因为语义相关词对更容易整合到大的语义网络之中,而语义无关词对的语义整合过于困难,需耗费过多认知资源,导致认知控制中枢放弃无关词对的强行整合。相比相关词对,无关词对进行语义整合时耗费的认知资源较少,故其 LPC 波幅相对较大(肖巍等 2016:241)。本实验得出了与肖巍等(2016)一致的研究结果。

6.2   双语 ERP 实验 6

6.2.1   实验目的

采用短时快速启动范式的真假词判断任务考察藏—汉双语者 L1 - L2 的词汇连接模式。

6.2.2   实验方法

6.2.2.1   被试

被试为西藏大学和西南交通大学的 55 名藏族大二和大三学生,本实验的被试与双语 ERP 实验 4 的被试基本相同。参加了双语 ERP 实验 4 的所有被试全部参加了本实验;有 2 名被试只参加了本实验,但没有参加双语 ERP 实验 4。所有被试母语均为藏语,且藏语高考成绩均≥110 分或已通过公共藏文等级考试四级。本实验依据被试的汉语高考成绩,把被试分为熟悉汉语组(A 组 23 人)和较熟悉汉语组(B 组 32 人)。

对 A、B 两组被试的汉语高考成绩进行独立样本 t‐检验,结果显示:t(53)＝10.505,p＜0.001。因此,A、B 两组被试汉语高考成绩的差异具有统计显著性,且 A 组被试的汉语高考成绩显著高于 B 组被试(参见表 6‐5)。这表明两组被试的汉语平均熟练程度存在显著差异。

表 6‐5　A、B 两组被试的汉语高考成绩分析表

A组汉语高考平均分		B组汉语高考平均分		A组－B组		
Mean	SD	Mean	SD	Mean	SE	p
111.41	7.27	88.66	8.36	22.76	2.17	.000

本实验所有 55 名被试中,男生 27 人,女生 28 人,平均年龄 20.96 岁(SD＝1.79)。所有被试进入大学前均一直在西藏或四川藏区生活,从幼儿园或小学阶段开始接触汉语,接触汉语的平均年龄为 7.49 岁(SD＝1.44)。平均接触或学习汉语 13.47 年(SD＝1.57),属于后期双语者。被试主观报告语言使用模式如下:小学阶段的教学语言 54 人主要为藏语,1 人主要为汉语;初中阶段的教学语言 12 人主要为藏语,43 人主要为汉语;高中阶段的教学语言 2 人主要为藏语,53 人主要为汉语;大学阶段的教学语言全部为汉语。与同学朋友交流时 55 人均报告更多使用藏语;与老师交流时 27 人更多用藏语,28 人更多用汉语;与家人交流时 55 人表示全部用藏语。因此总体上看,课堂教学语言中汉语使用多于藏语,但课堂教学语言之外,被试大多数交流以藏语为主。所有 55 名被试视力或矫正视力正常,无躯体和精神疾病,均为右利手者。

6.2.2.2　实验设计
同双语 ERP 实验 1。

6.2.2.3　SOA 取值
见表 6‐6。

6.2.2.4　实验材料
本实验由练习部分和正式实验部分组成(参见表 6‐6 和附件 6)。练习部分包括 8 个词对(启动词是藏语真词,目标词是汉语真词)和 8 个非词对(启动词是藏语真词,目标词是汉语假词)。8 个词对中有 4 个是翻译关系,即启动词是汉语目标词的藏语翻译对等词,另外 4 个是语义无关

词对,即启动词和它对应的目标词在语义上无关。正式实验包括填充组
102 个非词对(启动词是藏语真词,目标词是汉语假词)、51 个实验词对和
51 个控制词对。51 个实验词对中,启动词和目标词都是真词,且启动词
是汉语目标词的藏语翻译对等词。51 个控制词对中,启动词和目标词都
是真词,但藏语启动词和它对应的汉语目标词在语义上无关。本实验的
汉语真词和假词都是双字词,汉语假词的构造方法同双语 ERP 实验 4。
本实验的语义相关词比例同双语行为实验 1,都是 25%。本实验的假词
比例同双语 ERP 实验 4,都是 50%。

表 6-6 双语 ERP 实验 6 的材料

实验组成部分	SOA取值	实验材料分组	实验材料	启动词和目标词的语义关系	启动词和目标词的词性
练习部分	170 ms	练习组	8 个启动词—目标词词对;8 个启动词—目标词非词对	4 个词对为翻译关系,其余词对为语义无关	启动词均为藏语名词;目标词均为汉语名词或汉语假词。
正式实验部分	200 ms	实验组	51 个启动词—目标词词对	翻译关系	
	200 ms	控制组	51 个启动词—目标词词对	语义无关	
	170 ms	填充组	102 个启动词—目标词非词对	语义无关	

本实验的藏语启动词选自《藏语常用名词表》,汉语目标真词选自《现
代汉语语料库词语分词分类频率表》。尽量确保被试比较熟悉练习组和填
充组的真词,但没有控制影响被试对其识别速度的相关变量。实验组和
控制组启动词的音节数、字母数和熟悉度得分等三个变量得到了控制。
首先,实验组中每一个启动词和控制组中与之相对应的启动词的音节数
全部相等。其次,实验组中每一个启动词和控制组中与之相对应的启动
词的字母数完全相等(除两对词相差一个字母数,一对词相差四个字母数
外)。控制组和实验组启动词的字母数最小值都是 2,最大值都是 6,平均
字母数分别是 4.118 和 4.196。实验组和控制组启动词的熟悉度最小值
分别是 6.5238、6.0476,平均值分别是 6.7923、6.6574。这表明被试相
当熟悉实验组和控制组的所有启动词。

由于本实验不考察被试对启动词的判断速度,因此实验组的启动词
和控制组与之相对应的启动词的字母数和熟悉度得分只是大致相近,没

有严格匹配。实验组的所有目标词和控制组与之对应的目标词的笔画数、频数和熟悉度得分等三个变量都得到严格匹配。一是实验组的所有目标词和控制组与之对应的目标词的笔画数完全相等。二是实验组和控制组目标词频数的最小值分别是 109、115，平均值分别是 398.137、393.686。实验组所有目标词的频数和控制组与之对应的目标词的频数差异极小，平均值仅差 4.4510。配对样本 t-检验的显著性值（双尾）$p=$0.449，表明实验组和控制组目标词的频数都较高，且实验组和控制组目标词的频数差异不具有统计显著性。实验组的所有目标词和控制组与之对应的目标词的熟悉度得分都非常相近。控制组和实验组目标词的熟悉度得分平均值分别是 6.8077、6.8368。尽管控制组目标词的熟悉度平均得分比实验组目标词的熟悉度平均得分低 0.0291，但二者的差异不具有统计显著性，因为其配对样本 t-检验的显著性值（双尾）$p=0.201$。由于实验组和控制组目标词的熟悉度得分最小值分别是 6.50、6.43；平均值都至少高达 6.8077，这表明被试对实验组和控制组所有汉语目标词都非常熟悉。

6.2.2.5 实验程序

本实验的程序与双语 ERP 实验 5 基本相同，只是本实验中启动词是藏语词，目标刺激是汉语真词或假词。被试的实验任务是对目标刺激又快又准地做真假词判断：真词用左手食指按按键盒 1 键，假词用右手食指按按键盒 5 键。正式实验中需要完成 204 次词汇判断任务，被试完成前 102 次判断后休息 2 分钟，然后完成剩余 102 次判断。本实验持续约12—17 分钟。

6.2.2.6 脑电记录及 ERP 数据处理流程

同双语 ERP 实验 1。

6.2.3 实验结果与分析

6.2.3.1 反应时

本实验首先删除反应时小于 300 ms 的试次 0 个，大于 5000 ms 的试次 2 个，然后删除反应时小于 MD−3SD 的试次 0 个，大于 MD+3SD 的异常值 123。共删除 125 个试次，约占总试次的 2.29%。

本实验为两因素 ANOVA 设计。因素 1 语义关系是被试内变量，包括语义相关、语义无关两个水平;因素2被试类型是被试间变量,被试按其汉语熟悉度分为两组,熟悉汉语组23人,较熟悉汉语组32人。运用两因素重复测量方差分析对被试词汇判断的反应时进行分析,得出结果见表6-7和图6-3。

表6-7　双语ERP实验6的反应时(ms)分析结果(N=55)

被试分类	语义无关组的反应时		语义相关组的反应时		语义无关组-语义相关组	
	MEAN	SD	MEAN	SD	MEAN	SD
熟悉汉语	766.51	118.20	638.46	81.27	128.06	36.93
较熟悉汉语	853.56	136.33	714.91	100.50	138.65	35.83

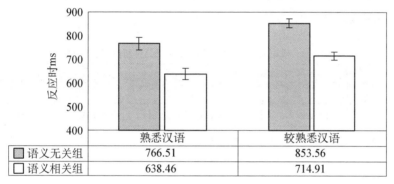

	熟悉汉语	较熟悉汉语
■ 语义无关组	766.51	853.56
□ 语义相关组	638.46	714.91

被试的汉语熟悉度

图6-3　双语ERP实验6的反应时统计图

因素1语义关系的主效应具有统计显著性,F(1,53)=171.878,$p < 0.001$,η2=0.764。结合表6-7和图6-3可知,语义相关组的反应时显著短于语义无关组的反应时。

因素2被试类型的主效应具有统计显著性,F(1,53)=7.931,$p=0.007$,η2=0.130,说明被试的汉语熟悉度影响了其词汇判断的反应时。对因素2进行事后检验分析,结果发现熟悉汉语组的反应时为702.49 ms(SE=22.14 ms);较熟悉汉语组的反应时为784.24 ms(SE=18.77 ms),前者比后者短81.75 ms(SE=29.03 ms),$p=0.007$。因此,熟悉汉语组的反应时显著短于较熟悉汉语组(参见表6-8)。

表6-8　双语 ERP 实验6 熟悉汉语和较熟悉汉语组的反应时(ms)分析结果(N＝55)

较熟悉汉语组所有语义无关和相关词的反应时		熟悉汉语组所有语义无关和相关词的反应时		较熟悉汉语组－熟悉汉语组		
MEAN	SE	MEAN	SE	Mean	SE	p
784.24	18.77	702.49	22.14	81.75	29.03	.007

因素1×因素2的交互作用不具有统计显著性,F(1, 53)＜1, p＝0.605,$\eta2$＝0.005,说明被试词汇判断的反应时未受到因素1×因素2的影响。

6.2.3.2　正确率

运用两因素重复测量方差分析对被试词汇判断的正确率进行分析,得出结果见表6-9。

表6-9　双语 ERP 实验6 的正确率(%)分析结果(N＝55)

被试分类	语义无关组的正确率		语义相关组的正确率		语义无关组－语义相关组	
	MEAN	SD	MEAN	SD	MEAN	SD
熟悉汉语	95.74	2.81	99.06	1.30	－3.33	1.51
较熟悉汉语	95.65	3.62	98.90	2.68	－3.25	0.94

因素1语义关系的主效应具有统计显著性,F(1, 53)＝81.237,p＜0.001,$\eta2$＝0.605。结合表6-9可知,语义相关组的正确率显著高于语义无关组的正确率。

因素2被试类型的主效应不具有统计显著性,F(1, 53)＜1, p＝0.853,$\eta2$＝0.001,说明被试的汉语熟悉度不影响其词汇判断的正确率。

因素1×因素2的交互作用不具有统计显著性,F(1, 53)＜1, p＝0.916,$\eta2$＜0.001,说明被试词汇判断的正确率未受到因素1×因素2的影响。

6.2.3.3　ERP 数据

因伪迹等原因删除3个被试的 ERP 数据,52名有效被试按照二语(汉语)水平分为两组,熟悉汉语组22人,较熟悉汉语组30人。语义无关和语义相关条件下,汉语目标词产生的 ERP 波形图见图6-4。根据本实验的波形图,选择150—300 ms、300—600 ms 和 600—800 ms 的时间窗分别分析脑电成分 P200、N400 和 LPC。

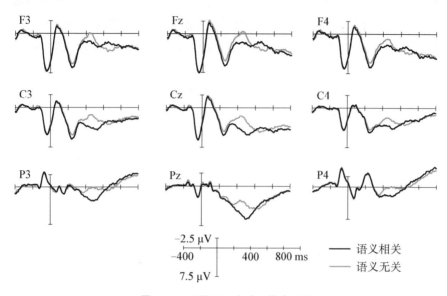

图 6‑4　双语 ERP 实验 6 的波形图

一、150—300 ms 时间窗的分析

对五个脑区、两个半球的十个电极进行 $5 \times 2 \times 2 \times 2$ 的重复测量方差分析,发现语义关系的主效应具有统计显著性(F(1, 50)＝9.254, $p <$ 0.01, $\eta 2 = 0.156$),语义无关条件比语义相关条件诱发了显著更小的 P200 波幅(2.47±0.28 μV vs. 2.89±0.27 μV)。语义关系和其他因素的交互作用不具有统计显著性。不存在组间的交互作用,熟悉和较熟悉汉语组的差异不具有统计显著性。

对中线的五个电极进行 $5 \times 2 \times 2$ 的重复测量方差分析,发现语义关系的主效应具有统计显著性(F(1, 50)＝13.95, $p < 0.01$, $\eta 2 = 0.218$),语义无关条件比相关条件诱发了显著更小的 P200 波幅(2.85±0.33 μV vs. 3.47±0.30 μV)。语义关系和其他因素的交互作用不具有统计显著性。

二、300—600 ms 时间窗的分析

对五个脑区、两个半球的十个电极进行 $5 \times 2 \times 2 \times 2$ 的重复测量方差分析,发现语义关系的主效应具有统计显著性($F(1, 50) = 40.27$, $p < 0.01$, $\eta2 = 0.446$),语义无关条件比语义相关条件诱发了显著更大的 N400 波幅($1.82 \pm 0.28\,\mu V$ vs. $2.88 \pm 0.23\,\mu V$)。语义关系、脑区和半球的三重交互作用在 5% 的显著性水平下不具有统计显著性,但在 10% 的显著性水平下具有统计显著性($F(4, 200) = 2.56$, $p = 0.068$, $\eta2 = 0.049$)。进一步的简单效应分析显示,左右脑区的语义关系效应都具有统计显著性($ps < 0.05$)。此外,不存在组间的交互作用,熟悉和较熟悉汉语组的差异不具有统计显著性。

对中线的五个电极进行 $5 \times 2 \times 2$ 的重复测量方差分析,发现语义关系的主效应具有统计显著性($F(1, 50) = 43.26$, $p < 0.01$, $\eta2 = 0.464$),语义无关条件比相关条件诱发了显著更大的 N400 波幅($2.36 \pm 0.35\,\mu V$ vs. $3.77 \pm 0.29\,\mu V$)。语义关系和中线电极的交互作用具有统计显著性($F(4, 200) = 4.51$, $p < 0.01$, $\eta2 = 0.083$)。进一步的简单效应分析显示,在五个电极上,语义无关条件均比相关条件诱发了显著更大的波幅($ps < 0.01$;FZ:$1.20 \pm 0.50\,\mu V$ vs. $2.17 \pm 0.42\,\mu V$;FCZ:$1.27 \pm 0.43\,\mu V$ vs. $2.56 \pm 0.36\,\mu V$;CZ:$2.45 \pm 0.38\,\mu V$ vs. $4.03 \pm 0.34\,\mu V$;CPZ:$3.57 \pm 0.39\,\mu V$ vs. $5.23 \pm 0.35\,\mu V$;PZ:$3.31 \pm 0.40\,\mu V$ vs. $4.88 \pm 0.41\,\mu V$)。

三、600—800 ms 时间窗的分析

对五个脑区、两个半球的十个电极进行 $5 \times 2 \times 2 \times 2$ 的重复测量方差分析,发现语义关系的主效应具有统计显著性($F(1, 50) = 7.47$, $p < 0.01$, $\eta2 = 0.13$),语义无关条件比语义相关条件诱发了显著更大的 LPC 波幅($2.33 \pm 0.29\,\mu V$ vs. $1.79 \pm 0.25\,\mu V$)。此外,没有交互作用具有统计显著性($ps > 0.05$)。

对中线的五个电极进行 $5 \times 2 \times 2$ 的重复测量方差分析,发现语义关系的主效应在 5% 的显著性水平下不具有统计显著性,但在 10% 的显著性水平下具有统计显著性($F(1, 50) = 3.74$, $p = 0.059$, $3.78 \pm 0.37\,\mu V$ vs. $3.32 \pm 0.32\,\mu V$)。语义关系和中线电极的交互作用在 5% 的显著性水平下不具有统计显著性,但在 10% 的显著性水平下具有统计显著性($F(4, 200) = 2.79$, $p < 0.082$, $\eta2 = 0.053$)。进一步的简单效应分析显示,仅前部 FZ 电极的语义关系效应具有统计显著性($p < 0.01$, $3.28 \pm$

0.48 μV vs. 2.41±0.41 μV),语义无关条件比语义相关条件诱发了显著更大的 LPC 波幅。

6.2.4　讨论

本实验采用 SOA 为 200 ms 的短时快速启动范式下的真假词判断任务。根据 Kiefer(2006,2007)、王瑞明等(2011)、李利等(2013)和宋娟等(2012,2013,2015)的研究,在被试对目标词的真假词判断任务中,启动词的词汇表征会被激活,而语义表征会被抑制。从本实验的反应时看,语义无关组的反应时显著长于语义相关组的反应时。说明启动词和目标词为翻译关系时,藏语启动词词汇表征的激活促进了被试对汉语目标词词汇表征的提取。从正确率看,语义无关组的正确率显著低于语义相关组的正确率。说明不仅不存在反应时和正确率的权衡现象,而且藏语启动词词汇表征的激活,既提高了被试提取汉语目标词词汇表征的速度,又提高了正确率。

从脑电数据看,在 150—300 ms 的时间窗口,在所有 5 个脑区和中线所有五个电极点上,语义无关条件比语义相关条件诱发了显著更小的 P200 波幅。有研究发现,以视觉输入刺激进行的词汇加工能够诱发 P200。该成分开始于 150 ms,结束于 275 ms 并在 200 ms 达到顶峰,主要分布在额中部和顶枕叶(Kong et al. 2012;谢敏等 2016：114)。P200 成分作为一种内源性成分,其反映的词汇认知加工的内容和过程目前仍然存在较大争论。总的来说,在外文的词汇加工研究中,P200 成分探讨的不多,其与字形和语音的联系没有得到广泛认可。但 P200 被认为是汉字字形加工和语音加工的指标。中文词汇加工研究结论比较一致:P200 同时反应了字形和语音的加工,及词汇水平和亚词汇水平的加工(Chen et al. 2007;谢敏等 2016)。当然也有研究认为 P200 与语义加工有关(刘涛等 2008;陈士法等 2016)。

由于本实验采用了 SOA 为 200 ms 的短时快速启动范式下的真假词判断任务,因此启动词的词汇表征会被激活,而语义表征会被抑制。所以本实验的 P200 应该更可能反映了词形和语音加工。也就是藏语启动词词汇表征的激活,促进了被试对汉语目标词词汇表征的提取。表现在语义相关条件比语义无关条件诱发了波幅更大的 P200。这符合王渊博等

(2017)和 Chen et al.(2007)的研究发现。王渊博等(2017)采用跨语言中介启动范式,探讨了非熟练汉—维双语者非目标语言语音激活与语义激活状态的差异。结果发现,L2－L1 启动方向下,语音相关词对比无关词对诱发的 P200 波幅更大,潜伏期更长。Chen et al.(2007)采用语音判断任务,即靶词是否含有某个韵母,考察字形、语音(同音异义)、语义启动的加工进程。结果发现对于高频词,字形启动诱发了更小的 P200(颞叶中央),而没有发现语音启动效应。然而对于低频词,字形启动诱发了更小的 P200(额叶中央),语音启动诱发了更大的 P200(颞叶和额叶),即波幅更大。上述研究者认为,P200 同时反映了字形和语音的加工。虽然在高频词中并没有发现语音启动的 P200 效应,但这可能是因为高频字自身的语音加工速度很快,使语音启动效应变得非常微弱,这也在后续的研究中得到了进一步证实(Zhang et al. 2009;Kong et al. 2010,2012)。

除 P200 外,在 300—600 ms 的时间窗口,在所有 5 个脑区和中线所有五个电极点上,语义无关条件比语义相关条件都诱发了显著更大的 N400 波幅。这表明 N400 能反映词汇表征加工的认知功能,且进一步证实了语义相关组启动词词汇表征的激活促进了被试对目标词词汇表征的认知加工。反应时、正确率、P200 和 N400 等指标一致表明,当藏语启动词和汉语目标词为翻译关系时,藏语启动词词汇表征的激活,促进了被试对汉语目标词词汇表征的提取,实验中产生了跨语言的词汇启动效应,因此藏—汉双语者 L1－L2 的词名层存在较强连接。

本实验的反应时分析中,被试类型的主效应具有统计显著性,也就是被试的汉语熟悉度影响了其词汇判断的反应时。熟悉汉语组被试对语义无关和相关组所有目标词的平均反应时显著短于较熟悉汉语组被试对语义无关和相关组所有目标词的平均反应时。但在熟悉汉语组和较熟悉汉语组,语义无关条件都比语义相关条件的反应时显著更长,正确率显著更低,语义关系和被试类型两者没有出现交互作用。对于熟悉汉语和较熟悉汉语的两组被试,语义无关条件都诱发了显著更大的 N400 和显著更小的 P200 波幅。因此可以推断,藏—汉双语者 L1－L2 的词名层存在较强连接,且连接强度不受二语(汉语)熟悉度的调节。

此外,在 600—800 ms 的时间窗口,本实验在所有 5 个脑区和中线 FZ 电极上,语义无关条件比语义相关条件诱发了显著更大的 LPC 波幅。这说明出现了标志晚期语义整合的 LPC,产生了语义 LPC 效应。

6.3　双语 ERP 实验 5、6 的差异波比较

为了对比考察藏语词名层到汉语词名层(L1－L2)的连接强度和汉语词名层到藏语词名层(L2－L1)的连接强度,本节将进一步分析两个不同启动方向下语义无关条件和语义相关条件所诱发的差异波(语义无关条件的脑电波幅－语义相关条件的脑电波幅),主要通过比较两条差异波的平均波幅考察两个方向下启动效应的大小。

6.3.1　双语 ERP 实验 5、6 的差异波分析

双语 ERP 实验 5、6 的差异波波形图见图 6－5。根据波形图,本研究选择 180—280 ms 和 300—600 ms 的时间窗,对两个实验的差异波的平均波幅进行重复测量方差分析。尽管在 650—1000 ms 的时间窗,两个

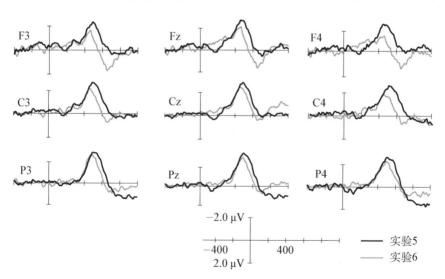

图 6‐5　双语 ERP 实验 5、6 的差异波波形图

实验的 LPC 效应也存在一定差异,但 LPC 主要反映有意识的语义整合过程,本书将在第八章第七节集中讨论。本节在比较跨语言的词汇启动效应大小时,不比较两个实验诱发的 LPC 效应。实验 5、6 的差异波分析结果如下:

一、180—280 ms 时间窗的分析

在五个脑区、两个半球的十个电极上,两个实验的语义关系效应差异具有统计显著性 (F(1, 51)＝5.31,$p < 0.05$,$\eta2 = 0.14$,－0.01±0.11 μV vs.－0.34±0.12 μV),实验 5 差异波的平均波幅值比实验 6 显著更大。不存在语义关系效应和脑区的交互作用($p > 0.1$),说明在两个实验中语义关系效应的脑区分布是相同的。

在中线的五个电极上,两个实验的语义关系效应差异具有统计显著性 (F(1, 51)＝8.48,$p < 0.05$,$\eta2 = 0.143$,－0.02±0.12 μV vs.－0.53±0.15 μV),实验 5 差异波的平均波幅值比实验 6 显著更大。不存在语义关系效应和中线电极的交互作用($p > 0.1$)。

二、300—600 ms 时间窗的分析

在五个脑区、两个半球的十个电极上,两个实验的语义关系效应差异具有统计显著性 (F(1, 51)＝7.12,$p < 0.05$,$\eta2 = 0.122$,－1.68±0.18 μV vs.－1.08±0.16 μV),实验 5 差异波的 N400 波幅显著更大。不存在语义关系效应和脑区的交互作用($p > 0.1$),说明在两个实验中语义关系效应的脑区分布是相同的。

在中线的五个电极上,两个实验的语义关系效应差异具有统计显著性 (F(1, 51)＝6.84,$p < 0.05$,$\eta2 = 0.118$,－2.17±0.20 μV vs.－1.44±0.21 μV),实验 5 差异波的 N400 波幅显著更大。不存在语义关系效应和中线电极的交互作用($p > 0.1$)。

6.3.2 双语 ERP 实验 5、6 的差异波讨论

从双语 ERP 实验 5 和 6 差异波的对比分析可以发现,在时间窗 180—280 ms,实验 5 的差异波波幅值更大,而实验 6 的差异波波幅值更小。总共 15 个电极中(5 个脑区的 10 个电极和中线 5 个电极),实验 5 的平均波幅是－0.01 μV,而实验 6 是－0.40 μV(参见表 6-10)。值得注意的是,两个实验诱发的 ERP 成分极性也不一样,实验 5 是 N250,实验 6

是 P200。由于实验 5 差异波波幅值的绝对值小于实验 6 差异波波幅值的绝对值,因此单看这一时间窗两条差异波的波幅差异,实验 6 中产生的启动效应比实验 5 更大。但实际上实验 5 和 6 差异波的主要区别在 300—600 ms 的时间窗。在该时间窗,两个实验诱发的都是 N400,极性相同。在 5 个脑区和中线总共 15 个电极上,实验 5 的平均波幅是 - 1.84 μV,而实验 6 是 - 1.20 μV。单独看 300—600 ms 时间窗差异波的波幅差异,实验 5 差异波的平均波幅比实验 6 显著更大,说明与实验 6 相比,实验 5 的语义无关条件比语义相关条件诱发了显著更大的 N400 波幅。因此可以推断实验 5 的启动效应大于实验 6。

表 6 - 10 双语 ERP 实验 5、6 差异波的平均波幅

实验编号	启动条件	180—280 时间窗 5 脑区平均波幅	180—280 时窗中线 5 电极平均波幅	180—280 时窗 15 电极总平均波幅	300—600 时窗 5 脑区平均波幅	300—600 时窗中线 5 电极平均波幅	300—600 时窗 15 电极总平均波幅
5	汉—藏	- 0.01 μV	- 0.02 μV	- 0.01 μV	- 1.68 μV	- 2.17 μV	- 1.84 μV
6	藏—汉	- 0.34 μV	- 0.53 μV	- 0.40 μV	- 1.08 μV	- 1.44 μV	- 1.20 μV

如果把两个时间窗的差异波放在一起进行比较,可以发现,在 180—280 ms 的时间窗,实验 5 差异波的总平均波幅的绝对值只比实验 6 差异波的总平均波幅的绝对值小 0.39 μV,但在 300—600 ms 的时间窗,实验 5 差异波的总平均波幅的绝对值却比实验 6 差异波的总平均波幅的绝对值大 0.64 μV。考虑到两个时间窗持续时间的长短和两个实验差异波平均波幅的差异大小,本研究推断:实验 5 的启动效应总体上大于实验 6。当然,直接观察图 6 - 5 也可以获得这一结论。

此外,实验 6 的 P200 效应从 150 ms 就开始了,从启动效应的持续时间看,这要比实验 5 的 N250 早 70 ms。但实验 6 的 N400 到 600 ms 结束,而实验 5 的 N400 到 650 ms 才结束,因此持续时间比实验 6 长 50 ms。也就是说,两个实验没有参与比较的那部分启动效应,从平均波幅差异大小和持续时间长短看,实验 5 的启动效应至少不会比实验 6 显著更小。由于实验 5 的启动效应总体上大于实验 6,因此 L2 - L1 的启动效应显著大于 L1 - L2 的启动效应,而且这一结果不受二语(汉语)熟悉

度的调节。显然,这并不完全符合 RHM 的预期。

值得注意的是,实验 5 的启动词是汉语词,实验 6 的启动词是藏语词。藏语为被试的 L1,汉语为 L2。被试完成实验后,本人通过电话和书面问卷的形式详细调查了所有被试的语言水平,并请被试利用 7 点量表自评了藏、汉两种语言的综合水平,结果见表 6-11。其中藏语水平平均分为 5.69,汉语水平平均分为 4.92。相比之下,被试的藏语更好。藏语水平在"好"和"相当好"两档之间,并且比较接近"相当好"的程度,而汉语水平则位于"一般"和"好"两档之间,非常接近"好"的水平。也就是说在其他条件等同的情况下,被试提取藏语词汇表征的速度应该更快,正确率应该更高。

表 6-11　被试的词汇熟悉度、语言水平及词汇判断的反应时和正确率

目标词类型	实验编号	目标词数	被试数	总平均反应时	正确率	启动词熟悉熟	语言水平
藏语目标词	实验 5	51	56	1023.97	93.59	6.83	藏 5.69(SD＝0.61)
汉语目标词	实验 6	51	55	817.16	95.69	6.79	汉 4.92(SD＝0.68)

除了语言水平这一因素外,被试提取词汇表征的速度显然也会受到词汇熟悉度的影响,相同条件下,被试对启动词越熟悉,他们提取其词汇表征的时间就会越短,正确率越高。虽然被试的藏、汉两种语言的水平或熟悉度差异较为显著,但两个实验中被试对启动词的熟悉度差异却不具有统计显著性($p > 0.1$)(参见表 6-11)。因此如果只考虑词汇熟悉度这一指标,被试提取藏语和汉语词汇表征的速度应该大致相同,正确率应该没有显著差异。

除了语言水平和词汇熟悉度之外,还有一个因素需要考虑。实验 6 中,实验组的藏语启动词的平均音节数是 1.84 个,平均字母数是 4.20 个,而实验 5 中实验组的汉语启动词均为单字或双字词,平均笔画数为 12.67 画。由于汉、藏两种文字的不同特点,他们在词形、拼写等正字法方面的差异也可能导致被试提取一种语言的启动词的速度快于提取另一种语言的启动词。本研究统计了双语 ERP 实验 5 和 6 中,被试提取语义无关组目标词的反应时和正确率(参见表 6-11)。其中所有 56 名被试对 51 个藏语词词汇判断的总平均反应时是 1023.97 ms,正确率高达

双语者心理词汇的语义表征和词汇连接模式研究

200

93.59%；所有 55 名被试对 51 个汉语词词汇判断的总平均反应时是 817.16 ms，正确率 95.69%。单从以上词汇判断的反应时和正确率看，被试提取汉语词汇表征的速度明显更快，正确率则没有太大差异。

尽管两个实验中的启动词和目标词完全不同，但从被试提取目标词的情况，也大致能推测他们提取启动词的情况。也就是，其他条件相同的情况下，被试提取汉语词词汇表征的速度快于提取藏语词词汇表征的速度。因此，综合考虑被试的语言熟悉度、词汇熟悉度和他们提取藏汉两种词汇表征的速度差异，本研究推测被试提取汉语启动词词汇表征的速度快于提取藏语启动词词汇表征的速度。这意味着在 200 ms 的短 SOA 条件下，被试可能激活汉语启动词词汇表征的程度比激活藏语启动词词汇表征的程度更深。但是，由于双语 ERP 实验 5、6 的语义无关条件都比语义相关条件诱发了更大的 LPC 波幅。这说明在 200 ms 的短 SOA 条件下，藏语和汉语启动词的词汇表征都得到了充分激活（需要说明的是，尽管双语 ERP 实验 5 和 6 中都产生了 LPC 效应，但为了便于进行实验间的比较分析，本书将在第八章第七节集中讨论 LPC 效应，并得出结论：短时快速启动范式下，词汇判断任务产生 LPC 的前提之一是被试能充分提取启动词的词汇表征）。也就是说，尽管藏语启动词词汇表征激活的速度可能比汉语慢，但在 200 ms 的短 SOA 条件下，藏语启动词的词汇表征也得到了充分激活。藏语启动词对汉语目标词的词汇启动效应可能不会随着 SOA 的变长而进一步增加。因此 L2 - L1 的启动效应显著大于 L1 - L2 的启动效应不是由于 SOA 太短，藏语启动词的词汇表征没有得到充分激活而造成的，而是由于两个方向的启动效应，两个方向上词名层的连接强度本来就有差异。

6.4　本章讨论

本章包括 2 个 ERP 实验，实验目的是考察藏—汉双语者两种心理词汇在词名层的连接模式。从 2 个实验的分析和讨论看，藏、汉两种心理词汇的词名层在两个不同方向均存在较强连接。即 L1 - L2 和 L2 - L1 词名层的连接都具有较大强度。且 L2 - L1 的启动效应显著大于 L1 - L2 的启动效应，因此 L2 - L1 词名层的连接强度显著大于 L1 - L2 词名层的连接强度。

藏语为被试的母语,因此非常熟悉;汉语是被试的第二语言,由于学习时间较早,使用场合多,被试对汉语也相当熟悉。两个实验选取的被试包括熟悉汉语和较熟悉汉语两个层次。被试的二语水平总体上较高,即使是较熟悉汉语的被试,他们也基本都能用汉语进行正常的日常交流。甚至对一部分被试而言,汉语可能已经取代藏语成为他们的优势语言。因为被试的汉语自评水平总体上已比较接近藏语母语,而且在完成本研究的语义判断和词汇判断实验任务中,被试对汉语词的反应时更短,正确率更高,而对藏语词的反应时普遍更慢,正确率也相对更低。虽然被试的一语和二语,尤其是二语水平已经相当高了,但双语词名层在两个方向都仍然存在较强连接。尽管从正确率和反应时看,在一定程度上可以说,汉语越熟悉,L2‐L1 的词名层连接强度有减弱的趋势,但 L1‐L2 和 L2‐L1 词名层的连接强度总体上不受被试二语水平的调节。被试二语水平的提高没有导致 L1‐L2 和 L2‐L1 词名层启动效应显著减小,连接强度显著减弱。这一结论与 RHM 的预期是矛盾的。本书将在第九章分析、探讨这一现象背后的原因。

此外,从本章的两个词汇判断实验可知,能反映藏、汉两种心理词汇词汇表征加工的脑电成分主要有 P200、N250 和 N400。这再次证实了P200、N250、N400 等脑电成分可以反映词形和/或语音的自动加工过程,尤其是两个实验中的 N400 成分反映的不是语义整合过程,因为反映语义整合的是更晚的 LPC 成分。

6.5   本章小结

藏—汉双语者两种心理词汇的词名层在两个方向上都存在较强连接。尽管在一定程度上可以说,汉语越熟悉,L2‐L1 的词名层连接强度有减弱的趋势,但 L1‐L2 和 L2‐L1 词名层的连接强度总体上不受被试二语熟悉度的调节。

L2‐L1 词名层的连接强度显著大于 L1‐L2 词名层的连接强度。

P200、N250 和 N400 可以反映藏—汉双语者两种心理词汇词汇表征加工的认知过程。

第七章

藏—汉—英三语者心理词汇的语义表征模式研究

本章共设计三个行为实验和三个 ERP 实验,即三语行为实验 1、2、3 和三语 ERP 实验 1、2、3,考察藏—汉—英三语者心理词汇的语义表征模式。

7.1 三语行为实验 1

7.1.1 实验目的

采用跨语言的短时快速启动范式下的语义归类任务考察藏—汉—英三语者 L3 和 L2 词汇的语义表征模式。

7.1.2 实验方法

7.1.2.1 *被试*

被试为青海民族大学的 37 名藏族大二和大三在校本科学生。所有被试的母语均为藏语,藏语高考平均成绩为 113 分,最低分 50,最高分 146。汉语高考平均成绩为 125 分,最低分 90,最高分 147,因此所有被试都相当或非常熟悉汉语。所有被试均为青海民族大学外国语学院藏、汉、英三语翻译专业的学生,都已经顺利通过了大学英语四级考试,部分已经顺利通过大学英语六级考试。所有被试大学英语四级考试的平均成绩是 474 分,最低分 425,最高分 664。本实验依据被试的大学英语四级考试成绩将被试分为熟悉英语组(A 组 16 人)和不熟悉英语组(B 组 21 人)。

对 A、B 两组被试的大学英语四级考试成绩进行独立样本 t-检验,结果显示：t(35)=4.832，p<0.001。因此，A、B两组被试英语四级考试成绩的差异具有统计显著性，且A组被试的考试成绩显著高于B组被试(参见表7-1)。这表明两组被试的英语平均熟悉程度存在显著差异。

表7-1　A、B两组被试的大学英语四级考试成绩分析表

A组四级考试平均分		B组四级考试平均分		A组—B组		
Mean	SD	Mean	SD	Mean	SE	p
521.78	69.76	436.92	9.43	84.86	17.56	.000

本实验所有37名被试中，男生6人，女生31人，平均年龄21.59岁(SD=1.17)。所有被试进入大学前均一直在青海、四川、西藏或云南藏区生活。幼儿园或小学阶段开始学习汉语，开始学习汉语的平均年龄为7.22岁(SD=1.53)，平均学习汉语14.38年(SD=1.66)；从小学或初中阶段开始学习英语，开始学习英语的平均年龄为11.62岁(SD=2.23)，平均学习英语9.97年(SD=2.60)，属于后期双语者。被试主观报告语言使用模式如下：小学阶段的教学语言33人主要为藏语，3人主要为汉语，1人报告其教学语言藏汉各占50%；初中阶段的教学语言29人主要为藏语，8人主要为汉语；高中阶段的教学语言24人主要为藏语，13人主要为汉语；大学阶段30人报告主要教学语言为汉语，其次是英语，最后是藏语，7人报告主要教学语言为英语，其次是汉语，最后是藏语。与同学朋友交流时34人报告更多使用藏语，3人报告更多使用汉语；与老师交流时29人更多用藏语，其次是汉语，最后是英语；7人更多用汉语，其次是藏语，最后是英语；1人更多用汉语，其次是英语，最后是藏语。与家人交流时36人更多用藏语，1人既不用藏语，也不用汉语，而是用土语①。因此总体上看，课堂教学语言中藏语比汉语使用更多一些，且课堂教学语言外，被试大多数交流也以藏语为主，英语在课堂内外使用都非常少。所有37名被试视力或矫正视力正常，无躯体和精神疾病，均为右利手者。

7.1.2.2　实验设计

本实验包括三个因素，因素1为语义关系，有语义相关、语义无关2

---

① 这里的土语是当地方言、藏语和汉语等三种语言或方言的混合语，其中藏语比汉语成分多一点。

个水平;因素 2 为 SOA,有 5 个水平(38 ms、50 ms、100 ms、150 ms、200 ms);因素 3 为被试类型,有熟悉英语、不熟悉英语 2 个水平。各水平组的大学英语四级考试平均成绩详见 **7.1.2.1 节**。因此,本实验为 2×5×2 的 ANOVA 设计。其中,因素 1、2 为被试内变量,因素 3 为被试间变量。因变量为被试完成语义归类任务的反应时和正确率。

7.1.2.3 SOA 取值

见表 7 - 2。

表 7 - 2 三语行为实验 1 的材料[①]

实验组成部分	SOA取值	实验材料分组	实验材料	启动词和目标词的语义关系	启动词和目标词的词性
练习部分	170 ms	练习组	10 对启动词—目标词词对	语义无关	
正式实验部分	38 ms	实验组 1	10 对启动词—目标词词对	翻译关系	启动词均为英语名词;目标词均为汉语名词。
		控制组 1	10 对启动词—目标词词对	语义无关	
	50 ms	实验组 2	10 对启动词—目标词词对	翻译关系	
		控制组 2	10 对启动词—目标词词对	语义无关	
	100 ms	实验组 3	10 对启动词—目标词词对	翻译关系	
		控制组 3	10 对启动词—目标词词对	语义无关	
	150 ms	实验组 4	10 对启动词—目标词词对	翻译关系	
		控制组 4	10 对启动词—目标词词对	语义无关	
	200 ms	实验组 5	10 对启动词—目标词词对	翻译关系	
		控制组 5	10 对启动词—目标词词对	语义无关	
	170 ms	填充组	90 对启动词—目标词词对	语义无关	

7.1.2.4 实验材料

本实验和随后的几个实验需要选择一定数量的英语词汇作为实验材料。目前各类英语词频词典虽然较多,但据笔者所知,针对中国学生的特点来编写的却很少。仅有陆永岗等主编并于 2003 年出版的《英语高频词辞典》。该书是结合我国高等学校英语教学的实际情况,针对中国学生的

---

① 本实验中,练习组和填充组的所有启动词均只呈现 150 ms,然后呈现掩蔽刺激"♯♯♯♯♯♯♯♯♯"20 ms;"实验组 5"和"控制组 5"的所有启动词均只呈现 180 ms,然后呈现掩蔽刺激"♯♯♯♯♯♯♯♯♯"20 ms。

特点来编写的。全书共列举 8000 个英语高频词汇,适合大学英语四、六级考生、研究生以及公共英语等级考试中的四级和五级。此外,国内还出版发行了专门针对大学英语四级、大学英语六级、英语专业四级、英语专业八级、考研英语、雅思、托福和 GRE 等各类考试的词汇书。但这些词汇书和陆永岗等主编的《英语高频词辞典》都没有按照英语单词的使用频率进行明确排序,因此不便于筛选。而本研究中,英语不熟悉的藏—汉—英三语被试可能对其中相当一部分词语并不熟悉。考虑到被试均已完成高中阶段的英语学习。因此大多数被试对高中阶段必须掌握的英语词汇理论上应该相对比较熟悉。本研究各实验的英语选词首先从《高中英语新课程标准词汇表》选择,即教育部颁布的《普通高中英语课程标准》中要求我国普通高中学生掌握的 3500 个英语单词,以下简称《新课标词汇表》,选自该表的英语词汇则简称新课标词。此外,为了进一步扩大英语选词的范围,本研究各实验也选入了少量被试相对熟悉,但《新课标词汇表》没有收录的常见英语高频词汇。

目前英国国家语料库(BNC,British National Corpus)和美国当代英语语料库(COCA,Corpus of Contemporary American English)的影响都很大。我国目前使用的大多数英语词频表都来源于 BNC。BNC 的开发机构权威,语料规模达 30 亿以上文字,而且可从网站下载频率排位在前 15000 的高频常用词。但 BNC 语料来自 1919 至 1982 年,较为陈旧,词汇重复较多,比如"help"、"helps"、"helped"会作为不同词汇在词频表中重复出现,而且没有标注词性。COCA 是本世纪美国最大语言学研究项目"美国当代英语词汇研究"的直接成果,是当前针对美国英语的大型历时语料平衡的网络语料库,其地位相当于影响深远的 BNC。COCA 收集了 1990—2012 年美国最有代表性的报纸、杂志、小说、电影、电视节目、学术、电话记录和面对面谈话记录等口语语料,生成了 4.5 亿单词量的语料库,根据使用时间、文献性质等采用统计学方法进行分类统计。总体而言,COCA 具有以下五个特征。一是语料较新;二是语料样本量大;三是标注了词性;四是频率表中,重复词汇较少;五是频率排位在前 5000 的高频词汇可免费下载使用(仅供学术研究用)。鉴于此,本研究各实验的英语选词将主要依据《新课标词汇表》,同时参考 COCA 频率排位在前 5000 的高频词。

　　现在来看本实验的材料(参见表 7-2 和附件 7)。本实验材料包括 1 个练习组、1 个填充组、5 个控制组和 5 个实验组。其中练习组 10 个语义无关词对(启动词和目标词既无语义,也无语音联系)。填充组 90 个语义无关词对。每个控制组 10 个语义无关词对,5 个控制组共计 50 个语义无关词对。练习组、填充组和控制组共计 150 个语义无关词对。每个实验组 10 个语义相关词对(启动词和目标词互为翻译对等词)。5 个实验组共计 50 个语义相关词对。本实验的语义相关词比例同双语行为实验 1,都是 25%。5 个控制组和 5 个实验组所有试次的 SOA 水平分别为 38 ms、50 ms、100 ms、150 和 200 ms,练习组和填充组所有试次的 SOA 水平均为 170 ms,见表 7-2。所有词对中,启动词均为英语名词,全部选自《新课标词汇表》或被试比较熟悉的 COCA 频率排位在前 5000 的词汇。所有目标词均为汉语名词,全部选自《现代汉语语料库词语分词类频率表》中频率排位在前 8885 的双字名词。尽量确保被试熟悉所有练习组及填充组的启动词和目标词,但没有控制影响被试对其识别速度的相关变量。

　　每个 SOA 水平下,实验组的所有启动词和控制组与之相对应的启动词中,影响被试识别速度的音节数、字母数等变量都得到了控制(参见表 7-3)。根据表 7-3 的描述统计,5 个实验组和 5 个控制组中所有启动词的音节数最小值是 1,最大值是 3,组平均音节数最大值是 1.80;字母数最小值是 3,最大值是 9,组平均字母数最大值是 5.80;COCA 频率排位最小值是 174,最大值是 3512,组平均 COCA 频率排位最大值是 1748.60。此外,5 个实验组和 5 个控制组的所有启动词中,除了实验组 2 的"writer"和控制组 4 的"chip"两个词外,其余都是新课标词。在筛选"author"(新课标词)和"writer"(非新课标词)时,笔者采访了 10 名被试,所有受访被试一致认为更熟悉"writer"而不是"author"。因此本实验最终采用了"writer"。同样,被试对"chip"也比较熟悉。这表明 5 个实验组和 5 个控制组都没有选择音节数和字母数较多可能引起被试识别困难的启动词。所有启动词均是美国当代英语的高频词汇,且被试可能都比较熟悉,能在较短时间内提取其语义表征。

表 7-3 三语行为实验 1 启动词的描述统计

SOA 水平	启动词的变量名称	个数	最小值	最大值	平均值	标准偏差
38 ms	控制组 1 启动词的音节数	10	1	3	1.80	0.92
	实验组 1 启动词的音节数	10	1	3	1.70	0.82
	控制组 1 启动词的字母数	10	4	9	5.70	1.95
	实验组 1 启动词的字母数	10	4	9	5.70	1.95
	控制组 1 启动词的 COCA 排位	10	464	3035	1646.90	867.73
	实验组 1 启动词的 COCA 排位	10	268	2947	1292.50	760.76
50 ms	控制组 2 启动词的音节数	10	1	3	1.60	0.70
	实验组 2 启动词的音节数	10	1	3	1.70	0.82
	控制组 2 启动词的字母数	10	4	7	5.60	1.08
	实验组 2 启动词的字母数	10	4	7	5.60	1.08
	控制组 2 启动词的 COCA 排位	10	174	3512	1748.60	1220.31
	实验组 2 启动词的 COCA 排位	10	189	3336	1455.60	1206.68
100 ms	控制组 3 启动词的音节数	10	1	3	1.80	0.63
	实验组 3 启动词的音节数	10	1	2	1.60	0.52
	控制组 3 启动词的字母数	10	4	9	5.80	1.40
	实验组 3 启动词的字母数	10	4	9	5.80	1.40
	控制组 3 启动词的 COCA 排位	10	242	3069	1526.40	861.19
	实验组 3 启动词的 COCA 排位	10	230	1868	1293.20	524.37
150 ms	控制组 4 启动词的音节数	10	1	3	1.60	0.84
	实验组 4 启动词的音节数	10	1	3	1.60	0.84
	控制组 4 启动词的字母数	10	3	9	5.60	1.96
	实验组 4 启动词的字母数	10	3	9	5.60	1.96
	控制组 4 启动词的 COCA 排位	10	537	2659	1426.70	737.95
	实验组 4 启动词的 COCA 排位	10	290	2718	1179.00	799.19
200 ms	控制组 5 启动词的音节数	10	1	3	1.70	0.82
	实验组 5 启动词的音节数	10	1	3	1.70	0.82
	控制组 5 启动词的字母数	10	3	8	5.70	1.70

SOA 水平	启动词的变量名称	个数	最小值	最大值	平均值	标准偏差
	实验组 5 启动词的字母数	10	3	8	5.60	1.84
	控制组 5 启动词的 COCA 排位	10	225	2714	1565.80	810.98
	实验组 5 启动词的 COCA 排位	10	383	2777	1283.10	833.62

本实验中，虽然 5 个实验组的所有启动词和 5 个控制组与之对应的启动词的音节数、字母数、COCA 频率排位和是否是新课标词等四个变量没有全部进行严格匹配，但 5 个实验组的所有目标词和 5 个控制组与之对应的目标词的笔画数、频数和熟悉度得分等三个变量都得到了严格匹配。首先，5 个实验组中，仅有 SOA100 和 SOA200 两组各有一个目标词和与之相对应的控制组目标词的笔画数相差 1 画，其他各词对的笔画数完全相等。配对样本 t-检验的显著性值（双尾）p 均为 0.343，这表明 SOA100 和 SOA200 这两个实验组的目标词和与之相对应的控制组目标词的笔画数差异都不具有统计显著性。其次，5 个实验组的所有目标词和与之相对应的控制组目标词的频数差异都非常小。配对样本 t-检验的显著性值（双尾）p 分别为 0.969、0.844、0.838、0.799、0.536。这表明各实验组目标词和与之相对应的控制组目标词的频数差异不具有统计显著性。第三，5 个实验组的所有目标词和与之相对应的控制组目标词的熟悉度得分差异都非常小，配对样本 t-检验的显著性值（双尾）p 分别为 0.910、0.688、0.838、1.000、0.558。这表明各实验组目标词和与之相对应的控制组目标词的熟悉度得分的差异不具有统计显著性。5 个实验组和 5 个控制组目标词的熟悉度得分最小值分别是 6.43、6.57，这表明被试对 5 个实验组和 5 个控制组的所有汉语目标词都非常熟悉。

7.1.2.5　实验程序

本实验的实验程序同双语行为实验 1，但本实验的启动词是英语词，目标词是汉语词。在本实验的正式实验部分需做语义归类判断 190 次，被试完成前 95 次判断后休息 2 分钟，然后完成其余 95 次判断。本实验持续时间约 13—18 分钟。

7.1.3 实验结果与分析

7.1.3.1 反应时

本实验首先删除反应时小于 300 ms 的试次 0 个,大于 5000 ms 的试次 38 个,然后删除反应时小于 MD－3SD 的试次 0 个,大于 MD＋3SD 的试次 1 个。共删除异常值 39 个,约占总试次的 1.10%。

本实验为三因素 ANOVA 设计。因素 1 语义关系是被试内变量,包括语义相关、语义无关两个水平;因素二 SOA 也是被试内变量,包括 38、50、100、150、200 ms 等五个水平;因素 3 被试类型是被试间变量,被试按其英语熟悉度分为两组,熟悉英语组 16 人,不熟悉英语组 21 人。运用三因素重复测量方差分析对被试语义判断的反应时进行分析,得出结果见表 7－4。

表 7－4   三语行为实验 1 的反应时(ms)分析结果(N＝37)

SOA 水平	被试分类	语义无关组反应时		语义相关组反应时		语义无关组－语义相关组	
		MEAN	SD	MEAN	SD	MEAN	SD
SOA38	熟悉英语组	1115.85	193.60	1069.23	247.45	46.62	－53.85
	不熟悉英语组	1075.39	256.68	988.96	253.79	86.43	2.89
SOA50	熟悉英语组	1089.89	268.87	1128.13	328.66	－38.24	－59.79
	不熟悉英语组	1134.27	326.58	1086.90	205.06	47.37	121.52
SOA100	熟悉英语组	1112.79	270.07	1058.13	312.10	54.66	－42.03
	不熟悉英语组	1010.18	251.34	1064.93	331.25	－54.75	－79.91
SOA150	熟悉英语组	1009.29	243.95	941.63	311.08	67.66	－67.13
	不熟悉英语组	1019.47	287.53	863.96	177.66	155.51	109.87
SOA200	熟悉英语组	952.06	230.69	1071.96	321.90	－119.9	－91.21
	不熟悉英语组	888.10	177.32	1001.63	227.92	－113.53	－50.60

因素 1 语义关系的主效应不具有统计显著性,$F(1, 35) = 0.670$,$p = 0.419$,$\eta2 = 0.019$,说明语义关系不影响被试语义判断的反应时。

因素 2SOA 水平的主效应具有统计显著性,$F(4, 140) = 10.288$,$p < 0.001$,$\eta2 = 0.227$,说明 SOA 水平影响了被试语义判断的反应时。

因素 3 被试类型的主效应不具有统计显著性，F(1, 35) < 1，$p = 0.568$，$\eta2 = 0.009$，说明被试的英语熟悉度不影响其语义判断的反应时。

因素 1×因素 3 的交互作用不具有统计显著性，F(1, 35) < 1，$p = 0.498$，$\eta2 = 0.013$，说明被试语义判断的反应时未受到因素 1×因素 3 的影响。因素 2×因素 3 的交互作用不具有统计显著性，F(4, 140) < 1，$p = 0.754$，$\eta2 = 0.013$，说明被试语义判断的反应时也未受到因素 2×因素 3 的影响。

因素 1×因素 2 的交互作用具有统计显著性，F(4, 140) = 6.004，$p = 0.001$，$\eta2 = 0.146$，说明被试语义判断的反应时受到了因素 1×因素 2 的影响。对语义关系进行简单效应分析发现，只有 SOA 为 150 ms 和 200 ms 时，语义相关组和语义无关组反应时的差异才具有统计显著性（参见表 7-5 和图 7-1）。并且出现 SOA 为 150 ms 时，语义无关组的反应时显

表 7-5　三语行为实验 1 不同 SOA 水平的反应时(ms) 分析结果(N = 37)

SOA 水平	语义无关组的反应时		语义相关组的反应时		语义无关组 - 语义相关组		
	MEAN	SE	MEAN	SE	MEAN	SE	P
SOA38	1095.62	38.45	1029.10	41.66	66.53	42.15	.124
SOA50	1112.08	50.31	1107.51	44.00	4.56	37.22	.903
SOA100	1061.48	43.06	1061.53	53.62	−0.05	32.69	.999
SOA150	1014.38	44.75	902.80	40.48	111.58	33.08	.002
SOA200	920.08	33.50	1036.80	45.16	−116.72	30.18	.000

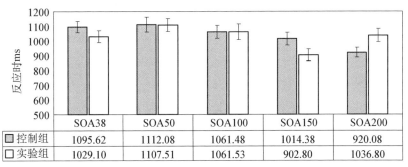

图 7-1　三语行为实验 1 不同 SOA 水平的反应时统计图

著长于语义相关组,但 SOA 为 200 ms 时,语义相关组的反应时却显著长于语义无关组。

因素 1×因素 2×因素 3 的交互作用不具有统计显著性,F(4, 140) = 1.327, p = 0.263, η2 = 0.037,说明被试语义判断的反应时未受到因素 1×因素 2×因素 3 的影响。

7.1.3.2 正确率

运用三因素重复测量方差分析对被试语义判断的正确率进行分析,得出结果见表 7 - 6。

表 7 - 6 三语行为实验 1 的正确率(%)分析结果(N=37)

SOA 水平	被试分类	语义无关组的正确率		语义相关组的正确率		语义无关组 - 语义相关组	
		MEAN	SD	MEAN	SD	MEAN	SD
SOA38	熟悉英语组	91.88	5.44	98.75	3.42	− 6.88	2.02
	不熟悉英语组	93.81	7.40	98.57	3.59	− 4.76	3.81
SOA50	熟悉英语组	97.50	4.47	98.13	5.44	− 0.63	− 0.97
	不熟悉英语组	97.14	5.61	97.62	4.36	− 0.48	1.24
SOA100	熟悉英语组	98.75	3.42	90.63	9.29	8.12	− 5.87
	不熟悉英语组	97.62	4.36	90.48	8.05	7.14	− 3.69
SOA150	熟悉英语组	95.00	6.32	99.38	2.50	− 4.38	3.82
	不熟悉英语组	97.14	4.63	99.05	3.01	− 1.90	1.62
SOA200	熟悉英语组	96.88	6.02	97.50	4.47	− 0.63	1.55
	不熟悉英语组	98.10	4.02	94.76	5.12	3.33	− 1.09

因素 1 语义关系的主效应不具有统计显著性,F(1, 35) < 1, p = 0.835, η2 = 0.001,说明语义关系不影响被试语义判断的正确率。

因素 2 SOA 水平的主效应具有统计显著性,F(4, 140) = 5.977, p < 0.001, η2 = 0.146,说明 SOA 水平影响了被试语义判断的正确率。

因素 3 被试类型的主效应不具有统计显著性,F(1, 35) < 0.001, p = 0.990, η2 < 0.001,说明被试的英语熟悉度不影响其语义判断的正确率。

因素 1×因素 3 的交互作用不具有统计显著性,F(1, 35) = 2.403,

$p=0.130$，$\eta2=0.064$，说明被试语义判断的正确率未受到因素 1×因素 3 的影响。

因素 2×因素 3 的交互作用不具有统计显著性，F(4，140)＜1，$p=0.708$，$\eta2=0.015$，说明被试语义判断的正确率也未受到因素 2×因素 3 的影响。

因素 1×因素 2 的交互作用具有统计显著性，F(4，140)＝16.068，$p<0.001$，$\eta2=0.315$，说明被试语义判断的正确率受到了因素 1×因素 2 的影响。对语义关系进行简单效应分析发现，SOA 为 38 ms、100 ms 和 150 ms 时，语义无关组和语义相关组正确率的差异均具有统计显著性(参见表 7-7)。并且出现 SOA 为 100 ms 时，语义无关组的正确率显著高于语义相关组，但是 SOA 为 38 ms 和 150 ms 时，语义相关组的正确率显著高于语义无关组。

表 7-7　三语行为实验 1 不同 SOA 水平下语义无关和相关组的正确率(%)分析(N=37)

SOA 水平	语义无关组的正确率		语义相关组的正确率		语义无关组-语义相关组		
	MEAN	SE	MEAN	SE	MEAN	SE	P
SOA38	92.84	1.10	98.66	0.58	-5.82	1.34	.000
SOA50	97.32	0.86	97.87	0.81	-0.55	0.97	.573
SOA100	98.19	0.66	90.55	1.43	7.63	1.75	.000
SOA150	96.07	0.90	99.21	0.47	-3.14	1.02	.004
SOA200	97.49	0.83	96.13	0.81	1.35	0.96	.165

因素 1×因素 2×因素 3 的交互作用不具有统计显著性，F(4，140)＜1，$p=0.669$，$\eta2=0.017$，说明被试语义判断的正确率未受到因素 1×因素 2×因素 3 的影响。

7.1.4　讨论

本实验采用了 SOA 小于或等于 200 ms 的短时快速启动范式下的语义归类任务。根据 Kiefer(2006,2007)、王瑞明等(2011)、李利等(2013)和宋娟等(2012,2013,2015)的研究，启动词的语义信息会被激活，与语义归类任务无关的语音和词形等词名层信息会被抑制。从本实验的反应时

和正确率看,有如下特征:

一、当 SOA＝38 ms 时,语义无关组和语义相关组反应时的差异不具有统计显著性,但语义无关组的正确率显著低于语义相关组的正确率。这说明英语启动词语义表征的激活虽然没有提高被试提取汉语目标词语义表征的速度,但是提取汉语目标词语义表征的正确率得到了提高,因此产生了跨语言的语义启动效应。

二、当 SOA＝50 ms 时,语义无关组和语义相关组反应时的差异不具有统计显著性,且语义无关组和语义相关组正确率的差异也不具有统计显著性。这说明英语启动词语义表征的激活既没有提高被试提取汉语目标词语义表征的速度,也没有提高正确率,因此没有产生语义启动效应。

三、当 SOA＝100 ms 时,不仅语义无关组和语义相关组反应时的差异不具有统计显著性,而且语义无关组的正确率显著高于语义相关组的正确率。这说明英语启动词语义表征的激活不仅没有提高被试提取汉语目标词语义表征的速度,反而降低了提取汉语目标词语义表征的正确率,因此没有产生语义启动效应。

四、当 SOA＝150 ms 时,不仅语义无关组的反应时显著长于语义相关组的反应时,而且语义无关组的正确率显著低于语义相关组的正确率。这说明英语启动词语义表征的激活不仅提高了被试提取汉语目标词语义表征的速度,而且提高了正确率,因此产生了显著的语义启动效应。

五、当 SOA＝200 ms 时,语义无关组的反应时显著短于语义相关组的反应时,且语义无关组和语义相关组正确率的差异不具有统计显著性。这说明语义无关组的更短反应时不是以牺牲正确率为代价的,英语启动词语义表征的激活不仅没有提高,反而降低了被试提取汉语目标词语义表征的速度,而且也没有提高正确率,因此实验中没有产生任何语义启动效应。

显然,5 个 SOA 条件下实验得出了相互矛盾的结果。矛盾背后的原因可能是什么呢? 首先,这种不一致的结果不应该是 SOA 的大小差异造成的,或者说不仅仅是 SOA 的大小差异造成的,因为实验可以在 SOA 38 ms 和 SOA 150 ms 条件下发现语义启动效应,却不能在更长的 SOA 200 ms 条件下发现语义启动效应。问题的根源可能有两个。一个是实验未能严格控制影响启动词和目标词识别速度的某一个或某些相关变量;另一个可能是词汇语义的不稳定性问题。

　　本实验设计中,严格匹配了实验组和控制组目标词的笔画数、频数和词汇熟悉度得分;实验组的所有启动词和与之相对应的控制组启动词的音节数、字母数和 COCA 频率排位差异都很小。所有启动词除"writer"和"chip"两个被试较为熟悉的非新课标词外,其余都是新课标词。据笔者所知,在双语尤其是三语词汇表征研究中,能同时控制、匹配启动词和目标词上述相关变量的实验设计已经相当少了。但这并不意味着所有应当控制的相关变量都得到了严格控制。首先,本实验同现有绝大多数研究一样,采用 7 点量表评估被试的词汇熟悉度。这种评估法可能具有一定的主观性和随意性。第二,本实验的启动词和目标词既包括单词素词,也包括多词素词。所谓词素即构成词的最小语音语义结合体。单词素词由一个词素构成。多词素词由两个及以上词素构成。目前已有不少研究发现,词素是影响多词素加工的重要因素之一(陈士法 2009;张玲燕 2013;邹丽娟 2013;张北镇 2015a,2015b)。学界对多词素词的认知研究主要有三种观点。一是词素分解存储模型:多词素词以词素分解的形式存储,词素表征先激活,然后才是整词通达(Taft et al. 1975;Taft et al. 1986)。二是整词存储模型:多词素词以整词形式存储,刺激输入直接激活整词表征完成词汇识别(Manelis et al. 1977)。三是混合表征模型:既存在词素表征,也存在整词表征,词汇识别是二者激活的相互作用(Caramazza et al. 1988;Taft 1994;Peng et al. 1998;Clahsen 1999;Pinker et al. 2002)。对中文多词素词而言,王春茂等(1999)提出了分解存储模型;Zhou et al.(1994)提出了多层聚类表征模型;彭聃龄等(1999)提出了内外联接模型。但据笔者所知,目前尚无任何双语心理词汇的语义表征和词汇连接模式实验研究控制了词素频率这一变量。同样,本实验也没有控制该变量。第三,不少研究发现语义透明度影响多词素词的加工。臧传丽等(2012)认为语义透明度是复合词的特有属性。陈曦等发现,一般情况下,词素具有优先激活的趋势。识别语义透明词,词素表征先激活,通过扩散整合成整词表征;识别语义不透明词,不能经由词素表征扩散到整词表征。位于视觉输入与语义表征之间的选择过滤层会重新调整能量分配方案,减少整词通道的阻抑,加大词素通道的阻抑,使整词通道获得更多能量,从而激活整词表征(陈曦等 2005;陈曦等 2006;王娟等 2014：769）。所谓语义透明词是指词素与整词语义一致，整词的语义可以经由词素提供词义线索，如动词"拍打"。所谓语义不透明词是指词素与整词的语义无明显相关，整词语义不能经由整合词素语义获得，如动词"关照"（王娟等 2014：770）。王春茂等（1999，2000）发现语义透明词的词素促进整词的加工；语义不透明词的词素抑制整词的加工。王文斌（2001）、高兵等（2005）、王娟等（2014）发现识别语义透明词显著快于语义不透明词；识别高语义透明度的词快于识别低语义透明度的词；词素的构词频率影响低语义透明度词的识别，但不影响高语义透明度词的识别。可见，不少学者认为多词素词的词汇通达会受到语义透明度和词素构词频率的影响。尽管如此，据笔者所知，目前学界没有双语心理词汇的语义表征和词汇连接模式实验研究控制了语义透明度这一变量。同样，本实验设计也没有控制实验选词的语义透明度。第四，尽管被试应当对《新课标词汇表》的词汇相当熟悉，但实际上是否每个被试都同样熟悉所有实验组和控制组的英语启动词，本实验在设计时，并没有对此严格量化。未能同时控制并严格匹配所有相关变量的主要原因是该类实验设计需要控制的变量多达十个以上，因此很难全部控制，但也因此使得同类实验研究由于实验设计的不完全一致而可能出现不一致甚至矛盾的研究结果。

上述 5 个 SOA 条件下实验得出相互矛盾结果的另一个原因可能是词汇语义的不稳定性问题。根据体验哲学的心智体验性原则，人的范畴、概念、推理及心智形成于人的身体经验，特别是人的感觉运动系统。人在经验、行为中产生概念、范畴、语义。语言反映的现实结构是心智的产物，心智则是身体经验的产物。人类想象力极其丰富，思维高度发达，认知方式多种多样，可从多种不同视角认识事件、事体、空间等的不同特征、不同部分，并进行相应词汇化。所以，大脑提取、组织心理词汇和人感知、认识世界紧密相关（杜鹃 2009：52）。刘利民（2008）认为，概念语的语义涉及主客观两方面及主客观互动，是多维度的、复杂的。概念语词的核心语义为所有人共享，但其语义不是单一核心定义元素的集合，而是这个集合与文化特异性、个体指向性和时空动态性构成的多维认知图式。因此，不同的认知主体，不同的认知视角，不同的时空环境，可能产生不同的概念化、范畴化和词汇化过程。不同认知主体的心理词汇网络及概念网络结构既具有人类普遍的认知共性，又具有独特的认知个性。所以启动实验中,被试不只是被动地提取目标词的语义,而是在不同时空环境动态地构建目标词的意义。对任意一组启动词和目标词而言,即使双语者的语言水平没有显著差异,被试 A 可能有强度很大的语义联系,B 只有强度较小的语义联系,而 C 的语义联系可能更加微弱。因此,不管是不同的被试采用不同的实验材料,还是相同的被试采用不同的实验材料,不同的被试采用相同的实验材料,甚至是相同的被试、相同的实验材料,相同的实验设计,但被试完成实验任务的时空环境不同,都可能会得出不一致甚至相互矛盾的研究结果。

尽管可能有上述原因,但由于本实验采用了 SOA 多点测试法,并在 SOA38 ms 和 SOA150 ms 条件下,发现了跨语言的语义启动效应,因此仍可以推断藏—汉—英三语者英、汉心理词汇的语义表征共同存储。此外,本实验中被试三语(英语)的熟悉度既不影响反应时,也不影响正确率,因此,英、汉两种心理词汇的语义表征不受三语熟悉度的调节。

7.1.5 实验结果的重新组合分析

与双语行为实验 1 一样,本实验中的 5 个实验组可以合并视为一个新实验组,5 个控制组合并视为一个新控制组。在新实验组和新控制组中,虽然 SOA 的取值有 5 个水平(38、50、100、150、200 ms),但新实验组中任何一个试次和新控制组中与之相对应的试次的 SOA 水平是完全相同的。因此,这就可以构成一个新的实验,新实验中实验组和控制组的 SOA 为具有不同水平的短 SOA,因为所有 SOA 都在 38—200 ms 之间(参见表 7 - 8)。

表 7 - 8 三语行为实验 1 新组实验的材料

实验组成部分	SOA取值	实验材料分组	实验材料	启动词和目标词的语义关系	启动词和目标词的词性
练习部分	170 ms	练习组	10 个启动词—目标词对	语义无关	
正式实验部分	38—200 ms	新实验组	50 个启动词—目标词对	翻译关系	启动词均为英语名词;目标词均为汉语名词。
	38—200 ms	新控制组	50 个启动词—目标词对	语义无关	
	170 ms	填充组	90 个启动词—目标词对	语义无关	

新组实验中,新实验组的所有 60 个启动词和新控制组与之相对应的 60 个启动词中,影响被试识别速度的音节数、字母数等变量都得到了控制。一是新实验组所有启动词和新控制组与之相对应的启动词的音节数完全相等(除四对词有 1—2 个音节数的差异外)。新实验组和新控制组启动词音节数的最小值都是 1,最大值都是 3;平均音节数分别是 1.660、1.680,二者差异微小。二是新实验组所有启动词和新控制组与之相对应的启动词的字母数完全相等(仅有两对词有 1 个字母数的差异)。新实验组和新控制组启动词的字母数最小值都是 3,最大值都是 9。新实验组和新控制组启动词字母数的平均值分别是 5.660、5.640,二者差异微小。新实验组和新控制组启动词的 COCA 频率排位最大值分别是 3336、3512,平均值分别是 1300.680、1582.880,这表明新实验组和新控制组所有启动词均是美国当代英语中的高频词汇。新控制组所有启动词中仅有"chip"不是新课标词,但被试对该词比较熟悉;新实验组所有启动词中除"writer"外全都是新课标词。如前所述,被试对"writer"也相当熟悉。因此被试对于新实验组和新控制组所有启动词都应该比较熟悉。

新实验组的所有目标词和新控制组与之对应的目标词的笔画数、频数和熟悉度得分等三个因素都得到严格匹配。一是新实验组的所有目标词和新控制组与之对应的目标词的笔画数完全相等(仅有两对词有 1 画的差异)。新实验组和新控制组目标词的笔画数最小值都是 9,最大值都是 20,平均值都是 14.300。两组目标词笔画数的配对样本 t-检验显著性值(双尾)$p=1.000$。二是新实验组的所有目标词和新控制组与之对应的目标词的频数严格匹配。新实验组和新控制组目标词的频数最小值分别是 122、120。平均值分别是 509.100、508.080,二者差异极小。配对样本 t-检验显著性值(双尾)$p=0.853$。表明二者的差异不具有统计显著性。新实验组的所有目标词和新控制组与之对应的目标词的熟悉度得分都非常相近。新控制组和新实验组目标词的熟悉度得分平均值分别是 6.8371、6.8486。尽管新控制组目标词的熟悉度平均得分比新实验组目标词的熟悉度平均得分低.0115,但二者的差异不具有统计显著性,因为其配对样本 t-检验的显著性值(双尾)$p=0.626$。由于新实验组和新控制组目标词的熟悉度得分最小值分别是 6.43、6.57,平均值都至少高达 6.8371,这表明被试对新实验组和新控制组所有汉语目标词都非常熟悉。

在分析新组实验的反应时之前,首先删除反应时小于 300 ms 的试次 0 个,大于 5000 ms 的试次 38 个,然后删除反应时小于 MD−3SD 的试次 0 个,大于 MD+3SD 的试次 84 个。共删除异常值 122 个,约占总试次的 3.42%。

重新组合后的实验只有两个因素,即因素 1 语义关系和因素 2 被试类型。运用两因素重复测量方差分析对新组实验被试语义判断的反应时进行分析,得出结果见表 7−9 和图 7−2。

表 7−9　三语行为实验 1 新组实验的反应时(ms)分析结果(N=37)

被试分类	语义无关组的反应时		语义相关组的反应时		语义无关组−语义相关组	
	MEAN	SD	MEAN	SD	MEAN	SD
熟悉英语组	1004.96	197.14	1008.92	263.89	−3.96	−66.76
不熟悉英语组	981.16	212.11	948.68	177.28	32.48	34.83

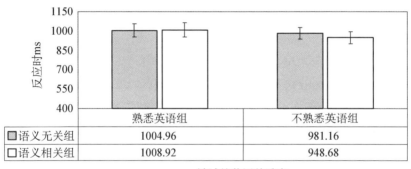

图 7−2　三语行为实验 1 新组实验的反应时统计图

因素 1 语义关系的主效应不具有统计显著性,$F(1, 35) < 1$, $p = 0.388$, $\eta2 = 0.021$,说明语义关系不影响被试语义判断的反应时。

因素 2 被试类型的主效应不具有统计显著性,$F(1, 35) < 1$, $p = 0.544$, $\eta2 = 0.011$,说明被试的英语熟悉度不影响其语义判断的反应时。

因素 1×因素 2 的交互作用不具有统计显著性,$F(1, 35) = 1.248$, $p = 0.272$, $\eta2 = 0.034$,说明被试语义判断的反应时未受到因素 1×因素 2 的影响。

运用两因素重复测量方差分析对新组实验被试语义判断的正确率进

行分析,得出结果见表 7 - 10。

表 7 - 10　三语行为实验 1 新组实验的正确率(%)分析结果(N＝37)

被试分类	语义无关组的正确率		语义相关组的正确率		语义无关组－语义相关组	
	MEAN	SD	MEAN	SD	MEAN	SD
熟悉英语组	96.00	2.31	96.88	2.83	－ 0.88	－ 0.52
不熟悉英语组	96.76	2.72	96.10	2.72	0.66	0

因素 1 语义关系的主效应不具有统计显著性,F(1, 35) ＜ 1,$p =$ 0.835,$\eta2 = 0.001$,说明语义关系不影响被试语义判断的正确率。

因素 2 被试类型的主效应不具有统计显著性,F(1, 35) ＜ 1,$p =$ 0.990,$\eta2 ＜ 0.001$,说明被试的英语熟悉度也不影响其语义判断的正确率。

因素 1×因素 2 的交互作用不具有统计显著性,F(1, 35) ＝ 2.403,$p ＝ 0.130$,$\eta2 ＝ 0.064$,说明被试语义判断的正确率未受到因素 1×因素 2 的影响。

由于新组实验采用了 SOA 小于或等于 200 ms 的语义判断任务,根据 Kiefer(2006,2007)、王瑞明等(2011)、李利等(2013)和宋娟等(2012, 2013,2015)的研究,在被试对目标词的语义归类任务中,启动词的语义信息会被激活,与语义归类任务无关的语音和词形等词名层信息会被抑制。

根据以上重组分析,从反应时看,语义无关组和语义相关组反应时的差异不具有统计显著性。说明启动词和目标词为翻译关系时,英语启动词语义表征的激活,不能显著激活汉语目标词的语义表征,降低被试对汉语目标词语义加工的难度。从正确率看,语义无关组和语义相关组正确率的差异不具有统计显著性。说明不存在反应时和正确率的权衡现象,英语启动词语义表征的激活确实不能促进被试对汉语目标词的语义加工,实验中没有产生跨语言的语义启动效应。但是不能仅根据新组实验的分析结果,就推断藏—汉—英三语者英语词名层不能直接通达共享语义表征,英、汉心理词汇的语义表征独立存储。新组实验中没有产生跨语言的语义启动效应可能有两种情况:一是藏—汉—英三语者的英语词名层不能直接通达共享语义表征,英、汉两种心理词汇的语义表征确实是独立存储；二是藏—汉—英三语者的英语词名层能直接通达共享语义表征，但由于实验设计等原因而未能发现。如果把新组实验看成一个独立于三语行为实验 1 的一个全新实验，不难发现，两个实验的被试和实验材料完全相同，但实验结果却相互矛盾。这表明 SOA 的设置确实非常关键，它不仅决定实验结果是否受到有意识的策略加工影响，而且决定实验中能否产生启动效应。

7.2　三语 ERP 实验 1

7.2.1　实验目的

同三语行为实验 1。

7.2.2　实验方法

7.2.2.1　被试

本实验的被试为青海民族大学外国语学院藏汉英三语翻译专业的 39 名藏族大二和大三在校本科学生以及青海民族大学外国语学院的 2 名藏汉英三语教师。所有被试的母语均为藏语，藏语高考平均成绩为 114 分，最低分 50，最高分 146；汉语高考平均成绩为 125 分，最低分 90，最高分 147，因此所有被试都相当或非常熟悉汉语。所有被试都已经顺利通过了大学英语四级考试，部分已顺利通过大学英语六级考试。两名藏汉英三语教师被试均毕业于青海师范大学外国语学院，并顺利通过了英语专业八级考试。所有被试大学英语四级考试的平均成绩是 483 分，最低分 425，最高分 689。本实验依据被试的大学英语四级考试成绩将被试分为熟悉英语组（A 组 19 人）和不熟悉英语组（B 组 22 人）。

对 A、B 两组被试的大学英语四级考试成绩进行独立样本 t -检验，结果显示：$t(39)=5.254$，$p<0.001$。因此，A、B 两组被试英语四级考试成绩的差异具有统计显著性，且 A 组被试的考试成绩显著高于 B 组被试（参见表 7 - 11）。这表明两组被试的英语平均熟悉程度存在显著差异。

表 7-11　A、B 两组被试的大学英语四级考试成绩分析表

A组四级考试平均分		B组四级考试平均分		A组-B组		
Mean	SD	Mean	SD	Mean	SE	p
536.46	82.24	436.79	9.23	99.67	18.97	.000

本实验所有 41 名被试中,男生 8 人,女生 33 人,平均年龄 22.02 岁(SD＝2.31)。所有被试进入大学前均一直在青海、四川、西藏或云南藏区生活。幼儿园或小学阶段开始学习汉语,开始学习汉语的平均年龄为 7.20 岁(SD＝1.52),平均学习汉语 14.83 年(SD＝2.54)。从小学或初中阶段开始学习英语,开始学习英语的平均年龄为 11.83 岁(SD＝2.40),平均学习英语 10.20 年(SD＝2.82),属于后期双语者。被试主观报告语言使用模式如下:小学阶段的教学语言 36 人主要为藏语,4 人主要为汉语,1 人报告其教学语言藏汉各占 50％;初中阶段的教学语言 32 人主要为藏语,9 人主要为汉语;高中阶段的教学语言 26 人主要为为藏语,14 人主要为汉语,1 人报告其教学语言藏汉各占 50％;大学阶段 33 人报告主要教学语言为汉语,其次是英语,最后是藏语;8 人报告主要教学语言为英语,其次是汉语,最后是藏语。与同学朋友交流时 38 人报告更多使用藏语,3 人报告更多使用汉语;与老师交流时 32 人更多用藏语,其次是汉语,最后是英语;7 人更多用汉语,其次是藏语,最后是英语;1 人更多用汉语,其次是英语,最后是藏语;1 人更多用藏语,其次是英语,最后是汉语。与家人交流时 40 人更多用藏语,1 人既不用藏语,也不用汉语,而是用土语①。因此总体上看,课堂教学语言中藏语比汉语使用更多一些,且课堂教学语言之外,被试的绝大多数交流也以藏语为主,英语在课堂内外使用都相对最少。所有 41 名被试视力或矫正视力正常,无躯体和精神疾病,均为右利手者。

7.2.2.2　实验设计

本实验包括两个因素,因素 1 为语义关系,有 2 个水平:语义相关、语义无关;因素 2 为被试类型,有 2 个水平:熟悉英语、不熟悉英语。各水平组的大学英语四级考试平均成绩详见 **7.2.2.1 节**。因此,本实验为

---

① 这里的土语是当地方言、藏语和汉语等三种语言或方言的混合语,其中藏语比汉语成分多一点。

2×2 的 ANOVA 设计。其中,因素 1 为被试内变量,因素 2 为被试间变量。因变量为被试完成语义归类任务的反应时、正确率和 N400 等脑电成分。

7.2.2.3 SOA 取值

见表 7–12。

7.2.2.4 实验材料

本实验的材料和三语行为实验 1 的材料相同,但是本实验的实验组和控制组中每个试次的 SOA 取值均为 200 ms(参见表 7–12 和附件 7)。实验组所有 50 个启动词和控制组与之相对应的 50 个启动词中,影响被试识别速度的音节数、字母数、COCA 频率排位和是否为新课标词等变量都得到了控制;实验组的所有目标词和控制组与之对应的目标词的笔画数、频数和熟悉度得分等三个变量都得到严格匹配(详见 **7.1.5 节**)。

表 7–12 三语 ERP 实验 1 的材料

实验组成部分	SOA 取值	实验材料分组	实验材料	启动词和目标词的语义关系	启动词和目标词的词性
练习部分	170 ms	练习组	10 个启动词—目标词词对	语义无关	启动词均为英语名词;目标词均为汉语名词。
正式实验部分	200 ms	实验组	50 个启动词—目标词词对	翻译关系	
	200 ms	控制组	50 个启动词—目标词词对	语义无关	
	170 ms	填充组	90 个启动词—目标词词对	语义无关	

7.2.2.5 实验程序

本实验的程序同双语 ERP 实验 1,但本实验中启动词是英语名词,目标词是汉语名词。本实验的正式实验部分需做语义归类判断 190 次,被试完成前 95 次判断后休息 2 分钟,然后完成其余 95 次判断。本实验持续约 13—18 分钟。

7.2.2.6 脑电记录及 ERP 数据处理流程

同双语 ERP 实验 1。

7.2.3 实验结果与分析

7.2.3.1 反应时

本实验首先删除反应时小于 300 ms 的试次 0 个,大于 5000 ms 的试次 12 个,然后删除反应时小于 MD－3SD 的试次 0 个,大于 MD＋3SD 的试次 76 个。共删除异常值 88 个,约占总试次的 2.27%。

本实验为两因素 ANOVA 设计。因素 1 语义关系是被试内变量,包括语义相关、语义无关两个水平;因素 2 被试类型是被试间变量,被试按其英语熟悉度分为两组,熟悉英语组 19 人,不熟悉英语组 22 人。运用两因素重复测量方差分析对被试语义判断的反应时进行分析,得出结果见表 7－13 和图 7－3。

表 7－13　三语 ERP 实验 1 的反应时(ms)分析结果(N＝41)

被试类型	语义无关组的反应时		语义相关组的反应时		语义无关组－语义相关组	
	MEAN	SD	MEAN	SD	MEAN	SD
熟悉英语	978.54	217.82	879.04	175.43	99.50	42.39
不熟悉英语	989.79	252.39	933.75	232.12	56.04	20.26

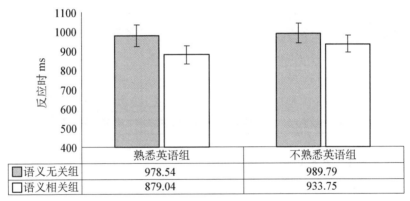

	熟悉英语组	不熟悉英语组
▩ 语义无关组	978.54	989.79
□ 语义相关组	879.04	933.75

被试的英语熟悉度

图 7－3　三语 ERP 实验 1 的反应时统计图

因素 1 语义关系的主效应具有统计显著性,$F(1, 39) = 36.456$,$p < 0.001$,$\eta2 = 0.483$。结合表 7－13 和图 7－3 可知,语义相关组的反应时显著短于语义无关组的反应时。

因素 2 被试类型的主效应不具有统计显著性,$F(1, 39) < 1$,$p = 0.634$,$\eta2 = 0.006$,说明被试的英语熟悉度不影响其语义判断的反应时。

因素 1×因素 2 的交互作用在 5% 的显著性水平下不具有统计显著

性,但在10%的显著性水平下具有统计显著性,$F_{(1, 39)} = 2.846$,$p = 0.100$,$\eta2 = 0.068$。这说明被试语义判断的反应时在一定程度上受到了因素1×因素2的影响。对语义关系的简单效应分析发现,在熟悉英语组和不熟悉英语组,语义相关组的反应时都显著短于语义无关组的反应时($p < 0.001$,$p = 0.003$)。

值得注意的是,从表7-13的描述统计可以发现,在熟悉英语组(简称A组),语义无关组和语义相关组反应时的差异较大(99.50 ms);而在不熟悉英语组(简称B组),语义无关组和语义相关组反应时的差异相对小得多(56.04 ms)。对A、B两组被试的语义无关与相关组反应时差值进行独立样本t-检验,结果显示:$t_{(39)} = 1.687$,$p = 0.100$,$M_A - M_B = 43.46$ ms(SE = 25.76)。因此,A、B两组被试的语义无关与相关组反应时差值在5%的显著性水平下不具有统计显著性,但在10%的显著性水平下具有统计显著性。A组被试的反应时差值边缘性高于B组被试。

7.2.3.2　正确率

运用两因素重复测量方差分析对被试语义判断的正确率进行分析,得出分析结果见表7-14。

表7-14　三语ERP实验1的正确率(%)分析结果(N=41)

被试类型	语义无关组的正确率		语义相关组的正确率		语义无关组−语义相关组	
	MEAN	SD	MEAN	SD	MEAN	SD
熟悉英语	94.74	3.14	94.21	3.05	0.53	0.09
不熟悉英语	94.64	3.17	94.91	4.17	−0.27	−1.00

因素1语义关系的主效应不具有统计显著性,$F_{(1, 39)} < 1$,$p = 0.848$,$\eta2 = 0.001$,说明语义关系不影响被试语义判断的正确率。

因素2被试类型的主效应不具有统计显著性,$F_{(1, 39)} < 1$,$p = 0.727$,$\eta2 = 0.003$,说明被试的英语熟悉度不影响其语义判断的正确率。

因素1×因素2的交互作用不具有统计显著性,$F_{(1, 39)} < 1$,$p = 0.547$,$\eta2 = 0.009$,说明被试语义判断的正确率未受到因素1×因素2的影响。

7.2.3.3 ERP 数据

41 名有效被试按照被试的三语(英语)熟悉度分为熟悉英语组(19 人)和不熟悉英语组(22 人)。语义无关和语义相关条件下,汉语目标词产生的 ERP 波形图见图 7-4。根据本实验的波形图,选择 230—550 ms 的时间窗分析脑电成分 N400。

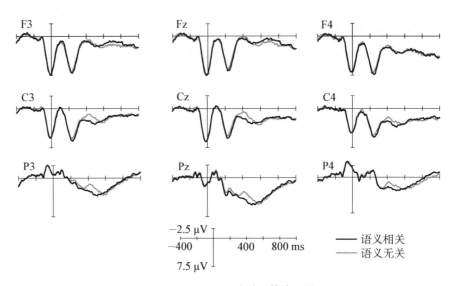

F3　　　　　　　　Fz　　　　　　　　F4

C3　　　　　　　　Cz　　　　　　　　C4

P3　　　　　　　　Pz　　　　　　　　P4

−2.5 μV

−400　　　400　　800 ms

7.5 μV

—— 语义相关

—— 语义无关

图 7-4　三语 ERP 实验 1 的波形图

对五个脑区、两个半球的十个电极进行 $5 \times 2 \times 2 \times 2$ 的重复测量方差分析,发现语义关系的主效应具有统计显著性($F(1, 39) = 9.22$,$p < 0.01$,$\eta2 = 0.191$,$2.51 \pm 0.31 \mu V$ vs. $3.09 \pm 0.32 \mu V$),语义无关条件比语义相关条件诱发显著更大的 N400 波幅。语义关系和脑区的交互作用具有统计显著性($F(4, 156) = 6.37$,$p < 0.01$,$\eta2 = 0.14$)。进一步的简单效应分析显示,在前部,语义相关和语义无关条件的差异不具有统计显著性($p > 0.1$,$2.82 \pm 0.40 \mu V$ vs. $3.06 \pm 0.38 \mu V$);在前中部,语义关系效应在 5% 的显著性水平下不具有统计显著性,但在 10% 的显著性水平下具有统计显著性($p = 0.074$,$2.70 \pm 0.40 \mu V$ vs. $3.14 \pm 0.42 \mu V$);在中部,中后部以及后部,语义无关条件比语义相关条件诱发了显著更大的 N400 波幅($ps < 0.01$,$2.75 \pm 0.40 \mu V$ vs. $3.41 \pm 0.40 \mu V$;$2.80 \pm 0.34 \mu V$ vs. $3.68 \pm 0.36 \mu V$;$1.48 \pm 0.34 \mu V$ vs. $2.16 \pm 0.35 \mu V$)。此

外,无其他任何交互作用具有统计显著性($ps > 0.1$)。

对中线的五个电极进行 $5 \times 2 \times 2$ 的重复测量方差分析,发现语义关系的主效应具有统计显著性(F(1, 39) = 9.38, $p < 0.01$, $\eta2 = 0.194$, $2.39 \pm 0.40\,\mu V$ vs. $3.01 \pm 0.43\,\mu V$),语义无关条件比语义相关条件诱发了显著更大的 N400 波幅。语义关系和中线电极的交互作用具有统计显著性(F(4, 156) = 3.21, $p < 0.01$, $\eta2 = 0.076$, $p < 0.05$)。进一步的简单效应分析显示,在前部(FZ),语义关系效应不具有统计显著性($p > 0.1$, $1.86 \pm 0.46\,\mu V$ vs. $2.09 \pm 0.46\,\mu V$),在中部以及中后部电极上(FCZ、CZ、CPZ、CZ),语义关系效应均具有统计显著性($ps < 0.05$, $1.37 \pm 0.47\,\mu V$ vs. $1.91 \pm 0.51\,\mu V$; $2.16 \pm 0.49\,\mu V$ vs. $2.90 \pm 0.53\,\mu V$; $3.29 \pm 0.44\,\mu V$ vs. $4.05 \pm 0.47\,\mu V$; $3.27 \pm 0.44\,\mu V$ vs. $4.08 \pm 0.43\,\mu V$),语义无关条件的波幅更大。

7.2.4　讨论

本实验采用了 SOA 为 200 ms 的语义归类任务。根据 Kiefer(2006, 2007)、王瑞明等(2011)、李利等(2013)和宋娟等(2012,2013,2015)的研究,启动词的语义信息会被激活,与语义归类任务无关的语音和词形等词名层信息会被抑制。从本实验的反应时看,语义无关组的反应时显著长于语义相关组的反应时,说明英语启动词和汉语目标词为翻译关系时,英语启动词语义表征的激活,提高了被试对汉语目标词语义表征的提取速度。从正确率看,语义无关组和语义相关组正确率的差异不具有统计显著性,说明不存在反应时和正确率的权衡现象。

从脑电数据看,在 230—550 ms 的时间窗口,在前中部、中部、中后部及后部脑区以及中线的 FCZ、CZ、CPZ、CZ 等电极点上,语义无关条件比语义相关条件诱发了边缘性更大或显著更大的 N400 波幅。在本实验的启动范式下,启动词的语义信息会被激活,语音和词形等词名层信息会被抑制。而 N400 成分是目前公认的反映语义加工的脑电成分(侯友等 2013:102)。因此,本实验 N400 效应的产生表明英语启动词语义表征的激活,促进了被试对汉语目标词语义表征的提取,降低了认知加工难度,导致了语义相关条件组的 N400 波幅减小。N400 效应和反应时指标一致表明,当启动词和目标词为翻译关系时,启动词语义的自动激活或被试对启动词语义表征的提取,促进了被试对目标词的认知加工,降低了被试提取目标词语义表征的难度,缩短了提取时间,语义相关条件诱发了更小的 N400 波幅。行为学数据和神经学数据一致表明,藏—汉—英三语者汉、英两种心理词汇的语义表征共享。此外,尽管被试的三语(英语)熟悉度不影响其语义判断的正确率和 N400 波幅,但熟悉英语组的启动效应达到了 99.50 ms,而不熟悉英语组的启动效应只有 56.04 ms,前者边缘性大于后者($p = 0.100$)。因此,在一定程度上可以说,被试的三语(英语)越熟悉,启动效应量越大。

综合三语行为实验 1 和三语 ERP 实验 1 的研究结果,本研究推测:藏—汉—英三语者汉、英两种心理词汇的语义表征共享,且在一定程度上可以说,被试的三语(英语)越熟悉,启动效应量越大。单看行为实验 1,在其中的三个 SOA 条件下,实验没有得到语义启动效应的原因可能有两个,一是启动词和目标词的某些变量未能控制或未能严格控制,二是词汇语义的不稳定性问题。对比分析三语行为实验 1 的新组实验和三语 ERP 实验 1,这两个实验采用的是完全相同的实验材料,且绝大多数被试也都相同。主要区别在于两个实验的 SOA 设置不一样:ERP 实验中,实验组一部分试次的 SOA 要长于新组行为实验中相应试次的 SOA。另外,两个实验施测的时空环境也不同,但实验却得出了完全相反的结果。因此可以推测,绝不可能只是因为启动词和目标词的某些变量未能控制或未能严格控制这一个原因导致行为实验 1 部分 SOA 条件下,实验中没有产生语义启动效应。可能是 SOA 的不同设置或词汇语义的不稳定性单方面的原因造成两个实验产生了矛盾结果;也可能是 SOA 的不同设置、词汇语义的不稳定性、某些其他相关实验变量的不同控制,这三个因素中的任何两个或所有三个因素的共同作用产生了矛盾的实验结果。

从三语 ERP 实验 1 和三语行为实验 1 及其新组实验可以发现,尽管 SOA 的不同取值、启动词和目标词某些变量的不同控制,以及词汇语义的不稳定性问题等三个因素导致了双语词汇表征的实验可能会得出不一致甚至相互矛盾的研究结果,但 SOA 多点测试法可以同时避免以上三个因素可能造成的问题。这也再次证明 SOA 多点测试法能消除 SOA 单点测试法的设计缺陷。

7.3　三语行为实验 2

7.3.1　实验目的

采用跨语言的短时快速启动范式下的语义归类任务考察藏—汉—英三语者 L3 和 L1 词汇的语义表征模式。

7.3.2　实验方法

7.3.2.1　被试

同三语行为实验 1。

7.3.2.2　实验设计

同三语行为实验 1。

7.3.2.3　SOA 取值

见表 7 - 15。

表 7 - 15　三语行为实验 2 的材料①

实验组成部分	SOA取值	实验材料分组	实验材料	启动词和目标词的语义关系	启动词和目标词的词性
练习部分	170 ms	练习组	10 对启动词—目标词词对	语义无关	
正式实验部分	38 ms	实验组 1	10 对启动词—目标词词对	翻译关系	启动词均为英语名词；目标词均为藏语名词。
		控制组 1	10 对启动词—目标词词对	语义无关	
	50 ms	实验组 2	10 对启动词—目标词词对	翻译关系	
		控制组 2	10 对启动词—目标词词对	语义无关	
	100 ms	实验组 3	10 对启动词—目标词词对	翻译关系	
		控制组 3	10 对启动词—目标词词对	语义无关	
	150 ms	实验组 4	10 对启动词—目标词词对	翻译关系	
		控制组 4	10 对启动词—目标词词对	语义无关	
	200 ms	实验组 5	10 对启动词—目标词词对	翻译关系	
		控制组 5	10 对启动词—目标词词对	语义无关	
	170 ms	填充组	90 对启动词—目标词词对	语义无关	

---

① 本实验中,练习组和填充组的所有启动词均只呈现 150 ms,然后呈现掩蔽刺激"＃＃＃＃＃＃＃＃"20 ms;"实验组 5"和"控制组 5"的所有启动词均只呈现 180 ms,然后呈现掩蔽刺激"＃＃＃＃＃＃＃＃＃＃"20 ms。

7.3.2.4　实验材料

本实验的材料包括 1 个练习组、1 个填充组、5 个控制组和 5 个实验组(参见表 7 - 15 和附件 8)。其中练习组 10 个语义无关词对(启动词和目标词既无语义,也无语音联系)。填充组 90 个语义无关词对。每个控制组 10 个语义无关词对,5 个控制组共计 50 个语义无关词对。练习组、填充组和控制组共计 150 个语义无关词对。每个实验组 10 个语义相关词对(启动词和目标词互为翻译对等词)。5 个实验组共计 50 个语义相关词对。本实验的语义相关词比例同双语行为实验 1,都是 25%。5 个控制组和 5 个实验组所有试次的 SOA 水平分别为 38、50、100、150 和 200 ms,练习组和填充组所有试次的 SOA 水平均为 170 ms(参见表 7 - 15)。所有词对中,启动词均为英语名词,全部选自《新课标词汇表》且均为被试比较熟悉的 COCA 频率排位在前 5000 的词汇。目标词均为藏语名词,全部选自《现代藏语常用名词表》。尽量确保被试熟悉所有练习组及填充组的启动词和目标词,但没有控制影响被试对其识别速度的相关变量。

每个 SOA 水平下,实验组的所有启动词和控制组与之相对应的启动词中,影响被试识别速度的音节数、字母数等变量都得到了控制(参见表 7 - 16)。根据表 7 - 16 的描述统计,5 个实验组和 5 个控制组中所有启动词的音节数最小值是 1,最大值是 3,组平均音节数最大值是 1.900;字母数最小值是 3,最大值是 9,组平均字母数最大值是 5.400;COCA 频率排位最小值是 115,最大值是 3095,组平均 COCA 频率排位最大值是 1840.70。此外,5 个实验组和 5 个控制组的所有启动词都是新课标词。这表明 5 个实验组和 5 个控制组都没有选择音节数和字母数较多,可能引起被试识别困难的启动词。所有启动词均是美国当代英语的高频词汇,且被试可能都比较熟悉,能在较短时间内提取其语义表征。

表 7 - 16　三语行为实验 2 启动词的描述统计

SOA 水平	启动词的变量名称	个数	最小值	最大值	平均值	标准偏差
38 ms	控制组 1 启动词的音节数	10	1	3	1.60	0.70
	实验组 1 启动词的音节数	10	1	3	1.40	0.70
	控制组 1 启动词的字母数	10	4	8	5.30	1.57

（续　表）

SOA 水平	启动词的变量名称	个数	最小值	最大值	平均值	标准偏差
	实验组 1 启动词的字母数	10	3	8	5.00	1.56
	控制组 1 启动词的 COCA 排位	10	308	2956	1780.90	814.06
	实验组 1 启动词的 COCA 排位	10	258	2544	1488.20	853.35
50 ms	控制组 2 启动词的音节数	10	1	2	1.60	0.52
	实验组 2 启动词的音节数	10	1	2	1.40	0.52
	控制组 2 启动词的字母数	10	4	8	5.30	1.42
	实验组 2 启动词的字母数	10	3	8	5.00	1.56
	控制组 2 启动词的 COCA 排位	10	514	2426	1520.20	714.61
	实验组 2 启动词的 COCA 排位	10	461	2471	1358.00	616.64
100 ms	控制组 3 启动词的音节数	10	1	3	1.50	0.71
	实验组 3 启动词的音节数	10	1	3	1.40	0.70
	控制组 3 启动词的字母数	10	3	8	5.00	1.41
	实验组 3 启动词的字母数	10	3	8	5.10	1.45
	控制组 3 启动词的 COCA 排位	10	994	2724	1840.70	590.10
	实验组 3 启动词的 COCA 排位	10	823	2261	1353.40	466.37
150 ms	控制组 4 启动词的音节数	10	1	3	1.50	0.71
	实验组 4 启动词的音节数	10	1	3	1.40	0.70
	控制组 4 启动词的字母数	10	3	9	5.20	1.62
	实验组 4 启动词的字母数	10	3	9	5.00	1.70
	控制组 4 启动词的 COCA 排位	10	561	3005	1765.80	826.92
	实验组 4 启动词的 COCA 排位	10	115	3021	1362.60	928.22
200 ms	控制组 5 启动词的音节数	10	1	3	1.90	0.57
	实验组 5 启动词的音节数	10	1	2	1.40	0.52
	控制组 5 启动词的字母数	10	4	7	5.40	1.08
	实验组 5 启动词的字母数	10	3	7	5.00	1.33
	控制组 5 启动词的 COCA 排位	10	505	3095	1447.80	996.71
	实验组 5 启动词的 COCA 排位	10	233	3010	1078.80	945.60

本实验中,虽然5个实验组的所有启动词和5个控制组与之对应的启动词的音节数、字母数、COCA频率排位和是否是新课标词等四个变量没有全部进行严格匹配,但5个实验组的所有目标词和与之对应的5个控制组目标词的音节数、字母数和熟悉度得分都得到了严格匹配。首先,5个实验组的所有目标词和与之相对应的5个控制组目标词的音节数完全相等。其次,5个实验组仅在SOA38组有一个目标词和与之相对应的控制组目标词的字母数相差一个,其组平均字母数分别是3.00、2.90。配对样本t-检验的显著值(双尾)$p=0.343$,因此组间的字母数差异不具有统计显著性。其余4组的所有目标词和与之相对应的控制组目标词的字母数完全相等。第三,5个实验组的所有目标词和与之相对应的5个控制组目标词的熟悉度得分差异都非常小。配对样本t-检验的显著性值(双尾)p分别为0.820、0.847、0.637、0.411、0.227。这表明各实验组目标词和与之相对应的控制组目标词的熟悉度得分差异不具有统计显著性。5个实验组和5个控制组目标词的熟悉度得分最小值分别是6.2619、6.3333,这表明被试对5个实验组和5个控制组所有藏语目标词都非常熟悉。

7.3.2.5 实验程序

本实验的程序同三语行为实验1,但本实验的所有目标词均为藏语名词。

7.3.3 实验结果与分析

7.3.3.1 反应时

本实验首先删除反应时小于300 ms的试次1个,大于6000 ms的试次42个,然后删除反应时小于MD-3SD的试次0个,大于MD+3SD的试次0个。共删除异常值43个,约占总试次的1.30%。

本实验为三因素ANOVA设计。因素1语义关系是被试内变量,包括语义相关、语义无关两个水平;因素2SOA也是被试内变量,包括38 ms、50 ms、100 ms、150 ms、200 ms等五个水平;因素3被试类型是被试间变量。由于有两名被试的反应时普遍过长,错误率较高,因此删除了这两名被试的实验数据。剩余35名被试按其英语熟悉度分为两组,熟悉英语组16人,不熟悉英语组19人。运用三因素重复测量方差分析对被试语义判断的反应时进行分析,得出结果见表 7 - 17。

表 7 - 17 三语行为实验 2 的反应时(ms)分析结果(N=35)

SOA 水平	被试分类	语义无关组反应时		语义相关组反应时		语义无关组 - 语义相关组	
		MEAN	SD	MEAN	SD	MEAN	SD
SOA38	熟悉英语组	1221.75	361.61	1334.29	370.42	- 112.54	- 8.81
	不熟悉英语组	1227.04	449.58	1314.30	480.65	87.26	- 31.07
SOA50	熟悉英语组	1534.73	520.35	1121.78	254.00	412.95	266.35
	不熟悉英语组	1415.91	506.51	1070.61	298.12	345.3	208.39
SOA100	熟悉英语组	1328.67	503.72	1132.21	307.25	196.46	196.47
	不熟悉英语组	1307.61	381.97	1051.08	198.41	256.53	183.56
SOA150	熟悉英语组	1391.44	372.87	1349.89	596.47	41.55	- 223.6
	不熟悉英语组	1129.08	301.22	1251.13	446.16	- 122.05	- 144.94
SOA200	熟悉英语组	1470.39	574.52	1099.39	359.47	371	215.05
	不熟悉英语组	1313.81	410.53	1026.79	251.16	287.02	159.37

因素 1 语义关系的主效应具有统计显著性,$F_{(1, 33)} = 37.203$, $p < 0.001$,$\eta2 = 0.530$,说明语义关系影响了被试语义判断的反应时。

因素 2SOA 水平的主效应不具有统计显著性,$F_{(4, 132)} = 1.431$, $p = 0.243$,$\eta2 = 0.042$,说明 SOA 水平不影响被试语义判断的反应时。

因素 3 被试类型的主效应不具有统计显著性,$F_{(1, 33)} < 1$,$p = 0.445$,$\eta2 = 0.018$,说明被试的英语熟悉度不影响其语义判断的反应时。

因素 1×因素 3 的交互作用不具有统计显著性,$F_{(1, 33)} < 1$,$p = 0.384$,$\eta2 = 0.023$,说明被试语义判断的反应时未受到因素 1×因素 3 的影响因素 2×因素 3 的交互作用不具有统计显著性,$F_{(4, 132)} = 1.174$, $p = 0.325$,$\eta2 = 0.034$,说明被试语义判断的反应时也未受到因素 2×因素 3 的影响。

因素 1×因素 2 的交互作用具有统计显著性,$F_{(4, 132)} = 13.287$, $p < 0.001$,$\eta2 = 0.287$,说明被试语义判断的反应时受到了因素 1×因素 2 的影响。对语义关系进行简单效应分析发现,SOA = 38 ms 时,语义相关组的反应时显著长于语义无关组;SOA = 150 ms 时,语义相关

组和语义无关组反应时的差异不具有统计显著性;其余三个 SOA 水平下,语义相关组的反应时均显著短于语义无关组(参见表 7 - 18 和图 7 - 5)。

表 7 - 18　三语行为实验 2 不同 SOA 水平的反应时(ms)分析结果(N=35)

SOA 水平	语义无关组的反应时		语义相关组的反应时		语义无关组 - 语义相关组		
	MEAN	SE	MEAN	SE	MEAN	SE	P
SOA38	1224.39	69.89	1324.29	73.64	-99.90	40.51	.019
SOA50	1475.32	87.01	1096.20	47.32	379.12	63.59	.000
SOA100	1318.14	74.90	1091.65	43.05	226.50	54.40	.000
SOA150	1260.26	56.95	1300.51	88.20	-40.24	71.57	.578
SOA200	1392.10	83.45	1063.09	51.78	329.01	61.84	.000

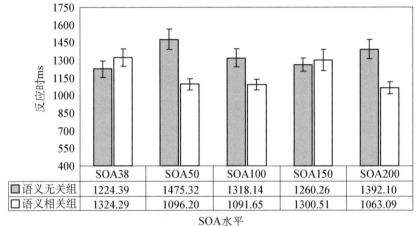

图 7 - 5　三语行为实验 2 不同 SOA 水平的反应时统计图

因素 1×因素 2×因素 3 的交互作用不具有统计显著性,F(4,132) < 1,$p=0.689$,$\eta2=0.017$,说明被试语义判断的反应时未受到因素 1×因素 2×因素 3 的影响。

7.3.3.2　正确率

运用三因素重复测量方差分析对被试语义判断的正确率进行分析,得出结果见表 7 - 19。

表 7 - 19　三语行为实验 2 的正确率(%)分析结果(N=35)

SOA水平	被试分类	语义无关正确率		语义相关组正确率		语义无关组－语义相关组	
		MEAN	SD	MEAN	SD	MEAN	SD
SOA38	熟悉英语组	96.88	6.02	97.50	5.77	-0.62	0.25
	不熟悉英语组	97.90	5.35	98.42	3.75	-0.52	1.60
SOA50	熟悉英语组	90.00	8.17	98.75	3.42	-8.75	4.75
	不熟悉英语组	88.42	8.98	96.32	5.97	-7.90	3.01
SOA100	熟悉英语组	88.75	8.85	97.50	4.47	-8.75	4.38
	不熟悉英语组	91.58	6.02	100.00	0.00	-8.42	6.02
SOA150	熟悉英语组	89.38	9.98	95.00	6.32	-5.62	3.66
	不熟悉英语组	88.42	8.34	91.58	6.88	-3.16	1.46
SOA200	熟悉英语组	90.63	5.74	99.38	2.50	-8.75	3.24
	不熟悉英语组	90.00	8.17	98.95	3.15	-8.95	5.02

因素 1 语义关系的主效应具有统计显著性,$F(1, 33)=114.174$, $p<0.001$,$\eta2=0.776$,说明语义关系影响了被试语义判断的正确率。

因素 2SOA 水平的主效应具有统计显著性,$F(4, 132)=9.651$, $p<0.001$,$\eta2=0.226$,说明 SOA 水平也影响了被试语义判断的正确率。

因素 3 被试类型的主效应不具有统计显著性,$F(1, 33)<1$,$p=0.808$,$\eta2=0.002$,说明被试的英语熟悉度不影响其语义判断的正确率。

因素 1×因素 3 的交互作用不具有统计显著性,$F(1, 33)<1$,$p=0.541$,$\eta2=0.011$,说明被试语义判断的正确率未受到因素 1×因素 3 的影响因素 2×因素 3 的交互作用不具有统计显著性,$F(4, 132)=1.794$, $p=0.134$,$\eta2=0.052$,说明被试语义判断的正确率也未受到因素 2×因素 3 的影响。

因素 1×因素 2 的交互作用具有统计显著性,$F(4, 132)=6.242$, $p<0.001$,$\eta2=0.159$,说明被试语义判断的正确率受到了因素 1×因素 2 的影响。对语义关系进行简单效应分析发现,SOA＝38 ms 时,语义相关组和语义无关组正确率的差异不具有统计显著性。其余四个 SOA 水平中,语义相关组的正确率均显著高于语义无关组(参见表 7 - 20)。

表 7-20　三语行为实验 2 不同 SOA 水平的正确率(%)分析结果(N=35)

SOA 水平	语义无关组正确率		语义相关组正确率		语义无关组－语义相关组		
	MEAN	SE	MEAN	SE	MEAN	SE	P
SOA38	97.39	0.96	97.96	0.81	−0.58	1.10	.604
SOA50	89.21	1.46	97.53	0.84	−8.32	1.59	.000
SOA100	90.16	1.26	98.75	0.51	−8.59	1.33	.000
SOA150	88.90	1.55	93.29	1.13	−4.39	1.62	.011
SOA200	90.31	1.22	99.16	0.49	−8.85	1.37	.000

　　因素 1×因素 2×因素 3 的交互作用不具有统计显著性,F(4,132)＜1,$p=0.970$,$\eta2=0.004$,说明被试语义判断的正确率未受到因素 1×因素 2×因素 3 的影响。

7.3.4　讨论

　　本实验采用了 SOA 为 200 ms 的短时快速启动范式下的语义归类任务。根据 Kiefer(2006,2007)、王瑞明等(2011)、李利等(2013)和宋娟等(2012,2013,2015)的研究,启动词的语义信息会被激活,与语义归类任务无关的语音和词形等词名层信息会被抑制。从本实验的反应时和正确率看,有如下特征:

　　一、当 SOA＝38 ms 时,语义相关组的反应时显著长于语义无关组,说明英语启动词语义表征的激活没有提高被试提取藏语目标词语义表征的速度,而且没有出现反应时和正确率的权衡现象。也就是说,语义相关组反应时的增加并没有因此而提高被试语义判断的正确率。因此实验中没有产生跨语言的语义启动效应。

　　二、当 SOA＝150 ms 时,语义相关组和语义无关组反应时的差异不具有统计显著性,但语义相关组的正确率显著高于语义无关组的正确率。这说明当英语启动词和藏语目标词为翻译关系时,英语启动词语义表征的激活虽然没有提高被试提取藏语目标词语义表征的速度,但提高了正确率,因此实验中产生了跨语言的语义启动效应。

　　三、当 SOA＝50 ms、100 ms 和 200 ms 时,不仅语义相关组的反应时均显著短于语义无关组,而且语义相关组的正确率均显著高于语义无关组。说明当英语启动词和藏语目标词为翻译关系时,英语启动词语义表征的激活不仅提高了被试提取藏语目标词语义表征的速度,而且提高了正确率,因此实验中产生了显著的跨语言语义启动效应。

由于在所有 5 个 SOA 条件下,有 4 个 SOA 条件都产生了跨语言的语义启动效应(参见表 7 - 18 和表 7 - 20),可以推断藏—汉—英三语者英、藏两种心理词汇的语义表征共享,且英语词的词汇表征能直接通达共享语义。本实验再次证明,当 SOA(38 ms)太短时,实验无法获得跨语言的语义启动效应。另一方面,由于在 5 个 SOA 条件下,启动词的音节数、字母数、COCA 频率排位等变量没有得到严格的组间匹配,因此无法观测到启动效应是否受 SOA 时间长短的调节。也就是说,无法观测到当 SOA 时间增加时,语义相关组的语义启动效应是否有增大的趋势。

此外,本实验中,被试三语(英语)的熟悉度既不影响其语义判断的反应时,也不影响正确率,因此英、藏两种心理词汇的语义表征模式不受三语熟悉度的调节。

7.3.5　实验结果的重新组合分析

与双语行为实验 1 一样,本实验中的 5 个实验组可以合并视为一个新实验组,5 个控制组合并视为一个新控制组。在新实验组和新控制组中,虽然 SOA 的取值有 5 个水平(38 ms、50 ms、100 ms、150 ms、200 ms),但新实验组中任何一个试次和新控制组中与之相对应的试次的 SOA 水平是完全相同的。因此,这就可以组成一个新实验,新组实验中实验组和控制组的 SOA 为具有不同水平的短 SOA,因为所有 SOA 都在38—200 ms 之间(参见表 7 - 21)。

表 7 - 21　三语行为实验 2 新组实验的材料

实验组成部分	SOA 取值	实验材料分组	实验材料	启动词和目标词的语义关系	启动词和目标词的词性
练习部分	170 ms	练习组	10 个启动词—目标词词对	语义无关	启动词均为英语名词;目标词均为藏语名词。
正式实验部分	38—200 ms	新实验组	50 个启动词—目标词词对	翻译关系	
	38—200 ms	新控制组	50 个启动词—目标词词对	语义无关	
	170 ms	填充组	90 个启动词—目标词词对	语义无关	

新组实验中,新实验组的所有 50 个启动词和新控制组与之相对应的 50 个启动词中,影响被试识别速度的音节数、字母数等变量得到了控制。一是新实验组的所有启动词和与之相对应的新控制组启动词的音节数完全相等(除 10 对词有 1—2 个音节数的差异外)。新实验组和新控制组启动词音节数的最小值都是 1,最大值都是 3;平均音节数分别是 1.400、1.600,二者差异微小。新实验组的所有启动词和与之相对应的新控制组启动词的字母数完全相等(除 13 对词有 1 个字母数的差异外)。新实验组和新控制组启动词字母数的最小值都是 3,最大值都是 9,平均值分别是 5.020、5.240,二者差异微小。新实验组和新控制组启动词的 COCA 频率排位最大值分别是 3021、3095,平均值分别是 1328.200、1671.080。这表明所有启动词均是美国当代英语中的高频词汇。新实验组和新控制组所有启动词都是新课表词,因此理论上被试熟悉新实验组和新控制组的所有启动词。

尽管新实验组的启动词和新控制组与之相对应的启动词的音节数、字母数、COCA 频率排位等只是相近,没有严格匹配,但新实验组的所有目标词和新控制组与之对应的目标词的音节数、字母数和熟悉度得分等三个变量都得到严格匹配。一是新实验组的所有目标词和新控制组与之对应的目标词的音节数完全相等。二是新实验组的所有目标词和新控制组与之对应的目标词的字母数完全相等(仅有一对词相差一个字母)。新实验组和新控制组目标词的字母数最小值都是 2,最大值都是 4,平均值分别是 3.060、3.040,二者差异极小。配对样本 t-检验显著性值(双尾)$p=0.322$。二者的差异不具有统计显著性。新实验组的所有目标词和新控制组与之对应的目标词的熟悉度得分都非常相近。新控制组和新实验组目标词的熟悉度得分平均值分别是 6.7324、6.7671。尽管新控制组目标词的熟悉度平均得分比新实验组目标词的熟悉度平均得分低 0.0347,但二者的差异并不具有统计显著性,因为其配对样本 t-检验的显著性值(双尾)$p=0.261$。由于新实验组和新控制组目标词的熟悉度得分最小值分别是 6.26、6.33,平均值都至少高达 6.7324,这表明被试对新实验组和新控制组所有藏语目标词都非常熟悉。

在分析新组实验的反应时之前,首先删除反应时小于 300 ms 的试次 1 个,大于 6000 ms 的试次 42 个,然后删除反应时小于 MD－3SD 的试次 0 个,大于 MD＋3SD 的试次 76 个。共删除异常值 119 个,约占总试次的

3.61%。

重新组合后的实验只有两个因素,即因素1语义关系和因素2被试类型。运用两因素重复测量方差分析对新组实验被试语义判断的反应时进行分析,得出结果见表7-22和图7-6。

表7-22 三语行为实验2新组实验的反应时(ms)分析结果(N=35)

被试分类	语义无关组的反应时		语义相关组的反应时		语义无关组-语义相关组	
	MEAN	SD	MEAN	SD	MEAN	SD
熟悉英语组	1325.72	419.62	1137.28	307.51	188.44	112.11
不熟悉英语组	1207.03	341.54	1096.79	285.75	110.24	55.79

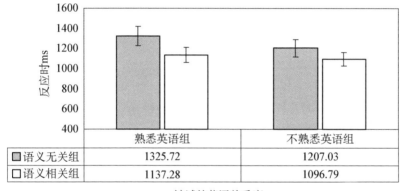

图7-6 三语行为实验2新组实验的反应时统计图

因素1语义关系的主效应具有统计显著性,$F(1, 33) = 24.932$,$p < 0.001$,$\eta2 = 0.430$。结合表7-22和图7-6可知,语义相关组的反应时显著短于语义无关组。

因素2被试类型的主效应不具有统计显著性,$F(1, 33) < 1$,$p = 0.480$,$\eta2 = 0.015$,说明被试的英语熟悉度不影响其语义判断的反应时。

因素1×因素2的交互作用不具有统计显著性,$F(1, 33) = 1.709$,$p = 0.200$,$\eta2 = 0.049$,说明被试语义判断的反应时未受到因素1×因素2的影响。运用两因素重复测量方差分析对新组实验被试语义判断的正确率进行分析,得出结果见表7-23。

表 7-23　三语行为实验 2 新组实验的正确率(%)分析结果(N＝35)

被试分类	语义无关组的正确率		语义相关组的正确率		语义无关组－语义相关组	
	MEAN	SD	MEAN	SD	MEAN	SD
熟悉英语组	91.13	3.50	97.63	2.66	－6.5	0.84
不熟悉英语组	91.26	3.21	97.05	3.01	－5.79	0.2

　　因素 1 语义关系的主效应具有统计显著性，$F(1, 33) = 114.174$，$p < 0.001$，$\eta2 = 0.776$。结合表 7-23 可知，语义相关组的正确率显著高于语义无关组的正确率。

　　因素 2 被试类型的主效应不具有统计显著性，$F(1, 33) < 1$，$p = 0.808$，$\eta2 = 0.002$，说明被试的英语熟悉度不影响其语义判断的正确率。

　　因素 1×因素 2 的交互作用不具有统计显著性，$F(1, 33) < 1$，$p = 0.541$，$\eta2 = 0.011$，说明被试语义判断的正确率未受到因素 1×因素 2 的影响。

　　由于新组实验采用了 SOA 小于或等于 200 ms 的语义判断任务，根据 Kiefer(2006,2007)、王瑞明等(2011)、李利等(2013)和宋娟等(2012,2013,2015)的研究，在被试对目标词的语义归类任务中，启动词的语义信息会被激活，与语义归类任务无关的语音和词形等词名层信息会被抑制。根据以上重组分析，从反应时看，语义无关组的反应时显著长于语义相关组的反应时；从正确率看，语义无关组的正确率显著低于语义相关组的正确率。这说明当英语启动词和藏语目标词是翻译关系时，启动词语义表征的激活，促进了被试对目标词的语义加工，不仅显著缩短了被试提取目标词语义表征的时间，而且显著提高了正确率。因此，实验中产生了显著的跨语言语义启动效应，藏—汉—英三语者英、藏两种心理词汇共享语义表征，且英语词的词汇表征能直接通达共享语义。

　　尽管新组实验中被试类型的反应时和正确率主效应都不具有统计显著性，被试的英语熟悉度不显著影响其语义判断的反应时和正确率，但是熟悉英语组的语义启动效应为 188.44 ms，而不熟悉英语组的语义启动效应为 110.24 ms，前者比后者长 78.20 ms。因此，藏—汉—英三语者英、藏两种心理词汇共享语义表征，英语词与共享语义的连接强度在一定程度上受三语(英语)熟悉度的调节，即被试英语越熟悉或者说英语水平越高,英语词与共享语义的连接强度有增大的趋势。

7.4 三语 ERP 实验 2

7.4.1 实验目的

同三语行为实验 2。

7.4.2 实验方法

7.4.2.1 被试

同三语 ERP 实验 1。

7.4.2.2 实验设计

同三语 ERP 实验 1。

7.4.2.3 SOA 取值

见表 7 - 24。

表 7 - 24 三语 ERP 实验 2 的材料

实验组成部分	SOA取值	实验材料分组	实验材料	启动词和目标词的语义关系	启动词和目标词的词性
练习部分	170 ms	练习组	10 个启动词—目标词词对	语义无关	启动词均为英语名词;目标词均为藏语名词
正式实验部分	200 ms	实验组	50 个启动词—目标词词对	翻译关系	
	200 ms	控制组	50 个启动词—目标词词对	语义无关	
	170 ms	填充组	90 个启动词—目标词词对	语义无关	

7.4.2.4 实验材料

本实验的材料和三语行为实验 2 的材料相同,但是本实验的实验组和控制组中所有试次的 SOA 取值均为 200 ms(参见表 7 - 24 和附件 8)。实验组所有 50 个启动词和控制组与之相对应的 50 个启动词中,影响被试识别速度的音节数、字母数、COCA 频率排位和是否为新课标词等变量都得到了控制;实验组的所有目标词和控制组与之对应的目标词的音节数、字母数和熟悉度得分等三个变量都得到严格匹配(详见 **7.3.5 节**)。

7.4.2.5 实验程序

本实验的程序同三语 ERP 实验 1,但本实验的启动词是英语名词,目标词是藏语名词。

7.4.2.6 脑电记录及 ERP 数据处理流程

同双语 ERP 实验 1。

7.4.3 实验结果与分析

7.4.3.1 反应时

本实验首先删除反应时小于 300 ms 的试次 0 个,大于 6000 ms 的试次 12 个,然后删除反应时小于 MD－3SD 的试次 0 个,大于 MD＋3SD 的试次 63 个。共删除异常值 75 个,约占总试次的 2.05%。

本实验为两因素 ANOVA 设计。因素 1 语义关系是被试内变量,包括语义相关、语义无关两个水平;因素 2 被试类型是被试间变量,被试按其英语熟悉度分为两组,熟悉英语组 19 人(有一名被试因为设备故障未能完成实验,因此熟悉英语组只收集到 18 人的实验数据),不熟悉英语组 22 人。运用两因素重复测量方差分析对被试语义判断的反应时进行分析,得出结果见表 7－25 和图 7－7。

表 7－25　三语 ERP 实验 2 的反应时(ms)分析结果(40)

被试类型	语义无关组的反应时		语义相关组的反应时		语义无关组－语义相关组	
	MEAN	SD	MEAN	SD	MEAN	SD
熟悉英语	1404.60	489.62	1119.63	328.55	284.97	161.07
不熟悉英语	1309.96	404.05	1109.96	323.72	200.00	80.34

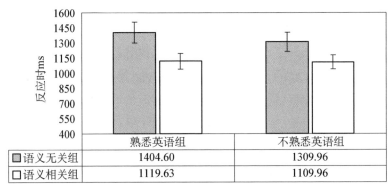

图 7－7　三语 ERP 实验 2 的反应时统计图

因素 1 语义关系的主效应具有统计显著性，F(1, 38) = 71.683，$p < 0.001$，η2＝0.654。结合表 7-25 和图 7-7 可知,语义相关组的反应时显著短于语义无关组的反应时。

因素 2 被试类型的主效应不具有统计显著性，F(1, 38) < 1，$p = 0.668$，η2＝0.005,说明被试的英语熟悉度不影响其语义判断的反应时。

因素 1×因素 2 的交互作用不具有统计显著性，F(1, 38) = 2.201，$p = 0.146$，η2＝0.055,说明被试语义判断的反应时未受到因素 1×因素 2 的影响。

7.4.3.2 正确率

运用两因素重复测量方差分析对被试语义判断的正确率进行分析，得出结果见表 7-26。

表 7-26 三语 ERP 实验 2 的正确率(%)分析结果(40)

被试类型	语义无关组的正确率		语义相关组的正确率		语义无关组-语义相关组	
	MEAN	SD	MEAN	SD	MEAN	SD
熟悉英语	88.33	4.81	95.33	5.40	－7.00	－0.59
不熟悉英语	87.09	5.19	95.55	3.90	－8.46	1.29

因素 1 语义关系的主效应具有统计显著性，F(1, 38) = 70.588，$p < 0.001$，η2＝0.650。结合表 7-26 可知,语义相关组的正确率显著高于语义无关组的正确率。

因素 2 被试类型的主效应不具有统计显著性，F(1, 38) < 1，$p = 0.678$，η2＝0.005,说明被试的英语熟悉度不影响其语义判断的正确率。

因素 1×因素 2 的交互作用不具有统计显著性，F(1, 38) < 1，$p = 0.434$，η2＝0.016,说明被试语义判断的正确率未受到因素 1×因素 2 的影响。

7.4.3.3 ERP 数据

40 个有效被试按照被试的三语(英语)熟悉度分为熟悉英语组 18 人,不熟悉英语组 22 人。语义无关和语义相关条件下,藏语目标词产生的 ERP 波形图见图 7-8。根据本实验的波形图,选择 230—550 ms 的时间窗口分析脑电成分 N400。

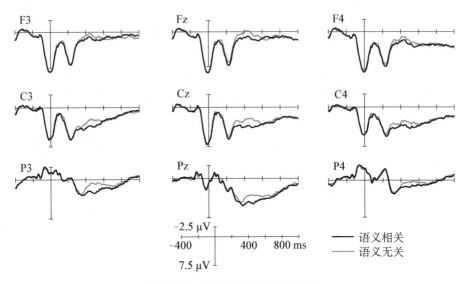

图 7‑8　三语 ERP 实验 2 的波形图

　　对五个脑区、两个半球的十个电极进行 $5\times2\times2\times2$ 的重复测量方差分析,发现语义关系的主效应具有统计显著性($F(1, 38)=15.06$, $p <$ 0.01, $\eta2=0.284$, $2.42\pm0.36\ \mu V$ vs. $3.16\pm0.36\ \mu V$),语义无关条件比语义相关条件诱发了显著更大的 N400 波幅。语义关系、半球和脑区的三重交互作用具有统计显著性($F(4, 152)=3.31$, $p < 0.05$, $\eta2=0.08$)。进一步的简单效应分析显示,在左半球前部(F3)语义无关和语义相关条件的差异在 5% 的显著性水平下不具有统计显著性,但在 10% 的显著性水平下具有统计显著性($p=0.062$, $1.77\pm0.57\ \mu V$ vs. 2.30 ± 0.53 μV),语义无关条件的波幅边缘性更大。此外,在其它区域的语义关系效应都具有统计显著性($ps < 0.05$),语义无关条件的波幅显著更大。语义关系、脑区和语言熟练度的三重交互作用具有统计显著性($F(4, 152)=$ 3.07, $p=0.057$, $\eta2=0.075$)。进一步的简单效应分析显示,熟悉英语组在所有脑区的语义关系效应都具有统计显著性,语义无关条件比语义相关条件诱发了显著更大的 N400 波幅($ps < 0.01$, $1.89\pm0.77\ \mu V$ vs. $3.03\pm0.77\ \mu V$; $2.64\pm0.75\ \mu V$ vs. $3.85\pm0.75\ \mu V$; $3.31\pm0.67\ \mu V$ vs. $4.32\pm0.68\ \mu V$; $3.06\pm0.53\ \mu V$ vs. $4.27\pm0.55\ \mu V$; 0.81 ± 0.54 μV vs. $1.52\pm0.55\ \mu V$)。不熟悉英语组在前部和前中部的语义关系效

应不具有统计显著性($ps > 0.1$，$2.19 \pm 0.69\,\mu V$ vs. $2.23 \pm 0.69\,\mu V$；$2.72 \pm 0.68\,\mu V$ vs. $3.08 \pm 0.68\,\mu V$)；在中部的语义关系效应在5%的显著性水平下不具有统计显著性，但在10%的显著性水平下具有统计显著性($p = 0.062$，$3.28\,\mu V$ vs. $3.83\,\mu V$)；在中后部和后部的语义关系效应具有统计显著性($ps < 0.05$；$3.07 \pm 0.48\,\mu V$ vs. $3.64 \pm 0.50\,\mu V$；$1.24 \pm 0.49\,\mu V$ vs. $1.87 \pm 0.50\,\mu V$)，语义无关条件的波幅更大。

对中线的五个电极进行$5 \times 2 \times 2$的重复测量方差分析，发现语义关系的主效应具有统计显著性($F(1, 38) = 23.18$，$p < 0.01$，$\eta2 = 0.379$，$2.55 \pm 0.47\,\mu V$ vs. $3.61 \pm 0.46\,\mu V$)，语义无关条件比语义相关条件诱发了显著更大的N400波幅。语义关系和语言熟悉度的交互作用在5%的显著性水平下不具有统计显著性，但在10%的显著性水平下具有统计显著性($F(4, 152) = 15.06$，$p = 0.052$，$\eta2 = 0.096$)。进一步的简单效应分析显示，熟悉英语组的语义关系效应具有统计显著性($F(1, 38) = 21.17$，$p < 0.01$，$\eta2 = 0.358$，$2.49 \pm 0.69\,\mu V$ vs. $3.99 \pm 0.63\,\mu V$)；不熟悉英语组的语义关系效应也具有统计显著性($F(1, 38) = 4.37$，$p = 0.043$，$\eta2 = 0.103$，$2.60 \pm 0.68\,\mu V$ vs. $3.21 \pm 0.61\,\mu V$)，但前者比后者的p值更小，语义无关和语义相关条件的波幅值差异更大。

7.4.4　讨论

本实验采用了SOA为200 ms的短时快速启动范式下的语义归类任务。根据Kiefer(2006,2007)、王瑞明等(2011)、李利等(2013)和宋娟等(2012,2013,2015)的研究，启动词的语义信息会被激活，与语义归类任务无关的语音和词形等词名层信息会被抑制。从本实验的反应时和正确率看，语义无关组的反应时显著长于语义相关组的反应时，语义无关组的正确率显著低于语义相关组的的正确率。说明当英语启动词和藏语目标词为翻译关系时，英语启动词语义表征的激活不仅提高了被试提取藏语目标词语义表征的速度，而且提高了正确率，因此从行为数据看，实验中产生了显著的跨语言语义启动效应。

从脑电数据看，在230—550 ms的时间窗口，在所有5个脑区和中线所有5个电极点上，语义无关条件比语言相关条件都诱发了显著更大的N400波幅。由于本实验采用了短时快速启动范式下的语义归类任务，启动词的语义表征会被激活,词汇表征会被抑制。因此本实验的 N400 效应反映的是目标词的语义加工过程。即启动词激活共享语义表征后,降低了被试提取目标词语义表征的难度,因而语义相关条件组 N400 的平均波幅显著变小。N400 效应、反应时及正确率等指标一致表明,当英语启动词和藏语目标词为翻译关系时,英语启动词语义表征的自动激活,或被试对英语启动词语义表征的提取,促进了被试对藏语目标词的认知加工,降低了被试提取藏语目标词语义表征的难度,缩短了提取时间,提高了正确率,语义相关条件组诱发了相对更小的 N400 波幅。行为学数据和神经学数据一致表明,藏—汉—英三语者英、藏两种心理词汇的语义表征共享,且英语词的词汇表征能直接通达共享语义。

此外,尽管被试类型的反应时和正确率的主效应都不具有统计显著性,但 N400 波幅却存在较为明显的被试类型差异。熟悉英语组在所有 5 个脑区的语义关系效应都具有统计显著性;而不熟悉英语组只在中后部和后部脑区的语义关系效应具有统计显著性,中部脑区的语义关系效应在 5% 的显著性水平下不具有统计显著性,但在 10% 的显著性水平下具有统计显著性。在中线所有 5 个电极上,熟悉英语组的语义关系效应显著大于不熟悉英语组的语义关系效应。这表明被试的三语(英语)越熟悉,语义启动效应越大。从本实验看,ERP 启动效应比反应时和正确率指标更为敏感。

综合三语行为实验 2 和三语 ERP 实验 2 的研究结果,可以推测藏—汉—英三语者英、藏两种心理词汇的语义表征共享,且被试的三语(英语)越熟悉,启动效应越大。三语行为实验 2 的结果再次证明,如果 SOA 太短,启动词的自动激活程度不足以促进被试对目标词的语义加工,因此无法产生语义启动效应。在 SOA 多点测试实验中,如果影响启动词和目标词加工速度的相关变量没有在各 SOA 条件下进行严格的组间匹配,实验就无法观测到启动效应受 SOA 时间长短调节的规律。也就是说,无法观测到,当 SOA 时间增加时,语义相关组的语义启动效应有增大的趋势。此外,从三语 ERP 实验 2 看,ERP 启动效应比反应时和正确率指标更为敏感,能探测到更为微小的启动效应差异。

7.5　三语行为实验 3

7.5.1　实验目的

采用跨语言的短时快速启动范式下的语义归类任务考察藏—汉—英三语者 L2 和 L1 词汇的语义表征模式。

7.5.2　实验方法

7.5.2.1　被试

本实验的被试同三语行为实验 1，但分组不同。本实验依据被试的汉语高考成绩将被试分为熟悉汉语组（A 组 17 人）和较熟悉汉语组（B 组 20 人）。对 A、B 两组被试的汉语高考成绩进行独立样本 t-检验，结果显示：$t(35) = 8.420$，$P < 0.001$。因此，A、B 两组被试汉语高考成绩的差异具有统计显著性，且 A 组被试的考试成绩显著高于 B 组被试（参见表 7-27）。这表明两组被试的汉语平均熟悉程度存在显著差异。

表 7-27　A、B 两组被试的汉语高考成绩分析表

A 组汉语高考平均分		B 组汉语高考平均分		A 组－B 组		
Mean	SD	Mean	SD	Mean	SE	p
137.00	5.76	114.05	10.47	22.95	2.73	.000

7.5.2.2　实验设计

同三语行为实验 1。

7.5.2.3　SOA 取值

见表 7-28。

7.5.2.4　实验材料

本实验的材料包括 1 个练习组、1 个填充组、5 个控制组和 5 个实验组（参见表 7-28 和附件 9）。其中练习组 10 个语义无关词对（启动词和目标词既无语义，也无语音联系）。填充组 90 个语义无关词对。每个控制组 10 个语义无关词对，5 个控制组共计 50 个语义无关词对。练习组、填充组和控制组共计 150 个语义无关词对。每个实验组 10 个语义相关词对（启动词和目标词互为翻译对等词）。5 个实验组共计 50 个语义相

关词对。本实验的语义相关词比例同双语行为实验 1,都是 25%。5 个控制组和 5 个实验组所有试次的 SOA 水平分别为 38 ms、50 ms、100 ms、150 和 200 ms,练习组和填充组所有试次的 SOA 水平均为 170 ms(参见表 7 - 28)。所有词对中,启动词均为汉语名词,全部选自《现代汉语语料库词语分词类频率表》;目标词均为藏语名词,全部选自《现代藏语常用名词表》。尽量确保被试熟悉所有练习组及填充组的启动词和目标词,但没有控制影响被试对其识别速度的相关变量。

表 7 - 28 三语行为实验 3 的材料①

实验组成部分	SOA取值	实验材料分组	实验材料	启动词和目标词的语义关系	启动词和目标词的词性
练习部分	170 ms	练习组	10 对启动词—目标词词对	语义无关	启动词均为汉语名词;目标词均为藏语名词。
正式实验部分	38 ms	实验组 1	10 对启动词—目标词词对	翻译关系	
		控制组 1	10 对启动词—目标词词对	语义无关	
	50 ms	实验组 2	10 对启动词—目标词词对	翻译关系	
		控制组 2	10 对启动词—目标词词对	语义无关	
	100 ms	实验组 3	10 对启动词—目标词词对	翻译关系	
		控制组 3	10 对启动词—目标词词对	语义无关	
	150 ms	实验组 4	10 对启动词—目标词词对	翻译关系	
		控制组 4	10 对启动词—目标词词对	语义无关	
	200 ms	实验组 5	10 对启动词—目标词词对	翻译关系	
		控制组 5	10 对启动词—目标词词对	语义无关	
	170 ms	填充组	90 对启动词—目标词词对	语义无关	

每个 SOA 水平下,实验组的所有启动词和控制组与之相对应的启动词中,影响被试识别速度的笔画数、频数和熟悉度得分等变量都得到了控制(参见表 7 - 29)。根据表 7 - 29 的描述统计,5 个实验组和 5 个控制组中所有启动词的笔画数最小值是 4,最大值是 28,组平均笔画数都在 14.50—14.70 画之间;频数最小值是 109,组平均频数最小值是 344.60;

———————

① 本实验中,练习组和填充组的所有启动词均只呈现 150 ms,然后呈现掩蔽刺激“♯♯♯♯♯♯♯♯♯♯”20 ms;“实验组 5”和“控制组 5”的所有启动词均只呈现 180 ms,然后呈现掩蔽刺激“♯♯♯♯♯♯♯♯♯♯”20 ms。

词汇熟悉度得分最小值是 5.90,组平均熟悉度得分最小值是 6.60。这表明 5 个实验组和 5 个控制组都没有选择笔画数特别复杂,可能引起被试识别困难的启动词。所有启动词均是现代汉语的高频词汇,且被试相当熟悉,都能在较短时间内提取其语义表征。由于本实验不考察被试对启动词的判断速度,因此 5 个实验组的启动词和 5 个控制组与之相对应的启动词的频数和熟悉度得分只是大致相近,没有严格匹配。此外,五个实验组的启动词的相关变量在组间进行了大致的匹配:五个实验组的组平均笔画数都在 14.50—14.70 画之间,差异很小;组平均频数分别为 987.20、606.20、796.00、821.80、832.10,差异不太大;词汇熟悉度得分的组平均值都在 6.70—6.86 之间,差异比较小。

表 7‑29　三语行为实验 3 启动词的描述统计

SOA 水平	启动词的变量名称	个数	最小值	最大值	平均值	标准偏差
38 ms	控制组 1 启动词的笔画数	10	7.00	26.00	14.60	6.19
	实验组 1 启动词的笔画数	10	7.00	26.00	14.50	6.31
	控制组 1 启动词的频数	10	138.00	1385.00	348.90	377.00
	实验组 1 启动词的频数	10	136.00	7695.00	987.20	2359.12
	控制组 1 启动词的熟悉度	10	6.29	7.00	6.63	0.25
	实验组 1 启动词的熟悉度	10	6.24	7.00	6.73	0.26
50 ms	控制组 2 启动词的笔画数	10	7.00	22.00	14.60	4.45
	实验组 2 启动词的笔画数	10	7.00	22.00	14.60	4.45
	控制组 2 启动词的频数	10	116.00	2524.00	557.70	736.43
	实验组 2 启动词的频数	10	127.00	1795.00	606.20	583.86
	控制组 2 启动词的熟悉度	10	6.24	6.95	6.62	0.25
	实验组 2 启动词的熟悉度	10	6.12	7.00	6.70	0.33
100 ms	控制组 3 启动词的笔画数	10	6.00	25.00	14.70	6.18
	实验组 3 启动词的笔画数	10	4.00	25.00	14.50	6.52
	控制组 3 启动词的频数	10	129.00	887.00	373.90	302.67
	实验组 3 启动词的频数	10	112.00	2927.00	796.00	897.33
	控制组 3 启动词的熟悉度	10	5.90	6.95	6.60	0.30
	实验组 3 启动词的熟悉度	10	6.55	7.00	6.86	0.14

（续　表）

SOA 水平	启动词的变量名称	个数	最小值	最大值	平均值	标准偏差
150 ms	控制组 4 启动词的笔画数	10	11.00	19.00	14.50	3.14
	实验组 4 启动词的笔画数	10	11.00	19.00	14.50	3.14
	控制组 4 启动词的频数	10	121.00	1159.00	358.50	389.43
	实验组 4 启动词的频数	10	109.00	5334.00	821.80	1636.00
	控制组 4 启动词的熟悉度	10	6.19	6.95	6.65	0.27
	实验组 4 启动词的熟悉度	10	6.38	7.00	6.72	0.24
200 ms	控制组 5 启动词的笔画数	10	9.00	28.00	14.60	5.72
	实验组 5 启动词的笔画数	10	9.00	27.00	14.50	5.46
	控制组 5 启动词的频数	10	124.00	891.00	344.60	262.47
	实验组 5 启动词的频数	10	144.00	5697.00	832.10	1715.50
	控制组 5 启动词的熟悉度	10	6.19	6.95	6.61	0.30
	实验组 5 启动词的熟悉度	10	6.62	6.93	6.80	0.09

　　5 个实验组的所有目标词和与之对应的 5 个控制组目标词的音节数、字母数和熟悉度得分等三个变量都得到严格匹配。首先,5 个实验组的所有目标词和与之相对应的 5 个控制组目标词的音节数和字母数完全相等。其次,5 个实验组的目标词和与之相对应的 5 个控制组目标词的熟悉度得分差异都非常小。配对样本 t-检验的显著性值(双尾)p 分别为 0.484、0.332、0.414、0.172、0.397。这表明各实验组目标词和与之相对应的控制组目标词的熟悉度得分差异都不具有统计显著性。5 个实验组和 5 个控制组目标词的熟悉度得分最小值分别是 6.286、6.262,这表明被试对所有藏语目标词都非常熟悉。

7.5.2.5　实验程序

本实验的程序同三语行为实验 1,但本实验的启动词全部是汉语名词,目标词全部是藏语名词。

7.5.3　实验结果与分析

7.5.3.1　反应时

本实验首先删除反应时小于 300 ms 的试次 0 个,大于 6000 ms 的试次 52 个，然后删除反应时小于 MD－3SD 的试次 0 个，大于 MD＋3SD 的试次 0 个。共删除异常值 52 个，约占总试次的 1.52%。

本实验为三因素 ANOVA 设计。因素 1 语义关系是被试内变量，包括语义相关、语义无关两个水平；因素 2SOA 也是被试内变量，包括 38 ms、50 ms、100 ms、150 ms、200 ms 等五个水平；因素 3 被试类型是被试间变量，被试按其汉语熟悉度分为两组，熟悉汉语组 17 人，较熟悉汉语组 20 人。运用三因素重复测量方差分析对被试语义判断的反应时进行分析，得出结果见表 7－30。

表 7－30 三语行为实验 3 的反应时(ms)分析结果(N＝37)

SOA 水平	被试分类	语义无关组反应时		语义相关组反应时		语义无关组－语义相关组	
		MEAN	SD	MEAN	SD	MEAN	SD
SOA38	熟悉汉语组	1723.71	390.44	1581.17	399.52	142.54	－9.09
	较熟悉汉语组	1507.44	560.57	1466.37	521.36	41.07	39.21
SOA50	熟悉汉语组	1795.30	419.98	1421.22	316.33	374.08	103.65
	较熟悉汉语组	1624.29	572.82	1271.92	492.85	352.37	79.97
SOA100	熟悉汉语组	1572.12	335.14	1400.73	423.38	171.39	－88.24
	较熟悉汉语组	1391.51	349.28	1178.45	324.75	213.06	24.53
SOA150	熟悉汉语组	1461.80	382.18	1204.94	287.94	256.86	94.25
	较熟悉汉语组	1280.12	610.12	1180.53	248.10	99.59	362.02
SOA200	熟悉汉语组	1633.43	453.99	1270.02	281.96	363.41	172.03
	较熟悉汉语组	1440.42	473.29	1164.06	397.71	276.36	75.58

因素 1 语义关系的主效应具有统计显著性，$F(1, 35) = 62.686$，$p < 0.001$，$\eta2 = 0.642$，说明语义关系影响了被试语义判断的反应时。

因素 2SOA 的主效应具有统计显著性，$F(4, 140) = A.697$，$p < 0.001$，$\eta2 = 0.250$，说明 SOA 水平也影响了被试语义判断的反应时。

因素 3 被试类型的主效应不具有统计显著性，$F(1, 35) = 1.962$，$p = 0.170$，$\eta2 = 0.053$，说明被试的汉语熟悉度不影响其语义判断的反应时。

因素 1×因素 3 的交互作用不具有统计显著性，$F(1, 35) = 1.268$，

$p=0.268$，$\eta2=0.035$，说明被试语义判断的反应时未受到因素 1×因素 3 的影响。

因素 2×因素 3 的交互作用不具有统计显著性，$F(4，140)<1$，$p=0.901$，$\eta2=0.007$，说明被试语义判断的反应时也未受到因素 2×因素 3 的影响。

因素 1×因素 2 的交互作用具有统计显著性，$F(4，140)=3.397$，$p=0.011$，$\eta2=0.088$，说明被试语义判断的反应时受到了因素 1×因素 2 的影响。对语义关系进行简单效应分析发现，SOA=38 ms 时，语义无关组的反应时边缘性长于语义相关组（$p=0.070$），其余四个 SOA 水平下，语义无关组的反应时均显著长于语义相关组（参见表 7-31、图 7-9、图 7-10）。

表 7-31　三语行为实验 3 各 SOA 水平下的反应时(ms)分析结果(N=37)

SOA 水平	语义无关组的反应时		语义相关组的反应时		语义无关组－语义相关组		
	MEAN	SE	MEAN	SE	MEAN	SE	P
SOA38	1615.58	80.85	1523.77	77.46	91.81	49.19	.070
SOA50	1709.79	83.90	1346.57	69.51	363.22	61.00	.000
SOA100	1481.82	56.56	1289.59	61.54	192.23	62.30	.004
SOA150	1370.96	85.52	1192.73	44.05	178.23	70.22	.016
SOA200	1536.93	76.63	1217.04	57.66	319.89	60.55	.000

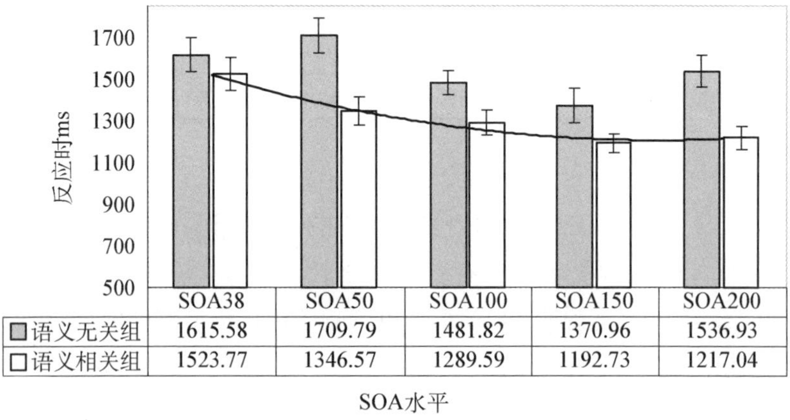

SOA水平	SOA38	SOA50	SOA100	SOA150	SOA200
语义无关组	1615.58	1709.79	1481.82	1370.96	1536.93
语义相关组	1523.77	1346.57	1289.59	1192.73	1217.04

图 7-9　三语行为实验 3 各 SOA 水平下的反应时统计图 1

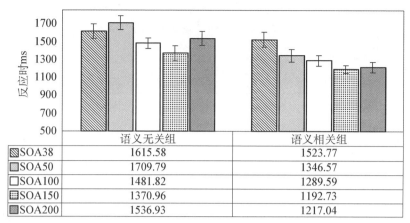

	语义无关组	语义相关组
◨SOA38	1615.58	1523.77
□SOA50	1709.79	1346.57
□SOA100	1481.82	1289.59
▦SOA150	1370.96	1192.73
▨SOA200	1536.93	1217.04

语义关系

图 7－10　三语行为实验 3 各 SOA 水平下的反应时统计图 2

从图 7－10 可以看出,语义无关组在不同的 SOA 水平下,词汇判断的反应时差异没有规律可循,SOA＝50 ms 时,被试的反应时最长,而 SOA＝150 ms 时,被试的反应时最短。语义相关组的反应时则比较有规律,随着 SOA 时间的增加,被试的反应时逐步变短。当然这从图 7－9 语义相关组的趋势线也可以看出。

因素 1×因素 2×因素 3 的交互作用不具有统计显著性,$F(4, 140) < 1$,$p＝0.802$,$\eta2＝0.012$,说明被试语义判断的反应时未受到因素 1×因素 2×因素 3 的影响。

7.5.3.2 正确率

运用三因素重复测量方差分析对被试语义判断的正确率进行分析,得出结果见表 7－32。

表 7－32　三语行为实验 3 的正确率(％)分析结果(N＝37)

SOA 水平	被试分类	语义无关组正确率		语义相关组正确率		语义无关组－语义相关组	
		MEAN	SD	MEAN	SD	MEAN	SD
SOA38	熟悉汉语组	87.65	7.52	96.47	6.06	－8.82	1.46
	较熟悉汉语组	87.00	12.18	95.00	6.07	－8.00	6.11

(续　表)

SOA水平	被试分类	语义无关组正确率		语义相关组正确率		语义无关组-语义相关组	
SOA50	熟悉汉语组	82.94	11.60	88.24	5.29	−5.30	6.31
	较熟悉汉语组	84.50	14.68	87.00	8.65	−2.50	6.04
SOA100	熟悉汉语组	88.82	9.28	97.06	4.70	−8.24	4.58
	较熟悉汉语组	87.50	8.51	96.00	6.81	−8.50	1.70
SOA150	熟悉汉语组	95.88	10.64	98.82	4.85	−2.94	5.79
	较熟悉汉语组	91.00	14.47	98.00	5.23	−7.00	9.24
SOA200	熟悉汉语组	94.71	8.74	100.00	0.00	−5.29	8.74
	较熟悉汉语组	90.50	17.31	98.00	4.10	−7.50	13.21

因素 1 语义关系的主效应具有统计显著性，$F(1, 35) = 27.209$，$p < 0.001$，$\eta2 = 0.437$。结合表 7-32 可知，语义无关组的正确率显著低于语义相关组的正确率。

因素 2SOA 的主效应具有统计显著性，$F(4, 140) = 29.429$，$p < 0.001$，$\eta2 = 0.457$，说明 SOA 水平也影响了被试语义判断的正确率。

因素 3 被试类型的主效应不具有统计显著性，$F(1, 35) < 1$，$p = 0.443$，$\eta2 = 0.017$，说明被试的汉语熟悉度不影响其语义判断的正确率。

因素 1×因素 3 的交互作用不具有统计显著性，$F(1, 35) < 1$，$p = 0.814$，$\eta2 = 0.002$，说明被试语义判断的正确率未受到因素 1×因素 3 的影响。

因素 2×因素 3 的交互作用不具有统计显著性，$F(4, 140) < 1$，$p = 0.542$，$\eta2 = 0.022$，说明被试语义判断的正确率未受到因素 2×因素 3 的影响。

因素 1×因素 2 的交互作用不具有统计显著性，$F(4, 140) = 1.676$，$p = 0.159$，$\eta2 = 0.046$，说明被试语义判断的正确率也未受到因素 1×因素 2 的影响。

由于本研究需要比较不同 SOA 水平下，语义无关组和语义相关组正确率的差异，因此对五个 SOA 水平下，语义无关和相关组正确率的差值进行了配对样本 t-检验，结果发现，所有五个语义无关组的正确率都显著低于其分别对应的语义相关组的正确率(参见表 7-33)。

表7-33　三语行为实验3各SOA水平下的正确率(%)分析结果(N=37)

SOA	语义无关组正确率		语义相关组正确率		语义无关组-语义相关组的正确率				
	MEAN	SD	MEAN	SD	MEAN	SD	t	df	p
SOA38	87.30	10.18	95.68	6.03	-8.38	10.93	-4.66	36	.000
SOA50	83.78	13.20	87.57	7.23	-3.78	11.14	-2.07	36	.046
SOA100	88.11	8.77	96.49	5.88	-8.38	8.34	-6.11	36	.000
SOA150	93.24	12.92	98.38	5.01	-5.14	11.21	-2.79	36	.008
SOA200	92.43	14.02	98.92	3.15	-6.49	13.58	-2.91	36	.006

因素1×因素2×因素3的交互作用不具有统计显著性,$F_{(4, 140)} < 1$,$p = 0.574$,$\eta 2 = 0.020$,说明被试语义判断的正确率未受到因素1×因素2×因素3的影响。

7.5.4　讨论

本实验采用了SOA小于或等于200 ms的短时快速启动范式下的语义归类任务。根据Kiefer(2006,2007)、王瑞明等(2011)、李利等(2013)和宋娟等(2012,2013,2015)的研究,启动词的语义信息会被激活,与语义归类任务无关的语音和词形等词名层信息会被抑制。根据以上分析,从反应时和正确率看,当SOA=38 ms时,语义无关组的反应时边缘性长于语义相关组,但语义无关组的正确率显著低于语义相关组的正确率。这表明当启动词和目标词是翻译关系时,汉语启动词语义表征的激活,在一定程度上可以提高被试提取藏语目标词语义的速度,并且能显著提高被试提取藏语目标词语义的正确率。因此,实验中产生了语义启动效应。

当SOA=50 ms、100 ms、150 ms、200 ms时,不仅语义相关组的反应时都显著短于语义无关组,而且语义相关组的正确率都显著高于语义无关组的正确率。这表明当启动词和目标词是翻译关系时,汉语启动词语义表征的激活不仅显著提高了被试提取藏语目标词语义的速度,而且显著提高了正确率。因此,在这四个SOA条件下,实验中都产生了显著的语义启动效应。

由于被试的汉语水平总体都比较高,因此,汉语作为启动词时,即使在很短的SOA38条件下,语义相关组中也产生了语义启动效应。由于在所有 5 个 SOA 条件下都发现了跨语言的语义启动效应,因此可以推断,藏—汉—英三语者汉、藏两种心理词汇的语义表征共享,且汉语词汇表征和共享语义表征之间的连接强度已经相当大了。此外,在本实验 5 个 SOA 条件下,随着 SOA 时间长度的增加,语义相关组的平均反应时逐步减少(参见图 7 - 9 和图 7 - 10),但由于五个实验组的启动词的相关变量在组间只进行了大致匹配,没有严格匹配,因此无法观察到语义启动效应受 SOA 调节的规律。随着 SOA 时间长度的增加,语义启动效应增大的趋势不明显。

由于被试类型的反应时和正确率主效应都不具有统计显著性,因此被试的汉语熟悉度既没有影响其语义判断的反应时,也没有影响正确率。即使是汉语相对不太熟悉的被试,他们的两种心理词汇也共享语义表征。藏—汉—英三语者汉、藏两种心理词汇的语义表征共享,汉语词的词汇表征能直接通达共享语义,且汉语词与共享语义表征之间的连接强度不受二语(汉语)熟悉度的调节。

7.5.5 实验结果的重新组合分析

与双语行为实验 1 一样,本实验中的 5 个实验组可以合并视为一个新实验组,5 个控制组合并视为一个新控制组。在新实验组和新控制组中,虽然 SOA 的取值有 5 个水平(38 ms、50 ms、100 ms、150 ms、200 ms),但新实验组中任何一个试次和新控制组中与之相对应的试次的 SOA 水平是完全相同的。因此,这就可以构成一个新实验,新实验中实验组和控制组的 SOA 为具有不同水平的短 SOA,因为所有 SOA 都在38—200 ms 之间(参见表 7 - 34)。

表 7 - 34　三语行为实验 3 新组实验的材料

实验组成部分	SOA取值	实验材料分组	实验材料	启动词和目标词的语义关系	启动词和目标词的词性
练习部分	170 ms	练习组	10 个启动词—目标词词对	语义无关	启动词均为汉语名词;目标词均为藏语名词。
正式实验部分	38—200 ms	新实验组	50 个启动词—目标词词对	翻译关系	
	38—200 ms	新控制组	50 个启动词—目标词词对	语义无关	
	170 ms	填充组	90 个启动词—目标词词对	语义无关	

　　新组实验中,新实验组的所有 50 个启动词和新控制组与之相对应的 50 个启动词中,影响被试识别速度的笔画数、频数和词汇熟悉度等变量都得到了控制。一是新实验组的所有启动词和与之相对应的新控制组启动词的笔画数完全相等(除三对词有 1—2 画的差异外)。新实验组和新控制组启动词笔画数的最小值分别是 4、6,最大值分别是 27、28;平均笔画数分别是 14.520、14.600,二者差异不大。新实验组的所有启动词和与之相对应的新控制组启动词的频数最小值分别是 109、116,平均值分别是 808.660、414.840;新实验组的所有启动词和与之相对应的新控制组启动词的熟悉度得分最小值分别是 6.12、5.90,平均值分别是 6.7636、6.6233。这表明新实验组和新控制组所有启动词都是现代汉语高频词,且被试相当熟悉。

　　尽管新实验组的启动词和新控制组与之相对应的启动词的笔画数、频数和词汇熟悉度得分等只是相近,没有严格匹配,但新实验组的所有目标词和与之对应的新控制组目标词的音节数、字母数和词汇熟悉度得分等三个变量都得到严格匹配。一是新实验组的所有目标词和新控制组与之对应的目标词的音节数和字母数完全相等。二是新实验组的所有目标词和新控制组与之对应的目标词的熟悉度得分都非常相近。新实验组和新控制组目标词的熟悉度平均得分分别是 6.7281、6.6810。尽管新控制组目标词的熟悉度平均得分比新实验组目标词的熟悉度平均得分低 0.0471,但二者的差异并不具有统计显著性,因为其配对样本 t-检验的显著性值(双尾)$p=0.150$。由于新实验组和新控制组目标词的熟悉度得分最小值分别是 6.29、6.26,平均值都至少高达 6.6810,这表明被试对所有藏语目标词都非常熟悉。

　　在分析新组实验的反应时之前,首先删除反应时小于 300 ms 的试次 0 个,大于 6000 ms 的试次 52 个,然后删除反应时小于 MD－3SD 的试次 0 个,大于 MD＋3SD 的试次 70 个。共删除异常值 122 个,约占总试次的 3.58%。

　　重新组合后的实验只有两个因素,即因素 1 语义关系和因素 2 被试类型。运用两因素重复测量方差分析对新组实验被试语义判断的反应时进行分析,得出结果见表 7-35 和图 7-11。

表 7-35　三语行为实验 3 新组实验的反应时(ms)分析结果(N=37)

被试分类	语义无关组的反应时		语义相关组的反应时		语义无关组-语义相关组	
	MEAN	SD	MEAN	SD	MEAN	SD
熟悉汉语组	1617.54	352.50	1304.10	247.50	313.44	104.99
较熟悉汉语组	1414.70	502.25	1187.59	337.85	227.11	164.40

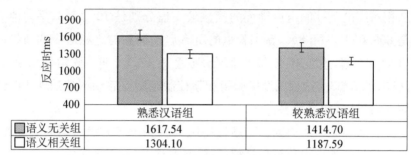

图 7-11　三语行为实验 3 新组实验的反应时统计图

因素 1 语义关系的主效应具有统计显著性,$F(1, 35) = 61.296$,$p < 0.001$,$\eta^2 = 0.637$。结合表 7-35 和图 7-11 可知,语义相关组的反应时显著短于语义无关组。

因素 2 被试类型的主效应不具有统计显著性,$F(1, 35) = 1.790$,$p = 0.190$,$\eta^2 = 0.049$,说明被试的汉语熟悉度不影响其语义判断的反应时。

因素 1×因素 2 的交互作用不具有统计显著性,$F(1, 35) = 1.563$,$p = 0.219$,$\eta^2 = 0.043$,说明被试语义判断的反应时未受到因素 1×因素 2 的影响。

运用两因素重复测量方差分析对新组实验被试语义判断的正确率进行分析,得出结果见表 7-36。

表 7-36　三语行为实验 3 新组实验的正确率(%)分析结果(N=37)

被试分类	语义无关组的正确率		语义相关组的正确率		语义无关组-语义相关组	
	MEAN	SD	MEAN	SD	MEAN	SD
熟悉汉语组	90.00	7.28	96.12	2.39	-6.12	4.89

被试分类	语义无关组的正确率		语义相关组的正确率		语义无关组－语义相关组	
较熟悉汉语组	88.10	11.49	94.80	3.91	－6.70	7.58

因素 1 语义关系的主效应具有统计显著性，F(1，35)＝27.209，$p < 0.001$，$\eta2 = 0.437$。结合表 7-36 可知，语义相关组的正确率显著高于语义无关组。

因素 2 被试类型的主效应不具有统计显著性，F(1，35)＜1，$p = 0.443$，$\eta2 = 0.017$，说明汉语熟悉度不影响被试语义判断的正确率。

因素 1×因素 2 的交互作用不具有统计显著性，F(1，35)＜1，$p = 0.814$，$\eta2 = 0.002$，说明被试语义判断的正确率未受到因素 1×因素 2 的影响。

由于新组实验采用了 SOA 小于或等于 200 ms 的语义判断任务，根据 Kiefer(2006,2007)、王瑞明等(2011)、李利等(2013)和宋娟等(2012,2013,2015)的研究，在被试对目标词的语义归类任务中，启动词的语义信息会被激活，与语义归类任务无关的语音和词形等词名层信息会被抑制。

根据以上重组分析，从本实验的反应时和正确率看，语义无关组的反应时显著长于语义相关组的反应时；语义无关组的正确率显著低于语义相关组。这说明当汉语启动词和藏语目标词是翻译关系时，汉语启动词语义表征的激活，促进了被试对藏语目标词的语义加工，不仅显著缩短了被试提取目标词语义表征的时间，而且显著提高了正确率。因此，实验中产生了跨语言的语义启动效应。据此可以推断，藏—汉—英三语者汉、藏两种语言的心理词汇共享语义表征，且汉语词的词汇表征直接通达共享语义。

由于被试类型的反应时和正确率主效应都不具有统计显著性，因此被试的汉语熟悉度不显著影响其语义判断的反应时和正确率，但是熟悉汉语组的语义启动效应为 313.44 ms，而较熟悉汉语组的语义启动效应为 227.11 ms，前者比后者长 86.33 ms。因此，藏—汉—英三语者汉、藏两种心理词汇共享语义表征，汉语词与共享语义的连接强度在一定程度上受二语(汉语)熟悉度的调节，即汉语越熟悉，水平越高，汉语词与共享语义的连接强度有变大的趋势。

7.6 三语 ERP 实验 3

7.6.1 实验目的

同三语行为实验 3。

7.6.2 实验方法

7.6.2.1 被试

本实验的被试同三语 ERP 实验 1，但由于 ERP 设备出现故障，有 2 名被试参加了 ERP 实验 1，而未能参加本实验。因此本实验的被试为青海民族大学外国语学院藏—汉—英三语翻译专业的 37 名藏族大二和大三在校本科学生和青海民族大学外国语学院的 2 名藏汉英三语教师。所有被试的母语均为藏语，藏语高考平均成绩为 113.23 分，最低分 50，最高分 146；汉语高考平均成绩为 124.47 分，最低分 90，最高分 147，因此所有被试都相当或非常熟悉汉语。所有被试都已经顺利通过了大学英语四级考试，部分已顺利通过大学英语六级考试。2 名藏汉英三语教师被试均毕业于青海师范大学外国语学院，并顺利通过了英语专业八级考试。所有被试大学英语四级考试的平均成绩是 484 分，最低分 425，最高分 689。本实验依据被试的汉语高考成绩将被试分为熟悉汉语组（A 组 18 人）和较熟悉汉语组（B 组 21 人）。A 组汉语高考成绩最低分是 130，最高分 147；B 组汉语高考成绩最低分是 90，最高分 127。

对 A、B 两组被试的汉语高考成绩进行独立样本 t-检验，结果显示：$t(37)=8.739$，$P<0.001$。因此，A、B 两组被试汉语高考成绩的差异具有统计显著性，且 A 组被试的汉语高考成绩显著高于 B 组被试（参见表 7‑37）。这表明两组被试的汉语平均熟悉程度存在显著差异。

表 7‑37 A、B 两组被试的汉语高考成绩分析表

A组汉语高考平均分		B组汉语高考平均分		A组−B组		
Mean	SD	Mean	SD	Mean	SE	p
136.72	5.71	113.98	10.21	22.75	2.60	.000

本实验所有 39 名被试中，男生 8 人，女生 31 人，平均年龄 22.05 岁

（SD＝2.36）。所有被试进入大学前均一直在青海、四川、西藏或云南藏区生活。幼儿园或小学阶段开始学习汉语，开始学习汉语的平均年龄为7.21岁（SD＝1.56），平均学习汉语14.85年（SD＝2.60）；从小学或初中阶段开始学习英语，开始学习英语的平均年龄为11.82岁（SD＝2.36），平均学习英语10.23年（SD＝2.78），属于后期双语者。被试主观报告语言使用模式如下：小学阶段的教学语言35人主要为藏语，3人主要为汉语，1人报告其教学语言藏汉各占50％；初中阶段的教学语言30人主要为藏语，9人主要为汉语；高中阶段的教学语言24人主要为藏语，14人主要为汉语，1人报告其教学语言藏汉各占50％；大学阶段32人报告主要教学语言为汉语，其次是英语，最后是藏语；7人报告主要教学语言为英语，其次是汉语，最后是藏语。与同学朋友交流时36人报告更多使用藏语，3人报告更多使用汉语；与老师交流时30人更多用藏语，其次是汉语，最后是英语；7人更多用汉语，其次是藏语，最后是英语；1人更多用汉语，其次是英语，最后是藏语；1人更多用藏语，其次是英语，最后是汉语。与家人交流时38人更多用藏语，1人既不用藏语，也不用汉语，而是用土语①。因此总体上看，课堂教学语言中藏语比汉语使用更多一些，且课堂教学语言之外，被试的绝大多数交流也以藏语为主，英语在课堂内外使用都相对最少。所有39名被试视力或矫正视力正常，无躯体和精神疾病，均为右利手者。

7.6.2.2　实验设计

本实验包括两个因素，因素1为语义关系，有2个水平：语义相关、语义无关；因素为2被试类型，有2个水平：熟悉汉语、较熟悉汉语。各水平组的汉语高考平均成绩详见 **7.6.2.1 节**。因此，本实验为 2×2 的ANOVA设计。其中，因素1为被试内变量，因素2为被试间变量。因变量为被试完成语义归类任务的反应时、正确率和N400等脑电成分。

7.6.2.3　SOA 取值

见表 7-38。

---

① 这里的土语是当地方言、藏语和汉语等三种语言或方言的混合语，其中藏语比汉语成分多一点。

表 7‑38　三语 ERP 实验 3 的材料

实验组成部分	SOA 取值	实验材料分组	实验材料	启动词和目标词的语义关系	启动词和目标词的词性
练习部分	170 ms	练习组	10 个启动词—目标词词对	语义无关	启动词均为汉语名词；目标词均为藏语名词。
正式实验部分	200 ms	实验组	50 个启动词—目标词词对	翻译关系	
	200 ms	控制组	50 个启动词—目标词词对	语义无关	
	170 ms	填充组	90 个启动词—目标词词对	语义无关	

7.6.2.4　实验材料

本实验的材料和三语行为实验 3 的材料相同，但是本实验的实验组和控制组中所有试次的 SOA 取值均为 200 ms（参见表 7‑38 和附件 9）。实验组所有 50 个启动词和控制组与之相对应的 50 个启动词中，影响被试识别速度的笔画数、频数和词汇熟悉度得分等变量都得到了控制；实验组的所有目标词和控制组与之对应的目标词的音节数、字母数和熟悉度得分等三个变量都得到严格匹配（详见 **7.5.5 节**）。

7.6.2.5　实验程序

本实验的程序同三语 ERP 实验 1，但本实验的启动词是汉语名词，目标词是藏语名词。

7.6.2.6　脑电记录及 ERP 数据处理流程

同双语 ERP 实验 1。

7.6.3　实验结果与分析

7.6.3.1　反应时

本实验首先删除反应时小于 300 ms 的试次 0 个，大于 6000 ms 的试次 5 个，然后删除反应时小于 MD－3SD 的试次 0 个，大于 MD＋3SD 的试次 67 个。共删除异常值 72 个，约占总试次的 2.11%。

本实验为两因素 ANOVA 设计。因素 1 语义关系是被试内变量，包括语义相关、语义无关两个水平；因素 2 被试类型是被试间变量，被试按其汉语熟悉度分为两组，熟悉汉语组 18 人，较熟悉汉语组 21 人（但有一名被试的错误率高，反应慢，因此删除了该被试本实验的数据。较熟悉汉语组实际只收集到了 20 名被试的数据）。运用两因素重复测量方差分析对被试语义判断的反应时进行分析，得出结果见表 7‑39 和图 7‑12。

表 7-39 三语 ERP 实验 3 的反应时(ms)分析结果(N=38)

被试类型	语义无关组反应时		语义相关组反应时		语义无关组－语义相关组	
	MEAN	SD	MEAN	SD	MEAN	SD
熟悉汉语	1486.93	385.00	1174.54	281.03	312.39	103.97
较熟悉汉语	1263.14	413.37	1051.41	321.81	211.73	91.56

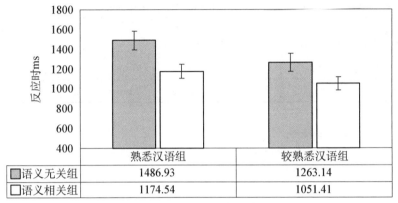

	熟悉汉语组	较熟悉汉语组
语义无关组	1486.93	1263.14
语义相关组	1174.54	1051.41

被试的汉语熟悉度

图 7-12 三语 ERP 实验 3 的反应时统计图

因素 1 语义关系的主效应具有统计显著性,F(1, 36)＝98.199,$p < 0.001$,$\eta2＝0.732$,说明语义关系影响了被试语义判断的反应时。

因素 2 被试类型的主效应不具有统计显著性,F(1, 36)＝2.386,$p＝0.131$,$\eta2＝0.062$,说明被试的汉语熟悉度不影响其语义判断的反应时。

因素 1×因素 2 的交互作用在 5% 的显著性水平下不具有统计显著性,但在 10% 的显著性水平下具有统计显著性,F(1, 36)＝3.622,$p＝0.065$,$\eta2＝0.091$,说明被试语义判断的反应时在一定程度上受到了因素 1×因素 2 的影响。对语义关系进行简单效应分析发现,在汉语熟悉和较熟悉组,语义无关组的反应时均显著长于语义相关组的反应时(参见表 7-40)。熟悉汉语组与较熟悉汉语组启动效应的差异在 5% 的显著性水平下不具有统计显著性,但在 10% 的显著性水平下具有统计显著性,即汉语越熟悉,启动效应有增加的趋势(参见表 7-41)。

表7-40　三语 ERP 实验 3 语义关系的简单效应(ms)分析结果(N=38)

被试类型	语义无关组的反应时		语义相关组的反应时		语义无关组-语义相关组		
	MEAN	SE	MEAN	SE	MEAN	SE	p
熟悉汉语	1486.93	94.33	1174.54	71.47	312.39	38.37	.000
较熟悉汉语	1263.14	89.49	1051.41	67.81	211.73	36.40	.000

表7-41　三语 ERP 实验 3 熟悉汉语组和较熟悉组的启动效应(ms)比较(N=38)

熟悉汉语组语义无关-语义相关条件的反应时		较熟悉汉语组语义无关-语义相关条件的反应时		较熟悉汉语组-熟悉汉语组		
MEAN	SD	MEAN	SD	Mean	SE	p
312.39	185.92	211.73	138.88	−100.66	52.89	0.065

7.6.3.2　正确率

运用两因素重复测量方差分析对被试语义判断的正确率进行分析，得出结果见表7-42。

表7-42　三语 ERP 实验 3 的正确率(%)分析结果(N=38)

被试类型	语义无关组正确率		语义相关组正确率		语义无关组-语义相关组	
	MEAN	SD	MEAN	SD	MEAN	SD
熟悉汉语	85.33	9.07	94.00	3.29	−8.67	5.79
较熟悉汉语	86.90	8.81	93.60	3.08	−6.70	5.73

因素 1 语义关系的主效应具有统计显著性，$F(1, 36) = 37.948$，$p < 0.001$，$\eta2 = 0.513$。结合表7-42可知，语义无关组的正确率显著低于语义相关组的正确率。

因素 2 被试类型的主效应不具有统计显著性，$F(1, 36) < 1$，$p = 0.746$，$\eta2 = 0.003$，说明被试的汉语熟悉度不影响其语义判断的正确率。

因素 1×因素 2 的交互作用不具有统计显著性，$F(1, 36) < 1$，$p = 0.436$，$\eta2 = 0.0173$，说明被试语义判断的正确率未受到因素1×因素2的影响。

7.6.3.3　ERP 数据

38 个有效被试按汉语熟悉度分为熟悉汉语组(18 人)和较熟悉汉语

组(20人)。语义无关和语义相关条件下,藏语目标词产生的 ERP 波形图见图 7–13。根据本实验的波形图,选择 70—150 ms、220—350 ms 和 350—600 ms 的时间窗分别分析脑电成分 N100、N250 和 N400。

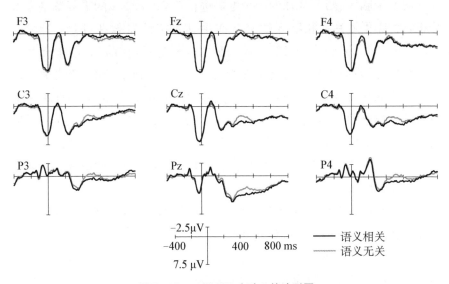

图 7–13 三语 ERP 实验 3 的波形图

一、70—150 ms 时间窗的分析

对五个脑区、两个半球的十个电极进行 $5 \times 2 \times 2 \times 2$ 的重复测量方差分析,发现语义关系的主效应具有统计显著性($F(1, 36) = 5.86$, $p < 0.05$, $\eta2 = 0.140$, $0.49 \pm 0.30\ \mu V$ vs. $0.18 \pm 0.32\ \mu V$),语义相关条件比语义无关条件诱发了显著更大的 N100 波幅。语义关系和脑区的交互作用具有统计显著性($F(4, 144) = 4.08$, $p < 0.05$, $\eta2 = 0.102$)。进一步的分析显示,在后部,语义关系效应不具有统计显著性($p > 0.1$, $-0.62 \pm 0.50\ \mu V$ vs. $-0.64 \pm 0.52\ \mu V$),在前部、前中部、中部以及中后部,语义关系效应都具有统计显著性($ps < 0.05$,前部:$1.42 \pm 0.38\ \mu V$ vs. $0.90 \pm 0.40\ \mu V$;前中部:$0.82 \pm 0.37\ \mu V$ vs. $0.37 \pm 0.40\ \mu V$;中部:$0.57 \pm 0.35\ \mu V$ vs. $0.25 \pm 0.38\ \mu V$;中后部:$0.28 \pm 0.33\ \mu V$ vs. $0.03 \pm 0.3\ \mu V$),语义相关条件组的波幅更大。

对中线的五个电极进行 $5 \times 2 \times 2$ 的重复测量方差分析,发现语义关系的主效应具有统计显著性($F(1, 36) = 4.32$, $p < 0.05$, $\eta2 = 0.107$,

$0.07 \mu V$ vs. $-0.29 \mu V 0.10 \pm 0.38 \mu V$ vs. $-0.26 \pm 0.40 \mu V$),语义相关条件的 N100 波幅更大。此外,不存在任何其他的交互作用($ps > 0.05$)。

二、220—350 ms 时间窗的分析

对五个脑区、两个半球的十个电极进行 $5 \times 2 \times 2 \times 2$ 的重复测量方差分析,发现语义关系和脑区的交互作用具有统计显著性($F(4, 144) = 6.37$,$p < 0.05$,$\eta2 = 0.15$)。进一步的分析显示,在前部、前中部和中部,语义关系效应不具有统计显著性($ps > 0.1$),在中后部,语义关系效应在 5% 的显著性水平下不具有统计显著性,但在 10% 的显著性水平下具有统计显著性($p = 0.078$,$3.00 \pm 0.43 \mu V$ vs. $3.32 \pm 0.41 \mu V$),后部的语义关系效应具有统计显著性($0.73 \mu V$ vs. 1.20,$p < 0.010.62 \pm 0.45 \mu V$ vs. $1.03 \pm 0.45 \mu V$),语义无关条件比语义相关条件诱发了显著更大的 N250 波幅。

对中线的五个电极进行 $5 \times 2 \times 2$ 的重复测量方差分析,发现语义关系和电极的交互作用具有统计显著性($F(4, 144) = 3.29$,$p = 0.054$,$\eta2 = 0.084$)。进一步的分析显示,在前部、前中部、中部、中后部(FZ、FCZ、CZ、CPZ),语义关系效应不具有统计显著性($ps > 0.1$,$3.17 \pm 0.62 \mu V$ vs. $3.05 \pm 0.62 \mu V$;$3.12 \pm 0.66 \mu V$ vs. $3.08 \pm 0.69 \mu V$;$3.50 \pm 0.64 \mu V$ vs. $3.61 \pm 0.68 \mu V$;$3.84 \pm 0.54 \mu V$ vs. $4.12 \pm 0.57 \mu V$);后部(PZ)的语义关系效应具有统计显著性($p < 0.05$,2.55 ± 0.39 vs. 2.99 ± 0.41),语义无关条件比相关条件诱发了显著更大的 N250 波幅。

三、350—600 ms 时间窗的分析

对五个脑区、两个半球的十个电极进行 $5 \times 2 \times 2 \times 2$ 的重复测量方差分析,发现语义关系的主效应具有统计显著性($F(1, 36) = 12.12$,$p < 0.05$,$\eta2 = 0.252$,$1.52 \pm 0.37 \mu V$ vs. $2.07 \pm 0.37 \mu V$),语义无关条件比语义相关条件诱发了显著更大的 N400 波幅。语义关系和脑区的交互作用具有统计显著性($F(4, 144) = 5.99$,$p < 0.05$,$\eta2 = 0.143$),前部的语义关系效应不具有统计显著性($p > 0.1$,$1.24 \pm 0.51 \mu V$ vs. $1.28 \pm 0.51 \mu V$),前中部、中部、中后部和后部的语义关系效应具有统计显著性($ps < 0.05$,$1.70 \pm 0.53 \mu V$ vs. $2.15 \pm 0.54 \mu V$;$2.39 \pm 0.48 \mu V$ vs. $3.06 \pm 0.49 \mu V$;$2.20 \pm 0.39 \mu V$ vs. $2.98 \pm 0.39 \mu V$;$0.07 \pm 0.34 \mu V$ vs. $0.87 \pm 0.35 \mu V$),语义无关条件的波幅更大。语义关系和半球的交互作用具有

统计显著性(F(1, 36)＝3.84, $p<$0.05, η2＝0.103)。进一步的分析显示,左半球的语义关系效应具有统计显著性($p<$0.05, 1.38±0.44 μV vs. 1.78±0.41 μV);右半球的语义关系效应也具有统计显著性($p<$0.001, 1.66±0.35 μV vs. 2.35±0.38 μV),语义无关条件的波幅更大。对中线的五个电极进行5×2×2的重复测量方差分析,发现语义关系的主效应具有统计显著性(F(1, 36)＝15.38, $p<$0.05, η2＝0.299, 1.91±0.0.46 μV vs. 2.63±0.47 μV),语义无关条件比语义相关条件诱发了显著更大的N400波幅。语义关系和电极的交互作用在5％的显著性水平下不具有统计显著性,但在10％的显著性水平下具有统计显著性(F(4, 144)＝2.61, $p＝$0.069, η2＝0.068)。进一步的分析显示,前部(FZ)的语义关系效应不具有统计显著性($p>$0.1, 0.25±0.59 μV vs. 0.63±0.58 μV),其它电极上的语义关系效应均具有统计显著性(ps$<$0.05, FCZ:0.69±0.60 μV vs. 1.30±0.60 μV;CZ:2.30±0.56 μV vs. 3.09±0.60 μV;CPZ:3.41±0.49 μV vs. 4.37±0.52 μV;PZ:2.89±0.46 μV vs. 3.79±0.45 μV),语义无关条件诱发了更大的N400波幅。

7.6.4　讨论

本实验采用了SOA为200 ms的短时快速启动范式下的语义归类任务。根据Kiefer(2006,2007)、王瑞明等(2011)、李利等(2013)和宋娟等(2012,2013,2015)的研究,启动词的语义信息会被激活,与语义归类任务无关的语音和词形等词名层信息会被抑制。从本实验的反应时和正确率看,语义无关组的反应时显著长于语义相关组的反应时,语义无关组的正确率显著低于语义相关组的正确率。说明当汉语启动词和藏语目标词为翻译关系时,汉语启动词语义表征的激活不仅提高了被试提取藏语目标词语义表征的速度,而且提高了正确率,因此从行为数据看,实验中产生了显著的跨语言语义启动效应。

从脑电数据看,在350—600 ms的时间窗口,在前中部、中部、中后部和后部等4个脑区和中线的FCZ、CZ、CPZ和PZ等4个电极上,语义无关条件比语言相关条件诱发了显著更大的N400波幅。由于本实验采用了SOA为200 ms的短时快速启动范式下的语义归类任务,启动词的语义表征会被激活,词汇表征会被抑制。因此本实验的 N400 效应反映的是目标词的语义加工过程。即启动词激活共享语义表征后,降低了被试提取目标词语义表征的难度,因而语义相关条件组 N400 的平均波幅显著变小。反应时、正确率及 N400 等指标表明,当汉语启动词和藏语目标词为翻译关系时,汉语启动词语义表征的自动激活,或被试对汉语启动词语义表征的提取,促进了被试对藏语目标词的认知加工,降低了被试提取藏语目标词语义表征的难度,缩短了提取时间,提高了正确率,语义相关条件诱发了相对更小的 N400 波幅。行为学数据和神经学数据一致表明,藏—汉—英三语者汉、藏两种心理词汇的语义表征共享,且汉语词的词汇表征直接通达共享语义。

除 N400 外,在 220—350 ms 的时间窗口,在中后部脑区和中线的 CPZ 电极上,语义无关条件比语义相关条件诱发了边缘性更大的 N250 波幅;在后部脑区和中线的 PZ 电极上,语义无关条件比相关条件诱发了显著更大的 N250 波幅。本实验和双语 ERP 实验 2 的设计相同,因此,同双语 ERP 实验 2 一样,本实验的 N250 更可能反映了目标词词汇表征的加工过程:尽管在短时快速启动范式的语义归类实验中,与语义归类任务无关的启动词语音和词形等词名层信息得到抑制。但由于汉语启动词直接通达了藏、汉双语心理词汇共享的语义表征,藏语目标词被激活的语义反馈到词名层表征,从而使得被试在提取藏语目标词的语义时产生了对词名层加工敏感的 N250 效应。当然,同双语 ERP 实验 2 一样,N250 也可能反映了被试对藏语目标词的语义加工过程,即 N250 效应和 N400 效应一样,直接反映了语义相关条件下藏语目标词的语义加工难度降低,ERP 波幅变小,但这种可能性相对更小。无论本实验诱发的 N250 效应符合以上两种解释中的哪一种,N250 和 N400 效应均表明,语义相关条件组中产生了显著的语义启动效应,藏—汉—英三语者汉、藏两种心理词汇的语义表征共享。且二语(汉语)词的词汇表征可以直接通达共享的语义表征。

除 N400 和 N250 外,在 70—150 ms 的时间窗口,在前部、前中部、中部以及中后部等 4 个脑区和中线 5 个电极上,语义相关条件诱发了比语义无关条件更大的 N100 波幅。但 N100 是 ERP 的外源性(生理性)成分,受刺激物理特性影响(易爱文 2017:12),它不属于内源性(心理性)成分,内源性成分才与被试的精神状态和注意力有关,和认知过程密切相关(易爱文 2017:11)。

此外,尽管被试类型的正确率、N400 和 N250 波幅的主效应都不具有统计显著性,但熟悉汉语组的启动效应达到了 312.39 ms,而较熟悉汉语组的启动效应只有 211.73 ms,前者比后者长 100.66 ms,二者的差异在 5% 的显著性水平下不具有统计显著性,但在 10% 的显著性水平下具有统计显著性。因此,在一定程度上可以说,被试的二语(汉语)越熟悉,跨语言的语义启动效应越大。这也说明,并不是在任何情况下,ERP 脑电指标都比行为反应时指标更敏感,从本实验看,行为反应时指标比ERP 脑电指标更敏感。

综合三语行为实验 3 和三语 ERP 实验 3 两个实验的结果,可以推测藏—汉—英三语者汉、藏两种心理词汇的语义表征共享,且被试的二语(汉语)越熟悉,启动效应有增大的趋势。在三语行为实验 3 的 5 个 SOA条件下,实验中都产生了语义启动效应,甚至在短至 38 ms 的 SOA 条件下,实验仍然检测到语义启动效应。当 SOA 小于 40 ms 时,人眼对视觉呈现的词汇就会"视而不见"(魏景汉等 2010:148)。本实验中,SOA 为38 ms 时,被试根本不可能看清楚启动词,因此无法实施翻译等有意识的加工策略,这说明启动效应确实来源于启动词语义的自动激活扩散,也说明二语(汉语)词汇表征和共享语义表征之间的连接强度相当大。

7.7　三语 ERP 实验 1、2、3 的差异波比较

为了对比考察英汉、英藏和汉藏心理词汇间语义启动效应的大小,本节将进一步分析比较三语 ERP 实验 1、2、3 的语义无关条件和语义相关条件诱发的差异波,即语义无关条件诱发的 ERP 脑电波幅减去语义相关条件所诱发的 ERP 脑电波幅。主要通过比较平均波幅的差异来考察三个实验启动效应的大小。

7.7.1　三语 ERP 实验 1、2、3 的差异波分析

三语 ERP 实验 1、2、3 的差异波波形图见图 7-14。虽然三语 ERP实验 1 和 2 在相同的时间窗 230—550 ms 之间,语义无关条件比语义相

关条件都诱发了更大的 N400 波幅,但三语 ERP 实验 3 则稍有不同:在 220—350 ms 的时间窗口,语义无关条件比语义相关条件诱发了更大的 N250 波幅,在 350—600 ms 的时间窗口,语义无关条件比语义相关条件诱发了更大的 N400 波幅。仔细观察这个三个 ERP 实验的波形图,可以发现在 230—550 ms 的时间窗口,三个实验的语义无关条件都比语义相关条件诱发了波幅更大的 ERP 负成分。因此,根据三个 ERP 实验的实际情况和差异波的波形图,本研究选择 230—550 ms 的时间窗,对三个实验的差异波的平均波幅进行重复测量方差分析,结果如下:

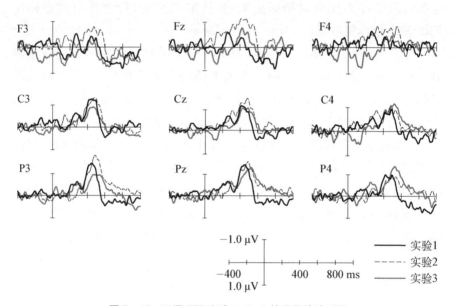

图 7-14　三语 ERP 实验 1、2、3 的差异波波形图

在五个脑区、两个半球的十个电极上,三个实验的语义关系效应差异不具有统计显著性 $(F(2, 74) < 1, -0.59 \pm 0.20 \mu V, -0.77 \pm 0.20 \mu V$ vs. $-0.41 \pm 0.16 \mu V)$,实验间和脑区的交互作用也不具有统计显著性 $(ps > 0.1)$。

在中线的五个电极上,三个实验的语义关系效应差异也不具有统计显著性 $(F(2, 74) < 1, -0.63 \pm 0.21 \mu V, -1.07 \pm 0.24 \mu V$ vs. $-0.56 \pm 0.18 \mu V)$,同样,实验间和中线电极的交互作用也不具有统计显著性 $(ps > 0.1)$。

7.7.2 三语 ERP 实验 1、2、3 的差异波讨论

根据以上分析,在 230—550 ms 的时间窗口,三个实验差异波的波幅差异不具有统计显著性。因此实验 1 和 2 中产生的启动效应的差异不具有统计显著性。但实验 3 就不一样了,因为在 220—230 ms 的时间窗口和 550—600 ms 的时间窗口,语义无关条件都比语义相关条件组诱发了波幅显著更大的 ERP 负成分。也就是说,与实验 1 和 2 相比,实验 3 的启动效应早开始 10 ms,晚结束 50 ms,持续时间整整长了 60 ms。因此,从 ERP 数据看,实验 3 的启动效应显著大于实验 1 和 2,实验 1 和 2 的启动效应的差异不具有统计显著性。

7.8 本章讨论

本章共设计 3 个行为实验和 3 个 ERP 实验考察藏—汉—英三语者心理词汇的语义表征模式,即三语行为实验 1 - 3 和三语 ERP 实验 1 - 3。综合三语行为实验 1 和三语 ERP 实验 1 两个实验的结果,可以推测藏—汉—英三语者汉、英两种心理词汇的语义表征共享,且在一定程度上可以说,被试的三语(英语)越熟悉,启动效应越大。综合三语行为实验 2 和三语 ERP 实验 2 两个实验的结果,可以推测藏—汉—英三语者英、藏两种心理词汇的语义表征共享,且被试的三语(英语)越熟悉,启动效应越大。综合三语行为实验 3 和三语 ERP 实验 3 两个实验的结果,可以推测藏—汉—英三语者汉、藏两种心理词汇的语义表征共享,且被试的二语(汉语)越熟悉,启动效应有增大的趋势。

综合本章所有 6 个实验的结果,可以推测藏—汉—英三语者三种心理词汇的语义表征共享。二语和三语的熟悉度不会从质上显著影响三种心理词汇的语义表征模式。即不管是二语熟悉还是较为熟悉,汉、藏心理词汇的语义表征共享;不管三语熟悉还是不熟悉,英、藏和英、汉心理词汇的语义表征共享。但二语和三语的熟悉度会影响跨语言语义启动效应量的大小。二语或三语越熟悉,其与共享语义的连接强度就越大,或者用分布式模型解释就是二语和一语、三语和一语、三语和二语的共享语义特征集就越多。

从三个 ERP 实验的差异波看,实验 3 的启动效应显著大于实验 1 和 2,实验 1 和 2 启动效应的差异不具有统计显著性。也就是汉语词对藏语词的语义启动效应显著大于英语词对汉语词或英语词对藏语词的语义启动效应,且英语词对汉语词和英语词对藏语词的语义启动效应的差异不具有统计显著性。但是本研究考察三语者英、汉词汇语义表征的行为实验和 ERP 实验一共设置了 7 个 SOA 条件,即三语行为实验 1 的 5 个 SOA,三语行为实验 1 新组实验的短 SOA(≤200 ms)和三语 ERP 实验 1 的 SOA(参见表 7 - 43)。同样,考察三语者英、藏和汉、藏词汇语义表征的行为实验及 ERP 实验也都分别设置了 7 个 SOA 条件(参见表 7 - 44 和 7 - 45)。

表 7 - 43　考察三语者英、汉词汇语义表征的所有 7 个 SOA 条件下的实验结果

	三语行为实验 1 的 SOA(ms)					三语行为实验 1 的新组实验的 SOA	三语 ERP 实验 1 的 SOA
	38	50	100	150	200	≤200 ms	200 ms
是否产生语义启动效应	是	否	否	是	否	否	是

表 7 - 44　考察三语者英、藏词汇语义表征的所有 7 个 SOA 条件下的实验结果

	三语行为实验 2 的 SOA(ms)					三语行为实验 2 的新组实验的 SOA	三语 ERP 实验 2 的 SOA
	38	50	100	150	200	≤200 ms	200 ms
是否产生语义启动效应	否	是	是	是	是	是	是

表 7 - 45　考察三语者汉、藏词汇语义表征的所有 7 个 SOA 条件下的实验结果

	三语行为实验 3 的 SOA(ms)					三语行为实验 3 的新组实验的 SOA	三语 ERP 实验 3 的 SOA
	38	50	100	150	200	≤200 ms	200 ms
是否产生语义启动效应	是	是	是	是	是	是	是

英—汉、英—藏和汉—藏三个实验条件中,7 个 SOA 的设置完全相同,但只在其中的三个 SOA 水平下,语义相关组的英语启动词对汉语目标词产生了启动效应(参见表 7 - 43);在其中 6 个 SOA 水平下,语义相关组的英语启动词对藏语目标词产生了启动效应(参见表 7 - 44);在所有 7

个 SOA 水平下,语义相关组的汉语启动词都对藏语目标词产生了启动效应(参见表 7 - 45)。也就是说,在 SOA 条件相同的情况下,汉语启动词最容易对藏语目标词产生启动效应,其次是英语启动词对藏语目标词,英语启动词对汉语目标词最不容易产生启动效应。因此,汉语启动词对藏语目标词的启动效应最大,实验中也最容易产生启动效应;英语启动词对汉语目标词和英语启动词对藏语目标词的启动效应的差异不具有统计显著性,但英语启动词更容易对藏语目标词产生启动效应,英语启动词对汉语目标词产生启动效应最难。这一现象的原因可能是什么呢? 首先,考察英语词对藏语词语义启动效应的两个实验(三语 ERP 实验 2 和三语行为实验 2)与考察英语词对汉语词语义启动效应的两个实验(三语 ERP 实验 1 和三语行为实验 1)的启动词都是英语词汇。而且两组启动词的平均音节数、字母数和 COCA 频率排位以及新课标词的比例差异都非常小(参见表 7 - 46)。也就是说,与英语启动词对汉语目标词相比,英语启动词对藏语目标词更容易产生启动效应的原因不是由于两组启动词本身的差异造成的。其次,由表 7 - 46 可知,被试藏、汉、英三种语言的熟悉度得分[①]差异具有统计显著性($ps<0.05$):被试最熟悉藏语,其次是汉语,且汉、藏两种语言的熟悉度差异不大。被试最不熟悉英语,且英语与藏、汉两种语言的熟悉度差异较大。因此可以推断,被试的英语词和共享语义的连接强度最小,其次是汉语词,连接强度最大的是藏语词,但藏、汉的连接强度差异较小。所以出现英语启动词对汉语目标词与英语启动词对藏语目标词的启动效应差异不具有统计显著性,但英语启动词更容易对藏语目标词产生启动效应,而英语启动词对汉语目标词产生启动效应更难。分布式模型对这一现象的解释可能是:英、藏和英、汉的共享语义集没有显著差异,但英、藏共享语义集可能有相对更多的趋势,因此,英语启动词更容易对藏语目标词产生语义启动效应。由于被试对汉语和藏语都相当熟悉,且考察汉语启动词对藏语目标词语义启动效应的两个实验(三语 ERP 实验 3 和三语行为实验 3)的汉语启动词都是被试非常熟悉的高频词汇(参见表 7 - 46)。因此汉语启动词对藏语目标词的启动效应最大,实验中也最容易产生启动效应。分布式模型的解释则是:汉语和藏语词

---

① 所有三语被试完成实验后,均用 7 点量表自评了藏、汉、英三种语言的熟悉度。

共享的语义集更多，因此启动效应更大，且实验中更容易产生启动效应。

表7-46　ERP及行为实验1-3中实验组启动词的变量控制及被试的语言熟悉度

三语ERP及行为实验1；	实验组启动词的平均音节数1.66	平均字母数5.66	平均COCA排位1300.68	新课标词比例98%	被试的藏、汉、英语熟悉度得分分别为5.64(SD=1.16)、5.33(SD=0.85)、4.81(SD=0.80)
三语ERP及行为实验2；	实验组启动词的平均音节数1.40	平均字母数5.02	平均COCA排位1328.20	新课标词比例100%	
三语ERP及行为实验3；	实验组启动词的平均笔画数14.52	平均频数808.66	平均熟悉度6.76		

　　本实验的结果和学界现有很多研究的结论也是一致的。比如，Midgley et al.(2009)采用go/no-go式语义归类任务研究不平衡的法—英双语者。他们发现L1-L2方向产生的翻译启动效应既有N250，也有N400，但L2-L1方向产生的翻译启动效应则只有N400效应，而且时间更晚，波幅更小。麦穗妍等(2014)采用听觉跨语言启动的语义归类任务(SOA=600 ms)考察非熟练潮—粤双语者的语义通达方式。他们发现无论是以潮语词为启动词，还是以粤语词为启动词，当二者具有翻译关系时，启动词均促进对目标词的识别，但L1对L2的启动量比L2对L1的启动量大。非熟练潮—粤双语者的词汇表征独立，语义表征共享。二语词能直接通达共享语义，不需要以一语词为中介，但双语的词汇表征与语义表征的连接强度仍然存在着不对称性。Duñabeitia et al.(2010)采用go/no-go式语义归类任务，并结合ERP技术研究高度熟练的巴斯克人语—西班牙语同时性双语者。实验目的是考察非同源词是否有对称的掩蔽翻译启动效应。结果他们发现了L1-L2和L2-L1对称的N250和N400翻译启动效应。吴文春等(2015)采用短时快速启动范式的语义归类任务，考察熟练潮—普双语者在听觉通道内和听—视跨通道条件下的语义通达机制。结果发现熟练潮—普双语者共享语义表征，词汇表征既相互独立又互相联系，L1与L2的词汇均能直接通达语义表征，但其联系强度及其相互之间的词汇表征联系强度均存在通道差异性。听觉通道内，L2-L1和L1-L2的启动量无差异，但听—视跨通道条件下，前者显著大于后者。

　　以上四个实验的结果很明显受到了双语者第二语言熟悉度的影响，

如果二语熟练,则实验更可能得出 L1 - L2 和 L2 - L1 对称的翻译启动效应,反之如果二语不熟练,则更可能得出 L1 - L2 的翻译启动效应大于 L2 - L1 的翻译启动效应,因此,本研究与上述四项实验的结果是一致的。即本实验中,L2 - L1 的启动效应显著大于 L3 - L1 及 L3 - L2 的启动效应,主要是由于 L2 和 L3 不同的语言熟悉度造成的。至于吴文春等(2015)为什会发现听—视跨通道条件下,L2 - L1 的启动量显著大于 L1 - L2,本研究认为,这有可能是因为实验环境和 SOA 的设置不一样等原因造成的。当然,也有研究得出了刚好相反的结果。比如,吕勇等(2008)采用 go/no-go 式语义归类任务并结合 ERP 技术,考察不平衡汉—英双语者。他们却发现英语到汉语的重复启动效应显著大于从汉语到英语的重复启动效应。本研究认为,这可能是因为该研究采用了长达 1700 ms 的 SOA。当启动词为英语时,被试可能实施了翻译加工,以便汉语目标词出现后能更快做出反应。而当启动词是汉语时,被试一般不会将其翻译为英语。如果该假设成立,L2 - L1 的重复启动效应就可能显著大于 L1 - L2 的重复启动效应。

此外,综合本章三语行为实验 1、2、3 的实验结果,可以发现,如果影响启动词加工速度的相关变量没有在各 SOA 条件下进行严格的组间匹配,实验就无法观测到启动效应受 SOA 长短调节的规律。根据三语行为实验 1、2、3 的结果,还可以发现,如果 SOA 太短,如果被试对启动词又不太熟悉,启动词的自动激活程度可能不足以促进被试对目标词的语义加工,因此无法产生跨语言的语义启动效应。但如果被试对启动词非常熟悉,即使在非常短的 SOA 条件下,甚至连人眼都无法看清启动刺激的情况下,当启动词和目标词语义高度相关时,实验中仍然可以产生跨语言的语义启动效应。此时,被试无法看清启动词,无法实施翻译等有意识的加工策略,说明跨语言的启动效应确实来源于启动词语义的自动激活扩散。

综合本章所有 6 个实验的结果,可以发现,并非所有情况下 ERP 效应都比反应时和正确率指标更为敏感,能探测到更为微小的启动效应差异。当然,不可否认的是 ERP 指标比单维的反应时和正确率指标相对更为科学,更能实时跟踪词汇加工的时间进程。综合三语行为实验 1 和三语 ERP 实验 1 两个实验的结果可知,由于影响启动词和目标词识别速度的变量相当多,任何实验设计要想全部控制并严格匹配这些变量都非常困难。对于启动词和目标词某些变量的不同控制,SOA 的不同取值,以及词汇语义的不稳定性等三个因素可能会导致双语词汇表征的实验会得出不一致甚至相互矛盾的研究结果,但 SOA 多点测试法可以同时避免以上三个因素可能造成的问题。因此,SOA 多点测试法确实能够消除 SOA 单点测试法的设计缺陷。

综合三语 ERP 实验 1、2、3 的实验结果可以推测,反映藏—汉—英心理词汇语义加工的脑电成分主要是 N250 和 N400。

7.9 本章小结

本章各实验结果表明,藏—汉—英三语者三种心理词汇的语义表征共享。二语和三语的熟悉度不会从质上显著影响三种心理词汇的语义表征模式,但二语和三语的熟悉度会影响跨语言语义启动效应量的大小。二语和三语越熟悉,其词汇表征和共享语义的连接强度趋向于越大。

被试英语词和共享语义的连接强度最小,其次是汉语词,连接强度最大的是藏语词,但藏语词汇与共享语义的连接强度和汉语词汇与共享语义的连接强度差异较小。

反映藏、汉、英心理词汇语义加工的脑电成分主要是 N250 和 N400。ERP 指标并非总是比反应时和正确率指标更敏感,能探测到更微小的启动效应差异。

如果影响启动词加工速度的相关变量没有在各 SOA 条件下进行严格的组间匹配,实验就无法观测到启动效应受 SOA 长短调节的规律。短至 38 ms 的 SOA 条件仍然能产生跨语言的语义启动效应,这说明跨语言的语义启动效应确实来源于启动词语义的自动激活扩散。

SOA 多点测试法能消除 SOA 单点测试法的设计缺陷。

由于 SOA 的不同选择,由于难以全面严格控制、匹配影响启动词和目标词识别速度的相关变量,再加上词汇语义的不稳定性问题,双语词汇表征的实验研究可能会得出不一致甚至相互矛盾的结果。

第八章

藏—汉—英三语者心理词汇的连接模式研究

本章共设计 6 个 ERP 实验,即三语 ERP 实验 4 - 9,考察藏—汉—英三语者心理词汇的连接模式。

8.1 三语 ERP 实验 4

8.1.1 实验目的

采用跨语言的短时快速启动实验范式的真假词判断任务考察藏—汉—英三语者 L1 - L2 的词汇连接模式。

8.1.2 实验方法

8.1.2.1 被试

同三语 ERP 实验 3。

8.1.2.2 实验设计

本实验有两个因素。因素 1 语义关系是被试内变量,包括语义相关、语义无关两个水平;因素 2 被试类型是被试间变量,包括:熟悉汉语、较熟悉汉语两个水平。因此,本实验为 2×2 的 ANOVA 设计。因变量为被试完成词汇判断任务的反应时、正确率和 N400 等脑电成分。

8.1.2.3 SOA 取值

见表 8 - 1。

表 8‐1　三语 ERP 实验 4 的材料

实验组成部分	SOA取值	实验材料分组	实验材料	启动词和目标词的语义关系	启动词和目标词的词性
练习部分	170 ms	练习组	5 个启动词—目标词词对；5 个启动词—目标词非词对	语义无关	启动词均为藏语动词；目标词均为汉语动词或汉语假词。
正式实验部分	200 ms	实验组	46 个启动词—目标词词对	翻译关系	
	200 ms	控制组	46 个启动词—目标词词对	语义无关	
	170 ms	填充组	78 个启动词—目标词非词对	语义无关	

8.1.2.4　实验材料

本实验由练习部分和正式实验部分组成(参见表 8‐1 和附件 10)。练习部分包括 5 个词对(启动词和目标词都是真词)和 5 个非词对(启动词是真词,目标词是假词)。5 个词对都是语义无关词对,即藏语启动词和它对应的汉语目标词在语义上无关。正式实验包括 78 个填充词对,46 个实验词对和 46 个控制词对。78 个填充词对中,启动词都是藏语真词,目标词都是汉语假词。46 个实验词对中,启动词和目标词都是真词,且目标词是藏语启动词的汉语翻译对等词。46 个控制词对中,启动词和目标词都是真词,但藏语启动词和它对应的汉语目标词在语义上无关。本实验的语义相关词比例是 25.6%,同类实验中,该语义相关比例不算高,比如 Kotz(2001)的语义相关词比例为 20%,但 Altarriba(1992)和 Dong et al.(2005)的语义相关词比例均为 33%。本实验的假词比例是 46%。同类实验中,Altarriba(1992)和 Dong et al.(2005)的非词比例为 33%。Kotz(2001)的假词比例为 37%。陈士法等(2016:12)的假词比例是 40.24%。由于假词越接近真词比例,实验结果越不容易受"真词效应"影响,因此本研究中凡是涉及真假词判断的实验,假词比例都在 46%—50%之间。本实验的所有启动词都是藏语词,全部选自《现代藏语常用动词表》,所有目标真词都是汉语动词,全部选自《现代汉语语料库词语分词类频率表》。所有假词都是汉语双字假词,构造方法同双语 ERP 实验 4。尽量确保被试比较熟悉练习组和填充组的真词,但没有控制影响被试对其识别速度的变量。

实验组和控制组启动词的音节数、字母数和熟悉度得分等三个变量都得到了控制。首先,实验组的所有启动词和控制组与之相对应的启动词的音节数全部相等。其次,实验组的所有启动词和控制组与之相对应的启动词字母数完全相等(除五对词相差一个字母外)。控制组和实验组启动词的字母数最小值都是 2,最大值分别是 7、6,平均字母数分别是 4.283、4.174。实验组和控制组启动词的熟悉度得分最小值分别是 6.31、6.24,平均值分别是 6.6278、6.6273。这表明被试相当熟悉实验组和控制组所有启动词,且实验组和控制组启动词的熟悉度得分差异非常小。由于本实验不考察被试对启动词的判断速度,因此实验组的启动词和控制组与之相对应的启动词的字母数和熟悉度得分只是很相近,但没有严格匹配。

实验组的所有目标词和控制组与之对应的目标词的笔画数、频数和熟悉度得分等三个变量都得到严格匹配。一是实验组的所有目标词和控制组与之对应的目标词的笔画数完全相等。二是实验组和控制组目标词频数的最小值分别是 104、117,平均值分别是 971.565、970.739。实验组的所有目标词的频数和控制组与之对应的目标词的频数差异极小,平均值仅差.8261。配对样本 t-检验的显著性值(双尾)$p = 0.922$,表明实验组和控制组的目标词频数都较高,且实验组和控制组目标词的频数差异不具有统计显著性。实验组所有目标词和控制组与之对应的目标词的熟悉度得分都非常相近。控制组和实验组目标词的熟悉度得分平均值分别是 6.7428、6.7943。尽管控制组目标词的熟悉度平均得分比实验组目标词的熟悉度平均得分低 0.0515,但二者的差异并不具有统计显著性,因为其配对样本 t-检验的显著性值(双尾)$p = 0.101$。由于实验组和控制组目标词的熟悉度得分最小值分别是 6.26、6.33;平均值都至少高达6.7428,这表明被试对实验组和控制组所有汉语目标词都非常熟悉。

8.1.2.5　实验程序

本实验的程序同双语 ERP 实验 6。不同的是,本实验的正式实验部分共 170 次词汇判断任务,被试完成前 85 次判断后休息 2 分钟,然后完成剩余 85 次词汇判断。整个实验持续约 10—15 分钟。

8.1.2.6　脑电记录及 ERP 数据处理流程

同双语 ERP 实验 1。

8.1.3　实验结果与分析

8.1.3.1　反应时

本实验首先删除反应时小于 300 ms 的试次 0 个,大于 5000 ms 的试次 1 个,然后删除反应时小于 MD－3SD 的试次 0 个,大于 MD＋3SD 的试次 78 个。共删除异常值 79 个,约占总试次的 2.22%。

本实验为两因素 ANOVA 设计。因素 1 语义关系是被试内变量,包括语义相关、语义无关两个水平;因素 2 被试类型是被试间变量,被试按其汉语熟悉度分为两组,熟悉汉语组 18 人,较熟悉汉语组 21 人。运用两因素重复测量方差分析对被试词汇判断的反应时进行分析,得出结果见表 8－2 和图 8－1。

表 8－2　三语 ERP 实验 4 的反应时(ms)分析结果(N＝39)

被试类型	语义无关组的反应时		语义相关组的反应时		语义无关组－语义相关组	
	MEAN	SD	MEAN	SD	MEAN	SD
熟悉汉语	848.94	115.58	758.71	86.77	90.22	28.81
较熟悉汉语	876.04	158.46	774.26	136.22	101.78	22.24

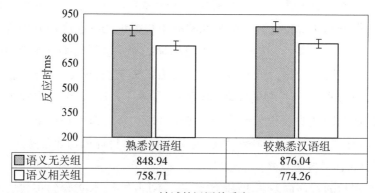

图 8－1　三语 ERP 实验 4 的反应时统计图

因素 1 语义关系的主效应具有统计显著性,$F_{(1, 37)} = 52.830$,$p < 0.001$,$\eta2 = 0.588$。由表 8－2 和图 8－1 可知,语义无关组的反应时显著长于语义相关组的反应时。

因素 2 被试类型的主效应不具有统计显著性，$F_{(1, 37)} < 1$，$p = 0.590$，$\eta2 = 0.008$，说明被试的汉语熟悉度不影响其词汇判断的反应时。

因素 1×因素 2 的交互作用不具有统计显著性，$F_{(1, 37)} < 1$，$p = 0.664$，$\eta2 = 0.005$，说明被试词汇判断的反应时未受到因素 1×因素 2 的影响。

8.1.3.2 正确率

运用两因素重复测量方差分析对被试词汇判断的正确率进行分析，得出结果见表 8 - 3。

表 8 - 3　三语 ERP 实验 4 的正确率(%)分析结果(N=39)

被试类型	语义无关组的正确率		语义相关组的正确率		语义无关组 - 语义相关组	
	MEAN	SD	MEAN	SD	MEAN	SD
熟悉汉语	99.03	1.34	99.28	1.29	- 0.24	0.05
较熟悉汉语	98.34	2.05	99.48	0.95	- 1.14	1.10

因素 1 语义关系的主效应具有统计显著性，$F_{(1, 37)} = 4.982$，$p = 0.032$，$\eta2 = 0.119$。由表 8 - 3 可知，语义无关组的正确率显著低于语义相关组的正确率。

因素 2 被试类型的主效应不具有统计显著性，$F_{(1, 37)} < 1$，$p = 0.505$，$\eta2 = 0.012$。说明被试的汉语熟悉度不影响其词汇判断的正确率。

因素 1×因素 2 的交互作用不具有统计显著性，$F_{(1, 37)} = 2.105$，$p = 0.155$，$\eta2 = 0.054$，说明被试词汇判断的正确率未受到因素 1×因素 2 的影响。

值得注意的是，虽然因素 1×因素 2 的交互作用不具有统计显著性，但从表 8 - 3 的描述统计可以发现，在熟悉汉语组，语义无关组和语义相关组正确率的差异很小；而在较熟悉汉语组，语义无关组和语义相关组正确率的差异相对大得多。对语义关系的简单效应分析发现：在较熟悉汉语组，语义无关组的正确率显著低于语义相关组($p = 0.010$)；在熟悉汉语组，语义无关组和语义相关组正确率的差异不具有统计显著性($p = 0.598$)。

8.1.3.3 ERP 数据

39 个有效被试按照汉语熟悉度分为两组，熟悉汉语组 18 人，较熟悉汉语组 21 个。语义无关和语义相关条件下,汉语目标动词产生的 ERP 波形图见图 8-2。根据本实验的波形图,选择 100—300 ms 和 350—600 ms 的时间窗分别分析 P200 和 N400。

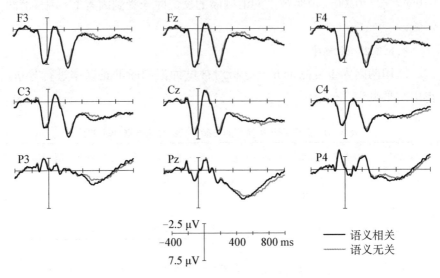

图 8-2　三语 ERP 实验 4 的波形图

一、100—300 ms 时间窗的分析

对五个脑区、两个半球的十个电极进行 $5 \times 2 \times 2 \times 2$ 的重复测量方差分析,发现语义关系的主效应在 5% 的显著性水平下不具有统计显著性,但在 10% 的显著性水平下具有统计显著性($F(1, 37) = 3.25$,$p = 0.08$,$\eta 2 = 0.081$,$2.49 \pm 0.36\ \mu V$ vs. $2.90 \pm 0.38\ \mu V$),语义无关比语义相关条件诱发了边缘性更小的 P200 波幅。语义关系条件、半球、脑区和语言熟练度的四重交互作用在 5% 的显著性水平下不具有统计显著性,但在 10% 的显著性水平下具有统计显著性($F(4, 148) = 2.62$,$p = 0.053$,$\eta 2 = 0.066$),熟悉汉语组在不同半球和脑区的语义关系效应不具有统计显著性,较熟悉汉语组在左半球前中部的语义关系效应在 5% 的显著性水平下不具有统计显著性,但在 10% 的显著性水平下具有统计显著性($p = 0.092$,$3.80 \pm 0.73\ \mu V$ vs. $4.38 \pm 0.71\ \mu V$),在中部语义关系效应具有统计显著性($p = 0.048$,3.16 ± 0.73 vs. 3.81 ± 0.69),语义无关条件的波幅更小。此外,其他区域的语义关系效应都不具有统计显著性。

对中线的五个电极进行 $5 \times 2 \times 2$ 的重复测量方差分析,发现没有任何效应具有统计显著性($ps > 0.1$)。

二、350—600 ms 时间窗的分析

对五个脑区、两个半球的十个电极进行 $5 \times 2 \times 2 \times 2$ 的重复测量方差分析,发现语义关系的主效应具有统计显著性($F(1, 37) = 4.73$,$p < 0.05$,$\eta2 = 0.113$,$2.20 \pm 0.37\,\mu V$ vs. $2.63 \pm 0.41\,\mu V$),语义无关条件比语义相关条件诱发了显著更大的 N400 波幅。此外,语义关系和其他因素的交互作用都不具有统计显著性($ps > 0.1$)。

对中线的五个电极进行 $5 \times 2 \times 2$ 的重复测量方差分析,发现语义关系的主效应在 5% 的显著性水平下不具有统计显著性,但在 10% 的显著性水平下具有统计显著性($F(1, 37) = 3.73$,$p = 0.061$,$\eta2 = 0.092$,$2.68 \pm 0.50\,\mu V$ vs. $3.14 \pm 0.53\,\mu V$),语义无关条件比语义相关条件诱发了边缘性更大的 N400 波幅。此外,语义关系条件、电极和语言熟练度的三因素交互作用在 5% 的显著性水平下不具有统计显著性,但在 10% 的显著性水平下具有统计显著性($F(4, 148) = 42.48$,$p = 0.108$,$\eta2 = 0.063$)。进一步的分析显示,熟悉汉语组在所有 5 个电极上的语义关系效应均不具有统计显著性($ps > 0.1$),较熟悉汉语组前中部和中部(FCZ、CZ)的语义关系效应具有统计显著性($ps < 0.05$,FCZ:$1.69 \pm 0.89\,\mu V$ vs. $2.65 \pm 0.90\,\mu V$;CZ:$3.42 \pm 0.80\,\mu V$ vs. $4.17 \pm 0.84\,\mu V$),语义无关条件的波幅更大。

8.1.4 讨论

本实验采用 SOA 为 200 ms 的词汇判断任务,根据 Kiefer(2006,2007)、王瑞明等(2011)、李利等(2013)和宋娟等(2012,2013,2015)的研究,在被试对目标词的真假词汇判断任务中,启动词的词汇表征会被激活,语义表征会被抑制。从本实验的反应时看,语义无关组的反应时显著长于语义相关组的反应时。说明启动词和目标词为翻译关系时,藏语启动词词汇表征的激活,提高了被试对汉语目标词词汇表征的提取速度。从正确率看,语义无关组的正确率显著低于语义相关组的正确率。说明不仅不存在反应时和正确率的权衡现象,而且藏语启动词词汇表征的激活,既提高了被试提取汉语目标词词汇表征的速度,又提高了正确率。

从脑电数据看,在 100—300 ms 的时间窗,语义相关条件比语义无关条件诱发了边缘性更大的 P200。根据本书在 **6. 2. 4 节**对 P200 所反映认知加工过程的分析,本实验的 P200 同双语 ERP 实验 6 一样,可能是反映了词形和语音的加工。也就是藏语启动词词汇表征的激活,促进了被试对汉语目标词词汇表征的提取。表现在语义相关条件比语义无关条件诱发了边缘性更大的 P200。除 P200 外,在 350—600 ms 的时间窗口,在所有 5 个脑区,语义无关条件比语义相关条件诱发了更大的 N400 波幅;在中线电极上,语义无关条件比语义相关条件诱发了边缘性更大的 N400 波幅。这表明 N400 能反映词汇表征加工的认知功能,且进一步证实了语义相关条件组启动词词汇表征的激活促进了被试对目标词词汇表征的认知加工。反应时、正确率、P200 和 N400 等指标一致表明,当藏语启动词和汉语目标词为翻译关系时,藏语启动词词汇表征的激活,促进了被试对汉语目标词词汇表征的提取,实验中产生了跨语言的词汇启动效应,因此藏—汉—英三语者 L1 - L2 的词名层存在着较强连接。

尽管被试的二语(汉语)熟悉度不影响其词汇判断的反应时,但影响了词汇判断的正确率、P200 和 N400 效应的脑区分布及大小。

首先,被试的二语(汉语)熟悉度影响了其词汇判断的正确率。在较熟悉汉语组,语义无关组的正确率显著低于语义相关组;而在熟悉汉语组,语义无关组和语义相关组正确率的差异不具有统计显著性。

其次,被试的二语(汉语)熟悉度影响了 P200 和 N400 效应的脑区分布及大小。在 100—300 ms 的时间窗口,熟悉汉语组在所有电极上的语义关系效应都不具有统计显著性,较熟悉汉语组左半球前中部的语义关系效应在 5% 的显著性水平下不具有统计显著性,但在 10% 的显著性水平下具有统计显著性;中部的语义关系效应具有统计显著性。在 350—600 ms 的时间窗口,在所有 5 个脑区,在熟悉和较熟汉语悉组,语义无关条件比语义相关条件都诱发了更大的 N400 波幅。但在中线电极上,熟悉汉语组在所有 5 个电极上的语义关系效应均不具有统计显著性,而较熟悉汉语组在前中部和中部(FCZ、CZ)的语义关系效应具有统计显著性。这表明二语(汉语)越熟悉,L1 - L2 词名层之间的连接强度有缩小的趋势。

8.2 三语 ERP 实验 5

8.2.1 实验目的

采用短时快速启动范式的真假词判断任务考察藏—汉—英三语者 L2-L3 的词汇连接模式。

8.2.2 实验方法

8.2.2.1 被试

本实验的被试和三语 ERP 实验 1 的被试基本相同。有一名被试只参加了三语 ERP 实验 1,没有参加本实验,有一名被试只参加了本实验,没有参加三语 ERP 实验 1。本实验的被试包括青海民族大学外国语学院藏汉英三语翻译专业的 38 名藏族大二和大三在校本科学生和青海民族大学外国语学院的 3 名藏汉英三语教师。所有被试的母语均为藏语,藏语高考平均成绩为 114 分,最低分 50,最高分 146;汉语高考平均成绩为 124.48 分,最低分 90,最高分 147,因此所有被试都相当或非常熟悉汉语。所有被试都已经顺利通过了大学英语四级考试,部分已顺利通过大学英语六级考试。3 名藏汉英三语教师被试均毕业于青海师范大学外国语学院,并顺利通过了英语专业八级考试,其中两名教师均有英语国家 2 年以上的留学经历。所有被试大学英语四级考试的平均成绩是 490 分,最低分 425,最高分 703。本实验依据被试的大学英语四级考试成绩将被试分为熟悉英语组(A 组 20 人)和不熟悉英语组(B 组 21 人)。

对 A、B 两组被试的大学英语四级考试成绩进行独立样本 t-检验,结果显示:$t(39)=5.443$,$p<0.001$。因此,A、B 两组被试英语四级考试成绩的差异具有统计显著性,且 A 组被试的考试成绩显著高于 B 组被试(参见表 8-4)。这表明两组被试的英语平均熟悉程度存在显著差异。

表 8-4 A、B 两组被试的大学英语四级考试成绩分析表

A组四级考试平均分		B组四级考试平均分		A组-B组		
Mean	SD	Mean	SD	Mean	SE	p
544.87	88.22	436.92	9.43	107.95	19.83	.000

本实验所有 41 名被试中,男生 9 人,女生 32 人,平均年龄为 22.37 岁(SD＝3.06)。所有被试进入大学前均一直在青海、四川、西藏或云南藏区生活。幼儿园或小学阶段开始学习汉语,开始学习汉语的平均年龄为 7.12 岁(SD＝1.60),平均学习汉语 15.24 年(SD＝3.58);从小学或初中阶段开始学习英语,开始学习英语的平均年龄为 11.76 岁(SD＝2.34),平均学习英语 10.61 年(SD＝3.38),属于后期双语者。被试主观报告语言使用模式如下:小学阶段的教学语言 36 人主要为藏语,4 人主要为汉语,1 人报告其教学语言藏、汉各占 50%;初中阶段的教学语言 31 人主要为藏语,10 人主要为汉语;高中阶段的教学语言 25 人主要为藏语,15 人主要为汉语,1 人报告其教学语言藏、汉各占 50%;大学阶段 32 人报告主要教学语言为汉语,其次是英语,最后是藏语;9 人报告主要教学语言为英语,其次是汉语,最后是藏语。与同学朋友交流时 38 人报告更多使用藏语,3 人报告更多使用汉语;与老师交流时 31 人更多用藏语,其次是汉语,最后是英语;8 人更多用汉语,其次是藏语,最后是英语;1 人更多用汉语,其次是英语,最后是藏语;1 人更多用藏语,其次是英语,最后是汉语。与家人交流时 40 人更多用藏语,1 人既不用藏语,也不用汉语,而是用土语①。因此总体上看,课堂教学语言中藏语比汉语使用更多一些,且课堂教学语言之外,被试的绝大多数交流也以藏语为主,英语在课堂内外使用都相对最少。所有 41 名被试视力或矫正视力正常,无躯体和精神疾病,均为右利手者。

8.2.2.2 实验设计

本实验有两个因素。因素 1 语义关系是被试内变量,包括语义相关、语义无关两个水平;因素 2 被试类型是被试间变量,包括熟悉英语、不熟悉英语两个水平。各水平组的大学英语四级考试平均成绩详见 **8.2.2.1 节**。因此,本实验为 2×2 的 ANOVA 设计。因变量为被试完成词汇判断任务的反应时、正确率和 N400 等脑电成分。

8.2.2.3 SOA 取值

见表 8－5。

---

① 这里的土语是当地方言、藏语和汉语等三种语言或方言的混合语,其中藏语比汉语成分多一点。

表 8-5　三语 ERP 实验 5 的材料

实验组成部分	SOA取值	实验材料分组	实验材料	启动词和目标词的语义关系	启动词和目标词的词性
练习部分	170 ms	练习组	5 个启动词—目标词词对；5 个启动词—目标词非词对	语义无关	启动词均为汉语动词；目标词均为英语动词或英语假词。
正式实验部分	200 ms	实验组	46 个启动词—目标词词对	翻译关系	
	200 ms	控制组	46 个启动词—目标词词对	语义无关	
	170 ms	填充组	78 个启动词—目标词非词对	语义无关	

8.2.2.4　实验材料

本实验由练习部分和正式实验部分组成(参见表 8-5 和附件 11)。练习部分包括 5 个词对(启动词和目标词都是真词)和 5 个非词对(启动词是真词,目标词是假词)。5 个词对都是语义无关词对,即启动词和它对应的目标词在语义上无关。正式实验包括 78 个填充词对,46 个实验词对和 46 个控制词对。78 个填充词对中,启动词都是汉语真词,目标词都是英语假词。46 个实验词对中,启动词和目标词都是真词,且启动词是英语目标词的汉语翻译对等词。46 个控制词对中,启动词和目标词都是真词,但汉语启动词和它对应的英语目标词在语义上无关。本实验的语义相关词比例和假词比例同三语 ERP 实验 4,分别是 25.6% 和 46%。本实验的所有启动词都是汉语动词,选自《现代汉语语料库词语分词类频率表》,所有目标真词都是英语动词,全部选自《新课标词汇表》且 COCA 频率排位在前 5000 的词。尽量确保被试比较熟悉练习组和填充组的真词,但没有控制影响被试对其识别速度的变量。

本实验的英语假词构造方法同双语 ERP 实验 4。首先所有英语假词都能发音但与真词不同音,尽量让假词与真词的读音不相近或不太相近;符合英语构词法;没有意义;所有英语假词和与之相对应的真词在音节数和字母数上基本一致;由于本实验英语真词都是动词,所以尽量让构造的英语假词看上去像动词。

实验组和控制组启动词的笔画数和熟悉度得分等两个变量得到了控制。首先实验组每一个启动词和控制组与之相对应的启动词的笔画数全部相等。其次,实验组启动词和控制组中与之相对应的启动词的熟悉度得分最小值分别是 6.56、6.57,平均值分别高达 6.8961 和 6.8784,这表明被试非常熟悉实验组和控制组的所有启动词,且实验组所有启动词的熟悉度得分和与之相对应的控制组启动词的熟悉度得分差异非常小,因此本实验不再控制实验组和控制组所有启动词的频数。

实验组的所有目标词和控制组与之对应的目标词的音节数、字母数、COCA 频率排位、熟悉度得分和是否属于新课标词等五个变量都得到严格匹配。一是实验组的所有目标词和控制组与之对应的目标词的音节数和字母数完全相等。二是实验组目标词和控制组与之对应的目标词的COCA 频率排位相差很小,其最小值分别是 83、85,最大值分别是 2162、2213,平均值分别是 968.109、970.848,二者只相差 2.7391。其配对样本 t-检验的显著性值(双尾)$p=0.469$,因此差异不具有统计显著性。三是实验组和控制组所有目标词都是新课标词。四是实验组所有目标词和控制组与之对应的目标词的熟悉度得分都非常相近。控制组和实验组目标词的熟悉度得分平均值分别是 6.8413、6.8539。尽管控制组目标词的熟悉度平均得分比实验组目标词的熟悉度平均得分低 0.0126,但二者的差异并不具有统计显著性,因为其配对样本 t-检验的显著性值(双尾)$p=0.559$。由于实验组和控制组目标词的熟悉度得分最小值分别是 6.50、6.53;平均值都至少高达 6.8413,这表明被试对实验组和控制组所有英语目标词都非常熟悉。

8.2.2.5 实验程序

本实验的程序同三语 ERP 实验 4,但本实验中启动词是汉语词,目标刺激是英语真词或假词。本实验的正式实验部分共 170 次词汇判断任务,被试完成前 85 次判断后休息 2 分钟,然后完成剩余 85 次词汇判断。整个实验持续约 10—15 分钟。

8.2.2.6 脑电记录及 ERP 数据处理流程

同双语 ERP 实验 1。

8.2.3 实验结果与分析

8.2.3.1 反应时

本实验首先删除反应时小于 300 ms 的试次 0 个,大于 6000 ms 的试次 1 个,然后删除反应时小于 MD-3SD 的试次 0 个,大于 MD+3SD 的试次 72 个。共删除异常值 73 个,约占总试次的 2.00%。

本实验为两因素 ANOVA 设计。因素 1 语义关系是被试内变量,包括语义相关、语义无关两个水平;因素 2 被试类型是被试间变量,被试按其英语熟悉度分为两组,熟悉英语组 20 人,不熟悉英语组 21 人。运用两因素重复测量方差分析对被试词汇判断的反应时进行分析,得出结果见表 8-6 和图 8-3。

表 8-6　三语 ERP 实验 5 的反应时(ms)分析结果(N=41)

被试类型	语义无关组的反应时		语义相关组的反应时		语义无关组－语义相关组	
	MEAN	SD	MEAN	SD	MEAN	SD
熟悉英语	939.91	176.42	710.92	85.12	228.99	91.30
不熟悉英语	973.70	256.22	774.43	216.47	199.27	39.75

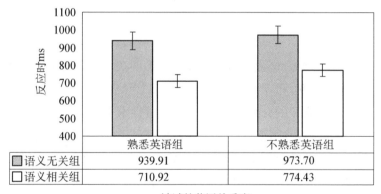

图 8-3　三语 ERP 实验 5 的反应时统计图

因素 1 语义关系的主效应具有统计显著性,$F(1, 39) = 153.889$,$p < 0.001$,$\eta2 = 0.798$。结合表 8-6 和图 8-3 可知,语义无关组的反应时显著长于语义相关组的反应时。

因素 2 被试类型的主效应不具有统计显著性,$F(1, 39) < 1$,$p = 0.411$,$\eta2 = 0.017$,说明被试的英语熟悉度不影响其词汇判断的反应时。

因素 1×因素 2 的交互作用不具有统计显著性,$F(1, 39) < 1$,$p = 0.395$,$\eta2 = 0.019$,说明被试词汇判断的反应时未受到因素 1×因素 2 的影响。

8.2.3.2　正确率

运用两因素重复测量方差分析对被试词汇判断的正确率进行分析，得出结果见表 8-7。

表 8-7　三语 ERP 实验 5 的正确率(%)分析结果(N=41)

被试类型	语义无关组的正确率		语义相关组的正确率		语义无关组－语义相关	
	MEAN	SD	MEAN	SD	MEAN	SD
熟悉英语	95.76	4.37	99.57	0.89	－3.80	3.48
不熟悉英语	92.44	6.40	99.07	2.44	－6.63	3.96

因素 1 语义关系的主效应具有统计显著性，$F(1, 39) = 42.830$，$p < 0.001$，$\eta2 = 0.523$。结合表 8-7 可知,语义无关组的正确率显著低于语义相关组的正确率。

因素 2 被试类型的主效应在 5% 的显著性水平下不具有统计显著性,但在 10% 的显著性水平下具有统计显著性，$F(1, 39) = 3.593$，$p = 0.065$，$\eta2 = 0.084$。这说明被试的英语熟悉度在一定程度上影响了被试词汇判断的正确率。

因素 1×因素 2 的交互作用在 5% 的显著性水平下不具有统计显著性,但在 10% 的显著性水平下具有统计显著性，$F(1, 39) = 3.133$，$p = 0.085$，$\eta2 = 0.074$。这说明被试词汇判断的正确率在一定程度上受到了因素 1×因素 2 的影响。对语义关系进行简单效应分析发现,在熟悉英语组和不熟悉英语组,语义无关组的正确率都显著低于语义相关组(参见表 8-8)。

表 8-8　三语 ERP 实验 5 不同被试类型的正确率(%)分析结果(N=41)

被试类型	语义无关组的正确率		语义相关组的正确率		语义无关组－语义相关		
	MEAN	SE	MEAN	SE	MEAN	SE	p
熟悉英语	95.76	1.23	99.57	0.41	－3.80	1.14	.002
不熟悉英语	92.44	1.20	99.07	0.40	－6.63	1.11	.000

在熟悉英语组,语义相关条件的正确率只比语义无关条件的正确率高 3.80%(SE=1.14);而在较熟悉英语组,语义相关条件的正确率比语义无关条件的正确率高 6.63%(SE=1.11)。对两组被试在语义相关与

无关条件下正确率的差值进行独立样本 t-检验,结果显示:t(39) = 1.770,p = 0.085。这表明二者的差异在 5% 的显著性水平下不具有统计显著性,但在 10% 的显著性水平下具有统计显著性(参见表 8-9)。较熟悉英语组正确率的差值边缘性高于熟悉英语组。

表 8-9　三语 ERP 实验 5 熟悉英语组和较熟悉英语组的启动效应(%)比较(N=41)

较熟悉英语组语义相关-语义无关条件的正确率		熟悉英语组语义相关-语义无关条件的正确率		较熟悉英语组-熟悉英语组		
MEAN	SD	MEAN	SD	Mean	SE	p
6.63	5.81	3.80	4.22	2.82	1.59	.085

8.2.3.3　ERP 数据

本实验共 41 个被试,但由于设备和被试本身的原因,删除了 1 个被试的脑电数据。40 个有效被试按照被试的英语熟悉度分为两组,熟悉英语组 19 人,不熟悉英语组 21 人。语义无关和语义相关条件下,英语目标动词产生的 ERP 波形图见图 8-4。根据本实验的波形图,选择 220—350 ms、350—650 ms 和 650—1000 ms 三个时间窗分别分析 P325、N400 和 LPC。

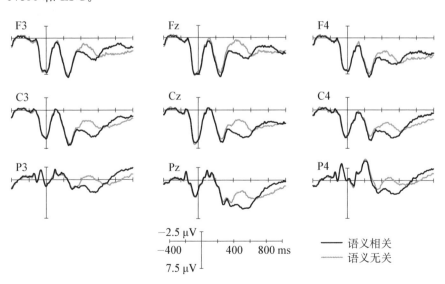

图 8-4　三语 ERP 实验 5 的波形图

一、220—350 ms 时间窗的分析

对五个脑区、两个半球的十个电极进行 $5 \times 2 \times 2 \times 2$ 的重复测量方差分析,发现语义关系的主效应具有统计显著性(F(1, 38) = 8.56,$p <$ 0.05,η2=0.184,3.88±0.29 μV vs. 4.32±0.30 μV),语义无关比语义相关条件诱发了波幅更小的 ERP 正成分。语义关系条件和半球的交互作用具有统计显著性(F(1, 38) = 7.27,$p <$ 0.05,η2=0.161)。进一步分析显示,在左半球语义关系效应在 5% 的显著性水平下不具有统计显著性,但在 10% 的显著性水平下具有统计显著性($p =$ 0.095,4.33± 0.33 μV vs. 4.61±0.34 μV),右半球语义关系效应具有统计显著性($p <$ 0.01,3.42±0.35 μV vs. 4.03±0.34 μV),语义无关条件的波幅更小。此外,其他交互作用都不具有统计显著性(ps $>$ 0.1)。

对中线的五个电极进行 $5 \times 2 \times 2$ 的重复测量方差分析,发现语义关系的主效应具有统计显著性(F(1, 38) = 14.39,$p <$ 0.05,η2=0.275,4.31±0.42 μV vs. 4.97±0.41 μV),语义无关比语义相关条件诱发了波幅更小的 ERP 正成分。语义关系和电极的交互作用在 5% 的显著性水平下不具有统计显著性,但在 10% 的显著性水平下具有统计显著性(F(4,152) = 2.76,$p =$ 0.072,η2=0.068)。进一步分析显示,在前部、前中部、中部、中后部,语义关系效应具有统计显著性,无关条件的波幅更小(ps $<$ 0.01;4.80±0.49 μV vs. 5.72±0.48 μV;4.56±0.52 μV vs. 5.40 ± 0.52 μV;4.51±0.52 μV vs. 5.16±0.50 μV;4.51±0.48 μV vs. 5.09±0.46 μV)。在后部,语义关系效应不具有统计显著性($p >$ 0.1,3.19±0.49vs. 3.51±0.47)。

二、350—650 ms 时间窗的分析

对五个脑区、两个半球的十个电极进行 $5 \times 2 \times 2 \times 2$ 的重复测量方差分析,发现语义关系的主效应具有统计显著性(F(1, 38) = 67.42,$p <$ 0.05,η2=0.64,2.38±0.27 μV vs. 3.92±0.31 μV),语义无关条件比语义相关条件诱发了更大的 N400 波幅。语义关系条件、半球和脑区的三重交互作用具有统计显著性(F(4, 152) = 3.37,$p <$ 0.05,η2 = 0.081)。进一步的分析显示,在所有脑区,语义关系效应都具有统计显著性(ps $<$0.01),语义无关条件的波幅更大。

对中线的五个电极进行 $5 \times 2 \times 2$ 的重复测量方差分析,发现语义关系的主效应具有统计显著性（$F(1, 38) = 60.12$，$p < 0.05$，$\eta2 = 0.613$，$2.66 \pm 0.35\,\mu V$ vs. $4.48 \pm 0.40\,\mu V$），语义无关条件比语义相关条件诱发了更大的 N400 波幅。此外，没有交互作用具有统计显著性。

三、650—1000 ms 时间窗的分析

对五个脑区、两个半球的十个电极进行 $5 \times 2 \times 2 \times 2$ 的重复测量方差分析，发现语义关系的主效应具有统计显著性（$F(1, 38) = 20.72$，$p < 0.05$，$\eta2 = 0.353$，$2.39 \pm 0.31\,\mu V$ vs. $1.42 \pm 0.29\,\mu V$），语义无关条件诱发了显著更大的 LPC 波幅。语义关系条件、半球和脑区的三重交互作用具有统计显著性（$F(4, 152) = 3.13$，$p < 0.05$，$\eta2 = 0.076$）。进一步的分析显示，在所有脑区，语义关系效应都具有统计显著性（$ps < 0.05$），语义无关条件的波幅更大。

对中线的五个电极进行 $5 \times 2 \times 2$ 的重复测量方差分析，发现语义关系的主效应具有统计显著性（$F(1, 38) = 6.65$，$p < 0.05$，$\eta2 = 0.149$，$2.91 \pm 0.36\,\mu V$ vs. $2.28 \pm 0.30\,\mu V$），语义无关条件诱发了显著更大的 LPC 波幅。语义关系和中线电极的交互作用在 5% 的显著性水平下不具有统计显著性，但在 10% 的显著性水平下具有统计显著性（$F(4, 152) = 2.51$，$p = 0.093$，$\eta2 = 0.062$）。进一步的简单效应分析显示，FZ、FCZ 的语义关系效应不具有统计显著性（$ps > 0.05$，$2.87 \pm 0.52\,\mu V$ vs. $2.26 \pm 0.47\,\mu V$；$2.76 \pm 0.53\,\mu V$ vs. $2.46 \pm 0.43\,\mu V$）；CZ 的语义关系效应在 5% 的显著性水平下不具有统计显著性，但在 10% 的显著性水平下具有统计显著性（$p = 0.089$，$3.09 \pm 0.42\,\mu V$ vs. $2.64 \pm 0.32\,\mu V$）；CPZ、PZ 的语义关系效应具有统计显著性（$ps < 0.05$，$3.32 \pm 0.35\,\mu V$ vs. $2.64 \pm 0.32\,\mu V$；$2.53 \pm 0.38\,\mu V$ vs. $1.41 \pm 0.37\,\mu V$），语义无关条件的波幅更大。

8.2.4　讨论

本实验采用 SOA 为 200 ms 的词汇判断任务。根据 Kiefer（2006，2007）、王瑞明等（2011）、李利等（2013）和宋娟等（2012，2013，2015）的研究，在被试对目标词的真假词汇判断任务中，启动词的词汇表征会被激活，语义表征会被抑制。从本实验的反应时和正确率看，语义无关组的反应时显著长于语义相关组的反应时；语义无关组的正确率显著低于语义

相关组的正确率。说明汉语启动词和英语目标词为翻译关系时,汉语启动词词汇表征的激活,提高了被试对英语目标词词汇表征的提取速度。不仅不存在反应时和正确率的权衡现象,而且汉语启动词词汇表征的激活,还提高了被试提取英语目标词词汇表征的正确率。

从脑电数据看,在 220—350 ms 的时间窗口,在所有 5 个脑区和中线的 FZ、FCZ、CZ、CPZ 电极上,语义相关条件比无关条件诱发了波幅显著更大的 ERP 正成分,该正成分在右半球和中线更为明显。语义相关条件下该正成分的潜伏期是 296 ms,语义无关条件下该正成分的潜伏期是 292 ms。根据潜伏期,这可能是一个 P300 成分,或者是一个潜伏期稍微提前的 P325 成分,是 P200 的可能性很小。因为,尽管在汉字词汇加工中,P200 被认为是字形加工和语音加工的指标。即 P200 同时反应了字形和语音的加工,及词汇水平和亚词汇水平的加工(Chen et al. 2007;谢敏等 2016)。总的来说,在外文的词汇加工研究中,P200 成分探讨的不多,虽然有些研究发现 P200 似乎与字形和语音两者都有关。比如,侯友等(2012)采用快速掩蔽启动范式、go/no-go 范式和 ERP 技术,探讨蒙语词汇识别过程中语音自动激活的时程及对语义通达的作用。结果他们发现,SOA 为 167 ms 时,语音启动在头皮的额区和中央区诱发了明显的 P200 成分,在整个大脑皮层诱发了明显的 N400 成分。表明语音在蒙语词汇识别的早期自动激活并促进语义的通达。但 P200 成分与字形和语音的联系并没有得到广泛的认可。本实验考察的是英语词的词汇表征加工。P200 在英文词汇加工中本来就少见,而且如果是 P200,那么它的潜伏期延迟的时间几乎达到 100 ms,因此可能性很小。

仅从潜伏期看,本实验诱发的正波是 P300 的可能性似乎更大。关于 P300 反映的具体认知过程主要有两种观点。一种观点认为 P300 代表知觉任务的结束。按照这种观点,P300 代表某种刺激加工的抑制,当对所期盼的刺激做某种有意识的加工时,相关的顶叶或内侧颞叶部位被激活产生负性电位。一旦这一加工结束,则这些部位受到抑制,此时即产生 P300。另一个观点认为 P300 的潜伏期反应对刺激物的评价或分类所需要的时间,P300 的波幅反映工作记忆中表征的更新(陈士法等 2017:24)。陈士法等(2017)研究了汉—英双语者加工英语派生词和屈折词等两类复杂词的差异。脑电数据分析发现两类复杂词在 P300 成分上存在着词类主效应。陈士法等认为该研究中出现的 P300 可以表示知觉任务的结束。实验中,他们要求被试对屏幕上出现的字母串进行真假词判断。被试精力高度集中,当判断结束时,就产生了 P300。该研究中的派生词比屈折词产生了更大的 P300。表明英语学习者对派生词加工投入的心理资源大于对屈折词加工投入的心理资源。也就是说 P300 的波幅越大,表明被试投入的心理资源越大,任务可能就越困难。本实验中恰恰是语义相关条件组的波幅更大,这反而表明语义相关条件组中没有产生任何启动效应。

如本书在第四章第一节所述,Holcomb et al.(2006)、侯友等(2013)认为 P325 反映了整词水平的语音和正字法表征的加工。而且 Holcomb et al.(2006)发现,相关启动条件下的 P325 波幅大于无关启动条件下的波幅。本实验的 ERP 正成分也是在语义相关条件下波幅更大。因此,从潜伏期和以往实验的研究结果看,它更可能是 P325。语义相关条件比无关条件产生了显著更大的 P325 波幅,表明汉语启动词词汇表征的激活,促进了被试对英语目标词词汇表征的提取,降低了提取难度。

除 P325 外,在时间窗 350—650 ms 之间,在所有 5 个脑区和中线所有五个电极点上,语义无关条件比语义相关条件诱发了显著更大的 N400 波幅。这表明 N400 能反映词汇表征加工的认知功能,且进一步证实了语义相关组启动词词汇表征的激活促进了被试对目标词词汇表征的认知加工。

反应时、正确率、P325 和 N400 等指标一致表明,当汉语启动词和英语目标词为翻译关系时,汉语启动词词汇表征的激活,促进了被试对英语目标词词汇表征的提取,实验中产生了跨语言的词汇启动效应,因此藏—汉—英三语者 L2-L3 的词名层之间存在着较强连接。

尽管被试的三语(英语)熟悉度不影响其词汇判断的反应时、P325 和 N400 等指标,但较熟悉英语组语义相关和无关条件下正确率的差值边缘性高于熟悉英语组。因此,三语熟悉度在一定程度上影响了 L2-L3 词名层的连接强度。三语越熟悉,L2-L3 词名层的连接强度有缩小的趋势。

值得注意的是,在本实验的时间窗 650—1000 ms 之间,在所有 5 个脑区和中线的 CZ、CPZ、PZ 等 3 个电极上,语义无关条件比语义相关条件诱发了显著更大的 LPC 波幅。说明出现了标志晚期语义整合的 LPC 成分。

8.3 三语 ERP 实验 6

8.3.1 实验目的

采用短时快速启动实验范式的真假词判断任务考察藏—汉—英三语者 L1 - L3 的词汇连接模式。

8.3.2 实验方法

8.3.2.1 被试

同三语 ERP 实验 5。

8.3.2.2 实验设计

同三语 ERP 实验 5。

8.3.2.3 SOA 取值

见表 8 - 10。

表 8 - 10　三语 ERP 实验 6 的材料

实验组成部分	SOA取值	实验材料分组	实验材料	启动词和目标词的语义关系	启动词和目标词的词性
练习部分	170 ms	练习组	5 个启动词—目标词词对；5 个启动词—目标词非词对	语义无关	启动词为藏语形容词；目标词为英语形容词或英语假词。
正式实验部分	200 ms	实验组	46 个启动词—目标词词对	翻译关系	
	200 ms	控制组	46 个启动词—目标词词对	语义无关	
	170 ms	填充组	78 个启动词—目标词非词对	语义无关	

8.3.2.4 实验材料

本实验由练习部分和正式实验部分组成(参见表 8 - 10 和附件 12)。练习部分包括 5 个词对(启动词和目标词都是真词)和 5 个非词对(启动词是真词,目标词是假词)。5 个词对都是语义无关词对,即启动词和它对应的目标词在语义上无关。正式实验包括 78 个填充词对,46 个实验词对和 46 个控制词对。78 个填充词对中,启动词都是藏语真词,目标词

都是英语假词。46 个实验词对中,启动词和目标词都是真词,且目标词
是藏语启动词的英语翻译对等词。46 个控制词对中,启动词和目标词都
是真词,但藏语启动词和它对应的英语目标词在语义上无关。本实验的
语义相关词比例和假词比例同三语 ERP 实验 4,分别是 25.6% 和 46%。
本实验的英语假词构造方法同双语 ERP 实验 4。首先所有英语假词都
能发音,且与真词不同音,并尽量保持与真词读音不相近,或不太相近;符
合英语构词法;没有意义;所有英语假词和与之相对应的真词在音节数和
字母数上基本一致;由于目标词中的英语真词都是形容词,所以尽量让构
造的英语假词看起来像形容词。

　　本实验中的藏语启动词都选自《现代藏语常用形容词表》,英语真词
都选自《新课标词汇表》且 COCA 频率排位前 5000 的词汇。尽量确保被
试比较熟悉练习组和填充组的真词,但没有控制影响被试对其识别速度
的变量。实验组和控制组启动词的音节数、字母数和熟悉度得分等三个
变量得到了控制。首先实验组所有启动词和控制组与之相对应的启动词
的音节数全部相等(仅一对词相差一个音节)。实验组和控制组启动词的
平均音节数分别是 2.174、2.196,二者差异极小。其次,实验组启动词和
控制组中与之相对应的启动词的字母数全部相等(除 4 对词相差 1—2 个
字母外)。实验组和控制组启动词的平均字母数分别是 4.413、4.457,二
者差异也非常小。第三、实验组和控制组启动词的熟悉度得分最小值都
是 6.33,平均值分别是 6.7748 和 6.7298,这表明被试非常熟悉实验组和
控制组的所有启动词。且实验组和控制组启动词的熟悉度得分差异非
常小。

　　实验组的所有目标词和控制组与之对应的目标词的音节数、字母数、
COCA 频率排位、熟悉度得分和是否属于新课标词等五个变量都得到严
格匹配。一是实验组所有目标词和控制组与之对应的目标词的音节数和
字母数完全相等。二是实验组目标词和控制组与之对应的目标词的
COCA 频率排位相差很小,其最小值分别是 99、101,最大值分别是
4909、4815,平均值分别是 1669.543、1676.478,二者只相差 6.9348。其
配对样本 t-检验的显著性值(双尾)$p = 0.548$,因此差异不具有统计显著
性。三是实验组和控制组所有目标词都是新课标词。四是实验组所有目
标词和控制组与之对应的目标词的熟悉度得分都非常相近。控制组和实

验组目标词的熟悉度得分平均值分别是 6.8535、6.8261。尽管控制组目标词的熟悉度平均得分比实验组目标词的熟悉度平均得分高.0274,但二者的差异不具有统计显著性,因为其配对样本 t-检验的显著性值(双尾) $p = 0.220$。由于实验组和控制组目标词的熟悉度得分最小值分别是 6.47、6.53,平均值都至少高达 6.8261,这表明被试对实验组和控制组所有英语目标词都非常熟悉。

8.3.2.5 实验程序

本实验的程序与双语 ERP 实验 5 相同。但本实验的启动词是藏语词,目标刺激是英语真词或假词。本实验的正式实验部分共 170 次词汇判断任务,被试完成前 85 次判断后休息 2 分钟,然后完成剩余 85 次词汇判断,整个实验持续约 10—15 分钟。

8.3.2.6 脑电记录及 ERP 数据处理流程

同双语 ERP 实验 1。

8.3.3 实验结果与分析

8.3.3.1 反应时

本实验首先删除小于 300 ms 的试次 0 个,大于 6000 ms 的试次 1 个,然后删除反应时小于 MD-3SD 的试次 0 个,大于 MD+3SD 的试次 84 个。共删除异常值 85 个,约占总试次的 2.32%。

本实验为两因素 ANOVA 设计。因素 1 语义关系是被试内变量,包括语义相关、语义无关两个水平;因素 2 被试类型是被试间变量,被试按其英语熟悉度分为两组,熟悉英语组 20 人,不熟悉英语组 21 人。运用两因素重复测量方差分析对被试词汇判断的反应时进行分析,得出结果见表 8-11 和图 8-5。

表 8-11　三语 ERP 实验 6 的反应时(ms)分析结果(N=41)

被试类型	语义无关组的反应时		语义相关组的反应时		语义无关组-语义相关组	
	MEAN	SD	MEAN	SD	MEAN	SD
熟悉英语	903.11	161.37	773.25	124.20	129.86	37.17
不熟悉英语	965.72	212.10	873.65	215.38	92.07	-3.28

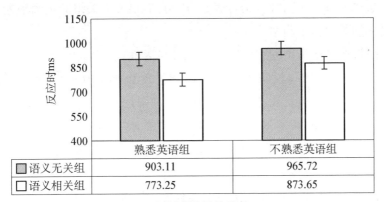

图 8-5　三语 ERP 实验 6 的反应时统计图

因素 1 语义关系的主效应具有统计显著性，$F_{(1, 39)} = 62.142$，$p < 0.001$，$\eta2 = 0.614$。结合表 8-11 和图 8-5 可知,语义无关组的反应时显著长于语义相关组的反应时。

因素 2 被试类型的主效应不具有统计显著性，$F_{(1, 39)} = 2.160$，$p = 0.150$，$\eta2 = 0.052$,说明被试的英语熟悉度不影响其词汇判断的反应时。

因素 1×因素 2 的交互作用不具有统计显著性，$F_{(1, 39)} = 1.802$，$p = 0.187$，$\eta2 = 0.044$,说明被试词汇判断的反应时未受到因素 1×因素 2 的影响。

8.3.3.2　正确率

运用两因素重复测量方差分析对被试词汇判断的正确率进行分析，得出结果见 8-12。

表 8-12　三语 ERP 实验 6 的正确率(%)分析结果(N=41)

被试类型	语义无关组的正确率		语义相关组的正确率		语义无关组-语义相关组	
	MEAN	SD	MEAN	SD	MEAN	SD
熟悉英语	96.85	3.11	99.67	0.80	−2.83	2.32
不熟悉英语	95.03	4.72	97.72	3.60	−2.69	1.12

因素 1 语义关系的主效应具有统计显著性，$F_{(1, 39)} = 26.259$，

$p < 0.001$，$\eta2 = 0.402$。结合表 8-12 可知，语义无关组的正确率显著低于语义相关组的正确率。

因素 2 被试类型的主效应具有统计显著性，$F(1, 39) = 4.234$，$p = 0.046$，$\eta2 = 0.098$，说明被试的英语熟悉度影响了其词汇判断的正确率。事后检验分析发现，熟悉英语组的正确率是 98.261(SE = 0.655)，不熟悉英语组的正确率 96.377(SE = 0.639)，二者的平均值差值为 1.884(SE = 0.916)，$p = 0.046$。因此，熟悉英语组的正确率显著高于不熟悉英语组。

因素 1×因素 2 的交互作用不具有统计显著性，$F(1, 39) < 1$，$p = 0.901$，$\eta2 < 0.001$，说明被试词汇判断的正确率未受到因素 1×因素 2 的影响。

8.3.3.3 ERP 数据

本实验共 41 个被试，但由于设备和被试本身的原因，删除了 1 个被试的脑电数据。40 个有效被试按照被试的英语熟悉度分为两组，熟悉英语组 20 人，不熟悉英语组 20 人。语义无关和语义相关条件下，英语目标形容词产生的 ERP 波形图见图 8-6。根据本实验的波形图，首先选择 220—350 ms 的时间窗分析 N250(后部脑区)和 P200(中、前部脑区)，然后选择 350—680 ms 的时间窗分析 N400。

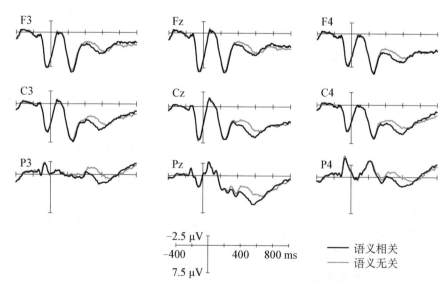

图 8-6 三语 ERP 实验 6 的波形图

一、220—350 ms 时间窗的分析

对五个脑区、两个半球的十个电极进行 $5 \times 2 \times 2 \times 2$ 的重复测量方差分析,发现语义关系的主效应具有统计显著性(F(1, 38) = 5.61, $p <$ 0.05, $\eta 2 = 0.129$, 4.03 ± 0.35 vs. 4.40 ± 0.31),语义无关和语义相关条件诱发的波幅值差异具有统计显著性。此外,语义关系和任何其他因素的交互作用都不具有统计显著性($ps > 0.1$)。

对中线的五个电极进行 $5 \times 2 \times 2$ 的重复测量方差分析,发现没有任何效应具有统计显著性($ps > 0.1$)。

二、350—680 ms 时间窗的分析

对五个脑区、两个半球的十个电极进行 $5 \times 2 \times 2 \times 2$ 的重复测量方差分析,发现语义关系的主效应具有统计显著性,语义无关条件比语义相关条件诱发了显著更大的 N400 波幅(F(1, 38) = 33.98, $p < 0.05$, $\eta 2 = 0.472$, $2.57 \pm 0.35 \mu V$ vs. $3.57 \pm 0.33 \mu V$)。语义关系条件和脑区的交互作用在 5% 的显著性水平下不具有统计显著性,但在 10% 的显著性水平下具有统计显著性(F(4, 152) = 2.53, $p = 0.089$, $\eta 2 = 0.062$)。进一步简单效应分析显示,在所有脑区,语义关系效应都具有统计显著性($ps < 0.01$, $3.72 \pm 0.48 \mu V$ vs. $4.49 \pm 0.41 \mu V$;$3.64 \pm 0.48 \mu V$ vs. $4.48 \pm 0.45 \mu V$;$3.42 \pm 0.44 \mu V$ vs. $4.34 \pm 0.41 \mu V$;$2.49 \pm 0.38 \mu V$ vs. $3.67 \pm 0.37 \mu V$;$- 0.40 \pm 0.44 \mu V$ vs. $0.85 \pm 0.44 \mu V$),语义无关条件的波幅更大。

对中线的五个电极进行 $5 \times 2 \times 2$ 的重复测量方差分析,发现语义关系的主效应具有统计显著性(F(1, 38) = 21.15, $p < 0.05$, $\eta 2 = 0.358$, $3.43 \pm 0.46 \mu V$ vs. $4.47 \pm 0.43 \mu V$),语义无关条件比语义相关条件诱发了显著更大的 N400 波幅。语义关系和电极的交互作用具有统计显著性(F(4, 152) = 4.53, $p < 0.05$, $\eta 2 = 0.106$)。进一步简单效应分析显示,在前部(FZ),语义关系效应在 5% 的显著性水平下不具有统计显著性,但在 10% 的显著性水平下具有统计显著性($p = 0.063$, $2.98 \pm 0.59 \mu V$ vs. $3.57 \pm 0.54 \mu V$),其他四个电极上语义关系效应具有统计显著性($ps < 0.01$, $2.98 \pm 0.62 \mu V$ vs. $3.77 \pm 0.57 \mu V$;$3.77 \pm 0.54 \mu V$ vs. $4.90 \pm 0.51 \mu V$;$4.31 \pm 0.49 \mu V$ vs. $5.59 \pm 0.47 \mu V$;$3.09 \pm 0.46 \mu V$ vs. $4.50 \pm 0.46 \mu V$),语义无关条件的波幅更大。

8.3.4　讨论

本实验采用 SOA 为 200 ms 的词汇判断任务。根据 Kiefer(2006,2007)、王瑞明等(2011)、李利等(2013)和宋娟等(2012,2013,2015)的研究,在被试对目标词的真假词汇判断任务中,启动词的词汇表征会被激活,语义表征会被抑制。从本实验的反应时和正确率看,语义无关组的反应时显著长于语义相关组的反应时;语义无关组的正确率显著低于语义相关组的正确率。说明藏语启动词和英语目标词为翻译关系时,藏语启动词词汇表征的激活,提高了被试对英语目标词词汇表征的提取速度。不仅不存在反应时和正确率的权衡现象,而且藏语启动词词汇表征的激活,还提高了被试提取英语目标词词汇表征的正确率。

从脑电数据看,在 220—350 ms 的时间窗口,语义关系的主效应具有统计显著性,语义无关和语义相关条件诱发的波幅值差异具有统计显著性。在该时间窗口,大脑后部中线有一个明显 N250 负波,且语义无关条件的波幅更大;而在大脑的中部和前部区域则诱发了分布更为广泛的潜伏期稍微延迟的 P200,且语义相关条件组诱发的波幅更大。尽管极性相反,这两个脑电成分都可以反映大脑对视觉词汇的词形和语音加工。根据前述相关章节对 N250 和 P200 所反映的认知功能的论述,本实验中诱发的 N250 和 P200 效应表明藏语启动词词汇表征的激活,促进了被试对英语目标词词汇表征的加工。在 350—680 ms 的时间窗口,在所有 5 个脑区和中线所有 5 个电极上,语义无关条件比语义相关条件诱发了边缘性更大或显著更大的 N400 波幅。这表明 N400 能反映词汇表征加工的认知功能,且进一步证实了语义相关条件组启动词词汇表征的激活促进了被试对目标词词汇表征的认知加工。

反应时、正确率、P200、N250 和 N400 等指标一致表明,当藏语启动词和英语目标词为翻译关系时,藏语启动词词汇表征的激活,促进了被试对英语目标词词汇表征的提取,实验中产生了跨语言的词汇启动效应,因此藏—汉—英三语者 L1 - L3 的词名层存在较强连接。

值得注意的是,虽然熟悉英语组词汇判断的正确率显著高于不熟悉英语组,但语义关系和被试类型的交互作用不具有统计显著性。在熟悉和不熟悉英语组,语义无关组的正确率都显著低于语义相关组,且就语义无关和语义相关组正确率的差值而言,熟悉和不熟悉英语组并不具有统计显著性。也就是,熟悉和不熟悉英语组的启动效应差异不具有统计显著性。此外,被试类型在反应时、P200、N250和N400等指标上,主效应均不具有统计显著性,因此,藏—汉—英三语者L1-L3词名层的连接强度不受三语(英语)熟悉度的调节。

8.4　三语 ERP 实验 7

8.4.1　实验目的

采用短时快速启动实验范式的真假词判断任务考察藏—汉—英三语者 L3-L2 的词汇连接模式。

8.4.2　实验方法

8.4.2.1　被试

同三语 ERP 实验 5。

8.4.2.2　实验设计

同三语 ERP 实验 5。

8.4.2.3　SOA 取值

见表 8-13。

表 8-13　三语 ERP 实验 7 的材料

实验组成部分	SOA取值	实验材料分组	实验材料	启动词和目标词的语义关系	启动词和目标词的词性
练习部分	170 ms	练习组	5 个启动词—目标词词对; 5 个启动词—目标词非词对	语义无关	启动词均为英语名词;目标词均为汉语名词或汉语假词。
正式实验部分	200 ms	实验组	46 个启动词—目标词词对	翻译关系	
	200 ms	控制组	46 个启动词—目标词词对	语义无关	
	170 ms	填充组	78 个启动词—目标词非词对	语义无关	

8.4.2.4　实验材料

本实验包括练习部分和正式实验部分(参见表 8-13 和附件 13)。练习部分包括 5 个词对(启动词和目标词都是真词)和 5 个非词对(启动词是真词,目标词是假词)。5 个词对都是语义无关词对,即启动词和它对应的目标词在语义上无关。正式实验包括 78 个填充词对,46 个实验词对和 46 个控制词对。78 个填充词对中,启动词都是英语真词,目标词都是汉语假词。46 个实验词对中,启动词和目标词都是真词,且目标词是英语启动词的汉语翻译对等词。46 个控制词对中,启动词和目标词都是真词,但英语启动词和它对应的汉语目标词在语义上无关。本实验的语义相关词比例和假词比例同三语 ERP 实验 4,分别是 25.6% 和 46%。所有英语名词均选自《新课标词汇表》或 COCA 频率排位前 5000 的词汇。所有汉语名词均选自《现代汉语语料库词语分词类频率表》。本实验的汉语假词构造方法同双语 ERP 实验 4。由于目标词中的所有真词都是汉语具体名词,因此所构造的假词看起来尽量像具体名词。尽量确保被试比较熟悉练习组和填充组的真词,但没有控制影响被试对其识别速度的变量。

实验组启动词和与之相对应的控制组启动词的音节数、字母数等变量得到了控制。一是实验组的所有启动词和与之相对应的控制组启动词的音节数完全相等(仅 1 对词有 1 个音节的差异)。实验组和控制组启动词音节数的最小值都是 1,最大值都是 3;平均音节数分别是 1.587、1.609,二者差异较小。实验组的所有启动词和与之相对应的控制组启动词的字母数完全相等(仅有 4 对词有 1—2 个字母数的差异)。实验组和控制组启动词的字母数的最小值分别是 2、3,最大值都是 8,平均值分别是 5.326、5.348,二者差异也很小。控制组和实验组启动词的 COCA 频率排位最大值分别是 3512、3336,平均值分别是 1575.304、1319.326。这表明实验组和控制组所有启动词均是美国当代英语中的高频词汇。所有控制组启动词中仅有"chip"不是新课标词,但被试对该词比较熟悉;所有实验组启动词除"writer"外都是新课表词。而在筛选"author"(新课标词)和"writer"(非新课标词)时,笔者发现被试更熟悉"writer",因此本实验最终采用了"writer"一词。这表明被试熟悉实验组和控制组的所有启动词。由于本实验不考察被试对启动词的判断速度,因此实验组的启动词和控制组与之相对应的启动词的音节数、字母数、COCA 排位等只是相近,没有严格匹配。

本实验中,实验组的所有目标词和控制组与之对应的目标词的笔画数、频数和熟悉度得分等三个变量都得到严格匹配。一是实验组的所有目标词和控制组与之对应的目标词的笔画数完全相等(仅两对词有 1 画的差异)。实验组和控制组目标词的笔画数最小值都是 9,最大值都是 20,平均值都是 14.217。两组目标词笔画数的配对样本 t-检验显著性值(双尾)$p=1.000$。二是实验组的所有目标词和控制组与之对应的目标词的频数严格匹配。实验组和控制组目标词的频数最小值分别是 122、120。平均值分别是 515.435、514.283,二者差异极小。配对样本 t-检验显著性值(双尾)$p=0.846$。因此,二者的差异不具有统计显著性。实验组的所有目标词和控制组与之对应的目标词的熟悉度得分都非常相近。控制组和实验组目标词的熟悉度得分平均值分别是 6.8411、6.8514。尽管控制组目标词的熟悉度平均得分比实验组目标词的熟悉度平均得分低 0.0103,但二者的差异不具有统计显著性,因为其配对样本 t-检验的显著性值(双尾)$p=0.662$。由于实验组和控制组目标词的熟悉度得分最小值分别是 6.43、6.57,平均值都至少高达 6.8411,这表明被试对实验组和控制组所有汉语目标词都非常熟悉。

8.4.2.5 实验程序

本实验的程序同双语 ERP 实验 5。不同的是,本实验的启动词是英语词,目标刺激是汉语真词或假词;本实验的正式实验部分共 170 次词汇判断任务,被试完成前 85 次判断后休息 2 分钟,然后完成剩余 85 次词汇判断,整个实验持续约 10—15 分钟。

8.4.2.6 脑电记录及 ERP 数据处理流程

同双语 ERP 实验 1。

8.4.3 实验结果与分析

8.4.3.1 反应时

本实验首先删除反应时小于 300 ms 的试次 0 个,大于 5000 ms 的试次 1 个,然后删除反应时小于 MD-3SD 的试次 0 个,大于 MD+3SD 的试次 79 个。共删除异常值 80 个,约占总试次的 2.14%。

本实验为两因素 ANOVA 设计。因素 1 语义关系是被试内变量,包括语义相关、语义无关两个水平;因素 2 被试类型是被试间变量,被试按其英语熟悉度分为两组,熟悉英语组 20 人,不熟悉英语组 21 人。运用两

因素重复测量方差分析对被试词汇判断的反应时进行分析,得出结果见表 8-14 和图 8-7:

表 8-14　三语 ERP 实验 7 的反应时(ms)分析结果(N=41)

被试类型	语义无关组的反应时		语义相关组的反应时		语义无关组-语义相关组	
	MEAN	SD	MEAN	SD	MEAN	SD
熟悉英语	768.95	87.68	685.01	99.20	83.94	-11.52
不熟悉英语	760.14	133.60	693.42	132.32	66.72	1.28

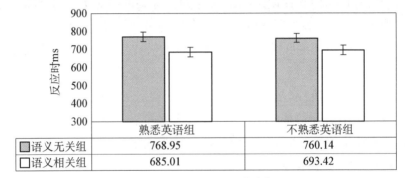

图 8-7　三语 ERP 实验 7 的反应时统计图

因素 1 语义关系的主效应具有统计显著性,$F_{(1, 39)} = 60.274$,$p < 0.001$,$\eta 2 = 0.607$。结合表 8-14 和图 8-7 可知,语义无关组的反应时显著长于语义相关组的反应时。

因素 2 被试类型的主效应不具有统计显著性,$F_{(1, 39)} < 1$,$p = 0.995$,$\eta 2 < 0.001$,说明被试的英语熟悉度不影响其词汇判断的反应时。

因素 1×因素 2 的交互作用不具有统计显著性,$F_{(1, 39)} < 1$,$p = 0.381$,$\eta 2 = 0.020$,说明被试词汇判断的反应时未受到因素 1×因素 2 的影响。

8.4.3.2　正确率

运用两因素重复测量方差分析对被试词汇判断的正确率进行分析,得出结果见表 8-15。

表 8 - 15　三语 ERP 实验 7 的正确率(%)分析结果(N=41)

被试类型	语义无关组的正确率		语义相关组的正确率		语义无关组-语义相关组	
	MEAN	SD	MEAN	SD	MEAN	SD
熟悉英语	98.91	2.95	99.78	0.67	-0.87	2.28
不熟悉英语	98.03	2.65	99.28	1.26	-1.24	1.40

因素 1 语义关系的主效应具有统计显著性,F(1,39)=4.601,p=0.038,$\eta2$=0.106。结合表 8-15 可知,语义无关组的正确率显著低于语义相关组的正确率。

因素 2 被试类型的主效应不具有统计显著性,F(1,39)=2.518,p=0.121,$\eta2$=0.061,说明被试的英语熟悉度不影响其词汇判断的正确率。

因素 1×因素 2 的交互作用不具有统计显著性,F(1,39)<1,p=0.707,$\eta2$=0.004,说明被试语义判断的正确率未受到因素 1×因素 2 的影响。

8.4.3.3　ERP 数据

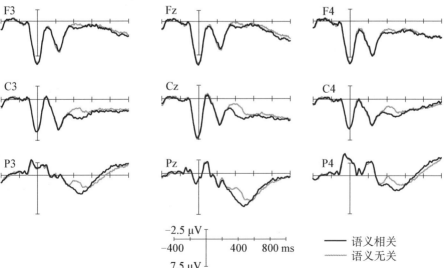

图 8 - 8　三语 ERP 实验 7 的波形图

本实验共 41 个被试,但由于设备和被试本身的原因,删除了 1 个被试的脑电数据。40 个有效被试按照被试的英语熟悉度分为两组,熟悉英语组(20 人)和不熟悉英语组(20 人)。语义无关和语义相关条件下,汉语目标词产生的 ERP 波形图见图 8-8。根据本实验的波形图,选择时间窗 300—600 ms 分析 N400。

对五个脑区、两个半球的十个电极进行 $5 \times 2 \times 2 \times 2$ 的重复测量方差分析,发现语义关系的主效应具有统计显著性,语义无关条件比语义相关条件诱发了显著更大的 N400 波幅(F(1, 38) = 26.56, $p < 0.05$, $\eta 2 = 0.411$, $1.86 \pm 0.31 \mu V$ vs. $2.65 \pm 0.31 \mu V$)。语义关系、半球和语言熟练度的三重交互作用具有统计显著性(F(4, 152) = 6.72, $p < 0.05$, $\eta 2 = 0.150$)。进一步的简单效应分析显示,熟悉英语组左半球语义关系效应具有统计显著性($p < 0.01$, $\eta 2 = 0.342$, $1.82 \pm 0.53 \mu V$ vs. $2.72 \pm 0.53 \mu V$),右半球语义关系效应具有统计显著性($p = 0.042$, $\eta 2 = 0.10$, 2.14 ± 0.45 vs. 2.68 ± 0.45),语义无关条件的波幅更大。不熟悉英语组左右半球的语义关系效应都具有统计显著性($ps < 0.01$,左半球的平均波幅值是:$1.74 \pm 0.50 \mu V$ vs. $2.47 \pm 0.50 \mu V$;右半球的平均波幅值是:$1.72 \pm 0.43 \mu V$ vs. $2.62 \pm 0.43 \mu V$)。语义关系、脑区、半球的三重交互作用具有统计显著性(F(4, 152) = 4.08, $p < 0.05$, $\eta 2 = 0.097$)。进一步的简单效应分析显示,左半球前部和右半球前部的语义关系效应不具有统计显著性($ps > 0.1$)。在前中部,右半球语义关系效应在 5% 的显著性水平下不具有统计显著性,但在 10% 的显著性水平下具有统计显著性($p = 0.067$, $1.77 \pm 0.46 \mu V$ vs. $2.19 \pm 0.44 \mu V$);左半球语义关系效应具有统计显著性($p < 0.01$, $1.37 \pm 0.45 \mu V$ vs. $2.40 \pm 0.46 \mu V$)。其他区域的语义关系效应均具有统计显著性($ps < 0.01$;左中部:$2.16 \pm 0.43 \mu V$ vs. $3.15 \pm 0.43 \mu V$;左中后部:$2.64 \pm 0.40 \mu V$ vs. $3.69 \pm 0.40 \mu V$;左后部:$1.77 \pm 0.43 \mu V$ vs. $2.70 \pm 0.43 \mu V$;右中部:$2.04 \pm 0.39 \mu V$ vs. $2.19 \pm 0.44 \mu V$;右中后部:$2.51 \pm 0.35 \mu V$ vs. $3.58 \pm 0.35 \mu V$;右后部:$1.24 \pm 0.47 \mu V$ vs. $2.21 \pm 0.45 \mu V$),语义无关条件的波幅更大。

对中线的五个电极进行 $5 \times 2 \times 2$ 的重复测量方差分析,发现语义关系的主效应具有统计显著性(F(1, 38) = 12.39, $p < 0.05$, $\eta 2 = 0.246$,

2.04±0.40 μV vs. 2.93±0.44 μV），语义无关条件的 N400 波幅更大。语义关系条件和电极的交互作用具有统计显著性（F(4, 152)＝5.76，$p < 0.05$，η2＝0.128）。进一步的简单效应分析显示，在前部（FZ），语义关系效应不具有统计显著性（$p > 0.1$, 0.68±0.54 μV vs. 1.06±0.55 μV），前中部、中部、中后部、后部的语义关系效应具有统计显著性（$ps < 0.05$, 0.63±0.53 μV vs. 1.28±0.55 μV；1.96±0.48 μV vs. 3.04±0.54 μV；3.28±0.46 μV vs. 4.48±0.52 μV；3.67±0.40 μV vs. 4.77±0.44 μV），语义无关条件的 N400 波幅更大。

8.4.4 讨论

本实验采用 SOA 为 200 ms 的词汇判断任务，根据 Kiefer（2006，2007）、王瑞明等（2011）、李利等（2013）和宋娟等（2012,2013,2015）的研究，在被试对目标词的真假词汇判断任务中，启动词的词汇表征会被激活，语义表征会被抑制。从本实验的反应时和正确率看，语义无关组的反应时显著长于语义相关组的反应时；语义无关组的正确率显著低于语义相关组的正确率。这说明英语启动词和汉语目标词为翻译关系时，英语启动词词汇表征的激活，提高了被试对汉语目标词词汇表征的提取速度。不仅不存在反应时和正确率的权衡现象，而且英语启动词词汇表征的激活，还提高了被试提取汉语目标词词汇表征的正确率。

从脑电数据看，在 300—600 ms 的时间窗，在前中部脑区，右半球语义关系效应在 5％的显著性水平下不具有统计显著性，但在 10％的显著性水平下具有统计显著性，左半球语义关系效应具有统计显著性。在中部、中后部、后部脑区，以及中线的前中部、中部、中后部、后部电极上，语义关系效应具有统计显著性。也就是在上述脑区和电极，语义无关条件比语义相关条件都诱发了边缘性更大或显著更大的 N400 波幅。这表明 N400 能反映词汇表征加工的认知功能，且证实了在语义相关条件组，英语启动词词汇表征的激活促进了被试对汉语目标词词汇表征的认知加工。反应时、正确率和 N400 等指标一致表明，实验中产生了跨语言的词汇启动效应。藏—汉—英三语者 L3 - L2 的词名层存在较强连接。

此外，被试的三语（英语）熟悉度不影响其词汇判断的反应时和正确率，但对 N400 的波幅有一定影响：熟悉英语组在右半球语义无关条件和相关条件诱发的平均波幅分别是 2.14 μV 和 2.68 μV,二者相差 0.54 μV;不熟悉英语组在右半球语义无关条件和相关条件诱发的平均波幅分别是 1.72 μV 和 2.62 μV,二者相差 0.90 μV。这表明,与熟悉英语组相比,不熟悉英语组的语义无关条件比相关条件在右半球诱发了更大的 N400 波幅。因此在一定程度上可以说,不熟悉英语组的启动效应大于熟悉英语组。依据 N400 效应的这一差异可以推断,藏—汉—英三语者 L3 - L2 的词名层存在较强连接,且连接强度在一定程度上受三语(英语)熟悉度的调节,三语越熟悉,词名层的连接强度有减弱的趋势。

8.5 三语 ERP 实验 8

8.5.1 实验目的

采用短时快速启动实验范式的真假词判断任务考察藏—汉—英三语者 L3 - L1 的词汇连接模式。

8.5.2 实验方法

8.5.2.1 被试

同三语 ERP 实验 5。

8.5.2.2 实验设计

同三语 ERP 实验 5。

8.5.2.3 SOA 取值

见表 8 - 16。

表 8 - 16 三语 ERP 实验 8 的材料

实验组成部分	SOA 取值	实验材料分组	实验材料	启动词和目标词的语义关系	启动词和目标词的词性
练习部分	170 ms	练习组	5 个启动词—目标词词对; 5 个启动词—目标词非词对	语义无关	启动词均为英语名词;目标词均为藏语名词或藏语假词。
正式实验部分	200 ms	实验组	46 个启动词—目标词词对	翻译关系	
	200 ms	控制组	46 个启动词—目标词词对	语义无关	
	170 ms	填充组	78 个启动词—目标词非词对	语义无关	

8.5.2.4 实验材料

本实验包括练习部分和正式实验部分(参见表 8 - 16 和附件 14)。练习部分包括 5 个词对(启动词和目标词都是真词)和 5 个非词对(启动词是真词,目标词是假词)。5 个词对都是语义无关词对,即启动词和它对应的目标词在语义上无关。正式实验包括 78 个填充词对,46 个实验词对和 46 个控制词对。78 个填充词对中,启动词都是英语真词,目标词都是藏语假词。46 个实验词对中,启动词和目标词都是真词,且目标词是英语启动词的藏语翻译对等词。46 个控制词对中,启动词和目标词都是真词,但英语启动词和它对应的藏语目标词在语义上无关。本实验的语义相关词比例和假词比例同三语 ERP 实验 4,分别是 25.6% 和 46%。所有英语名词均选自《新课标词汇表》且 COCA 频率排位前 5000 的词汇,藏语名词则选自《现代藏语常用名词表》。本实验的藏语假词构造方法同双语 ERP 实验 4。由于所有真词是藏语具体名词,因此所构造的假词看起来尽量像具体名词。尽量确保被试比较熟悉练习组和填充组的真词,但没有控制影响被试对其识别速度的变量。

实验组启动词和与之相对应的控制组启动词的音节数、字母数等变量得到了控制。一是实验组的所有启动词和与之相对应的控制组启动词的音节数完全相等(除 11 对词有 1—2 个音节数的差异外)。实验组和控制组启动词音节数的最小值都是 1,最大值分别是 2、3;平均音节数分别是 1.283、1.500,二者差异较小。二是实验组所有启动词和控制组与之相对应的启动词的字母数完全相等(仅有 13 对词有 1 个字母数的差异)。实验组和控制组启动词字母数的最小值都是 3,最大值都是 8。实验组和控制组启动词字母数的平均值分别是 4.739、4.978,二者差异较小。三是控制组和实验组启动词的 COCA 频率排位最大值分别是 3095、3021,平均值分别是 1679.913、1293.522。这表明实验组和控制组所有启动词均是美国当代英语中的高频词汇。所有控制组和实验组启动词都是新课表词,因此被试应该比较熟悉。由于本实验不考察被试对启动词的判断速度,因此实验组的启动词和控制组与之相对应的启动词的音节数、字母数、COCA 频率排位等只是相近,但没有严格匹配。

实验组的所有目标词和控制组与之对应的目标词的音节数、字母数和熟悉度得分等三个变量都得到严格匹配。一是实验组的所有目标词和控制组与之对应的目标词的音节数和字母数完全相等。二是实验组的所有目标词和控制组与之对应的目标词的熟悉度得分都非常相近。控制组和实验组目标词的熟悉度得分平均值分别是 6.7221、6.7666。尽管控制组目标词的熟悉度平均得分比实验组目标词的熟悉度平均得分低.0445，但二者的差异不具有统计显著性，因为其配对样本 t-检验的显著性值（双尾）$p=0.172$。由于实验组和控制组目标词的熟悉度得分最小值分别是 6.26、6.33，平均值都至少高达 6.7221，这表明被试对实验组和控制组所有藏语目标词都非常熟悉。

8.5.2.5　实验程序

本实验的程序同双语 ERP 实验 5。但是本实验的启动词是英语词，目标刺激是藏语真词或假词；本实验的正式实验部分共 170 次词汇判断任务，被试完成前 85 次判断后休息 2 分钟，然后完成剩余 85 次词汇判断，整个实验持续约 10—15 分钟。

8.5.2.6　脑电记录及 ERP 数据处理流程

同双语 ERP 实验 1。

8.5.3　实验结果与分析

8.5.3.1　反应时

本实验首先删除反应时小于 300 ms 的试次 0 个，大于 6000 ms 的试次 4 个，然后删除反应时小于 MD-3SD 的试次 0 个，大于 MD+3SD 的试次 89 个。共删除异常值 93 个，约占总试次的 2.75%。

本实验为两因素 ANOVA 设计。因素 1 语义关系是被试内变量，包括语义相关、语义无关两个水平；因素 2 被试类型是被试间变量，被试按其英语熟悉度分为两组，熟悉英语组 20 人，不熟悉英语组 21 人。运用两因素重复测量方差分析对被试词汇判断的反应时进行分析，得出结果见表 8-17 和图 8-9。

表 8-17　三语 ERP 实验 8 的反应时(ms)分析结果(N=41)

被试类型	语义无关组的反应时		语义相关组的反应时		语义无关组-语义相关组	
	MEAN	SD	MEAN	SD	MEAN	SD
熟悉英语	894.26	138.41	750.16	120.96	144.1	17.45

(续 表)

被试类型	语义无关组的反应时		语义相关组的反应时		语义无关组－语义相关组	
不熟悉英语	1009.35	538.25	838.01	336.09	171.34	202.16

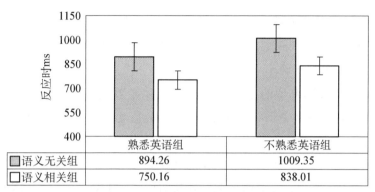

	熟悉英语组	不熟悉英语组
□语义无关组	894.26	1009.35
□语义相关组	750.16	838.01

被试的英语熟悉度

图 8-9 三语 ERP 实验 8 的反应时统计图

因素 1 语义关系的主效应具有统计显著性, $F_{(1, 39)} = 29.879$, $p < 0.001$, $\eta^2 = 0.434$。结合表 8-17 和图 8-9 可知,语义无关组的反应时显著长于语义相关组的反应时。

因素 2 被试类型的主效应不具有统计显著性, $F_{(1, 39)} = 1.024$, $p = 0.318$, $\eta^2 = 0.026$,说明被试的英语熟悉度不影响其词汇判断的反应时。

因素 1×因素 2 的交互作用不具有统计显著性, $F_{(1, 39)} < 1$, $p = 0.639$, $\eta^2 = 0.006$,说明被试词汇判断的反应时未受到因素 1×因素 2 的影响。

8.5.3.2 正确率

运用两因素重复测量方差分析对被试词汇判断的正确率进行分析,得出结果见表 8-18

表 8-18 三语 ERP 实验 8 的正确率(%)分析结果(N=41)

被试类型	语义无关组的正确率		语义相关组的正确率		语义无关组－语义相关组	
	MEAN	SD	MEAN	SD	MEAN	SD
熟悉英语	86.85	5.66	95.00	4.24	－8.15	1.43

（续　表）

被试类型	语义无关组的正确率		语义相关组的正确率		语义无关组-语义相关组	
不熟悉英语	84.47	8.86	92.44	8.82	-7.97	0.04

因素 1 语义关系的主效应具有统计显著性，$F(1, 39) = 81.873$，$p < 0.001$，$\eta2 = 0.677$。结合表 8-18 可知，语义无关组的正确率显著低于语义相关组的正确率。

因素 2 被试类型的主效应不具有统计显著性，$F(1, 39) = 1.411$，$p = 0.242$，$\eta2 = 0.035$，说明被试的英语熟悉度不影响其词汇判断的正确率。

因素 1×因素 2 的交互作用不具有统计显著性，$F(1, 39) < 1$，$p = 0.920$，$\eta2 < 0.001$，说明被试词汇判断的正确率未受到因素 1×因素 2 的影响。

8.5.3.3　ERP 数据

41 个被试按其英语熟悉度分为两组，熟悉英语组 20 人，不熟悉英语组 21 人。语义无关和相关条件下，藏语目标词产生的 ERP 波形图见图 8-10。根据本实验的波形图，选择时间窗 350—650 ms 分析 N400。

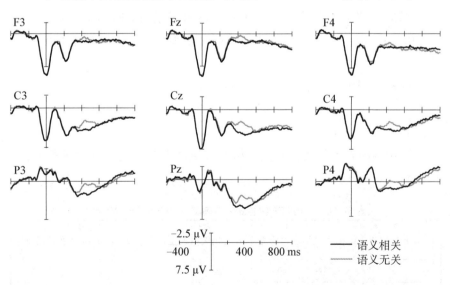

图 8-10　三语 ERP 实验 8 的波形图

对五个脑区、两个半球的十个电极进行 $5 \times 2 \times 2 \times 2$ 的重复测量方差分析,发现语义关系的主效应具有统计显著性(F(1, 39)＝17.90, $p <$ 0.05, $\eta2$＝0.315, 2.17 ± 0.35 μV vs. 3.04 ± 0.37 μV),语义无关条件比相关条件诱发了显著更大的 N400 波幅。语义关系和脑区的交互作用具有统计显著性(F(4.156)＝8.71, $p <$ 0.05, $\eta2$＝0.183)。进一步的简单效应分析显示,在前部,语义关系效应不具有统计显著性($p >$ 0.1, $2.07 \pm$ 0.44 μV vs. 2.38 ± 0.49 μV),在前中部、中部、中后部、后部语义关系效应具有统计显著性(ps $<$ 0.01, 2.42 ± 0.45 μV vs. 3.08 ± 0.46 μV; 2.93 ± 0.41 μV vs. 3.88 ± 0.42 μV; 2.78 ± 0.39 μV vs. 4.05 ± 0.43 μV; 0.66 ± 0.43 μV vs. 1.83 ± 0.45 μV),语义无关条件的波幅更大。

对中线的五个电极进行 $5 \times 2 \times 2$ 的重复测量方差分析,发现语义关系的主效应具有统计显著性(F(1, 39)＝22.86, $p <$ 0.01, $\eta2$＝0.370, 2.73 ± 0.45 μV vs. 3.94 ± 0.49 μV),语义无关条件比相关条件诱发了显著更大的 N400 波幅。语义关系和电极的交互作用具有统计显著性(F(4, 156)＝3.96, $p <$ 0.05, $\eta2$＝0.092)。进一步的简单效应分析显示,各个电极的语义关系效应都具有统计显著性(ps $<$ 0.05, $1.17 \pm$ 0.53 μV vs. 1.86 ± 0.59 μV; 1.60 ± 0.56 μV vs. 2.65 ± 0.61 μV; $3.01 \pm$ 0.54 μV vs. 4.40 ± 0.58 μV; 4.20 ± 0.53 μV vs. 5.62 ± 0.55 μV; $3.69 \pm$ 0.46 vs. 5.16 ± 0.49 μV),语义无关条件的波幅更大。

8.5.4 讨论

本实验采用 SOA 为 200 ms 的词汇判断任务,根据 Kiefer(2006, 2007)、王瑞明等(2011)、李利等(2013)和宋娟等(2012,2013,2015)的研究,在被试对目标词的真假词汇判断任务中,启动词的词汇表征会被激活,语义表征会被抑制。从本实验的反应时和正确率看,语义无关组的反应时显著长于语义相关组的反应时;语义无关组的正确率显著低于语义相关组的正确率。这说明英语启动词和藏语目标词为翻译关系时,英语启动词词汇表征的激活,提高了被试对藏语目标词词汇表征的提取速度。不仅不存在反应时和正确率的权衡现象,而且英语启动词词汇表征的激活,还提高了被试提取藏语目标词词汇表征的正确率。

从脑电数据看,在 350—650 ms 的时间窗口,在前中部、中部、中后部、后部等 4 个脑区和中线所有 5 个电极上,语义无关条件比语义相关条件诱发了显著更大的 N400 波幅。这表明 N400 能反映词汇表征加工的认知功能,且证实了语义相关条件组英语启动词词汇表征的激活,促进了被试对藏语目标词词汇表征的认知加工。反应时、正确率和 N400 等指标一致表明,实验中产生了跨语言的词汇启动效应。藏—汉—英三语者 L3 - L1 的词名层存在较强连接。此外,被试的三语(英语)熟悉度既不影响反应时、正确率,也不影响 N400 波幅。因此可以推断,藏—汉—英三语者 L3 - L1 的词名层存在较强连接,且连接强度不受三语(英语)熟悉度的调节。

8.6　三语 ERP 实验 9

8.6.1　实验目的

采用短时快速启动实验范式的真假词判断任务考察藏—汉—英三语者 L2 - L1 的词汇连接模式。

8.6.2　实验方法

8.6.2.1　被试

本实验的被试同三语 ERP 实验 5。依据被试的汉语高考成绩将被试分为熟悉汉语组(A 组 19 人)和较熟悉汉语组(B 组 22 人)。本实验的分组依据同三语 ERP 实验 4,但本实验比三语 ERP 实验 4 多 2 名被试。三语 ERP 实验 4 的所有被试都参加了本实验,但有 2 名被试参加了本实验,却因设备故障等缘故而未能参加三语 ERP 实验 4。

本实验 A 组被试的汉语高考最低分是 129,最高分是 147;B 组被试的汉语高考最低分是 90,最高分是 127。对 A、B 两组被试的汉语高考成绩进行独立样本 t -检验,结果显示:t(39) = 8.741, $p < 0.001$。因此,A、B 两组被试汉语高考成绩的差异具有统计显著性,且 A 组被试的考试成绩显著高于 B 组被试(参见表 8 - 19)。这表明两组被试的汉语平均熟悉程度存在显著差异。

表 8 - 19　A、B 两组被试的汉语高考成绩分析表

A组汉语高考平均分		B组汉语高考平均分		A组－B组		
Mean	SD	Mean	SD	Mean	SE	p
136.32	5.82	114.25	10.05	22.07	2.52	.000

8.6.2.2　实验设计

本实验有两个因素。因素 1 语义关系是被试内变量,包括语义相关、语义无关两个水平;因素 2 被试类型是被试间变量,包括熟悉汉语、较熟悉汉语两个水平。各水平组的汉语高考平均成绩详见 **8.6.2.1 节**。因此,本实验为 2×2 的 ANOVA 设计。因变量为被试完成词汇判断任务的反应时、正确率和 N400 等脑电成分。

8.6.2.3　SOA 取值

见表 8 - 20。

8.6.2.4　实验材料

本实验由练习部分和正式实验部分组成(参见表 8 - 20 和附件 15)。练习部分包括 5 个词对(启动词和目标词都是真词)和 5 个非词对(启动词是真词,目标词是假词)。5 个词对中汉语启动词和藏语目标词在语义上无关。正式实验部分包括 78 个填充词对,46 个实验词对和 46 个控制词对。78 个填充词对中,启动词都是汉语真词,目标词都是藏语假词。46 个实验词对中,启动词和目标词都是真词,且启动词是藏语目标词的汉语翻译对等词。46 个控制词对中,启动词和目标词都是真词,但汉语启动词和它对应的藏语目标词在语义上无关。本实验的语义相关词比例

表 8 - 20　三语 ERP 实验 9 的材料

实验组成部分	SOA取值	实验材料分组	实验材料	启动词和目标词的语义关系	启动词和目标词的词性
练习部分	170 ms	练习组	5 个启动词—目标词词对; 5 个启动词—目标词非词对	语义无关	启动词均为汉语名词;目标词均为藏语名词或藏语假词。
正式实验部分	200 ms	实验组	46 个启动词—目标词词对	翻译关系	
	200 ms	控制组	46 个启动词—目标词词对	语义无关	
	170 ms	填充组	78 个启动词—目标词非词对	语义无关	

和假词比例同三语 ERP 实验 4,分别是 25.6% 和 46%。本实验所有真词都是名词,藏语假词的构造方法同双语 ERP 实验 4。所有藏语目标词都选自《常用藏语名词表》,所有汉语启动词都选自《现代汉语语料库词语分词类频率表》。尽量确保被试比较熟悉练习组和填充组的真词,但没有严格控制影响被试对其识别速度的变量。

实验组和控制组启动词的笔画数、频数和熟悉度得分等三个变量得到了控制。首先,实验组所有启动词和控制组与之相对应的启动词的笔画数全部相等(除 4 对词有 1—3 画的差异外)。控制组和实验组启动词笔画数的最小值分别是 6、4,最大值分别是 28、27,平均值分别是 14.804,14.783,二者差异很小。其次,实验组和控制组启动词的最小频数分别是 109、116,平均频数分别是 700.826、410.413。虽然两组词汇的平均频数差异较大,但至少表明所选词汇都是现代汉语的高频词汇。第三,实验组和控制组启动词的熟悉度得分最小值分别是 6.14、5.90,平均值分别是 6.7725、6.6134。这表明被试相当熟悉实验组和控制组的所有汉语启动词。由于本实验不考察被试对启动词的判断速度,因此实验组的启动词和控制组与之相对应的启动词的笔画数、频数和熟悉度得分只是大致相近,没有严格匹配。

实验组的所有目标词和控制组与之对应的目标词的音节数、字母数和熟悉度得分等三个变量都得到严格匹配。一是实验组的所有目标词和控制组与之对应的目标词的音节数和字母数完全相等。二是实验组的所有目标词和控制组与之对应的目标词的熟悉度得分都非常相近。控制组和实验组目标词的熟悉度得分平均值分别是 6.7065、6.7335。尽管控制组目标词的熟悉度平均得分比实验组目标词的熟悉度平均得分低 0.027,但二者的差异不具有统计显著性,因为其配对样本 t-检验的显著性值(双尾)$p=0.377$。由于实验组和控制组目标词的熟悉度得分最小值分别是 6.29、6.43;平均值都至少高达 6.7065,这表明被试对实验组和控制组所有目标词都非常熟悉。

8.6.2.5 实验程序

本实验的程序同双语 ERP 实验 5,但是本实验的正式实验部分共 170 次词汇判断任务,被试完成前 85 次判断后休息 2 分钟,然后完成剩余 85 次词汇判断,整个实验持续约 10—15 分钟。

8.6.2.6 脑电记录及 ERP 数据处理流程

同双语 ERP 实验 1。

8.6.3 实验结果与分析

8.6.3.1 反应时

本实验首先删除反应时小于 300 ms 的试次 1 个,大于 6000 ms 的试次 7 个,然后删除反应时小于 MD－3SD 的试次 0 个,大于 MD＋3SD 的试次 70 个。共删除异常值 78 个,约占总试次的 2.28%。

本实验为两因素 ANOVA 设计。因素 1 语义关系是被试内变量,包括语义相关、语义无关两个水平;因素 2 被试类型是被试间变量,被试按其汉语熟悉度分为两组,熟悉汉语组 19 人,较熟悉汉语组 22 人。运用两因素重复测量方差分析对被试词汇判断的反应时进行分析,得出结果见表 8-21 和图 8-11。

表 8-21　三语 ERP 实验 9 的反应时(ms)分析结果(N＝41)

被试类型	语义无关组的反应时		语义相关组的反应时		语义无关组－语义相关组	
	MEAN	SD	MEAN	SD	MEAN	SD
熟悉汉语	1065.31	437.97	867.54	381.55	197.77	56.42
较熟悉汉语	1005.32	487.78	810.99	283.64	194.33	204.14

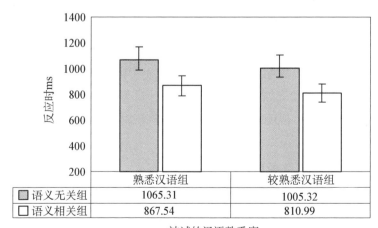

图 8-11　三语 ERP 实验 9 的反应时统计图

因素 1 语义关系的主效应具有统计显著性，$F_{(1, 39)} = 38.872$，$p < 0.001$，$\eta2 = 0.499$。结合表 8-21 和图 8-11 可知，语义无关组的反应时显著长于语义相关组的反应时。

因素 2 被试类型的主效应不具有统计显著性，$F_{(1, 39)} < 1$，$p = 0.638$，$\eta2 = 0.006$，说明被试的汉语熟悉度不影响其词汇判断的反应时。

因素 1×因素 2 的交互作用不具有统计显著性，$F_{(1, 39)} < 1$，$p = 0.957$，$\eta2 = 0.001$，说明被试词汇判断的反应时未受到因素 1×因素 2 的影响。

8.6.3.2 正确率

运用两因素重复测量方差分析对被试词汇判断的正确率进行分析，得出结果见表 8-22。

表 8-22 三语 ERP 实验 9 的正确率(%)分析结果(N=41)

被试类型	语义无关组的正确率		语义相关组的正确率		语义无关－语义相关	
	MEAN	SD	MEAN	SD	MEAN	SD
熟悉汉语	87.07	6.13	94.39	3.42	－7.32	2.71
较熟悉汉语	87.35	6.70	94.57	3.72	－7.22	2.98

因素 1 语义关系的主效应具有统计显著性，$F_{(1, 39)} = 58.634$，$p < 0.001$，$\eta2 = 0.601$。结合表 8-22 可知，语义无关组的正确率显著低于语义相关组的正确率。

因素 2 被试类型的主效应不具有统计显著性，$F_{(1, 39)} < 1$，$p = 0.866$，$\eta2 = 0.001$，说明被试的汉语熟悉度不影响其词汇判断的正确率。

因素 1×因素 2 的交互作用不具有统计显著性，$F_{(1, 39)} < 1$，$p = 0.954$，$\eta2 = 0.001$，说明被试词汇判断的正确率未受到因素 1×因素 2 的影响。

8.6.3.3 ERP 数据

41 个被试按其汉语熟悉度分为两组，熟悉汉语组 19 人，较熟悉汉语组 22 人。语义无关和语义相关条件下，藏语目标词产生的 ERP 波形图见图 8-12。根据本实验的波形图，选择 220—350 ms 和 350—600m 的时间窗分别分析 N250 和 N400。

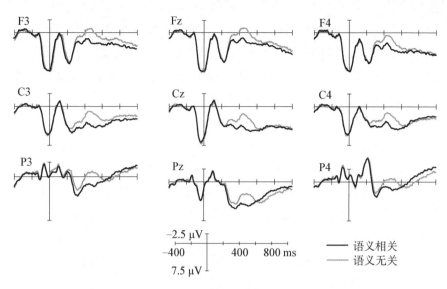

-2.5 μV

-400　　　400　800 ms

7.5 μV

——— 语义相关

——— 语义无关

图 8 - 12　三语 ERP 实验 9 的波形图

一、220—350 ms 时间窗的分析

对五个脑区、两个半球的十个电极进行 $5 \times 2 \times 2 \times 2$ 的重复测量方差分析,发现语义关系的主效应具有统计显著性,语义无关条件比语义相关条件诱发了显著更大的 N250 波幅($F(1, 39) = 16.75$, $p < 0.05$, $\eta2 = 0.30$, 2.45 ± 0.37 μV vs. 3.32 ± 0.37 μV)。语义关系条件、脑区、语言熟练度的三重交互作用具有统计显著性($F(4, 156) = 4.07$, $p < 0.05$, $\eta2 = 0.094$)。进一步的简单效应分析显示,熟悉汉语组在前部的语义关系效应不具有统计显著性($p > 0.1$, 2.38 ± 0.77 μV vs. 2.84 ± 0.77 μV),其他脑区的语义关系效应具有统计显著性($ps < 0.05$,从前中部到后部依次是:2.63 ± 0.75 μV vs. 3.48 ± 0.76 μV;2.72 ± 0.65 μV vs. 3.93 ± 0.69 μV;2.05 ± 0.56 μV vs. 3.36 ± 0.58 μV; -0.05 ± 0.81 μV vs. 1.12 ± 0.78 μV),语义无关条件的波幅更大。较熟悉汉语组在所有脑区的语义关系效应都具有统计显著性($ps < 0.05$;从前部到后部依次是:3.60 ± 0.71 μV vs. 4.55 ± 0.72 μV;3.77 ± 0.69 μV vs. 4.56 ± 0.71 μV;3.66 ± 0.60 μV vs. 4.33 ± 0.64 μV;2.99 ± 0.52 μV vs. 3.65 ± 0.54 μV;0.71 ± 0.76 μV vs. 1.42 ± 0.73 μV),语义无关条件的波幅

更大。

对中线的五个电极进行 $5\times2\times2$ 的重复测量方差分析,发现语义关系的主效应具有统计显著性($F(1, 39)=8.21$, $p<0.05$, $\eta2=0.174$, $2.81\pm0.51\,\mu V$ vs. $3.52\pm0.49\,\mu V$),语义无关条件比语义相关条件诱发了更大的 N250 波幅。语义关系条件、电极和语言熟练度的三重交互作用具有统计显著性($F(4, 156)=6.74$, $p<0.05$, $\eta2=0.147$)。进一步的简单效应分析显示,熟悉汉语组在前部(FZ)的语义关系效应具有统计显著性($p<0.05$, $2.88\pm0.84\,\mu V$ vs. $3.98\pm0.86\,\mu V$),前中部(FCZ)和中部(CZ)的语义关系效应在 5% 的显著性水平下不具有统计显著性,但在 10% 的显著性水平下具有统计显著性($3.04\pm0.87\,\mu V$ vs. $3.86\pm0.86\,\mu V$, $p=0.059$, $3.63\pm0.80\,\mu V$ vs. $4.27\pm0.78\,\mu V$),语义无关条件的波幅更大。较熟悉汉语组在中后部(CZ、CPZ、PZ)的语义关系效应具有统计显著性($ps<0.05$, $2.27\pm0.86\,\mu V$ vs. $3.07\pm0.84\,\mu V$;$2.77\pm0.81\,\mu V$ vs. $3.71\pm0.79\,\mu V$;$1.76\pm0.69\,\mu V$ vs. $3.07\pm0.68\,\mu V$),语义无关条件的波幅更大。此外,其他的语义关系效应都不具有统计显著性($ps>0.1$)。

二、350—600m 时间窗的分析

对五个脑区、两个半球的十个电极进行 $5\times2\times2\times2$ 的重复测量方差分析,发现语义关系的主效应具有统计显著性,语义无关条件诱发了更大的 N400 波幅($F(1, 39)=57.35$, $p<0.05$, $\eta2=0.595$, $1.15\pm0.33\,\mu V$ vs. $2.87\pm0.37\,\mu V$)。语义关系和半球的交互作用在 5% 的显著性水平下不具有统计显著性,但在 10% 的显著性水平下具有统计显著性($F(4, 156)=6.03$, $p=0.07$, $\eta2=0.082$)。进一步的简单效应分析显示,左右半球的语义关系效应都具有统计显著性($ps<0.05$,左半球的平均波幅为:$0.84\pm0.40\,\mu V$ vs. $1.46\pm0.33\,\mu V$;右半球的平均波幅:$2.73\pm0.46\,\mu V$ vs. $3.01\pm0.35\,\mu V$),语义无关条件的波幅更大。

对中线的五个电极进行 $5\times2\times2$ 的重复测量方差分析,发现语义关系的主效应具有统计显著性,语义无关条件诱发了显著更大的 N400 波幅($F(1, 39)=40.57$, $p<0.05$, $\eta2=0.511$, $1.94\pm0.44\,\mu V$ vs. $3.68\pm0.50\,\mu V$)。语义关系、电极和语言熟练度的三重交互作用在 5% 的显著性水平下不具有统计显著性,但在 10% 的显著性水平下具有统计显著性

（F（4，156）＝2.78，p＝0.072，$\eta 2$＝0.067）。进一步的简单效应分析显示，熟悉汉语组在所有电极上的语义关系效应都具有统计显著性（ps＜0.05，FZ：0.59±0.75 μV vs. 2.41±0.85 μV；FCZ：1.45±0.76 μV vs. 2.97±0.83 μV；CZ：3.28±0.74 μV vs. 4.63±0.80 μV；CPZ：4.46±0.71 μV vs. 5.66±0.78 μV；PZ：3.89±0.63 μV vs. 4.73±0.68 μV），语义无关条件的波幅更大。较熟悉汉语组在所有电极上的语义关系效应也都具有统计显著性（ps＜0.01，FZ：−0.49±0.80 vs. 1.22±0.91；FCZ：0.06±0.82 vs. 2.22±0.90；CZ：1.59±0.79 vs. 3.98±0.86；CPZ：2.56±0.76 vs. 4.95±0.83；PZ：1.99±0.68 vs. 4.06±0.73），语义无关条件的波幅更大。

8.6.4　讨论

本实验采用 SOA 为 200 ms 的词汇判断任务，根据 Kiefer（2006，2007）、王瑞明等（2011）、李利等（2013）和宋娟等（2012，2013，2015）的研究，在被试对目标词的真假词汇判断任务中，启动词的词汇表征会被激活，语义表征会被抑制。从本实验的反应时和正确率看，语义无关组的反应时显著长于语义相关组的反应时；语义无关组的正确率显著低于语义相关组的正确率。这说明汉语启动词和藏语目标词为翻译关系时，汉语启动词词汇表征的激活，提高了被试对藏语目标词词汇表征的提取速度。不仅不存在反应时和正确率的权衡现象，而且汉语启动词词汇表征的激活，还提高了被试提取藏语目标词词汇表征的正确率。

从脑电数据看，在 220—350 ms 的时间窗口，在所有 5 个脑区和在中线电极上，语义关系的主效应具有统计显著性，语义无关条件比语义相关条件诱发了显著更大的 N250 波幅。说明在词汇判断任务中，语义相关条件组汉语启动词词汇表征的激活，降低了被试提取藏语目标词词汇表征的难度。在时间窗 350—650 ms 之间，在所有 5 个脑区和中线所有 5 个电极上，语义关系的主效应具有统计显著性，语义无关条件比语义相关条件诱发了显著更大的 N400 波幅。这表明 N400 能反映词汇表征加工的认知功能，且进一步证实了语义相关条件组启动词词汇表征的激活，促进了被试对目标词词汇表征的认知加工。反应时、正确率、N250 和 N400 等指标一致表明，实验中产生了跨语言的词汇启动效应。藏—汉—英三语者 L2－L1 的词名层存在较强连接。

此外,尽管被试的二语(汉语)熟悉度既不影响反应时,也不影响正确率,但却在一定程度上影响了 N250 和 N400 的平均波幅及脑区分布。在 220—350 ms 的时间窗,较熟悉汉语组在所有脑区的语义关系效应都具有统计显著性,而熟悉汉语组在前部脑区的语义关系效应不具有统计显著性。在中线电极上,较熟悉汉语组在中后部(CZ、CPZ、PZ)的语义关系效应具有统计显著性;而熟悉汉语组在前部(FZ)的语义关系效应具有统计显著性,在前中部(FCZ)和中部(CZ)的语义关系效应在 5% 的显著性水平下不具有统计显著性,但在 10% 的显著性水平下具有统计显著性。这表明,在 220—350 ms 的时间窗,相对于熟悉汉语组,在较熟悉汉语组,语义无关条件比语义相关条件诱发的 N250 波幅在一定程度上更大,分布范围更广泛。在 350—600m 的时间窗,尽管在中线所有电极上,熟悉汉语组和较熟悉汉语组的语义关系效应都具有统计显著性,但 p 值有一定差异,在熟悉汉语组,ps<0.05,而在较熟悉汉语组 ps<0.01。这表明,相对于熟悉汉语组,在较熟悉汉语组,语义无关条件比语义相关条件诱发的 N400 波幅在一定程度上更大。因此,从 N250 和 N400 效应的平均波幅和脑区分布可以推断,藏—汉—英三语者 L2－L1 的词名层存在较强连接,且连接强度受二语(汉语)熟悉度调节,二语越熟悉,词名层的连接强度有减弱的趋势。

尽管本实验表明 ERP 脑电指标比反应时和正确率指标相对更敏感,但本研究的其他部分实验结果表明,ERP 脑电指标并非总是比反应时和正确率指标更敏感。

8.7 三语 ERP 实验 4—9 间的差异波比较

为了分别考察藏语和汉语、藏语和英语、汉语和英语两种心理词汇词名层不同方向上启动效应的大小,本节将进一步分析比较相关实验的差异波,即语义无关条件组所诱发的 ERP 脑电波幅减去语义相关条件组所诱发的 ERP 脑电波幅。

8.7.1 实验间的差异波分析

8.7.1.1 实验4（L1-L2）和9（L2-L1）的差异波比较

三语 ERP 实验 4 和 9 的差异波波形图见图 8-13。由本章第一节可知，三语 ERP 实验 4 在 100—300 ms 和 350—600 ms 两个时间窗产生了 P200 和 N400 启动效应；由本章第六节可知，三语 ERP 实验 9 在 220—350 ms 和 350—600 ms 两个时间窗产生了 N250 和 N400 启动效应。但从两个实验差异波的波形图可以观察到，波幅值差异主要在 300—600 ms 的时间窗，因此选取 300—600 ms 的时间窗，对两个实验的差异波的平均波幅进行重复测量方差分析，结果如下：

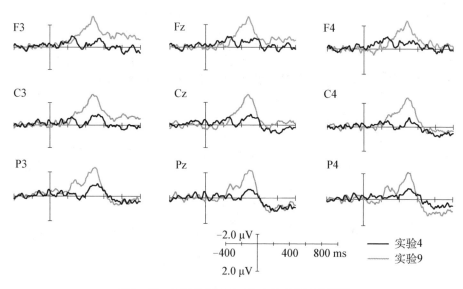

图 8-13 三语 ERP 实验 4 和 9 的差异波波形图

在五个脑区、两个半球的十个电极上，两个实验的语义关系效应差异具有统计显著性（$F(1, 38) = 14.65$，$p < 0.01$，$\eta2 = 0.278$，$-0.38 \pm 0.21 \mu V$ vs. $-1.57 \pm 0.24 \mu V$），实验 9 的差异波诱发了显著更大的 ERP 负成分。不存在实验间和脑区的交互作用（$p > 0.1$），说明在两个实验中语义关系效应的脑区分布是相同的。

在中线的五个电极上，两个实验的语义关系效应差异具有统计显著性（$F(1, 38) = 9.53$，$p < 0.01$，$\eta2 = 0.201$，$-0.40 \pm 0.24 \mu V$ vs.

$-1.58\pm0.28\,\mu\text{V}$),实验 9 的差异波诱发了显著更大的 ERP 负成分。实验间和中线电极的交互作用也不具有统计显著性($p > 0.1$)。

8.7.1.2 实验 5（L2 - L3）和 7（L3 - L2）的差异波比较

三语 ERP 实验 5 和 7 的差异波波形图见图 8 - 14。由本章第二节可知，三语 ERP 实验 5 在 220—350 ms、350—650 ms 和 650—1000 ms 三个时间窗产生了 P325、N400 和 LPC 效应；由本章第四节可知，三语 ERP 实验 7 在 300—600 ms 的时间窗产生了 N400 启动效应。但从两个实验差异波的波形图可以观察到，波幅值差异主要在 300—600 ms 和 650—900 ms 的时间窗，因此选取 300—600 ms[①] 和 650—900 ms 的时间窗，对两个实验的差异波的平均波幅进行重复测量方差分析，结果如下：

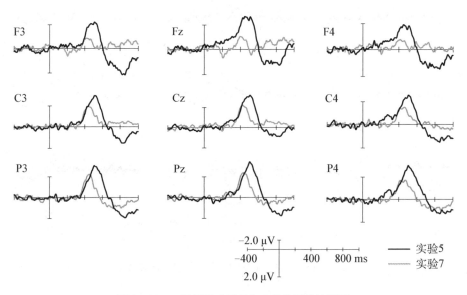

图 8 - 14　三语 ERP 实验 5 和 7 的差异波波形图

---

① 这里需要说明的是，在本章第二节分析实验 5 的 ERP 数据时，本研究认为 300—350 ms 这一时间窗诱发的是 P325 效应。但实际上，该时间窗属于 P325 和 N400 效应的中间过渡段，既可以算着是 P325 效应，也可以算着是 N400 效应的一部分。本节在比较实验 5 和实验 7 的差异波波幅时，为了分析方便，因此把实验 5 中 300—350 ms 这一时间窗的 ERP 效应也算作 N400 效应的一部分。这样一来，在 300—600 ms 的时间窗，实验 5 和实验 7 中都诱发了 N400 效应。

一、300—600 ms 时间窗的分析结果

在五个脑区、两个半球的十个电极上,两个实验的语义关系效应差异具有统计显著性 (F(1, 39) = 12.07, $p < 0.01$, η2 = 0.236, − 1.79 ± 0.20 μV vs. − 0.93 ± 0.16 μV),实验 5 的差异波诱发了显著更大的 N400 波幅。不存在实验间和脑区的交互作用($p > 0.1$),说明在两个实验中语义关系效应的脑区分布是相同的。

在中线的五个电极上,两个实验的语义关系效应差异具有统计显著性 (F(1, 39) = 13.71, $p < 0.01$, η2 = 0.260, − 2.17 ± 0.24 μV vs. − 1.00 ± 0.25 μV),实验 5 的差异波诱发了显著更大的 N400 波幅。不存在实验间和中线电极的交互作用($p > 0.1$)。

二、650—900 ms 时间窗的分析结果

在五个脑区、两个半球的十个电极上,两个实验的语义关系效应差异具有统计显著性 (F(1, 39) = 12.78, $p < 0.01$, η2 = 0.247, 1.02 ± 0.21 μV vs. 0.03 ± 0.22 μV),实验 5 的差异波诱发了显著更大的 LPC 波幅。实验间和脑区的交互作用具有统计显著性(F(4, 156) = 8.07, $p < 0.01$, η2 = 0.171),在后部两个实验的语义关系效应的差异不具有统计显著性($p > 0.01$, 0.86 ± 0.21 μV vs. 0.74 ± 0.23 μV)。在其它区域(前部、前中部、中部、中后部),两个实验的语义关系效应的差异具有统计显著性(1.41 ± 0.33 μV vs. − 0.28 ± 0.33 μV; 0.96 ± 0.24 μV vs. − 0.48 ± 0.30 μV; 0.93 ± 0.23 μV vs. − 0.16 ± 0.23 μV; 0.93 ± 0.23 μV vs. 0.30 ± 0.22 μV),实验 5 的差异波诱发了显著更大的 LPC 波幅。

在中线的五个电极上,两个实验的语义关系效应差异具有统计显著性 (F(1, 39) = 9.12, $p < 0.01$, η2 = 0.189, − 0.80 ± 24 μV vs. − 0.27 ± 0.29 μV),实验 5 的差异波诱发了显著更大的 LPC 波幅。不存在实验间和中线电极的交互作用($p > 0.1$)。

8.7.1.3 实验 6(L1−L3)和 8(L3−L1)的差异波比较

三语 ERP 实验 6 和 8 的差异波波形图见图 8−15。由本章第三节可知,三语 ERP 实验 6 在 220—350 ms 的时间窗产生了 N250(后部脑区)和 P200(中、前部脑区),在 350—680 的时间窗产生了 N400 启动效应;由本章第五节可知,三语 ERP 实验 8 在 350—650 ms 的时间窗产生了 N400 启动效应。但从两个实验差异波的波形图可以观察到,波幅值差异

可能主要在 350—650 ms 的时间窗,因此选取 350—650 ms 的时间窗,对两个实验的差异波的平均波幅进行重复测量方差分析,结果如下:

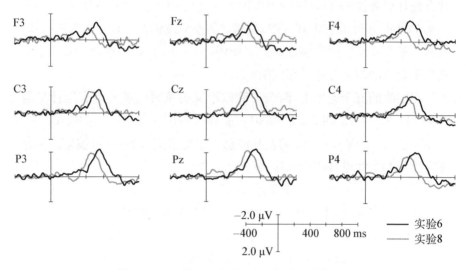

图 8-15 三语 ERP 实验 6 和 8 的差异波波形图

在五个脑区、两个半球的十个电极上,两个实验的语义关系效应差异不具有统计显著性 ($F_{(1, 39)} < 1$,$-1.07 \pm 0.17 \mu V$ vs. $-0.90 \pm 0.21 \mu V$),实验间和脑区的交互作用不具有统计显著性($p > 0.1$)。

在中线的五个电极上,两个实验的语义关系效应差异不具有统计显著性 ($F_{(1, 39)} < 1$,$-1.14 \pm 0.22 \mu V$ vs. $-1.24 \pm 0.26 \mu V$),实验间和中线电极的交互作用也不具有统计显著性($p > 0.1$)。

8.7.2 实验间的差异波讨论

从实验 4 和实验 9 差异波的对比分析可以发现,实验 9 的差异波诱发了显著更大的 ERP 负成分。这表明实验 4 的语义相关条件比实验 9 的语义相关条件诱发了显著更大的 ERP 负成分。因此,实验 9 的启动效应大于实验 4。也就是 L2 - L1 的启动效应显著大于 L1 - L2 的启动效应。当然,从图 8-13 也可以清楚地观察到这一结果。

值得注意的是,实验 4 的启动词是汉语,而实验 9 的启动词是藏语。本研究所有三语被试的藏语为 L1,汉语为 L2,英语为 L3。被试完成实验后,本人通过电话和书面问卷的形式详细调查了被试的三种语言水平,并请被试利用 7 点量表自评了藏、汉、英三种语言的综合水平。所有被试的藏语、汉语、英语水平的平均分分别为 5.64、5.33、4.81。相比之下,被试的藏语水平最高,但藏、汉水平比较接近,都介于"好"和"相当好"两档之间,被试的英语水平总体上介于"一般"和"好"之间。英语水平和藏语及汉语水平的差异相对更大。在语言使用频率方面,课堂教学语言中藏语比汉语使用更多一些,且课堂教学语言之外,被试的绝大多数交流也以藏语为主,英语在课堂内外使用都相对最少。因此,如果只考虑被试的三种语言水平和语言使用频率,被试可能提取藏语词汇表征的速度最快,正确率最高,其次是汉语,但被试提取藏语和汉语词汇表征的速度和正确率可能没有太大差异。相比之下,被试提取英语词汇表征的速度可能最慢,正确率最低。

　　除了语言水平和语言使用频率外,被试提取词汇表征的速度显然还会受到词汇熟悉度的影响。相同条件下,被试对启动词越熟悉,提取词汇表征的速度就越快,正确率越高。本研究考察三语词汇连接模式的所有 6 个实验中,实验组和控制组所选择的启动词都是被试熟悉的高频藏语、汉语和英语词。尽管没有采用 7 点量表评估被试对英语启动词的熟悉度,但仅就词汇熟悉程度而言,藏、汉、英三种启动词的差异应该不大。因此,综合考虑语言水平、语言使用频率和词汇熟悉度等三个因素,可大致推测:在考察三语词汇连接模式的所有 6 个实验中,被试可能提取藏语和汉语词汇表征的速度更快,正确率更高,提取英语词汇表征的速度相对更慢,正确率更低。其实,从图 8-14 和 8-15 也可以清楚地观察到这一点。图 8-14 中,实验 7 差异波的 N400 潜伏期明显短语于实验 5 差异波的 N400 潜伏期。这表明被试提取实验 7 的汉语目标词词汇表征的速度明显快于提取实验 5 的英语目标词词汇表征的速度。图 8-15 中,实验 8 差异波的 N400 潜伏期明显短语于实验 6 差异波的 N400 潜伏期。这表明被试提取实验 8 的藏语目标词词汇表征的速度明显快于提取实验 6 的英语目标词词汇表征的速度。6 个实验中的藏语目标词和启动词的选词来源相同;汉语目标词和启动词的选词来源相同;英语目标词和启动词的选词来源也相同,而且所有目标词和启动词都是被试熟悉的高频词汇,启动词和目标词之间没有太大的差异。据此也可以推测:被试提取藏语和汉语启动词词汇表征的速度可能要显著快于提取英语启动词词汇表征的速度。

上文已阐明,如果只考虑语言熟悉度和语言使用频率,并且词汇熟悉度没有太大差异的情况下,被试可能提取藏语启动词词汇表征的速度快于提取汉语启动词词汇表征,但还有另外两个因素也需要考虑。一是尽管 6 个实验中,藏语和汉语启动词的词汇熟悉度总体上没有太大差异,但启动词为汉语的两个实验中,实验组启动词的平均熟悉度分别是 6.7725、6.8961;启动词为藏语的两个实验中,实验组启动词的平均熟悉度分别是 6.6278、6.7748。因此,汉语启动词的熟悉度实际上高于藏语启动词。第二个因素则是藏、汉词汇的形态差异。藏文属于拼音字母文字,其词汇识别涉及分辨几十个字母的各种组合。汉文属于表意文字,汉语词汇包含数量众多的方块汉字。汉语词汇识别涉及在部件、单字和多字层次上抽取复杂的形状和空间信息。两类文字视觉形态差异巨大(张学新等 2012:332)。藏、汉词汇这种形态上的巨大差异也可能影响被试对其词汇表征提取的速度和正确率。本研究统计了考察三语词汇连接模式的所有 6 个实验,被试提取语义无关组的藏语和汉语目标词的反应时及正确率(参见表 8 - 23)。其中所有被试对 96 个汉语词词汇判断的总平均反应时是 812.75 ms,正确率高达 98.56%;所有被试对 96 个藏语词词汇判断的总平均反应时长达 993.16 ms,正确率只有 86.43%。可见被试提取汉语目标词词汇表征的速度显著更快,正确率显著更高,提取藏语目标词词汇表征的速度显著更慢,正确率显著更低。由于藏语目标词和启动词的选词来源相同,汉语目标词和启动词的选词来源相同,而且所有目标词和启动词都是被试熟悉的高频词汇,启动词和目标词没有太大的差异。再加上汉语启动词的熟悉度总体上高于藏语启动词,因此,可以推测:本研究中,被试提取汉语启动词词汇表征的速度总体上可能快于提取藏语启动词词汇表征的速度。而被试提取汉语和藏语启动词词汇表征的速度显著快于提取英语启动词词汇表征的速度。

表 8 - 23　被试提取藏、汉目标词词汇表征的反应时和正确率

目标词类型	实验编号	目标词数	被试数	实验编号	被试数	目标词数	总平均反应时	正确率
汉语目标词	实验1	46	39	实验4	41	46	812.75 ms	98.56%

（续 表）

目标词类型	实验编号	目标词数	被试数	实验编号	被试数	目标词数	总平均反应时	正确率
藏语目标词	实验5	46	41	实验6	41	46	993.16 ms	86.43%

分析了被试提取藏、汉、英三种启动词词汇表征的速度后，再继续讨论上述6个实验的差异波分析。

尽管从实验4和实验9差异波的对比分析可以得出 L2–L1 的启动效应显著大于 L1–L2 的启动效应，但该结论是在200 ms 的短 SOA 条件下得出的。由于被试提取藏语和汉语启动词词汇表征的速度不同，短 SOA 条件下，藏语启动词词汇表征的激活程度可能并不充分，而汉语启动词词汇表征的激活程度相对更充分。从上述6个实验的脑电数据分析也可能推断出这一结论。因为只有在启动词为汉语的实验5（汉—英启动实验）才发现了 LPC 效应（本研究接下来在讨论实验5和实验7的差异波时将会分析 LPC 效应，并得出：只有被试比较充分地提取了启动词的词汇表征，才可能在词汇判断后通过语义整合的方式对自己的判断做出事后分析）。而启动词为英语和藏语词的实验中则没有诱发 LPC 效应，这说明英语和藏语启动词的词汇表征信息激活程度可能不如汉语启动词那么充分。因此如果在更长的 SOA 条件下，随着藏语启动词词汇表征激活程度的增加，其对汉语目标词的词汇启动效应可能有增大的趋势。

从实验5和实验7差异波的对比分析可以发现，由于实验5的差异波诱发了显著更大的 N400 波幅，表明实验7的语义相关条件比实验5的语义相关条件诱发了显著更大的 N400 波幅。因此，实验5的启动效应大于实验7。也就是 L2–L3 的启动效应显著大于 L3–L2 的启动效应。当然，从图8–14 也可以清楚地观察到这一结果。这可能是因为被试对 L2（汉语）要比对 L3（英语）熟悉得多。在200 ms 的短 SOA 条件下，英语启动词词汇表征的激活程度可能并不充分，而汉语启动词词汇表征的激活程度相对更充分。即由于 L3 启动词呈现时间很短，所激活的词汇表征信息数量和/或程度有限，因而减弱了 L3–L2 的词汇启动效应（Geyer et al. 2011）。Geyer et al.（2011）采用单个词词汇判断任务研究俄—英双语者，被试的 L1 为母语，高熟练度的 L2 为其优势语言。结果在150—

300 和 300—500 ms 的时间窗口发现了 L1－L2 和 L2－L1 对称的的语言间翻译启动效应。研究者认为,是二语熟悉度,而不是习得时间决定翻译启动模式。Schoonbaert et al.（2011）采用短时快速启动（SOA 为 120 ms）范式下的词汇判断任务考察翻译启动效应,发现了不对称翻译启动效应。N400 和 N250 在 L1－L2 和 L2－L1 之间均有差异:L1 为启动词,L2 为目标词时,N400 的持续时间更长;反之则 N250 效应更强,潜伏期更短。Schoonbaert et al.（2011）的研究表明在较长 SOA（120 ms）条件下也能发现 L2－L1 方向,较强且较早的翻译启动效应。因此,本研究"L2－L3 词名层的启动效应显著大于 L3－L2 的启动效应"这一结论是在短 SOA（200 ms）条件下得出的。在更长的 SOA 条件下,随着英语启动词词汇表征激活程度的增加,其对汉语目标词的启动效应可能有增大的趋势。

此外,结合实验 5 和实验 7 的差异波分析,以及本章 **8.2 和 8.4 节**的脑电数据分析可知,实际上仅有实验 5 的语义无关条件比语义相关条件诱发了显著更大的 LPC 波幅。尽管真假词判断任务中,被试只需要提取目标词的词汇表征即可,但被试在提取词汇表征并作出真假词判断后,可能对其判断进行监控,对其决定本实验和本研究的其他词汇判断实验中为判断目标词是真词还是假词;本研究的语义判断实验中为判断目标词的语义类别进行再分析。被试如何对自己的词汇判断进行再分析? 最可行的办法是尽快提取目标词的语义表征,因为如果有意义能理解的肯定是真词,否则就是假词。这就意味着,被试在分析中会首先提取目标词的语义。同时,如果被试通过自动激活,已经能很大程度上或完全提取了与目标词语义高度相关的启动词(本研究中实际为目标词的翻译对等词)词汇表征,被试则可能会借助已被激活的启动词词汇表征进一步提取启动词的语义表征。在此基础上,对目标词和启动词的语义信息进行对比、整合分析。如果被试发现启动词和目标词都有意义,而且意义相同或相近,自己又做了真词判断,被试的词汇判断就得到肯定确认,而如果意识到自己做了假词判定,则会在下一次判断中更为谨慎。

如果以上推理过程具有较大可能性,我们就可能得出下述几个推论:

一、语义归类任务中,被试不需要事后再通过提取目标词和启动词的语义进行整合分析。因为在短时快速启动范式下的语义归类任务中,启动词的语义已经得到激活,且被试需要借助已经被激活的语义信息提取目标词的语义表征并作出语义归类判断。所以即使语义归类判断后,被试可能再度通过启动词和目标词的语义整合再分析自己的语义归类判断,这种可能性也比较小,因为被试没有必要通过语义整合来再次确认自己对目标词语义的提取是否正确,被试要确认的是,自己在已经提取了目标词语义的基础之上,语义归类是否准确,如果该推论成立,短时快速启动范式下的语义归类任务中,语义无关条件不会比语义相关条件诱发更大的 LPC 波幅,或者即使会诱发 LPC 效应,两种条件下的 LPC 波幅差值,一般情况下会小于短时快速启动范式下的词汇判断任务中语义无关条件和语义相关条件下诱发的 LPC 的波幅差值。本研究一共实施了 6 个短时快速启动范式下的语义归类 ERP 实验。6 个实验均没有发现 LPC 效应。本研究一共实施了 8 个短时快速启动范式下的词汇判断实验,发现在其中的三个实验中(双语 ERP 实验 5、6 和三语 ERP 实验 5),语义无关条件比语义相关条件诱发了显著更大的 LPC 波幅。这表明本推论成立。

二、并非所有的短时快速启动范式下的词汇判断实验中都会产生 LPC 效应。本研究一共实施了 8 个短时快速启动范式下的词汇判断实验,只有 3 个实验中的语义无关条件比语义相关条件不同程度地诱发了更大的 LPC 波幅。产生 LPC 效应可能需要两个条件:条件一是,整合分析是一种有意识的行为,即被试要有意识地实施整合分析,才可能产生 LPC 效应。比如,本研究中,三语 ERP 实验 5 和三语 ERP 实验 9 的启动词都是被试非常熟悉的汉语词,如果整合分析是一种被动无意识的过程,这两个实验中都应该产生 LPC 效应,但实验 9 中并没有产生。条件二是,被试对启动语言和启动词汇相对较为熟悉,容易提取启动词的词汇表征。如果被试对启动语言和启动词汇不太熟悉,启动词的词汇表征不能充分激活,被试在事后就不容易提取启动词的语义表征,语义整合也就失去了可能。比如本研究中的三语 ERP 实验 7 和 8 的启动词都是被试相对不太熟悉的英语词汇,因而这两个实验中没有产生 LPC 效应。仔细研究产生了 LPC 效应的 3 个实验,可以发现启动词均是被试较为熟悉的汉语或藏语词,目标词则既可以是被试熟悉的藏语或汉语词,也可以是被试不熟悉的英语词。此时,是否进行事后语义整合分析,取决于被试的主观意愿和自己对词汇判断的肯定程度。如果自己觉得判断需要核实,而对启动词的语言和词汇又相当熟悉,实验中就可能产生 LPC 效应。当然,本研究个别词汇判断实验中出现的 LPC 效应,进一步表明了各实验中产生的 P200、P325、N250、N400 等脑电成分反映了词形、语音或语义的自动加工过程。尤其是 N400,在本研究的短时快速启动范式的词汇判断实验中,它反映的不是语义整合过程,因为反映语义整合的是更晚的 LPC 成分。

从实验 6 和实验 8 差异波的对比分析可以发现,两个实验的差异波的平均波幅值差异在 350—650 ms 的时间窗不具有统计显著性。这表明 L1 - L3 和 L3 - L1 的启动效应在 350—650 ms 的时间窗不具有统计显著性。但是实验 6 在 220—350 ms 和 650—680 ms 的时间窗口,语义相关条件组中也诱发了 P200(在 220—350 ms 时间窗的中、前部脑区)、N250(在 220—350 ms 时间窗的后部脑区)和 N400 效应(在 650—680 ms 时间窗)。这表明 L1 - L3 的启动效应总体上大于 L3 - L1 的启动效应。同样,该结论是短 SOA(200 ms)条件下得出的。由于被试提取藏语和英语启动词的速度可能不一样,且上文已分析,被试提取 L1 藏语启动词词汇表征的速度快于提取 L3 英语启动词词汇表征的速度,因此在短 SOA 条件下,英语启动词词汇表征的激活程度可能并不充分,而藏语启动词词汇表征的激活程度相对更充分。如果在更长的 SOA 条件下,随着英语启动词词汇表征激活程度的增加,其对藏语目标词的启动效应可能有增大的趋势。此外,从图 8 - 15 可以看出,实验 8 差异波的 N400 潜伏期明显短于实验 6 差异波的 N400 潜伏期。本研究认为,这主要反映了被试提取藏语词的词汇表征相对于提取英语词的词汇表征来说,难度更小,因而速度更快。这与两个实验中,语义无关和语义相关条件组诱发的 ERP 波幅大小没有关系,因此,两对差异波潜伏期的差异不能反映两个实验启动效应的差异。

根据以上的差异波分析,可以得出如下结论:在短 SOA 条件(200 ms)下,二语词汇对一语词汇的启动效应大于一语词汇对二语词汇的启动效应,因此 L2 - L1 词名层的连接强度大于 L1 - L2 词名层的连接强度;二语词汇对三语词汇的启动效应大于三语词汇对二语词汇的启动效应,因此 L2 - L3 词名层的连接强度大于 L3 - L2 词名层的连接强度;一语词汇对三语词汇的启动效应大于三语词汇对一语词汇的启动效应,因此 L1-L3 词名层的连接强度大于 L3-L1 词名层的连接强度。由于在短 SOA 条件下,藏语和英语启动词词汇表征的激活程度可能不够充分,或者说没有汉语启动词词汇表征的激活程度那么充分。因此在更长的 SOA 条件下,当藏语和英语启动词词汇表征得到更加充分的激活时,藏—汉、藏—英、英—藏和英—汉启动实验中产生的词汇启动效应可能会有增加的趋势。目前学界不少研究发现,通常情况下,二语与一语词名层的连接强度大于一语与二语词名层的连接强度。因此,在更长的 SOA 条件下,藏—汉、藏—英、英—藏和英—汉启动实验中产生的词汇启动效应不仅可能会有增加的趋势,甚至更可能出现:三语词汇对二语词汇的启动效应大于二语词汇对三语词汇的启动效应,即 L3-L2 词名层的连接强度大于 L2-L3 词名层的连接强度;三语词汇对一语词汇的启动效应大于一语词汇对三语词汇的启动效应,即 L3-L1 词名层的连接强度大于 L1-L3 词名层的连接强度。

此外,考察三语到二语词汇(L3-L2)启动效应的实验(即三语 ERP 实验7)在 300—600 ms 的时间窗产生了 N400 效应;考察三语到一语词汇(L3-L1)启动效应的实验(即三语 ERP 实验8)在 350—650 ms 的时间窗也产生了 N400 效应。两个实验中产生了相同的 ERP 脑电成分。而且尽管两个时间窗起止时间不同,但持续时间都是 300 ms,因此可以进一步算出两个实验的两条差异波在所有 15 个电极上的平均波幅值(参见表 8-24)。两个实验的差异波在所有 15 个电极上的平均波幅值差异不具有统计显著性($p > 0.1$)。也就是说 L3-L2 词名层的连接强度和 L3-L1 词名层的连接强度没有显著差异。由表 8-25 可知,两个实验的实验组启动词都是英语名词。尽管两组启动词的平均音节数、平均字母数、COCA 频率排位平均值和新课标词比例等四个变量的差异都比较小,但两组启动词的音节数和字母数差异具有统计显著性($ps < 0.05$),即实验 7 中实验组启动词的音节数和字母数都显著多于实验 8。这说明,相比之下,被试提取实验 7 启动词词汇表征的难度更大。因此,在相同的短 SOA 条件(200 ms)下,实验 8 的启动词词汇表征的激活程度可能更深。这表明,如果启动词词汇表征激活程度相同,L3-L2 词名层的连接强度可能略大于 L3-L1 词名层的连接强度。

表 8-24　三语 ERP 实验 7、8 差异波所有 15 个电极的 N400 平均波幅

实验编号	5 个脑区的平均波幅	中线 5 个电极的平均波幅	15 个电极的平均波幅
7：L3-L2	$-0.93\,\mu V$	$-1.00\,\mu V$	$-0.95\,\mu V$
8：L3-L1	$-0.90\,\mu V$	$-1.24\,\mu V$	$-1.01\,\mu V$

表 8-25　三语 ERP 实验 7、8 实验组启动词的变量控制情况

实验编号	平均音节数	平均字母数	COCA 频率排位平均值	新课标词比例
7：L3-L2	1.59	5.33	1319.33	97.83%
8：L3-L1	1.28	4.74	1293.52	100%

8.8　本章讨论

　　本章包括 6 个 ERP 实验,实验目的是考察藏—汉—英三语者三种心理词汇词名层的连接模式。藏语为被试的母语,因此相当熟悉;汉语是被试的第二语言,由于学习时间较早,使用场合多,被试对汉语也相当熟悉。本研究各实验选取的被试分为熟悉和较熟悉汉语两个层次。甚至对相当一部分被试而言,汉语可能已经取代藏语成为他们的优势语言。因为被试的汉语自评水平总体上已相当接近藏语,而且在完成本研究的语义判断和词汇判断任务时,被试对汉语词的反应时相对更短,正确率相对更高,而对藏语词的反应时相对更长,正确率相对更低。本研究选取的三语被试的第二外语(英语)分为熟悉和不熟悉两个层次。被试对藏语和汉语都相当熟悉,但英语总体水平不高,并非都已经达到高度熟练的水平。另外,6 个实验中,实验组和控制组选择的实验用词,被试都相当熟悉。从 6 个实验的数据统计和分析结果看,藏、汉、英三种心理词汇词名层的不同方向之间均存在较强连接,且连接模式从质上讲,不受被试的二语或三语熟悉度的调节。即不管二语和三语水平如何,藏—汉、汉—藏、藏—英、英—藏、英—汉、汉—英词名层的连接都属于强连接。也就是说,随着二语或三语水平的提高,连接强度并没有显著减弱。比如被试一语和二语,尤其是二语水平已经相当高了,但词名层仍为强连接。这一结论与

RHM 的预期不完全一致。但从量上讲,藏—汉—英三语者三种语言词名层的连接强度在一定程度上受被试的二语或三语语言水平的调节。根据本节 6 个 ERP 实验的反应时、正确率和脑电成分的分析,藏—英和英—藏词名层的连接强度不受被试三语(英语)熟悉度的调节。汉—英、英—汉、藏—汉和汉—藏词名层的连接强度则在一定程度上受被试二语(汉语)或三语(英语)熟悉度的调节。即汉—藏和藏—汉词名层的连接强度受汉语熟悉度调节,汉语越熟悉,连接强度有减弱的趋势;汉—英和英—汉词名层的连接强度受英语熟悉度调节,英语越熟悉,连接强度有减弱的趋势。因此,总体上被试的二语或三语熟悉度可能会对词名层的连接强度有较小程度的影响。简而言之,词名层的连接强度只有量变,没有质变。即使被试的语言水平较高,且对词汇相当熟悉,词名层的连接强度并不会显著变小,性质上仍然属于强联系,只是从启动效应的量上看,有减弱的趋势。

从 6 个实验差异波的分析和讨论看,在短 SOA 条件(200 ms)下,L2 - L1 词名层的连接强度大于 L1 - L2 词名层的连接强度;L2 - L3 词名层的连接强度大于 L3 - L2 词名层的连接强度;L1 - L3 词名层的连接强度大于 L3 - L1 词名层的连接强度。如果启动词词汇表征激活程度相同,L3 - L2 词名层的连接强度略大于 L3 - L1 词名层的连接强度。本研究将在第九章综合讨论部分分析影响双语者心理词汇连接模式的主要原因。

从 6 个实验的脑电数据分析看,能反映藏汉英三种心理词汇词汇表征加工的脑电成分主要有 P200,P325,N250 和 N400。当启动词为汉语词汇,目标词为英语词汇时,语义无关条件比语义相关条件诱发了显著更大的 LPC 波幅,但其他 5 种启动条件下则没有显著的 LPC 效应产生。这说明词汇判断任务中的语义整合分析是一种有意识的行为,即被试要有意识地实施,才可能产生 LPC 效应。同时,被试对启动语言和启动词汇相对较为熟悉,能充分提取启动词的词汇表征,实验中才可能产生 LPC 效应。仅个别词汇判断实验诱发的 LPC 效应也进一步表明了各实验中产生的 N250、N400、P200、P325 等脑电成分反映了词形和/或语音的自动加工过程,尤其是 N400 成分,它反映的不是语义整合过程,因为反映语义整合的是更晚的 LPC 成分。

8.9　本章小结

藏—汉—英三语者三种心理词汇词名层的不同方向之间均存在较强连接,连接强度在一定程度上受被试二语和三语水平的调节,二语和三语水平越高,连接强度有缩小的趋势,但连接强度只有量变,没有质变。

在 200 ms 的短 SOA 条件下,L2 - L1 词名层的连接强于 L1 - L2 词名层的连接;L1 - L3 词名层的连接强于 L3 - L1;L2 - L3 词名层的连接强于 L3 - L2;在更长的 SOA 条件下,L1 - L2、L3 - L1 和 L3 - L2 词名层的连接强度可能会有增加的趋势。如果启动词词汇表征的激活程度相同,L3 - L2 词名层的连接强度略大于 L3 - L1 词名层的连接强度。

P200、P325、N250 和 N400 等脑电成分可以反映藏—汉—英三语者提取词汇表征的认知加工过程。

第九章

综 合 讨 论

鉴于前述几章的结果与讨论,本章计划从理论的角度对实验结果进行进一步的解释。具体而言,本章将分别讨论双语者心理词汇的语义表征和词汇连接模式,在此基础上构建双语词汇表征的语义元通达模型,并进一步讨论 SOA 多点测试法的合理性。

9.1 双语者心理词汇的语义表征模式

本研究共设计一个行为实验和三个 ERP 实验考察藏—汉双语者心理词汇的语义表征模式;共设计三个行为实验和三个 ERP 实验考察藏—汉—英三语者心理词汇的语义表征模式。根据第四章及第七章的分析和讨论,无论是藏—汉双语者,还是藏—汉—英三语者,他们的两种或三种心理词汇都共享语义表征。这与高晓雷等(2015)和崔占玲等(2009a)的研究结论一致。这说明藏—汉双语者和藏—汉—英三语者的心理词汇确实都共享语义表征。但本研究的进一步结论是,二语和三语词汇表征均直接通达共享的语义表征。对于藏—汉双语者而言,熟悉汉语、较熟悉汉语和不熟悉汉语的被试,其心理词汇均共享语义表征,二语(汉语)词均直接通达共享语义。对于藏—汉—英三语者而言,熟悉汉语和较熟悉汉语的被试,其藏、汉心理词汇均共享语义表征,且二语(汉语)词均直接通达共享语义;熟悉英语和不熟悉英语的被试,其英、藏和英、汉心理词汇均共享语义表征,三语(英语)词均直接通达共享语义。也就是说,双语者的二语或三语熟悉度不影响其心理词汇的语义表征模式。

目前，尽管学界对双语者心理词汇的语义是独立存储还是共同存储这个问题尚无一致结论（王沛等 2010；金晓兵 2012），但现有绝大多数双语均为拼音文字的研究结论表明，双语者心理词汇的语义表征共享。本研究中的藏、汉、英三种语言差异巨大，研究结论仍然支持双语者心理词汇共享语义表征。这说明双语者心理词汇的语义表征模式不受语言之间形态相似性的调节。不管双语者的两种或三种语言形态有多相似，或者差异有多巨大，他们的两种或三种心理词汇均共享语义表征。

值得注意的是，在考察语义表征模式时，本研究虽然将藏—汉双语被试分为了熟悉、较熟悉和不熟悉汉语三个层次，但即使是不熟悉汉语的被试也起码能用汉语进行基本的沟通和交流；本研究三语被试的二语分为汉语熟悉和较熟悉两个层次，二语水平总体都比较高；三语被试的三语分为英语熟悉和不熟悉两个层次，但即使是不熟悉英语的被试也都通过了大学英语四级考试，英语水平相对也算不错。因此，所有被试的二语及三语水平远高于初学者。也就是说，本研究实际上没有考察二语初学者。他们的双语心理词汇是否共享语义？如果共享，他们的二语词汇表征是否也能直接通达共享语义呢？实际上，本书已经在 **3.1 节**有过详细讨论：即使是二语初学者，他们的二语词也能直接通达语义表征。只是初学者这种词汇表征和语义表征之间的连接强度较小，可能因为某些实验方法（比如长时重复启动范式）对较小的启动效应不够敏感，或者实验设计不够科学，比如 SOA 太短，或者启动词和目标词语义相关度不够高等原因，致使部分实验未能发现二语词名层和语义表征之间较为微弱的连接。二语初学者的二语词也能直接通达语义表征，表明他们的二语词并非必须借助一语词的词汇表征才能间接通达语义表征。因此二语初学者的双语心理词汇共享语义表征，且二语词的词汇表征能直接通达共享语义。结合本研究的实验结果，可作出如下推断：任何双语者心理词汇的语义表征都共同存储，且双语者的二语、三语……N 语词的词汇表征都是直接通达共享的语义表征的。

根据苏新春等（2006：87）的统计，现代汉语中的名词、动词、形容词数量大，使用频率高，占总词频的 48%。它们构成了语言使用中的基本"队伍"。事实上，名词、动词、形容词可能不仅仅是汉语，而是所有语言使用中的基本"队伍"。然而以往绝大多数双语心理词汇表征研究都只考察了双语名词,很少研究考察双语动词。据笔者所知,目前还没有研究专门考察双语形容词的语义表征模式。双语者的动词和形容词的表征是否与名词一致呢?本研究发现,虽然藏—汉双语者的名词、动词、形容词的启动效应或连接强度可能存在差异,但两种语言的动词、形容词和名词一样,均共享语义表征。因此,本研究进一步推断,任何双语者的心理词汇都共享语义表征,且二语、三语……N 语词的词汇表征都能直接通达共享的语义表征,语义表征模式不受词性和语言相似性的调节。这一推论与近年来的脑功能成像研究结果也是一致的。很多脑功能成像研究发现,熟练双语者在完成图片命名和词语重复等语言产生任务时,激活的脑区与单语者完成相同任务时所激活的脑区相同,两种语言的词汇提取可能具有共同的神经基础。研究者普遍认为,双语者两种语言的形式加工存在明显差异,语义整合则高度相似,即两种语言的词汇语义在一定程度上是共享的(杨玉芳 2015:531—532)。

　　为何目前学界对双语者心理词汇的语义表征问题无法达成一致意见呢?或许其原因正如本研究在文献综述中所论,是因为目前研究该问题所主要采用的实验方法本身及实验设计存在一定局限性。其中,fMRI 最根本的三个问题是该技术难以确定皮层的活动到底是抑制加工还是激活加工,难以区别词汇刺激的概念层和词名层;虽然 fMRI 能定位语言加工时激活的脑区,但定位不等于解释。脑区分离,双语仍可能相互作用,脑区重叠,双语的加工仍可能独立进行(van Heuven et al. 2010)。采用ERP 技术探讨双语心理词汇的认知加工过程,深化了人们对语言加工脑机制的认识。不同 ERP 成分为揭示不同过程和不同阶段的认知加工提供了具体指标,但涉及词汇语义、词形和语音加工的 N170、P200、N200、N250、N400 和 LPC 等脑电成分所反映的认知加工过程目前尚未达成一致认识。即使将 SOA 单点测试法改进为 SOA 多点测试法,所有启动行为实验仍将面临"反应时问题":词汇判断实验的主要分析依据是反应时,准确的实验结论取决于真实的反应时,但实验所测定的反应时间既包括被试根据心理词汇的词汇或语义信息,准确识别、判断目标刺激的时间(比如判断目标词是"真词"还是"假词",目标词属于哪一类语义范畴,前词和后词是否是翻译对等词等),也包括被试实施判断的时间,即大脑准确判断后发出指令,被试接收指令后通过实施某一具体操作完成判断任务。因此,启动行为实验所测定的反应时不都是被试纯粹的反应时。同时,由于实验仪器的灵敏度不同,被试的实验操作熟练程度不同,实验过程存在较多不稳定因素,这些都会影响被试的反应时间(赵翠莲 2012:40)。此外,反应时仅是体现复杂言语加工过程综合结果的单维指标(张文鹏等 2007:51)。"以正确率或反应时为因变量,这种以结果来推测过程的研究范式往往很难适应语言加工的高速整合特点。"(王沛等 2010:283)当然,同时测量反应时指标的 ERP 实验也同样面临上述"反应时问题"。

相比较而言,短时快速启动范式和 ERP 技术相结合是目前研究双语心理词汇语义表征模式更好的实证研究方法,但这类实验设计也面临以下两个问题。第一个是"设计问题"。短时快速启动实验设计通常需要控制以下十六个变量。1、二语习得时间或方式;2、二语熟练程度;3、双语者语言之间的相似程度;4、启动词和目标词的语义相关度;5、语义相关词对的比例;6、真词的比例;7、启动词和目标词的音节数;8、启动词和目标词的字母数;9、启动词和目标词的笔画数;10、启动词和目标词的词频;11、启动词和目标词的词性;12、被试对所测词汇的熟悉度;13、启动词和目标词的具体性;14、启动词和目标词的词素频率;15、启动词和目标词的语义透明度;16、SOA 的大小。要同时控制好这么多变量难度当然很大。目前,据笔者所知,学界没有任何双语词汇表征研究严格控制了所有上述16 个变量。

第二个问题是词汇语义的不稳定性问题。根据体验哲学的心智体验性原则,人的范畴、概念、推理及心智形成于人的身体经验,特别是人的感觉运动系统。人在经验、行为中产生概念、范畴、语义。语言反映的现实结构是心智的产物,心智则是身体经验的产物。人类想象力极其丰富,思维高度发达,认知方式多种多样,可从多种不同视角认识事件、事体、空间等的不同特征、不同部分,进行相应词汇化。所以大脑提取、组织心理词汇和人感知、认识世界紧密相关(杜鹃 2009:52)。刘利民(2008)认为,概念语词的语义涉及主客观两方面及主客观互动,是多维度的、复杂的。概念语词的核心语义为所有人共享,但其语义不是单一核心定义元素的集合,而是这个集合与文化特异性、个体指向性和时空动态性构成的多维认知图式。因此,不同的认知主体,不同的认知视角,不同的时空环境,可能产生不同的概念化、范畴化和词汇化过程。不同认知主体的心理词汇网络及概念网络结构既具有人类普遍的认知共性，又具有独特的认知个性。

鉴于此，启动实验中，对任意一组启动词和目标词而言，即使双语者的语言水平没有显著差异，被试 A 可能有强度很大的语义联系，B 只有强度较小的语义联系，而 C 的语义联系可能更加微弱。因此，不管是不同的被试采用不同的实验材料，还是相同的被试采用不同的实验材料，不同的被试采用相同的实验材料，甚至是相同的被试、相同的实验材料、相同的实验设计，但被试完成实验任务的时空环境不同，都可能会得出不一致甚至相互矛盾的研究结果。

由于 fMRI 的"定位"等问题，ERP 脑电成分反映认知功能的争议问题，启动实验的"反应时问题"，短时快速启动范式和 ERP 技术相结合实验的"设计问题"和词汇语义的不稳定性问题，都可能导致双语者心理词汇语义表征的测量学研究所得出的研究结果不一致甚至相互矛盾。而测量学实验方法本身的缺陷也在一定程度上影响了实验研究的信度。此外，全世界的双语现象非常普遍，涉及的语言达数千种，很多双语者的某一种或两种语言甚至没有书面语言。要通过测量学方法实证研究所有不同的双语现象是不可能完成的任务。如何理解、解释测量学视角研究所得结果的差异呢？本研究认为，或许现有关于语言与思维的关系、言语产生、以及心理词典中语义信息的存储方式等问题的研究、分析与思考能够支撑双语者心理词汇语义表征共同存储的观点，并为研究双语词汇表征的语义通达方式提供参考。因此，本研究接下来将逐一讨论语言与思维的关系、言语产生以及心理词典中语义信息存储方式的相关研究。

9.1.1　语言与思维关系问题的研究

语言与思维的关系是语言学、哲学和认知科学的重大理论问题。人在运用语言表达思维，完成交际之前，借以思维的媒介是什么？对此，国内外学者提出了各种思想语言假说，其中尤以福多思想语假说影响最大（Fodor 1975）。该假说认为，人用思想语思考是天生的内在能力。思想语的实质是意义表征，即概念和命题的心理表征。心理表征发生在类似自然语言的表征系统内，由词和句子组成，具有线性逻辑。其词汇是全人类共有、独特的思想语词汇，语法结构比自然语言更简单，信息更丰富；其对外部世界是整体、直接表征,运作方式类似计算机的计算,计算过程本身不牵涉意义。因此,思想语是近似于计算机机器语言的一套内在、特殊符号系统,即全人类共同的内在符号。福多思想语假说在认知科学中得到广泛认可,但也招致诸多质疑和批评。心灵哲学拒斥福多的功能主义解释:将心灵比作计算机,忽略了人的意识和意向性(海尔 2005)。塞尔的中文屋论证拒斥了计算机思维:单纯的语法不足以产生语义,单纯的计算不足以产生心灵(Searle 1980)。认知心理学认为,心理表征并非以句子为形式,而是独立的关系表征。人以网络的形式而不是以线性语句的形式存储意义,按意义的联系而不按句子进行记忆(安德森 2012:128)。语言学界 Jackendoff(2002)认为语义/概念并非整体、直接表征外部世界,而是由概念元生成。概念元是天生的、不应再分割的原初概念。此外,不少学者坚持人能用自然语言思维,实质上是对福多思想语假说的间接质疑(de Guerrero 2005;文秋芳等 2006;蒋盛芳 2012)。

现代人类思维的主要形态是概念思维。概念思维的媒介是福多式思想语吗?维果茨基、李恒威和徐盛桓等论述过从概念思维到思维的言语表达可能经历的过程。维果茨基(1997:166)认为思维"首先是在内部言语中,然后在词义中,最后在言语中"。李恒威等(2008)认为思维起源于一个模糊的整体感受性语义。徐盛桓(2010)将人类思维分为语言前思维和语言思维两阶段。语言前思维阶段的意象思维生成内容思维,即类似于论元结构形式的主谓意义内容。意义内容进一步抽象为概念,再将语言承载的概念嵌入适当句式,思维成为可理解的语言表征,此即语言思维。根据以上论述,概念思维可能经历三个阶段:①思维主体获得模糊的整体感受性纯意义→②思维主体获得概念和命题的心理表征→③精细化概念内容(定义)[①]并以语言予以指称(参见图 9-1)。

图 9-1　概念思维的流程

[①]"精细化概念内容"指经过抽象之后人所把握的概念核心,即本质意义,因此等于"定义"。

阶段一是思维的源起，即思维起源于一个整体感受性意义：思维主体进行的思维活动是无需语词的纯意义操作。由于没有语言参与，不能借助语词概念对思维的操作对象（意义）进行有效切分，这种思维操作具有纯意义性、整体感受性和模糊性特征。阶段二是思维独立于概念语词外壳的纯概念和命题（即概念关系）操作，思维操作不涉及心理词汇的词名表征。阶段二的概念和命题思维操作有四个重要特征。

特征一是：概念和命题的心理表征以共时的、聚合的、网络的方式，而非以福多式思想语句的方式存在。概念和命题的所有信息同时表征，无语句线性逻辑。思想（概念思维的结果）是关于概念及命题的核心信息与相关信息的整合，是人脑中被语言刺激激活的信息成分以及这些信息成分之间的复杂联系，即其聚合性相关关系的同时性合成。此阶段的思想无语法形式，琐细庞杂，是展开思想，形成话语的必经阶段（官忠明等2000；李恒威2008；徐盛桓2010）。

特征二是：概念思维具有个体特异性。刘利民（2008）认为，概念语词的语义涉及主客观两方面及主客观互动，是多维度的、复杂的。概念语词的核心语义为所有人共享，否则就会否定可交流性，但其语义不是单一核心定义元素的集合，而是这个集合与文化特异性、个体指向性和时空动态性构成的多维认知图式。概念语词语义的个体特异性表明概念的心理表征必然是个体特异的。尽管核心信息表征相同，由于人与人之间的知识图式、经历体验图式等信息建构差异，概念相关信息的表征必然因人而异。概念和命题心理表征的个体特异性决定了概念思维必然是个体特异的。所以，即使存在概念"思想语"，它既不具备语言的线性逻辑结构，也非人人共享，而是人人特异。

特征三是：概念由概念元生成，无穷的概念和概念元都是思维主体后天习得的。Jackendoff 的概念语义学（2002）对意义的分解与生成，意义与概念空间结构的论述能合理解释概念思维的普遍性和差异个性。本研究认同 Jackendoff 的概念生成观。概念元生成简单概念，简单概念组合生成复杂概念。但概念元并非天赋，而是思维主体后天习得的。新概念元和新概念伴随新生事物不断涌现，因而概念元和概念都是无穷的。概念和命题也显然都是思维主体后天习得的，或者直接就是思维主体的思维产物。与阶段二的概念思维不同，如果阶段一的不需要语言和概念的纯意义操作性思维存在思想语,它更可能是天赋的。所以,如果存在概念思想语,它可能既有天赋的(阶段一),也有后天习得的成分(阶段二)。

特征四是:心灵不是计算机,概念思维不同于计算机的无释义计算过程,不能完全避开意识和意向性。徐盛桓认为思维主体不一定能意识到思维的运动过程和结果(徐盛桓 2010)。Dijksterhuis et al.(2006)认为有意识和无意识思维都存在。可见,思维无法完全避开意识。宋荣(2014)认为,一个意向对象可描述为一个思维对象,即思想指向的东西。思想既能拥有实存的,也能拥有非实存的意向对象。李恒威等(2008:26)说,人类运用语言的"思维活动是从表达某个意向性的意义开始的"。当然,并非所有哲学家都认为意向性是一切心理现象的共有、独特本质(雷卿 2013),但意向性对理解"语言—心灵—世界"语义三角关系至关重要。只要涉及到人,包括人的概念思维,意向性问题就不可避免。

上述特征共同意味着一点:意义本身是动态的,并不一定涉及语言。

阶段三是概念思维的言语表达阶段,即搜索、提取或创造词语概念和句式的语言表达思维阶段。从概念思维到概念思维的言语表达,要经历两个转变。一是将概念和命题的心理表征转化为自然语言形态的词语概念,或直接创造新的词语概念。二是将语言承载的概念嵌入适当的句法表达式,或创造新句法表达式(徐盛桓 2010:33)。概念思维的言语表达阶段实质就是言语产生阶段,本研究将在接下来的部分详细讨论言语产生领域的相关研究。概念思维外化为语言表达式,是保留意义,逐渐形成、加强、固化语言格式的过程。阶段三中思维的内容即思想经言语表达更加清晰。这种语言化的思想可多次重复阶段二和阶段三,即思维主体"反复思考",以获得更加清晰的思想,这是概念思维的阶段间反复、循环特征。阶段二和阶段三自身也都可以"反复思考"、"深思熟虑"。阶段二的"反复思考"可以使概念及命题的核心信息与相关信息更丰富,或相对更清晰。阶段三的"深思熟虑"可以使思想的言语表达更准确,这就是概念思维的阶段内反复、循环特征。从流程看,自然语言并不是概念思维的工具,因为语词的意义不等于概念。思维的加工对象和产物都是思想。思想是关于概念及概念间关系的心理表征。语言为思维提供材料,调节思维加工的内容,促进思维发展,进而影响思维产物。因此,语言是交流思想的工具,是思想内容的理解和表达工具,是思维联系客观外界的中介,但不是思维的工具(刘利民 1993)。

以上分析可以得出:概念思维可能经历的初期阶段是无需语词的纯意义操作,思维结果产生模糊的整体感受性意义。核心阶段是对作为心理表征的概念和命题的意义操作。此时,思维独立于概念的语词外壳依据概念本身进行,不需要一套额外的符号系统来表示概念的心理表征。事实上,也不可能提供一套人人都相同的概念的心理表征符号,因为概念的心理表征具有个体特异性。如果要表达思想,则需要提取或创造自然语言形态的词语概念和句式,形成言语表达式。这就是概念思维的纯意义—概念及命题心理操作过程。概念是意义的单位,是思维的基本元素(材料)。概念思维的媒介既不是福多式思想语也不是自然语言。人可掌握多门自然语言,有多套心理词汇,但只有一套意义系统。概念思维始终依据这唯一的一套意义系统进行各种心理操作,并可用不同自然语言来表达思想。尽管概念思维的这一纯意义—概念及命题假说性心理操作过程仍有待哲学、心理学、语言学相关研究的确证,但很多研究都表明,概念思维的操作是独立于语词外壳的概念及命题的心理表征,操作的是意义。这从一个侧面意味着,心理词汇的词汇表征和语义(或意义)表征是分离的,双语者心理词汇的语义表征共享。

9.1.2　言语产生问题的研究

除了语言与思维关系的研究,言语产生的相关研究也有助于考察双语者心理词汇的语义表征模式。

言语产生是从组织交流意图,激活概念,提取词义、句法和语音信息,到控制发音器官发出声音的过程,即人们运用语言表达思想的心理过程(李利等 2006a)。言语产生主要采用言语错误分析和命名的时间分析两类研究方法,用以了解言语产生的句法计划和词汇提取特点,揭示语言的表征方式和言语产生从获得概念,激活相应的语义、语音信息,到发音的全过程(Levelt 1999;周晓林等 2001;张清芳等 2003)。研究者一般将言语产生划分为几个不同阶段。桂诗春(2000)认为,言语产生大体经历四个阶段:将意念转换成待传信息;把信息形成言语计划;执行言语计划;自我监察。信息如何生成? 意念从何而来? 其变为词语前以什么方式存在? 这些问题仍有待学界继续探索。在 Levelt 的言语产生信息构成模型里,信息生成由话语概念启动(转引自桂诗春 2000:549)。言语生成首先产生交际意图,然后决定要表达的信息。Levelt 将说话人的意图作为执行言语计划的开始。要成功实施言语行为,说话人必须首先对意图进行编码。这就涉及思想信息向言语计划转化,即制订言语计划(又称信息编码),包括"宏计划"和"微计划"。说话人通过宏计划把交际意图发展为一个个言语行为的内容;在微计划里,说话人通过为每一言语行为的内容赋予信息结构、命题格式等方式,把每一个要表达的信息单位塑造成一个前言语信息(转引自桂诗春 2000:485)。Levelt 认为信息编码输出的前言语信息进入两个编码器。第一个是提取词项的语法编码器,第二个是语音编码器。词项的语法和语义特征即词注(lemmas)与其语音信息是分开存储和提取的。语法编码器产生表层结构,即恰当排列的词注串。语音编码器则接过句法框架生成语音计划(转引自桂诗春 2000:549—550)。Fromkin(1971,1993)的话语生成器模型把言语产生分为六个阶段。一是意义生成阶段:生成要传递的意义,即选定话语的意思。二是信息映现阶段:对信息建立句子结构框架。然后才生成语调轮廓,从心理词典中选择词语,规定语音,最后生成言语的肌动命令,把话语体现为语音形式。Ferreira(1993)提出,要把无序的思想、观念通过有序的渠道表达出来,要将思想命题(即概念与概念之间的关系)线性化为言语结构,首先要把命题结构转化为句法结构,再转化为韵律结构,最后转化为线性语音结构。

言语产生过程的关键是词汇通达:将思维转换成单词表达并进一步转换为声音(张清芳等 2003)。大量研究将词汇通达分为词汇提取和音韵编码两个阶段(Schmitt 1999)。阶段一为语义激活和特定词汇选择:心理词典中的语义表征被激活并扩散至中介的词条水平,词条具有语义和句法特点。阶段二是音韵编码:词条水平的激活进一步扩散至特定词汇的音韵表征(张清芳等 2003:7)。学界重要的词汇通达理论有两步交互激活模型和独立两阶段模型两类。Dell(1986)的"两步交互激活模型"认为,从语义到语音水平经历两个步骤:语义特征节点的激活首先扩散至相应的单或词条节点,然后再扩散至音素节点(张清芳等 2003:8)。激活扩散是双向的,既可从词汇层向语音层扩散,也可从语音层反馈至词汇层。激活程度最高的即成为目标项,仅针对目标项制定发音计划。目标项的语义和语音激活在时间上有重叠：语音激活稍晚于语义激活，但在言语产生的早期和晚期阶段同时存在语义和语音激活。早期阶段，目标项的语义激活缓慢增加，直到音韵编码开始后减弱，但晚期语音激活的逆向扩散，可将激活传递至语义特征，引起语义激活反弹增加。目标项的语音编码从早期阶段一直增加直到执行发音计划。Levelt et al. (1999) 的独立两阶段模型认为词汇提取和音韵编码阶段分离，不相互重叠。概念激活之后，目标项和语义相关项从输入的概念处接受语义激活，经历词汇激活和选择阶段则只有目标项"幸存"，音韵编码阶段也只有目标项获得语音激活。因此，早期阶段只有目标项和语义相关项的语义激活，晚期阶段只有目标项的语音激活。语义和语音激活在时间上没有重叠（张清芳等 2003：10）。尽管两类模型在各种激活的时间进程和各阶段是否交互作用两个问题上分歧严重，但它们都认为主要表征水平是概念层、词条、音韵层或词形层（phonological or word-form stratum）。都认为概念激活是首要的。无论如何，先有意义，然后才谈得上词语通达。这说明，人必须首先经过意义操作才能产生言语。

　　尽管言语产生的阶段划分存在分歧，但现有研究一般都将言语产生过程分为三个层次（邹丽娟等 2014）。第一层是形成表达意图和概念：即讲话者明确要用语言表达的意思；第二层是言语组织：把要表达的意图/概念转换为语言形式，即为所表达的意思选择适当的词汇，并建立词汇的语义语法结构和发音结构；第三层是发音阶段：讲话者利用发音器官表达出所选择的词汇。第二层的言语组织包括词汇生成和语法编码两部分。语法编码指句子的选词和排序，即根据词汇的意义和语法性质选择恰当的词汇，并产生话语的句法框架。词汇生成可细分为概念准备、词条选择、音位编码和语音编码等部分（Levelt 1999；周晓林等 2001）。概念准备是指大脑把思想、观点等转化成概念的过程。说话者的待传意义由词汇概念来表达，人在准备表达某个思想时，需要从大量相关信息挑选最恰当的词汇概念。因此，概念准备就是说话者所要表达的意义与心理词典词汇概念之间的匹配，这个概念必须对应心理词典中的词或词素。比如表达"有四条腿、嗅觉灵敏、会汪汪叫的动物"最简洁的是"狗"（周晓林等，2001：263）。词条选择即对特定的词或词汇的选择。对于要表达的意图，通常会有许多相关词汇被激活，词条选择即是选择目标词（余林等

2002：251)。

从言语产生的三层次、分阶段、线性化(矢量化)理论可以推知：意义先于言语。言语产生首先要确立说话的意图和想用言语表达的意义。此时说话人已经有了要表达的意义,需要线性化为言语结构的思想命题已经存在。作为心理表征的意义内容可能是无序的、多维度的、动态的和个体特异的。意义内容要线性化为言语结构,则需要制定言语计划：针对特定对象、特定场合,决定哪些需要说,怎么说。这之后才是词汇通达/提取,即为所表达的意思选择适当的词汇,建立词汇的语义语法结构和发音结构。这期间必然首先经历概念准备,然后才是词汇选择。这实质是说话人用相应的词汇表达待传意义。因此,概念准备就是说话人的待传意义匹配其心理词典的词汇概念。概念准备之后就是选择目标词。此外,有研究认为,双语言语产生在提取一种语言的词汇时,双语者两种语言的词汇都会被语义系统激活,即语义系统能同时激活双语者的两个心理词库(Costa et al. 2000；Colome 2001)。以上研究表明,言语表达始于交流的动机和意向,说话的意图和想表达的意思,即作为思想的意义内容要先抽象成为概念,然后再寻找已经存在于大脑的以自然语言为载体的概念语词外壳。因此,不管说话人能用多少种不同的自然语言表达思想,但始终只有一套意义系统。意义和语言形式是分离的,意义是抽象的、超语言的,不具有语言特异性。

9.1.3　心理词典中语义信息存储方式的研究

除了语言与思维的关系和言语产生的相关研究外,关于心理词典中语义信息存储问题的分析与思考也有助于考察双语者心理词汇的语义表征和词汇连接模式。

双语者心理词汇的语义是独立还是共同表征？持独立表征观的学者认为,心理词典的存储方式类似普通词典,即每个单独的词条之下都储存着语音、句法、形态和语义等所有信息(即"The Meaning-Under-Entry Hypothesis")；持共同表征观的学者认为,心理词汇的语义并非与其语音等信息一起存储,而是单独存储在大脑认知系统。如果前者正确,双语者两部心理词典之间的交流或翻译就需要心理翻译词典。比如,假设汉—英双语者两部心理词典都存储各自的词义,即汉语词的词义存储在汉语词条下,英语词的词义存储在英语词条下,当他们交替使用汉英双语时,为了理解,就需要一本翻译词典把英汉两种语词的意义连接起来。比如用法语词"homme"把"man"和"人"连接起来;用法语词"aller"把"go"和"去"连接起来。问题是任何两种语言的完全等值词都极少。绝大多数语词的意义都有不同程度差异。一词多义、一义多形是自然语言的基本特征。看下面 6 个句子(刘利民 2000:122)。

A1. It is important for you to be here punctually.

A2. Es ist wichtig, dass Du hier punctlich bist.

B1. You are very important here.

B2. Du bist sehr bedeutend hier.

C1. The sentence is interesting and meaningful.

C2. Der Satz ist interesant und bedeutend.

A1 中的"important"译成德语用"wichtig"(A2);B1 中的"important"译成德语却只能用"bedeutend"(B2)。德语词"bedeutend"又对应英语词"meaningful",所以 C1 译成德语就是 C2。因此有:

1. $F_{important} = \{A、B\}$;

2. $F_{wichtig} = \{A\}$;

3. $F_{bedeutend} = \{B、C\}$;

4. $F_{meaningful} = \{C\}$.

也就是说,"important"有含义 A、B,"wichtig"只有含义 A,"bedeutend"有含义 B、C,而"meaningful"只有含义 C。因此,要构造一部翻译词典来沟通两种不同语言的词,由于语言复杂性,这部翻译词典将因为语词数量太过巨大而无法完成,将因为耗费大脑太多存储空间和认知资源而不具有存在可能性。可见,如果每种语言都形成一个封闭系统,形式转换(翻译)的心理操作将非常复杂,甚至不可想象。因此,逻辑地讲,意义不可能固着在词条下,只能将其单独置于大脑认知系统(刘利民 2000:123)。两部心理词典启动认知系统的同一个意义系统,这样的心理词典才更有效率。思维仅操作概念即意义系统不仅是可能的,而且是最经济的。人类可用不同语言表达相同思想。只有承认意义的抽象本质和中介功能,才能理解二语学习和双语形式转换的可能性。形、义连接的多元性并不意味不同语言有不同概念体系,而是说不同语言对同一概念体系中概念单元的标识方式可能有所不同。汉语的"好"和英语的"good"所标识的概念数量就不一样。前者可标识与"不错的、惬意的、令人满意的、高尚的"有关的意义，而后者对这些意义可能要分别标识（李荣宝 2002：71）。

另一方面，"The Meaning-Under-Entry Hypothesis"难以解释以下语言现象。第一是词汇的创造性现象。如果语义固着在词条下，接受一个词就自动接纳其固着的语义，因此旧词将不可能增添任何新意。如果语义固着在词条下，词汇的创造性使用将无法解释。比如，"花生米"本指可食用果实，但却可以将三个字拆开制造幽默："米"的妈妈姓"花"，因为"花"生"米"。如果"花生米"的意义已经固定在该词条下，就无法将其拆开。乔姆斯基认为小孩是语言天才，因为小孩使用语言非常有创造性。一小孩洗澡前脱光衣服后说，"I am barefoot all over!"另一小孩见有人呕吐说，"The man eat things out!"如果意义已经固定在"barefoot"和"eat"等词条之下，小孩就不可能这样创造性使用。如果意义固着在词条之下，语言就失去了创造力，失去了活力。

第二是话到嘴边现象。一位美国教授向学生推荐阅读书目时说："I can visualize that book, but the name escapes me."教授能想象书的样子，却不记得书名。此乃知晓意义，却忘记语词（得意忘言）。也可能知道语词，却不清楚语义（知其言，却不知其意）。比如知道"美"这个语词，却讲不清楚什么是"美"。这些都表明意义和语词是分离的。如果每一个词下都有意义，意义和词匹配在一起，"得意忘言"就无法想象，就不可能有"只可意会，不可言传"。

此外，Fromkin 从言语失误数据分析指出，心理词汇是从语义和语音两个方面组织起来的（Fromkin 1993）。李荣宝（2002：63—66）从三个方面论证了语义是语言表征的抽象实体。首先，从发生论角度看，"意义"和语言的发展不同步，语言的形式与意义并非不可分割，词的形态和概念等内容并非整体表征。其次，"意义"不是掌握自然语言之人的专利，聋哑人也能理解、表达"意义"。第三，不同语言具有不同句法结构，但语义的最高形式命题则不因语言不同而异。既然语言的形态可以在不同层面整合为抽象的语义实体，就没理由认为不同语言有不同语义表征。因此，语义是语言表征的抽象实体。语义系统是人对客观世界认识的复合体。一个人所学语言越多，就获得了更多的"意义"表达形式，而不是更多的语义系统。语义是抽象的、超语言的,是单独存储在认知系统中的。语义命题的超语言性也确保了语言的可译性。不同语言中因文化等原因引起的概念语词缺失等现象和形义连接的多元性使得翻译必须以语义为中介,而不是仅依据语词形式层面的连接。

　　以上有关语言与思维的关系、言语产生和心理词汇语义信息存储的研究和分析均表明,双语者只有一套意义系统,心理词汇的语义不可能固着在词条之下,而是单独存储在认知系统中。测量学视角的绝大多数研究也表明,双语者的心理词汇共享语义表征。如果双语者心理词汇的语义表征是分开单独存储的,就可能推翻上述四个领域的几乎所有研究成果。因此,结合以上四个领域的现有研究及本研究的实验结果,本研究认为,双语者不管有几套心理词汇,他们的所有心理词汇共享语义表征,共享同一套意义系统。而且二语,三语……N语词的词汇表征都能直接通达共享语义。一词多义和一义多形等语言现象决定了任何语言的词汇无法仅借助于其他语言的词汇表征而间接通达共享的语义表征。

9.2　语义元通达模型

9.2.1　语义元通达模型的内涵

　　基于前面的研究结果及讨论,本研究认为需要重新构建一个双语者心理词汇语义表征及词汇连接模式的理论模型,以解释本研究实验结果的意义,并解答一些现有模型无法解释的双语词汇表征问题。现在就来探讨这个问题。

　　本研究在第四章考察藏—汉双语者心理词汇的语义表征模式时,对比考察了具体名词、动词和形容词。结果发现了跨词性的语义具体性效应。即具体性程度最高的具体汉语名词对藏语翻译对等词的启动效应最大;具体性程度较低的汉语动词对藏语翻译对等词的启动效应次之;具体性程度最低的汉语形容词对藏语翻译对等词的启动效应最小。此外,本研究虽然没有考察双语心理词汇语义启动效应的不对称性,但目前学界已有不少研究发现这一现象,并已经构建了一些理论模型用于解释语言间启动效应的不对称性。现有理论模型中,分布式模型(de Groot 1992)和双编码模型(Paivio 1986)能较好解释词型效应;意义模型(Finkbeiner et al. 2004)和共享分布式非对称模型（董燕萍 1998）能较好解释语言间启动效应的不对称性。但目前学界还没有双语词汇表征的理论模型，既能很好解释词型效应和语言间的不对称启动效应，又能合理解释因为词汇语义的不稳定性问题可能造成的双语词汇表征研究结果不一致甚至相互矛盾的现象。本研究将依据 Jackendoff(2002)关于概念元的研究和刘利民(2008)关于语义多维性的研究，并借鉴分布式模型和意义模型的思想对双语者心理词汇语义表征的信息内容进行再切分，在此基础上构建双语者心理词汇语义表征的**语义元通达模型**。

学界现有的分布式模型（de Groot 1992）认为词汇的意义不是一个单独的记忆单元，而是由分布式表征的多个概念节点（也即语义特征）组成。互为翻译对等词的一语词汇和二语词汇既有共享的概念节点，也有各自特有的概念节点，并且不同类型的词共享的概念节点数不同。比如具体词和同源词在两种语言中的翻译对等词可能比抽象词和非同源词的翻译对等词共享更多的概念节点。意义模型（Finkbeiner et al. 2004）认为心理词汇的语义表征由一系列概念特征集组成。双语者两种语言的词汇有共享的概念表征（由概念特征组成），也有各自独立的概念表征（也由概念特征组成）；且双语翻译对等词共享的语义是跨语言启动的根源。一般情况下，双语者的一语是优势语言，二语是弱势语言。因此，对于翻译对等词来说，被试对一语词汇的意义量掌握得相对较多，而对相应的二语词汇的意义量掌握得相对较少，表现出语义表征的非对称性。

分布式模型和意义模型将心理词汇的语义表征切分为概念节点或概念特征集的思想值得借鉴，但心理词汇的语义表征不仅仅只是词汇的概念意义，而且如果特征可大可小，可以再分的话，也不利于对语义表征的进一步分析研究。Jackendoff(2002)认为语义/概念并非整体、直接表征外部世界，而是由概念元生成。概念元是天生的、不可再分割的原初概念。概念元生成简单概念，简单概念组合生成复杂概念。尽管有学者质疑：什么构成真正的、绝对不能再分的语义概念元？认知心理学实验已经证实，不同思维主体由于其内在的概念生成机制、空间结构不同，因而同一个对象在心理的投射结果不同，生成的概念结构不同。因此，对于什么是绝对不能再分的概念元这个至今无解的哲学问题，本研究暂不讨论。不过无论如何，Jackendoff 的概念元是存在的。Jackendoff(2002)的概念语义学思想的侧重点在于刻画意义的分解和生成,及意义、概念空间的结构。虽然他的概念语义学仍属于生成语言学阵营,但它接受并超越认知语言学,取得了语义研究的突破性进展。本研究借用 Jackendoff 的"概念元"思想和 Finkbeiner et al. 将语义表征再切分为语义特征的思想,认为心理词汇的语义表征由不可再分的语义特征元组成,简称"**语义元**"。本研究也用"semantic primitive"表示语义元,这和 Jackendoff 的概念元英语相同,只是汉语翻译不同。因为本研究探讨的是词汇语义表征的再切分,既然对象是词汇的语义表征,因此用语义元比概念元更贴切。而且心理词汇的语义包括各种语义信息,不仅仅是词汇的概念意义。但本研究意在借鉴 Jackendoff 的"不可再分割性"思想,因此使用"semantic primitive"表示语义特征元,简称语义元。

本研究根据意义模型对双语者心理词汇语义表征的切分方法,将双语者两种心理词汇的语义表征切分为**"语言特异元"**(Language-Specific Semantic Primitive)和**"语言共享元"**(Language-Common Semantic Primitive)(参见图 9-2)。语言特异元是指双语者两种不同语言中翻译对等词各自拥有的语义元;语言共享元是指双语者两种不同语言中翻译对等词共同拥有的语义元。以汉—英双语者的汉语词"红色"和英语翻译对等词"red"为例,语言特异元是指汉英两种语言中,"红色"和"red"各自拥有的语义元。比如汉语词"红色"特有的语义元即语言特异元包括"成功、获利、华贵、美丽、忠诚、坚毅、进步、革命、季节、感情、羡慕、嫉妒"等;英语词"red"特有的语义元即语言特异元包括"亏损、负债、低卑、反动、恐怖、战争、紧张、淫秽、飞行航班"等。语言共享元则是指汉英两种语言中,"红色"和"red"共同拥有的语义元,比如"一种基本颜色、吉祥、喜庆、羞涩、气愤、警戒、提醒、暴力、危险、青春、健康"等。

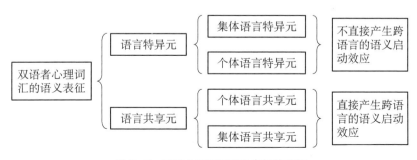

图 9-2 双语心理词汇语义表征的结构

刘利民(2008)认为,概念语词的语义是多维度的、复杂的,涉及客观和主观两方面及主客观互动。只有语言的核心意义是所有人共通的。不管语言交流是不同个体间的,还是跨文化的,甚至是跨时空的,交流的实现必须以共享的核心语义为依托。但语义不是单一的核心定义元素的集合,而是这个集合与文化特异性、个体指向性和时空动态性构成的多维认知图式。除了人类共有的核心意义表征之外,语义还具有文化特异性、个体指向性和时空动态性。由于概念语词的语义具有个体特异性,概念的心理表征也必然是个体特异的。本研究根据刘利民(2008)关于语义多维性的研究对语言特异元和语言共享元进行再切分。

首先将语言共享元再切分为"**集体语言共享元**"(Collective Language-Common Semantic Primitive)和"**个体语言共享元**"(Individual Language-Common Semantic Primitive)。前者指所有双语者共同掌握的语言共享元。比如"红色"和"red"的集体语言共享元可以是"一种基本颜色、吉祥、喜庆"等;后者指不同双语者可能掌握的不同语言共享元。假如有 A、B、C 三名非熟练汉—英双语者,以"红色"和"red"为例,A 的个体语言共享元可能是"羞涩、气愤、警戒、提醒";B 的个体语言共享元可能是"羞涩、气愤、暴力、危险";C 的个体语言共享元可能是"暴力、危险、青春、健康"。对于 A、B、C 而言,以上这些个体语言共享元,特定社区中个体与个体之间可能存在交叉重叠,但并非人人共有,否则,就成为了集体语言共享元。

同样,本研究将语言特异元再切分为"**集体语言特异元**"(Collective Language-Specific Semantic Primitive)和"**个体语言特异元**"(Individual Language-Specific Semantic Primitive)。集体语言特异元是指所有熟悉某语言的双语者共同掌握的语言特异元。比如,对于所有汉—英双语者而言,"成功、获利、革命"等可能是汉语词"红色"的集体语言特异元;"亏损、负债、恐怖"等可能是英语词"red"的集体语言特异元。个体语言特异元是指不同双语者可能掌握的不同语言特异元①。假如有 A、B、C 三名

---

① 本研究参照刘利民(2008)的语义多维性研究,将双语者不同语言的心理词汇的语义表征切分为 4 类不同的语义元。其中,集体语言共享元和集体语言特异元即为刘利民(2008)所说的"人类共有的核心意义表征",也就是概念语词的核心语义;个体语言共享元和个体语言特异元则类似于刘利民概念语词的文化特异性、个体指向性和时空动态性意义。

非熟练汉—英双语者,对汉语词"红色"而言,A 的个体语言特异元可能是"华贵、美丽、忠诚、坚毅";B 的个体语言特异元可能是"坚毅、进步、革命、季节";C 的个体语言特异元可能是"季节、感情、羡慕、嫉妒"。对英语词"red"而言,A 的个体语言特异元可能是"低卑、反动、战争";B 的个体语言特异元可能是"战争、紧张、淫秽";C 的个体语言特异元可能是"紧张、淫秽、飞行航班"。对于 A、B、C 而言,以上这些个体语言特异元,个体与个体之间可能存在交叉重叠,但并非人人共有。否则,就成为了集体语言特异元。

在四类语义元中,集体语言共享元是双语者在两种语言中的共有语义元,因而对于两种语言都熟练的双语者来说,人人表征都是同一的。一般情况下,双语者的一语是优势语言,二语是弱势语言。因此双语者一语词(如"红色")的词汇表征与更多或所有的集体语言共享元直接相连,且连接强度更大。二语词(如"red")的词汇表征与相对较少的集体语言共享元直接相连,且连接强度相对较小。但是随着双语者二语水平的提高,二语词("red")的词汇表征将会与越来越多的集体语言共享元直接相连,且连接强度越来越大。集体语言特异元是所有熟悉某语言的双语者共同掌握的"语言特异元",因而对于熟练双语者来说,人人表征也都是同一的。但这些语义元只与某一特定语言的词汇表征直接相连。比如对于汉语熟练的汉—英双语者来说,一语词"红色"的词汇表征与"红色"所有的集体语言特异元直接相连,且连接强度很大。对于英语熟练的汉—英双语者来说,二语词"red"的词汇表征与"red"所有的集体语言特异元直接相连,且连接强度很大。但对于英语不熟练的汉—英双语者来说,二语词"red"的词汇表征与"red"较少的集体语言特异元直接相连,且连接强度较小。随着双语者二语水平的提高,二语词("red")的词汇表征将会与该词越来越多的集体语言特异元直接相连,且连接强度越来越大。集体语言共享元和集体语言特异元这两类语义元相对都比较稳定,不会因人、因时空而异,主要影响因素是语言水平或语言熟悉度。本书将在 9.2.2 节讨论本次研究结果是否说明了这一点。

与集体语言共享元和集体语言特异元相比,由于人与人之间的知识图式、经历体验图式等信息建构的差异,个体语言特异元和个体语言共享元必然因人而异,具有一定的不稳定性。根据体验哲学的心智体验性原则,人的范畴、概念、推理及心智形成于人的身体经验,特别是人的感觉运动系统。人在经验、行为中产生概念、范畴、语义。语言反映的现实结构是心智的产物,心智则是身体经验的产物。人类想象力极其丰富,思维高度发达,认知方式多种多样,可从多种不同视角认识事件、事体、空间等的不同特征、不同部分,并进行相应词汇化(杜鹃 2009:52)。刘利民(2008)也认为,不同的认知主体、不同的认知视角、不同的时空环境、不同的文化背景等都可能产生不同的概念化、范畴化和词汇化过程。这就决定了个体语言特异元和个体语言共享元不仅有个体差异特性,即因人而异,而且同一个体还会有时空、文化差异特性,即同一个体因为不同的时空、文化环境,对特定心理词汇构建的意义表征是动态变化的。这就使得不同个体对相同心理词汇的语义表征产生了一定的差异性和不稳定性。这一点在本次研究中得到了支持。同样以汉—英双语者为例,汉语熟练的双语者一语词"红色"的词汇表征与更多的个体语言共享元相连接,且连接强度大。英语熟练的双语者二语词"red"的词汇表征与更多的个体语言共享元相连接,且连接强度大。对英语不熟练的汉—英双语者来说,二语词"red"的词汇表征与较少的个体语言共享元直接相连,且连接强度较小。但是随着双语者二语水平的提高,二语词"red"的词汇表征将会与该词越来越多的个体语言共享元直接相连,且连接强度越来越大。双语者词汇表征和个体语言共享元的连接数量和连接强度受语言熟悉度、时空、文化环境和个体差异等因素的共同影响而动态变化。类似地,汉语熟练的双语者一语词"红色"的词汇表征与更多的"红色"个体语言特异元相连接,且连接强度大。英语熟练的双语者二语词"red"的词汇表征与更多的"red"个体语言特异元相连接,且连接强度更大。对英语不熟练的汉—英双语者来说,二语词"red"的词汇表征与较少的"red"个体语言特异元直接相连,且连接强度较小。但是随着双语者二语水平的提高,二语词"red"的词汇表征将会与越来越多的"red"个体语言特异元直接相连,且连接强度越来越大。双语者词汇表征和个体语言特异元的连接数量和连接强度同样也受语言熟悉度、时空、文化环境和个体差异等因素的共同影响而动态变化。

阐明了四类语义元的不同特征之后,本研究就可以建立双语者心理词汇语义表征的**语义元通达模型**了(参见图 9 - 3)。图中,上层的四个小

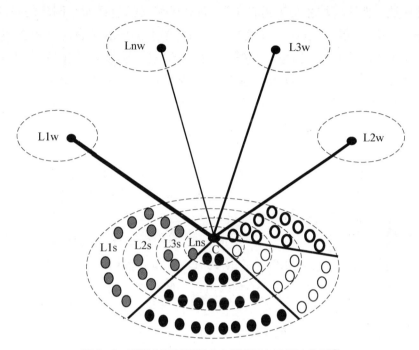

图9-3 双语心理词汇语义表征的语义元通达模型①

椭圆分别表示一语(L1)、二语(L2)、三语(L3)及 n 语(Ln)特定词汇"w"
的词名层或词汇表征。"L1w"表示一语单词"w"的词汇表征,如汉—英
双语者"红色"一词的词汇表征。"L2w"表示一语单词"w"的二语翻译对
等词的词汇表征,如汉—英双语者"red"一词的词汇表征。以此类推,
"L3w"和"Lnw"分别表示三语和 n 语中"红色"一词的翻译对等词的词汇
表征。下层的大圆面表示词汇"w"(比如汉语词"红色")的语义层或语义
表征。字母"s"表示语义元。整个大圆从外到内分为四个圆环,分别用
"L1s"、"L2s"、"L3s"和"Lns"表示。每一个圆环都包含所有四类语义元。
其中,深黑色小椭圆表示集体语言共享元;浅黑色小椭圆表示个体语言共
享元;细线白色小椭圆表示集体语言特异元;粗线白色小椭圆表示个体语
言特异元。因此整个语义表征的大圆面被切分为四个区域:即集体语言
共享元区域、集体语言特异元区域、个体语言共享元区域、个体语言特异

① 图中深黑色小椭圆表示集体语言共享元;浅黑色小椭圆表示个体语言共享元;粗线白色小椭
  圆表示个体语言特异元;细线白色小椭圆表示集体语言特异元。

元区域。四个区域相交于圆心"C"。每个区域又都包括 4 个圆环的一部分。一语、二语、三语、n 语单词"w"的词名层直接与语义表征层相连,即与大圆面的圆心"C"相连。四条直线的粗细表示连接数量和强度,线条越粗,表示连接的语义元数量越多,连接强度越大。之所以用实线连接,意在强调即使是二语初学者,词名层也能直接通达共享语义。图中的词汇表征和语义表征层均用虚线椭圆或圆表示,意在表明双语者的词汇表征和语义表征的信息数量是动态开放的。此外,需要说明的是,本模型假设双语者的一语熟练,且为优势语言,因此与一语词直接相连的语义元数量最多,强度最大,二语次之,三语更次,n 语最不熟悉,与 n 语词直接相连的各类语义元数量最少,强度最小。

图 9 - 3 中,在集体语言特异元区域(图中用细线白色小椭圆表示),一语词"L1w"、二语词"L2w"、三语词"L3w"和 n 语词"Lnw"分别只与圆环 L1s、L2s、L3s 和 Lns 中的细线白色小椭圆直接相连。也就是每种语言的词汇仅与本语言中该词的集体语言特异元相连,连接数量及强度与双语者对该语言和词汇的熟悉度成正比。

在个体语言特异元区域(图中用粗线白色小椭圆表示),每一个不同双语者的一语词"L1w"、二语词"L2w"、三语词"L3w"和 n 语词"Lnw"也分别只与圆环 L1s、L2s、L3s 和 Lns 中的部分粗线白色小椭圆直接相连。也就是对于每一个不同的双语者而言,特定语言的词汇仅与本语言中该词的部分个体语言特异元相连。连接数量及强度与双语者对该语言和该词汇的熟悉度成正比,此外也会受到双语者的个体、时空、文化等差异影响而动态变化。由于集体语言特异元和个体语言特异元这两类语义元仅与特定语言的词汇表征直接相连,因而不直接产生跨语言的语义启动效应(参见图 9 - 2)。但是,如果双语者某一语言的词汇表征与个体语言特异元和集体语言特异元的连接数量多、强度大;或者词汇表征与个体语言特异元和集体语言特异元的连接减弱甚至阻碍了该词汇表征与集体语言共享元和个体语言共享元的连接数量及强度,此时就会间接影响跨语言语义启动效应的产生和语义启动效应量的大小。

在集体语言共享元区域(图中用深黑色小椭圆表示),一语词"L1w"同时与 L1s、L2s、L3s 和 Lns 四个圆环中的深黑色小椭圆直接相连;二语词"L2w"同时与 L2s、L3s 和 Lns 三个圆环中的深黑色小椭圆直接相连；三语词"L3w"同时与 L3s 和 Lns 两个圆环中的深黑色小椭圆直接相连；n 语词"Lnw"则只与 Lns 一个圆环中的深黑色小椭圆直接相连。也就是双语者的一语熟练，且为优势语言，因此与一语词直接相连的集体语言共享元数量最多，强度最大，二语次之，三语更次，n 语最不熟悉，与 n 语词直接相连的集体语言共享元数量最少，强度最小。即连接数量和强度与双语者对该语言和该词汇的熟悉度成正比。

在个体语言共享元区域（图中用浅黑色小椭圆表示），词汇表征和个体语言共享元的连接情况比较复杂，仅用文字不易描述清楚，因此本研究举例描述。假设有甲、乙两位双语者。在圆环 L1s 有 L1a、L1b、L1c、L1d、L1e、L1f、L1g 等个体语言共享元；在圆环 L2s 有 L2a、L2b、L2c、L2d、L2e、L2f 等个体语言共享元；在圆环 L3s 有 L3a、L3b、L3c、L3d、L3e 等个体语言共享元；在圆环 Lns 有 Lna、Lnb、Lnc、Lnd 等个体语言共享元。双语者甲的一语词"L1w"同时与 L1a、L1b、L1c、L1d、L2a、L2b、L2c、L2d、L3a、L3b、L3c、Lna、Lnb 等个体语言共享元直接相连，即与四个圆环中的部分个体语言共享元直接相连；二语词"L2w"同时与 L2a、L2b、L2c、L2d、L3a、L3b、L3c、Lna、Lnb 等个体语言共享元直接相连，即只与三个圆环中的部分个体语言共享元直接相连；三语词"L3w"同时与 L3a、L3b、L3c、Lna、Lnb 等个体语言共享元直接相连，即只与两个圆环中的部分个体语言共享元直接相连；n 语词"Lnw"则只与 Lns 一个圆环中 Lna、Lnb 等个体语言共享元直接相连。也就是说二语词、三语词、n 语词与越来越少的个体语言共享元直接相连，且连接强度也逐渐减弱。类似地，双语者乙的一语词"L1w"同时与 L1b、L1c、L1d、L1e、L2b、L2c、L2d、L2e、L3b、L3c、L3d、Lnb、Lnc 等个体语言共享元直接相连；二语词"L2w"同时与 L2b、L2c、L2d、L2e、L3b、L3c、L3d、Lnb、Lnc 等个体语言共享元直接相连；三语词"L3w"同时与 L3b、L3c、L3d、Lnb、Lnc 等个体语言共享元直接相连；n 语词"Lnw"则只与 Lns 一个圆环中 Lnb、Lnc 等个体语言共享元直接相连。二语词、三语词、n 语词与越来越少的个体语言共享元直接相连，且连接强度也逐渐减弱。不同的双语者甲、乙可能相互之间有共同的个体语言共享元，但所有的双语者相互之间就没有共同的个体语言共享元，否则，就成了集体语言共享元。不同双语者的词汇表征和个体语言共享元的连接数量及强度与他们对该语言和该词汇的熟悉度成正比,此外也会受到双语者的个体、时空、文化等差异影响而动态变化。

四类语义元中,只有集体语言共享元和个体语言共享元同时和双语者的 L1、L2、L3 及 Ln 的词名层直接相连,只不过因为语言水平和个体差异等原因,两类语义元与不同语言的词汇表征的连接数量和强度不一样。因此,集体语言共享元和个体语言共享元与不同语言词名层的连接数量和强度决定了跨语言语义启动效应能否产生,以及启动效应量的大小。需要说明的是,本节在讨论双语者词汇表征和语义表征之间的连接及跨语义语义启动效应的产生时,不考虑各语言词名层之间的连接可能对语义启动效应产生的影响。本书的 **9.3 节**将专门讨论双语者心理词汇词名层之间的连接模式。

9.2.2 语义元通达模型的解释力

一般情况下,双语者的一语是优势语言,二语是弱势语言。因此,按本研究构建的**语义元通达模型**,对于翻译对等词来说,双语者一语词汇与更多的集体语言共享元和个体语言共享元直接相连,而且连接强度更大;双语者二语词汇与相对更少的集体语言共享元和个体语言共享元直接相连,而且连接强度相对更小,从而表现出双语心理词汇语义表征的非对称性。也就是优势语言词汇的集体语言共享元和个体语言共享元更丰富,且连接强度更大。在一语词汇到二语词汇的语义启动实验中,由于二语词有更大比例的集体语言共享元和个体语言共享元被激活,且一语词汇表征对共享语义元的激活程度相对更深,因此会产生更明显的语义启动效应;在二语词汇到一语词汇的语义启动实验中,由于一语词汇被激活的集体语言共享元和个体语言共享元数量相对较少,而且二语词汇表征对共享语义元的激活程度相对更浅,因此启动效应较小或不足以产生启动效应。意义模型认为仅仅是由于两种语言词汇概念特征集激活量上的差异造成了跨语言启动效应的不对称性,而**语义元通达模型**则认为是由于两种语言词汇的集体语言共享元和个体语言共享元的激活数量和激活程度的差异共同造成了跨语言语义启动效应的不对称。

类似地,与更为抽象的词相比,一语具体词与其二语翻译对等词共享更多的集体语言共享元和个体语言共享元。而越是抽象的词,可能一语词与其二语翻译对等词共享相对更少的集体语言共享元和个体语言共享元,同时却具有更多的集体语言特异元和个体语言特异元。比如对汉语具体名词"狗"和英语翻译对等词"dog"而言,汉—英双语者可能拥有这一对翻译对等词更多的集体语言共享元和个体语言共享元;而对汉语抽象名词"民主"和英语翻译对等词"democracy"而言,汉—英双语者可能拥有这一对翻译对等词更多的是"民主"和"democracy"各自的集体语言特异元和个体语言特异元。当具体词作启动词时,能激活作为目标词的翻译对等词的更多集体语言共享元和个体语言共享元,因此同等条件下,越是具体的词对其翻译对等词的启动效应就越大。这一点在本研究中表现很明显,最具体的汉语具体名词对其藏语翻译对等词的启动效应最大,更为抽象的汉语动词对其藏语翻译对等词的启动效应次之,最抽象的汉语形容词对其藏语翻译对等词的启动效应最小,这很好地解释了本研究发现的跨词性的语义具体性效应。因此,本研究构建的**语义元通达模型**既能解释跨语言语义启动非对称性效应的具体机制,也能解释跨语言启动效应中出现的语义具体性效应,即词型效应。

另一方面,由于个体语言特异元和个体语言共享元因人而异,具有一定的不稳定性。这就使得不同个体对相同心理词汇的语义表征产生了一定的差异性和不稳定性。对于任意一组启动词和目标词而言,不同的被试可能具有不同性质、不同强度的语义联系。被试 A 可能具有非常强的语义联系;被试 B 可能具有强度一般的语义联系;被试 C 可能因为特殊的个人经历和体验,对启动词或目标词的某一个或某一些个体语言特异元有着很强的连接,并因此阻碍或减弱了其词名层与该词集体语言共享元和个体语言共享元的连接数量及强度,最终使得被试 C 对该启动词和目标词仅具有非常微弱的语义联系。由于个体语言特异元和个体语言共享元不仅有个体差异特性,而且同一个体还会有时空、文化差异特性,即同一个体因为不同的时空、文化环境,对特定心理词汇构建的意义表征是动态变化的。这意味着,对于任意一组启动词和目标词而言,相同的被试在不同的时空、文化环境都可能具有不同性质、不同强度的语义联系。因此,不管是不同的被试采用不同的实验材料,还是相同的被试采用不同的实验材料,不同的被试采用相同的实验材料,甚至是相同的被试、相同的实验材料、相同的实验设计,但被试完成实验任务的时空环境不同,都可能会得出不一致甚至相互矛盾的研究结果。这实际上很可能就是本书第七章三语行为实验1中,在5个不同SOA条件下实验得出了相互矛盾结果的主要原因之一。这也可以解释为什么当启动词和目标词的语义具有联想关系甚至翻译关系时,实验并不总是能获得一致结论。一言以蔽之,个体语言特异元和个体语言共享元的不稳定性、SOA的大小及其他实验变量的不同控制,这些因素导致了双语心理词汇表征研究结果不一致甚至相互矛盾。这其中,有些变量是可以严格控制的,但诸如个体语言特异元和个体语言共享元的不稳定性则无法控制,至少无法严格控制。

再者,本研究发现藏—汉双语者和藏—汉—英三语者心理词汇的语义表征共享,二语和三语的熟悉度会影响跨语言语义启动效应量的大小。关于这一点,**语义元通达模型**可作如下解释:因为在藏—汉双语和藏—汉—英三语心理词汇的语义表征实验中,被试的汉语越熟悉,汉语词汇表征与集体语言共享元和个体语言共享元的连接数量越多,强度越大,因此汉—藏语义启动效应也就越大。在藏—汉—英三语心理词汇的语义表征实验中,被试的英语越熟悉,英语词汇表征与集体语言共享元和个体语言共享元的连接数量越多,强度越大,因此英—藏和英—汉间的语义启动效应也就越大。

从本书第七章实验的结果看,汉语启动词对藏语翻译对等词的语义启动效应最大,也最容易产生;英语启动词对汉语翻译对等词的语义启动效应和英语启动词对藏语翻译对等词的语义启动效应的差异不具有统计显著性,但英语启动词更容易对藏语翻译对等词产生语义启动效应,英语启动词对汉语翻译对等词产生语义启动效应则最难。本研究使用**语义元通达模型**解释如下:被试最熟悉藏语,其次是汉语,且汉、藏两种语言的熟悉度差异不大,最不熟悉的是英语,且与藏、汉两种语言的熟悉度差异较大。因此可以推断,被试的英语词与集体语言共享元和个体语言共享元的连接数量最少,强度最低,其次是汉语词,藏语词与集体语言共享元和个体语言共享元的连接数量最多,强度最大,但藏、汉词汇与集体语言共享元和个体语言共享元的连接数量和强度差异都较小。因此,汉语启动词对藏语翻译对等词的启动效应最大,也最容易产生;英语启动词对汉语翻译对等词的启动效应和英语启动词对藏语翻译对等词的启动效应的差异不具有统计显著性,但英语启动词对藏语翻译对等词产生语义启动效应更容易,对汉语翻译对等词产生语义启动效应更困难。因为相比藏语词,被试的汉语词与集体语言共享元和个体语言共享元的连接数量可能更少,或者连接强度可能更低,或者连接数量可能更少且连接强度也可能更低,或者被试的汉语词与集体语言共享元和个体语言共享元的连接数量不少,强度也不低,但被试的汉语词与个体语言共享元连接的稳定性较差。这可能造成三种不同影响:要么英语启动词对汉语翻译对等词产生的启动效应较小;要么英语启动词对汉语翻译对等词产生启动效应较难;要么英语启动词对汉语翻译对等词产生的启动效应较小,且产生启动效应的难度较大。在本研究中,该影响表现为第二种情况。

9.2.3 本节小结

综合以上分析,集体语言共享元在双语者的所有语言中表征相同而且稳定,集体语言特异元在双语者的特定语言中表征相同而且稳定,影响这两类语义元表征的主要因素是双语者的语言水平或熟悉度。由于人与人之间的知识图式、经历体验图式等信息建构的差异,个体语言特异元和个体语言共享元不仅因人而异,而且因时空、文化环境而异,从而呈现出动态变化性和不稳定性。因此,影响这两类语义元表征的主要因素,除了双语者的语言水平或熟悉度外,还有双语者的个体差异和时空、文化环境等因素。四类语义元与双语者不同语言的词汇表征的连接方式、数量和强度共同导致了双语者心理词汇语义表征的动态变化模式。因此,本研究构建的**语义元通达模型**既能很好解释词型效应和语言间语义启动的不对称效应,又能合理解释因为词汇语义的不稳定性问题可能造成的双语词汇表征研究结果不一致甚至相互矛盾的现象。

在讨论了双语者词汇表征和语义表征之间的连接模式后,接下来本研究将进一步具体描述双语者心理词汇词名层之间的连接模式。

9.3 双语者心理词汇词名层之间的连接模式

本研究的主要目的是考察双语者心理词汇的语义表征和词汇连接模式。而要考察词汇连接模式,就需要先证实双语者不同语言的心理词汇的词汇表征是分离的。

　　本研究采用长时重复启动实验范式的真假词判断任务并结合 ERP 技术考察了藏—汉双语者两种心理词汇是否存在跨语言的长时重复启动效应。实验结果产生了显著的语言内长时重复启动效应，但没有产生语言间的长时重复启动效应。表明藏—汉双语者两种心理词汇的词汇表征是分离的。这与李利等（2006b）、蔡林江（2013）、高晓雷等（2015）的双语者心理词汇的词汇表征研究结果完全一致；也与崔占玲等（2009b）、叶郁（2013）的三语者心理词汇的词汇表征研究结果完全一致。实际上本章在上一节关于心理词典中语义信息存储问题的分析中，已经阐明意义不可能固着在词条下，只能将其单独置于大脑认知系统。不仅词汇表征和意义是分离的，双语者不同语言的心理词汇的词汇表征也必然是分离的，否则语言间的翻译将不费吹灰之力。当然，一词多义和一义多形等语言现象也决定了不同语言的心理词汇的词汇表征不可能储存在一起。这一分析推理也完全符合测量学视角对双语心理词汇的词汇表征研究结果。据笔者所知，目前学界所有实验研究都支持双语者心理词汇的词汇表征分离。因此，本研究推断藏—汉—英三语者三种心理词汇的词汇表征也是分离的。不仅如此，任何双语者，不管他掌握了多少种不同语言，他所有语言的心理词汇的词汇表征也都是分离的。

　　既然双语者心理词汇的词汇表征是分离的，那么双语者不同语言的心理词汇的词名层是否存在一定强度的连接？也就是，双语者某一语言的词汇表征除了能直接通达语义外，还能否借助其他语言的词汇表征间接通达语义？为此，本研究共设计了八个 ERP 实验，用以考察双语者心理词汇词名层的连接模式。其中两个实验考察藏—汉双语者心理词汇词名层的连接模式，其余六个实验考察藏—汉—英三语者心理词汇词名层的连接模式。本节将首先讨论双语者及三语者一语和二语词名层的连接模式。然后讨论三语者三语与一语，三语与二语词名层的连接模式。

9.3.1　双语者及三语者一语和二语词名层的连接模式

　　从本书的第六章和第八章的研究结论看，无论二语（汉语）熟悉，还是较熟悉，藏—汉双语者和藏—汉—英三语者 L1－L2 及 L2－L1 的词名层都存在较强连接，且 L2－L1 词名层的连接强于 L1－L2 词名层的连接。对于藏—汉双语者，L1－L2 词名层的连接强度不受被试二语水平的调节,但在一定程度上可以说,汉语越熟悉,L2-L1 词名层的连接强度有减弱的趋势。对于藏—汉—英三语者,L1-L2 和 L2-L1 词名层的连接强度都受二语水平的调节,即二语越熟悉,词名层的连接强度有减弱的趋势。因此,总体上,藏—汉双语者和藏—汉—英三语者 L1-L2 及 L2-L1 词名层的连接强度随二语熟悉度的增加而有减弱的趋势,但连接强度只是量变,不是质变。高水平的藏—汉双语者和藏—汉—英三语者在一语和二语词名层仍然存在较强连接,没有完全消失的迹象。

李利等(2008b)认为二语获得年龄和获得方式相辅相成。如果双语者在 6—7 岁前获得二语,他们会像习得一语那样习得二语,一语的固化作用相对较弱。如果在 6—7 岁后获得二语,则属于后期双语者。后期双语者获得二语时,一语已固化为优势语言,因此在学习初期他们会倾向于借助翻译学习法,更多依赖、借助一语,在将二语词翻译为一语词的过程中获得二语。由于后期非熟练双语者掌握的二语词附着在一语词之上,二语词只能通过一语词间接通达语义。随着后期双语者通过背诵、复习、重新编码和形象比喻等外在加工的影响,其二语水平不断提高,一语的固化作用不断减弱,二语词与语义表征逐渐建立联系,逐渐形成二语词直接通达语义的方式(李利等 2008b:528)。此外,Jiang(2000,2002,2004)认为二语词汇发展要经历形式阶段、母语中介阶段和二语融合阶段等三个阶段。在形式阶段,二语词只能通过母语词与概念建立间接联系;在母语中介阶段,二语词通过母语词与概念间接相连的强度增大,并开始与概念建立较弱的直接联系;在二语融合阶段,二语词直接与概念建立较强联系,母语中介作用消失。李利等(2008b)和 Jiang(2000,2002,2004)的论述实质上与 RHM 的预期是一致的。这种二语词名层与一语词名层以及二语词名层与共享语义之间的连接强度的趋势变化是有道理的,与本研究的实验结果也有一致的地方:即词名层之间的连接强度随着二语水平的提高有缩小的趋势,二语词名层与共享语义的连接强度随着二语水平的提高有增加的趋势。但是本书在 **3.1 节**已经阐明,而且不少实验研究也都发现,即使是二语初学者,二语词名层也能直接通达共享语义表征。只是初学者二语词名层和共享语义的连接强度较小,可能因为某些实验方法(比如长时重复启动范式)对较小的启动效应不够敏感,或者实验设计不够科学(比如 SOA 太短),或者启动词和目标词语义相关度不够高等原因,致使部分实验未能发现二语词名层和语义层之间较为微弱的连接。由于受后期非熟练双语者的二语翻译学习法的影响,L2 - L1 的词名层建立了较强联系。当 L2 的词名层与 L1 的词名层建立联系时,L1 的词名层也会被动地建立起与 L2 词名层的联系。但通常情况下,由于被试在学习 L1 词汇时不需要,也不能够通过 L2 词名层的中介作用完成语义通达,因此,对于后期非熟练双语者而言,L2 - L1 词名层的连接强度可能会大于 L1 - L2 词名层的连接强度。这一推断已经得到学界不少研究证实。比如,Alvarez et al. (2003)考察了不平衡英语—西班牙双语者的词汇链接模式,结果发现与 L1 - L2 相比,L2 - L1 的翻译启动效应 N400 波幅更大,时间更早。Chen et al. (2015)用翻译识别任务研究不熟练汉—英双语者的词汇连接模式,结果也证实了词汇层面连接强度的不对称性,L2 - L1 的连接强于 L1 - L2 的连接。李黎(2016)也发现非熟练的汉—英双语者 L2 - L1 词名层的连接强度大于 L1 - L2 词名层的连接强度。

当然,本研究关于非熟练双语者及三语者 L2 - L1 和 L1 - L2 词汇连接模式的实验结果与上述研究一样,都符合 RHM 关于非熟练双语者词汇连接模式的预测。但是双语者在二语学习过程中对翻译学习法的依赖程度不同,则可能导致一语固化的强弱程度不同,致使早期习得的一语词名层对后期学习二语词汇的作用不同,从而形成二语词名层通达语义表征的不同方式。比如学界不少研究发现,当二语高度熟练时,不管一语和二语之间是否相似,是否属于相同语系,双语者的语义表征均为概念调节型,也就是 L1 和 L2 词名层的连接已经消失。李利等(2008b)发现二语熟练的汉—英—日三语者和汉—英—法三语者的汉、英词汇为概念调节型;张学敏(2008)发现二语熟练的蒙—汉—英三语者的蒙、汉词汇为概念调节型;崔占玲等(2009b)发现二语熟练的藏—汉—英三语者的藏、汉词汇为概念调节型;热比古丽·白克力等(2012)发现二语熟练的维—汉—英三语者的维、汉词汇为概念调节型;叶郁(2013)发现二语熟练的汉—日—英三语者的汉、日词汇为概念调节型,词名层的连接都已经消失。但也有部分研究发现熟练双语者在词名层仍然存在较强连接。比如 Geyer et al. (2011)的 ERP 实验要求俄—英双语者对单个呈现的词做真假词判断。被试的 L1 为母语,高熟练度的 L2 为其优势语言。结果在 150—300 和 300—500 ms 之间发现了对称的脑电成分,即对称的语言间翻译启动效应。结合 Alvarez et al. (2003)的研究,Geyer et al. 认为是二语熟悉度,而不是语言习得的年龄和顺序决定翻译启动模式。吴文春等(2015:526)发现熟练潮—普双语者在听觉通道条件下,L2-L1 和 L1-L2 词名层的连接强度相同;但在听—视跨通道条件下,L2-L1 词名层的连接强于 L1-L2 词名层的连接。本研究和李黎(2016)也发现熟练双语者词名层仍然存在较强连接,并且 L2-L1 词名层的连接强度显著大于 L1-L2 词名层的连接强度。

本研究的藏—汉双语者和藏—汉—英三语者被试对藏语母语总体上非常熟悉。汉语是被试的第二语言。由于学习时间相对较早,使用场合较多,被试对汉语也相当熟悉。尤其对于熟悉汉语组的被试而言,汉语可能已经取代藏语成为他们的优势语言。因为被试的汉语高考平均成绩至少在 109 分以上;汉语水平自评总体上已相当接近藏语母语。而且被试在完成本研究的语义判断和词汇判断任务中,被试对汉语二语词的反应时相对更短,正确率相对更高,而对藏语母语词的反应时相对更长,正确率相对更低。虽然被试的一语和二语水平已经相当高,而且本研究各实验的实验组和控制组启动词及目标词的频率都相当高,被试也相当熟悉,但藏—汉双语者和藏—汉—英三语者被试的藏—汉和汉—藏词名层仍然存在着较强连接。

同样,李黎(2016)实验中的被试均为来自某 211 及 985 高校的在校大学生。汉语为 L1,英语为 L2。被试按照 L2 的水平分为英语熟练组和英语不熟练组。英语熟练组的 72 名被试为英语专业大三和大四学生,全部通过了英语专业四级水平测试,部分被试正在准备英语专业八级考试,其中 28 名被试的雅思成绩平均超过 6.5 分。因此熟悉组的被试英语都已经相当熟练。也就是说,对于像本研究和李黎(2016)等实验中的双语被试,尽管二语水平总体上已经相当高,但一语和二语词名层仍然存在较强连接。除了二语翻译学习法外,还有没有其他影响因素呢? 如前文所述,Thierry et al. (2007)、Wu et al. (2013)、Morford et al. (2014)和肖巍等(2016)发现,无论是平衡双语者还是非平衡双语者,他们在纯二语语境中加工二语词的语义时,一语词都会自动激活:二语词形首先激活概念,然后激活对应的一语词形,并进一步激活一语词的亚词汇层。也就是说,二语词的加工中,双语者会无意识自动激活一语词形和亚词形。这也可能会进一步加强二语和一语词名层的连接强度。由于二语词的学习和使用都离不开一语词名层，因此，对于部分后期双语者来说，比如本研究和李黎(2016)实验中的双语者，即使二语相当熟悉了，词名层之间的连接并没有显著减弱，更不要说消失。

9.3.2　三语与一语、三语与二语词名层的连接模式

在三语者 L3 - L1、L3 - L2 词名层的连接模式上，本研究发现 L3(英语)词汇同时与 L1(藏语)和 L2(汉语)词汇的词名层都有着较强联系，且 L3 - L2 的连接强度略大于 L3 - L1 的连接强度。这与学界现有研究结论也有不同。目前学界对三语心理词汇的语义表征和词汇连接模式研究较少，且结论尚不一致。本研究在文献综述部分已有过总结、归纳，为了进一步分析并讨论不同三语词汇连接模式的影响因素，现将国内外部分相关研究列表如下(见表 9 - 1)。表中的研究按照三语的学习媒介语可分为两类。第一类是汉语或荷兰语母语者在学习一门外语(英语)之后又学习了另一门外语(日语或法语)(de Groot et al. 1995；王瑞明等 2010；李利等 2013；叶郁 2013；孙鑫等 2014)。研究者发现，双语者的第三语言通常是以一语(汉语或荷兰语)为主要学习媒介语，在学习初期，二语和三语通常是通过一语，即汉语或荷兰语来通达语义。当然也有例外，比如孙鑫等(2014)发现三语熟练和不熟练的汉—英—日三语者其日语词与英语词之间是词汇连接型，而日语词和汉语词之间无直接联系。第二类双语者是我国少数民族学生，他们以民族语言(蒙、藏、维)为母语，汉语为二语，之后又学习了一门外语(英语)(张学敏 2008；崔占玲等 2009b；热比古丽·白克力等 2012)。这类双语者第三语言的主要学习媒介语是二语(汉语)。而不同的三语学习媒介语可能是相关研究结果不大一致的原因之一(崔占玲等 2009b；热比古丽·白克力等 2012)。

结合本研究三语词汇连接模式的实验结果和表 9 - 1 的相关研究，可以发现三语者的词汇连接模式相当复杂。但影响三语词汇连接模式的最主要因素显然是三语者各语言的语言水平或熟悉度，当然主要是二语和三语的语言水平或熟悉度。表 9 - 1 的 8 项研究中有 7 项明确表示语言熟悉度是影响三语词汇连接模式的主要原因。比如 de Groot et al. (1995)的翻译产出和翻译识别实验发现荷兰语—英语—法语三语被试

（语言熟悉度从高到低）心理词汇的表征结构和 L2 及 L3 的熟悉度有关，其 L1 和 L2 词汇的表征结构是概念调节型，而 L2 和 L3 的表征结构是词汇连接型。叶郁（2013）采用跨语言的长时重复启动范式考察了汉—日—英三语者心理词汇的语义表征和语义通达方式。发现熟练三语者在三语词汇概念意义的通达中能够迁移二语词汇直接通达概念意义的方式。汉—日—英三语者心理词汇的语义，从间接到直接通达的变化过程受二语或三语词汇熟悉度的调节。李利等（2008b）运用跨语言的长时重复启动范式对比研究了熟练汉—英双语者对不熟练的第三语言（日、法）词汇的语义通达方式。结果发现英语词汇直接通达语义，尽管日、英的读音和拼写等语言特征差异巨大，法、英的读音和拼写等语言特征颇为相似，但日、法三语词汇都借助一语词汇间接通达语义。研究者认为，主要是二语熟悉度而非语言间的距离或相似度决定二语（或三语）的语义通达机制。后期双语者心理词汇的语义通达方式本质上是一种经验性变化。即双语者心理词汇的语义通达方式受二语熟悉度的调节，必须经历从间接到直接通达的变化过程（李利等 2008b：528）。

表 9-1　部分三语者语义及词汇连接模式研究①

研究者 及时间	研究对象及 外语熟悉度	L2 和 L1 词	L3 和 L1 词	L3 和 L2 词	影响词汇 连接的因素
1. 崔占玲 等 2009b	藏—汉—英；藏、 汉熟练，英不熟练	概念中介型	无直接联系	词汇连接型	媒介语、语言 距离及熟悉度
2. 热比古丽· 白克力等 2012	维—汉—英；维汉 熟练，英语不熟练	概念中介型	词汇连接型	词汇连接型	L2、L3 熟悉 度、语言距离
3. 张学敏 2008	蒙—汉—英；蒙汉 熟练，英 熟练/不 熟练	概念中介型	词汇连接型	没研究	语言熟悉度、 语言相似性
4. de Groot et al. 1995	荷—英—法；一语 到 三 语 流 利 度 递减	概念中介型	词汇连接型	没研究	外语熟悉度

① 表中第 1、5、6、7、8 项研究采用长时重复启动范式的语义归类和词汇判断任务；第 2 项采用短时快速启动范式的词汇判断任务；第 3 项采用图文干扰范式的图画命名任务；第 4 项采用翻译产出和翻译识别任务。

（续　表）

研究者及时间	研究对象及外语熟悉度	L2 和 L1 词	L3 和 L1 词	L3 和 L2 词	影响词汇连接的因素
5. 李利等 2008b	汉—英—日；英过专 8，日不熟悉	概念中介型	词汇连接型	没研究	外语熟悉度
	汉—英—法；英过专 8，法不熟悉	概念中介型	词汇连接型	没研究	
6. 叶郁 2013	汉—日—英；日、英均熟练	概念中介型	概念中介型	词汇连接型	外语熟悉度
	汉—日—英；日、英均不熟练	词汇连接型	词汇连接型	词汇连接型	
7. 王瑞明等 2010	汉—英—日；英过专 8，日不熟悉	没研究	词汇连接型	无直接联系	学习时间差异、语系差异
	汉—英—法；英过专 8，法不熟悉	没研究	词汇连接型	词汇连接型	学习时间差异、语系差异
8. 孙鑫等 2014	汉—英—日，英熟练，日不熟练、熟练	没研究	无直接联系	词汇连接型	语言熟悉度、语言使用频率包括近现率、语言距离
	汉—英—法；英、法熟练	没研究	词汇连接型	词汇连接型	
	汉—英—法；英熟练，法不熟练	没研究	词汇连接型	无直接联系	

　　影响三语者词汇连接模式的第二个重要因素是语言之间的距离或语言间的相似性。表 9-1 的 8 项研究中有 5 项认为语言距离影响三语者的词汇连接模式。比如崔占玲等（2009b）采用跨语言的长时重复启动范式，考察了藏—汉—英三语者三种语言的连接模式。被试的藏语为母语，L2 汉语为熟练语言，在学习和日常生活中使用频率很高。初中后开始学习的 L3 英语属于不熟练语言。他们发现藏语和汉语词为概念中介联系模式，汉语和英语词为词汇连接模式，藏语和英语词之间没有直接联系。崔占玲等（2009b：216）认为，虽然藏语词和英语词都属于拼音文字，但二者书写形式差异巨大。正字法的明显差异削弱了两种语言的相似性。王瑞明等（2010）运用跨语言的长时重复启动范式考察了后期熟练汉—英双语者二语词在三语词语义通达中的作用。被试的母语为汉语，二语为英

语,都已通过英语专业八级考试,三语为不熟练的日语或法语。结果发现,如果三语和二语属同一语系,如法语和英语,熟练双语者第三语言既能借助一语词,也能借助二语词通达语义;如果三语和二语不属同一语系,如日语和英语,熟练双语者第三语言只能借助一语词通达语义。研究者认为,被试的一语是优势语言,二语是弱势语言,不熟练的三语词借助一语词通达语义可能是一种必须,此时语言间是否语系相同不是决定因素;借助二语通达语义不是一种必须,但某种条件下能促进三语词的语义通达,此时语言相似性就能发挥一定作用。热比古丽·白克力等(2012)采用 SOA 为 300 ms 的真假词判断任务考察维—汉—英三语者三种词汇之间的联系。发现非熟练的三语词可以借助维语词通达语义。研究者认为,维语与英语都是拼音文字,相对于藏语与英语,维语与英语具有更高的相似性。因此 L3 与 L1 词汇的词名层在三语学期早期建立了联系是受到了语言相似性因素的影响所致。孙鑫等(2014)运用长时重复启动范式对比研究汉—英—日与汉—英—法三语者 L3 词汇的语义通达机制。发现熟练法语学习者经由汉语词和英语词两个通道通达语义。孙鑫等(2014:49)认为,法语对英语的激活是由英、法两种语言的相似性造成的。此外,Costa et al.(2005)也认为二语词的语义通达是词汇连接还是概念调节取决于二语与一语的词汇相似性。高立群等(2003:120)利用 Stroop 范式和颜色命名方法研究了日本留学生心理词汇的表征结构。他们也发现语言相似性和二语熟悉度共同影响了双语者的心理词汇表征。

　　除了语言熟悉度和语言相似性之外,不少研究认为学习媒介语也是双语者词汇连接模式的重要影响因素。比如崔占玲等(2009b)考察藏—汉—英三语者三种语言的连接模式时发现汉语和英语词之间为词汇连接模式。他们认为这是因为受到了学习媒介语的影响。汉语既是教师的英语教学媒介语,又是被试英语学习的媒介语。由于教师常用汉语词解释英语词,英语词与汉语词建立了直接联系,其理解也需由汉字词的词汇表征才能通达共享语义。热比古丽·白克力等(2012)考察维—汉—英三语者三种语言之间的联系模式时发现,三语者 L3 的学习媒介是经常使用的 L2,因此 L3 与 L2 词汇的词名层在三语学习早期就建立了联系。李利等(2008b)认为后期双语者学习二语时,一语已固化为优势语。他们会倾向于采用翻译学习法,在将二语词翻译为一语词的过程中掌握二语词。

由于二语初学者以一语为学习媒介语,通过一语词来间接通达二语词的语义,因此形成了词名层的较强连接。

此外,不少研究者认为语言使用频率也是双语者词汇连接模式的重要影响因素之一。比如,孙鑫等(2014)在运用长时重复启动范式对比研究汉—英—日与汉—英—法三语者 L3 词汇的语义通达模式时,发现汉—英—日三语者的日语词经由英语词通达语义。孙鑫等(2014:49)认为,日语和英语形态差异巨大,熟练日语者日语对英语的激活是由近现率,即英语较高的使用频率造成的。再比如,维语和藏语都是拼音文字,且维—汉—英和藏—汉—英三语者英语的学习媒介语都是汉语。但崔占玲等(2009b)发现藏—汉—英三语者的藏语和英语在词名层没有直接联系;而热比古丽·白克力等(2012)却发现维—汉—英三语者的维语和英语在词名层直接相连。崔占玲等(2012:1225)认为,两类三语者第三语言语义的不同通达方式主要是由于日常生活中所使用的不同语言类型造成的。藏—汉—英三语被试在内地学习至少已达五年时间,日常生活语言是汉语;维—汉—英三语被试长期生活在民族地区,尽管汉语非常熟练,但日常生活语言是维语。周晓林等(2008)也发现语言经验能改变双语者的主导语言。经常使用的语言类型会影响双语者二语语义的通达机制。崔占玲等认为是日常生活中所使用的语言类型不同导致了三语者词汇连接模式的差异,实际上就是指对于藏—汉—英和维—汉—英三语者而言,藏语和汉语的不同使用频率改变了三语者的词汇连接模式:藏—汉—英三语者的汉语相对藏语使用频率高得多;而维—汉—英三语者的维语相对汉语使用频率高得多。由于两类三语者的三语学习媒介语都是汉语,因此他们的三语(英语)和二语(汉语)在词名层都建立了直接联系。由于维语的高度频繁使用,所以维—汉—英三语者的三语(英语)和一语(维语)在词名层也建立了联系。

从以上分析可以发现,影响后期双语者心理词汇连接模式的主要有语言熟悉度、学习媒介语、语言使用频率和语言间的相似性等四个因素。因此本研究认为,双语者心理词汇的连接模式实际上主要是以上四个因素共同作用的结果,可用公式表示如下:

$$LLPB = f(LP, ML, LF, LS)$$

其中,"LLPB"表示双语者心理词汇的连接模式(lexical linking patterns of bilinguals' mental lexicon),"f"表示函数(function),"LP"表示(language proficiency),"ML"表示学习媒介语(medium language for learning),"LF"表示语言使用频率(language frequency),"LS"表示语言间的相似性(language similarity)。在以上四个因素的共同作用下,双语者心理词汇的连接模式将呈现出复杂多变的动态发展模式。

下面结合上述公式进一步分析藏—汉双语者和藏—汉—英三语者词汇连接模式的主要影响因素。

首先,语言水平或熟悉度对藏—汉双语者和藏—汉—英三语者的词汇连接模式具有一定影响。根据本书第六章的分析,藏—汉双语者 L2 - L1 词名层的连接强度在一定程度上受二语(汉语)水平的调节,二语越熟悉,连接强度有减弱的趋势。根据本书第八章的分析,藏—汉—英三语者藏—汉、汉—藏、英—汉和汉—英词名层的连接强度在一定程度上受二语(汉语)或三语(英语)水平的调节。即汉—藏和藏—汉词名层的连接强度受汉语水平的调节,汉语越熟悉,连接强度有减弱的趋势;英—汉和汉—英词名层的连接强度受英语水平的调节,英语越熟悉,连接强度有减弱的趋势。也就是说,双语者的二语和三语水平对词名层的连接强度具有较小程度的影响。总体上,本研究与李黎(2016)的发现类似,双语者词名层的连接强度随语言熟悉度的增加而减弱。但连接强度只是量变,而不是质变。即高水平的双语者在词名层仍然存在较强连接,没有完全消失的迹象。

除了语言水平之外,影响本研究藏—汉双语者和藏—汉—英三语者词汇连接模式最重要的因素是学习媒介语和语言使用频率。

首先看藏—汉双语者。本研究中,参加双语词汇连接模式实验的被试是西藏大学和西南交通大学的 56 名藏族大二和大三学生。所有被试在进入大学前均一直在西藏或四川藏区生活。所有 56 名被试依据汉语高考成绩分为熟悉汉语组(24 人)和较熟悉汉语组(32 人)。熟悉汉语组的汉语高考平均成绩为 111.58 分(SD=7.161);较熟悉汉语组的汉语高考平均成绩为 88.66 分(SD=8.357)。所有 56 名被试中,10 人上过学前班 0.5—1 年,教学语言是藏语,1 人上过 3 年幼儿园,主要教学语言是藏语。被试从幼儿园或小学阶段开始接触汉语,接触汉语的平均年龄为 7.50 岁(SD=1.43)。平均接触或学习汉语 13.52 年(SD=1.60),属于后期双语者。被试主观报告的语言使用模式如下:小学阶段的教学语言 55 人主要为藏语,1 人主要为汉语;初中阶段的教学语言 13 人主要为藏语,43 人主要为汉语;高中阶段的教学语言 2 人主要为藏语,54 人主要为汉语;大学阶段的教学语言全部为汉语。与同学朋友交流时 56 人均报告更多使用藏语;与老师交流时 28 人更多用藏语,28 人更多用汉语;与家人交流时 56 人表示全部用藏语。因此总体上看,课堂教学语言中汉语使用多于藏语,但课堂教学语言之外,被试大多数交流以藏语为主。由于所有被试均为后期双语者,尽管汉语作为教学语言总体上多于藏语,但在汉语习得关键的小学阶段,几乎所有被试的教学语言都以藏语为主。当然,所有被试在藏语环境中肯定都会采用藏语翻译法学习汉语。所以,藏语既是汉语的学习媒介语,又是重要的教学媒介语。此外,被试大多数交流都以藏语为主,因此藏语的使用频率相当高。在学习媒介语和语言使用频率两个因素的共同作用下,无论二语(汉语)熟悉,还是较熟悉,藏—汉双语者 L1 - L2 及 L2 - L1 的词名层都存在较强连接,且词名层的连接强度总体上[①]不受二语熟悉度调节。

值得注意的是,尽管熟悉汉语组和较熟悉汉语组的汉语高考成绩 t - 检验结果显示,两组被试的汉语熟悉度差异具有统计显著性(t 熟练 - 较熟练=22.927 分,$p<0.001$),但本研究的结果显示,词名层的连接强度总体上不受二语熟悉度的影响。这可能是由于本研究中的两组被试,虽然汉语水平存在显著差异,但在本节的前半部分已阐明,被试学习汉语的时间相对较早,使用场合较多。即使是较熟悉汉语组的被试,他们也能用汉语进行正常的日常交流。因此总体上被试对汉语已经相当熟悉。也就是说两组被试的汉语水平有差异,但差异不是非常显著。本研究没有考察汉语相当不熟悉或者汉语初学者的词汇连接模式,主要有两个原因,一是现有考察不熟练双语者心理词汇的连接模式的研究结论都比较一致地

[①] 本书第六章的实验研究发现,藏—汉双语者 L1 - L2 词名层的连接强度不受二语熟悉度调节,但 L2 - L1 词名层的连接强度在一定程度上受二语熟悉度调节。因此,藏—汉双语者 L1 - L2 及 L2 - L1 两个方向上的词名层连接强度在总体上不受二语熟悉度调节。

支持 RHM,因此考察汉语相当不熟悉或者尚处于汉语初学阶段的藏—汉双语者的词汇连接模式的价值不大。二是这样的被试很难招募,因为大学阶段的绝大多数藏—汉双语者的汉语都已经相当熟练了。

其次,再来看藏—汉—英三语者。参加本研究词汇连接模式实验的所有 42 名三语被试的平均年龄为 22.33 岁(SD＝3.03)。所有被试的母语均为藏语,开始学习藏文读写的平均年龄为 8 岁(SD＝3.12),参加实验时平均已学藏文读写 14.33 年(SD＝4.44);开始学习汉语的平均年龄为 7.12 岁(SD＝1.58),参加实验时平均已学汉语 15.21 年(SD＝3.54);开始学习英语的平均年龄为 11.83 岁(SD＝2.37),参加实验时平均已学英语 10.50 年(SD＝3.42)。以上数据表明,本研究的所有被试均为后期二语和三语学习者。所有 42 名三语被试中,有 4 人上过 3 年幼儿园,其中 1 人教学语言为藏语,3 人为汉语;11 人上过学前班 1 年,其中 9 人的教学语言为藏语,2 人为汉语;在小学阶段,36 人的主要教学语言为藏语,5 人的主要教学语言为汉语,1 人的主要教学语言为藏、汉各约 50%;在初中阶段,32 人的主要教学语言为藏语,10 人的主要教学语言为汉语;在高中阶段,26 人的主要教学语言为藏语,15 人的主要教学语言为汉语。另有 1 名被试来自青海省贵德县,其最主要教学语言是英语,其次是藏语,最少用汉语。该被试报告说英语课最多且都是外教,没有中国籍英语教师;数学和藏语课用藏语讲;汉语课用汉语讲。用藏语和汉语讲的课程都很少。在大学阶段,33 人报告说最主要教学语言是汉语,其次是藏语,最少用英语;9 人报告说最主要教学语言是英语,其次是汉语,最少用藏语。以上数据表明,本研究的三语被试英语学习的教学媒介语在大学入学前更多使用藏语,而在大学期间更多使用汉语。很显然,被试汉语学习的教学媒介语是母语藏语。

除了教学语言外,被试日常交流所用的语言也相当重要。所有 42 名被试在与同学朋友交流时,39 人主要使用藏语,3 人主要使用汉语。在与老师交流时,32 人最主要使用藏语,其次是汉语,再次是英语;8 人最主要使用汉语,其次是藏语,再次是英语;1 人最主要使用藏语,其次是英语,再次是汉语;1 人最主要使用汉语,其次是英语,再次是藏语。在与家人交流时,41 人用藏语,1 人用土语①。从日常交流看,被试最主要使用藏语,其次是汉语,而且藏语使用时间远远多于汉语,很少使用英语。尽管从交流和教学语言看,被试更多使用藏语,但有一点值得注意,被试英语学习的教材使用汉语远多于藏语。因此综合来看,对本研究的被试而言,三语(英语)学习的媒介语既有二语(汉语),也有一语(藏语),两种语言对三语学习都很重要。两种语言作学习媒介语的时间都比较多,但相比之下,汉语可能是被试英语学习更重要的媒介语。因此,被试的三语与一语和二语在词名层都建立了较强连接。

此外,本研究的 42 名三语被试中,有 39 名是青海民族大学外国语学院藏汉英三语翻译专业的大二和大三在校本科生。他们的学习内容和实践操作主要是三语互译。其余三名被试是青海民族大学外国语学院藏汉英三语翻译专业的教师,他们的教学内容也紧密围绕三语互译展开。高频度的翻译学习或工作内容可能进一步加强了被试二语、三语词名层与共享语义表征的联系;进一步加强了二语与一语、三语与二语、三语与一语词名层之间的联系。这可能就是即使二语或三语相当熟练的被试,其词名层之间还存在较强联系的主要原因。不仅如此,一语与二语、二语与三语,一语与三语词名层之间也存在着较强联系。长期、频繁的翻译实践加强了三语者三种语言词名层之间的正向和反向联系。因此,三语词汇可以直接通达语义,也可以通过一语或二语词汇间接通达语义;二语词汇可以直接通达语义,也可以通过一语或三语词汇间接通达语义;一语词汇可以直接通达语义,也可以通过二语或三语词汇间接通达语义。这其实就是 Brauer(1998)的语义多通道模式。由于被试对藏语和汉语的熟悉度差异不大;由于藏语和汉语都是被试高度频繁使用的语言;由于藏语和汉语都是被试英语学习的主要媒介语,相比之下汉语是被试英语学习更重要的媒介语,所以三语与二语、三语与一语词名层的连接强度没有太显著的差异,前者的连接强度略大于后者的连接强度。

以上分析语言使用频率对词汇连接模式的影响时,主要分析了藏—汉双语者藏语的使用频率对藏、汉双语心理词汇连接模式的影响,藏—汉—英三语者藏语和汉语的使用频率对英、汉和英、藏心理词汇连接模式

---

① 这里的土语是当地方言、藏语和汉语等三种语言或方言的混合语,其中藏语比汉语成分多一点。

的影响,以及藏语的使用频率对藏—汉—英三语者藏、汉心理词汇连接模式的影响。其实,对于藏—汉双语者和藏—汉—英三语者而言,汉语的使用频率,可能也会影响藏—汉双语者和藏—汉—英三语者藏、汉双语心理词汇的连接模式;英语的使用频率可能也会影响藏—汉—英三语者英、汉和英、藏心理词汇的连接模式。据笔者所知,这一点目前学界还没有讨论过。本研究在本节的前半部分提到过,Thierry et al. (2007)、Wu et al. (2013)、Morford et al. (2014)和肖巍等(2016)发现无论是平衡双语者还是非平衡双语者,他们在纯二语语境中加工二语词的语义时,一语词都会自动激活:二语词形首先激活概念,然后激活对应的一语词形,并进一步激活一语词的亚词汇层。也就是说,二语词的加工中,双语者会无意识自动激活一语词形和亚词形。这也可能会进一步加强二语和一语词名层的连接强度。

此外,目前学界尚无研究考察被试在纯三语语境中加工三语词的语义时,是单独激活二语词,还是单独激活一语词,还是一语词和二语词都同时自动被激活。这当然值得以后对该问题展开深入研究。但本研究认为,由于三语者三种心理词汇共享语义,而且三语词既可以通过一语和二语的词汇表征间接通达,又可以直接通达共享语义。因此,被试在使用三语词时,理论上既会直接激活一语和二语词名层,又会在激活共享语义后,间接激活一语和二语词名层,从而进一步加强三语词名层和一语及二语词名层的联系。由于二语词的学习和使用都离不开一语词名层,三语词的学习和使用离不开一语和/或二语词名层,因此,对于部分熟练双语者来说,比如李黎(2016)实验中的双语者和本研究中的藏—汉双语者和藏—汉—英三语者,即使二语和三语相当熟悉了,词名层之间的连接并没有显著减弱,更不要说消失。看来基于双语均为拼音文字构建的 RHM 等理论模型确实低估了一语词形对二语习得后期的持久影响(李黎 2016:2)。以上分析也表明,一语和二语的使用频率都可能会影响双语者和三语者二语和一语词汇的连接模式;一语、二语和三语的使用频率都可能会影响三语者三种词汇的连接模式。

值得注意的是,根据上文分析,目前学界不少研究都认为语言间的相似性是双语者词汇连接模式的重要影响因素。本研究在文献综述部分已经详细阐述了藏、汉、英三种语言之间的巨大差异,且崔占玲等(2009b)也发现藏、英之间没有词名层的联系。然而本研究却发现藏—汉双语者和藏—汉—英三语者各语言的词名层之间均存在较强联系。这是否表明语言相似性并不影响双语者的词汇连接模式呢？本研究认为，并不能简单地得出这样的结论。因为上述公式中的四个影响因素是相互影响、共同作用，综合决定双语者心理词汇连接的具体模式，而不是四个影响因素简单的相加求和。也就是说，尽管语言间的相似性可能会影响词汇连接模式，但本研究中，藏语和汉语都是被试英语学习的重要媒介语。藏语和汉语的使用频率都很高。尽管英语使用相对最少，但与其他研究的三语被试相比，本研究的三语被试使用英语的频率就相当高了。尤其是藏、汉、英三语互译的操作实践可能会不断强化三语词名层的相互联系，这些因素的综合影响力度超过了语言相似性因素可能带来的影响。但起码，本研究表明，语言相似性并不是双语词汇连接模式的决定性影响因素。同样，本研究发现总体上被试的汉语水平和英语水平对双语者的词汇连接模式仅有较小程度的影响，也并不意味着语言水平对双语者的词汇连接模式的绝对影响力度较小。而是由于，对于本研究的双语者和三语者而言，学习媒介语以及语言使用频率两个因素的综合影响力极大地抵消了语言水平和语言相似性可能带来的不同影响。当然，随着被试间二语或三语水平差异的变大，语言水平对词汇连接模式的影响程度可能就会增加。这也进一步表明了双语者心理词汇连接模式的复杂性和多样性。

基于以上分析，本研究提出双语者心理词汇语义表征及词汇连接的**语义元通达模型**（参见图9－4）。

如前所述，图9－4中，上层的四个小椭圆分别表示一语（L1）、二语（L2）、三语（L3）及n语（Ln）特定词汇"w"的词名层或词汇表征。"L1w"表示一语词"w"的词汇表征，如汉—英双语者"红色"一词的词汇表征。"L2w"表示一语词"w"在二语中的翻译对等词的词汇表征，如"红色"的英语翻译对等词"red"的词汇表征。以此类推，"L3w"和"Lnw"分别表示三语和n语中"红色"一词的翻译对等词的词汇表征。下层的大圆面表示词汇"w"（如"红色"）的语义表征层。字母"s"表示语义元。整个大圆从外到内分为四个圆环，分别用"L1s"、"L2s"、"L3s"和"Lns"表示。每一个圆环都包含所有四类语义元。其中，深黑色小椭圆表示集体语言共享元；浅黑色小椭圆表示个体语言共享元；细线白色小椭圆表示集体语言特异

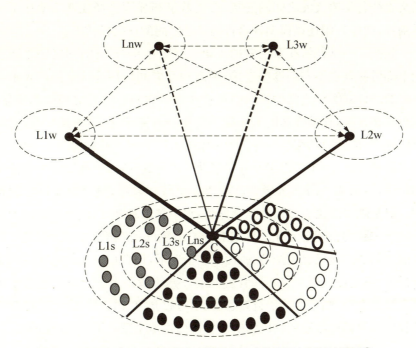

图9-4 双语者心理词汇语义表征及词汇连接的语义元通达模型[①]

元;粗线白色小椭圆表示个体语言特异元。因此,整个语义表征的大圆面被切分为四个区域：即集体语言共享元区域、集体语言特异元区域、个体语言共享元区域、个体语言特异元区域。四个区域相交于圆心"C"。每个区域又都包括4个圆环的一部分。一语、二语、三语、n语词名层的单词"w"直接与语义表征层相连,即与大圆面的圆心"C"相连。四条直线的粗细表示连接数量和强度,线条越粗,表示连接的语义元数量越多,连接强度越大。之所以用实线连接,意在强调即使是二语初学者,词名层也能直接通达共享语义。图中的词汇表征和语义表征层均用虚线椭圆或圆表示,意在表明双语者的词汇表征和语义表征的信息数量是动态开放的。此外,本模型假设后期双语者的一语熟练,且为优势语言,因此与一语词直接相连的语义元数量最多,强度最大,二语次之,三语更次,n语最不熟悉,与n语词直接相连的各类语义元数量最少,强度最小。由于词名层与

---

① 图9-4中深黑色小椭圆表示集体语言共享元;浅黑色小椭圆表示个体语言共享元;粗线白色小椭圆表示个体语言特异元;细线白色小椭圆表示集体语言特异元。

语义表征各类语义元之间的连接方式、数量和强度已经在 **9.2 节**作了详尽阐释,此处只阐述该模型各语言词名层之间的连接模式。

如图 9-4 所示,在双语者的一语、二语、三语、n 语的词名层之间理论上都可能存在不同强度的连接,因此相互之间均用虚线连接。表示各语言的翻译对等词之间的连接强度在非常微弱到非常强之间动态变化。是否存在连接,连接强度的大小则主要受语言熟悉度、学习媒介语、语言使用频率、语言间的相似性等四种因素的共同影响。通常情况下,对于后期双语者而言,由于二语学习需要借助一语为媒介,因此在二语学习的早期阶段,二语和一语词名层就已经建立了较强联系,这即是 RHM 的预测。但是随着双语者二语越来越熟练,水平越来越高,二语与一语词名层的连接方式则出现多元化。比如对于二语熟练的双语者,某些情况下词名层之间的连接已经完全消失;而某些情况下,词名层之间的连接并未完全消失,只是连接强度有不同程度减弱。熟练双语者词名层的连接模式究竟怎么变化,则主要受语言熟悉度、学习媒介语、语言使用频率、语言间的相似性等四种因素的共同影响和作用而可能呈现出不同的连接模式。

对于后期三语者而言,情况则要复杂得多。首先,三语者三种语言的熟悉度各不相同,而且语言熟悉度本身是动态变化的。其次,被试学习第三种语言有些只借助一语、有些只借助二语、有些则同时借助一语和二语。第三,被试三种语言的使用频率也相差很大,有的是仅有一种语言使用更频繁,有的是其中的两种语言使用更频繁,有的是三种语言的使用都很频繁。通常情况下,语言专业的大学生被试的语言使用频率明显高于非语言专业的大学生被试。同样是藏—汉—英三语被试,与崔占玲等(2009b)的被试相比,本研究中的三语被试因为其特殊的三语翻译专业,藏、汉、英三种语言的使用频率都相当高。第四,被试三种语言之间的差异也是一个重要的因素,如果都是拼音文字或会意文字,那么三种语言之间就很相似,如果是像本研究这样的藏—汉—英三语者,各语言之间的差异就非常巨大。由于以上这些因素导致三语者的词汇连接模式必然会呈现出复杂多变的情况。当然,四语……N 语者词名层之间的连接模式则会更加复杂多变,但不变的有以下六点。

一是各语言词名层之间的连接模式始终主要受语言熟悉度、学习媒介语、语言使用频率、语言间的相似性等四种因素的共同影响和作用。

二是二语不熟悉时,词名层的连接强度可能较大,二语越熟悉,词名层的连接强度可能逐渐减弱,但即使二语相当熟练,词名层的连接也不一定会显著减弱或完全消失。

三是二语通常会与学习媒介语的词名层建立较强的直接联系。

四是二语通常会与使用频率较高的语言建立词名层的直接联系。

五是二语更可能与其形态相似的语言建立词名层的直接联系。

六是通常情况下,词名层之间的反向连接强度大于正向连接强度。即,如果存在连接,L2 - L1、L3 - L1、L3 - L2 词名层的连接分别强于 L1 - L2、L1 - L3、L2 - L3 的连接,以此类推。因为对于后期双语者,被试会借助一语词名层,使用翻译学习法学习二语词;在纯二语语境中使用二语词时,会自动激活一语词名层。而在纯一语语境使用一语词时则可能不会自动激活二语词名层。三语与一语和三语与二语等情况则跟二语与一语的情况类似。但是本研究的实验结论却是 L1 - L3 词名层的连接强于 L3 - L1;L2 - L3 词名层的连接强于 L3 - L2。根据本书第八章的分析和讨论,这是因为在 200 ms 的短 SOA 条件下,被试可能无法充分提取藏语和英语启动词的词汇表征,在更长的 SOA 条件下,英—藏和英—汉实验组中产生的启动效应可能会有增加的趋势。也就是说,不同的实验设计可能会影响双语词汇连接模式的研究结论。比如在长时重复启动范式下,如果学习阶段的词汇对测试阶段的词汇能产生较小的启动效应,但由于学习阶段和测验阶段的时间间隔太长,也可能使得实验无法发现启动效应。因此不同的实验范式,甚至是相同的实验方法,只要实验设计稍有不同,比如使用长短不同的 SOA,研究词汇连接模式的实验也可能会得出不一致甚至矛盾的结论。

9.4 SOA 多点测试法的合理性

基于上述在**语义元通达模型**指导下的分析与讨论,本研究提出的 SOA 多点测试法显然具有较高的合理性。本研究共采用了四个 SOA 多点测试行为实验考察双语者心理词汇的语义表征模式。根据四个实验的分析,可以发现,如果影响启动词加工速度的相关变量在各 SOA 条件下没有得到严格的组间匹配,则无法发现启动效应受 SOA 调节的规律,这在三语行为实验 1、2、3 中得到了证实；如果影响启动词加工速度的相关变量在各 SOA 条件下得到了严格的组间匹配，就可以发现启动效应受 SOA 调节的规律：SOA 越长，启动效应有增大的趋势，这在双语行为实验 1 中得到了证实。由于双语行为实验 1 中，只是在组间匹配了影响启动词加工速度的相关变量，没有匹配影响目标词加工速度的相关变量，因此该实验中只发现了启动效应随 SOA 变长而增加的趋势。如果在所有 5 个 SOA 水平下，影响目标词加工速度的相关变量也能得到严格的组间匹配，就应该可以更加清晰地发现启动效应随 SOA 变长而显著增加的规律，这可以在将来进一步深入研究。

根据 SOA 多点测试行为实验的结果也可以发现，如果 SOA 太短，而被试对启动词又不太熟悉，或者启动词和目标词的语义相关度不高，启动词的自动激活程度可能不足以促进被试对目标词的语义加工，因此无法产生跨语言的语义启动效应。比如，在 SOA38 ms 水平下，双语行为实验 1 和三语行为实验 2 中就没有产生跨语言的语义启动效应。但如果被试对启动词非常熟悉，在非常短的 SOA 条件下，甚至连人眼都无法看清启动刺激的情况下，当启动词和目标词语义高度相关时，实验中仍然可以产生跨语言的语义启动效应。此时，被试无法看清启动词，无法实施翻译等有意识的加工策略，说明跨语言的启动效应确实来源于启动词语义的自动激活扩散。比如，在 SOA38 ms 水平下，三语行为实验 1 和三语行为实验 3 中就产生了跨语言的语义启动效应。**据笔者所知，这是学界目前发现的能产生跨语言语义启动效应的最短 SOA（38 ms）**。如果没有采用 SOA 多点测试行为实验方法，本研究可能就无法获得这一新发现。

通过对本研究四个 SOA 多点测试行为实验的分析，可以发现 SOA 多点测试法确实能排除 SOA 单点测试的设计缺陷。此外，本研究发现，某些情况下 ERP 脑电指标确实比反应时和正确率指标更敏感，但某些情况下，行为反应时或正确率指标却更敏感。鉴于 SOA 多点测试行为实验的独特优势，鉴于行为学测量和神经学测量方法都有其局限性，SOA 多点测试行为实验和短时快速启动范式的 ERP 实验相结合，二者相互比较、相互参照、相互印证，是目前考察双语者心理词汇语义表征及词汇连接模式更好的实证研究方法。

第十章

结 论 与 展 望

10.1　结论

通过以上各章的分析与讨论,本研究得出如下结论:

一、藏—汉双语者和藏—汉—英三语者心理词汇的语义表征共享[①],词汇表征分离。二语(汉语)和三语(英语)词汇表征均可直接通达共享的语义表征。心理词汇的词名层在 L1 - L2、L2 - L1、L1 - L3、L3 - L1、L2 - L3、L3 - L2 等所有 6 个方向上均存在较强连接。在 200 ms 的短 SOA 条件下,L2 - L1 词名层的连接强于 L1 - L2 词名层的连接;L1 - L3 词名层的连接强于 L3 - L1;L2 - L3 词名层的连接强于 L3 - L2;在更长的 SOA 条件下,L1 - L2、L3 - L1 和 L3 - L2 词名层的连接强度可能会有增加的趋势。如果启动词词汇表征的激活程度相同,L3 - L2 词名层的连接略强于 L3 - L1。

二、被试的二语和三语熟悉度不影响语义表征、词汇表征和词汇连接模式的性质,但在一定程度上影响词名层之间,以及词名层和语义表征之间的连接强度。也就是说,不管被试是二语、三语初学者还是熟练者,

---

[①] 本研究构建的**语义元通达模型**将双语者心理词汇的语义表征切分为四类语义元,分别是集体语言共享元、个体语言共享元、集体语言特异元和个体语言特异元。其中,后两类语义元只属于双语者某一特定语言(一语或二语)词汇的语义表征组成部分。因此,本研究的结论"双语者心理词汇的语义表征共享"其实是指双语者心理词汇语义表征中的前两类语义元共同存储。

二语和三语词汇表征均可直接通达共享的语义表征。但初学者的二语和三语词汇与该词语义表征中的集体语言共享元和个体语言共享元的连接数量更少,强度更小,而随着二语和三语熟悉度的提高,连接数量和强度都会不断增加。不管被试是二语、三语初学者还是熟练者,词名层之间都存在一定的联系。随着二语和三语熟练度的增加,其连接强度有减弱的趋势,但并未完全消失。影响藏—汉双语者和藏—汉—英三语者词汇连接模式的主要是语言熟悉度、学习媒介语和语言使用频率等三个因素。

三、不管双语者有几套心理词汇,其所有心理词汇共享语义表征,共享同一套意义系统。即使是初学者,双语者所有语言的词汇表征都直接通达共享语义。语言中的一词多义和一义多形决定了任何语言的词汇无法仅借助其他语言的词汇表征而间接通达共享语义。各语言词汇表征和共享语义的连接强度主要受语言熟悉度调节,即语言越熟悉,连接强度越大。语言之间的相似性不影响双语者的语义表征模式。双语及多语词名层的连接模式和连接强度则主要受语言熟悉度、学习媒介语、语言使用频率,语言之间的相似性等四个因素影响,并呈现出复杂多变的动态连接模式。但语言之间的相似性不是双语者心理词汇连接模式的决定性影响因素。

四、双语心理词汇语义表征中的个体语言特异元和个体语言共享元的不稳定性、SOA 的长短及其他实验变量的不同控制,这些因素导致了双语心理词汇语义表征的实验研究结果不一致甚至相互矛盾。不同的实验范式和实验设计也会影响双语心理词汇连接模式实验研究的结果。

五、本研究构建了双语词汇表征新的**语义元通达模型**。该模型认为:双语者不同语言的词汇表征与集体语言共享元和个体语言共享元直接相连,其连接数量和强度决定了词汇与共享语义表征之间的直接联系强度;个体语言特异元和个体语言共享元使不同个体对相同心理词汇的语义表征具有一定的差异性和不稳定性;词汇和语义表征的连接强度随语言熟悉度的增加而不断加强。双语者不同语言的词汇在词名层可能存在的连接,决定了词汇与共享语义表征之间的间接联系强度。在语言熟悉度、学习媒介语,语言使用频率和语言相似性等四个因素的共同作用下,双语心理词汇的连接模式是动态变化的。变化的总趋势是,不同语言的词名层之间的连接强度随语言熟悉度的增加不断减弱。本模型可以解释本研究及学界现有相关研究得出的结果。

10.2 展望

本研究存在以下六个方面的不足,今后可以在改进的基础上进一步深入研究。

一、语言认知研究者普遍认为,心理词汇在大脑中有语义层和词名层两个表征层面。以往研究多采用词汇判断任务和语义判断任务来考察心理词汇不同层面的激活状态,其假设的逻辑是词汇判断中被试只会加工到刺激的词汇层面(孟迎芳等 2016)。比如长时重复启动范式的双语词汇表征研究中,一般采用语义归类或语义判断任务考察心理词汇的语义表征模式,用真假词判断任务考察心理词汇的词汇表征模式和词汇连接模式。王瑞明等(2011:780)指出,真假词判断任务只需要被试在词汇层面上进行语言加工,语义归类或语义判断任务需要被试在语义层面上进行语言加工。依据上述相关研究,本研究采用短 SOA 条件下的真假词判断任务考察双语者心理词汇的词汇表征和词汇连接模式。但是Pexman et al.(2008)认为词汇判断中被试可能会自动加工到刺激的概念层面,并发现了词汇判断中的语义影响效应。陈宝国等(2009:74)也认为,词汇判断任务是否一定需要语义因素的参与还存在争论。此外,学界也有一些研究采用 SOA 长短不等的词汇判断任务考察双语者心理词汇的语义表征模式。因此,今后可以通过其他实验设计方法进一步研究双语者心理词汇的词汇表征和词汇连接模式,以验证双语词汇表征长时重复启动实验研究及本研究实验所假设的逻辑是否正确。

二、本研究主要采用了短时快速启动范式的 ERP 实验技术实时跟踪双语者心理词汇语义、语音、词形加工的时间进程。今后若有条件可以进一步与 fMRI 技术相结合,或者采用 MEG 技术既准确跟踪双语者心理词汇语义、语音、词形加工的时间进程,又精确定位词汇、语义加工的脑区,从而更科学解释双语者词汇加工的脑神经机制。

三、本研究只考察了高频词的语义表征和词汇连接模式。王琦等(2005)发现字词频率会影响双语者的语言加工。Chen et al.(2015)发现词汇熟悉度是影响被试记忆表征的重要因素。那么字词频率是否会影响双语者和三语者的语义表征和词汇连接模式呢？该问题也有待今后进一步深入、系统考察。

四、刘利民等（2002：7—8）采用 Stroop 效应实验考察汉字字形、字音和字义认知的优势半球时，发现以汉语为母语的男性被试比女性具有更强的复脑效应。即与女性相比，男性的右脑参与语言加工的程度更深，范围更广。这说明性别差异可能影响被试的词汇认知，进而影响双语者心理词汇的语义表征和词汇连接模式。本研究各实验中均没有控制被试的性别差异。今后条件成熟时，可以进一步研究性别变量是否影响，以及如何影响双语者心理词汇的语义表征和词汇连接模式。

五、本研究没有进行个案追踪研究。以后如有可能，可追踪研究同一批被试在二语或三语学习的全过程中，语义表征和词汇连接的动态模式。

六、双语者两种语言的加工不是两种加工过程的简单叠加，而是相互作用的结果。其中 L2 的熟练程度是影响双语者语言加工的主要因素，L2 的加工方式也受 L1 的特点及加工方式的影响（Yang et al. 2011）。白吉可等（2011）采用 ERP 技术考察维—汉双语者汉语认知的神经源分布脑区时，发现维—汉双语者的汉语语义加工模式不同于汉语母语者，也与拼音文字加工的特点不完全相同。既然 L1 能影响 L2 词汇的语义加工，藏—汉双语者汉语词汇的语义加工如何受藏语影响？藏—汉双语者汉语词汇的语义加工与汉语母语者的语义加工有何不同？二者的脑区活动，与语义加工相关的 N400 大脑头皮分布有何异同？这些问题的研究目前学界还是空白。同样，三语者在掌握三种语言时，会受到语言获得顺序、语言获得途径、已获得的语言以及语言获得情境等因素的影响。三种语言的词汇、语义和句法也会相互作用、相互影响（崔占玲等 2012）。L3 的获得不同于 L2 的获得（Cenoz et al. 2001）。L3 的理解和产生过程也不同于 L2（Cenoz et al. 2000）。语言经验不同，三种语言间的联系方式也不同（热比古丽·白克力 2010）。既然三语者 L3 的学习与加工同时受 L1 和 L2 影响。藏—汉—英三语者英语词汇的语义加工如何受 L1 和 L2 的影响？藏—汉—英三语者英语词汇的语义加工与英语母语者、汉—英双语者的英语词汇语义加工有何不同？其脑区活动，与语义加工相关的 N400 大脑头皮分布有何异同？这些问题目前学界同样也是空白。本研究实际上专门设计了两个 ERP 实验分别考察藏—汉双语者汉语词汇的语义加工模式和藏—汉—英三语者英语词汇的语义加工模式。遗憾的是，由于实验后期的数据分析、整理等工作量实在太大，由于时间和精力确实有限，这两个实验的分析整理以及与现有其他相关研究的对比分析只能等将来时间允许时再继续进行了。

参 考 文 献

Aitchison, J. 1987. *Words in the Mind: An Introduction to the Mental Lexicon* [M]. Oxford: Basil Blackwell.

Aitchison, J. 2003. *Words in the Mind: An Introduction to the Mental Lexicon* (3rd ed.) [M]. Oxford: Basil Blackwell.

Altarriba, J. 1992. The representation of translation equivalents in bilingual memory [J]. *Advances in Psychology*, (83): 157 - 174.

Altarriba, J., & Mathis, K. M. 1997. Conceptual and lexical development in second language acquisition [J]. *Journal of Memory & Language*, 36(4): 550 - 568.

Altarriba, J., & Basnight-Brown, D. M. 2007. Methodological considerations in performing semantic-and translation-priming experiments across languages [J]. *Behavior Research Methods*, 39(1): 1 - 18.

Alvarez, R. P., Holcomb, P. J., & Grainger, J. 2003. Accessing word meaning in two languages: An event-related brain potential study of beginning bilinguals [J]. *Brain and Language*, 87(2): 290 - 304.

Anderson, J. E., & Holcomb, P. J. 1995. Auditory and visual semantic priming using different stimulus onset asynchronies: An event-related brain potential study [J]. *Psychophysiology*, (32): 177 - 190.

April, R. S., & Tse, P. C. 1977. Crossed aphasia in a Chinese bilingual dextral [J]. *Archives of Neurology*, 34(12): 766 - 770.

Ardal, S., Donald, M. W., Meauter, R., Muldrew, S., & Luce, M. 1990. Brain responses to semantic incongruity in bilinguals [J]. *Brain and Language*, (39): 187 - 205.

Basnight-Brown, D. M., & Altarriba, J. D. 2007. Differences in semantic and translation priming across languages: The role of language direction and language dominance [J]. *Memory and Cognition*, 35(5): 953 - 965.

Berthier, M. L., Starkstein, S. E., Lylyk, P., & Leiguarda, R. 1990. Differential recovery of languages in a bilingual patient: A case study using selective amytal test

[J]. *Brain & Language*, 38(3): 449 – 453.

Blot, K. J., Zárate, M. A., & Paulus, P. B. 2003. Code-switching across brainstorming sessions: Implications for the revised hierarchical model of bilingual language processing [J]. *Experimental Psychology*, 50(3): 171 – 183.

Bock, K., & Levelt, W. J. M. 1994. Language production: Grammatical encoding [A]. In Gernsbacher, M. A. (Ed.), *Handbook of Psycholinguistics* [C]. San Diego: Academic Press: 945 – 984.

Bodner, G. E., & Masson, M. E. J. 2003. Beyond spreading activation: An influence of relatedness proportion on masked semantic priming [J]. *Psychonomic Bulletin & Review*, 10(3): 645 – 652.

Bosch, S., & Leminen, A. 2018. ERP priming studies of bilingual language processing [J]. *Bilingualism: Language and Cognition*, 21(3): 462 – 470.

Boudelaa, S., & Marslen-Wilson, W. D. 2005. Discontinuous morphology in time: Incremental masked priming in Arabic [J]. *Language and Cognitive Processes*, 20 (1): 207 – 260.

Brauer, M. 1998. Stroop interference in bilinguals: The role of similarity between the two languages [A]. In Healy, A. F., & Bourne, Jr. L. E. (Eds.), *Foreign language learning: Psycholinguistic studies on training and retention* [C]. Mahwah, N. J., U. S. : Lawrence Erlbaum Associates Publishers: 317 – 337.

Brenders, P. 2012. *Cross-Language Interactions in Beginning Second Language Learners* [D], Radboud University Nijmegen, the Netherlands.

Brown, C. M., Hagoort, P., & Chwilla, D. J. 2000. An event-related brain potential analysis of visual word priming effects [J]. *Brain and Language*, 72(2): 158 – 190.

Caramazza, A., Landenna, A., & Romani, C. 1988. Lexical access and inflextional morphology [J]. *Cognition*, (28): 297 – 332.

Carroll, D. W. 2000. *Psychology of Language* [M]. Beijing: Foreign Language Teaching and Research Press.

Cenoz, J., Hufeisen, B., & Jessner, U. 2000. *Crosslinguistic influence in third language acquisition: Psycholinguistic perspectives* [M]. Cleveland: Multilingual Matters.

Cenoz, J., Hufeisen, B., & Jessner, U. 2001. *Looking beyond second language acquisition: Studies in tri-and multilingualism* [M]. Tubingen: Stautenburg.

Chan, A. H. D., Luk, K. K., Li, P., Yip, V., Li, G., & Weekes, B. 2008. Neural correlates of nouns and verbs in early bilinguals [J]. *Annals of the New York Academy of Sciences*, (1145): 30 – 40.

Chauncey, K., Grainger, J., & Holcomb, P. J. 2008. Code-switching effects in bilingual word recognition: A masked priming study with event-related potentials [J]. *Brain and language*, 105(3): 161 – 174.

Chee, M. W. L., Caplan, D., Soon, C. S., Sriram, N., Tan, E. W. L., Thiel, T., & Weekes, B. 1999. Processing of visually presented sentences in Madarin and English studied with fMRI [J]. *Neuron*, (1): 127 – 137.

Chen, B., Liu, W., Wang, L., & Perfetti, C. A. 2007. The timing of graphic, phonological and semantic activation of high and low frequency Chinese characters: An ERP study [J]. *Progress in Natural Science*, (17): 62 – 70.

Chen, C. Y., Zhang, J. X., Li, L., & Wang, R. 2015. Bilingual memory representations in less fluent bilinguals: An event-related potential study [J]. *Psychological Reports*, 116(1): 230 – 241.

Chen, H., & Ho, C. 1986. Development of Stroop interference in Chinese-English bilinguals [J]. *Journal of Experimental Psychology Learning Memory & Cognition*, 12(3): 397 – 401.

Chen, X., & Kao, H. S. 2002. Visual-spatial properties and orthographic processing of Chinese characters [A]. In Kao, H. S. R., Leong, C. -K., & Gao, D. -G. (Eds.), *Cognitive Neuroscience Studies of the Chinese Language* [C]. Hong Kong University Press, HKU: 174 – 195.

Chen, Z., Lei, X., Ding, C., Li, H., & Chen, A. 2013. The neural mechanisms of semantic and response conflicts: An fMRI study of practice-related effects in the Stroop task [J]. *Neuroimage*, 66(1): 577 – 584.

Chumbley, J. I., & Balota, D. A. 1984. A word's meaning affects the decision in lexical decision [J]. *Memory & Cognition*, 12(6): 590 – 606.

Clahsen, H. 1999. Lexical entries and rules of language: A multidisciplinary study of German inflection [J]. *Behavioral and Brain Science*, (22): 991 – 1013.

Collins, A. M., & Quillian, M. R. 1969. Retrieval time from semantic memory [J]. *Journal of Verbal Learning and Verbal Behavior*, 8(2): 240 – 247.

Collins, A. M., & Loftus, E. F. 1975. A spreading-activation theory of semantic processing [J]. *Psychological Review*, 82(6): 407 – 428.

Colomé, À. 2001. Lexical activation in bilinguals' speech production: Language-specific or language-independent? [J]. Journal of Memory and Language, (45): 721 – 736.

Connolly, J. F., & Phillips, N. A. 1994. Event-related potential components reflect phonological and semantic processing of the terminal word of spoken sentences [J]. *Journal of Cognitive Neuroscience*, (6): 256 – 266.

Costa, A., Caramazza A., & Sebastian-Galles, N. 2000. The cognate facilitation effect: Implications for models of lexical access [J]. *Journal of Experimental Psychology: Learning, Memory and Cognition*, 26(5): 1283 – 1296.

Costa, A., Santesteban, M. & Cano, A. 2005. On the facilitative effects of cognate words in bilingual speech production. [J]. *Brain and Language*, (94): 94 – 103.

De Bleser, R., Dupont, P., Postler, J., Bormans, G., Speelman, D., &

Mortelmans, L. 2003. The organization of the bilingual lexicon: a PET study [J]. *Journal of Neurolinguistics*, (16): 439 – 456.

De Diego, B. R., Sebastián-Gallés, N., Diaz, B., & Rodriguez-Fornells, A. 2005. Morphological processing in early bilinguals: An ERP study of regular and irregular verb processing [J]. *Cognitive Brain Research*, (25): 312 – 327.

De Groot, A. M. B. 2011. *Language and Cognition in Bilinguals and Multilinguals: An Introduction* [M]. New York: Psychology Press.

De Groot, A. M. B., & Nas, G. L. J. 1991. Lexical representation of cognates and noncognates in compound bilinguals [J]. *Journal of Memory & Language*, 30(1): 90 – 123.

De Groot, A. M. B. 1992. Bilingual lexical representation: A closer look at conceptual representations [A]. In Frost, R., & Katz, L. (Eds.), *Orthography*, *Phonology*, *Morphology*, *and Meaning* [C]. Amsterdam: Elsevier: 389 – 412.

De Groot, A. M. B., & Hoeks, J. C. J. 1995. The development of bilingual memory: Evidence from word translation by trilinguals [J]. *Journal of Language Learning*, (45): 683 – 724.

De Guerrero, M. C. 2005. *Inner Speech-L2: Thinking Words in a Second Language* [M]. New York: Springer.

De la Riva López, E. M., Francis, W. S., & García, J. 2012. Repetition priming within and between languages in verb generation: Evidence for shared verb concepts [J]. *Memory* 20(4): 358 – 373.

De Marchis, G., Expósito, M. del P. R., & Avilés, J. M. R. 2013. Psychological distance and reaction time in a Stroop task [J]. *Cognitive Processing*, 14(4): 401 – 410.

Deacon, D., Dynowska, A., Ritter, W., & Grose-Fifer, J. 2004. Repetition and semantic priming of nonwords: Implications for theories of N400 and word recognition [J]. *Psychophysiology*, 41(1): 60 – 74.

Debruille, J. B. 2007. The N400 potential could index a semantic inhibition [J]. *Brain Research Review*, (56): 472 – 477.

Deese, J. 1965. *The Structure of Associations in Language and Thought* [M]. Baltimore: Johns Hopkins University Press.

Dehaene, S., Dupoux, E., Mehler, J., Cohen, L., Paulesu, E., Perani, D., Moortele, P. -F., Lehéricy, S., & Bihan, D. 1997. Anatomical variability in the cortical representation of first and second language [J]. *Neuroreport*, (8): 3809 – 3815.

Dell, G. S. 1986. A Spreading-activation theory of retrieval in sentence production [J]. *Psychological Review*, 93(3): 283 – 321.

Diependaele, K., Sandra, D., & Grainger, J. 2005. Masked cross-modal morphological priming: Unravelling morpho-orthographic and morpho-semantic influences in early word recognition [J]. *Language & Cognitive Processes*, 20 (1－2): 75－114.

Dijksterhuis, A. , & Nordgren, L. F. 2006. A theory of unconscious thought [J]. *Perspectives on Psychological Science*, 1(2) : 95－109.

Dijkstra, T. , van Jaarsveld, H. , & Brinke, S. T. 1998. Interlingual homograph recognition: Effects of task demands and language intermixing [J]. *Bilingualism: Language and Cognition*, (1): 51－66.

Ding, G. , Perry, C. , Peng, D. , Ma, L. , Li, D. , Xu, S. , Luo, Q. , Xu, D. , & Yang, J. 2003. Neural mechanisms underlying semantic and orthographic processing in Chinese-English bilinguals [J]. *Neuroreport*, 14(12): 1557－1562.

Dong, Y. -P. , Gui, S. -C. , & Macwhinney, B. 2005. Shared and separate meanings in the bilingual mental lexicon [J]. *Bilingualism: Language and Cognition*, 8(3): 221－238.

Duñabeitia, J. A. , Dimitropoulou, M. , Uribe-Etxebarria, O. , Laka, I. , & Carreiras, M. 2010. Electrophysiological correlates of the masked translation priming effect with highly proficient simultaneous bilinguals [J]. *Brain Research*, (1359): 142－154.

Durgunoglu, A. Y. , & Roediger, H. L. 1987. Test differences in accessing bilingual memory [J]. *Journal of Memory and Language*, (26): 377－391.

Entwisle, D. 1966. *Word Associations of Young Children* [M]. Baltimore: Johns Hopkins University Press.

Ervin S. , & Osgood, C. 1954. Psycholinguistics: A survey of theory and research problems [A]. In Osgood, C. , & Seboek, T. (Eds.), *Psycholinguistics* [C]. Baltimore: Waverly Pres, Inc. : 139－146.

Fabbro, F. 1999. *The Neurolinguistics of Bilingualism: An Introduction* [M]. Hove, East Sussex, U. K. : Psychology Press.

Ferreira, F. 1993. Creation of prosody during sentence production [J]. *Psychological Review*, 100(2): 233－253.

Finkbeiner, M. , Forster, K. , Nicol, J. , & Nakamura, K. 2004. The role of polysemy in masked semantic and translation priming [J]. *Journal of Memory and Language*, (51): 1－22.

Fitzpatrick, T. 2007. Word association patterns: Unpacking the assumptions [J]. *International Journal of Applied Linguistics*, (17): 319－331.

Fitzpatrick, T. , & Izura, C. 2011. Word association in L1 and L2: An exploratory study of response types, response time and inter-language mediation [J]. *Studies in Second Language Acquisition*, (33): 373－398.

Fodor, J. A. 1975. *The Language of Thought* [M]. New York: Crowell.

Fox, E. C. 1996. Cross-Language priming from ignored words: Evidence for a common representational system in bilinguals [J]. *Journal of Memory &*

Language, 35(3): 353 - 370.

Francis, W. S. 1999. Cognitive integration of language and memory in bilinguals: semantic representation [J]. *Psychological Bulletin*, 125(2): 193 - 222.

Francis, W. S. , & Goldmann, L. L. 2011. Repetition priming within and between languages in semantic classification of concrete and abstract words [J]. *Memory*, (19): 653 - 663.

Fromkin, V. 1971. The non-anomalous nature of anomalous utterances [J]. *Language*, (47): 27 - 52.

Fromkin, V. 1993. Speech Production [A]. In Gleason, J. B. , & Ratner, N. B. (Eds.), *Psycholinguistics* [C]. Fort Worth, TX: Harcourt Brace Jovanovich: 272 - 300.

Geyer, A. , Holcomb, P. J. , Midgley, K. J. , & Grainger, J. 2011. Processing words in two languages: An event-related brain potential study of proficient bilinguals [J]. *Journal of Neurolinguistics*, (24): 338 - 351.

Glanzer, M. , & Duarte, A. 1971. Repetition between and within languages in free recall [J]. *Journal of Verbal Learning and Verbal Behavior*, 10(6): 625 - 630.

Gollan, T. H. , Forster, K. I. , & Frost, R. 1997. Translation priming with different scripts: Masked priming with cognates and noncognates in Hebrew-English bilinguals [J]. *Journal of Experimental Psychology Learning Memory & Cognition*, (23): 1122 - 1139.

Gomez-Tortosa, E. , Martin, E. M. , Gaviria, M. , & Charbel, F. , & Ausman, J. I. 1995. Selective deficit of one language in a bilingual patient following surgery in the left perisylvian area [J]. *Brain and Language*, 48(3): 320 - 325.

Grainger, J. , & Beauvillain, C. 1988. Associative priming in bilinguals: Some limits of interlingual facilitation effects [J]. *Canadian Journal of Psychology/Revue Canadienne De Psychologie*, 42(3): 261 - 273.

Grosjean, F. 1992. Another View of Bilingualism [J]. *Advances in Psychology*, 83 (8): 51 - 62.

Hagoort, P. , Baggio, G. , & Willems, R. M. 2009. Semantic unification [A]. In Gazzaniga, M. S. (Ed.), *The Cognitive Neurosciences* [C]. Cambridge, Massachusets: MIT Press, 4: 819 - 837.

Hagoort, P. , Brown, C. M. , & Groothusen, J. 1993. The syntactic positive shift (SPS) as an ERP measure of syntactic processing [J]. *Language and Cognitive Processes*, (8): 439 - 483.

Heredia, R. R. , & Cieślicka, A. B. 2014. Bilingual memory storage: compound-coordinate and derivatives [A]. In Heredia, R. R. & Altarriba, J. (Eds.), *Foundations of Bilingual Memory* [C]. Berlin: Springer: 11 - 39.

Hernandez, A. E. , Dapretto, M. , Mazziotta, J. , & Bookheimer, S. 2001. Language switching and language representation in Spanish-English bilinguals: An fMRI study [J]. *Neuroimage*, (14): 510 - 520.

Hernandez, A. E., & Reyes, I. 2002. Within-and between-language priming differ: Evidence from repetition of pictures in Spanish-English bilinguals [J]. *Journal of Experimental Psychology: Learning, Memory, and Cognition*, 28(4): 726 - 734.

Hernandez, A., Li, P., & MacWhinney, B. 2005. The emergence of competing modules in bilingualism [J]. *Trends in Cognitive Sciences*, (9): 220 - 225.

Hernandez, A. E., & Meschyan, G. 2006. Executive function is necessary to enhance lexical processing in a less proficient L2: Evidence from fMRI during picture naming [J]. *Bilingulalism: Language and Cognition*, 9(2): 177 - 188.

Hill, H., Strube, M., & Roesch-Ely, D., & Weisbrod, M. 2002. Automatic vs. controlled processes in semantic priming-differentiation by event-related potentials [J]. *International Journal of Psychophysiology*, (44): 197 - 218.

Hines, T. M. 1996. Failure to demonstrate selective deficit in the native language following surgery to the left perisylvian area [J]. *Brain and Language*, 54(1): 168 - 169.

Holcomb, P. J., O'Rourke, T., & Grainger, J. 2002. An event-related brain potential study of orthographic similarity [J]. *Journal of Cognitive Neuroscience*, (14): 938 - 950.

Holcomb, P. J., Reder, L., Misra, M., & Grainger, J. 2005. The effects of prime visibility on ERP measures of masked priming [J]. *Cognitive Brain Research*, 24(1): 155 - 172.

Holcomb, P. J. & Grainger, J. 2006. On the time course of visual word recognition: An event-related potential investigation using masked repetition priming [J]. *Journal of Cognitive Neuroscience*, (18): 1631 - 1643.

Holcomb, P. J., & Grainger, J. 2009. ERP effects of short interval masked associative and repetition priming [J]. *Journal of Neurolinguistics*, 22(3): 301 - 312.

Hoshino, N., Midgley, K. J., Holcomb, P. J., & Grainger, J. 2010. An ERP investigation of masked cross-script translation priming [J]. *Brain Research*, (1344): 159 - 172.

Hsu, C. -H., Tsai, J. -L., Lee, C. -Y., & Tzeng, O. J. -L. 2009. Orthographic combinability and phonological consistency effects in reading Chinese phonograms: An event-related potential study [J]. *Brain and Language*, (108): 56 - 66.

Indefrey, P. 2006. A Meta-analysis of hemodynamic studies on first and second language processing: Which suggested differences can we trust and what do they mean? [J]. *Language Learning*, 56(1): 279 - 304.

Isel, F., Baumgaertner, A., Thrän, J., Meisel, J. M., & Büchel, C. 2010. Neural circuitry of the bilingual mental lexicon: Effect of age of second language acquisition [J]. *Brain & Cognition*, 72(2): 169 - 180.

Jackendoff, R. 2002. *Foundations of Language: Brain, Meaning, Grammar, Evolution* [M]. Oxford: Oxford University Press.

Jiang, N. 2000. Lexical representation and development in a second language [J]. *Applied Linguistics*, 21(1): 47 – 77.

Jiang, N. 2002. Form-meaning mapping in vocabulary acquisition in a second language [J]. *Studies in Second Language Acquisition*, 24(4): 617 – 637.

Jiang, N. 2004. Semantic transfer and its implications for vocabulary teaching in a second language [J]. *The Modern Language Journal*, 88(3): 416 – 432.

Jin, Y. S. 1990. Effects of concreteness on cross-language priming in lexical decisions [J]. *Perceptual and Motor Skills*, (70): 1139 – 1154.

Johnson, R. Jr. 1995. Event-related potential insights into the neurobiology of memory systems [A]. In Boller, F., & Grafman, J. (Eds.), *The Handbook of Neuropsychology*, Vol. 10 [C]. Amsterdam: Elsevier Science Publishers: 135 – 163.

Kaan, E., Harris, A., Gibson, E., & Holcomb, P. 2000. The P600 as an index of syntactic integration difficulty [J]. *Language and Cognitive Processes*, (15): 159 – 201.

Kandhadai, P., & Federmeier, K. D. 2010. Automatic and controlled aspects of lexical associative processing in the two cerebral hemispheres [J]. *Psychophysiology*, (47): 774 – 785.

Keatley, C., & Gelder, B. D. 1992. The bilingual primed lexical decision task: Cross-language priming disappears with speeded responses [J]. *European Journal of Cognitive Psychology*, 4(4): 273 – 292.

Keatley, C. W., Spinks, J. A., & de Gelder, B. 1994. Asymmetrical cross-language priming effects [J]. *Memory & Cognition*, 22(1): 70 – 84.

Kerkhofs, R., Dijkstra, T., Chwilla, D., & de Bruijn, E. 2006. Testing a model for bilingual semantic priming with interlingual homographs: RT and N400 effects [J]. *Brain Research*, (1068): 170 – 183.

Kessler, Y., & Moscovitch, M. 2013. Strategic processing in long-term repetition priming in the lexical decision task [J]. *Memory*, 21(3): 366 – 376.

Kiefer, M. 2006. Top-down Modulation automatischer Prozesse durch Aufgabeneinstellungen [Top down modulation of automatic processes by task sets] [R]. Paper presented at the TeaP, Meinz, Germany, March 2006.

Kiefer, M. 2007. Top-down modulation of unconscious 'automatic' processes: A gating framework [J]. *Advances in Cognitive Psychology*, (3): 289 – 306.

Kim, K. H., Relkin, N. R., Lee, K. M., & Hirsch, J. 1997. Distinct cortical areas associated with native and second languages [J]. *Nature*, 388 (10): 171 – 174.

Kim, S. Y., Qi, T., Feng, X., Ding, G., Liu, L., & Cao, F. 2016. How does language distance between L1 and L2 affect the L2 brain network? An fMRI study of Korean-Chinese-English trilinguals [J]. *Neuroimage*, (129): 25 – 39.

Kiran, S. , & Lebel, K. R. 2007. Crosslinguistic semantic and translation priming in normal bilingual individuals and bilingual aphasia [J]. *Clinical Linguistics & Phonetics*, 21(4): 277 – 303.

Kirsner, K. , Brown, H. L. , Abrol, S. , Chadha, N. K. , & Sharma, N. K. 1980. Bilingualism and lexical representation [J]. *Quarterly Journal of Experimental Psychology*, (32): 585 – 594.

Kirsner, K. , Smith, M. C. , Lockhart, R. S. , King, M. L. , & Jain, M. 1984. The bilingual lexicon: Language-specific units in an integrated network [J]. *Journal of Verbal Learning and Verbal Behavior*, 23(4): 519 – 539.

Kirsner, K. 1986. Lexical function: Is a bilingual account necessary? [A]. In Vaid, J. (Ed.), *Language Processing in Bilinguals: Psycholinguistic and Neuropsychological Perspectives* [C]. Hillsdale, NJ: Erlbaum: 21 – 45.

Kiyonaga, K. , Grainger, J. , Midgley, K. J. , & Holcomb, P. J. 2007. Masked cross-modal repetition priming: An ERP investigation [J]. *Language and Cognitive Processes*, (22): 337 – 376.

Klein, D. , Zatorre, R. , Milner, B. , Meyer, E. , & Evans, A. 1994. Left putaminal activation when speaking a second language: evidence from PET [J]. *Neuroreport*, (5): 2295 – 2297.

Klein, D. , Zatorre, R. , Milner, B. , Meyer, E. , & Evans, A. 1995. The neural substrates underlying word generation: A bilingual functional-imaging study [J]. *PNAS*, (92): 2899 – 2903.

Klein, D. , Milner, B. , Zatorre, R. J. , Zhao, V. , & Nikelski, J. 1999. Cerebral organization in bilinguals: A PET study of Chinese-English verb generation [J]. *Neuroreport*, 10(13): 2841 – 2846.

Klein, D. , Watkins, K. E. , Zatorre, R. J. , & Milner, B. 2006. Word and nonword repetition in bilingual subjects: A PET study [J]. *Human Brain Mapping*, 27(2): 153 – 161.

Kolers, P. A. 1963. Interlingual word associations [J]. *Journal of Verbal Learning & Verbal Behavior*, 2(4): 291 – 300.

Kolers, P. A. 1964. Specificity of a cognitive operation [J]. *Journal of Verbal Learning and Verbal Behavior*, (3): 244 – 248.

Kolers, P. A. 1966. Interlingual facilitation of short term memory [J]. *Journal of Verbal Learning and Verbal Behavior*, 5 (3): 314 – 319.

Kolers, P. A. , & Gonzalez, E. 1980. Memory for words, synonyms, and translations [J]. *Journal of Experimental Psychology: Human Learning & Memory*, 6(1): 53 – 65.

Kolk, H. H. , Chwilla, D. J. , van Herten, M. , & Oor, P. J. 2003. Structure and limited capacity in verbal working memory: A study with event-related potentials [J]. *Brain and Language*, (85): 1 - 36.

Kolk, H. H., & Chwilla, D. J. 2007. Late positivities in unusual situations [J]. *Brain and Language*, (100): 257 - 261.

Kong, L. Y., Zhang, J. X., Kang, C. P., Du, Y. C., Zhang, B., & Wang, S. P. 2010. P200 and phonological processing in Chinese word recognition [J]. *Neuroscience Letters*, (473): 37 - 41.

Kong, L. Y., Zhang, B., Zhang, J. X., & Kang, C. P. 2012. P200 can be modulated by orthography alone in reading Chinese words [J]. *Neuroscience Letters*, (529): 161 - 165.

Kotz, S. A. 2001. Neurolinguistic evidence for bilingual language representation: a comparison of reaction times and event-related brain potentials [J]. *Bilingualism: Language and Cognition*, 4(2): 143 - 154.

Kroll, J. F., & Curley, J. 1988. Lexical memory in novice bilinguals: The role of concepts in retrieving second language word [J]. *Practical Aspects of Memory*. London: John Wiley & Sons, 20(3): 157 - 168.

Kroll, J. F., & Sholl, A. 1992. Lexical and conceptual memory in fluent and nonfluent bilinguals [A]. In Harris, R. J. (Ed.), *Cognitive Processing in Bilinguals* [C]. Amsterdam: Elsevier Science Publisher: 191 - 203.

Kroll, J. F., & Stewart, E. 1994. Category interference in translation and picture naming: Evidence for asymmetric connections between bilingual memory representations [J]. *Journal of Memory & Language*, 33(2): 149 - 174.

Kroll, J. F., & de Groot, N. M. B. 1997. Lexical and conceptual memory in the bilingual: mapping form to meaning in two languages [A]. In Kroll, J. F. (Ed.), *Tutorials in Bilingualism-Psycholinguistic Perspectives* [C]. New Jersey: Lawrence Erbaum Associate: 169 - 199.

Kroll, J. F., Guo, T. -M., & Misra, M. 2012. What ERPs tell us about bilingual language processing [A]. In Faust, M. (Ed.), *The Handbook of the Neuropsychology of Language*, Volume 1&2[C]. Oxford: Blackwell Publishing Ltd: 494 - 515.

Ku A., Lachmann, E. A., & Nagler, W. 1996. Selective language aphasia from herpes simplex encephalitis [J]. *Pediatric Neurology*, (15): 169 - 171.

Kuper, K., & Heil, M. 2009. Electrophysiology reveals semantic priming at a short SOA irrespective of depth of prime processing [J]. *Neuroscience Letters*, 453(2): 107 - 111.

Kutas, M., & Hillyard, S. A. 1983. Brain potentials during reading reflect word expectancy and semantic association [J]. *Nature*, (307): 161 - 163.

Kutas, M., Hillyard, S. A. 1989. An electrophysiological probe of incidental semantic association [J]. *Journal of Cognitive Neuroscience*, (1): 38 - 49.

Kutas, M. , & Federmeier, K. D. 2000. Electrophysiology reveals semantic memory use in language comprehension [J]. *Trends in Cognitive Sciences*, (4): 463 - 470.

Kutas, M. , & Federmeier, K. D. 2011. Thirty years and counting: Finding meaning in the N400 component of the event-related brain potential (ERP) [J]. *Annual Review of Psychology*, (62): 621 - 647.

Laszlo, S. , & Federmeier, K. D. 2011. The N400 as a snapshot of interactive processing: evidence from regression analyses of orthographic neighbor and lexical associate effects [J]. *Psychophysiology*, (48): 176 - 186.

Lavric, A. , Clapp, A. , & Rastle, K. 2007. ERP evidence of morphological analysis from orthography: a masked priming study [J]. *Journal of Cognitive Neuroscience*, (19): 866 - 877.

Lavric, A. , Elchlepp, H. , & Rastle, K. 2012. Tracking hierarchical processing in morphological decomposition with brain potentials [J]. *Journal of Experimental Psychology: Human Perception & Performance*, 38(4): 811 - 816.

Lee, T. M. , & Chan, C. C. 2000. Stroop interference in Chinese and English [J]. *Journal of Clinical & Experimental Neuropsychology*, 22(4): 465 - 71.

Lehtonen, M. , Cunillera, T. , Rodriguez-Fornells, A. , Hulten, A. , Tuomainen, J. , & Laine, M. 2007. Recognition of morphologically complex words in Finnish: Evidence from event-related potentials [J]. *Brain Research*, (1148): 123 - 137.

Leinonen, A. , Gronholm-Nyman, P. , Jarvenpaa, M. , Soderholm, C. , Lappi, O. , Laine, M. , & Krause, C. M. 2009. Neurocognitive processing of auditorily and visually presented inflected words and pseudowords: Evidence from a morphologically rich language [J]. *Brain Research*, (1275): 54 - 66.

Leker, R. R. , & Biran, I. 1999. Unidirectional dyslexia in a polyglot [J]. *Journal of Neurological Neurosurgery of Psychiatry*, (66): 517 - 519.

Lemhöfer, K. M. L. , & Dijkstra, A. F. J. 2004. Recognizing cognates and interlingual homographs: Effects of code similarity in language specific and generalized lexical decision [J]. *Memory and Cognition*, (32): 533 - 550.

Leminen, A. , & Clahsen, H. 2014. Brain potentials to inflected adjectives: beyond storage and decomposition [J]. *Brain Research*, (1543): 223 - 234.

Leonard, M. K. , Brown, T. T. , Travis, K. E. , Gharapetian, L. , Hagler, Jr. D. J. , Dale, A. M. , Elman, J. L. , & Halgren, E. 2010. Spatiotemporal dynamics of bilingual word processing [J]. *Neuroimage*, (49): 3286 - 3294.

Leonard, M. K. , Torres, C. , Travis, K. E. , Brown, T. T. , Hagler, Jr. D. J. , Dale. A. M. , Elman, J. L. , & Halgren, E. 2011. Language proficiency modulates the recruitment of nonclassical language areas in bilinguals [OL]. PLoS One, 6 (3): e18240. Published online 2011 Mar 24. doi: 10. 1371/journal. pone. 0018240.

Levelt, W. J. M. 1989. *Speaking: From Intention to Articulation* [M]. Cambridge

MA: Bradford.

Levelt, W. J. M. 1999. Models of word production [J]. *Trends in Cognitive Sciences*, 3(6): 223 – 232.

Levelt, W. J. M. , Roelofs, A. , & Meyer, A. S. 1999. A theory of lexical access in speech production [J]. *Behavioral and Brain Sciences*, 22(1): 1 – 75.

Levow, G. -A. , Oard, D. W. , & Resnik, P. 2005. Dictionary-based techniques for cross-language information retrieval [J]. *Information Processing and Management*, (41): 523 – 547.

Li, D. , Gao, K. , Wu, X. , Chen, X. J. , Zhang, X. N. , Li, L. , & He, W. W. 2013. Deaf and hard of hearing adolescents' processing of pictures and written words for taxonomic categories in a priming task of semantic categorization [J]. *American Annals of the Deaf*, 158(4): 426 – 437.

Li, L. , Mo, L. , Wang, R. -M. , Luo, X. -Y. , & Chen, Z. 2009. Evidence for long-term cross-language repetition priming in low fluency Chinese-English bilinguals [J]. *Bilingualism: Language and Cognition*, 12(1): 13 – 21.

Liepmann, D. , & Saegert, J. 1984. Language tagging in bilingual free recall [J]. *Journal of Experimental Psychology*, (103): 1137 – 1141.

Lin, S. , Chen, H. C. , Zhao, J. , Li, S. , He, S. , & Weng, X. C. 2011. Left-lateralized N170 response to unpronounceable pseudo but not false Chinese characters—the key role of orthography [J]. *Neuroscience*, (5): 200 – 206.

Liu, H. , Hu, Z. , Peng, D. , Yang. Y. , & Li, K. 2010. Common and segregated neural substrates for automatic conceptual and affective priming as revealed by event-related functional magnetic resonance imaging [J]. *Brain and language*, 112(2): 121 – 128.

Lucas, M. 2000. Semantic priming without association: A meta-analytic review [J]. *Psychonomic Bulletin & Review*, 7(4): 618 – 630.

Lv, C. & Wang, Q. 2012. Font effects of Chinese characters and pseudo-characters on the N400: Evidence for an orthographic processing view [J]. *Brain and Cognition*, 80(1): 96 – 103.

Ma, F. -Y. , Chen, P. -Y. , Guo, T. -M. , & Kroll, J. F. 2017. When late second language learners access the meaning of L2 words: Using ERPs to investigate the role of the L1 translation equivalent [J]. *Journal of Neurolinguistics*, (41): 50 – 69.

Manelis, L. , & Tharp, D. A. 1977. The processing of affixed words [J]. *Memory & Cognition*, 5(6): 690 – 695.

Marian, V. , & Fausey, C. M. 2006. Language-dependent Memory in Bilingual Learning [J]. *Applied Cognitive Psychology*, 20(8): 1025 – 1047.

Marian, V. , & Kaushanskaya, M. 2007. Language context guides memory content [J]. *Psychonomic Bulletin & Review*, 14(5): 925 – 933.

Meara, P. 1980. Vocabulary acquisition: a neglected aspect of language learning [J]. *Language Teaching and Linguistic Abstracts*, (13): 221 – 246.

Meara, P. 1983. Word associations in a foreign language: A report on the birkbeck vocabulary project [J]. The Nottingham Linguistic Circular, 11(2): 29 – 38.

Meara, P. 2002. The rediscovery of vocabulary [J]. *Second Language Research*, 18 (4): 393 – 407.

Meara P. 2009. *Connected Words: Word Association and Second Language Vocabulary Acquisition* [C]. Amsterdam: John Benjamins.

Midgley K. J., Holcomb, P. J., & Grainger, J. 2009. Masked repetition and translation priming in second language learners: A window on the time-course of form and meaning activation using ERPs [J]. *Psychophysiology*, 46 (3): 551 – 565.

Misra, M., & Holcomb, P. J. 2003. Event-related potential indices of masked repetition priming [J]. *Psychophysiology*, 40(1): 115 – 130.

Moretti, R., Bava, A., Torre, P., Antonello, R. M., Zorzon, M., Zivadinov, R., & Cazzato, G. 2001. Bilingual aphasia and subcortical-cortical lesions [J]. *Perceptual and Motor Skills*, (92): 803 – 814.

Morford, J., Kroll, J., Piñar, P., & Wilkinson, E. 2014. Bilingual word recognition in deaf and hearing sighers: Effects of proficiency and language dominance on cross-language activation [J]. *Second Language Research*, (30): 251 – 271.

Morris, C., Bransford, J., & Franks, J. 1977. Levels of processing versus transfer appropriate processing [J]. *Journal of Verbal Learning and Verbal Behavior*, 16 (5): 519 – 533.

Morris, J., Grainger, J., & Holcomb, P. J. 2008. An electrophysiological investigation of early effects of masked morphological priming [J]. *Language and Cognitive Processes*, (23): 1021 – 1056.

Morris, J., Frank, T., Grainger, J., & Holcomb, P. J. 2007. Semantic transparency and masked morphological priming: An ERP investigation [J]. *Psychophysiology*, 44(4): 506 – 521.

Nakamura, K., Dehaene, S., Jobert, A., Bihan, D. L., & Kouider, S. 2007. Task-specific change of unconscious neural priming in the cerebral language network [J]. *Proceedings of the National Academy of Sciences of the United States of America*, 104(49): 19643 – 19648.

Namei, S. 2004. Bilingual lexical development: A Persian-Swedish association study [J]. *International Journal of Applied Linguistics*, 14(3): 38 – 46.

Navracsics, J. 2007. Word Classes and the Bilingual Mental Lexicon [A]. In Lengyel, Z. & Navracsics, J. (Eds.), *Second Language Lexical Processes: Applied Linguistic and Psycholinguistic Perspectives* [C]. Toronto: Multilingual Matters

Ltd.: 17 – 39.

Neely, J. H. 1977. Semantic priming and retrieval from lexical memory: Roles of inhibitionless spreading activation and limited-capacity attention [J]. *Journal of Experimental Psychology: General*, 106(3): 226 – 254.

Nelson, J. R., Liu, Y., Fiez, J., & Perfetti, C. A. 2009. Assimilation and accommodation patterns in ventral occipitotemporal cortex in learning a second writing system [J]. *Human Brain Mapping*, 30(3): 810 – 820.

Nissen, H. B., & Henriksen, B. 2006. Word class influence on word association test results [J]. *International Journal of Applied Linguistics*, (16): 389 – 408.

O'Gorman, E. 1996. An investigation of the mental lexicon of second language learners [J]. *Teanga: The Irish Yearbook of Applied Linguistics*, 16(1): 15 – 31.

Osterhout, L., & Holcomb, P. J. 1992. Event-related brain potentials elicited by syntactic anomaly [J]. *Journal of Memory and Language*, (31): 785 – 806.

Ota, M., Hartsuiker, R., & Haywood, S. 2010. Is a FAN always FUN? Phonological and orthographic effects in bilingual visual word recognition [J]. *Language and Speech*, (53): 383 – 403.

Paivio, A., Philipchalk, R., & Rowe, E. J. 1975. Free and serial recall of pictures, sounds, and words [J]. *Memory & Cognition*, 3(6): 586 – 590.

Paivio, A., & Descrochers, A. 1980. A dual-coding approach to bilingual memory [J]. *Canadian Journal of Psychology*, 34(4): 388 – 399.

Paivio, A. 1986. *Mental representations: A dual coding approach* [M]. New York: Oxford University Press.

Palmer, E. D., Rosen, H. J., Ojemann, J. G., Buckner, R. L., Kelley, W. M., & Petersen, S. E. 2001. An event-related fMRI study of overt and covert word stem completion [J]. *Neuroimage*, 14(1): 182 – 193.

Palmer, S. D., van Hooff, J. C., & Havelka, J. 2010. Language representation and processing in fluent bilinguals: Electrophysiological evidence for asymmetric mapping in bilingual memory [J]. *Neuropsychologia*, (48): 1426 – 1437.

Pang, E. W. 2012. Neuroimaging studies of bilingual expressive language representation in the brain: potential applications for magnetoencephalography [J]. *Neuroscience Bulletin*, 28(6): 759 – 764.

Paradis, M. 1996. Selective deficit in one language is not a demonstration of different anatomical representation: Comments on Gomez-Tortosa et al. (1995) [J]. *Brain and Language*, (54): 170 – 173.

Peña, E. D., Bedore, L. M., & Zlatic-Giunta, R. 2002. Category-generation performance of bilingual children: the influence of condition, category and language [J]. *Journal of Speech, Language and Hearing Research*, 45(5): 938 – 947.

Peng, D. -L., Liu, Y., & Wang, C. M. 1998. How is the access representation organized? The relation of polymorphemic word and their morphemes: A Chinese study [A]. In Wang, J. , Inhoff, A. , & Chen, H. C. (Eds.), *Reading Chinese Script*: *A Cognitive Analysis* [C]. Mahwah, NJ: Lawrence Erlbaum Associates: 65 – 89.

Perani, D. , Dehaene, S. , Grassi, F. , Cohen, L. , Cappa, S. F. , Dupoux, E. , Fazio, F. , & Mehler, J. 1996. Brain processing of native and foreign languages [J]. *Neuroreport*, (7): 2439 – 2444.

Perani, D. , Paulesu, E. , Galles, N. S. , Dupoux, E. , Dehaene, S. , Bettinardi, V. , & Mehler, J. 1998. The bilingual brain. Proficiency and age of acquisition of the second language [J]. *Brain*, (121): 1841 – 1852.

Perani, D. , & Abutalebi, J. 2005. The neural basis of first and second language processing [J]. *Current Opinion in Neurobiology*, 15(2): 202 – 206.

Pexman, P. M. , Hargreaves, I. S. , Siakaluk, P. D. , Bodner, G. E. , & Pope, J. 2008. There are many ways to be rich: Effects of three measures of semantic richness on visual word recognition [J]. *Psychonomic Bulletin & Review*, 15(1): 161 – 167.

Pinker, S. , & Ullman, M. 2002. The past and future of the past tense [J]. *Trends in cognitive sciences*, (6): 456 – 463.

Posner, M. I. , & Snyder, C. R. R. 1975. Attention and cognitive control [A]. In Solso, R. L. (Ed.), *Information processing and cognition*: *The Loyola Symposium* [C], Hillsdale: Lawrence Erlbaum Associates: 55 – 85.

Potter, M. C. , So, K. F. , Eckardt, B. V. , & Feldman, L. B. 1984. Lexical and conceptual representation in beginning and proficient bilinguals [J]. *Journal of Verbal Learning & Verbal Behavior*, 23(1): 23 – 38.

Prull, M. W. 2004. Exploring the identification-production hypothesis of repetition priming in young and older adults [J]. *Psychology and Aging*, (19): 108 – 124.

Pu, H. , Holcomb, P. J. , & Midgley, K. J. 2016. Neural changes underlying early stages of L2 vocabulary acquisition [J]. *Journal of Neurolinguistics*, (40): 55 – 65.

Pu, Y. -L. , Liu, H. -L. , Spinks, J. A. , Mahankali, S. , Xiong, J. -H. , Feng, C. -M. , Tan, L. -H. , Fox, P. , & Gao, J. -H. 2001. Cerebral hemodynamic response in Chinese (first) and English (second) language processing revealed by event-related functional MRI [J]. *Magnetic Resonance Imaging*, 19(5): 643 – 647.

Radeau, M. , Besson, M. , Fonteneau, E. , & Castro, S. L. 1998. Semantic, repetition and rime priming between spoken words: Behavioral and electrophysiological evidence [J]. *Biological Psychology*, 48(2): 183 – 204.

Rastle, K. , Davis, M. H. , Marslen-Wilson, W. D. , & Tyler, L. K. 2000. Morphological and semantic effects in visual word recognition: A time-course study [J]. *Language and Cognitive Processes*, 15 (4): 507 – 537.

Read, J. 1993. The development of a new measure of L2 vocabulary knowledge [J].

Language Testing, (10): 355 – 371.

Richards, J. , Platt, J. & Weber, H. 1985. *Longman Dictionary of Applied Linguistics* [Z]. London: Longman Publishing Group.

Robert, D. M. , & Algom, D. 2003. Driven by information: A tectonic theory of Stroop effects [J]. *Psychological Review*, 110(3): 422 – 471.

Rugg, M. D. 1984. Event-related potentials in phonological matching tasks [J]. *Brain and Language*, 23(2): 225 – 240.

Rugg, M. D. 1995. Memory and consciousness: A selective review of issues and data [J]. *Neuropsychologia*, 33(9): 1131 – 1141.

Schmitt, B. M. , Meyer, A. S. , & Levelt, W. J. M. 1999. Lexical access in the production of pronouns [J]. *Cognition*, 69(3): 313 – 335.

Schoonbaert, S. , Duyck, W. , Brysbaert, M. , Holloway, R. , & Hartsuiker, R. J. 2009. Semantic and translation priming from a first language to a second and back: Making sense of the findings [J]. *Memory & Cognition*, 37 (5): 569 – 586.

Schoonbaert, S. , Holcomb, P. J. , Grainger, J. , & Hartsuiker, R. J. 2011. Testing asymmetries in noncognate translation priming: Evidence from RTs and ERPs [J]. *Psychophysiology*, 48(1): 74 – 81.

Schwanenflugel, P. J. , & Rey, M. 1986. Interlingual semantic facilitation: Evidence for a common representational system in the bilingual lexicon [J]. *Journal of Memory & Language*, 25(5): 605 – 618.

Searle, J. R. 1980. Minds, brains, and programs [J]. *Behavioral and Brain Sciences*, 3(3): 417 – 457.

Seger, C. A. , Rabin, L. A. , Desmond, J. E. , & Gabrieli, J. D. E. 1999. Verb generation priming involves conceptual implicit memory [J]. *Brain and Cognition* (41): 150 – 177.

Sharp, D. , & Cole, M. 1972. Patterns of responding in the word associations of west African children [J]. *Child Development*, 43(1): 55 – 65.

Sholl, A. , Sankaranarayanan, A. , & Kroll, J. F. 1995. Transfer between picture naming and translation: A test of asymmetries in bilingual memory [J]. *Psychological Science*, (6): 45 – 49.

Silverberg, S. , & Samuel, A. G. 2004. The effect of age of second language acquisition on representation and processing of second language words [J]. *Journal of Memory and Language*, 51(3): 381 – 398.

Singleton, D. 1999. *Exploring the Second Language Mental Lexicon* [M]. Cambridge: Cambridge University Press.

Smith, M. C. 1997. How do bilinguals access lexical information? [A]. In Kroll, J. F. (Ed.), *Tutorials in Bilingualism: Psycholingualistics Perspectives* [C]. New Jersey: Lawrence Erbaum Associate: 145 – 168.

Storbeck, J. , & Robinson, M. D. 2004. Preferences and inferences in encoding visual objects: A systematic comparison of semantic and affective priming [J]. *Personality and Social Psychology Bulletin*, 30(1): 81 – 93.

Stroop, J. R. 1935. Studies of interference in serial verbal reactions [J]. *Journal of Experimental Psychology*, (18): 643 – 662.

Taft, M., & Foster, K. I. 1975. Lexical storage and retrieval of pre-fixed words [J]. *Journal of Verbal Learning and Verbal Behavior*, (14): 638 – 647.

Taft M., & Hambly, G. 1986. Exploring the cohort model of spoken word recognition [J]. *Cognition*, (22): 259 – 282.

Taft, M. 1994. Interactive-activation as a framework for understanding morphological processing [J]. *Language and Cognitive Processes*, (9): 271 – 294.

Thierry, G., & Wu, Y. J. 2007. Brain potentials reveal unconscious translation during foreign language comprehension [J]. *Proceedings of the National Academy of Science*, 104(30): 12530 – 12535.

Timothy, H. L, Mckhann, G. M., & Ojemann, G. A. 2004. Functional separation of languages in the bilingual brain: A comparison of electrical stimulation language mapping in 25 bilingual patients and 117 monolingual control patients [J]. *Journal of Neurosurgery*, (101): 449 – 457.

Tsai, P. S., Yu, B. H., Lee, C. Y., Tzeng, O. J., Hung, D. L., & Wu., D. H. 2009. An event-related potential study of the concreteness effect between Chinese nouns and verbs [J]. *Brain Research*, 1253 (9): 149 – 160.

Ullman, M. T. 2001. A neurocognitive perspective on language: The declarative/procedural model [J]. *Nature Reviews Neuroscience*, (2): 717 – 726.

Van Heuven, W. J. B., & Dijkstra, T. 2010. Language comprehension in the bilingual brain: fMRI and ERP support for psycholinguistic models [J]. *Brain Reseach Reviews*, 64(1): 104 – 122.

Vingerhoets, G., van Borsel, J., Tesink, C., van den Noort, M., Deblaere, K., & Seurinck, R. 2003. Multilingualism: An fMRI study [J]. *Neuroimage*, 20(4): 2181 – 2196.

Von Studnitz, R. E., & Green, D. W. 2002. The cost of switching language in a semantic categorization task [J]. *Bilingualism*, (5): 241 – 251.

Wager, T. D., Jonides, J., & Reading, S. 2004. Neuroimaging studies of shifting attention: A meta-analysis [J]. *NeuroImage*, (22): 1679 – 1693.

Wang, Q., & Yuan J. 2008. N400 lexicality effect in highly blurred Chinese words: Evidence for automatic processing [J]. *Neuroreport*, 19(2): 173 – 178.

Wang, Q., Huang, H., & Mao, L. 2009. N400 repetition effect in unidentifiable Chinese characters: Evidence for automatic process [J]. *Neuroreport*, 20 (7): 723 – 728.

Weber-Fox, C. M., & Neville, H. J. 1996. Maturational constraints on functional specializations for language processing: ERP and behavioral evidence in bilingual speakers [J]. *Journal of Cognitive Neuroscience*, (8): 231 - 256.

Weinreich, U. 1953. *Languages in Contact: Findings and Problems* [M]. New York: Linguistic Circle.

Wickens, D., & Goggin, J. 1971. Proactive interference and language change in short-term memory [J]. *Journal of Verbal Learning and Verbal Behavior*, 10(4): 453 - 458.

Wolter, B. 2001. Comparing the L1 and L2 mental lexicon [J]. *SSLA*, (23): 41 - 69.

Wu, Y. J., Cristino, F., Leek, C., & Thierry, G. 2013. Non-selective lexical access in bilinguals is spontaneous and independent of input monitoring: Evidence from eye tracking [J]. *Cognition*, (129): 418 - 425.

Yang, J., Tan, L. -H., & Li, P. 2011. Lexical representation of nouns and verbs in the late bilingual brain [J]. *Journal of Neurolinguistics*, (24): 674 - 682.

Zareva, A. 2007. Structure of the second language mental lexicon: How does it compare to native speakers' lexical organization? [J]. *Second Language Research*, 23 (2): 123 - 153.

Zareva, A. 2011. Effects of lexical class and word frequency on L1 and L2 English-based lexical connections [J]. *The Journal of Language Teaching and Learning*, (2): 1 - 17.

Zeelenberg, R., & Peche, D. 2003. Evidence for long-term cross-language repetition priming in conceptual implicit memory tasks [J]. *Journal of Memory and Language*, 49(1): 80 - 94.

Zhang, B., Jiang, X., & Shi. W. 1994. Semantic and repetition priming between- and within-language [A]. In Jing, Q. (Ed.), *Information Processing of Chinese Language* [C]. Beijing: Beijing Normal University: 42 - 51.

Zhang, Q, C., Guo, Y., Ding, J. H., & Wang, Z. Y. 2006. Concreteness effects in the processing of Chinese words [J]. *Brain and Language*, 96(1): 59 - 68.

Zhang, Q., Zhang, J. X., & Kong, L. Y. 2009. An ERP Study on the Time Course of Phonological and Semantic Activation in Chinese Word Recognition [J]. *International Journal of Psychophysiology*, (73): 235 - 245.

Zhou, X., & Marslen-wilson, W. 1994. Word, morphemes and syllables in the Chinese mental lexicon [J]. *Language and Cognitive process*, (9): 393 - 422.

安德森(著),秦裕林、程瑶、周海燕、徐玥(译). 2012. 认知心理学及其启示(第7版) [M].北京:人民邮电出版社.

白吉可,李华. 2011. 正常维—汉双语者汉语事件相关电位 N400 的神经源分布研究 [J].临床和实验医学杂志,10(5):340—342.

白学军,侯友. 2013.词汇加工初期语义属性的激活程度:来自 ERP 的证据[J].心理科学,36(2):258—264.

北京语言学院语言教学研究所(编). 1986. 现代汉语频率词典[Z].北京:北京语言学

院出版社.

贝斯特(著),黄希庭(主译).2000.认知心理学[M].北京：中国轻工业出版社.

蔡林江.2013.非熟练粤—普双语者跨语言长时重复启动效应的 ERP 研究[D].暨南大学硕士学位论文.

曹河圻,温兆赢,彭彧华,李恩中.2012.中英双语者脑功能的研究方法[J].中国生物医学工程学报,31(4)：588—594.

曹晓华,李超,张焕婷,江蓓.2013.字词认知 N170 成分及其发展[J].心理科学进展,21(7)：1162—1172.

常秦,田建国.2012.从双语心理词汇结构论述词汇学习策略[J].外语界,(2)：74—80.

常欣,王沛.2007.句子加工：句法违例与语义违例范式下的 ERP 研究述评[J].外语教学与研究,(1)：56—61.

陈宝国,高怡文.2009.跨语言启动的不对称性现象及其理论解释的新进展[J].心理与行为研究,7(1)：71—75.

陈恩泉.2004.双语双方言问题论略[J].汉语学报,2(8)：42—47.

陈俊,刘海燕,张积家.2007. Stroop 效应研究的新进展——理论、范式及影响因素[J].心理科学,30(2)：415—418.

陈庆荣.2012.句法启动研究的范式及其在语言理解中的争论[J].心理科学进展,20(2)：208—218.

陈士法.2009.英语复合词在英汉心理词典中存储单位的实验研究[J].外语教学与研究,41(3)：211—216.

陈士法,侯林平.2013.《连接的词汇：词汇联想与二语词汇习得》介绍[J].外语教学与研究,(2)：313—317.

陈士法,杜玲,刘佳,杨连瑞,吕茂丽.2016.中国英语学习者英语二语名动分离的 ERP 证据[J].外语电化教学,(168)：10—15,20.

陈士法,彭玉乐,赵兰,祝丽辉,杨连瑞.2017.英语二语派生词与屈折词加工差异的 ERP 证据[J].外语教学,(2)：20—26.

陈曦,张积家.2005.汉语多词素词识别及表征的理论和新设想[J].华南师范大学学报(社会科学版),(6)：120—126.

陈曦,张积家,舒华.2006.颜色词素在语义不透明双字词中的语义激活[J].心理科学,(29)：1359—1363.

陈新葵,张积家,方燕红.2005.动、名词的认知及其脑机制[J].华南师范大学学报(社会科学版),(6)：123—129.

陈栩茜,张积家.2012.粤—普—英讲话者的语义表征研究[J].华南师范大学学报(社会科学版),(2)：63—69.

陈亚平.2015.熟练汉英双语者屈折词加工模式研究[J].外语教学与研究,(1)：55—66.

陈亚平.2015.中英双语者英语作为非目标语时语义信息的通达[J].解放军外国语学院学报,(2)：69—76.

崔占玲,张积家.2009a.藏—汉—英三语者词汇与语义表征研究[J].心理科学,32(3)：559—562.

崔占玲,张积家.2009b.藏—汉—英三语者语言联系模式探讨[J].心理学报,41(3)：208—219.

崔占玲,王德强.2012.少数民族双语者的语言表征和语言联系[J].心理科学进展,20(8)：1222—1228.

崔艳嫣,刘振前.2010.第二语言词汇语义自主性发展研究[J].外语教学,32(5)：39—42.

戴炜栋,王宇红.2008.双语心理词汇研究述评[J].外语与外语教学,(2)：16—20.

邓欣媚,肖珊,王晓钧,游园园.2018.独乐乐与众乐乐？社会与非社会正性情绪刺激的加工差异：一个 ERP 研究[J].心理科学,41(1)：15—23.

丁国盛.2001.中英双语者词汇表征及加工的脑机制研究[D].北京师范大学博士学位论文.

董瑞国,孙相如,高素荣.1996.采用时间相关电位研究汉字的识别过程——基于形音义的初步研究[J].临床神经科学,4(4)：195—199.

董瑞国,孙相如,高素荣.1998.汉字认知中脑偏侧化效应的直接证明——基于形音义的事件相关电位研究[J].徐州医学院学报,18(4)：259—261.

董燕萍.1998.双语心理词典的共享(分布式)非对称模型[J].现代外语,(3)：1—29.

董燕萍,桂诗春.2002.关于双语心理词库的表征结构[J].外国语,(4)：23—29.

杜鹃.2009.影响词汇提取和组织的认知探索[J].外语学刊,(5)：50—52.

冯学芳.2014.中国英语学习者心理词典中的语义网络研究[J].外语教学与研究,(3)：435—445.

付玉萍,崔艳嫣,陈慧.2009.二语心理词汇发展模式的历时研究[J].外国语言文学,(1)：16—23.

高兵,高峰.2005.强汉语字词识别中词频和语义透明度的交互作用[J].心理科学,(28)：1358—1360.

高立群,孟凌,刘兆静.2003.日本留学生心理词典表征结构的实验研究[J].当代语言学,(2)：120—132.

高晓雷,王永胜,郭志英,张慢慢,白学军.2015.藏—汉双语者语义与词汇表征特点研究[J].心理与行为研究,13(6)：737—743.

龚嵘.2008.二语心理词汇语义网构建中认知制约因素的优化调控[J].解放军外国语学院学报,31(3)：56—62.

龚嵘,郭秀艳.2010.双语词汇表征的静态与动态研究视角[J].外国语,(4)：57—63.

龚少英,方富熹.2004.双语记忆表征的模型及相关研究述评[J].中国临床心理学杂志,(1)：100—102,106.

龚少英,方富熹.2006.不熟练汉英双语儿童翻译加工的特点[J].心理科学,29(4)：894—897.

官忠明,刘利民.2000.论思维语的结构及其个体差异性[J].社会科学研究,(5)：66—69.

桂诗春.1993.认知和语言[M].北京：外语教学与研究出版社.

桂诗春.2000.新编心理语言学[M].上海：上海外语教育出版社.

郭丰波,韦义平,高宇,王益文.2017.背景任务对前瞻记忆策略加工的影响：一项 ERPs 研究[J].心理与行为研究,15(1)：75—82.

郭桃梅,彭聃龄.2002.非熟练中—英双语者的第二语言的语义通达机制[J].心理学报,35(1)：23—28.

郭文姣.2011.熟悉度和语境对汉语谚语理解的影响：来自 ERPs 的证据[D].湖南师范大学硕士学位论文.

郭显哲.2004.青海少数民族大学生英语学习的障碍和对策[J].青海民族研究,(7)：100—102.

海尔(著),高新民,殷筱,徐弢(译).2005.当代心灵哲学导论[M].北京：中国人民大学出版社.

洪雷,王恺芳.2014.二语习得中的心理词汇研究[J].华中师范大学学报(人文社会科学版),(1)：109—111,128.

侯友,白学军,沈德立,七十三,李杰.2012.蒙语词汇识别中语音自动激活的 ERP 研究[J].心理与行为研究,10(3)：177—182.

侯友,白学军.2013.词汇识别的双通道交互激活模型及 ERP 研究[J].内蒙古师范大学学报(自然科学汉文版),(1)：99—104.

胡杰辉,漆松.2014.二语熟练度对中国英语学习者词汇通达机制的影响[J].外语教学,35(6)：59—63.

胡敏燕.2011.中国英语学习者双语词汇表征结构变化实证研究[J].外语与外语教学,(2)：37—42.

季伟.2013.不熟练汉—英双语者英文词汇产生的时间进程[D].河北师范大学硕士学位论文.

贾冠杰.2008.多语心理词汇模式与二语习得研究[J].外语与外语教学,(6)：27—31.

蒋盛芳.2012.语言与思维调控——一项基于中英交流对英语口述影响的研究[J].现代外语,(4)：377—384.

金晓兵.2012.双语表征的神经机制研究综述[J].当代外语研究,(2)：29—34.

鞠鑫,刘鸣.2004.双语 Stroop 效应研究综述[J].心理学探新,24(1)：50—53.

雷卿.2013.意向性与语言的表达及理解[J].中国外语,(5)：28—34.

黎明,蒲茂华.2014.双语心理词汇语义表征——0—MinLCLASP 区间多点测试实证研究[J].外国语文,30(4)：76—80.

李德高,李俊敏,袁登伟.2010.大学生汉、英语条件下不同概念联系意识比较[J].外语教学与研究,(2)：131—137.

李德高.2016.语义表征双语共享性新解[J].浙江大学学报(人文社会科学版),(4)：104—115.

李更春.2009.二语心理词汇及其隐喻式建构[J].苏州大学学报(哲学社会科学版),(6)：96—99.

李广利,姜文英.2015.汉语二语学习者词汇网络的关联特征研究——以初、中级水平澳大利亚汉语学习者为例[J].华文教学与研究,(4):22—29.

李恒威,王小潞,唐孝威.2008.表征、感受性和言语思维[J].浙江大学学报(人文社会科学版),(5):26—33.

李杰,侯友.2007.双语语义表征研究综述[J].内蒙古师范大学学报(哲学社会科学版),(2):5—8.

李杰,侯友,王凤梅,姜淞秀.2013.非熟练蒙英双语者概念表征的非对称性特点[J].心理科学,36(2):350—355.

李黎.2016.中国英语学习者心理词汇的连接模式研究[M].南京:东南大学出版社.

李利,莫雷,王瑞明,潘敬儿.2006a.双语言语产生中的词汇提取机制[J].心理科学进展,14(5):648—653.

李利,莫雷,王瑞明,罗雪莹.2006b.非熟练中—英双语者跨语言长时重复启动效应[J].心理学报,38(5):672—680.

李利,莫雷.2008a.双语记忆表征研究的新视角[J].华南师范大学学报(社会科学版),(1):106—113.

李利,莫雷,王瑞明.2008b.熟练中—英双语者三语词汇的语义通达[J].心理学报,40(5):523—530.

李利,莫雷,王瑞明,叶嘉文.2010.早期双语儿童第二语言的词汇概念组织[J].心理学探新,30(2):35—40.

李利,莫雷,王瑞明.2011.二语词汇熟悉度在双语者语义通达中的调节作用[J].心理科学,(4):799—805.

李利,吴剑锋,陈超莹,王瑞明.2013.概念任务下中英双语者非目标语言的词汇通达[J].华南师范大学学报(社会科学版),(1):50—54.

李利,张扬,李璇,郭红婷,伍丽梅,王瑞明.2016.三语者语义通达中的跨语言重复启动效应[J].心理学报,48(11):1401—1409.

李荣宝,彭聃龄.2001.双语表征研究的理论与实验方法[J].当代语言学,3(4):289—304.

李荣宝.2002.双语语义表征及其通达机制[M].福州:福建人民出版社.

李荣宝,彭聃龄.2002.双语表征研究中存在的问题及其解决办法[J].当代语言学,(4):279—292.

李荣宝,彭聃龄,郭桃梅.2003.汉英语义通达过程的事件相关电位研究[J].心理学报,35(3):309—316.

李帅霞.2017.惊讶面孔表情加工的情境效应——来自事件相关电位的研究证据[D].辽宁师范大学硕士学位论文.

李小撒,王文宇.2016.Wordnet与BNC介入下的第二语言心理词汇联系模式实证研究[J].语言科学,(1):74—84.

李扬颖.2014.非熟练双语者听觉条件下跨语言长时重复启动效应的研究[D].河北大学硕士学位论文.

李永才,付玉萍.2009.英语学习者心理词汇发展规律调查[J].外语电化教学,(129):32—38.

李勇,谢鹏,吕发金,罗天友,牟君,沈彤.2006.汉英双语者双语脑激活模式 fMRI 研究[J].山西医科大学学报,37(3):235—239.

李正祥.2013.形容词生命性的 ERPs 研究[D].江苏师范大学硕士学位论文.

梁菲菲,王永胜,张慢慢,闫国利,白学军.2016.新词词素熟悉性影响视觉词切分线索在新词学习中的促进作用[J].心理科学,39(2):258—264.

林泳海,杜立操,闵兰斌.2009.瑶族儿童双语语义表征方式的研究[J].广西师范大学学报(哲学社会科学版),(4):69—72.

刘利民.1993."语言是思维的工具"质疑[J].社会科学研究,(4):76—80.

刘利民.2000.心理语言学[M].成都:四川大学出版社.

刘利民.2008.语义多维性及语言性操作的模式[J].外语学刊,(1):14—19.

刘利民,刘涛,邹贝宇.2002.关于汉字优势半球的 Stroop 效应实验研究[J].四川心理科学,(4):7—13.

刘绍龙,傅蓓,胡爱梅.2012.不同二语水平者心理词汇表征纵横网络的实证研究[J].解放军外国语学院学报,(2):57—70.

刘涛,杨亦鸣,张辉,张珊珊,梁丹丹,顾介鑫,胡伟.2008.语法语境下汉语名动分离的ERP 研究[J].心理学报,40(6):671—680.

刘育红,黄莉.2008.译员:并列双语者抑或合成双语者?[J].西安外国语大学学报,16(2):70—74.

刘源,梁南元,王德进,张社英,杨铁鹰,揭春雨,孙伟(编).1990.现代汉语常用词词频词典(音序部分)[Z].北京:宇航出版社出版.

卢亚军(编).2007.现代藏文频率词典[Z].北京:民族出版社.

卢植,涂柳.2010.二语习得年龄与高熟练度中英文双语者心理词典表征[J].外国语,(4):47—56.

陆永岗,凤宝莲(编).2003.英语高频词辞典[Z].北京:石油工业出版社.

鹿士义,吴洁.2003.双语学习者短时记忆编码方式的实验研究[J].暨南大学华文学院学报,(2):6—11.

罗跃嘉.2006.认知神经科学教程[M].北京:科学出版社.

吕彩霞,毛莉婷,王权红.2012.不同类型真假词的 N400 效应[J].西南师范大学学报(自然科学版),(6):187—192.

吕彩霞.2012.汉字字体 N400 效应的实验研究[D].西南大学硕士学位论文.

吕勇,许贵芳,沈德立.2008.汉英语言内及语言间重复启动效应的 ERP 研究[J].心理与行为研究,6(2):81—88.

马恒芬,贾丽萍,耿峰,白学军.2014.不同熟练程度汉—英双语跨语言重复启动的不对称性实证研究[J].西安交通大学学报(社会科学版),34(4):91—95.

马利军,韦玮,张积家.2011.熟练普—粤双言者的长时重复启动效应[J].心理研究,4(1):24—29.

麦穗妍,陈俊.2014.非熟练潮—粤双言者的语义通达:来自听觉词加工的证据[J].心理学报,46(2):227—237.

孟迎芳,林无忌,林静远,蔡超群.2016.双语即时切换下非目标语言语音和语义的激活状态[J].心理学报,48(2)：121—129.

莫雷,李利,王瑞明.2005.熟练中—英双语者跨语言长时重复启动效应[J].心理科学,
　　28(6)：1288—1293.

聂衍刚,梁梓勤,窦凯,王瑞琪.2018.青少年反应性攻击和结果评价的ERPs研究：基
　　于自我控制资源的视角[J].心理科学,41(1)：77—84.

欧阳取平,王玉平.2009.记忆对冲突性负波N270及反应时和正确率的影响[J].中国
　　临床心理学杂志,(2)：188—190,212.

彭聃龄,丁国胜,王春茂,Marcus Taft,朱晓平.1999.汉语逆序词的加工——词素在词
　　加工中的作用[J].心理学报,(31)：36—46.

琚长庭,汪亚珉.2012.面孔识别中种族效应的认知神经基础[J].首都师范大学学报
　　(社会科学版),(4)：73—79.

全交界.2012.熟练粤语——普通话双语双方言重复启动的ERP研究[D].暨南大学
　　硕士学位论文.

热比古丽·白克力.2010.维吾尔族语者的第二及第三语言的知识表征的实验研究
　　[D].新疆师范大学硕士学位论文.

热比古丽·白克力,雷志明,闻素霞.2011.维吾尔族三语者的非熟练第三语言的概念
　　表征特征[J].心理学探新,31(2)：150—153.

热比古丽·白克力,闻素霞,雷志明.2012.维—汉—英三语者三种语言语义通达模型
　　的实验研究[J].心理科学,35(2)：287—293.

盛瑞鑫,热比古丽·白克力,郭桃梅.2007.熟练维—汉双语者汉语语义的通达机制
　　[J].心理学探新,(1)：53—56.

史光远.2014.来源记忆中情绪效应的ERP研究—特质焦虑和呈现时间的调节作用
　　[D].首都师范大学硕士学位论文.

宋娟,吕勇.2012.任务定势对自动语义激活过程调节作用的ERP研究[J].心理科学,
　　35(1)：30—37.

宋娟,吕勇.2015.自上而下的因素对掩蔽启动中自动加工过程的影响[J].心理科学进
　　展,23(5)：766—773.

宋娟,吕勇,沈德立.2013.任务目的对自动语义激活过程的调节作用：ERPs研究[J],
　　心理学探新,33(2)：134—140.

宋荣.2014.意向、内容与心灵——当代西方心灵哲学中意向性研究的最新进展[J].哲
　　学研究,(12)：107—111.

宋珊珊,静进,王庆雄,杨文翰,金宇,朱艳娜,陈亚军,陈学彬,李秀红.2015.粤语大学
　　生粤语和普通话双语Stroop效应比较[J].中国学校卫生,(4)：552—555.

苏新春,杨尔弘.2006.2005年度汉语词汇统计的分析与思考[J].厦门大学学报,(6)：
　　84—91.

孙鑫,李伟.2014.不同三语学习者的语义通达机制对比研究[J].外语与外语教学,
　　(3)：49—54.

童燕琴.2011.心理词汇组织和自由回忆的实证研究[D].浙江大学硕士学位论文.

王春茂,彭聃龄.1999.合成词加工中的词频、词素频率及语义透明度[J].心理学报,31

（3）：266—273.

王春茂,彭聃龄.2000.重复启动作业中词的语义透明度的作用[J].心理学报,（32）：127—132.

王凤梅.2010.非熟练蒙—英双语者语义表征与切换的 ERP 研究[D].内蒙古师范大学硕士学位论文.

王慧莉.2008.中英双语者语码转换的认知神经机制研究[D].大连理工大学博士论文.

王娟,张积家,许锦宇.2014.语义透明度和构词频率对汉语动词多词素词识别的影响[J].心理与行为研究,12(6)：769—774.

王沛,蔡李平.2010.汉英双语语义表征的事件相关电位研究[J].外语教学与研究,（4）：282—288.

王琦,张云亭,李威,张敬.2005.中英文双语者语义加工的词频相关性磁共振脑功能成像[J].临床放射学杂志,（24）：950—954.

王瑞明,张洁婷,李利,莫雷.2010.二语词汇在双语者三语词汇语义通达中的作用[J].心理科学,33(4)：853—856.

王瑞明,邓汉深,李俊杰,李利,范梦.2011.中—英双语者语言理解中非加工语言的自动激活[J].心理学报,43(7)：771—783.

王瑞明,杨静,李利.2016.第二语言学习[M].上海：华东师范大学出版社.

王涛,杨亦鸣.2017.晚期高熟练度汉英双语者名动加工的 fMRI 研究[J].外语学刊,（6）：60—66.

王文斌.2001.汉语并列合成词的词汇通达[J].心理学报,（33）：117—122.

王文斌.2002.词及词义心理研究——对心理词典论的考察[J].现代外语,（4）：423—433.

王洋.2017.疼痛恐惧和对抗信念对实验室和临床疼痛的影响[D].西南大学博士学位论文.

王一牛,周立明,曲琛,罗跃嘉.2007.感情色彩双字词内隐加工的 ERP 研究[J].北京师范大学学报(自然科学版),43(4)：466—469.

王益文,付超,任相峰,林羽中,郭丰波,张振,黄亮,袁博,郑玉玮.2017.自恋人格调节信任博弈的结果评价[J].心理学报,49(8)：1080—1088.

王玉超,宋志强,郑涛.2017.男性藏—汉双语者汉语事件相关电位 N400 的特征分析[J].青海医药杂志,47(3)：2—4.

王渊博,闻素霞,贾德梅.2017.汉—维非熟练双语者非目标语言语音激活与语义激活差异的 ERP 研究[J].心理科学,40(6)：1282—1288.

王震.2016.汉—英—日三语者的跨语言长时重复启动效应研究[J].现代外语,39(1)：64—73.

维果茨基(著),李维(译).1997.思维与语言[M].杭州：浙江教育出版社.

魏晶,黄皓,李艳,陈士法.2011.双语心理词典的语义表征研究[J].山东外语教学,32(2)：37—41.

魏景汉,罗跃嘉.2010.事件相关电位原理与技术[M].北京：科学出版社.

闻素霞,热比古丽·白克力.2009.熟练维—汉双语者第二语言的概念表征的特征[J].
　　心理学探新,29(4)：65—67.

文秋芳,周燕.2006.评述外语专业学生思维能力的发展[J].外语学刊,(5)：76—80.

吴文春,陈俊,麦穗妍.2015.熟练潮—普双言者的语义通达机制：来自通道比较的证
　　据[J].心理科学,(3)：521—528.

夏全胜.2012.汉语名词、动词和动名兼类词语义加工的 ERP 研究[D].南开大学博士
　　学位论文.

鲜红林.2006.维汉双语者心理词典的双语 Stroop 实验研究[D].新疆师范大学硕士学
　　位论文.

肖巍,倪传斌.2016.中国英语学习者的一语自动激活：来自 ERPs 的证据[J].外语教
　　学与研究,(2)：236—248.

谢谜.2009.二语心理词汇的性质与发展[J].语言教学与研究,(4)：71—76.

谢敏,杨青青,王权红.2016.词汇加工研究中的 P200 成分[J].心理学进展,6(2)：
　　114—120.

谢清,杨群,田学红.2018.道德判断的整合和分离效应：ERP 的证据[J].心理学探新,
　　38(2)：178—184.

徐盛桓.2010.心智哲学与语言研究[J].外国语文,(5)：30—35.

徐晓东,陈丽娟.2014.双语词汇提取的理论模型及其实证研究述评[J].外语研究,
　　(1)：32—41.

杨静,王立新,彭聃龄.2004.第二语言获得的年龄和熟练程度对双语表征的影响[J].
　　当代语言学,(4)：321—327.

杨娜.2013.藏族大学生藏汉双语词汇表征与语义通达的实验研究[D].青海师范大学
　　硕士学位论文.

杨亦鸣,曹明,沈兴安.2001.国外大脑词库研究概观[J].当代语言学,(2)：90—108.

杨亦鸣,耿立波.2008.基于 ERPs 实验的二语词汇能力心理现实性研究[J].外语教学
　　与研究,(3)：163—169.

杨玉芳.2015.心理语言学[M].北京：科学出版社.

药盼盼,李妮,陈宝国.2012.词根频率对汉语母语者英语屈折词和派生词表征方式的
　　影响[J].外语教学与研究,(5)：694—705.

叶郁.2013.中—日—英三语大学生心理词典的表征及影响因素[D].苏州大学硕士学
　　位论文.

易爱文.2017.熟练普—粤、粤—普双方言者语言表征及转换的 ERP 研究[D].暨南大
　　学博士学位论文.

于翠红,蔡金亭.2014.中国英语学习者心理词汇量、组织模式和词汇知识深度的关系
　　[J].中国外语,(5)：56—65.

于珍.2012.不同情绪状态下单字法定向遗忘的 ERP 研究[D].河南大学硕士学位
　　论文.

余林,舒华.2002.西方语言产生研究中的几个主要问题[J].心理科学进展,(3)：
　　248—256.

臧传丽,张慢慢,郭晓峰,刘娟,闫国利,白学军.2012.中文词汇加工的若干效应:基于眼动研究的证据[J].心理科学进展,(20):1382—1392.

张北镇.2015a.二语词汇表征与加工中的形态影响[J].解放军外国语学院学报,38(6):70—77.

张北镇.2015b.二语词汇加工中的形态分解[J].现代外语,38(2):238—247.

张华宁.2003.语言认知功能的磁源成像研究[D].河北医科大学博士学位论文.

张厚粲.1987.大百科全书·心理学卷[M].北京:中国大百科全书出版社.

张积家,刘丽虹.2007.双语脑研究的进展及启示[M].现代外语,30(3):308—315.

张积家,张凤玲.2010.双语和双言对图片命名和分类的不对称影响[J].心理学报,42(4):452—466.

张积家,张广岩,陈穗清.2013.熟练手语—汉语双语者的语言联系模式[J].中国特殊教育,(5):26—31.

张阔,王敬欣.2005.汉—英并列双语者图片命名的重复启动效应[J].心理与行为研究,3(1):30—34.

张连生(编).1981.汉藏英对照常用词手册[Z].北京:中国社会科学出版社.

张玲燕,金檀,田朝霞.2013.词素认知加工—基于形式还是基于语义?[J].心理科学,36(3):576—579.

张萍.2010.中国英语学习者心理词库联想模式对比研究[J].外语教学与研究,42(1):9—16.

张萍.2013.探索二语心理词库———项基于FJT的词汇联想研究[J].东南大学学报(哲学社会科学版),(5):122—127.

张清芳,杨玉芳.2003.言语产生中的词汇通达理论[J].心理科学进展,11(1):6—11.

张珊珊.2006.通过单词联想实验探索二语词汇结构[J].现代外语,29(2):164—171.

张珊珊,赵仑,刘涛等.2006.大脑中的基本语言单位——来自汉语单音节语言单位加工的ERPs证据[J].语言科学,5(3):3—13.

张淑静.2003.从反应类型看词汇习得[J].外语教学与研究,(4):275—281.

张淑静.2004a.重组二语心理词汇[J].四川外语学院学报,(2):66—69,75.

张淑静.2005a.从联想测试看二语心理词汇之间的联系[J].解放军外国语学院学报,28(2):52—57.

张淑静,陈晓扣.2009.词汇联想测试的稳定性[J].解放军外国语学院学报,(3):42—45,87.

张顺梅,赵桂一,王权红.2016.中文双字词字体与词频在N400上的交互作用[J].西南大学学报(自然科学版),(8):155—161.

张文鹏,张茜.2007.熟练晚期汉英双语者心理词典语义表征与词汇提取机制研究[J].外语教学,28(6):50—53.

张文鹏,孙波.2009.句子认知加工的ERP实验研究评述[J].外语教学,30(3):20—23.

张学敏.2008.蒙古族双语者心理词典表征结构的实证研究[D].内蒙古师范大学硕士学位论文.

张学新,方卓,杜英春,孔令跃,张钦,邢强.2012.顶中区 N200：一个中文视觉词汇识别特有的脑电反应[J].科学通报,(5)：332—347.

张怡苏(编).1985.藏汉大辞典[Z].北京：民族出版社.

赵翠莲.2012.词汇表征研究概述[J].当代外语研究,(7)：38—44.

赵丹.2011.概念特征对词义提取影响的英汉对比研究[D].河南大学硕士学位论文.

赵桂一.2014.高低频汉语双字词的字体效应[D].西南大学硕士学位论文.

赵庆柏,柯娓,童彪,周治金,周宗奎.2017.网络语言的创造性加工过程：新颖 N400 与 LPC[J].心理学报,49(2)：143—154.

赵思敏,吴岩,李天虹,郭庆童.2017.词汇识别中歧义词素语义加工：ERP 研究[J].心理学报,49(3)：296—306.

赵小雪,胡阿旭,于洪志.2013.基于 ERP 信号的藏族大学生藏汉英词汇认知研究[J].西北民族大学学报(自然科学版),34(1)：23—27.

周晓林,庄捷,舒华.2001.言语产生研究的理论框架[J].心理科学,24(3)：262—265.

周晓林,玛依拉·亚克甫,李恋敬,吕建国.2008.语言经验可以改变双语者的主导语言[J].心理科学,31(2)：266—272.

周志娟.2013.不同 SOA 条件下词汇判断任务中情绪与语义启动效应的比较[D].辽宁师范大学硕士学位论文.

邹丽娟,舒华.2013.语素在词汇识别中的认知及神经机制[J].心理科学进展,21(9)：1570—1577.

邹丽娟,丁国盛.2014.双语者言语产生中词汇通达机制的理论观点及分歧[J].北京师范大学学报(自然科学版),50(4)：435—439.

祖丽皮努尔·阿卜杜萨迪克,席艳玲,王宝兰.2016.维吾尔语和汉语动词产生相关脑区的功能磁共振研究[J].中华物理医学与康复杂志,(11)：830—835.

《布谷鸟藏汉在线词典》[OL]. https：//download. csdn. net/download/qq_25625725/8872493(2016 年 3 月 1 日读取).

《高中英语新课程标准词汇表》[OL]. https：//wenku. baidu. com/view/8edaea-faf705cc1755270915. html(2016 年 3 月 21 日读取).

《美国当代英语前 5000 词汇表》[OL]. http：//corpus. byu. edu/coca(accessed 26/03/2016).

《现代汉语语料库词语分词类频率表》[OL]. http：//www. cncorpus. org/(2016 年 3 月 15 日读取).

附件1 双语行为实验1和双语 ERP 实验1 材料表[①②]

序号	藏语目标词	熟悉度	音节	字母	藏词汉译	汉语词启动	启动词排序	熟悉度	笔画	频数	生物词1
1	སྒོ་ལོ	6.95	2	3	球	球	1组启动实验词1	6.95	11	553	0
2	མཆུ་ཏོ	6.60	2	3	嘴唇	嘴唇	1组启动实验词2	6.62	26	345	1
3	ཞིང་ར	6.62	2	3	农场	农场	1组启动实验词3	6.86	12	215	0
4	སྤར་མོ	6.55	2	4	手掌	手掌	1组启动实验词4	6.76	16	144	1
5	མེན་པའི	6.43	2	4	面包	面包	1组启动实验词5	6.95	14	133	0
6	དགེ་རྐན	6.95	2	5	教师	教师	1组启动实验词6	7.00	17	1795	1
7	གྲོགས་པོ	6.86	2	5	朋友	朋友	1组启动实验词7	7.00	12	1365	1
8	བཟོ་གྲྭ	6.71	2	5	工厂	工厂	1组启动实验词8	6.55	5	1339	0
9	མི་དམངས	6.76	2	5	人民	人民	1组启动实验词9	6.81	7	166	1
10	སྒམ་ཆུང	6.62	2	5	盒子	盒子	1组启动实验词10	6.64	14	119	0
11	སློབ་གྲྭ	6.93	2	6	学校	学校	1组启动实验词11	7.00	18	2927	0
12	གློག་ཞུ	6.50	2	4	电灯	电灯	1组启动实验词12	6.76	11	277	0
13	ར་ལུག	6.52	2	3	羊	字母	1组启动控制词1	6.93	11	304	1
14	ཀྲུ་ཡོན	6.62	2	3	委员	燃料	1组启动控制词2	6.33	26	460	1
15	བོང་བུ	6.86	2	3	驴	水泥	1组启动控制词3	6.71	12	201	1

① 表中编号为225—228的填充词对在双语 ERP 实验1为练习词,其余所有材料两个实验完全相同。

② 附件1—15中所有藏语真词和假词之后均省略了音节符号"."。

（续　表）

序号	藏语目标词	熟悉度	音节	字母	藏词汉译	汉语词启动	启动词排序	熟悉度	笔画	频数	生物词1
16	དཔེ་ཁུག	6.95	2	4	书包	军舰	1组启动控制词4	5.48	16	152	0
17	ཁོག་ཁོག	6.90	2	4	馒头	华侨	1组启动控制词5	5.43	14	133	0
18	རླུགས་པ	6.79	2	5	风	机械	1组启动控制词6	5.91	17	1155	0
19	འགྲོ་ལམ	6.60	2	5	道路	种子	1组启动控制词7	6.95	12	1089	0
20	རྒྱ་མཚོ	6.62	2	5	海洋	电	1组启动控制词8	7.00	5	748	0
21	སྔས་མགོ	6.69	2	5	枕头	毛巾	1组启动控制词9	6.98	7	160	0
22	རུས་སྦལ	6.71	2	5	乌龟	女婿	1组启动控制词10	6.76	14	125	1
23	སྲོག་ཆགས	6.95	2	6	动物	资金	1组启动控制词11	6.24	18	2050	1
24	མཆིན་པ	6.74	2	4	肝	票	1组启动控制词12	6.79	11	245	1
25	ཕྲུ་གུ	6.86	2	3	孩子	孩子	2组启动实验1	6.95	12	4459	1
26	ཁྱོ་ག	6.79	2	3	丈夫	丈夫	2组启动实验词2	6.88	7	961	1
27	རི་བོང	6.95	2	3	兔子	兔子	2组启动实验词3	6.95	12	151	1
28	དཔའ་བོ	6.81	2	4	英雄	英雄	2组启动实验词4	6.69	20	846	1
29	མེ་མདའ	6.88	2	4	枪	枪	2组启动实验词5	6.79	8	738	0
30	དཔུང་པ	6.86	2	4	肩膀	肩膀	2组启动实验词6	6.45	22	259	0
31	གཞུང་ལམ	6.88	2	5	公路	公路	2组启动实验词7	6.90	17	498	0
32	སྐར་ཁུང	6.90	2	5	窗户	窗户	2组启动实验词8	6.86	12	233	0
33	གླང་ཆེན	6.81	2	5	大象	大象	2组启动实验词9	6.81	14	215	1
34	སྐྱེ་དམན	6.57	2	6	妻子	妻子	2组启动实验词10	6.76	11	797	1
35	དུག་སྦྲང	6.57	2	6	蚊子	蚊子	2组启动实验词11	6.76	13	144	1
36	ཆུ་ཚོད	6.81	2	3	手表	手表	2组启动实验词12	6.81	12	147	0
37	ལག་པ	6.90	2	3	手	花生	2组启动控制词1	6.95	12	7695	1
38	ཕག་པ	6.93	2	3	猪	佛	2组启动控制词2	6.69	7	285	1
39	ཡང་ལ	6.48	2	3	蜡烛	证书	2组启动控制词3	6.86	11	138	0
40	སྨྱུ་གུ	6.93	2	4	笔	总理	2组启动控制词4	6.43	20	881	0
41	ཀྲུའུ་ཞི	6.50	2	4	主席	队长	2组启动控制词5	6.95	8	840	1
42	ཐབ་ཚང	6.81	2	4	厨房	乐器	2组启动控制词6	6.71	22	292	0
43	མགྲོན་པོ	6.93	2	5	客人	纤维	2组启动控制词7	5.29	17	426	1

（续　表）

序号	藏语目标词	熟悉度	音节	字母	藏词汉译	汉语词启动	启动词排序	熟悉度	笔画	频数	生物词1
44	འདམ་བག	6.60	2	5	泥土	和尚	2组启动控制词8	7.00	16	266	0
45	ཚིག་མཛོད	6.86	2	5	词典	灯泡	2组启动控制词9	6.43	14	215	0
46	གཉེན་གཤུང	6.83	2	6	兄弟	小组	2组启动控制词10	6.95	11	615	1
47	སྒོ་ལྕགས	6.71	2	6	锁	电线	2组启动控制词11	6.86	13	136	0
48	ལ་རྩེ	6.79	2	3	山顶	宝贝	2组启动控制词12	7.00	12	130	0
49	ཟམ་པ	6.98	2	3	桥	桥	3组启动实验词1	6.90	10	477	0
50	ཚོང་པ	6.74	2	3	商人	商人	3组启动实验词2	6.81	13	379	1
51	དཔེ་དེབ	6.90	2	4	书	书	3组启动实验词3	7.00	4	2561	0
52	དག་པོ	6.83	2	4	敌人	敌人	3组启动实验词4	6.93	11	2515	1
53	མཛུབ་མོ	6.71	2	4	手指	手指	3组启动实验词5	6.90	13	348	1
54	སྐར་མ	6.81	2	4	星星	星星	3组启动实验词6	6.93	18	170	1
55	ཤིང་སྡོང	6.67	2	5	树	树	3组启动实验词7	6.90	9	1185	1
56	ཞིང་བདག	6.60	2	5	地主	地主	3组启动实验词8	6.76	11	957	1
57	ཁྲིམ་ཆས	6.86	2	5	家具	家具	3组启动实验词9	6.83	18	136	0
58	ཁྲིམ་མཚེས	6.82	2	6	邻居	邻居	3组启动实验词10	6.86	15	248	1
59	གད་སྙིགས	6.90	2	6	垃圾	垃圾	3组启动实验词11	6.90	14	115	0
60	མིག་ཤེལ	6.95	2	4	眼镜	眼镜	3组启动实验词12	6.86	27	313	0
61	ལོ་ཆུང	6.71	2	3	少年	团长	3组启动控制词1	6.91	10	471	1
62	ཟླ་བ	6.83	2	3	月亮	大娘	3组启动控制词2	6.76	13	374	1
63	རྩི་ཤིང	6.83	2	4	植物	火	3组启动控制词3	7.00	4	1207	1
64	བྱིས་པ	6.90	2	4	儿童	先生	3组启动控制词4	7.00	11	3022	1
65	མཇིང་པ	6.67	2	4	脖子	地壳	3组启动控制词5	5.95	13	279	1
66	ལྡེ་མིག	6.69	2	4	钥匙	足球	3组启动控制词6	7.00	18	174	0
67	གྱོན་ཆས	6.81	2	5	衣服	信	3组启动控制词7	6.86	9	1176	0
68	ནགས་ཚལ	6.81	2	5	森林	公社	3组启动控制词8	6.05	11	625	0
69	ཞ་སྨྱུག	6.95	2	5	铅笔	走廊	3组启动控制词9	6.38	18	138	0
70	འབབ་ཚུགས	6.71	2	6	车站	坦克	3组启动控制词10	6.33	15	203	0
71	འབར་མཛེལ	6.60	2	6	炸弹	名单	3组启动控制词11	6.95	14	119	0

序号	藏语目标词	熟悉度	音节	字母	藏词汉译	汉语词启动	启动词排序	熟悉度	笔画	频数	生物词1
72	དུས་དེབ	6.43	2	4	杂志	舞蹈	3组启动控制词12	6.95	27	1964	0
73	བཟོ་པ	6.79	2	3	工人	工人	4组启动实验词1	6.86	5	3223	1
74	གྲུང་སི	6.62	2	3	公司	公司	4组启动实验词2	6.90	9	1673	0
75	གློ་བ	6.74	2	3	肺	肺	4组启动实验词3	6.76	9	512	1
76	ཨ་ཞང	6.83	2	3	舅舅	舅舅	4组启动实验词4	6.95	26	266	1
77	ངང་པ	6.60	2	3	鸭子	鸭子	4组启动实验词5	6.69	13	110	1
78	སྣ་ཁུང	6.74	2	4	鼻孔	鼻孔	4组启动实验词6	6.76	18	130	1
79	སྨན་ཁང	6.30	2	5	医院	医院	4组启动实验词7	6.93	16	795	0
80	སློབ་ཆུང	6.95	2	5	小学	小学	4组启动实验词8	7.00	11	589	0
81	སྤྱང་ཀི	6.93	2	5	狼	狼	4组启动实验词9	6.81	10	252	1
82	འབྲུ་རིགས	6.83	2	6	粮食	粮食	4组启动实验词10	6.90	22	1242	0
83	སྒྲོག་ཙེ	6.90	2	6	桌子	桌子	4组启动实验词11	7.00	13	433	0
84	སྐྱེད་མོས	6.70	2	6	公园	公园	4组启动实验词12	6.81	11	262	0
85	ཞིང་པ	6.79	2	3	农民	人才	4组启动控制词1	6.95	5	1096	1
86	མེ་ཏོག	6.90	2	3	花	神	4组启动控制词2	6.74	9	1278	1
87	ང་མ	6.76	2	3	尾巴	上级	4组启动控制词3	6.86	9	531	1
88	ཟ་ཁང	6.71	2	3	饭店	容器	4组启动控制词4	6.02	26	200	0
89	རྩོ་བོ	6.74	2	3	外婆	瓶子	4组启动控制词5	6.91	13	113	0
90	ནག་པང	6.81	2	4	黑板	标语	4组启动控制词6	6.43	18	125	0
91	ཚགས་པར	6.81	2	5	报纸	戏剧	4组启动控制词7	6.55	16	887	0
92	ནམ་མཁའ	6.90	2	5	天空	例子	4组启动控制词8	6.62	11	595	0
93	དྲུང་ཡིག	6.55	2	5	秘书	羽毛	4组启动控制词9	6.81	10	197	1
94	དམག་དཔུང	6.83	2	6	军队	机器	4组启动控制词10	6.76	22	1266	1
95	ལྕགས་ལམ	6.81	2	6	铁路	奴隶	4组启动控制词11	6.21	13	624	0
96	དམག་དཔོན	6.60	2	6	军官	行李	4组启动控制词12	6.55	11	161	0
97	ཆར་པ	6.68	2	3	雨	雨	5组启动实验词1	7.00	8	686	0
98	རྣ་བ	6.95	2	3	耳朵	耳朵	5组启动实验词2	7.00	12	524	1
99	རོ་གདོང	6.76	2	4	脸	脸	5组启动实验词3	6.95	11	1733	1

（续　表）

序号	藏语目标词	熟悉度	音节	字母	藏词汉译	汉语词启动	启动词排序	熟悉度	笔画	频数	生物词1
100	ཀང་པ	6.95	2	4	脚	脚	5组启动实验词4	6.95	11	1263	1
101	ཉལ་ཁྲི	6.81	2	4	床	床	5组启动实验词5	6.90	7	412	0
102	ཉལ་ཆས	6.71	2	4	被子	被子	5组启动实验词6	6.88	13	189	0
103	དངུལ་ཁང	6.86	2	5	银行	银行	5组启动实验词7	6.95	17	1117	0
104	སློབ་ཁང	6.93	2	5	教室	教室	5组启动实验词8	7.00	19	228	0
105	གྲོང་ཁྱེར	6.95	2	6	城市	城市	5组启动实验词9	6.95	14	2282	0
106	སློབ་དཔོ	6.95	2	6	校长	校长	5组启动实验词10	7.00	14	585	1
107	རྐུབ་ཀྱག	6.71	2	6	凳子	凳子	5组启动实验词11	6.69	17	111	0
108	སྦལ་པ	6.79	2	4	青蛙	青蛙	5组启动实验词12	6.86	20	307	1
109	ཤོག་བུ	6.93	2	3	纸	出口	5组启动控制词1	6.95	8	634	0
110	མིག་ཆུ	6.81	2	3	眼泪	肌肉	5组启动控制词2	6.57	12	522	0
111	བུད་མེད	6.69	2	4	妇女	工具	5组启动控制词3	6.76	11	1448	1
112	སྨན་པ	6.86	2	4	医生	主任	5组启动控制词4	6.95	11	1159	1
113	གཙང་པོ	6.58	2	4	江河	火山	5组启动控制词5	6.91	7	180	0
114	རལ་གྲི	6.83	2	4	剑	鸦片	5组启动控制词6	5.86	13	170	0
115	རྒན་ཁོག	6.95	2	5	老人	钟表	5组启动控制词7	6.45	17	791	1
116	སྦྲང་མ	6.64	2	5	蜜蜂	股票	5组启动控制词8	6.05	19	248	1
117	གྲོང་གསེབ	6.79	2	6	农村	设备	5组启动控制词9	5.91	14	1663	0
118	འཁྱགས་པ	6.86	2	6	冰	班长	5组启动控制词10	7.00	14	553	0
119	ཀང་ཕུབས	6.69	2	6	袜子	皱纹	5组启动控制词11	6.10	17	118	0
120	དམག་མི	6.49	2	4	士兵	装备	5组启动控制词12	6.81	20	227	1
121	ཕོ་ཁྱོ་ག	6.57	3	4	男人	牛	启动填充词1				1
122	མེ་འཁོར	6.95	2	4	火车	鱼	启动填充词2				0
123	ཐག་པ	6.95	2	3	绳子	梨	启动填充词3				0
124	ས་ཁྲ	6.62	2	3	地图	湖	启动填充词4				0
125	རྔ་མོང	6.71	2	4	骆驼	伤口	启动填充词5				1
126	གོས་ཐུང	6.50	2	4	裤子	小麦	启动填充词6				0
127	མིད་པ	6.38	2	3	喉咙	平原	启动填充词7				1

序号	藏语目标词	熟悉度	音节	字母	藏词汉译	汉语词启动	启动词排序	熟悉度	笔画	频数	生物词1
128	ཁང་པ	6.69	2	3	房屋	喇叭	启动填充词 8				0
129	ཐལ་བ	6.57	2	3	灰尘	颜料	启动填充词 9				0
130	ཕུས་མོ	6.69	2	3	膝盖	牦牛	启动填充词 10				1
131	ཁྲོམ་ར	6.55	2	4	市场	豹子	启动填充词 11				0
132	གཞོན་ནུ	6.90	2	4	青年	子弹	启动填充词 12				1
133	དྲུང་ཆེ	6.33	2	4	书记	箭	启动填充词 13				1
134	མཁས་པ	6.31	2	4	专家	锄头	启动填充词 14				1
135	སྨུག་པ	6.55	2	4	雾	箱子	启动填充词 15				0
136	ཀྲེ་རིལ	6.79	2	4	糖	座垫	启动填充词 16				0
137	གྲོག་མ	6.83	2	4	蚂蚁	彩虹	启动填充词 17				1
138	རྡོ་སོལ	6.69	2	4	煤炭	鞭子	启动填充词 18				0
139	ཕུག་རོན	6.33	2	4	鸽子	记号	启动填充词 19				1
140	ཚོགས་མི	6.55	2	4	会员	烟	启动填充词 20				1
141	དགོན་པ	6.81	2	4	寺庙	锤子	启动填充词 21				0
142	བློ་མཐུན	6.76	2	5	同志	疾病	启动填充词 22				1
143	མང་ཚོགས	6.76	2	5	群众	虾	启动填充词 23				1
144	གནམ་གྲུ	7.00	2	5	飞机	刷子	启动填充词 24				0
145	རྡོ་སྣུམ	6.88	2	5	石油	气味	启动填充词 25				0
146	འདྲ་པར	6.69	2	5	照片	电话	启动填充词 26				0
147	རྒྱལ་ས	6.81	2	5	首都	袖子	启动填充词 27				0
148	ནད་གཡོག	6.19	2	5	护士	乌鸦	启动填充词 28				1
149	རི་དྭགས	6.14	2	5	野兽	剪子	启动填充词 29				1
150	སྦྲང་བ	6.36	2	5	苍蝇	小偷	启动填充词 30				1
151	ཁང་བྱིའུ	6.26	2	5	麻雀	水桶	启动填充词 31				1
152	འཛམ་གླིང	6.98	2	6	世界	筷子	启动填充词 32				1
153	སློབ་ཕྲུག	6.95	2	6	学生	香烟	启动填充词 33				1
154	གྲུ་གཟིངས	6.71	2	6	船	镰刀	启动填充词 34				0
155	སློབ་དཔོན	6.50	2	6	教授	喇嘛	启动填充词 35				1

（续　表）

序号	藏语目标词	熟悉度	音节	字母	藏词汉译	汉语词启动	启动词排序	熟悉度	笔画	频数	生物词1
156	གྲོང་རྡལ	6.71	2	6	镇	井	启动填充词 36				0
157	སྒྲོད་ཕན	6.48	2	6	岛	帘子	启动填充词 37				0
158	བྱ་མོ	6.95	2	3	母鸡	饼干	启动填充词 38				1
159	སེན་མོ	6.76	2	3	指甲	大厦	启动填充词 39				1
160	ལ་ཕུག	6.93	2	3	萝卜	物质	启动填充词 40				1
161	བཙོན་པ	6.60	2	4	犯人	货物	启动填充词 41				1
162	འཁོར་ལོ	6.71	2	4	轮子	碟子	启动填充词 42				0
163	སྨྱུག་མ	6.64	2	5	竹子	牙膏	启动填充词 43				1
164	ཚག་ཤ	6.74	2	3	牛肉	豆腐	启动填充词 44				1
165	སོ་ཕག	6.50	2	3	砖头	铃铛	启动填充词 45				0
166	ཁྱུག་རྟ	6.64	2	4	燕子	武器	启动填充词 46				1
167	བཙུན་མོ	6.57	2	4	王后	翅膀	启动填充词 47				1
168	ཆོས་ཚོགས	6.45	2	5	教堂	喜鹊	启动填充词 48				0
169	བྱ་སྒྲག	6.55	2	5	老鹰	疯子	启动填充词 49				0
170	ཀུ་ཁྱུག	6.90	2	5	面条	喉咙	启动填充词 50				0
171	ལྷ་མོ	6.95	2	3	仙女	衬衣	启动填充词 51				1
172	མ་ཆེན	6.74	2	3	厨师	手套	启动填充词 52				1
173	སེང་གེ	6.83	2	3	狮子	扫帚	启动填充词 53				1
174	ཕོར་པ	6.67	2	3	饭碗	梳子	启动填充词 54				0
175	དཔེ་ཁྲི	6.81	2	4	书架	雨衣	启动填充词 55				0
176	སྣག་ཚ	6.93	2	4	墨水	玩具	启动填充词 56				0
177	སྒོ	6.90	1	2	门	棉花	启动填充词 57				0
178	མིག	6.93	1	2	眼睛	粉笔	启动填充词 58				1
179	རྡོ	7.00	1	2	石头	庄稼	启动填充词 59				0
180	མགོ	6.40	1	2	脑袋	典籍	启动填充词 60				1
181	ལུད	6.62	1	2	肥料	胖子	启动填充词 61				0
182	རྟ	6.95	1	2	马	礼物	启动填充词 62				1
183	རྔ	6.74	1	2	鼓	裙子	启动填充词 63				0

(续　表)

序号	藏语目标词	熟悉度	音节	字母	藏词汉译	汉语词启动	启动词排序	熟悉度	笔画	频数	生物词1
184	དོམ	6.79	1	2	熊	链子	启动填充词 64				1
185	འབྲས	6.95	1	4	米	政府	启动填充词 65				0
186	སྙིང	6.71	1	3	心脏	国家	启动填充词 66				1
187	སྟག	6.79	1	3	老虎	楼梯	启动填充词 67				1
188	བཙོན	6.55	1	3	监狱	音乐	启动填充词 68				0
189	སྡོམ	6.55	1	3	蜘蛛	抽屉	启动填充词 69				1
190	ཨ་ཕ	6.88	2	2	父亲	厕所	启动填充词 70				1
191	ཨ་མ	6.83	2	2	母亲	葡萄	启动填充词 71				1
192	ཤ་བ	6.74	2	2	鹿	警察	启动填充词 72				1
193	ཙི་ཙི	6.81	2	2	老鼠	闪电	启动填充词 73				1
194	ཀུ་ཤུ	6.90	2	2	苹果	演员	启动填充词 74				1
195	རི་མོ	6.81	2	2	图画	编辑	启动填充词 75				0
196	ཁྲོམ	6.71	1	3	街	排球	启动填充词 76				0
197	རྐུབ	6.79	1	3	屁股	篮球	启动填充词 77				1
198	ཁྱི	6.90	1	2	狗	暑假	启动填充词 78				1
199	ཤེལ	6.86	1	2	玻璃	记者	启动填充词 79				0
200	རས	6.79	1	2	布	蜻蜓	启动填充词 80				0
201	ཚལ	6.71	1	2	蔬菜	支队	启动填充词 81				0
202	ལྗེ	6.86	1	2	舌头	工地	启动填充词 82				1
203	གཞུ	6.60	1	2	弓	广场	启动填充词 83				0
204	བྱིའུ	6.86	1	3	鸟	大衣	启动填充词 84				1
205	གྱང	6.90	1	3	墙	文件	启动填充词 85				0
206	ལྷམ	6.81	1	3	鞋	会计	启动填充词 86				0
207	བ་མོ	6.81	2	2	母牛	论文	启动填充词 87				1
208	ཝ་མོ	6.74	2	2	狐狸	电台	启动填充词 88				1
209	ཉི་མ	6.90	2	2	太阳	水利	启动填充词 89				0
210	ས་ཆ	6.81	2	2	土地	西瓜	启动填充词 90				0
211	ཁ་བ	6.69	2	2	雪	石灰	启动填充词 91				0

（续　表）

序号	藏语目标词	熟悉度	音节	字母	藏词汉译	汉语词启动	启动词排序	熟悉度	笔画	频数	生物词1
212	ཞི་མི	6.98	2	2	猫	原子	启动填充词92				1
213	འབུ	6.83	1	2	虫子	首长	启动填充词93				1
214	སྨན	6.90	1	3	药	洪水	启动填充词94				0
215	ཟངས	6.71	1	3	铜	长城	启动填充词95				0
216	གསེར	6.74	1	3	黄金	烈士	启动填充词96				0
217	སྤྲེའུ	6.71	1	4	猴子	宇宙	启动填充词97				1
218	སྦྲུལ	6.81	1	4	蛇	火柴	启动填充词98				1
219	འབྲུག	6.81	1	4	龙	站长	启动填充词99				1
220	རི་བོ	6.74	2	2	山	冠军	启动填充词100				0
221	བུ་མོ	6.95	2	2	姑娘	设施	启动填充词101				1
222	ཨ་ར	6.50	2	2	胡子	塑料	启动填充词102				1
223	ཞྭ་མོ	6.95	2	2	帽子	渠道	启动填充词103				0
224	ཕོ་བ	6.86	2	2	胃	帐篷	启动填充词104				0
225	ཁ་ལོ་བ	6.86	3	3	司机	橡胶	启动填充词105				1
226	སོ	6.71	1	1	牙齿	辣椒	启动填充词106				1
227	ཁབ	6.93	1	2	针	日报	启动填充词107				0
228	གྲི	6.90	1	2	刀	表皮	启动填充词108				0
229	ཐུག་པ	6.86	2	2	汤	僧侣	启动练习词1				0
230	སློབ་གྲོགས	6.86	2	7	同学	强盗	启动练习词2				1
231	ཕྱེ་མ་ལེབ	6.74	3	5	蝴蝶	溶液	启动练习词3				1
232	ཤིང་ཏོག་ངང་ལག་མ	6.86	5	9	香蕉	器官	启动练习词4				1
233	དངུལ	6.81	1	3	银子	微粒	启动练习词5				0
234	རྩོམ་པ་པོ	6.67	3	5	作家	磁铁	启动练习词6				1
235	ལས་བྱེད་པ	6.57	3	6	干部	硫酸	启动练习词7				1
236	ཁུ་ཚུར	6.26	2	3	拳头	管道	启动练习词8				1
237	རྫིང་བུ	6.48	2	4	池塘	弹簧	启动练习词9				1
238	འོ་མ	6.71	2	2	牛奶	机关	启动练习词10				0
239	ཡི་ཙི	6.67	2	2	肥皂	所长	启动练习词11				0

（续　表）

序号	藏语目标词	熟悉度	音节	字母	藏词汉译	汉语词启动	启动词排序	熟悉度	笔画	频数	生物词 1
240	ཚྭ	6.90	1	2	盐	化肥	启动练习词 12				0

附件2 双语 ERP 实验 2 材料表

序号	藏语目标词	熟悉度	音节	字母	答案①	藏词汉译	汉语启动词	熟悉度	笔画	频数	启动词排序
1	དོན་པ	6.52	2	3	1	出	具有	6.67	14	5870	启动控制词 1
2	ཐོན་པ	6.52	2	3	0	出现	坐	7.00	7	3010	启动控制词 2
3	ཐོབ་པ	6.74	2	3	0	获得	爱	7.00	10	2265	启动控制词 3
4	བཟོ་བ	6.52	2	3	0	制造	杀	6.95	6	807	启动控制词 4
5	ཕྱེ་བ	6.83	2	3	1	打开	设计	6.45	10	1211	启动控制词 5
6	ཆོག་པ	6.74	2	3	0	允许	摸	6.67	13	807	启动控制词 6
7	མུ་འཐུད	6.90	2	4	0	继续	服务	6.83	13	2298	启动控制词 7
8	བྱུང་བ	6.21	2	4	0	发生	影响	6.83	24	5786	启动控制词 8
9	སྲིད་པ	6.79	2	4	0	可能	加工	6.81	8	1200	启动控制词 9
10	འགོན་པ	6.40	2	4	1	提出	建立	6.62	13	4167	启动控制词 10
11	སྒུར་བ	6.62	2	4	0	比较	生	7.00	5	2014	启动控制词 11
12	ཞུགས་པ	6.71	2	4	0	参加	实行	6.43	14	2927	启动控制词 12
13	གནོན་པ	6.45	2	4	1	按	组成	6.52	14	2422	启动控制词 13
14	སྣོན་པ	6.29	2	4	0	加	上升	6.81	7	904	启动控制词 14
15	མཚོན་པ	6.29	2	4	0	体现	分配	6.38	14	1588	启动控制词 15
16	འདོད་པ	6.74	2	4	0	愿意	从事	6.62	12	1179	启动控制词 16

---

① 主要用五官(眼、耳、鼻、口、舌)或手、脚完成动作的动词,答案为 1;非五官、手、脚完成动作的动词,答案为 0。

序号	藏语目标词	熟悉度	音节	字母	答案	藏词汉译	汉语启动词	熟悉度	笔画	频数	启动词排序
17	ཕྲེག་པ	6.67	2	4	0	烧	进攻	6.29	14	799	启动控制词17
18	འགུལ་བ	6.67	2	4	1	移动	摇	6.79	13	745	启动控制词18
19	སྡོད་པ	6.48	2	4	0	居住	企图	6.00	14	553	启动控制词19
20	འཕུར་བ	6.71	2	4	0	飞行	无力	6.90	6		启动控制词20
21	འགྲོ་བ	6.79	2	4	1	走路	用力	6.90	7	267	启动控制词21
22	གཅོད་བ	6.52	2	4	1	砍	退休	6.81	15	239	启动控制词22
23	འཚོད་པ	6.24	2	4	0	煮	命名	6.86	14	211	启动控制词23
24	འདར་བ	6.33	2	4	0	发抖	误解	6.76	22	127	启动控制词24
25	བྲོས་པ	6.64	2	4	1	逃跑	选取	6.76	17	117	启动控制词25
26	ལངས་པ	6.38	2	4	1	站立	隐藏	6.57	29	150	启动控制词26
27	བཅད་པ	6.48	2	4	1	折断	会谈	6.67	16	118	启动控制词27
28	སྐྱབ་པ	6.76	2	5	0	完成	分布	6.81	9	1991	启动控制词28
29	མཉྫངས་པ	6.90	2	5	0	等于	销售	5.95	23	929	启动控制词29
30	བཀྱལ་བ	6.62	2	5	1	解	保存	6.76	14	566	启动控制词30
31	སྐྱབ་པ	6.76	2	5	0	救	公开	6.90	8	136	启动控制词31
32	འདེགས་པ	6.29	2	5	1	举起	引入	6.71	6	207	启动控制词32
33	རྒྱག་པ	6.57	2	5	1	奔跑	美化	6.71	9	133	启动控制词33
34	བརྒྱུད་པ	6.36	2	6	1	穿过	燃烧	6.57	26	749	启动控制词34
35	དབྱུགས་པ	6.71	2	6	1	扔	侵犯	6.43	14	302	启动控制词35
36	ངེས་པར་དུ	6.88	3	5	0	必须	实践	6.12	20	2679	启动控制词36
37	ཁ་བྲལ་བ	7.00	3	5	1	离开	属于	6.76	15	2021	启动控制词37
38	ཉལ་སྡོད་པ	6.43	3	6	0	躺	分化	6.71	8	443	启动控制词38
39	ཚད་འཇལ་བ	6.55	3	6	1	测量	对比	6.86	9	563	启动控制词39
40	གཉིད་ཉལ་བ	6.95	3	6	0	睡觉	招呼	6.79	16	355	启动控制词40
41	ཡར་ལངས་བ	6.48	3	6	1	起身	闪光	6.90	11	150	启动控制词41
42	ངོ་འཁྲུད་བ	6.81	3	6	1	洗脸	倒退	6.43	19	108	启动控制词42
43	འགོ་ཚུགས་པ	7.00	3	6	0	开始	引起	6.40	14	3308	启动控制词43

(续　表)

序号	藏语目标词	熟悉度	音节	字母	答案	藏词汉译	汉语启动词	熟悉度	笔画	频数	启动词排序
44	ས་བོན་འདེབས་པ	6.48	3	8	1	播种	照射	6.67	23	250	启动控制词44
45	རེ་བ་བྱེད་པ	6.48	4	6	0	希望	增长	6.76	19	2094	启动控制词45
46	དོགས་པ་ཟ་བ	6.71	4	6	0	怀疑	发明	6.64	13	679	启动控制词46
47	མེད་པ་བཟོ་བ	6.69	4	6	0	取消	传递	6.50	16	483	启动控制词47
48	བྲོ་བ་ལྟ་བ	6.69	4	6	1	品尝	录取	6.81	16	79	启动控制词48
49	དགའ་བསུ་ཞུ་བ	6.76	4	7	0	欢迎	追求	6.57	16	960	启动控制词49
50	དཔེ་ཆ་ལྐོག་པ	6.52	4	7	1	读书	起义	6.19	12	636	启动控制词50
51	འཚོ་བ	7.00	2	3	0	生活	生活	7.00	14	8694	启动实验词1
52	ཉན་པ	6.98	2	3	1	听	听	7.00	7	5009	启动实验词2
53	ལེན་པ	6.62	2	3	1	拿	拿	6.95	10	2395	启动实验词3
54	ལོག་པ	6.88	2	3	1	回	回	7.00	6	1209	启动实验词4
55	ཤོར་བ	6.33	2	3	1	失去	失去	6.86	10	1094	启动实验词5
56	ཕམ་པ	6.86	2	3	0	失败	失败	6.90	13	808	启动实验词6
57	མཐོང་བ	6.95	2	4	1	看见	看见	6.95	13	2573	启动实验词7
58	དགོས་པ	6.76	2	4	1	需要	需要	6.90	23	6511	启动实验词8
59	བསམ་པ	6.52	2	4	0	认为	认为	6.90	8	5720	启动实验词9
60	རྙེད་པ	6.50	2	4	1	发现	发现	6.86	13	4777	启动实验词10
61	འབྲི་བ	6.83	2	4	1	写	写	7.00	5	3738	启动实验词11
62	འདུས་པ	6.36	2	4	0	包括	包括	6.86	14	3265	启动实验词12
63	བཤད་པ	6.81	2	4	1	告诉	告诉	6.86	14	2336	启动实验词13
64	འཛུལ་བ	6.90	2	4	1	进	进	6.88	7	1632	启动实验词14
65	སྤེལ་བ	6.26	2	4	1	开展	开展	6.64	14	1341	启动实验词15
66	འཐུང་བ	7.00	2	4	1	喝	喝	6.98	12	1136	启动实验词16
67	འཛིན་པ	6.55	2	4	1	抓住	抓住	6.83	14	804	启动实验词17
68	འཚོལ་བ	6.79	2	4	1	寻找	寻找	6.90	13	737	启动实验词18
69	དཀོན་པ	6.67	2	4	0	缺少	缺少	6.81	14	558	启动实验词19
70	གཏུབ་པ	6.64	2	4	1	切	切	6.64	4	472	启动实验词20
71	འཕེན་པ	6.10	2	4	1	投	投	6.45	7	297	启动实验词21

序号	藏语目标词	熟悉度	音节	字母	答案	藏词汉译	汉语启动词	熟悉度	笔画	频数	启动词排序
72	བཟོད་པ	6.52	2	4	0	忍受	忍受	6.69	15	230	启动实验词 22
73	འདྲི་བ	6.64	2	4	1	询问	询问	6.29	14	212	启动实验词 23
74	སྒུག་པ	6.43	2	4	0	等候	等候	6.52	22	128	启动实验词 24
75	འབོད་པ	6.52	2	4	1	叫喊	叫喊	6.71	17	118	启动实验词 25
76	གཡོལ་བ	6.52	2	4	0	躲避	躲避	6.48	29	104	启动实验词 26
77	འཁྱུད་བ	6.64	2	4	1	拥抱	拥抱	6.76	16	90	启动实验词 27
78	སྤྲོད་པ	6.60	2	5	1	给	给	6.90	9	2728	启动实验词 28
79	བརྟེན་པ	6.52	2	5	0	依靠	依靠	6.76	23	953	启动实验词 29
80	འབྱོར་བ	6.79	2	5	1	到达	到达	6.86	14	584	启动实验词 30
81	འདྲུད་པ	6.38	2	5	1	拖	拖	6.69	8	521	启动实验词 31
82	སྐྱུག་པ	6.90	2	5	1	吐	吐	6.90	6	328	启动实验词 32
83	འགྲོལ་བ	6.24	2	5	1	解开	解开	6.71	13	134	启动实验词 33
84	ཀྱུས་ཡོད	6.67	2	6	0	熟悉	熟悉	6.76	26	646	启动实验词 34
85	རྗེས་དྲན	6.76	2	6	0	纪念	纪念	6.81	14	293	启动实验词 35
86	ཧ་གོ་པ	6.95	3	3	0	知道	知道	6.95	20	6773	启动实验词 36
87	ར་འཕྲོད་པ	6.60	3	6	0	证明	证明	6.86	15	1810	启动实验词 37
88	ཕུ་ཆྱུག་པ	6.62	3	6	1	吹	吹	6.83	7	694	启动实验词 38
89	སོ་ཆྱུག་པ	6.71	3	6	1	咬	咬	6.76	9	578	启动实验词 39
90	གཉིད་སད་པ	6.71	3	6	0	醒	醒	6.95	16	358	启动实验词 40
91	ཚོད་བྱེད་པ	6.38	3	6	0	猜	猜	6.83	11	169	启动实验词 41
92	རྗེས་ཟིན་པ	6.33	3	6	1	追赶	追赶	6.26	19	94	启动实验词 42
93	གཏན་འཁེལ་བ	6.62	3	7	0	决定	决定	6.83	14	4238	启动实验词 43
94	ལྷོ་ཆྱུག་པ	6.62	3	7	1	咳嗽	咳嗽	6.38	23	252	启动实验词 44
95	དང་ལེན་ཞུ་བ	6.76	4	6	0	接受	接受	6.81	19	1716	启动实验词 45
96	ལྟོ་ཆས་ཟ་བ	6.95	4	6	1	吃饭	吃饭	6.90	13	692	启动实验词 46
97	ཁས་མི་ལེན་པ	6.79	4	6	0	拒绝	拒绝	6.67	16	485	启动实验词 47
98	རི་མོ་འབྲི་བ	6.83	4	6	1	画画	画画	6.90	16	58	启动实验词 48
99	ཁྱིམ་ལ་ལོག་པ	6.95	4	7	1	回家	回家	6.95	16	980	启动实验词 49

双语者心理词汇的语义表征和词汇连接模式研究

（续　表）

序号	藏语目标词	熟悉度	音节	字母	答案	藏词汉译	汉语启动词	熟悉度	笔画	频数	启动词排序
100	བཀའ་ལ་ཉན་པ	6.52	4	7	0	服从	服从	6.81	12	620	启动实验词50
101	གཏོང་བ				0	发出	合作				启动填充词1
102	མཆོང་བ				1	跳跃	后悔				启动填充词2
103	ཕྱོག་པ				1	挖掘	检查				启动填充词3
104	བཅུག་པ				1	插入	解决				启动填充词4
105	འཆལ་བ				1	嘱咐	介绍				启动填充词5
106	འོས་པ				0	应该	控制				启动填充词6
107	ཐུབ་པ				0	能够	夸奖				启动填充词7
108	སྤོ་བ				1	搬走	领导				启动填充词8
109	བཤུ་བ				1	抄写	欺骗				启动填充词9
110	ཡོང་བ				1	来	舔				启动填充词10
111	འཛེག་པ				1	攀登	同意				启动填充词11
112	ཀུ་མ་ཀུ་བ				1	偷盗	投票				启动填充词12
113	བཞར་བ				1	剃	推翻				启动填充词13
114	འཛེགས་པ				1	爬行	吞				启动填充词14
115	མིག་བཚུམ་པ				1	眨眼	吸收				启动填充词15
116	གླུ་ལེན་པ				1	唱歌	休息				启动填充词16
117	ཁ་སྐྱེལ་བ				1	亲吻	修理				启动填充词17
118	ལན་རྒྱག་པ				1	回答	研究				启动填充词18
119	གད་རྒྱག་པ				1	扫地	邀请				启动填充词19
120	ཞེ་བཟང་ཟས་པ				0	赚	争吵				启动填充词20
121	གསོ་བ				0	养育	争论				启动填充词21
122	འགན་འཁུར་བ				0	负责	踩踏				启动填充词22
123	དགའ་བ				0	喜欢	打算				启动填充词23
124	འགྱུར་བ				0	变化	逮捕				启动填充词24
125	སྐྲག་པ				0	害怕	翻译				启动填充词25
126	ཟགས་པ				0	掉	防守				启动填充词26
127	ལག་པ་གཏོང་བ				1	握手	防止				启动填充词27

序号	藏语目标词	熟悉度	音节	字母	答案	藏词汉译	汉语启动词	熟悉度	笔画	频数	启动词排序
128	ཚོགས་པ				0	懂	管理				启动填充词 28
129	རེད				0	是	逛				启动填充词 29
130	སེམས་ཕྱུག་པ				0	伤心	恨				启动填充词 30
131	ཡོད				0	有	记录				启动填充词 31
132	ཉོ་བ				0	购买	奖励				启动填充词 32
133	ཡིབ་པ				1	藏躲	交涉				启动填充词 33
134	སྨྱོ་བ				0	发疯	禁止				启动填充词 34
135	བགོད་སྒྲིག				0	安排	克服				启动填充词 35
136	འཛུགས་པ				0	成立	旅行				启动填充词 36
137	འགྱུང་བ				0	耽误	迷信				启动填充词 37
138	འཐེན་པ				1	拉	破坏				启动填充词 38
139	ཞུར་བ				0	融化	责骂				启动填充词 39
140	ན་བ				0	生病	使用				启动填充词 40
141	དང་སངས་པ				0	吃惊	收割				启动填充词 41
142	དྲན་གསོ་བ				0	回忆	讨论				启动填充词 42
143	ཚེམ་པ				1	缝纫	踢				启动填充词 43
144	འཛོག་པ				1	采摘	跳舞				启动填充词 44
145	གཡར་བ				1	借	游泳				启动填充词 45
146	རྒྱག་པ				1	关闭	准备				启动填充词 46
147	སྦྱར་བ				1	粘贴	组织				启动填充词 47
148	རྩིས་རྒྱག་པ				1	计算	保护				启动填充词 48
149	ཉ་ཞིབ་བྱེད་པ				1	观察	比赛				启动填充词 49
150	ཟིན་པ				0	记住	访问				启动填充词 50
151	འདྲེ་བ				0	混合	奋斗				启动填充词 51
152	འཝིན་པ				0	遮盖	贡献				启动填充词 52
153	ལེགས་སྒྲིག				0	整顿	结冰				启动填充词 53
154	རྡི་མ་ཐོམས་པ				1	闻	联合				启动练习词 1
155	ཤི་བ				0	死亡	抢劫				启动练习词 2

序号	藏语目标词	熟悉度	音节	字母	答案	藏词汉译	汉语启动词	熟悉度	笔画	频数	启动词排序
156	འཚོ་བ				0	伤害	撒谎				启动练习词 3
157	སྐྱེ་བ				0	生长	挑选				启动练习词 4
158	སོ་འབྲུད་པ				1	刷牙	吓唬				启动练习词 5
159	འབུད་པ				1	推	训练				启动练习词 6
160	སྐད་ཆ་བཤད་པ				1	说话	总结				启动练习词 7
161	གཤུམ་པ				1	哭泣	建筑				启动练习词 8
162	རྡུང་བ				1	敲打	解释				启动练习词 9
163	བརྗེད་པ				0	忘记	批评				启动练习词 10
164	ཆས་སྒྲིག་པ				1	化装	调查				启动练习词 11
165	སྐྲ་བཞར་པ				1	理发	运输				启动练习词 12
166	དར་བ				0	流行	支持				启动练习词 13
167	ཐལ་མོ་རྡེབ་པ				1	鼓掌	称赞				启动练习词 14
168	ཤེས་པ				0	学会	坚持				启动练习词 15
169	མཚོན་གྱུར				0	实现	感谢				启动练习词 16
170	བསྒྱུར་བ				0	改变	开车				启动练习词 17
171	ཁས་ལེན་ཞུ་བ				0	承认	考虑				启动练习词 18

附件 3　双语 ERP 实验 3 材料表^①

序号	藏语目标词	熟悉度	音节	字母	目标词汉译	启动词	熟悉度	笔画	频数	启动词排序	答案
1	ཡག་པོ	6.90	2	3	好	人为	6.95	6	222	启动控制词 10	1
2	མཐོ་བ	6.98	2	3	高	任何	6.71	13	3113	启动控制词 2	1
3	ཚང་མ	6.88	2	3	所有	永久	6.93	8	126	启动控制词 3	1
4	ནན་པོ	6.48	2	3	严格	有力	6.95	8	695	启动控制词 4	1
5	ཡང་མོ	6.81	2	3	轻	生动	6.76	11	719	启动控制词 5	0
6	དམ་པོ	6.69	2	3	紧	方便	6.81	13	582	启动控制词 6	1
7	རན་པོ	6.45	2	3	合适	满意	6.90	26	485	启动控制词 7	1
8	བདེ་པོ	7.00	2	3	舒服	透明	6.67	18	330	启动控制词 8	0
9	ལོང་བ	6.88	2	3	瞎	多余	6.81	13	202	启动控制词 9	1
10	གཙོ་པོ	6.79	2	3	主要	其他	0.00	13	4336	启动控制词 10	1
11	རྗེན་པོ	6.76	2	4	生的	大方	6.90	7	115	启动控制词 11	0
12	བརྟན་པོ	6.76	2	4	稳定	强烈	6.50	22	1131	启动控制词 12	0
13	གྲང་མོ	6.95	2	4	冷	平衡	6.19	21	1528	启动控制词 13	0
14	དངོས་སུ	6.62	2	4	正式	纯粹	5.81	21	271	启动控制词 14	0
15	གྲུ་བཞི	6.57	2	4	方	相对	6.95	14	129	启动控制词 15	0
16	སྟོང་པ	7.00	2	4	空	绿	6.95	11	533	启动控制词 16	0

---

① 本表中目标词主要用于修饰事物，表示事物的某种属性时，答案为 0，否则为 1。

（续　表）

序号	藏语目标词	熟悉度	音节	字母	目标词汉译	启动词	熟悉度	笔画	频数	启动词排序	答案
17	ཚོན་པ	6.67	2	4	湿	激烈	6.26	26	555	启动控制词17	0
18	འདྲ་བ	6.74	2	4	相似	紧密	6.57	21	450	启动控制词18	1
19	བསིལ་པོ	6.57	2	4	凉快	高尚	6.71	18	261	启动控制词19	0
20	ཞི་འཇམ	6.52	2	4	温和	正规	6.81	13	150	启动控制词20	1
21	སྤྲོ་པོ	6.40	2	4	有趣	均匀	6.62	11	404	启动控制词21	1
22	སྔོན་པོ	6.90	2	4	蓝	欢乐	6.95	11	281	启动控制词22	0
23	འཛོན་པོ	6.62	2	4	能干	自豪	6.21	20	128	启动控制词23	1
24	རང་དབང	6.71	2	5	自由	有效	6.48	16	1283	启动控制词24	1
25	རང་འགུལ	6.69	2	5	主动	自觉	6.81	13	687	启动控制词25	1
26	བདེ་སྐྱག	6.81	2	5	顺利	迫切	6.05	12	313	启动控制词26	0
27	གཟབ་ནན	6.45	2	5	严肃	专门	6.81	7	764	启动控制词27	1
28	སྦྱུང་པོ	6.88	2	5	聪明	动人	6.90	8	256	启动控制词28	1
29	ལྟོགས་པ	6.90	2	5	饿	合法	6.95	14	274	启动控制词29	0
30	ང་རྒྱལ	6.36	2	5	骄傲	持久	6.62	12	185	启动控制词30	1
31	ལྐུགས་པ	6.90	2	5	哑	残废	6.43	17	90	启动控制词31	1
32	ཁྲོག་འཇིང	6.64	2	6	复杂	合理	6.52	17	2044	启动控制词32	0
33	མངོན་གསལ	6.61	2	6	明显	一定	6.95	9	3184	启动控制词33	0
34	ནོར་འཁྲུལ	6.90	2	6	错误	坚决	6.57	13	775	启动控制词34	0
35	བབ་ཆགས	6.50	2	5	朴素	旺盛	6.43	19	188	启动控制词35	1
36	བདེ་འཇགས	7.00	2	6	安全	典型	6.05	17	814	启动控制词36	0
37	མཐིགས་པོ	6.95	2	6	硬	鲜明	6.52	22	546	启动控制词37	1
38	དུས་རྒྱུན	6.76	2	6	经常	单纯	6.43	15	501	启动控制词38	0
39	སྒོར་སྒོར	6.95	2	6	圆	满足	6.90	20	1190	启动控制词39	0
40	དང་གཞིག	6.40	2	6	公平	完备	6.67	15	194	启动控制词40	1
41	སྤྲོ་སྣང	6.67	2	6	乐观	单调	6.62	18	147	启动控制词41	1
42	མཛའ་བརྩེ	6.62	2	6	亲密	美妙	6.76	15	138	启动控制词42	1
43	ཕོ་ཆོད་པོ	6.69	3	4	有用	寂寞	6.67	23	290	启动控制词43	1

序号	藏语目标词	熟悉度	音节	字母	目标词汉译	启动词	熟悉度	笔画	频数	启动词排序	答案
44	གལ་ཆེན་པོ	6.95	3	5	重要	充分	6.67	10	2233	启动控制词44	1
45	ཐག་རིང་པོ	7.00	3	5	远	陌生	6.81	8	200	启动控制词45	0
46	ཤ་སྐམ་པོ	6.90	3	5	瘦	和谐	6.81	19	367	启动控制词46	1
47	ཁ་སྐོམ་པོ	6.86	3	5	渴	罕见	6.10	11	129	启动控制词47	1
48	ཡ་མཚན་པོ	6.62	3	5	奇怪	根本	6.81	15	801	启动控制词48	1
49	རྒྱ་ཆེན་པོ	6.38	3	6	宽	咸	6.52	9	129	启动控制词49	0
50	ཁ་ཁྲུག་མེད་པོ	6.64	4	6	安静	吃亏	6.81	9	86	启动控制词50	0
51	ཆུང་བ	7.00	2	3	小	小	7.00	3	12687	启动实验词1	1
52	མང་པོ	6.93	2	3	许多	许多	6.90	12	5904	启动实验词2	1
53	སྔ་པོ	6.95	2	3	早	早	7.00	6	1954	启动实验词3	1
54	ཕྲ་མོ	6.74	2	3	细	细	6.90	8	1035	启动实验词4	1
55	སེར་པོ	6.95	2	3	黄	黄	7.00	11	799	启动实验词5	0
56	ཞི་བདེ	6.86	2	3	和平	和平	7.00	13	620	启动实验词6	0
57	སོས་པ	6.33	2	3	新鲜	新鲜	6.81	27	431	启动实验词7	0
58	འདང་བ	6.55	2	3	足够	足够	6.69	18	318	启动实验词8	1
59	ཞིམ་པོ	6.90	2	3	好吃	好吃	6.90	12	149	启动实验词9	0
60	གསར་པ	7.00	2	4	新	新	6.95	13	9157	启动实验词10	1
61	དམར་པོ	6.95	2	4	红	红	6.95	6	1887	启动实验词11	1
62	གསལ་པོ	6.83	2	4	清楚	清楚	6.86	24	1571	启动实验词12	0
63	བདེ་ཐང	6.90	2	4	健康	健康	7.00	21	1112	启动实验词13	1
64	སྨིན་པ	6.45	2	4	成熟	成熟	6.69	21	832	启动实验词14	1
65	མཐུག་པོ	6.81	2	4	厚	厚	6.71	9	740	启动实验词15	0
66	རྫུན་མ	6.95	2	4	假	假	7.00	11	631	启动实验词16	0
67	སྨུན་ནག	6.83	2	4	黑暗	黑暗	6.79	25	507	启动实验词17	0
68	གསང་བ	6.71	2	4	秘密	秘密	6.71	21	483	启动实验词18	0
69	ཕྱུག་པོ	6.81	2	4	富有	富有	6.60	18	267	启动实验词19	1
70	སྙན་པོ	7.00	2	4	好听	好听	0.00		134	启动实验词20	0

（续　表）

序号	藏语目标词	熟悉度	音节	字母	目标词汉译	启动词	熟悉度	笔画	频数	启动词排序	答案
71	གཙང་མ	6.90	2	4	干净	干净	6.95	11	352	启动实验词21	0
72	མངར་མོ	6.95	2	4	甜	甜	6.86	11	338	启动实验词22	0
73	ཧུར་པོ	6.86	2	3	勤劳	勤劳	6.76	20	121	启动实验词23	1
74	ཚབས་ཆེན	6.88	2	5	严重	严重	6.90	16	2367	启动实验词24	0
75	ཞིབ་ཚགས	6.55	2	5	仔细	仔细	6.81	13	726	启动实验词25	1
76	དཔལ་ཡོན	6.81	2	5	文明	文明	6.90	12	591	启动实验词26	1
77	སྙོམས་པོ	6.79	2	5	平	平	7.00	5	573	启动实验词27	0
78	འདྲོང་པོ	6.81	2	5	直	直	7.00	8	521	启动实验词28	0
79	སྐྱུར་མོ	6.62	2	5	酸	酸	6.71	14	289	启动实验词29	0
80	ཐལ་མདོག	6.81	2	5	灰色	灰色	6.86	12	213	启动实验词30	1
81	འཐུས་ཚང	6.40	2	5	周到	周到	6.76	16	92	启动实验词31	1
82	ཧུར་བརྩོན	6.40	2	6	积极	积极	6.48	17	2195	启动实验词32	1
83	འབད་བརྩོན	6.95	2	6	努力	努力	7.00	9	1763	启动实验词33	1
84	ཕྱིན་ཕོན	6.76	2	5	先进	先进	6.86	13	1543	启动实验词34	0
85	སུན་སྣང	6.52	2	5	烦恼	烦恼	6.74	19	148	启动实验词35	1
86	འདྲ་མཉམ	6.71	2	6	平等	平等	6.81	17	985	启动实验词36	1
87	བདེ་སྐྱིད	6.86	2	6	幸福	幸福	6.95	22	775	启动实验词37	1
88	སྟོབས་ཆེན	6.48	2	5	强大	强大	6.76	15	609	启动实验词38	1
89	ཆེད་བཙུགས	6.69	2	7	故意	故意	6.81	22	525	启动实验词39	1
90	གཟི་འཛིད	6.52	2	6	光荣	光荣	6.64	15	223	启动实验词40	1
91	རྒྱ་སྨུག	6.55	2	6	紫色	紫色	6.71	18	151	启动实验词41	0
92	ས་བརྟན	6.50	2	6	坚固	坚固	6.48	15	123	启动实验词42	0
93	བྱང་ཆུབ་པ	6.45	3	3	熟练	熟练	6.43	23	291	启动实验词43	1
94	མི་མཐུན་པ	6.90	3	4	不同	不同	6.98	10	7822	启动实验词44	1
95	རྒྱ་ཆེ་བ	6.50	3	5	广大	广大	6.52	6	1879	启动实验词45	0
96	ཛ་དྲག་པོ	6.67	3	5	紧急	紧急	6.81	19	372	启动实验词46	0
97	ཞེན་ལོག་པ	6.60	3	5	讨厌	讨厌	6.90	11	137	启动实验词47	1

（续　表）

序号	藏语目标词	熟悉度	音节	字母	目标词汉译	启动词	熟悉度	笔画	频数	启动词排序	答案
98	སྙིང་རྗེ་པོ	6.86	3	6	美丽	美丽	6.98	15	831	启动实验词48	1
99	ཁྲོང་ལང་པ	6.90	3	6	生气	生气	7.00	9	426	启动实验词49	1
100	དྲི་མ་ཞིམ་པོ	6.86	4	6	香	香	6.90	9	312	启动实验词50	0
101	མགྱོགས་པོ	6.83	2	6	迅速	娇嫩				启动填充词1	1
102	དལ་པོ	6.95	2	3	慢	精彩				启动填充词2	1
103	དམིགས་བསལ	6.95	2	7	特殊	保守				启动填充词3	1
104	སྤྱིར་བཏང་བ	6.64	3	8	普通	迅速				启动填充词4	1
105	དཀའ་ངལ	6.74	2	5	困难	普通				启动填充词5	0
106	ལས་སླ་པོ	6.81	3	5	容易	特殊				启动填充词6	0
107	དོན་དངོས	6.67	2	5	实际	慢				启动填充词7	1
108	རྒྱུན་ལྡན	6.62	2	7	正常	困难				启动填充词8	1
109	ཆེ་བ	6.86	2	6	伟大	容易				启动填充词9	1
110	ལོ་ན་གཞོན་པ	6.95	4	6	年轻	实际				启动填充词10	1
111	རྒན་པ	6.71	2	3	老	正常				启动填充词11	1
112	ཕྱིན་ཅི་ལོག་པ	6.76	4	7	相反	伟大				启动填充词12	0
113	གཏིང་རིང་པོ	6.67	3	6	深	年轻				启动填充词13	0
114	གཏིང་ཟབ་པོ	6.48	3	6	深刻	老				启动填充词14	0
115	གཏིང་ཕྱང་བ	6.48	3	6	浅	相反				启动填充词15	0
116	སེམས་འཚབ་པ	6.60	3	7	紧张	必要				启动填充词16	1
117	རིང་པོ	7.00	2	3	长	勇敢				启动填充词17	0
118	ཐུང་བ	7.00	2	3	短	懦弱				启动填充词18	0
119	རྩ་བ	6.29	2	3	基本	紧张				启动填充词19	0
120	བློས་འཁེལ་བ	6.67	3	7	可靠	长				启动填充词20	1
121	གྱོ་སྒུང་ཅན	6.29	3	8	活泼	短				启动填充词21	1
122	ཡག་པོ	6.81	4	8	丰富	基本				启动填充词22	0
123	དགོས་མཁོ་ཆེ་བ	6.57	4	7	必要	可靠				启动填充词23	1
124	དཔའ་ངར་ཆེ་བ	6.76	4	7	勇敢	活泼				启动填充词24	1

（续　表）

序号	藏语目标词	熟悉度	音节	字母	目标词汉译	启动词	熟悉度	笔画	频数	启动词排序	答案
125	ཉམ་ཆུང་	6.17	2	4	懦弱	丰富				启动填充词25	1
126	གནོད་པ་ཡོད་པ	6.26	4	7	不利	深				启动填充词26	0
127	བཀྲ་མི་ཤིས་པ	6.48	4	7	不幸	深刻				启动填充词27	1
128	སྐལ་བ་འཁེལ་བ	6.17	3	8	幸运	浅				启动填充词28	1
129	ཐང་ཆད་པ	6.21	3	5	疲劳	不利				启动填充词29	1
130	སྤོ་ཁོག་ཆེན་པོ	6.81	4	7	大胆	不幸				启动填充词30	1
131	སྤྲོ་སེམས་ཆེ་བ	6.60	4	8	热心	幸运				启动填充词31	1
132	སྤྲོ་སེམས་འཕེལ་བ	6.26	4	10	热情	凑巧				启动填充词32	1
133	འཛེམ་ཚ་ཁྲེད་པ	6.50	4	8	客气	大胆				启动填充词33	1
134	ལས་འགྲོ་མེད་པ	6.19	4	8	倒霉	热心				启动填充词34	1
135	གཡོ་སྒྱུ་ཆེན་པོ	6.29	4	8	狡猾	热情				启动填充词35	1
136	ཕྱི་པོ	6.43	2	3	天晚	客气				启动填充词36	0
137	དང་ཀྱུད་འཛམ་པོ	6.19	4	10	和善	倒霉				启动填充词37	1
138	ས་བཅུད་བཟང་པོ	5.48	4	8	肥沃	狡猾				启动填充词38	0
139	ལོག་སྤྱོད	6.33	2	6	反动	天晚				启动填充词39	1
140	བདེ་ལྷག་འཕུག་པོ	5.83	4	10	敏捷	和善				启动填充词40	1
141	གནག་སེམས	5.98	2	6	阴险	肥沃				启动填充词41	1
142	རུ་ངར་པོ	6.33	3	4	暴躁	反动				启动填充词42	1
143	དང་ཀྱུད་རིང་པོ	6.74	4	9	耐心	敏捷				启动填充词43	1
144	ཁྲེལ་འཚུབ	6.17	2	6	急躁	阴险				启动填充词44	1
145	རྩ་ཆེན	6.64	2	4	宝贵	暴躁				启动填充词45	1
146	རྣོ་ངར	5.74	2	4	锐利	耐心				启动填充词46	0
147	འོན་པ		2	3	聋	急躁				启动填充词47	1
148	འཁྱོག་པོ		2	5	偏	宝贵				启动填充词48	0
149	ཟ་འཕྲུག་ལངས་པ		4	9	痒	锐利				启动填充词49	1
150	མགོ་ཡུར་འཁོར་བ	6.86	4	8	晕	聋				启动填充词50	1
151	སྙི་ཉམས་ཕྲན་པ	5.60	4	10	娇嫩	偏				启动填充词51	1

序号	藏语目标词	熟悉度	音节	字母	目标词汉译	启动词	熟悉度	笔画	频数	启动词排序	答案
152	དཔེ་མི་སྲིད་པ	5.43	4	7	精彩	痒				启动填充词 52	0
153	བག་ཁྲིམ	5.43	2	4	保守	晕				启动填充词 53	1
154	སྐད་གསང་པོ	6.14	3	7	响亮	坦率				启动练习词 1	0
155	གྲ་འགྲིག་པོ	6.86	3	7	整齐	羞				启动练习词 2	0
156	འཇམ་པོ	5.98	2	4	光滑	响亮				启动练习词 3	0
157	ཕྱུག་ཕྱུག	6.12	2	6	破碎	整齐				启动练习词 4	0
158	དར་རྒྱས	6.02	2	6	繁荣	光滑				启动练习词 5	0
159	ཁ་ཚ་བ	6.90	3	3	辣	破碎				启动练习词 6	0
160	དགོད་བྲོ་བ	6.60	3	6	可笑	繁荣				启动练习词 7	1
161	སྐྲག་སྣང་སྐྱེ་དགོས་པ	6.48	5	14	可怕	辣				启动练习词 8	1
162	སྐད་གྲགས་ཡོད་པ	6.57	4	10	著名	可笑				启动练习词 9	1
163	ལེགས་སྐྲུབ་བྱུང་བ	6.79	4	11	成功	可怕				启动练习词 10	1
164	ཕུལ་དུ་བྱུང་བ	6.67	4	7	出色	卑鄙				启动练习词 11	1
165	དྲག་པོ	5.83	2	4	残酷	成功				启动练习词 12	1
166	དྲང་པོ	6.57	2	4	诚实	出色				启动练习词 13	1
167	འཆལ་པོ	6.10	2	4	顽皮	残酷				启动练习词 14	1
168	ཐ་ཤལ	6.17	2	3	卑鄙	诚实				启动练习词 15	1
169	དགའ་སྤྲོ་ཆེ་བ	6.17	4	6	兴奋	顽皮				启动练习词 16	1
170	བ་རེ་ཕྱག	6.12	4	5	坦率	兴奋				启动练习词 17	1
171	ངོ་ཚ	6.60	2	2	羞	著名				启动练习词 18	1

附件 4 双语 ERP 实验 4 材料表

序号	分组	藏语目标真词	真词排序	熟悉度	音节	字母	目标词汉译	熟悉度	笔画	频数	藏语目标假词	藏语目标假词排序
1	A	འཆར་གཞི	练习词 1				计划				ལགས་པ་ཐ	练习词 1
2	A	རིག་གནས	练习词 2				文化				གངས་ཀ་ནད	练习词 2
3	A	རྨང་གཞི	练习词 3				基础				གང	练习词 3
4	A	ཁྱད་ཆོས	练习词 4				特点				དགས	练习词 4
5	A	ཐབ་ཚང	实验词 1	6.81	2	4	厨房	6.45	20	258	ཟག་ཚ	实验词 1
6	A	མཆིན་པ	实验词 2	6.74	2	4	肝	6.79	7	297	འགིག་ཐ	实验词 2
7	A	བྱི་རིལ	实验词 3	6.79	2	4	糖	6.86	16	348	ཕོ་ནུང	实验词 3
8	A	ཌོ་གདོང	实验词 4	6.76	2	4	脸	6.95	11	1733	ཉི་མགོག	实验词 4
9	A	ཁྲོམ་ར	实验词 5	6.55	2	4	市场	6.71	11	4082	གྱིལ་ཐ	实验词 5
10	A	ཕོར་པ	实验词 6	6.67	2	3	饭碗	6.74	20	92	མེན་ཚ	实验词 6
11	A	མཆུ་ཏོ	实验词 7	6.60	2	3	嘴唇	6.62	26	345	འཛོ་ཕུ	实验词 7
12	A	གསང་སྤྱོད	实验词 8	6.88	2	7	厕所	6.93	16	89	མནན་ཆུང	实验词 8
13	A	ཕོག་པ	实验词 9	6.38	2	3	肚子	6.95	10	467	ཡུང་ཐ	实验词 9
14	A	མ་ཆེན	实验词 10	6.74	2	3	厨师	6.90	18	67	ཉ་ནོང	实验词 10
15	A	མེ་ཏོག	实验词 11	6.90	2	3	花	7.00	9	1733	ལ་གུང	实验词 11
16	A	རི་བོ	实验词 12	6.74	2	2	山	7.00	3	1434	ནུ་ལོ	实验词 12
17	A	རི་མོ	实验词 13	6.81	2	2	图画	6.93	16	254	འགོ	实验词 13
18	A	སློབ་གྲོགས	实验词 14	6.86	2	7	同学	7.00	14	1296	སྣང་ཀྱུགས	实验词 14

（续　表）

序号	分组	藏语目标真词	真词排序	熟悉度	音节	字母	目标词汉译	熟悉度	笔画	频数	藏语目标假词	藏语目标假词排序
19	A	〔藏文〕	实验词15	6.83	2	6	军队	6.81	10	1168	〔藏文〕	实验词15
20	A	〔藏文〕	实验词16	6.71	2	6	船	6.90	11	1443	〔藏文〕	实验词16
21	A	〔藏文〕	实验词17	6.98	2	6	世界	6.93	14	5697	〔藏文〕	实验词17
22	A	〔藏文〕	实验词18	6.64	2	5	山洞	6.60	12	95	〔藏文〕	实验词18
23	A	〔藏文〕	实验词19	6.21	2	5	地板	6.69	14	155	〔藏文〕	实验词19
24	A	〔藏文〕	实验词20	6.55	2	4	会员	6.71	13	125	〔藏文〕	实验词20
25	A	〔藏文〕	实验词21	6.30	2	5	医院	6.93	16	795	〔藏文〕	实验词21
26	A	〔藏文〕	实验词22	6.81	2	4	寺庙	6.52	14	51	〔藏文〕	实验词22
27	A	〔藏文〕	实验词23	6.60	2	4	犯人	6.76	7	90	〔藏文〕	实验词23
28	A	〔藏文〕	实验词24	6.49	2	4	士兵	6.61	10	304	〔藏文〕	实验词24
29	A	〔藏文〕	实验词25	6.98	2	5	手套	6.90		59	〔藏文〕	实验词25
30	A	〔藏文〕	实验词26	6.74	2	4	翅膀	6.76	24	342	〔藏文〕	实验词26
31	A	〔藏文〕	实验词27	6.45	2	6	大炮	6.43	12	154	〔藏文〕	实验词27
32	A	〔藏文〕	实验词28	6.95	2	4	脚	6.95	11	1263	〔藏文〕	实验词28
33	A	〔藏文〕	实验词29	6.90	2	4	书	7.00	4	2561	〔藏文〕	实验词29
34	A	〔藏文〕	实验词30	6.86	2	3	茶杯	6.79	17	86	〔藏文〕	实验词30
35	A	〔藏文〕	实验词31	6.33	2	3	筷子	6.88	16	114	〔藏文〕	实验词31
36	A	〔藏文〕	实验词32	6.38	2	3	镜子	6.90	19	224	〔藏文〕	实验词32
37	A	〔藏文〕	实验词33	5.71	2	3	虾	6.45	9	96	〔藏文〕	实验词33
38	A	〔藏文〕	实验词34	6.86	2	3	驴	6.74	7	210	〔藏文〕	实验词34
39	A	〔藏文〕	实验词35	6.52	2	3	羊	7.00	6	525	〔藏文〕	实验词35
40	A	〔藏文〕	实验词36	6.81	2	5	马路	7.00	16	338	〔藏文〕	实验词36
41	A	〔藏文〕	实验词37	6.69	2	3	膝盖	6.48	26	82	〔藏文〕	实验词37
42	A	〔藏文〕	实验词38	6.95	2	3	母鸡	6.83	12	83	〔藏文〕	实验词38
43	A	〔藏文〕	实验词39	6.79	2	3	花生	6.95	12	7695	〔藏文〕	实验词39
44	A	〔藏文〕	实验词40	6.74	2	2	鹿	6.19	11	216	〔藏文〕	实验词40
45	A	〔藏文〕	实验词41	6.83	2	2	母亲	7.00	14	2103	〔藏文〕	实验词41
46	A	〔藏文〕	实验词42	6.95	1	2	马	6.95	3	379	〔藏文〕	实验词42

（续　表）

序号	分组	藏语目标真词	真词排序	熟悉度	音节	字母	目标词汉译	熟悉度	笔画	频数	藏语目标假词	藏语目标假词排序
47	A	སྒོ	实验词43	6.90	1	2	门	7.00	3	2072	ཅུ	实验词43
48	A	སྒོ་ལྕགས	实验词44	6.71	2	6	锁	6.57	12	127	ཚོ་སྐྱགས	实验词44
49	A	རྡོ་སྣུམ	实验词45	6.88	2	5	石油	6.88	13	943	སྟེ་ཚོག	实验词45
50	A	ཤིང་སྡོང	实验词46	6.67	2	5	树	6.90	9	1185	ནོག་ཚོལ	实验词46
51	A	རླུགས་པ	实验词47	6.79	2	5	风	7.00	4	1664	སྐང་ན་ཛ	实验词47
52	A	དཔེ་ཁྲི	实验词48	6.81	2	4	书架	6.90	13	62	འདོ་སྒྲི	实验词48
53	A	སྤར་མོ	实验词49	6.55	2	4	手掌	6.76	16	144	ཀྲལ་པེ	实验词49
54	B	ཐབ་ཚང	实验词1								གན་འབད	实验词1
55	B	མཆིན་པ	实验词2								མཛན་ཇ	实验词2
56	B	ཀྱི་རིལ	实验词3								ཀྱི་ཐུལ	实验词3
57	B	ཊོ་གདོང	实验词4								མེ་གཏོང	实验词4
58	B	ཁྲོམ་ར	实验词5								དཁྲིན་ཆ	实验词5
59	B	ཕོར་པ	实验词6								ནག་མ	实验词6
60	B	མཆུ་ཏོ	实验词7								འདོ་ཉེ	实验词7
61	B	གསང་སྤྱོད	实验词8								འབང་སྤྱོན	实验词8
62	B	བོག་པ	实验词9								ལོག་ཀ	实验词9
63	B	མ་ཆེན	实验词10								ཇ་ཞིལ	实验词10
64	B	མེ་ཏོག	实验词11								གུ་དུང	实验词11
65	B	རི་བོ	实验词12								ཕུ་དེ	实验词12
66	B	རི་མོ	实验词13								མཚོ	实验词13
67	B	སྒྲོབ་གྲོགས	实验词14								ཚོན་ཁྲོངས	实验词14
68	B	དམག་དཔུང	实验词15								མནས་གཏོང	实验词15
69	B	ཀུ་གཟིངས	实验词16								ཀྱི་མཐོངས	实验词16
70	B	འཛིམ་སྐྱིད	实验词17								གདག་ཁྲིན	实验词17
71	B	ཐབ་ཕུག	实验词18								དུང་ཀྲོ	实验词18
72	B	པང་གཟལ	实验词19								ལས་འཛན	实验词19
73	B	ཚོགས་མེ	实验词20								སྐྱག་ན	实验词20
74	B	སྨྱུན་ཁང	实验词21								སྨལ་གབ	实验词21

（续　表）

序号	分组	藏语目标真词	真词排序	熟悉度	音节	字母	目标词汉译	熟悉度	笔画	频数	藏语目标假词	藏语目标假词排序
75	B	དགོན་པ	实验词 22								གདག་ཐ	实验词 22
76	B	བཙོན་པ	实验词 23								བཀན་ཉ	实验词 23
77	B	དམག་མི	实验词 24								འཐལ་ཤོ	实验词 24
78	B	ལག་ཤུབས	实验词 25								ཅང་ལོངས	实验词 25
79	B	གཤོག་པ	实验词 26								འཚན་ཐ	实验词 26
80	B	མེ་སྒྲོགས	实验词 27								འགོས་ནལ	实验词 27
81	B	ཀང་པ	实验词 28								སྔན་ཟ	实验词 28
82	B	དཔེ་དེབ	实验词 29								འདི་ཐོལ	实验词 29
83	B	ཇ་ཕོར	实验词 30								ས་ལོང	实验词 30
84	B	ཁོའི་ཚེ	实验词 31								མོའི་མོ	实验词 31
85	B	མེ་ལོང	实验词 32								ཙེ་གོད	实验词 32
86	B	ཞ་སྒྲི	实验词 33								ག་ཀེ	实验词 33
87	B	བོང་བུ	实验词 34								ནོང་ཐོ	实验词 34
88	B	ར་ལུག	实验词 35								ས་མོན	实验词 35
89	B	རྒྱུ་ལམ	实验词 36								ཀྱུ་ནན	实验词 36
90	B	པུས་མོ	实验词 37								གོས་སུ	实验词 37
91	B	བྱ་མོ	实验词 38								ཁྲུ་ལི	实验词 38
92	B	བ་དམ	实验词 39								ན་མག	实验词 39
93	B	ཤ་བ	实验词 40								བ་ད	实验词 40
94	B	ཨ་མ	实验词 41								ཏ་ཐ	实验词 41
95	B	རྟ	实验词 42								ཐེ	实验词 42
96	B	སྒོ	实验词 43								ཐྲི	实验词 43
97	B	སྒོ་ལྕགས	实验词 44								ཏུ་ཀངས	实验词 44
98	B	རྡོ་སྐམ	实验词 45								ཀོ་རྩེལ	实验词 45
99	B	ཤིང་སྡོང	实验词 46								ཞུང་སྐྱུན	实验词 46
100	B	ལྕགས་པ	实验词 47								ཏགས་ཉ	实验词 47
101	B	དཔེ་ཁྲི	实验词 48								འཚོ་བྱི	实验词 48
102	B	སྒར་མོ	实验词 49								སྟན་ཞོ	实验词 49

（续 表）

序号	分组	汉语目标真词	真词排序	熟悉度	音节	字母	目标词汉译	熟悉度	笔画	频数	汉语目标假词	藏语目标假词排序
103	C	暑假	练习词1								心虫	练习词1
104	C	水稻	练习词2								月谷	练习词2
105	C	水库	练习词3								电身	练习词3
106	C	饲料	练习词4								房池	练习词4
107	C	肩膀	实验词1	6.45		22	259				原钱	实验词1
108	C	杂志	实验词2	6.57		13	308				骨支	实验词2
109	C	蚂蚁	实验词3	6.38		18	346				能泽	实验词3
110	C	地球	实验词4	6.90		17	2062				码奏	实验词4
111	C	青年	实验词5	6.81		14	3148				封处	实验词5
112	C	狮子	实验词6	6.64		12	98				羽池	实验词6
113	C	委员	实验词7	6.67		15	340				国层	实验词7
114	C	宾馆	实验词8	6.71		20	85				债剧	实验词8
115	C	肌肉	实验词9	6.57		12	522				当灰	实验词9
116	C	仙女	实验词10	6.76		8	51				人级	实验词10
117	C	公司	实验词11	6.90		9	1673				长术	实验词11
118	C	姑娘	实验词12	6.95		18	1834				战科	实验词12
119	C	胡子	实验词13	6.90		12	263				家判	实验词13
120	C	汽车	实验词14	6.90		11	1321				务合	实验词14
121	C	粮食	实验词15	6.90		22	1242				病街	实验词15
122	C	教授	实验词16	6.36		22	1321				超款	实验词16
123	C	学生	实验词17	7.00		13	4229				方类	实验词17
124	C	竹子	实验词18	6.79		9	76				用双	实验词18
125	C	军舰	实验词19	5.48		16	152				喝王	实验词19
126	C	大厦	实验词20	6.38		15	122				西纲	实验词20
127	C	地主	实验词21	6.76		11	957				广底	实验词21
128	C	轮子	实验词22	6.83		11	60				正老	实验词22

序号	分组	汉语目标真词	真词排序	熟悉度	音节	字母	目标词汉译	熟悉度	笔画	频数	汉语目标假词	藏语目标假词排序
129	C	鳄鱼	实验词 23	5.62	25	92					魅续	实验词 23
130	C	和尚	实验词 24	7.00	16	266					梯母	实验词 24
131	C	衬衣	实验词 25	6.48	14	79					地物	实验词 25
132	C	个人	实验词 26	6.93	5	342					门力	实验词 26
133	C	礼物	实验词 27	6.81	13	145					组兄	实验词 27
134	C	妇女	实验词 28	6.76	9	1625					车瓜	实验词 28
135	C	植物	实验词 29	6.88	20	2535					念量	实验词 29
136	C	萝卜	实验词 30	6.88	13	90					床众	实验词 30
137	C	旗帜	实验词 31	6.05	22	117					板题	实验词 31
138	C	香烟	实验词 32	6.62	19	169					科格	实验词 32
139	C	乳头	实验词 33	6.12	13	85					诗汉	实验词 33
140	C	舅舅	实验词 34	6.95	26	266					管程	实验词 34
141	C	尾巴	实验词 35	6.95	11	505					坏夫	实验词 35
142	C	教材	实验词 36	6.90	18	371					性料	实验词 36
143	C	指甲	实验词 37	6.76	14	71					含体	实验词 37
144	C	公鸡	实验词 38	6.81	11	89					北式	实验词 38
145	C	喉咙	实验词 39	6.10	20	7422					每量	实验词 39
146	C	老鼠	实验词 40	6.79	19	292					信速	实验词 40
147	C	父亲	实验词 41	7.00	13	2014					作光	实验词 41
148	C	肥料	实验词 42	6.29	18	294					范珠	实验词 42
149	C	眼睛	实验词 43	6.95	24	3036					祖影	实验词 43
150	C	炸弹	实验词 44	6.62	20	120					热珠	实验词 44
151	C	飞机	实验词 45	7.00	9	1091					厂体	实验词 45
152	C	衣服	实验词 46	6.95	14	1188					指号	实验词 46
153	C	教师	实验词 47	7.00	17	1795					差泽	实验词 47
154	C	墨水	实验词 48	6.88	21	69					领容	实验词 48
155	C	胸脯	实验词 49	6.02	21	136					政情	实验词 49

（续　表）

序号	分组	藏语目标真词	真词排序	熟悉度	音节	字母	目标词汉译	熟悉度	笔画	频数	藏语目标假词	藏语目标假词排序
		藏语目标假词	真词排序	熟悉度	音节	字母					藏语目标假词	假词排序
156	D	དཔུང་པ	实验词 1	6.86	2	4					འཛོང་ཟ	实验词 1
157	D	དུས་ནེབ	实验词 2	6.43	2	4					ནེག་པོང	实验词 2
158	D	སྒྲོག་ཨ	实验词 3	6.83	2	4					ཁྲུན་ན	实验词 3
159	D	སའི་གོ་ལ	实验词 4	6.71	3	4					ནའི་ལོ་ཐ	实验词 4
160	D	གཞོན་ནུ	实验词 5	6.90	2	4					གཏོག་པེ	实验词 5
161	D	སེང་གེ	实验词 6	6.83	2	3					ཏེང་ཚོ	实验词 6
162	D	ཀླུ་ཡོན	实验词 7	6.62	2	3					མོ་ཆིག	实验词 7
163	D	མགྲོན་ཁང	实验词 8	6.76	2	6					གཏོད་གནས	实验词 8
164	D	མིད་པ	实验词 9	5.79	2	3					ཕོན་ས	实验词 9
165	D	སྤུ་མོ	实验词 10	6.95	2	3					སྤ་པོ	实验词 10
166	D	ཀུང་སེ	实验词 11	6.62	2	3					ཚོག་དུ	实验词 11
167	D	བུ་མོ	实验词 12	6.95	2	2					ཀི་ཛོ	实验词 12
168	D	ཨ་ར	实验词 13	6.50	2	2					སངས་ན་ཁས	实验词 13
169	D	ཁྲུངས་འཕོར	实验词 14	6.88	2	7					ཀྲགས་མཆོལ	实验词 14
170	D	འབྲུ་རིགས	实验词 15	6.83	2	6					འཏེལ་ཚོགས	实验词 15
171	D	སྦྲོབ་དཔོན	实验词 16	6.50	2	6					ཀོང་དཔོན	实验词 16
172	D	སྦྲོབ་ཕུག	实验词 17	6.95	2	6					སྐྱེག་ཀྱོག	实验词 17
173	D	སྐྱུག་མ	实验词 18	6.64	2	5					ཀྱེང་ལ	实验词 18
174	D	དམག་གྲུ	实验词 19	6.02	2	5					འདང་གྲོ	实验词 19
175	D	ཁང་ཆེན	实验词 20	6.60	2	4					སྤུན་ལང	实验词 20
176	D	ཞིང་བདག	实验词 21	6.60	2	5					ཞིང་བཅུན	实验词 21
177	D	འཕོར་ལོ	实验词 22	6.71	2	4					མདིང་ནོ	实验词 22
178	D	ཀུ་ཤིན	实验词 23	5.83	2	4					ནུ་སྦྱེ	实验词 23
179	D	དུ་གད	实验词 24	5.88	2	4					ཀྲ་ལབ	实验词 24
180	D	ཚོག་འཁུག	实验词 25	6.52	2	5					ཕོད་གཚང	实验词 25
181	D	རང་ཉིད	实验词 26	6.83	2	4					ཐང་དོད	实验词 26

（续　表）

序号	分组	藏语目标真词	真词排序	熟悉度	音节	字母	目标词汉译	熟悉度	笔画	频数	藏语目标假词	藏语目标假词排序
182	D	ལག་ཏགས	实验词 27	6.93	2	6					གཏགས་ཤ	实验词 27
183	D	ཐུད་མེད	实验词 28	6.69	2	4					བོབ་མེན	实验词 28
184	D	རྩེ་ཤིང	实验词 29	6.83	2	4					སྦྲོ་བོག	实验词 29
185	D	ལ་ཕུག	实验词 30	6.93	2	3					པ་ཏོང	实验词 30
186	D	དར་ཚ	实验词 31	6.36	2	3					གལ་ཟ	实验词 31
187	D	ཐ་མག	实验词 32	6.29	2	3					ཞ་གག	实验词 32
188	D	ནུ་ཏོག	实验词 33	5.81	2	3					སོ་ཏོང	实验词 33
189	D	ཨ་ཞང	实验词 34	6.83	2	3					ལ་ཐལ	实验词 34
190	D	ང་མ	实验词 35	6.76	2	3					སྦྲ་ཞ	实验词 35
191	D	སྟོབ་དེན	实验词 36	6.88	2	5					རྟོང་ཆོས	实验词 36
192	D	མེན་མོ	实验词 37	6.76	2	3					བོད་གོ	实验词 37
193	D	བུ་སོ	实验词 38	6.90	2	3					སྦུ་སོ	实验词 38
194	D	མེད་པ	实验词 39	6.38	2	3					ཕིན་ཐ	实验词 39
195	D	རྩི་རྩོ	实验词 40	6.81	2	2					སོ་རྩོ	实验词 40
196	D	ཨ་ཕ	实验词 41	6.88	2	2					ཆ་ཁ	实验词 41
197	D	ཕུད	实验词 42	6.62	1	2					ཅན	实验词 42
198	D	མིག	实验词 43	6.93	1	2					ནིག	实验词 43
199	D	འབར་མདེལ	实验词 44	6.60	2	6					གདག་འབོལ	实验词 44
200	D	གནས་སྒུ	实验词 45	7.00	2	5					གནད་གྲི	实验词 45
201	D	གྱོན་ཆས	实验词 46	6.81	2	5					ཁྱིན་ཟད	实验词 46
202	D	དགེ་རྒན	实验词 47	6.95	2	5					འརྩོ་ཏག	实验词 47
203	D	སྐྱག་ཚ	实验词 48	6.93	2	4					རྟང་ཅ	实验词 48
204	D	ཐུང་ཁ	实验词 49	6.43	2	4					གནན་ཐ	实验词 49

附件 5　双语 ERP 实验 5 材料表

序号	藏语目标词	真词为1	熟悉度	音节	字母	目标词汉译	汉语启动词	熟悉度	笔画	频数	启动词排序
1	ཁྱི	1	6.90	1	2	狗	狗	6.95	8	920	启动实验词1
2	རས	1	6.79	1	2	布	布	6.95	5	433	启动实验词2
3	ལྕེ	1	6.86	1	2	舌头	舌头	6.81	11	228	启动实验词3
4	མགོ	1	6.40	1	2	脑袋	脑袋	6.45	21	593	启动实验词4
5	སྣུམ	1	6.95	1	3	油	油	6.90	8	663	启动实验词5
6	གྱང	1	6.90	1	3	墙	墙	6.79	14	366	启动实验词6
7	སྤང	1	6.67	1	3	草地	草地	6.86	15	253	启动实验词7
8	སྤོ་ལོ	1	6.95	2	3	球	球	6.94	11	553	启动实验词8
9	རྨ	1	6.81	1	2	伤口	伤口	6.86	9	151	启动实验词9
10	ཉི་མ	1	6.90	2	2	太阳	太阳	7.00	10	1903	启动实验词10
11	ཁ་བ	1	6.69	2	2	雪	雪	7.00	11	520	启动实验词11
12	འོ་མ	1	6.71	2	2	牛奶	牛奶	6.90	9	125	启动实验词12
13	ཕྲུ་གུ	1	6.86	2	3	孩子	孩子	6.95	12	4459	启动实验词13
14	ཁྱོ་ག	1	6.79	2	3	丈夫	丈夫	6.88	7	961	启动实验词14
15	རྣ་བ	1	6.95	2	3	耳朵	耳朵	7.00	12	524	启动实验词15
16	ལོ་ཆུང	1	6.71	2	3	少年	少年	6.81	10	492	启动实验词16
17	མིག་ཤེལ	1	6.95	2	4	眼镜	眼镜	6.86	27	313	启动实验词17
18	ངང་པ	1	6.60	2	3	鸭子	鸭子	6.69	13	110	启动实验词18

序号	藏语目标词	真词为1	熟悉度	音节	字母	目标词汉译	汉语启动词	熟悉度	笔画	频数	启动词排序
19	ས་ཁྲ	1	6.62	2	3	地图	地图	6.86	14	477	启动实验词 19
20	ཆར་པ	1	6.68	2	3	雨	雨	7.00	8	686	启动实验词 20
21	ཐལ་བ	1	6.57	2	3	灰尘	灰尘	6.33	12	164	启动实验词 21
22	བུམ་པ	1	6.57	2	3	瓶子	瓶子	6.90	13	113	启动实验词 22
23	ཆག་ཤ	1	6.74	2	3	牛肉	牛肉	6.90	10	75	启动实验词 23
24	དགྲ་བོ	1	6.83	2	4	敌人	敌人	6.93	11	2515	启动实验词 24
25	སྨན་པ	1	6.86	2	4	医生	医生	6.93	15	1050	启动实验词 25
26	མཁས་པ	1	6.31	2	4	专家	专家	6.74	14	755	启动实验词 26
27	མེ་འཁོར	1	6.95	2	4	火车	火车	6.95	8	513	启动实验词 27
28	མཛུབ་མོ	1	6.71	2	4	手指	手指	6.90	13	348	启动实验词 28
29	ཕོ་ཁྱོག	1	6.57	2	4	男人	男人	6.86	9	560	启动实验词 29
30	གློག་ཞུ	1	6.50	2	4	电灯	电灯	6.76	11	277	启动实验词 30
31	རྫིང་བུ	1	6.48	2	4	池塘	池塘	6.43	19	182	启动实验词 31
32	ཕུག་རོན	1	6.33	2	4	鸽子	鸽子	6.12	14	160	启动实验词 32
33	མེན་པའི	1	6.43	2	4	面包	面包	6.95	14	133	启动实验词 33
34	དངུལ	1	6.90	1	3	钱	钱	6.76	10	2852	启动实验词 34
35	གྲོ་མཐུན	1	6.76	2	5	同志	同志	6.76	13	5334	启动实验词 35
36	རྒྱ་མཚོ	1	6.62	2	5	海洋	海洋	6.67	19	1360	启动实验词 36
37	ནགས་ཆལ	1	6.81	2	5	森林	森林	6.81	20	958	启动实验词 37
38	ཆགས་པར	1	6.81	2	5	报纸	报纸	7.00	14	787	启动实验词 38
39	ནད་གཡོག	1	6.19	2	5	护士	护士	6.90	10	182	启动实验词 39
40	དམག་དཔོན	1	6.60	2	6	军官	军官	6.43	14	262	启动实验词 40
41	གློབ་ཁང	1	6.93	2	5	教室	教室	7.00	19	228	启动实验词 41
42	ཡར་འཛམ	1	6.45	2	5	水泥	水泥	6.71	12	201	启动实验词 42
43	ལག་མཐིལ	1	6.52	2	5	手心	手心	6.83	8	69	启动实验词 43
44	ཞ་སྨྱུག	1	6.95	2	5	铅笔	铅笔	6.95	20	135	启动实验词 44
45	མེ་མདའ	1	6.88	2	4	枪	枪	6.79	8	738	启动实验词 45
46	གློབ་གྲ	1	6.93	2	6	学校	学校	7.00	18	2927	启动实验词 46

（续　表）

序号	藏语目标词	真词为1	熟悉度	音节	字母	目标词汉译	汉语启动词	熟悉度	笔画	频数	启动词排序
47	ཆར་གདུགས	1	6.43	2	6	雨伞	伞	6.95	6	145	启动实验词47
48	སྒྲོག་རྩེ	1	6.90	2	6	桌子	桌子	7.00	13	433	启动实验词48
49	ཤིང་འབྲས	1	6.64	2	6	水果	水果	7.00	12	237	启动实验词49
50	སྨད་གཡོག	1	6.21	2	6	裙子	裙子	6.67	15	67	启动实验词50
51	ཀུབ་ཀྱག	1	6.71	2	6	凳子	凳子	6.69	17	111	启动实验词51
52	ཤེལ	1	6.86	1	2	玻璃	大会	6.76	8	928	启动控制词1
53	ཚལ	1	6.71	1	2	菜	龙	6.76	5	486	启动控制词2
54	གཞུ	1	6.60	1	2	弓	助手	6.76	11	212	启动控制词3
55	ཐང	1	6.33	1	2	平原	仪器	5.95	21	573	启动控制词4
56	བྱེའུ	1	6.86	1	3	鸟	军人	6.90	8	344	启动控制词5
57	ལྷམ	1	6.81	1	3	鞋	曲线	6.71	14	392	启动控制词6
58	མདེའུ	1	6.74	1	3	子弹	邻居	6.81	15	248	启动控制词7
59	ཤོག་བུ	1	6.93	2	3	纸	公社	6.05	11	625	启动控制词8
60	དོམ	1	6.79	1	2	熊	广场	6.90	9	170	启动控制词9
61	ས་ཆ	1	6.81	2	2	土地	石头	6.98	10	687	启动控制词10
62	ཞི་མི	1	6.98	2	2	猫	客人	7.00	10	510	启动控制词11
63	ཡི་ཙི	1	6.67	2	2	肥皂	公主	6.95	9	140	启动控制词12
64	ལག་པ	1	6.90	2	3	手	东西	6.95	11	4464	启动控制词13
65	ཕག་པ	1	6.93	2	3	猪	大气	6.48	7	1076	启动控制词14
66	གློ་བ	1	6.74	2	3	肺	国王	6.90	12	530	启动控制词15
67	ཚོང་པ	1	6.74	2	3	商人	文件	6.71	10	510	启动控制词16
68	གྲིབ་མ	1	6.69	2	4	影子	遗嘱	5.90	27	136	启动控制词17
69	རྨོ་བོ	1	6.74	2	3	外婆	宝石	6.81	13	117	启动控制词18
70	ཟམ་པ	1	6.98	2	3	桥	信号	6.95	14	518	启动控制词19
71	སྐེད་པ	1	6.79	2	4	腰	出口	6.95	8	634	启动控制词20
72	ཆུ་ཚོད	1	6.81	2	3	手表	日报	6.90	12	174	启动控制词21
73	ཚོང་ར	1	6.60	2	3	商场	场地	6.90	13	120	启动控制词22
74	སོ་ཕག	1	6.50	2	3	砖头	小麦	6.83	10	85	启动控制词23

（续 表）

序号	藏语目标词	真词为1	熟悉度	音节	字母	目标词汉译	汉语启动词	熟悉度	笔画	频数	启动词排序
75	གྲས་པ	1	6.90	2	4	儿童	先生	7.00	11	3022	启动控制词24
76	རུལུ་ཚེ	1	6.33	2	4	书记	作者	6.95	15	1100	启动控制词25
77	གུ་ཞི	1	6.50	2	4	主席	班长	7.00	14	553	启动控制词26
78	སྐལ་པ	1	6.48	2	4	背	众人	6.95	8	313	启动控制词27
79	མཇིང་པ	1	6.67	2	4	脖子	院长	7.00	13	353	启动控制词28
80	པགས་པ	1	6.69	2	4	皮肤	市长	6.86	9	310	启动控制词29
81	རྡོ་སོལ	1	6.69	2	4	煤炭	仓库	6.62	11	270	启动控制词30
82	ཕྲེ་མིག	1	6.69	2	4	钥匙	雷达	5.86	19	185	启动控制词31
83	གོས་ཐུང	1	6.50	2	4	裤子	港口	6.14	14	167	启动控制词32
84	ཨོག་ཚོག	1	6.90	2	4	馒头	农具	6.95	14	143	启动控制词33
85	སྐད	1	6.60	1	3	声音	烟	6.95	10	787	启动控制词34
86	མང་ཚོགས	1	6.76	2	5	群众	干部	6.81	13	3125	启动控制词35
87	བཟོ་གྲྭ	1	6.71	2	5	工厂	舞台	6.90	19	1021	启动控制词36
88	ཚིག་ཡིག	1	6.29	2	5	文章	原料	6.57	20	991	启动控制词37
89	སློབ་ཆུང	1	6.95	2	5	小学	宇宙	6.38	14	891	启动控制词38
90	རི་དྭགས	1	6.14	2	5	野兽	大豆	6.90	10	176	启动控制词39
91	དཔེ་བཟང	1	6.40	2	5	模范	口袋	6.81	14	302	启动控制词40
92	ཆོས་ཚོགས	1	6.45	2	5	教堂	旅客	6.76	19	225	启动控制词41
93	ཆུ་ཆུན	1	6.71	2	5	水流	化肥	6.38	12	184	启动控制词42
94	ཁ་སྐྱག	1	6.55	2	5	老鹰	包子	6.95	8	84	启动控制词43
95	སྔས་མགོ	1	6.69	2	5	枕头	金牌	6.62	20	141	启动控制词44
96	མཚོན་ཆ	1	6.81	2	4	武器	队长	6.95	8	840	启动控制词45
97	སྲོག་ཆགས	1	6.95	2	6	动物	资金	6.24	18	2050	启动控制词46
98	དུག་སྦྲང	1	6.57	2	6	蚊子	文人	6.86	4	180	启动控制词47
99	ལྕགས་ལམ	1	6.81	2	6	铁路	奴隶	6.21	13	624	启动控制词48
100	འབབ་ཚུགས	1	6.71	2	6	车站	胡子	6.90	12	263	启动控制词49
101	ཕྱིག་སྦྱིན	1	6.12	2	6	螃蟹	大厦	6.38	15	122	启动控制词50
102	སྐས་འཛེག	1	6.45	2	6	楼梯	皱纹	6.10	17	118	启动控制词51

（续　表）

序号	藏语目标词	真词为1	熟悉度	音节	字母	目标词汉译	汉语启动词	熟悉度	笔画	频数	启动词排序
103	ཕོ	0					阿姨				启动填充词 1
104	ཉེས	0					矮子				启动填充词 2
105	སྐྱོ	0					包袱				启动填充词 3
106	ཉིད	0					宝贝				启动填充词 4
107	སྨེས	0					暴雨				启动填充词 5
108	བྱུས	0					悲剧				启动填充词 6
109	སྐྱེད	0					背影				启动填充词 7
110	ཡ་ཚོད	0					被告				启动填充词 8
111	གཏོ	0					壁画				启动填充词 9
112	ཀེ་པ	0					边疆				启动填充词 10
113	ཐ་ཡ	0					边境				启动填充词 11
114	ཕོ་ག	0					标本				启动填充词 12
115	ཀྲི་ཡ	0					标语				启动填充词 13
116	ཀྱི་ག	0					标志				启动填充词 14
117	སྣུ་པ	0					病毒				启动填充词 15
118	ཕོ་རྫུང	0					博士				启动填充词 16
119	འཛོན་ཇ	0					部队				启动填充词 17
120	ནན་ག	0					参谋				启动填充词 18
121	ཟ་ཀྱུ	0					厂长				启动填充词 19
122	ཟ་གེད	0					车厢				启动填充词 20
123	ངག་ལ	0					乘客				启动填充词 21
124	ཤུན་ཏ	0					赤道				启动填充词 22
125	ཚད་ག	0					磁场				启动填充词 23
126	འཕྲ་ཀོ	0					磁铁				启动填充词 24
127	ཀལ་ད	0					存款				启动填充词 25
128	གཅན་པ	0					答案				启动填充词 26
129	ཤུ་བཀྱེད	0					大嫂				启动填充词 27
130	མཚོ་བ་ནེ	0					大师				启动填充词 28

序号	藏语目标词	真词为 1	熟悉度	音节	字母	目标词汉译	汉语启动词	熟悉度	笔画	频数	启动词排序
131	ཤུ་གུ་ཡ	0					代表				启动填充词 29
132	ཁྱེན་ཀ	0					弹簧				启动填充词 30
133	རྣོབ་པོ	0					档案				启动填充词 31
134	ཡུང་ཐེང	0					党委				启动填充词 32
135	ལུང་རཐུ	0					党员				启动填充词 33
136	དུང་ཙ	0					导演				启动填充词 34
137	ཀྱི་བཤུག	0					稻谷				启动填充词 35
138	སྣ་འཕོ	0					灯泡				启动填充词 36
139	སྤྲུང་ཞིད	0					地壳				启动填充词 37
140	ཉགས་རཟག	0					帝国				启动填充词 38
141	མག་དགུན	0					电池				启动填充词 39
142	གནང་འབིད	0					电脑				启动填充词 40
143	ཅིལ་ཆུངས	0					电器				启动填充词 41
144	ཡལ་གདོན	0					电视				启动填充词 42
145	ནལ་དགུས	0					动脉				启动填充词 43
146	རཟས་ཀྲིད	0					法官				启动填充词 44
147	ལུང་རལ	0					法庭				启动填充词 45
148	ཀྲིང་གྲས	0					废物				启动填充词 46
149	ཅལ་འཚོངས	0					钢琴				启动填充词 47
150	ཀོང་སྣ	0					隔壁				启动填充词 48
151	ལྷོག་འགུལ	0					工地				启动填充词 49
152	རྲུང་འཕོད	0					顾客				启动填充词 50
153	སྐྱིག་ཁྱུང	0					怪物				启动填充词 51
154	ཉིལ	0					管道				启动填充词 52
155	མིན	0					冠军				启动填充词 53
156	འཕོ	0					贵族				启动填充词 54
157	ཞིན	0					海带				启动填充词 55
158	གཞིས	0					害虫				启动填充词 56

（续　表）

序号	藏语目标词	真词为1	熟悉度	音节	字母	目标词汉译	汉语启动词	熟悉度	笔画	频数	启动词排序
159	སྐྱ	0					痕迹				启动填充词 57
160	བཞིན	0					花粉				启动填充词 58
161	ཡད་ང	0					花纹				启动填充词 59
162	ཕ་ཕོ	0					化石				启动填充词 60
163	ཉ་ཀ	0					话筒				启动填充词 61
164	ཡི་ཏི	0					皇帝				启动填充词 62
165	ཕི་ཚོ	0					会计				启动填充词 63
166	ནང་ཕ	0					婚礼				启动填充词 64
167	སང་ཕ	0					火箭				启动填充词 65
168	སྦེ་ཕ	0					火星				启动填充词 66
169	ཚོང་ཕ	0					伙伴				启动填充词 67
170	སྐྱད་ས	0					机关				启动填充词 68
171	སྦུ་ཕོ	0					机械				启动填充词 69
172	ཕག་ལ	0					激光				启动填充词 70
173	ན་ཕས	0					将军				启动填充词 71
174	ཀུ་ཤུད	0					教会				启动填充词 72
175	ཟིམ་ཏ	0					金牌				启动填充词 73
176	ཀོ་ཕལ	0					金属				启动填充词 74
177	ཡུས་ང	0					酒精				启动填充词 75
178	ཀྱི་ཚོ	0					局长				启动填充词 76
179	སྐྱུ་ཕོ	0					菊花				启动填充词 77
180	ཀས་ཏ	0					剧本				启动填充词 78
181	འགས་ཟ	0					咖啡				启动填充词 79
182	ཕང་ཟ	0					颗粒				启动填充词 80
183	སྦེ་ཤེད	0					课程				启动填充词 81
184	སྐྱོ་གས	0					课堂				启动填充词 82
185	ཤུད་ཏུས	0					辣椒				启动填充词 83
186	ཚོང་ཚོང	0					乐器				启动填充词 84

（续　表）

序号	藏语目标词	真词为1	熟悉度	音节	字母	目标词汉译	汉语启动词	熟悉度	笔画	频数	启动词排序
187	འདས་པོ	0					流氓				启动填充词 85
188	ཐབ་ཆུངས	0					流域				启动填充词 86
189	གཏུ་ཀྱུལ	0					硫酸				启动填充词 87
190	ངངས་ཆག	0					论文				启动填充词 88
191	སྤྱིག་ཕུན	0					律师				启动填充词 89
192	ཤུང་དགས	0					码头				启动填充词 90
193	འདི་འཇལ	0					毛巾				启动填充词 91
194	སྐེལ་ཐས	0					名单				启动填充词 92
195	ཞིང་སྤྱེག	0					墓地				启动填充词 93
196	སྣ་ཕུལ	0					奴隶				启动填充词 94
197	སྤེས་འདུ	0					女婿				启动填充词 95
198	སྣོ་ཕུག	0					盆地				启动填充词 96
199	ཀྲུས་ཆངས	0					屏幕				启动填充词 97
200	ཏེལ་སྐྲག	0					瀑布				启动填充词 98
201	སྣམས་ཟབག	0					器材				启动填充词 99
202	བཏབ་ཤུངས	0					器官				启动填充词 100
203	ཤུད་ཁྱིབ	0					强盗				启动填充词 101
204	རག་མཆུལ	0					情报				启动填充词 102
205	ཚོམ་སྐེག་པ	1				编辑	编辑				启动练习词 1
206	འཕུལ་མཐིལ	1				抽屉	抽屉				启动练习词 2
207	ཐོ་བ	1				锤子	锤子				启动练习词 3
208	ཕྱེ་མ་ལེབ	1				蝴蝶	蝴蝶				启动练习词 4
209	ཉེན་རྟོག་པ	1				警察	蚯蚓				启动练习词 5
210	ཕའི་ཆེབུ་སྤྲོ་སོ	1				排球	渠道				启动练习词 6
211	ཀུན་འབྲུམ	1				葡萄	溶液				启动练习词 7
212	འབུ་སྣ་མ་མ་ནེ	1				蜻蜓	散文				启动练习词 8
213	གིད	0					沙发				启动练习词 9
214	གགས	0					沙漠				启动练习词 10

序号	藏语目标词	真词为1	熟悉度	音节	字母	目标词汉译	汉语启动词	熟悉度	笔画	频数	启动词排序
215	ང་བ།	0					沙滩				启动练习词11
216	ཉ་ལྕོག	0					鲨鱼				启动练习词12
217	གང་ས་ནོག	0					设备				启动练习词13
218	ཆགས་ལ་ཡད	0					设施				启动练习词14
219	འཚོན་ཐ	0					师傅				启动练习词15
220	ཟག་ནེ་ད	0					石灰				启动练习词16

附件 6　双语 ERP 实验 6 材料表

序号	藏语启动词	熟悉度	音节	字母	启动词汉译	汉语目标词	熟悉度	笔画	频数	真词为1	目标词排序
1	ཁ་པར	6.95	2	3	电话	电话	6.95	13	822	1	目标试验词1
2	སྐྲ	6.90	1	3	头发	头发	7	10	660	1	目标试验词2
3	ཞིང་པ	6.79	2	3	农民	农民	6.88	11	3264	1	目标试验词3
4	རི་བོང	6.95	2	3	兔子	兔子	6.95	11	151	1	目标试验词4
5	ལ་རྩེ	6.79	2	3	山顶	山顶	6.69	11	145	1	目标试验词5
6	འདམ་བག	6.60	2	5	泥土	泥土	6.5	11	238	1	目标试验词6
7	རུལ་སྦལ	6.71	2	5	乌龟	乌龟	6.68	11	117	1	目标试验词7
8	སྐྱེད་སྲིང	6.70	2	6	公园	公园	6.81	11	262	1	目标试验词8
9	ཞིང་ར	6.62	2	3	农场	农场	6.86	12	215	1	目标试验词9
10	ནམ་མཁའ	6.90	2	5	天空	天空	6.93	12	580	1	目标试验词10
11	གཅེན་གཅུང	6.83	2	6	兄弟	兄弟	6.93	12	890	1	目标试验词11
12	གྲོགས་པོ	6.86	2	5	朋友	朋友	7	12	1365	1	目标试验词12
13	ཟླ་བ	6.83	2	3	月亮	月亮	6.95	13	348	1	目标试验词13
14	ཁ་ལོ་བ	6.86	2	6	司机	司机	6.9	11	273	1	目标试验词14
15	ཉལ་ཆས	6.71	2	4	被子	被子	6.88	13	189	1	目标试验词15
16	སྨིན་མ	6.55	2	4	眉毛	眉毛	6.67	13	166	1	目标试验词16
17	རྐང་ལྷབས	6.69	2	6	袜子	袜子	6.83	13	109	1	目标试验词17
18	རུས་པ	6.69	2	3	骨头	骨头	6.71	14	171	1	目标试验词18

序号	藏语启动词	熟悉度	音节	字母	启动词汉译	汉语目标词	熟悉度	笔画	频数	真词为1	目标词排序
19	ཚིག་མཛོད	6.86	2	5	词典	词典	6.79	15	212	1	目标试验词19
20	སྒྲོམ་ཆུང	6.62	2	5	盒子	盒子	6.64	14	119	1	目标试验词20
21	སྙིང	6.71	1	3	心脏	心脏	6.76	14	429	1	目标试验词21
22	སྟག	6.79	1	3	老虎	老虎	6.86	14	237	1	目标试验词22
23	གླུ་གཞས	6.90	2	5	歌曲	歌曲	6.9	20	363	1	目标试验词23
24	དྲུང་ཡིག	6.55	2	5	秘书	秘书	6.62	14	241	1	目标试验词24
25	གླང་ཆེན	6.81	2	5	大象	大象	6.81	14	215	1	目标试验词25
26	སློབ་སྤྱི	6.95	2	6	校长	校长	7	14	585	1	目标试验词26
27	གད་སྙིགས	6.90	2	6	垃圾	垃圾	6.9	14	115	1	目标试验词27
28	སྤྲེའུ	6.71	1	4	猴子	猴子	6.86	15	286	1	目标试验词28
29	རྐུབ	6.79	1	3	屁股	屁股	6.9	15	223	1	目标试验词29
30	ཞྭ་མོ	6.95	2	2	帽子	帽子	6.95	15	333	1	目标试验词30
31	ཟ་ཁང	6.71	2	3	饭店	饭店	6.9	15	230	1	目标试验词31
32	ཁྱིམ་མཚེས	6.82	2	6	邻居	邻居	6.83	15	248	1	目标试验词32
33	ཀུ་ཤུ	6.90	2	2	苹果	苹果	6.95	16	272	1	目标试验词33
34	སྣ	6.98	1	2	鼻子	鼻子	6.95	17	568	1	目标试验词34
35	སྒེའུ་ཁུང	6.90	2	5	窗户	窗户	6.86	16	233	1	目标试验词35
36	ཕག་ཤ	6.88	2	3	猪肉	猪肉	6.9	17	123	1	目标试验词36
37	ཐོག་རྩེ	6.52	2	4	屋顶	屋顶	6.76	17	171	1	目标试验词37
38	འབྲས་ཤིང	6.69	2	6	果树	果树	6.86	17	195	1	目标试验词38
39	དངུལ་ཁང	6.86	2	5	银行	银行	6.95	17	1117	1	目标试验词39
40	གཞུང་ལམ	6.88	2	5	公路	公路	6.9	17	498	1	目标试验词40
41	སྐར་མ	6.81	2	4	星星	星星	6.93	18	170	1	目标试验词41
42	ཐག་པ	6.95	2	5	绳子	绳子	6.83	14	189	1	目标试验词42
43	རྒྱལ་ས	6.81	2	5	首都	首都	6.6	19	450	1	目标试验词43
44	སྣ་ཁུང	6.74	2	4	鼻孔	鼻孔	6.76	18	130	1	目标试验词44
45	ཁྱིམ་ཆས	6.86	2	5	家具	家具	6.83	18	136	1	目标试验词45
46	གསེར	6.74	1	3	黄金	黄金	6.86	19	333	1	目标试验词46

（续　表）

序号	藏语启动词	熟悉度	音节	字母	启动词汉译	汉语目标词	熟悉度	笔画	频数	真词为1	目标词排序
47	ཚོང་ཁང	6.90	2	4	商店	商店	6.95	19	498	1	目标试验词 47
48	བཙོན	6.55	1	3	监狱	监狱	6.5	19	156	1	目标试验词 48
49	དཔའ་བོ	6.81	2	4	英雄	英雄	6.69	20	846	1	目标试验词 49
50	ནག་པང	6.81	2	4	黑板	黑板	6.86	20	112	1	目标试验词 50
51	སྦལ་པ	6.79	2	4	青蛙	青蛙	6.86	20	307	1	目标试验词 51
52	མིག་ཆུ	6.81	2	3	眼泪	成员	6.95	13	831	1	目标控制词 1
53	གློག	6.95	1	3	电	石头	6.98	10	687	1	目标控制词 2
54	བཟོ་པ	6.79	2	3	工人	先生	7	11	3022	1	目标控制词 3
55	ས་ཞིན	6.69	2	3	田地	胎儿	6.86	11	151	1	目标控制词 4
56	ཡང་པ	6.48	2	3	蜡烛	证书	6.86	11	138	1	目标控制词 5
57	སྟོན་ཏོག	6.26	2	5	庄稼	木材	6.9	11	224	1	目标控制词 6
58	ཁང་ཕྲུག	6.26	2	5	麻雀	冷水	6.81	11	120	1	目标控制词 7
59	གླིང་ཕྲན	6.48	2	6	岛	民众	6.81	11	296	1	目标控制词 8
60	ཁུ་ཚུར	6.26	2	3	拳头	木板	6.81	12	208	1	目标控制词 9
61	འདྲ་པར	6.69	2	5	照片	红军	6.79	12	586	1	目标控制词 10
62	ན་ཚ	6.57	2	2	疾病	病人	6.95	12	955	1	目标控制词 11
63	སྐུད་པ	6.65	2	4	线	观众	6.62	12	1385	1	目标控制词 12
64	ཁང་པ	6.69	2	3	房屋	婴儿	6.95	13	340	1	目标控制词 13
65	གྲོང་རྡལ	6.71	2	6	镇	仓库	6.62	11	270	1	目标控制词 14
66	རལ་གྲི	6.83	2	4	剑	火星	6.81	13	191	1	目标控制词 15
67	བརྐོས་མ	6.05	2	5	雕刻	肉体	6.71	13	168	1	目标控制词 16
68	རྒྱགས་པ	6.76	2	6	胖子	宝石	6.81	13	117	1	目标控制词 17
69	ཟ་ཁང	6.95	2	3	食堂	同事	6.95	14	164	1	目标控制词 18
70	དགོང་ཟས	6.86	2	5	晚饭	农药	6.81	15	202	1	目标控制词 19
71	སྦུར་བ	6.36	2	5	苍蝇	祖母	6.81	14	120	1	目标控制词 20
72	རྔུལ	6.67	1	3	汗	家长	7	14	425	1	目标控制词 21
73	མཚོའུ	6.26	1	3	湖	百姓	6.9	14	227	1	目标控制词 22
74	སྙན་ངག	6.76	2	5	诗歌	高原	6.95	20	374	1	目标控制词 23

（续　表）

序号	藏语启动词	熟悉度	音节	字母	启动词汉译	汉语目标词	熟悉度	笔画	频数	真词为1	目标词排序
75	ཁྱུང་གི	6.93	2	5	狼	流水	6.81	14	248	1	目标控制词24
76	ཞབས་བྲོ	6.76	2	5	舞蹈	站长	6.9	14	214	1	目标控制词25
77	འཁྱགས་པ	6.86	2	6	冰	班长	7	14	553	1	目标控制词26
78	གཏེར་རྡོས	6.48	2	6	矿物	树皮	6.76	14	115	1	目标控制词27
79	སྦྲུལ	6.81	1	4	蛇	官员	6.86	15	277	1	目标控制词28
80	སྣོད	6.14	1	3	容器	电脑	6.81	15	212	1	目标控制词29
81	ཕོ་བ	6.86	2	2	胃	冠军	6.81	15	356	1	目标控制词30
82	ཕྱ་ཤེ	6.79	2	3	票	学员	6.9	15	225	1	目标控制词31
83	བདར་ཁྱབ	6.69	2	6	广告	住房	6.9	15	237	1	目标控制词32
84	ཁུ་བ	6.86	2	2	汤	害虫	6.67	16	275	1	目标控制词33
85	གྲི	6.90	1	2	刀	照片	7	17	570	1	目标控制词34
86	སྦྲང་མ	6.64	2	5	蜜蜂	油画	6.76	16	205	1	目标控制词35
87	ཉིན་ཐོ	6.90	2	3	日记	法庭	6.76	17	130	1	目标控制词36
88	ང་མོང	6.71	2	4	骆驼	蒸气	6.57	17	172	1	目标控制词37
89	ཀང་འཁོར	6.90	2	6	自行车	被告	6.71	17	189	1	目标控制词38
90	ནན་ལོག	6.95	2	5	老人	食物	6.95	17	993	1	目标控制词39
91	ཕྲིན་བལ	6.24	2	5	棉花	药物	6.81	17	484	1	目标控制词40
92	མིག་དཔེ	6.48	2	4	榜样	水滴	6.62	18	155	1	目标控制词41
93	རྒྱ་ནག	6.67	2	5	内地	黑人	6.9	14	196	1	目标控制词42
94	མགྲོན་པོ	6.93	2	5	客人	顾客	6.57	19	475	1	目标控制词43
95	སྟོན་མོ	6.17	2	4	宴会	卧室	6.81	18	124	1	目标控制词44
96	མི་དམངས	6.76	2	5	人民	职员	6.67	18	137	1	目标控制词45
97	སྒེར	6.64	1	3	私人	患者	6.67	19	345	1	目标控制词46
98	སྨུག་པ	6.55	2	4	雾	眼泪	6.95	19	505	1	目标控制词47
99	མདའ	6.81	1	3	箭	珍珠	6.71	19	145	1	目标控制词48
100	སྨྱུ་གུ	6.93	2	4	笔	总理	6.43	20	881	1	目标控制词49
101	ནག་པང	6.81	2	4	黑板	话筒	6.57	20	129	1	目标控制词50
102	ཚོང་ཟོག	6.57	2	4	货物	沙漠	6.62	20	330	1	目标控制词51

（续 表）

序号	藏语启动词	熟悉度	音节	字母	启动词汉译	汉语目标词	熟悉度	笔画	频数	真词为1	目标词排序
103	ཀུ་མ					劳女		10		0	目标填充词1
104	གཟིག					双地		10		0	目标填充词2
105	ཕུ་མོ					用交		11		0	目标填充词3
106	གོང་བ					外件		11		0	目标填充词4
107	ཕག་ཇེ					体月		11		0	目标填充词5
108	རྒྱུ་ཕྱུག					古米		11		0	目标填充词6
109	རིག་གཞུང					代污		11		0	目标填充词7
110	གསེར་དངུལ					代地		11		0	目标填充词8
111	རྒྱུ་ཆོམ					压会		12		0	目标填充词9
112	སྨྱོན་པ					好旬		12		0	目标填充词10
113	བདེན་དཔང					决光		12		0	目标填充词11
114	སྐྱོ་གད					团纪		12		0	目标填充词12
115	ཚོར་བ					羊员		13		0	目标填充词13
116	རིལ་བུ					作级		13		0	目标填充词14
117	ཁྱག་ཏུ					阶身		13		0	目标填充词15
118	རྒྱུ་མ					骨币		13		0	目标填充词16
119	མཁའ་སྐྱོང					动村		13		0	目标填充词17
120	ལེ་ཚོན					其米		14		0	目标填充词18
121	སྟྱིན་པ					味动		14		0	目标填充词19
122	གནས་དོན					多表		14		0	目标填充词20
123	སྨང					面叶		14		0	目标填充词21
124	བདུད					内柴		14		0	目标填充词22
125	གནས་ཆུལ					观果		14		0	目标填充词23
126	བསམ་བློ					现务		13		0	目标填充词24
127	གནས་ཡུལ					项平		14		0	目标填充词25
128	རྒྱལ་ཁབ					国耳		14		0	目标填充词26
129	སྒྲེ་ཚོགས					材系		14		0	目标填充词27
130	འབྲས					付留		15		0	目标填充词28

序号	藏语启动词	熟悉度	音节	字母	启动词汉译	汉语目标词	熟悉度	笔画	频数	真词为1	目标词排序
131	འཇོར					水眼		15		0	目标填充词 29
132	བ་མོ					学体		15		0	目标填充词 30
133	ལག་ཆ					宏季		15		0	目标填充词 31
134	སེམས་ཁམས					方理		15		0	目标填充词 32
135	མུ་གེ					亲材		16		0	目标填充词 33
136	ཁབ					形脉		16		0	目标填充词 34
137	འཛིན་དུས					河态		16		0	目标填充词 35
138	ཁ་དོག					空宝		16		0	目标填充词 36
139	སྒོ་ཡོལ					居空		16		0	目标填充词 37
140	ཕྱགས་བསམ					残码		17		0	目标填充词 38
141	རོལ་ཆེད					树卖		17		0	目标填充词 39
142	བསམ་ཆུལ					热际		17		0	目标填充词 40
143	རི་བྲོད					选肥		18		0	目标填充词 41
144	འགྲེལ་པ					河样		18		0	目标填充词 42
145	ལམ་འགྲོ					鲜车		18		0	目标填充词 43
146	རིན་ཆེན					美险		18		0	目标填充词 44
147	དོན་སྙིང					建容		18		0	目标填充词 45
148	ཕྲོམ					偏层		18		0	目标填充词 46
149	སྐུ་ག					信厚		18		0	目标填充词 47
150	ཟངས					图辆		19		0	目标填充词 48
151	གོས་ཐུང					船性		20		0	目标填充词 49
152	བྲིན་པ					科梦		20		0	目标填充词 50
153	རྒྱུ་ཆ					资案		20		0	目标填充词 51
154	ཇེམ་ཚེ					工何		10		0	目标填充词 52
155	འཇའ					穷子		10		0	目标填充词 53
156	བྲ་མ					会节		11		0	目标填充词 54
157	བྱེ་མ					去份		11		0	目标填充词 55
158	ལག་ཤ					天豆		11		0	目标填充词 56

序号	藏语启动词	熟悉度	音节	字母	启动词汉译	汉语目标词	熟悉度	笔画	频数	真词为 1	目标词排序
159	དུད་འགྲོ					局水		11		0	目标填充词 57
160	ས་སྐྱག					阵代		11		0	目标填充词 58
161	ལྭགས་ཐག					当汇		11		0	目标填充词 59
162	པོ་རོག					台园		12		0	目标填充词 60
163	ལྱགས་མ					皮技		12		0	目标填充词 61
164	དགོན་མཚོག					弟务		12		0	目标填充词 62
165	ཆར་ཞིབས					方性		12		0	目标填充词 63
166	ཏི་མ					威毛		13		0	目标填充词 64
167	བཙུན་མོ					良后		13		0	目标填充词 65
168	བག་ཞེད					时色		13		0	目标填充词 66
169	སྱེར་མ					所边		13		0	目标填充词 67
170	སྱིད་གཞུང					立肥		13		0	目标填充词 68
171	ཞེ་ལས					身局		14		0	目标填充词 69
172	ཁྱིམ་ཚང					观经		14		0	目标填充词 70
173	འབྲེལ་བ					纠前		14		0	目标填充词 71
174	གཡག					牲巧		14		0	目标填充词 72
175	གདན					状围		14		0	目标填充词 73
176	ཆ་ཀྱེན					状体		14		0	目标填充词 74
177	ཐབས་ཤེས					产面		15		0	目标填充词 75
178	ལག་རྩལ					格云		14		0	目标填充词 76
179	ཆབ་སྱིད					内素		14		0	目标填充词 77
180	པོན་སྱེད					阳孩		15		0	目标填充词 78
181	ལྱགས					势别		15		0	目标填充词 79
182	ལྱག					战芒		15		0	目标填充词 80
183	ཕ་མོ					沙官		15		0	目标填充词 81
184	ཕ་ཐུང					国局		15		0	目标填充词 82
185	ཉམས་ཤྱོང					海巧		15		0	目标填充词 83
186	དི་རོ					顾合		16		0	目标填充词 84

（续　表）

序号	藏语启动词	熟悉度	音节	字母	启动词汉译	汉语目标词	熟悉度	笔画	频数	真词为1	目标词排序
187	ཚོ					院岛		16		0	目标填充词85
188	དགའ་བཅའ					海机		16		0	目标填充词86
189	གཙོ་པོ					全格		16		0	目标填充词87
190	ཁ་གཅོད					油界		17		0	目标填充词88
191	གསར་འཇེ					养念		17		0	目标填充词89
192	སྐྱོབ་ཚོན					脸则		17		0	目标填充词90
193	ལས་འཛོལ					面国		17		0	目标填充词91
194	སོ་སྙན					货蚊		18		0	目标填充词92
195	བརྗེ་དུང					怀野		18		0	目标填充词93
196	གུས་སྟོལ					泪家		18		0	目标填充词94
197	བཙུན་པ					物柴		18		0	目标填充词95
198	ཡུལ་སྟོལ					冠施		18		0	目标填充词96
199	སྐྱམ					树科		18		0	目标填充词97
200	པའི་ཚལ					标称		19		0	目标填充词98
201	རུ					前费		19		0	目标填充词99
202	རིན་གོང					实湖		20		0	目标填充词100
203	ཐོབ་ཐང					建游		20		0	目标填充词101
204	དངོས་པོ					律积		19		0	目标填充词102
205	ཞེན་ཆོག་པ				警察	排球				1	目标练习词1
206	ཁ་པར				排球	警察				1	目标练习词2
207	འབྲུག				龙	等脾				0	目标练习词3
208	དུ་བ				烟	领量				0	目标练习词4
209	ཤེས་ཡོན་ཅན				知识分子	汉光				0	目标练习词5
210	ཤ་མོག་མོག				包子	包子				1	目标练习词6
211	ལས་བྱེད་པ				干部	国伴				0	目标练习词7
212	རྩོམ་སྒྲིག་པ				编辑	蝴蝶				1	目标练习词8
213	ཕྱེ་མ་ལེབ				蝴蝶	编辑				1	目标练习词9

（续　表）

序号	藏语启动词	熟悉度	音节	字母	启动词汉译	汉语目标词	熟悉度	笔画	频数	真词为 1	目标词排序
214	ལག་ཆེད་སྤོལ།				篮球	神雪				0	目标练习词 10

附件 7   三语行为实验 1 及三语 ERP 实验 1 材料表

序号	汉语目标词	生物词 1	熟悉度	笔画	频率	英语启动词	音节	字母	课标词 1	COCA排位	启动词排序
1	婴儿	1	6.95	13	340	baby	1	4	1	589	1组实验词 1
2	父亲	1	7.00	13	2014	father	2	6	1	268	1组实验词 2
3	经理	1	6.62	19	538	manager	3	7	1	880	1组实验词 3
4	足球	0	6.94	18	174	football	2	8	1	1543	1组实验词 4
5	军官	1	6.43	14	262	officer	3	7	1	671	1组实验词 5
6	邻居	1	6.86	15	248	neighbour	2	9	1	1446	1组实验词 6
7	鼻子	1	6.95	17	568	nose	1	4	1	1748	1组实验词 7
8	树叶	1	6.95	14	213	leaf	1	4	1	1568	1组实验词 8
9	农场	0	6.86	12	215	farm	1	4	1	1265	1组实验词 9
10	诗人	1	6.86	10	491	poet	1	4	1	2947	1组实验词 10
11	陆地	0	6.81	13	352	fire	1	4	1	654	1组控制词 1
12	农村	0	6.93	13	2156	leader	2	6	1	464	1组控制词 2
13	媳妇	1	6.86	19	469	tobacco	3	7	1	3035	1组控制词 3
14	学徒	1	6.76	18	141	baseball	2	8	1	1380	1组控制词 4
15	车站	0	6.74	14	243	alcohol	3	7	1	2211	1组控制词 5
16	草地	0	6.86	15	253	scientist	3	9	1	1061	1组控制词 6
17	照片	0	7.00	17	570	bowl	1	4	1	1843	1组控制词 7
18	站长	1	6.90	14	214	tape	1	4	1	1499	1组控制词 8

（续　表）

序号	汉语目标词	生物词1	熟悉度	笔画	频率	英语启动词	音节	字母	课标词1	COCA排位	启动词排序
19	水泥	0	6.71	12	201	wave	1	4	1	1405	1组控制词9
20	团长	1	6.90	10	471	mask	1	4	1	2917	1组控制词10
21	影片	0	6.71	19	273	film	1	4	1	594	2组实验词1
22	食品	0	6.90	18	492	food	1	4	1	367	2组实验词2
23	舌头	1	6.81	11	228	tongue	1	6	1	2893	2组实验词3
24	作家	1	6.79	17	1323	writer	2	6	0	983	2组实验词4
25	司机	1	6.90	11	273	driver	2	6	1	1231	2组实验词5
26	山谷	0	6.76	10	193	valley	2	6	1	3182	2组实验词6
27	公司	0	6.90	9	1673	company	3	7	1	189	2组实验词7
28	市民	1	6.71	10	198	citizen	3	7	1	1088	2组实验词8
29	老鼠	1	6.79	19	292	mouse	1	5	1	3336	2组实验词9
30	鲜血	1	6.76	20	161	blood	1	5	1	693	2组实验词10
31	食盐	0	6.86	19	276	seat	1	4	1	897	2组控制词1
32	顾客	1	6.57	18	475	hand	1	4	1	174	2组控制词2
33	助手	1	6.76	11	212	cheese	1	6	1	2122	2组控制词3
34	祖国	0	7.00	17	1415	police	2	6	1	469	2组控制词4
35	仓库	0	6.62	11	270	corner	2	6	1	1130	2组控制词5
36	羽毛	1	6.81	10	197	basket	2	6	1	3283	2组控制词6
37	妇女	1	6.76	9	1625	library	3	7	1	2148	2组控制词7
38	闪电	0	6.81	10	191	leather	2	7	1	2967	2组控制词8
39	宿舍	0	7.00	19	309	snake	1	5	1	3512	2组控制词9
40	炮弹	0	6.60	20	159	staff	1	5	1	784	2组控制词10
41	木头	0	6.87	9	174	wood	1	4	1	1242	3组实验词1
42	法庭	0	6.76	17	130	court	1	5	1	542	3组实验词2
43	河流	0	6.60	18	462	river	2	5	1	1334	3组实验词3
44	衣服	0	6.95	14	1188	clothes	1	7	1	1440	3组实验词4
45	母亲	1	7.00	14	2103	mother	2	6	1	230	3组实验词5
46	大洋	0	6.71	12	280	ocean	2	5	1	1856	3组实验词6

（续　表）

序号	汉语目标词	生物词1	熟悉度	笔画	频率	英语启动词	音节	字母	课标词1	COCA排位	启动词排序
47	同事	1	6.95	14	164	colleague	2	9	1	1527	3组实验词7
48	咖啡	0	6.95	19	122	coffee	2	6	1	1395	3组实验词8
49	花朵	1	7.00	13	175	flower	2	6	1	1498	3组实验词9
50	牙齿	1	6.90	12	325	tooth	1	5	1	1868	3组实验词10
51	广场	0	6.90	9	170	fish	1	4	1	950	3组控制词1
52	猪肉	1	6.86	17	123	book	1	4	1	242	3组控制词2
53	党员	1	6.86	17	468	metal	2	5	1	1583	3组控制词3
54	同学	1	7.00	14	1296	uniform	3	7	1	3069	3组控制词4
55	身体	1	6.95	14	1990	office	2	6	1	342	3组控制词5
56	沙发	0	6.71	12	280	pilot	2	5	1	1785	3组控制词6
57	空军	1	6.81	14	161	breakfast	2	9	1	2402	3组控制词7
58	乘客	1	6.86	19	120	bottom	2	6	1	1520	3组控制词8
59	听众	1	6.90	13	176	engine	2	6	1	1578	3组控制词9
60	民兵	1	6.76	12	325	guide	1	5	1	1793	3组控制词10
61	汽车	0	6.90	11	1321	car	1	3	1	290	4组实验词1
62	老板	1	6.95	14	313	boss	1	4	1	2344	4组实验词2
63	客人	1	7.00	11	510	guest	1	5	1	1317	4组实验词3
64	苹果	1	6.95	16	272	apple	2	5	1	2718	4组实验词4
65	石头	0	6.98	10	687	stone	1	5	1	1225	4组实验词5
66	律师	1	6.71	15	172	lawyer	2	6	1	819	4组实验词6
67	嘴巴	1	6.95	20	314	mouth	1	5	1	1065	4组实验词7
68	报纸	0	7.00	14	787	newspaper	3	9	1	1068	4组实验词8
69	总统	1	6.45	18	546	president	3	9	1	304	4组实验词9
70	地板	0	6.69	14	155	floor	1	5	1	640	4组实验词10
71	大学	0	7.00	11	1295	gas	1	3	1	1026	4组控制词1
72	口袋	0	6.81	14	302	chip	1	4	0	2177	4组控制词2
73	小姐	1	6.95	11	553	dress	1	5	1	1443	4组控制词3
74	和尚	1	7.00	16	266	tower	2	5	1	2435	4组控制词4

序号	汉语目标词	生物词1	熟悉度	笔画	频率	英语启动词	音节	字母	课标词1	COCA排位	启动词排序
75	头发	1	7.00	10	660	plane	1	5	1	1153	4组控制词5
76	同胞	1	6.76	15	162	artist	2	6	1	737	4组控制词6
77	沙漠	0	6.62	20	330	troops	1	6	1	1140	4组控制词7
78	专家	1	6.74	14	755	chocolate	2	9	1	2659	4组控制词8
79	画家	1	6.76	18	578	candidate	3	9	1	960	4组控制词9
80	飞船	0	6.95	14	155	base	1	4	1	537	4组控制词10
81	玉米	1	6.95	11	428	corn	1	4	1	2470	5组实验1
82	男孩	1	6.95	16	179	boy	1	3	1	383	5组实验2
83	椅子	0	6.64	15	307	chair	1	5	1	949	5组实验3
84	地图	0	6.86	14	477	map	1	3	1	1551	5组实验4
85	大街	0	6.86	15	187	street	1	6	1	555	5组实验5
86	花园	0	6.93	14	212	garden	2	6	1	1047	5组实验6
87	机场	0	6.90	12	159	airport	2	7	1	1780	5组实验7
88	动物	1	6.95	14	2569	animal	3	6	1	729	5组实验8
89	电脑	0	6.81	15	212	computer	3	8	1	590	5组实验9
90	冠军	1	6.81	15	356	champion	2	8	1	2777	5组实验10
91	局长	1	6.90	11	425	cake	1	4	1	2563	5组控制词1
92	顾问	1	6.67	16	179	home	1	4	1	225	5组控制词2
93	猴子	1	6.86	15	286	stage	1	5	1	832	5组控制词3
94	将军	1	6.71	15	426	lab	1	3	1	2108	5组控制词4
95	船长	1	6.71	15	189	screen	1	6	1	1258	5组控制词5
96	火柴	0	6.86	14	219	forest	2	6	1	1112	5组控制词6
97	家人	1	6.95	12	148	bedroom	2	7	1	1883	5组控制词7
98	音乐	0	6.88	14	2603	camera	3	6	1	952	5组控制词8
99	学员	1	6.90	15	225	engineer	3	8	1	2011	5组控制词9
100	委员	1	6.93	15	340	stranger	2	8	1	2714	5组控制词10
101	豹子	1			纽扣	button					启动填充词1
102	编辑	1			同伴	fellow					启动填充词2

（续　表）

序号	汉语目标词	生物词1	熟悉度	笔画	频率	英语启动词		音节	字母	课标词1	COCA排位	启动词排序
103	饼干	0			诊所	clinic						启动填充词3
104	彩虹	0			信号	signal						启动填充词4
105	厕所	0			天才	talent						启动填充词5
106	抽屉	0			博物馆	museum						启动填充词6
107	厨师	1			行星	planet						启动填充词7
108	锄头	0			事情	affair						启动填充词8
109	锤子	0			目标	target						启动填充词9
110	大炮	0			物体	object						启动填充词10
111	地主	1			通道	access						启动填充词11
112	碟子	0			事情	matter						启动填充词12
113	豆腐	0			皮夹	wallet						启动填充词13
114	犯人	1			男服务员	waiter						启动填充词14
115	饭碗	0			打字员	typist						启动填充词15
116	肥皂	0			裁缝	tailor						启动填充词16
117	佛	1			吸烟者	smoker						启动填充词17
118	斧头	0			移居者	settler						启动填充词18
119	干部	1			海员	seaman						启动填充词19
120	弓	0			水手	sailor						启动填充词20
121	核桃	1			毒药	poison						启动填充词21
122	狐狸	1			野餐	picnic						启动填充词22
123	蝴蝶	1			竹	bamboo						启动填充词23
124	肌肉	1			气球	balloon						启动填充词24
125	钢琴	0			王国	kingdom						启动填充词25
126	剪子	0			先锋	pioneer						启动填充词26
127	舅母	1			珠宝	jewelry						启动填充词27

序号	汉语目标词	生物词 1	熟悉度	笔画	频率	英语启动词		音节	字母	课标词 1	COCA排位	启动词排序
128	军舰	0			卡通	cartoon						启动填充词 28
129	垃圾	0			钻石	diamond						启动填充词 29
130	老鹰	1			佣人	servant						启动填充词 30
131	雷	0			窗帘	curtain						启动填充词 31
132	帘子	0			赞助者	sponsor						启动填充词 32
133	镰刀	0			外科医生	surgeon						启动填充词 33
134	粉笔	0			毛毯	blanket						启动填充词 34
135	铃铛	0			支票	empire						启动填充词 35
136	领子	0			执照	license						启动填充词 36
137	龙	1			天花板	ceiling						启动填充词 37
138	小偷	1			公路	highway						启动填充词 38
139	萝卜	1			演讲人	speaker						启动填充词 39
140	面条	0			学者	scholar						启动填充词 40
141	墨水	0			嫌疑人	suspect						启动填充词 41
142	排球	0			运动员	athlete						启动填充词 42
143	葡萄	1			产品	product						启动填充词 43
144	气味	0			图片	picture						启动填充词 44
145	容器	0			海滨	seaside						启动填充词 45
146	扫帚	0			打印机	printer						启动填充词 46
147	狮子	1			邮递员	postman						启动填充词 47
148	市场	0			饼干	biscuit						启动填充词 48
149	手套	0			笔记簿	notebook						启动填充词 49

序号	汉语目标词	生物词1	熟悉度	笔画	频率	英语启动词		音节	字母	课标词1	COCA排位	启动词排序
150	梳子	0			金银财宝	treasure						启动填充词50
151	刷子	0			阳光	sunlight						启动填充词51
152	水桶	0			野生动物	wildlife						启动填充词52
153	寺庙	0			前额	forehead						启动填充词53
154	项链	0			地下室	basement						启动填充词54
155	午饭	0			三明治	sandwich						启动填充词55
156	膝盖	1			月台	platform						启动填充词56
157	箱子	0			拖拉机	tractor						启动填充词57
158	袖子	0			大楼	building						启动填充词58
159	牙膏	0			汉堡包	hamburger						启动填充词59
160	燕子	1			女服务员	waitress						启动填充词60
161	氧气	0			阳光	sunshine						启动填充词61
162	香蕉	1			雨衣	raincoat						启动填充词62
163	雨衣	0			护照	passport						启动填充词63
164	护照	0			大衣	overcoat						启动填充词64
165	炸弹	0			项链	necklace						启动填充词65
166	证人	1			大陆	mainland						启动填充词66
167	蜘蛛	1			节目	programme						启动填充词67
168	指甲	1			宇宙飞船	spaceship						启动填充词68
169	钟表	0			女售货员	salesgirl						启动填充词69
170	竹子	1			家庭主妇	housewife						启动填充词70
171	砖头	0			书店	needle						启动填充词71

序号	汉语目标词	生物词1	熟悉度	笔画	频率	英语启动词	音节	字母	课标词1	COCA排位	启动词排序
172	操场	0			地震	swallow					启动填充词 72
173	针	0			操场	chess					启动填充词 73
174	矮子	1			故乡	towel					启动填充词 74
175	柏树	1			歌剧	opera					启动填充词 75
176	包子	0			香蕉	banana					启动填充词 76
177	鼻涕	0			氧气	oxygen					启动填充词 77
178	鞭子	0			番茄	tomato					启动填充词 78
179	冰雹	0			土豆	potato					启动填充词 79
180	菠菜	1			电影院	cinema					启动填充词 80
181	部长	1			矿物	mineral					启动填充词 81
182	蚕	1			班长	monitor					启动填充词 82
183	肠子	1			例子	example					启动填充词 83
184	车间	0			火山	volcano					启动填充词 84
185	秤	0			共和国	republic					启动填充词 85
186	畜生	1			纪念碑	monument					启动填充词 86
187	葱	1			信封	envelope					启动填充词 87
188	篮球	0			旅行者	wife					启动填充词 88
189	醋	0			平民	civilian					启动填充词 89
190	侦探	1			宇宙	universe					启动填充词 90
191	老婆	1			罪犯	criminal					启动练习词 1
192	典籍	0			部长	minister					启动练习词 2
193	电报	0			文件	document					启动练习词 3
194	冬瓜	1			董事	director					启动练习词 4
195	队长	1			外国人	foreigner					启动练习词 5
196	鹅	1			大陆	continent					启动练习词 6

（续　表）

序号	汉语目标词	生物词1	熟悉度	笔画	频率	英语启动词		音节	字母	课标词1	COCA排位	启动词排序
197	鳄鱼	1				表演者	performer					启动练习词7
198	法院	0				侦探	detective					启动练习词8
199	火箭	0				记者	consumer					启动练习词9
200	钓钩	0				官员	official					启动练习词10

附件 8　三语行为实验 2 及三语 ERP 实验 2 材料表

序号	藏语目标词	熟悉度	音节	字母	生物词1	藏词汉译	英语启动词	音节	母数	课标词1	COCA排位	启动词排序
1	ཕོ་བ	6.86	2	2	1	胃	crop	1	4	1	2483	1组控制词1
2	ཟངས	6.71	1	3	0	铜	tank	1	4	1	1888	1组控制词2
3	ཉི་མ	6.90	2	2	0	太阳	owner	2	5	1	1024	1组控制词3
4	ཡང་བ	6.48	2	3	0	蜡烛	wire	1	4	1	2392	1组控制词4
5	ལྡེ་མིག	6.69	2	4	0	钥匙	chain	1	5	1	1819	1组控制词5
6	ཕ་ཡུལ	7.00	2	3	0	家乡	team	1	4	1	308	1组控制词6
7	ཚོང་ཁང	6.90	2	4	0	商店	honey	2	5	1	2956	1组控制词7
8	ཨ་ཞང	6.83	2	3	1	舅舅	butter	2	6	1	2424	1组控制词8
9	ཤ་བ	6.74	2	2	1	鹿	mountain	2	8	1	1246	1组控制词9
10	རྩྭ	6.95	1	3	1	草	European	3	8	1	1269	1组控制词10
11	ཞྭ་མོ	6.95	2	3	0	帽子	cap	1	3	1	2326	1组实验词1
12	གངས	6.76	1	3	0	雪	snow	1	4	1	1795	1组实验词2
13	བུ་མོ	6.95	2	2	1	姑娘	girl	1	4	1	364	1组实验词3
14	དར་ཆ	6.36	2	3	0	旗帜	flag	1	4	1	2465	1组实验词4
15	སྐར་མ	6.81	2	4	0	星星	star	1	4	1	539	1组实验词5
16	ཁང་པ	6.69	2	3	0	房屋	house	1	5	1	258	1组实验词6
17	མེ་འཁོར	6.95	2	4	0	火车	train	1	5	1	1525	1组实验词7
18	ཕྲ་སེ	6.79	2	3	0	票	ticket	2	6	1	1585	1组实验词8

（续　表）

序号	藏语目标词	熟悉度	音节	字母	生物词1	藏词汉译	英语启动词	音节	母数	课标词1	COCA排位	启动词排序
19	རི་མོ	6.81	2	2	0	图画	drawing	2	7	1	2544	1组实验词9
20	སྨན	6.90	1	3	0	药	medicine	3	8	1	1481	1组实验词10
21	བདག་པོ	6.88	2	4	1	主人	card	1	4	1	895	2组控制词1
22	རྨ	6.81	1	2	1	伤口	truck	1	5	1	1244	2组控制词2
23	ཨ་ཙོ	6.48	2	2	1	哥哥	wine	1	4	1	1456	2组控制词3
24	ཚོང་པ	6.74	2	3	1	商人	iron	2	4	1	2300	2组控制词4
25	ཐང	6.33	1	2	0	平原	actor	2	5	1	1507	2组控制词5
26	རྔུལ	6.67	1	3	0	汗	player	2	6	1	514	2组控制词6
27	སྨྱུ་གུ	6.93	2	4	0	笔	golf	1	4	1	1815	2组控制词7
28	ཞིང་པ	6.79	2	3	1	农民	letter	2	6	1	629	2组控制词8
29	ཤོག་བུ	6.93	2	4	0	纸	tourist	2	7	1	2416	2组控制词9
30	མཚོན་ཆ	6.81	2	4	1	武器	bathroom	2	8	1	2426	2组控制词10
31	མེ་མདའ	6.88	2	4	0	枪	gun	1	3	1	843	2组实验词1
32	དོམ	6.79	1	2	1	熊	bear	1	4	1	1628	2组实验词2
33	ཆར་པ	6.68	2	3	1	雨	rain	1	4	1	1559	2组实验词3
34	ཟླ་བ	6.83	2	3	0	月亮	moon	1	4	1	2471	2组实验词4
35	མགོ	6.40	1	3	1	脑袋	brain	1	5	1	1193	2组实验词5
36	སྙིང	6.71	1	3	1	心脏	heart	1	5	1	461	2组实验词6
37	དཔའ་བོ	6.81	2	4	1	英雄	hero	2	4	1	1926	2组实验词7
38	བཟོ་པ	6.79	2	3	1	工人	worker	2	6	1	574	2组实验词8
39	བྱ་དེ	6.88	2	3	1	鸡	chicken	2	7	1	1546	2组实验词9
40	ཀྲུའུ་ཞི	6.50	2	4	1	主席	chairman	2	8	1	1379	2组实验词10
41	ར་ལུག	6.52	2	3	1	羊	bar	1	3	1	994	3组控制词1
42	ཨ་ཅག	6.81	2	3	1	姐姐	knee	1	4	1	1497	3组控制词2
43	གློག	6.95	1	3	0	电	bell	1	4	1	2669	3组控制词3
44	ཐག་པ	6.95	2	3	0	绳子	bike	1	4	1	2182	3组控制词4
45	འབུ	6.33	1	2	1	昆虫	virus	2	5	1	2724	3组控制词5
46	སོན	6.64	1	2	1	种子	lunch	1	5	1	1595	3组控制词6

序号	藏语目标词	熟悉度	音节	字母	生物词1	藏词汉译	英语启动词	音节	母数	课标词1	COCA排位	启动词排序
47	ལོ་ཆུང	6.71	2	3	1	少年	steel	1	5	1	2171	3组控制词7
48	ཟ་ཁང	6.71	2	3	0	饭店	winner	2	6	1	1930	3组控制词8
49	སྦལ་པ	6.79	2	4	1	青蛙	reporter	3	8	1	1294	3组控制词90
50	བུ་རིལ	6.79	2	4	0	糖	border	2	6	1	1351	3组控制词10
51	རྣ་བ	6.95	2	3	1	耳朵	ear	1	3	1	1344	3组实验词1
52	སྤོ་ལོ	6.95	2	3	0	球	ball	1	4	1	915	3组实验词2
53	བྱིའུ	6.86	1	3	1	鸟	bird	1	4	1	1126	3组实验词3
54	རུས་པ	6.69	2	3	1	骨头	bone	1	4	1	1450	3组实验词4
55	གྲི	6.90	1	2	0	刀	knife	1	5	1	2261	3组实验词5
56	ཤེལ	6.86	1	2	0	玻璃	glass	1	5	1	823	3组实验词6
57	ཟམ་པ	6.98	2	3	0	桥	bridge	1	6	1	1698	3组实验词7
58	མེ་ལོང	6.38	2	3	0	镜子	mirror	2	6	1	1867	3组实验词8
59	དུས་དེབ	6.43	2	4	0	杂志	magazine	3	8	1	1004	3组实验词9
60	མཛུབ་མོ	6.71	2	4	1	手指	finger	2	6	1	1046	3组实验词10
61	ནུ་བོ	6.45	2	2	1	弟弟	cup	1	3	1	780	4组控制词1
62	ལྷམ	6.81	1	3	0	鞋	mark	1	4	1	1692	4组控制词2
63	གསེར	6.74	1	3	0	黄金	plate	1	5	1	1534	4组控制词3
64	སྨན་པ	6.86	2	4	1	医生	cover	2	5	1	561	4组控制词4
65	ཨ་ར	6.50	2	2	1	胡子	pipe	1	4	1	3005	4组控制词5
66	དགྲ་བོ	6.83	2	4	1	敌人	wheel	1	5	1	2012	4组控制词6
67	ས་འི་གོལ	6.71	2	4	0	地球	check	1	5	1	857	4组控制词7
68	ཁོའི་ཚོ	6.33	2	3	0	筷子	silver	2	6	1	2461	4组控制词8
69	མདའ	6.81	1	3	0	箭	jacket	2	6	1	2287	4组控制词9
70	ཕག་པ	6.93	2	3	1	猪	gentleman	3	9	1	2469	4组控制词10
71	ཞི་མི	6.98	2	2	1	猫	cat	1	3	1	1788	4组实验词1
72	གྱང	6.90	1	3	0	墙	wall	1	4	1	572	4组实验词2
73	མཚེའུ	6.26	1	3	0	湖	lake	1	4	1	2204	4组实验词3
74	ཀང་པ	6.95	2	4	1	脚	foot	1	4	1	381	4组实验词4

（续　表）

序号	藏语目标词	熟悉度	音节	字母	生物词1	藏词汉译	英语启动词	音节	母数	课标词1	COCA排位	启动词排序
75	ཁུ་བ	6.86	2	2	0	汤	soup	1	4	1	3021	4组实验词5
76	རྩི་ཤིང	6.83	2	4	1	植物	plant	1	5	1	624	4组实验词6
77	བྱིས་པ	6.90	2	4	1	儿童	child	1	5	1	115	4组实验词7
78	བུམ་པ	6.57	2	3	0	瓶子	bottle	2	6	1	1753	4组实验词8
79	བཙོན	6.55	1	3	0	监狱	prison	2	6	1	1289	4组实验词9
80	ཁ་པར	6.95	2	3	0	电话	telephone	3	9	1	1879	4组实验词10
81	མཇིང་པ	6.67	2	4	1	脖子	bill	1	4	1	809	5组控制词1
82	སྐུད་པ	6.65	2	4	0	线	fence	2	5	1	2676	5组控制词2
83	འོད	6.74	1	2	0	光	radio	3	5	1	907	5组控制词3
84	གློ་བ	6.74	2	3	1	肺	tent	1	4	1	3095	5组控制词4
85	ཟ་མ	6.74	2	2	0	饭	salad	2	5	1	2797	5组控制词5
86	ཚལ	6.71	1	2	1	蔬菜	model	2	5	1	505	5组控制词6
87	སྐད	6.60	1	3	0	声音	dinner	2	6	1	1080	5组控制词7
88	རྨོ་བོ	6.74	2	3	1	外婆	couple	2	6	1	532	5组控制词8
89	ཚོང་ཟོག	6.57	2	4	0	货物	machine	2	7	1	1025	5组控制词9
90	དཔུང་པ	6.86	2	4	1	肩膀	partner	2	7	1	1052	5组控制词10
91	ཉལ་ཁྲི	6.81	2	4	0	床	bed	1	3	1	684	5组实验词1
92	ང་གདོང	6.76	2	4	1	脸	face	1	4	1	331	5组实验词2
93	སྒོ	6.9	1	2	0	门	door	1	4	1	344	5组实验词3
94	ང་མ	6.76	2	3	1	尾巴	tail	1	4	1	3010	5组实验词4
95	དུ་བ	6.64	2	2	0	烟	smoke	1	5	1	2436	5组实验词5
96	རྟ	6.95	1	2	0	马	horse	1	5	1	1286	5组实验词6
97	དངུལ	6.9	1	3	0	钱	money	2	5	1	233	5组实验词7
98	ཚོང་ར	6.6	2	3	0	商场	market	2	6	1	403	5组实验词8
99	དམག་མི	6.49	2	4	1	士兵	soldier	2	7	1	1006	5组实验词9
100	ཐབ་ཚང	6.81	2	4	0	厨房	kitchen	2	7	1	1055	5组实验词10
101	ལུད				0	肥料	leopard				豹子	启动填充词1
102	རོ་སྲུས་ས				0	坟墓	editor				编辑	启动填充词2

序号	藏语目标词	熟悉度	音节	字母	生物词1	藏词汉译	英语启动词	音节	母数	课标词1	COCA排位	启动词排序
103	ཀྱུང་འཁོར				0	风车	biscuit				饼干	启动填充词3
104	སྨྱོན་པ				1	疯子	rainbow				彩虹	启动填充词4
105	བུ་རམ་ཤིང				1	甘蔗	toilet				厕所	启动填充词5
106	རྫ་མ				0	缸	drawer				抽屉	启动填充词6
107	གཟུགས་པོ་མཐོ་བ				1	高个儿	cook				厨师	启动填充词7
108	ཚོན་སློང				1	耕牛	hoe				锄头	启动填充词8
109	ཆ་སྣམ				0	柜子	hammer				锤子	启动填充词9
110	པད་མའི་མེ་ཏོག				1	荷花	cannon				大炮	填充词10
111	སྲན་མེར				1	黄豆	landlord				地主	填充词11
112	གུང་ག				1	黄瓜	taxi				出租汽车	填充词12
113	འབུ་ཚ་ག་པ				1	蝗虫	beancurd				豆腐	填充词13
114	ཅང་ཡིའུ				0	酱油	crew				全体船员	填充词14
115	ཚིགས་ཞིབས				0	戒指	bowl				饭碗	填充词15
116	གསེར་དངུལ				0	金银	soap				肥皂	填充词16
117	ཅིའུ་ཚལ				1	韭菜	buddha				佛	填充词17
118	དགོན་པ				0	寺庙	axe				斧头	填充词18
119	སོག་ལེ				0	锯子	cadre				干部	填充词19
120	ཆུ་ཁོལ				0	开水	bow				弓	填充词20
121	ཡིའི་གུང				1	科长	walnut				核桃	填充词21
122	ཐབ་ཚེ				0	扣子	fox				狐狸	填充词22
123	མེ་པན				1	辣椒	butterfly				蝴蝶	填充词23
124	ལི་སྡོང				1	梨树	muscle				肌肉	填充词24
125	ལབ་ཐིང				0	凉粉	piano				记号	填充词25
126	ལྕང་མ				1	柳树	scissors				剪子	填充词26
127	ཟིལ་པ				0	露水	aunt				舅母	填充词27
128	དྲེལ				1	骡子	warship				军舰	填充词28

（续　表）

序号	藏语目标词	熟悉度	音节	字母	生物词1	藏词汉译	英语启动词	音节	母数	课标词1	COCA排位	启动词排序
129	དུ་ཡང				0	铝	garbage				垃圾	填充词29
130	རྟ་པ				1	马夫	pot				锅	填充词30
131	འུག་པ				1	猫头鹰	thunder				雷	填充词31
132	སྟུན་ཏོག				0	毛线	curtain				帘子	填充词32
133	གཡག				1	牦牛	sickle				镰刀	填充词33
134	ས་སྣུམ				0	煤油	motor				马达	填充词34
135	ཤིང་བཟོབ				1	木匠	medal				奖牌	填充词35
136	འབྲོག་པ				1	牧民	collar				领子	填充词36
137	༠་ཇ				0	奶茶	dragon				龙	填充词37
138	བཞོན་མ				1	奶牛	thief				小偷	填充词38
139	ནན་ཀུ				1	南瓜	turnip				萝卜	填充词39
140	ཨ་ནེ				1	尼姑	noodle				面条	填充词40
141	ཕྱག་ཕྲིན				1	螃蟹	ink				墨水	填充词41
142	རྒྱགས་པ				1	胖子	carpet				毯子	填充词42
143	པགས་ཚོག				0	皮袄	grape				葡萄	填充词43
144	ཞ་ནེ				0	铅	smell				气味	填充词44
145	སྣམ་པ				0	钳子	container				容器	填充词45
146	ཙིན་ཚལ				1	芹菜	broom				扫帚	填充词46
147	ཕྲོ་ཚལ				1	青菜	lion				狮子	填充词47
148	ནས				1	青稞	bus				公共汽车	填充词48
149	འབུ་སྦྲ་མ་ནེ				1	蜻蜓	glove				手套	填充词49
150	ཤྲུང་གཡབ				0	扇子	comb				梳子	填充词50
151	སྐྱོགས				0	勺子	brush				刷子	填充词51
152	ཞིང་གྲང				1	省长	bucket				水桶	填充词52
153	ཤིག				1	虱子	temple				寺庙	填充词53
154	རྡོ་བཟོབ				1	石匠	nursery				托儿所	填充词54
155	མི་ཤ་སྐམ་པོ				1	瘦子	panda				熊猫	填充词55

（续　表）

序号	藏语目标词	熟悉度	音节	字母	生物词1	藏词汉译	英语启动词	音节	母数	课标词1	COCA排位	启动词排序
156	ཨ་དེ				1	水牛	chess				棋	填充词 56
157	ཐང་ཤིང				1	松树	trunk				箱子	填充词 57
158	མར				0	酥油	sleeve				袖子	填充词 58
159	སྒོག་པ				1	蒜	runner				赛跑者	填充词 59
160	ཚ་མོ				1	孙女	swallow				燕子	填充词 60
161	ཚ་བོ				1	孙子	oxygen				氧气	填充词 61
162	ལུད་པ				0	痰	rocket				火箭	填充词 62
163	ལག་རྟགས				0	礼物	raincoat				雨衣	填充词 63
164	ཐན་ཚེ				0	毯子	robot				机器人	填充词 64
165	མངར་ཁམ་མེ་ཏོག				1	桃花	bomb				炸弹	填充词 65
166	ཁམ་སྡོང				1	桃树	witness				证人	填充词 66
167	སྤྱུལ་མ				1	特务	spider				蜘蛛	填充词 67
168	ཤུག་མཐིལ				1	蹄子	nail				指甲	填充词 68
169	ཤི་བ				1	跳蚤	clock				钟表	填充词 69
170	ལྕགས་བཟོ་བ				1	铁匠	bamboo				竹子	填充词 70
171	དགེ་ཕྲུག				1	徒弟	brick				砖头	填充词 71
172	མཆིལ་མ				0	唾沫	towel				毛巾	填充词 72
173	ཙྭ་གཡལ				0	瓦	needle				针	填充词 73
174	སྲན་མ				1	豌豆	producer				制造者	填充词 74
175	ཆུ་ཚན				0	温泉	flight				航班	填充词 75
176	ཕོ་རོག				1	乌鸦	navy				海军	填充词 76
177	ཀྲོ་མ་ཀྲོ				1	番茄	atom				原子	填充词 77
178	གཉའ་དཀར				0	锡	orbit				轨道	填充词 78
179	རྩ་གདན				0	席子	alarm				警报	填充词 79
180	སྐྱི་ཀ				1	喜鹊	lemon				柠檬	填充词 80
181	ཞ་སྦྲི				1	虾	metre				米	填充词 81
182	ལྷ་མོ				1	仙女	hotel				宾馆	填充词 82
183	ཞན་གྲང				1	县长	adult				成人	填充词 83

（续　表）

序号	藏语目标词	熟悉度	音节	字母	生物词1	藏词汉译	英语启动词	音节	母数	课标词1	COCA排位	启动词排序
184	ཉི་མ་མེ་ཏོག				1	向日葵	event				事件	填充词84
185	ཡིག་སྒྲོམ				0	信箱	architect				建筑师	填充词85
186	ཁམ་བུའི་མེ་ཏོག				1	杏花	button				扣子	填充词86
187	ཚོན				0	颜料	madam				夫人	填充词87
188	བདུད				1	妖魔	cattle				牛	填充词88
189	སྐེད་རགས				0	腰带	foreigner				外国人	填充词89
190	སྤོ་བོ				1	爷爷	actress				女演员	填充词90
191	སྦྲག་ཁང				0	邮局	powder				粉末	练习词1
192	གློག་འཕྲིན				0	电报	garage				车库	练习词2
193	འདམ་རྫབ				0	沼泽	cotton				棉花	练习词3
194	དཀོན་མཆོག				0	至宝	tennis				网球	练习词4
195	བཙུན་པ				1	尊者	hunter				猎人	练习词5
196	གདན				0	座垫	cousin				堂兄	练习词6
197	རི་བྱ				1	野鸡	plastic				塑料	练习词7
198	རྐྱང				1	野驴	guitar				吉他	练习词8
199	འབྲོང				1	野牛	cigar				雪茄	练习词9
200	རི་ཕག				1	野猪	storm				风暴	练习词10

附件 9 三语行为实验 3 及三语 ERP 实验 3 材料表

序号	藏语目标词	熟悉度	音节	字母	藏词汉译	生物词1	汉语启动词	笔画	频数	熟悉度	启动词排序
1	བ་དམ	6.79	2	3	花生	1	花生	12	7695	6.95	1组实验词22
2	མཆུ་ཏོ	6.60	2	3	嘴唇	1	嘴唇	26	345	6.62	1组实验词2
3	ཐོག་ཚེ	6.52	2	4	屋顶	0	屋顶	17	171	6.76	1组实验词3
4	དཔེ་ཁུག	6.95	2	4	书包	0	书包	9	136	7.00	1组实验词4
5	ཚོས་ཆོགས	6.45	2	5	教堂	0	教堂	22	220	6.24	1组实验词5
6	ཚིག་མཛོད	6.86	2	5	词典	0	词典	14	212	6.79	1组实验词6
7	མི་དམངས	6.76	2	5	人民	1	人民	7	166	6.81	1组实验词7
8	ཁྱིམ་ཆས	6.86	2	5	家具	0	家具	18	136	6.83	1组实验词8
9	སྟེག་ཙེ	6.90	2	6	桌子	0	桌子	13	433	7.00	1组实验词9
10	གྲིང་ཕྲན	6.48	2	6	岛	0	岛	7	358	6.33	1组实验词10
11	མིད་པ	6.38	2	3	喉咙	1	观众	12	1385	6.62	1组控制词1
12	ཡལ་ག	6.52	2	3	树枝	1	燃料	26	460	6.33	1组控制词2
13	སྨིན་མ	6.55	2	4	眉毛	1	被告	17	189	6.71	1组控制词3
14	མེན་པའོ	6.43	2	4	面包	0	工地	9	181	6.90	1组控制词4
15	གླང་ཆེན	6.81	2	5	大象	1	激光	22	201	6.29	1组控制词5
16	རྒྱ་ནང	6.67	2	5	内地	0	标本	14	222	6.57	1组控制词6
17	ཆུ་རྒྱུན	6.71	2	5	水流	0	支队	8	180	6.62	1组控制词7
18	ཞ་སྨྱུག	6.95	2	5	铅笔	0	走廊	18	138	6.38	1组控制词8

（续　表）

序号	藏语目标词	熟悉度	音节	字母	藏词汉译	生物词1	汉语启动词	笔画	频数	熟悉度	启动词排序
19	ཤུགས་ལམ	6.81	2	6	铁路	0	院长	13	353	7.00	1组控制词9
20	གྲོང་རྡལ	6.71	2	6	镇	0	火山	7	180	6.90	1组控制词10
21	བོང་བུ	6.86	2	3	驴	1	驴	7	210	6.74	2组实验词1
22	སྨུག་པ	6.55	2	4	雾	0	雾	13	490	6.14	2组实验词2
23	གཉེན་ཉེ	6.81	2	4	亲戚	1	亲戚	20	202	6.75	2组实验词3
24	ཕུག་རོན	6.33	2	4	鸽子	1	鸽子	14	160	6.12	2组实验词4
25	དགེ་རྒན	6.95	2	5	教师	1	教师	17	1795	7.00	2组实验词5
26	དངུལ་ཁང	6.86	2	5	银行	0	银行	17	1117	6.95	2组实验词6
27	སློབ་ཆུང	6.95	2	5	小学	0	小学	11	589	7.00	2组实验词7
28	སྔས་མགོ	6.69	2	5	枕头	0	枕头	13	130	6.83	2组实验词8
29	འབྲུ་རིགས	6.83	2	6	粮食	0	粮食	22	1242	6.90	2组实验词9
30	གོ་སྒྲིགས	6.71	2	6	锁	0	锁	12	127	6.57	2组实验词10
31	ཁུ་ཚུར	6.26	2	3	拳头	1	大厅	7	160	6.86	2组控制词1
32	སྒལ་པ	6.48	2	4	背	1	美元	13	613	6.71	2组控制词2
33	ཉལ་ཆས	6.71	2	4	被子	0	金牌	20	141	6.62	2组控制词3
34	རྔ་མོང	6.71	2	4	骆驼	1	农具	14	143	6.95	2组控制词4
35	རླུངས་པ	6.79	2	5	风	0	细胞	17	2524	6.26	2组控制词5
36	རྒན་པོག	6.95	2	5	老人	1	轨道	17	827	6.24	2组控制词6
37	ནམ་མཁའ	6.90	2	5	天空	0	水库	11	324	6.67	2组控制词7
38	སྦྲང་བུ	6.36	2	5	苍蝇	1	长城	13	129	6.86	2组控制词8
39	དམག་དཔུང	6.83	2	5	军队	0	试管	22	600	6.43	2组控制词9
40	རྐུབ་ཀྱག	6.71	2	6	凳子	0	厂家	12	116	6.62	2组控制词10
41	རི་བོང	6.95	2	3	兔子	1	兔子	11	151	6.95	3组实验词1
42	ཁྲོན་པ	6.88	2	4	井	0	井	4	290	6.90	3组实验词2
43	གོས་ཐུང	6.50	2	4	裤子	0	裤子	15	148	6.95	3组实验词3
44	ནག་པང	6.81	2	4	黑板	0	黑板	20	112	6.86	3组实验词4
45	འགྲོ་ལམ	6.60	2	5	道路	0	道路	25	1417	6.86	3组实验词5
46	རྒྱ་མཚོ	6.62	2	5	海洋	0	海洋	19	1360	6.67	3组实验词6

（续　表）

序号	藏语目标词	熟悉度	音节	字母	藏词汉译	生物词1	汉语启动词	笔画	频数	熟悉度	启动词排序
47	སྨན་ཁང་	6.30	2	5	医院	0	医院	16	795	6.93	3组实验词7
48	རྡོག་ཆས་	6.48	2	5	行李	0	行李	11	161	6.55	3组实验词8
49	སློབ་གྲྭ	6.93	2	6	学校	0	学校	18	2927	7.00	3组实验词9
50	འཁྱགས་པ	6.86	2	6	冰	0	冰	6	599	6.93	3组实验词10
51	ས་ཞིང་	6.69	2	3	田地	0	石灰	11	155	6.43	3组控制词1
52	མཆིན་པ	6.74	2	4	肝	1	厂长	6	686	6.57	3组控制词2
53	སྤར་མོ	6.55	2	4	手掌	1	橡皮	15	138	6.57	3组控制词3
54	པདི་ཚལ	6.64	2	4	白菜	1	话筒	20	129	6.57	3组控制词4
55	གྲོགས་པོ	6.86	2	5	朋友	1	橡胶	25	159	5.90	3组控制词5
56	བཟོ་གྲྭ	6.71	2	5	工厂	0	媳妇	19	469	6.86	3组控制词6
57	སྤྲིན་པ	6.76	2	5	云	0	戏剧	16	887	6.55	3组控制词7
58	ཅུང་ཆས་	6.64	2	5	玩具	0	西瓜	11	160	6.95	3组控制词8
59	གྲོང་ཁྱེར	6.95	2	6	城市	0	皇帝	18	776	6.76	3组控制词9
60	སློབ་སྤྱི	6.95	2	6	校长	1	文人	6	180	6.86	3组控制词10
61	ཆུ་ཚོད	6.81	2	3	手表	0	手表	12	147	6.81	4组实验词1
62	གྲོག་མ	6.83	2	4	蚂蚁	1	蚂蚁	18	346	6.38	4组实验词2
63	མོག་མོག	6.90	2	4	馒头	0	馒头	19	132	7.00	4组实验词3
64	ཁང་ཆེན	6.60	2	4	大厦	0	大厦	15	122	6.38	4组实验词4
65	རྡོ་མཐུན	6.76	2	5	同志	1	同志	13	5334	6.76	4组实验词5
66	འདམ་བག	6.60	2	5	泥土	0	泥土	11	238	6.50	4组实验词6
67	སློབ་ཁང་	6.93	2	5	教室	0	教室	19	228	7.00	4组实验词7
68	སྒམ་ཆུང་	6.62	2	5	盒子	0	盒子	14	119	6.64	4组实验词8
69	གྲུ་གཟིངས་	6.71	2	6	船	0	船	11	1443	6.90	4组实验词9
70	རྐང་ཤུབས་	6.69	2	6	袜子	0	袜子	13	109	6.83	4组实验词10
71	ངང་པ	6.60	2	3	鸭子	1	化肥	12	184	6.38	4组控制词1
72	གཤོག་པ	6.74	2	4	翅膀	1	脂肪	18	289	6.19	4组控制词2
73	སྣ་ཁུང་	6.74	2	4	鼻孔	1	棺材	19	121	6.29	4组控制词3
74	ཚོགས་མི	6.55	2	4	会员	1	下属	15	128	6.76	4组控制词4

（续　表）

序号	藏语目标词	熟悉度	音节	字母	藏词汉译	生物词1	汉语启动词	笔画	频数	熟悉度	启动词排序
75	༺藏文༻	6.76	2	5	群众	1	代表	13	1011	6.67	4组控制词5
76	༺藏文༻	6.90	2	5	窗户	0	电池	11	160	6.86	4组控制词6
77	༺藏文༻	6.64	2	5	蜜蜂	1	病毒	19	281	6.86	4组控制词7
78	༺藏文༻	6.71	2	5	乌龟	1	女婿	14	125	6.76	4组控制词8
79	༺藏文༻	6.50	2	6	教授	1	主任	11	1159	6.95	4组控制词9
80	༺藏文༻	6.45	2	6	楼梯	0	烈士	13	127	6.81	4组控制词10
81	༺藏文༻	6.29	2	3	香烟	0	香烟	19	169	6.62	5组实验词1
82	༺藏文༻	6.69	2	4	皮肤	1	皮肤	13	654	6.86	5组实验词2
83	༺藏文༻	6.95	2	4	眼镜	0	眼镜	27	313	6.86	5组实验词3
84	༺藏文༻	6.50	2	4	电灯	0	电灯	11	277	6.76	5组实验4
85	༺藏文༻	6.83	2	4	剑	0	剑	9	182	6.71	5组实验词5
86	༺藏文༻	6.88	2	5	教材	0	教材	18	371	6.90	5组实验词6
87	༺藏文༻	6.93	2	5	狼	1	狼	10	252	6.81	5组实验词7
88	༺藏文༻	6.98	2	6	世界	0	世界	14	5697	6.93	5组实验词8
89	༺藏文༻	6.57	2	6	蚊子	1	蚊子	13	144	6.76	5组实验词9
90	༺藏文༻	6.70	2	6	公园	0	公园	11	262	6.81	5组实验10
91	༺藏文༻	6.57	2	3	灰尘	0	珍珠	19	145	6.71	5组控制词1
92	༺藏文༻	6.79	2	4	腰	1	奴隶	13	624	6.21	5组控制词2
93	༺藏文༻	6.69	2	4	影子	0	弹簧	28	201	6.19	5组控制词3
94	༺藏文༻	6.69	2	4	煤炭	0	村长	11	124	6.86	5组控制词4
95	༺藏文༻	6.48	2	4	池塘	0	对手	9	191	6.95	5组控制词5
96	༺藏文༻	6.90	2	5	歌曲	0	细菌	18	531	6.29	5组控制词6
97	༺藏文༻	6.55	2	5	秘书	1	会计	10	423	6.76	5组控制词7
98	༺藏文༻	6.95	2	6	学生	1	宇宙	14	891	6.38	5组控制词8
99	༺藏文༻	6.43	2	6	雨伞	0	老伴	13	149	6.86	5组控制词9
100	༺藏文༻	6.64	2	6	水果	1	前人	11	167	6.86	5组控制词10
101	༺藏文༻				豹子	1	肥料				启动填充词1
102	༺藏文༻				编辑	1	坟墓				启动填充词2

（续　表）

序号	藏语目标词	熟悉度	音节	字母	藏词汉译	生物词1	汉语启动词	笔画	频数	熟悉度	启动词排序
103	བག་ལེབ				饼干	0	风车				启动填充词 3
104	འཇའ				彩虹	0	疯子				启动填充词 4
105	གསང་སྤྱོད				厕所	0	甘蔗				启动填充词 5
106	མ་ཆེན				厨师	1	地主				启动填充词 6
107	འཛོར				锄头	0	耕牛				启动填充词 7
108	ཐོ་བ				锤子	0	柜子				启动填充词 8
109	མེ་སྒྱོགས				大炮	0	荷花				启动填充词 9
110	ཞིང་བདག				地主	1	黄豆				启动填充词 10
111	དེར་མ				碟子	0	黄瓜				启动填充词 11
112	ཏོཕུ་སྣུ				豆腐	0	蝗虫				启动填充词 12
113	བཙོན་པ				犯人	1	酱油				启动填充词 13
114	ཕོར་པ				饭碗	0	戒指				启动填充词 14
115	ཡི་ཙི				肥皂	0	屁				启动填充词 15
116	སངས་རྒྱས				佛	1	韭菜				启动填充词 16
117	སྟ་རེ				斧头	0	酒				启动填充词 17
118	ལས་བྱེད་པ				干部	1	锯子				启动填充词 18
119	སྟར་ཀ				核桃	1	科长				启动填充词 19
120	ཝ་མོ				狐狸	1	扣子				启动填充词 20
121	ཕྱེ་མ་ལེབ				蝴蝶	1	辣椒				启动填充词 21
122	ཤེད་ཀ				肌肉	1	梨树				启动填充词 22
123	ཇེམ་ཚེ				剪子	0	柳树				启动填充词 23
124	སྲུ་མོ				舅母	1	露水				启动填充词 24
125	དམག་གྲུ				军舰	0	骡子				启动填充词 25
126	གད་སྙིགས				垃圾	0	铝				启动填充词 26
127	ཁྲ་ཐག				老鹰	1	马夫				启动填充词 27
128	འབྲུག་སྒྲ				雷	0	狐狸				启动填充词 28
129	སྐོ་ཡོལ				帘子	0	毛线				启动填充词 29
130	ཟོར་བ				镰刀	0	牦牛				启动填充词 30

（续　表）

序号	藏语目标词	熟悉度	音节	字母	藏词汉译	生物词1	汉语启动词	笔画	频数	熟悉度	启动词排序
131	ལྕགས་ཐག				链子	0	煤油				启动填充词31
132	དྲིལ་བུ				铃铛	0	木匠				启动填充词32
133	གོང་བ				领子	0	牧民				启动填充词33
134	འབྲུག				龙	1	奶茶				启动填充词34
135	འཁོར་ལོ				轮子	0	奶牛				启动填充词35
136	ལ་ཕུག				萝卜	1	南瓜				启动填充词36
137	གྱུ་ཐུག				面条	0	尼姑				启动填充词37
138	སྣག་ཚ				墨水	0	螃蟹				启动填充词38
139	པའི་ཆེན་སྒོ་ལོ				排球	0	胖子				启动填充词39
140	རྒུན་འབྲུམ				葡萄	1	皮袄				启动填充词40
141	དྲི་མ				气味	0	铅				启动填充词41
142	སྨོད				容器	0	钳子				启动填充词42
143	ཕྱགས་མ				扫帚	0	芹菜				启动填充词43
144	སེང་གེ				狮子	1	青菜				启动填充词44
145	དགོན་པ				寺庙	0	虱子				启动填充词45
146	པུས་མོ				膝盖	1	水牛				启动填充词46
147	སྒམ				箱子	0	松树				启动填充词47
148	ཕུ་ཐུང				袖子	0	酥油				启动填充词48
149	སོ་སྨན				牙膏	0	蒜				启动填充词49
150	ཁྱིག་ཅ				燕子	1	孙女				启动填充词50
151	དབུང་རླུངས				氧气	0	孙子				启动填充词51
152	ཆར་ལེབས				雨衣	0	坦克				启动填充词52
153	བདེན་དཔང				证人	1	桃树				启动填充词53
154	སྦོམ				蜘蛛	1	特务				启动填充词54
155	སེན་མོ				指甲	1	蹄子				启动填充词55
156	སྨྱུག་མ				竹子	1	铁匠				启动填充词56
157	སོ་ཕག				砖头	0	徒弟				启动填充词57
158	ཀང་འཁོར				自行车	0	唾沫				启动填充词58

（续　表）

序号	藏语目标词	熟悉度	音节	字母	藏词汉译	生物词1	汉语启动词	笔画	频数	熟悉度	启动词排序
159	ཁབ				针	0	瓦				启动填充词 59
160	གཟུགས་པོ་གཏི་པོ				矮子	1	豌豆				启动填充词 60
161	ཤུག་པ				柏树	1	温泉				启动填充词 61
162	ན་མོག་མོག				包子	0	乌鸦				启动填充词 62
163	སྣབས་ཆུག				鼻涕	0	肠子				启动填充词 63
164	ལྕག				鞭子	0	锡				启动填充词 64
165	སེར་བ				冰雹	0	席子				启动填充词 65
166	པོ་ཚལ				菠菜	1	喜鹊				启动填充词 66
167	ཕུའུ་གང				部长	1	虾				启动填充词 67
168	དར་འབུ				蚕	1	仙女				启动填充词 68
169	རྒྱུ་མ				肠子	1	县长				启动填充词 69
170	འཕོར་ཁང				车间	0	冬瓜				启动填充词 70
171	རྒྱུ་མ				秤	0	信箱				启动填充词 71
172	དུད་འགྲོ				畜生	1	杏花				启动填充词 72
173	ཙོང				葱	1	颜料				启动填充词 73
174	སྐྱེ་དམན				妻子	1	野鸡				启动填充词 74
175	དུང་ཀ				冬瓜	1	帐篷				启动填充词 75
176	རུའི་གཙོ				队长	1	沼泽				启动填充词 76
177	ངང་དཀར				鹅	1	电线				启动填充词 77
178	ཆུ་སྲིན				鳄鱼	1	队长				启动填充词 78
179	ཁྲིམས་ཁང				法院	0	座垫				启动填充词 79
180	གློག་སྐུད				电线	0	篮球				启动填充词 80
181	འབར་མདེལ				炸弹	0	桃花				启动填充词 81
182	རྨོ་པོ				外婆	1	妖魔				启动填充词 82
183	རྩི་ཤིང				植物	1	跳蚤				启动填充词 83
184	དགྲ་པོ				敌人	1	石匠				启动填充词 84
185	བྱིས་པ				儿童	1	钟表				启动填充词 85
186	ངོ་གདོང				脸	1	缸				启动填充词 86

（续　表）

序号	藏语目标词	熟悉度	音节	字母	藏词汉译	生物词1	汉语启动词	笔画	频数	熟悉度	启动词排序
187	ཀང་པ				脚	1	爷爷				启动填充词87
188	མཛུབ་མོ				手指	1	电报				启动填充词88
189	དཔའ་པོ				英雄	1	野牛				启动填充词89
190	བདག་པོ				主人	1	腰带				启动填充词90
191	ཀྲུའུ་ཞི				主席	1	邮局				启动练习词1
192	རི་བྱ				野鸡	1	凉粉				启动练习词2
193	རྐྱང				野驴	1	毯子				启动练习词3
194	འབྲོང				野牛	1	抽屉				启动练习词4
195	རི་ཕག				野猪	1	开水				启动练习词5
196	ཆུ་ཚོས				水桶	0	省长				启动练习词6
197	ཕྱག་བྱེ				刷子	0	勺子				启动练习词7
198	ལག་ཤུབས				手套	0	蜻蜓				启动练习词8
199	ཁྲོམ་ར				市场	0	青稞				启动练习词9
200	སྒྲོ་གདང				梳子	0	扇子				启动练习词10

附件 10 三语 ERP 实验 4 材料表

序号	藏语启动词	熟悉度	音节	字母	藏词汉译	目标词	真词为1	熟悉度	笔画	频数	汉语目标词排序
1	ཟ་བ	6.95	2	2	吃	分别	1	6.86	11	858	控制词1
2	འཚོ་བ	7.00	2	3	生活	担任	1	6.71	14	693	控制词2
3	ལྟ་བ	6.95	2	3	看	请示	1	6.81	15	121	控制词3
4	ལེན་བ	6.62	2	3	拿	恢复	1	6.62	18	1235	控制词4
5	འོས་བ	6.45	2	3	应该	出发	1	6.95	10	1135	控制词5
6	མ་རེད	6.76	2	3	不是	补充	1	6.60	13	771	控制词6
7	གསོ་བ	6.71	2	3	养育	对立	1	6.67	10	766	控制词7
8	དིབ་པ	6.50	2	3	下沉	承担	1	6.71	16	533	控制词8
9	དོན་བ	6.52	2	3	出	消化	1	6.71	14	507	控制词9
10	ཐོབ་པ	6.74	2	3	获得	打听	1	6.81	12	243	控制词10
11	འཁྱུད་པ	6.64	2	4	录取	引起	1	6.40	14	3308	控制词11
12	འཕུར་བ	6.71	2	4	飞行	表示	1	6.90	13	3236	控制词12
13	འབྲི་བ	6.83	2	4	写	变成	1	6.83	14	2348	控制词13
14	ལུ་འབྱུང	6.90	2	4	继续	超过	1	6.71	18	1388	控制词14
15	གཅོད་པ	6.52	2	4	砍	适用	1	6.86	14	789	控制词15
16	སྲིད་པ	6.79	2	4	可能	给予	1	6.33	13	733	控制词16
17	སྲེག་པ	6.67	2	4	烧	分解	1	6.86	17	708	控制词17
18	འཁྱུད་པ	6.64	2	4	拥抱	保存	1	6.76	14	566	控制词18
19	གནོན་པ	6.45	2	4	按	剩下	1	6.76	15	489	控制词19

（续　表）

序号	藏语启动词	熟悉度	音节	字母	藏词汉译	目标词	真词为1	熟悉度	笔画	频数	汉语目标词排序
20	འདོན་པ	6.40	2	4	提出	确立	1	6.76	17	380	控制词20
21	དགོས་པ	6.76	2	4	需要	造型	1	6.57	19	271	控制词21
22	སྦས་པ	6.52	2	4	埋	退休	1	6.81	15	239	控制词22
23	སྒྲོལ་པ	6.26	2	4	开展	打败	1	6.76	12	121	控制词23
24	རྙེད་པ	6.50	2	4	发现	选取	1	6.76	17	117	控制词24
25	གཤུམ་པ	6.24	2	4	哭泣	规划	1	6.52	14	136	控制词25
26	དུང་པ	6.38	2	4	敲打	不理	1	6.90	15	126	控制词26
27	སྐྱོབ་པ	6.76	2	5	救	治疗	1	6.71	15	1025	控制词27
28	འགྱུར་པ	6.31	2	5	耽误	竞争	1	6.71	16	1023	控制词28
29	སྒྲུབ་པ	6.76	2	5	完成	合成	1	6.81	12	665	控制词29
30	བགྲོད་པ	6.62	2	5	解	树立	1	6.95	14	411	控制词30
31	འགྱུར་བ	6.45	2	5	变化	面临	1	6.71	18	411	控制词31
32	བརྟེན་པ	6.52	2	5	依靠	杀害	1	6.90	16	142	控制词32
33	སྦྱར་བ	6.43	2	5	粘贴	值班	1	6.95	20	128	控制词33
34	རྒྱས་ཡོད	6.67	2	6	熟悉	创造	1	6.57	16	3424	控制词34
35	མིག་བཙུམ་པ	6.67	2	6	眨眼	再现	1	6.86	14	285	控制词35
36	བཀོད་སྒྲིག	6.69	2	7	安排	放弃	1	6.86	15	411	控制词36
37	གཉིད་ཁུལ་བ	6.95	2	6	睡觉	存在	1	6.76	12	4881	控制词37
38	གཉིད་སད་པ	6.71	3	6	醒	减少	1	6.81	15	1773	控制词38
39	ཚོད་འཇལ་བ	6.55	3	6	测量	综合	1	6.62	17	1114	控制词39
40	སོ་འཁྲུད་པ	6.90	3	6	刷牙	开会	1	6.95	10	448	控制词40
41	ཁ་སྐྱལ་བ	6.52	3	6	亲吻	轻视	1	6.67	17	169	控制词41
42	རྗེས་ཟིན་པ	6.33	3	6	追赶	散发	1	6.86	17	150	控制词42
43	ཡོང་བ	6.95	2	3	来	召开	1	6.38	9	797	控制词43
44	ལོག་པ	6.88	2	3	回	搬运	1	6.76	20	119	控制词44
45	སྒུག་པ	6.43	2	4	等候	分布	1	6.81	9	1991	控制词45
46	མཚོན་པ	6.29	2	4	体现	建设	1	6.52	14	3470	控制词46
47	གོ་བ	6.81	2	2	听见	听见	1	6.93	11	856	实验词1

（续　表）

序号	藏语启动词	熟悉度	音节	字母	藏词汉译	目标词	真词为1	熟悉度	笔画	频数	汉语目标词排序
48	ནོ་བ	6.81	2	2	购买	购买	1	6.74	14	696	实验词 2
49	ན་བ	6.64	2	2	生病	生病	1	6.95	15	119	实验词 3
50	བཟོ་བ	6.52	2	3	制造	制造	1	6.71	18	1240	实验词 4
51	ཤོར་བ	6.33	2	3	失去	失去	1	6.86	10	1094	实验词 5
52	ཕམ་བ	6.86	2	3	失败	失败	1	6.90	13	808	实验词 6
53	ཆོག་བ	6.74	2	3	允许	允许	1	6.81	10	751	实验词 7
54	དར་བ	6.36	2	3	流行	流行	1	6.60	16	521	实验词 8
55	ཤེས་བ	6.52	2	3	学会	学会	1	6.53	14	500	实验词 9
56	ཟིན་བ	6.86	2	3	记住	记住	1	6.93	12	245	实验词 10
57	སྒྱུར་བ	6.62	2	4	比较	比较	1	6.76	14	3296	实验词 11
58	ཞུགས་བ	6.71	2	4	参加	参加	1	6.86	13	3259	实验词 12
59	བཤད་བ	6.81	2	4	告诉	告诉	1	6.86	14	2336	实验词 13
60	དགའ་བ	6.90	2	4	喜欢	喜欢	1	6.95	18	1496	实验词 14
61	འཛིན་བ	6.55	2	4	抓住	抓住	1	6.83	14	804	实验词 15
62	འཚོལ་བ	6.79	2	4	寻找	寻找	1	6.90	13	737	实验词 16
63	འགུལ་བ	6.67	2	4	移动	移动	1	6.79	17	698	实验词 17
64	དཀོན་བ	6.67	2	4	缺少	缺少	1	6.81	14	558	实验词 18
65	སྡོང་བ	6.48	2	4	居住	居住	1	6.88	15	473	实验词 19
66	འདྲེ་བ	6.40	2	4	混合	混合	1	6.81	17	385	实验词 20
67	འགྲོ་བ	6.79	2	4	走路	走路	1	6.93	19	266	实验词 21
68	བཟོད་བ	6.52	2	4	忍受	忍受	1	6.77	15	230	实验词 22
69	འདར་བ	6.33	2	4	发抖	发抖	1	6.50	12	121	实验词 23
70	འབོད་བ	6.52	2	4	叫喊	叫喊	1	6.71	17	118	实验词 24
71	བཅུག་བ	6.31	2	4	插入	插入	1	6.50	14	140	实验词 25
72	ལངས་བ	6.38	2	4	站立	站立	1	6.81	15	104	实验词 26
73	མཚུངས་བ	6.90	2	5	等于	等于	1	6.90	15	1038	实验词 27
74	ཚོགས་བ	6.43	2	5	结束	结束	1	6.81	16	1028	实验词 28
75	བརྗེད་བ	6.90	2	5	忘记	忘记	1	6.95	12	626	实验词 29

序号	藏语启动词	熟悉度	音节	字母	藏词汉译	目标词	真词为1	熟悉度	笔画	频数	汉语目标词排序
76	འབྱོར་བ	6.81	2	5	收到	收到	1	6.69	14	427	实验词30
77	སྐྲག་པ	6.62	2	5	害怕	害怕	1	6.90	18	424	实验词31
78	འཕྲད་པ	6.76	2	5	遇见	遇见	1	6.88	16	145	实验词32
79	རྒྱུག་པ	6.57	2	5	奔跑	奔跑	1	6.62	20	122	实验词33
80	མཚོན་གྱུར	6.69	2	6	实现	实现	1	6.86	16	3496	实验词34
81	རྗེས་དྲན	6.76	2	6	纪念	纪念	1	6.81	14	293	实验词35
82	བརྒྱུད་པ	6.36	2	6	穿过	穿过	1	6.71	15	410	实验词36
83	འགོ་ཚུགས་པ	7.00	3	6	开始	开始	1	6.90	12	5137	实验词37
84	ར་འཕྲོད་པ	6.60	3	6	证明	证明	1	6.86	15	1810	实验词38
85	ཚབ་བྱེད་པ	6.57	3	6	代替	代替	1	6.86	17	1007	实验词39
86	དྲན་གསོ་བ	6.88	3	6	回忆	回忆	1	6.81	10	424	实验词40
87	དངངས་པ	6.52	3	6	吃惊	吃惊	1	6.57	17	173	实验词41
88	ཡར་ལངས་པ	6.48	3	6	起身	起身	1	6.81	17	157	实验词42
89	ཤི་བ	6.76	2	2	死亡	死亡	1	6.86	9	781	实验词43
90	ཞུ་བ	6.57	2	2	融化	融化	1	6.26	20	106	实验词44
91	སྐྱེ་བ	6.43	2	4	生长	生长	1	6.98	9	1972	实验词45
92	འདུས་པ	6.36	2	4	包括	包括	1	6.86	14	3265	实验词46
93	ཡོད	6.98	1	2	有	表抗	0				目标填充词1
94	མེད	6.90	1	2	没有	参夺	0				目标填充词2
95	རེད	6.71	1	2	是	参用	0				目标填充词3
96	བཤུ་བ	6.71	2	3	抄写	产班	0				目标填充词4
97	ཡིབ་པ	6.21	2	3	藏躲	承射	0				目标填充词5
98	ཚེམ་པ	6.10	2	3	缝纫	冲免	0				目标填充词6
99	ཐུབ་པ	6.07	2	3	能够	冲育	0				目标填充词7
100	འཚོ་བ	6.07	2	3	伤害	闯图	0				目标填充词8
101	ཚོང་བ	6.05	2	3	销售	创回	0				目标填充词9
102	འཐུང་བ	7.00	2	4	喝	创转	0				目标填充词10
103	འཇལ་བ	6.90	2	4	进	打化	0				目标填充词11

（续　表）

序号	藏语启动词	熟悉度	音节	字母	藏词汉译	目标词	真词为 1	熟悉度	笔画	频数	汉语目标词排序
104	གཡར་བ	6.86	2	4	借	打诉	0				目标填充词 12
105	འཐེན་པ	6.86	2	4	拉	打掘	0				目标填充词 13
106	འདོད་པ	6.74	2	4	愿意	订败	0				目标填充词 14
107	སློབ་པ	6.71	2	4	教	发开	0				目标填充词 15
108	གཏུབ་པ	6.64	2	4	切	发抗	0				目标填充词 16
109	བྲོས་པ	6.64	2	4	逃跑	放论	0				目标填充词 17
110	འདྲི་བ	6.64	2	4	询问	放诉	0				目标填充词 18
111	ཟགས་པ	6.62	2	4	掉	估发	0				目标填充词 19
112	རྟོགས་པ	6.57	2	4	懂	估抗	0				目标填充词 20
113	གཡོལ་བ	6.52	2	4	躲避	划诉	0				目标填充词 21
114	བསམ་པ	6.52	2	4	认为	划绝	0				目标填充词 22
115	སྨྱོ་བ	6.52	2	4	发疯	回立	0				目标填充词 23
116	བཅད་པ	6.48	2	4	折断	汇大	0				目标填充词 24
117	འབུད་པ	6.43	2	4	推	记盖	0				目标填充词 25
118	མཆོང་བ	6.29	2	4	跳跃	建病	0				目标填充词 26
119	འབེབ་པ	6.24	2	4	遮盖	建乱	0				目标填充词 27
120	འཚོད་པ	6.24	2	4	煮	建受	0				目标填充词 28
121	བྱུང་བ	6.21	2	4	发生	进刷	0				目标填充词 29
122	གཅོག་པ	6.19	2	4	打碎	进导	0				目标填充词 30
123	གཏོང་བ	6.17	2	4	发出	拉布	0				目标填充词 31
124	འཕེན་བ	6.10	2	4	投	利存	0				目标填充词 32
125	འཛེག་བ	6.07	2	4	攀登	领求	0				目标填充词 33
126	བཞུར་བ	6.05	2	4	剃	留课	0				目标填充词 34
127	ཕྱག་པ	5.95	2	4	挖掘	流服	0				目标填充词 35
128	འཐོག་བ	5.83	2	4	采摘	爬扰	0				目标填充词 36
129	རྐོལ་བ	5.83	2	4	攻击	批低	0				目标填充词 37
130	ལྡག་པ	5.74	2	4	舔	批刷	0				目标填充词 38
131	འཚོལ་བ	5.62	2	4	嘱咐	批制	0				目标填充词 39

（续　表）

序号	藏语启动词	熟悉度	音节	字母	藏词汉译	目标词	真词为1	熟悉度	笔画	频数	汉语目标词排序
132	འཛིང་པ	5.57	2	4	耗尽	评动	0				目标填充词40
133	སྐྱག་པ	6.90	2	5	吐	起正	0				目标填充词41
134	འདྲུད་པ	6.38	2	5	拖	签重	0				目标填充词42
135	འཛུགས་པ	6.33	2	5	成立	侵收	0				目标填充词43
136	འདེགས་པ	6.29	2	5	举起	侵止	0				目标填充词44
137	འཛོགས་པ	6.29	2	5	爬行	缺育	0				目标填充词45
138	སྤྱོད་པ	6.29	2	5	使用	认死	0				目标填充词46
139	འགྲོལ་བ	6.24	2	5	解开	如知	0				目标填充词47
140	རྒྱག་པ	5.67	2	5	关闭	杀议	0				目标填充词48
141	དཀྲུགས་པ	6.79	2	6	扔掉	闪求	0				目标填充词49
142	དགོ་བ	6.95	3	3	知道	设补	0				目标填充词50
143	ངོ་ཚ་བ	6.76	3	3	害羞	设作	0				目标填充词51
144	ཁ་ཕྱེ་བ	6.88	3	4	打开	涉有	0				目标填充词52
145	ཁ་བྲལ་བ	7.00	3	5	离开	伸止	0				目标填充词53
146	གླུ་ལེན་པ	6.95	3	5	唱歌	审挥	0				目标填充词54
147	ངེས་པར་དུ	6.88	3	5	必须	施拓	0				目标填充词55
148	མར་བབ་པ	6.57	3	5	下	施从	0				目标填充词56
149	ཞེན་ལོག་པ	6.43	3	5	讨厌	树减	0				目标填充词57
150	ངོ་འཁྲུད་པ	6.81	3	6	洗脸	统付	0				目标填充词58
151	ཡར་འཛེག་པ	6.71	3	6	上	推配	0				目标填充词59
152	སོ་རྒྱག་པ	6.71	3	6	咬	违活	0				目标填充词60
153	ཕུ་རྒྱག་པ	6.62	3	6	吹	违视	0				目标填充词61
154	ཉལ་སྟོད་པ	6.43	3	6	躺	吸扰	0				目标填充词62
155	ཚོད་ཕྱེད་པ	6.38	3	6	猜	消收	0				目标填充词63
156	གནམ་ཐིབ་པ	6.33	3	6	阴	协责	0				目标填充词64
157	ཐེ་ཚོམ་ཟ་བ	6.48	4	5	犹豫	兴倒	0				目标填充词65
158	སྒོ་ཆས་ཟ་བ	6.95	4	6	吃饭	宣破	0				目标填充词66
159	རི་མོ་འབྲི་བ	6.83	4	6	画画	学争	0				目标填充词67

（续 表）

序号	藏语启动词	熟悉度	音节	字母	藏词汉译	目标词	真词为1	熟悉度	笔画	频数	汉语目标词排序
160	བས་མི་ལེན་པ	6.79	4	6	拒绝	压除	0				目标填充词 68
161	དང་ལེན་ལུ་བ	6.76	4	6	接受	延破	0				目标填充词 69
162	དོགས་པ་ཟ་བ	6.71	4	6	怀疑	延作	0				目标填充词 70
163	བྲོ་བ་ལྟ་བ	6.69	4	6	品尝	预划	0				目标填充词 71
164	མེད་པ་བཟོ་བ	6.69	4	6	取消	预理	0				目标填充词 72
165	རེ་ཐག་ཆད་པ	6.60	4	6	绝望	运免	0				目标填充词 73
166	རེ་བ་བྱེད་པ	6.57	4	6	要求	展待	0				目标填充词 74
167	སོ་སོར་ཕྱེ་བ	6.36	4	6	分开	争同	0				目标填充词 75
168	རྐུ་མ་རྐུ་བ	6.19	4	6	偷盗	挣卖	0				目标填充词 76
169	འདུན་པ་ལུ་བ	6.17	4	6	申请	制课	0				目标填充词 77
170	ལེགས་སྒྲིག	6.17	2	7	整顿	制求	0				目标填充词 78
171	ལན་རྒྱག་པ	6.83	3	7	回答	注含	0				目标练习词 1
172	ཁྲུང་འབངས་པ	6.81	3	7	生气	转导	0				目标练习词 2
173	སེམས་ཕྱུག་པ	6.81	3	7	伤心	转识	0				目标练习词 3
174	ཕྱག་འཚལ་བ	6.74	3	7	磕头	阻死	0				目标练习词 4
175	འགན་འཁུར་བ	6.71	3	7	负责	做产	0				目标练习词 5
176	སྐྲ་བཞར་པ	6.71	3	7	理发	播种	1				目标练习词 6
177	གཏན་འབེབ་བ	6.62	3	7	决定	化装	1				目标练习词 7
178	གློ་རྒྱག་པ	6.62	3	7	咳嗽	工作	1				目标练习词 8
179	རྫུན་བཤད་པ	6.36	3	7	撒谎	读书	1				目标练习词 9
180	པར་འདེབས་པ	6.26	3	7	印刷	服从	1				目标练习词 10

附件 11 三语 ERP 实验 5 材料表

序号	英语目标词	音节	字母	熟悉度	COCA排位	课标词1	真词为1	英词汉译	启动词	笔画	频数	熟悉度	汉语启动词排序
1	look	1	4	7.00	85	1	1	看	清理	22	217	6.90	控制词1
2	feel	1	4	6.95	134	1	1	感觉	商量	23	467	6.76	控制词2
3	seem	1	4	6.95	165	1	1	好像	肯定	16	498	6.95	控制词3
4	show	1	4	6.95	177	1	1	显示	设想	19	407	6.76	控制词4
5	play	1	4	7.00	200	1	1	玩	散步	19	150	6.90	控制词5
6	lead	1	4	7.00	319	1	1	领导	坐下	10	463	7.00	控制词6
7	stay	1	4	6.89	410	1	1	停留	种植	21	377	6.86	控制词7
8	pick	1	4	6.89	518	1	1	拾起	羡慕	26	177	6.94	控制词8
9	save	1	4	7.00	735	1	1	节省	分别	11	858	6.86	控制词9
10	miss	1	4	6.95	836	1	1	失去	清除	20	207	6.81	控制词10
11	beat	1	4	6.63	1040	1	1	敲打	洗澡	25	129	6.86	控制词11
12	tend	1	4	6.63	1043	1	1	倾向	输出	18	300	6.86	控制词12
13	gain	1	4	6.89	1259	1	1	赢得	混和	19	215	6.81	控制词13
14	lift	1	4	6.95	1350	1	1	举起	理解	24	2113	6.90	控制词14
15	shut	1	4	6.89	1550	1	1	关上	进入	9	2259	6.94	控制词15
16	warn	1	4	6.95	1786	1	1	警告	解散	23	141	6.94	控制词16
17	bend	1	4	6.53	2213	1	1	弯曲	办理	15	338	6.90	控制词17
18	ride	1	4	6.94	1290	1	1	骑车	提醒	28	227	7.00	控制词18
19	collect	2	7	6.68	1325	1	1	收集	增加	20	3988	6.94	控制词19

（续　表）

序号	英语目标词	音节	字母	熟悉度	COCA排位	课标词1	真词为1	英词汉译	启动词	笔画	频数	熟悉度	汉语启动词排序
20	force	1	5	6.79	373	1	1	强迫	放松	16	203	7.00	控制词20
21	build	1	5	6.74	409	1	1	建筑	分类	13	577	6.89	控制词21
22	break	1	5	6.89	495	1	1	打破	创造	16	3424	6.57	控制词22
23	teach	1	5	6.89	546	1	1	教书	赞美	25	152	6.71	控制词23
24	find	1	4	6.94	95	1	1	找到	开会	10	448	6.95	控制词24
25	touch	1	5	6.95	1170	1	1	触摸	表演	22	1094	6.89	控制词25
26	ought	1	5	6.68	1767	1	1	应该	打死	11	237	6.95	控制词26
27	trust	1	5	7.00	1855	1	1	相信	奉献	21	122	6.93	控制词27
28	taste	1	5	6.84	2048	1	1	品尝	得到	19	4350	6.86	控制词28
29	enjoy	2	5	6.84	884	1	1	喜欢	树立	14	411	6.95	控制词29
30	avoid	2	5	6.89	911	1	1	避免	否定	15	991	6.90	控制词30
31	limit	2	5	6.95	1355	1	1	限制	提取	20	234	6.76	控制词31
32	expect	2	6	6.58	406	1	1	预料	体会	13	177	6.90	控制词32
33	return	2	6	6.89	473	1	1	归还	拥有	14	512	7.00	控制词33
34	attack	2	6	6.84	792	1	1	攻击	答应	19	641	6.90	控制词34
35	suffer	2	6	6.79	1103	1	1	遭受	危害	16	427	6.90	控制词35
36	refuse	2	6	6.79	1253	1	1	拒绝	宣告	16	167	6.90	控制词36
37	insist	2	6	6.74	1366	1	1	坚持	燃烧	26	749	6.83	控制词37
38	supply	2	6	6.63	1503	1	1	供给	照顾	23	492	6.86	控制词38
39	repeat	2	6	6.74	1611	1	1	重做	想像	26	178	6.86	控制词39
40	oppose	2	6	6.68	1959	1	1	反对	成长	10	503	6.95	控制词40
41	control	2	7	6.84	433	1	1	控制	动员	13	411	6.81	控制词41
42	explain	2	7	6.95	481	1	1	解释	留下	13	930	6.90	控制词42
43	protect	2	7	7.00	750	1	1	保护	迎接	18	247	6.81	控制词43
44	publish	2	7	6.79	1120	1	1	出版	干扰	10	370	6.67	控制词44
45	predict	2	7	6.56	1622	1	1	预言	安装	18	261	6.94	控制词45
46	promise	2	7	6.79	1444	1	1	允诺	分解	17	708	6.86	控制词46
47	want	1	4	6.95	83	1	1	想要	想要	22		6.94	实验词1

(续　表)

序号	英语目标词	音节	字母	熟悉度	COCA排位	课标词1	真词为1	英词汉译	启动词	笔画	频数	熟悉度	汉语启动词排序
48	need	1	4	7.00	132	1	1	需要	需要	23		6.72	实验词2
49	help	1	4	6.95	167	1	1	帮助	帮助	16		7.00	实验词3
50	turn	1	4	6.89	170	1	1	旋转	旋转	19		6.78	实验词4
51	hold	1	4	7.00	214	1	1	握住	握住	19		6.89	实验词5
52	read	1	4	7.00	338	1	1	读	读	10		7.00	实验词6
53	wait	1	4	6.95	401	1	1	等待	等待	21		6.78	实验词7
54	wear	1	4	6.84	519	1	1	穿戴	穿戴	26		6.67	实验词8
55	push	1	4	6.89	696	1	1	推	推	11		6.89	实验词9
56	hang	1	4	6.63	870	1	1	悬挂	悬挂	20		6.89	实验词10
57	sing	1	4	6.95	1016	1	1	唱歌	唱歌	25		6.94	实验词11
58	wish	1	4	6.95	1059	1	1	希望	希望	18		6.89	实验词12
59	roll	1	4	6.58	1255	1	1	滚动	滚动	19		6.89	实验词13
60	jump	1	4	6.89	1353	1	1	跳跃	跳跃	24		6.94	实验词14
61	hate	1	4	7.00	1535	1	1	恨	恨	9		6.89	实验词15
62	wake	1	4	6.84	1778	1	1	醒来	醒来	23		6.83	实验词16
63	wash	1	4	6.89	2162	1	1	冲洗	冲洗	15		6.94	实验词17
64	hide	1	4	6.94	1261	1	1	隐藏	隐藏	28		7.00	实验词18
65	observe	2	7	6.58	1301	1	1	观察	观察	20		7.00	实验词19
66	spend	1	5	6.74	343	1	1	花费	花费	16		7.00	实验词20
67	serve	1	5	6.95	402	1	1	服务	服务	13		7.00	实验词21
68	drive	1	5	6.95	491	1	1	驾驶	驾驶	16		6.61	实验词22
69	thank	1	5	6.95	498	1	1	感谢	感谢	25		6.89	实验词23
70	work	1	4	7.00	117	1	1	工作	工作	10		6.94	实验词24
71	sleep	1	5	7.00	1176	1	1	睡觉	睡觉	22		6.89	实验词25
72	steal	1	5	6.95	1798	1	1	偷	偷	11		6.94	实验词26
73	doubt	1	5	6.84	1920	1	1	怀疑	怀疑	21		6.89	实验词27
74	waste	1	5	6.84	2000	1	1	浪费	浪费	19		6.94	实验词28
75	visit	2	5	6.84	908	1	1	参观	参观	14		7.00	实验词29

（续　表）

序号	英语目标词	音节	字母	熟悉度	COCA排位	课标词1	真词为1	英词汉译	启动词	笔画	频数	熟悉度	汉语启动词排序
76	apply	2	5	6.74	941	1	1	申请	申请	15		6.94	实验词30
77	marry	2	5	6.89	1340	1	1	结婚	结婚	20		6.78	实验词31
78	appear	2	6	6.79	396	1	1	出现	出现	13		6.89	实验词32
79	decide	2	6	6.79	457	1	1	决定	决定	14		6.89	实验词33
80	accept	2	6	6.89	767	1	1	接受	接受	19		6.94	实验词34
81	travel	2	6	6.95	1085	1	1	旅行	旅行	16		7.00	实验词35
82	demand	2	6	6.68	1293	1	1	要求	要求	16		6.94	实验词36
83	gather	2	6	6.74	1354	1	1	聚集	聚集	26		6.89	实验词37
84	depend	2	6	6.79	1483	1	1	依靠	依靠	23		6.94	实验词38
85	invite	2	6	6.84	1610	1	1	邀请	邀请	26		7.00	实验词39
86	divide	2	6	6.79	1956	1	1	划分	划分	10		7.00	实验词40
87	suggest	2	7	6.79	431	1	1	建议	建议	13		6.83	实验词41
88	support	2	7	6.95	525	1	1	支持	支持	13		6.94	实验词42
89	prepare	2	7	6.84	775	1	1	准备	准备	18		6.89	实验词43
90	prevent	2	7	6.79	1087	1	1	防止	防止	10		6.56	实验词44
91	connect	2	7	6.50	1645	1	1	连接	连接	18		6.89	实验词45
92	destroy	2	7	6.74	1425	1	1	破坏	破坏	17		6.89	实验词46
93	yeak				282		0		支付				填充词1
94	pind				534		0		进口				填充词2
95	beal				130		0		入学				填充词3
96	lond				263		0		失业				填充词4
97	cled				234		0		注入				填充词5
98	pory				308		0		对付				填充词6
99	hoid				4151		0		认识				填充词7
100	vawx				920		0		生成				填充词8
101	peet				517		0		进化				填充词9
102	kowt				5563		0		产生				填充词10
103	skal				217		0		打扮				填充词11

序号	英语目标词	音节	字母	熟悉度	COCA排位	课标词1	真词为1	英词汉译	启动词	笔画	频数	熟悉度	汉语启动词排序
104	gick				209		0		低头				填充词12
105	goil				700		0		包含				填充词13
106	klow				401		0		包围				填充词14
107	croop				198		0		上班				填充词15
108	dound				216		0		出卖				填充词16
109	gurst				256		0		承包				填充词17
110	bonte				278		0		传达				填充词18
111	kain				174		0		退出				填充词19
112	heest				687		0		组合				填充词20
113	slorg				174		0		关注				填充词21
114	tetle				182		0		突出				填充词22
115	acrot				566		0		保存				填充词23
116	lemis				693		0		担任				填充词24
117	exmild				648		0		对待				填充词25
118	illact				495		0		加速				填充词26
119	reguse				227		0		绿化				填充词27
120	ensare				411		0		放弃				填充词28
121	rebeet				144		0		抱住				填充词29
122	oppant				165		0		表扬				填充词30
123	combuse				2151		0		保证				填充词31
124	explosh				664		0		交流				填充词32
125	premesh				284		0		扩展				填充词33
126	subrice				128		0		佩服				填充词34
127	brelice				286		0		培训				填充词35
128	zeat				355		0		招呼				填充词36
129	cung				244		0		考验				填充词37
130	koon				141		0		评选				填充词38
131	slet				1023		0		竞争				填充词39

（续　表）

序号	英语目标词	音节	字母	熟悉度	COCA排位	课标词1	真词为1	英词汉译	启动词	笔画	频数	熟悉度	汉语启动词排序
132	nost				686		0	具备					填充词 40
133	marn				133		0	指明					填充词 41
134	loil				329		0	就业					填充词 42
135	mive				467		0	同情					填充词 43
136	zage				116		0	测试					填充词 44
137	treg				563		0	排列					填充词 45
138	nough				380		0	确立					填充词 46
139	pleet				181		0	说服					填充词 47
140	speal				225		0	抓紧					填充词 48
141	moute				1266		0	符合					填充词 49
142	basen				291		0	指定					填充词 50
143	alish				300		0	摇头					填充词 51
144	awort				115		0	复活					填充词 52
145	zarce				124		0	落地					填充词 53
146	atteek				172		0	弄清					填充词 54
147	digate				125		0	修复					填充词 55
148	immude				474		0	突破					填充词 56
149	treden				270		0	培育					填充词 57
150	demint				120		0	熄灭					填充词 58
151	defast				157		0	串联					填充词 59
152	luccest				872		0	遇到					填充词 60
153	prelend				200		0	自愿					填充词 61
154	sullesh				332		0	模仿					填充词 62
155	tistray				135		0	救济					填充词 63
156	tachor				450		0	释放					填充词 64
157	dilote				128		0	维修					填充词 65
158	hussort				253		0	装饰					填充词 66
159	liss				250		0	运算					填充词 67

序号	英语目标词	音节	字母	熟悉度	COCA排位	课标词1	真词为1	英词汉译	启动词	笔画	频数	熟悉度	汉语启动词排序
160	pake				232		0		模拟				填充词68
161	pait				546		0		操作				填充词69
162	spole				279		0		融合				填充词70
163	obsager				132		0		保管				填充词71
164	nump				250		0		照射				填充词72
165	pight				126		0		辞职				填充词73
166	morg				166		0		贮藏				填充词74
167	zush				397		0		爆炸				填充词75
168	nent				183		0		认定				填充词76
169	propest				197		0		上课				填充词77
170	rease				222		0		伴随				填充词78
171	remire				552		0		引导				练习词1
172	peize				297		0		开花				练习词2
173	guass				1045		0		区别				练习词3
174	embloy				686		0		吸引				练习词4
175	frey				246		0		取代				练习词5
176	kiss				330		1		行使				练习词6
177	pray				1325		1		带来				练习词7
178	admit				121		1		刻画				练习词8
179	refer				176		1		拼命				练习词9
180	manage				1303		1		调整				练习词10

附件 12　三语 ERP 实验 6 材料表[①]

序号	藏语启动词	音节	字母	熟悉度	藏词汉译	英语目标词	目标词排序	答案	音节	字母	熟悉度	COCA排位
1	དགོས་སུ	2	4	6.62	正式	far	控制词1	1	1	3	6.95	253
2	འཛིན་པོ	2	4	6.62	能干	mad	控制词2	1	1	3	6.95	2595
3	གལ་ཆེན་པོ	3	5	6.95	重要	male	控制词3	1	1	4	6.95	1539
4	འོན་པ	2	3	6.95	聋	same	控制词4	1	1	4	6.89	161
5	ཞན་པོ	2	3	6.64	弱	next	控制词5	1	1	4	6.84	218
6	ཞིམ་པོ	2	3	6.9	好吃	human	控制词6	1	2	5	6.89	400
7	ངོ་ཚ	2	2	6.95	害羞	free	控制词7	1	1	4	6.84	474
8	ལྗང་ཁུ	2	4	6.9	绿	left	控制词8	1	1	4	7.00	772
9	ཁྲེད་ཁག་པོ	3	6	6.52	尴尬	wide	控制词9	1	1	4	7.00	944
10	ལོང་བ	2	3	6.88	瞎	sick	控制词10	1	1	4	6.95	1759
11	འདོང་པོ	2	5	6.81	直	rare	控制词11	1	1	4	6.74	1886
12	དྲི་ངན	2	4	6.9	臭	whole	控制词12	1	1	5	6.79	468
13	རན་པོ	2	3	6.45	合适	front	控制词13	1	1	5	6.84	1091
14	དམར་པོ	2	4	6.95	红	clean	控制词14	1	1	5	6.79	1523
15	ཙེར་པ	2	4	6.76	生的	smart	控制词15	1	1	5	6.74	1869
16	བྱང་ཆུབ་པ	3	6	6.45	熟练	tired	控制词16	1	1	5	6.74	1973
17	དཔལ་ལྡན	2	5	6.81	文明	round	控制词17	1	1	5	6.84	2393

[①] 本表中实验组和控制组的所有目标词均为新课标词；真词答案为 1,假词为 0。

（续 表）

序号	藏语启动词	音节	字母	熟悉度	藏词汉译	英语目标词	目标词排序	答案	音节	字母	熟悉度	COCA排位
18	དངས་པོ	2	3	6.69	紧	nice	控制词18	1	1	4	6.95	900
19	འདང་བ	2	4	6.55	足够	drunk	控制词19	1	1	5	6.89	3737
20	ཡུན་ནས་ཡུན་དུ	4	7	6.79	永久	cruel	控制词20	1	1	5	6.89	4815
21	ཧུར་པོ	2	3	6.86	勤劳	only	控制词21	1	2	4	6.89	101
22	འབད་བརྩོན	2	7	6.95	努力	ready	控制词22	1	2	5	6.84	759
23	ཡང་མོ	2	3	6.81	轻	alone	控制词23	1	2	5	6.84	1101
24	སྙན་པོ	2	4	7	好听	extra	控制词24	1	2	5	6.53	1552
25	སྙིང་རྗེ་པོ	3	6	6.86	美丽	funny	控制词25	1	2	5	6.58	1803
26	རྩ་ཆེན	2	4	6.64	宝贵	natural	控制词26	1	3	7	6.95	716
27	ཧུར་བརྩོན	2	6	6.4	积极	recent	控制词27	1	2	6	6.74	568
28	ཞི་བདེ	2	3	6.86	和平	unique	控制词28	1	2	6	6.84	1739
29	ཏུ་ངར་པོ	3	4	6.33	暴躁	proper	控制词29	1	2	6	6.63	2075
30	གྲུ་བཞི	3	4	6.57	方	wooden	控制词30	1	2	6	7.00	2535
31	སྐྱེར་སེམས	2	6	6.57	自私	lonely	控制词31	1	2	6	6.84	4041
32	འཐུས་ཚང	2	5	6.4	周到	central	控制词32	1	2	7	6.89	743
33	བློ་སྐྱིད	2	6	6.67	乐观	eastern	控制词33	1	2	7	6.89	1512
34	ཚབས་ཆེན	2	5	6.88	严重	obvious	目制词34	1	2	7	6.89	1700
35	བརྟན་འཁེལ་བ	3	7	6.67	可靠	extreme	制词35	1	2	7	6.79	2542
36	ཤོད་པོ	2	4	6.43	松	sudden	控制词36	1	2	6	6.89	2890
37	སེར་སྣ	2	4	6.71	吝啬	asleep	控制词37	1	2	6	6.89	3106
38	ལོག་སྤྱོད	2	6	6.33	反动	orange	控制词38	1	2	6	6.89	3171
39	ཀླུགས་པ	2	5	6.9	哑	weekly	控制词39	1	2	6	6.84	3248
40	ཚ་ཁུ	2	2	6.86	咸	helpful	控制词40	1	2	7	6.84	3080
41	སྤྱག་ཆག	2	5	6.55	可恶	curious	控制词41	1	2	7	6.79	3139
42	བདེ་པོ	2	3	7	舒服	old	控制词42	1	1	3	6.95	152
43	ལྗིད་བ	2	4	6.93	重	dark	控制词43	1	1	4	6.95	860
44	གསང་བ	2	4	6.71	秘密	safe	控制词44	1	1	4	6.95	1062

（续　表）

序号	藏语启动词	音节	字母	熟悉度	藏词汉译	英语目标词	目标词排序	答案	音节	字母	熟悉度	COCA排位
45	ཀང་བཙུགས	2	7	6.69	故意	living	控制词45	1	2	6	6.79	1336
46	ཆེན་ཆེན	2	6	6.86	伟大	crazy	控制词46	1	2	5	6.84	1817
47	ཕུག་པོ	2	4	6.69	坏的	bad	实验词1	1	1	3	6.95	283
48	རློན་པ	2	4	6.67	湿的	wet	实验词2	1	1	3	7.00	2491
49	ཕ་སྐམ་པོ	3	5	6.9	瘦的	thin	实验词3	1	1	4	6.84	1630
50	མཐོ་བ	2	3	6.98	高的	high	实验词4	1	1	4	6.95	141
51	རིང་པོ	2	3	7	长的	long	实验词5	1	1	4	6.89	255
52	སྔ་པོ	2	3	6.95	早的	early	实验词6	1	2	5	6.89	366
53	ངོ་མ	2	2	6.95	真的	true	实验词7	1	1	4	6.84	493
54	སྔོན་པོ	2	4	6.9	蓝色的	blue	实验词8	1	1	4	6.84	845
55	གཏིང་རིང་པོ	3	6	6.67	深	deep	实验词9	1	1	4	6.95	978
56	དལ་པོ	2	3	6.95	慢的	slow	实验词10	1	1	4	6.79	1775
57	ཐལ་མདོག	2	5	6.81	灰色的	grey	实验词11	1	1	4	6.79	1949
58	གསལ་པོ	2	4	6.83	清楚的	clear	实验词12	1	1	5	6.79	564
59	སོས་པ	2	3	6.33	新鲜的	fresh	实验词13	1	1	5	6.79	1109
60	མངར་མོ	2	4	6.95	甜的	sweet	实验词14	1	1	5	6.89	1576
61	མཐུག་པོ	2	4	6.81	厚的	thick	实验词15	1	1	5	6.47	1734
62	གོང་ཞེ་པོ	3	4	6.81	便宜的	cheap	实验词16	1	1	5	6.79	1944
63	བདེ་སྲུག	2	5	6.81	光滑的	smooth	实验词17	1	1	5	6.58	2444
64	གཙོ་པོ	2	3	6.79	主要的	main	实验词18	1	1	4	6.84	891
65	ནན་པོ	2	3	6.48	严格的	strict	实验词19	1	1	5	6.47	3590
66	དཔའ་ངར་ཆེ་བ	4	7	6.76	勇敢的	brave	实验词20	1	1	5	6.89	4909

（续　表）

序号	藏语启动词	音节	字母	熟悉度	藏词汉译	英语目标词	目标词排序	答案	音节	字母	熟悉度	COCA排位
67	མང་པོ	2	3	6.93	许多的	many	实验词21	1	2	4	6.95	99
68	བདེ་སྐྱིད	2	6	6.86	幸福的	happy	实验词22	1	2	5	6.95	748
69	ཚང་མ	2	3	6.9	总数的	total	实验词23	1	2	5	6.53	1042
70	སྟོང་པ	2	4	7	空的	empty	实验词24	1	2	5	6.74	1653
71	ཁྲུང་ལང་པ	3	6	6.9	生气的	angry	实验词25	1	2	5	6.89	1717
72	འདྲ་བ	2	4	6.74	相似的	similar	实验词26	1	3	7	6.95	721
73	དམིགས་བསལ	2	7	6.95	特别的	special	实验词27	1	2	6	6.84	521
74	སེར་པོ	2	3	6.95	黄色的	yellow	实验词28	1	2	6	6.95	1675
75	གོ་ཆོད་པོ	3	4	6.69	有用的	useful	实验词29	1	2	6	6.84	2043
76	དྲང་པོ	2	4	6.57	诚实的	honest	实验词30	1	2	6	6.95	2554
77	རྒྱུ་སྨུག	2	6	6.55	紫色的	purple	实验词31	1	2	6	6.53	3931
78	གཟབ་ནན	2	5	6.45	严肃的	serious	实验词32	1	2	7	6.79	756
79	རྙོག་འཛིང	2	6	6.64	复杂的	complex	实验词33	1	2	7	6.68	1607
80	འགྲིག་པ	2	5	6.86	正确的	correct	实验词34	1	2	7	6.95	1808
81	སེམས་འཚབ་པ	3	7	6.6	紧张的	nervous	实验词35	1	2	7	6.95	2415
82	སྐྱེན་པ	2	4	6.43	愚蠢的	stupid	实验词36	1	2	6	6.74	2725
83	བརྟན་པོ	2	4	6.76	稳定的	steady	实验词37	1	2	6	6.79	2938
84	ཁེངས་སྐྱུང	2	7	6.48	谦虚的	modest	实验词38	1	2	6	6.74	3128
85	ལྟོགས་པ	2	5	6.9	饥饿的	hungry	实验词39	1	2	6	6.84	3208

（续　表）

序号	藏语启动词	音节	字母	熟悉度	藏词汉译	英语目标词	目标词排序	答案	音节	字母	熟悉度	COCA排位
86	ན་བ	2	2	6.81	疼痛的	painful	实验词40	1	2	7	6.95	3060
87	སུན་སྣང	2	5	6.52	担心的	worried	实验词41	1	2	7	6.68	3289
88	ཆེན་པོ	2	3	7	大的	big	实验词42	1	1	3	7.00	162
89	གྲང་མོ	2	4	6.95	寒冷	cold	实验词43	1	1	4	7.00	888
90	ཕྱུག་པོ	2	4	6.81	富有的	rich	实验词44	1	1	4	6.84	1079
91	རྒྱུན་ལྡན	2	7	6.62	正常的	normal	实验词45	1	2	6	6.89	1221
92	འདྲ་མཉམ	2	6	6.71	平等的	equal	实验词46	1	2	5	6.79	1844
93	ལེ་པོ				懒惰	wot	填充词1	0				
94	ཕྱི་པོ				天晚	hep	填充词2	0				
95	རྩུབ				基本	chot	填充词3	0				
96	ཐ་ཤལ				卑鄙	mougt	填充词4	0				
97	གསར་པ				新	paft	填充词5	0				
98	སྦོམ་པོ				粗	molp	填充词6	0				
99	སྨིན་པ				成熟	luct	填充词7	0				
100	སྤྲོ་པོ				有趣	oakry	填充词8	0				
101	མཉེན་པོ				柔软	lunat	填充词9	0				
102	ཁེངས་པ				自满	glaw	填充词10	0				
103	ངོ་གནོང				惭愧	blea	填充词11	0				
104	མིག་མདུན་གྱི				眼前的	moak	填充词12	0				
105	འཚུབ་པོ				顽皮	vect	填充词13	0				
106	རྣོ་ངར				锐利	zorg	填充词14	0				
107	ཞིབ་ཕྲ				特定的	blug	填充词15	0				
108	གྲ་ངོ				野蛮	kler	填充词16	0				
109	རྗེས་ལུས				落后	malb	填充词17	0				

（续　表）

序号	藏语启动词	音节	字母	熟悉度	藏词汉译	英语目标词	目标词排序	答案	音节	字母	熟悉度	COCA排位
110	སྐོམས་པོ				平	bleet	填充词18	0				
111	ཕྱིན་ཐོན				先进	shoom	填充词19	0				
112	དཀའ་ངལ				困难	broat	填充词20	0				
113	རང་འགུལ				主动	groon	填充词21	0				
114	དོན་དངོས				实际	smeag	填充词22	0				
115	གང་འདྲ				任何	glate	填充词23	0				
116	སྐྱུར་མོ				酸	sleat	填充词24	0				
117	ཞིབ་ཚགས				仔细	whoot	填充词25	0				
118	ང་རྒྱལ				骄傲	flire	填充词26	0				
119	དེ་འཕྲོས				其他	floom	填充词27	0				
120	མགོ་དཀར				秃	loubt	填充词28	0				
121	ངན་རིས				顽固	zoil	填充词29	0				
122	གཟབ་གཟབ				小心	zeek	填充词30	0				
123	མཁྲེགས་པོ				硬	gratle	填充词31	0				
124	མཛའ་བརྩེ				亲密	turdle	填充词32	0				
125	གཟི་བརྗིད				光荣	marde	填充词33	0				
126	ས་བཅུན				坚固	geny	填充词34	0				
127	སྟོབས་ཆེན				强大	amly	填充词35	0				
128	དྲང་གཞག				公平	hedle	填充词36	0				
129	གདུག་རྩུབ				凶恶	lodle	填充词37	0				
130	ཁྲེལ་འཚོབ				急躁	foful	填充词38	0				
131	ཧྲུག་ཧྲུག				破碎	ominy	填充词39	0				
132	དར་རྒྱས				繁荣	nerry	填充词40	0				
133	གཉག་ཤེམས				阴险	gunie	填充词41	0				
134	ཁ་ཚ་བ				辣	famular	填充词42	0				
135	ཁ་སྐོམ་པོ				渴	morant	填充词43	0				
136	ལས་སླ་པོ				容易	zealis	填充词44	0				
137	ཛ་དྲག་པོ				紧急	labble	填充词45	0				

（续　表）

序号	藏语启动词	音节	字母	熟悉度	藏词汉译	英语目标词	目标词排序	答案	音节	字母	熟悉度	COCA 排位
138	ཡ་མཚན་པོ				奇怪	trasor	填充词 46	0				
139	ཞེན་ལོག་པ				讨厌	punest	填充词 47	0				
140	གྱོང་རག་པ				吃亏	leeton	填充词 48	0				
141	མདོག་ཉེས་པོ				丑	murtle	填充词 49	0				
142	ཚགས་དམ་པོ				严密	nomine	填充词 50	0				
143	སྟོབས་ཆེ་བ				强	yealous	填充词 51	0				
144	ཡིད་སྐྱོ་བ				悲哀	sentary	填充词 52	0				
145	གྲ་འགྲིག་པོ				整齐	consect	填充词 53	0				
146	སེམས་ལྷིང་པོ				冷静	mautious	填充词 54	0				
147	སེམས་སྐྱོ་པོ				难过	kallame	填充词 55	0				
148	སྐད་གསང་པོ				响亮	ostious	填充词 56	0				
149	སྟབས་བདེ་པོ				方便	exprious	填充词 57	0				
150	སྟབས་འཁེལ་བ				凑巧	spated	填充词 58	0				
151	སྤྲོ་སྣང་ཅན				活泼	tuddy	填充词 59	0				
152	ཧ་རེ་ཧུ་རེ				马虎	smealy	填充词 60	0				
153	ར་བེ་རི་བེ				模糊	ashful	填充词 61	0				
154	ཁ་ཏིག་ཁ་བ				苦	notist	填充词 62	0				
155	དྲི་མ་ཞིམ་པོ				香	pertle	填充词 63	0				
156	ཁ་ཁུག་སིམ་པོ				安静	gummon	填充词 64	0				
157	ཞིམ་པོ་མེད་པ				难吃	veckie	填充词 65	0				
158	ངོ་ཚ་དགོས་པ				丢人	pealful	填充词 66	0				
159	དགའ་སྤྲོ་ཆེ་བ				兴奋	marious	填充词 67	0				
160	ཟང་ངེ་ཟིང་ངེ				凌乱	murrial	填充词 68	0				
161	སྙན་པོ་མེད་པ				难听	zat	填充词 69	0				
162	བྲེལ་བ་ཆེན་པོ				忙	ulk	填充词 70	0				
163	ཕུལ་དུ་བྱུང་བ				出色	tolt	填充词 71	0				
164	དགོས་མཁོ་ཆེ་བ				必要	narg	填充词 72	0				
165	བཀྲ་མི་ཤིས་པ				不幸	sath	填充词 73	0				

序号	藏语启动词	音节	字母	熟悉度	藏词汉译	英语目标词	目标词排序	答案	音节	字母	熟悉度	COCA排位
166	ཏི་མ་ཤུག་པོ				难闻	reat	填充词74	0				
167	འདོད་པ་ཚིམ་པ				满意	lorial	填充词75	0				
168	གནོད་པ་ཡོད་པ				不利	masic	填充词76	0				
169	རུལ་དུ་ཕྲོ་བ				腐化	balty	填充词77	0				
170	དཔེ་མི་སྲིད་པ				精彩	traty	填充词78	0				
171	བག་ཁུམ				保守	bolp	练习词1	0				
172	འཚོས་པོ				熟的	meb	练习词2	0				
173	འཇོམ་ཆ་བྱེད་པ				客气	amful	练习词3	0				
174	ལག་པ་གཤགས་པོ				大方	flasion	练习词4	0				
175	མགོ་ཡུར་འཁོར་བ				晕	kearmal	练习词5	0				
176	སྤོབས་པ་མཐོ་པོ				自豪	boring	练习词6	1				
177	སྙོ་སེམས་ཆེ་བ				热心	nuclear	练习词7	1				
178	ས་བཅུད་བཟང་པོ				肥沃	average	练习词8	1				
179	ཟ་འཕྲུག་ལངས་པ				痒	popular	练习词9	1				
180	ལོ་འདབ་རྒྱས་པ				茂盛	physical	练习词10	1				

附件 13 三语 ERP 实验 7 材料表

序号	汉语目标词	真词为1	笔画	频数	熟悉度	英语启动词	音节	字母	课标词1	COCA排位	启动词排序
1	广场	1	9	170	6.90	fish	1	4	1	950	启动控制词1
2	头发	1	10	660	7.00	plane	1	5	1	1153	启动控制词2
3	闪电	1	10	191	6.81	leather	2	7	1	2967	启动控制词3
4	大学	1	11	1295	7.00	gas	1	3	1	1026	启动控制词4
5	仓库	1	11	270	6.62	corner	2	6	1	1130	启动控制词5
6	助手	1	11	212	6.76	cheese	1	6	1	2122	启动控制词6
7	家人	1	12	148	6.95	bedroom	2	7	1	1883	启动控制词7
8	农村	1	13	2156	6.93	leader	2	6	1	464	启动控制词8
9	身体	1	14	1990	6.95	office	2	6	1	342	启动控制词9
10	同学	1	14	1296	7.00	uniform	3	7	1	3069	启动控制词10
11	学徒	1	18	141	6.76	baseball	2	8	1	1380	启动控制词11
12	小姐	1	11	553	6.95	dress	1	5	1	1443	启动控制词12
13	火柴	1	14	219	6.86	forest	2	6	1	1112	启动控制词13
14	飞船	1	14	155	6.95	base	1	4	1	939	启动控制词14
15	猴子	1	15	286	6.86	stage	1	5	1	832	启动控制词15
16	和尚	1	16	266	7.00	tower	2	5	1	2435	启动控制词16
17	照片	1	17	570	7.00	bowl	1	4	1	1843	启动控制词17
18	祖国	1	17	1415	7.00	police	2	6	1	469	启动控制词18
19	音乐	1	14	2603	6.88	camera	3	6	1	952	启动控制词19

序号	汉语目标词	真词为1	笔画	频数	熟悉度	英语启动词	音节	字母	课标词1	COCA排位	启动词排序
20	沙漠	1	20	330	6.62	troop	1	5	1	1140	启动控制词20
21	民兵	1	12	325	6.76	guide	1	5	1	1793	启动控制词21
22	顾问	1	16	179	6.67	home	1	4	1	225	启动控制词22
23	媳妇	1	19	469	6.86	tobacco	3	7	1	3035	启动控制词23
24	同胞	1	15	162	6.76	artist	2	6	1	737	启动控制词24
25	顾客	1	18	475	6.57	hand	1	4	1	174	启动控制词25
26	乘客	1	19	120	6.86	bottom	2	6	1	1520	启动控制词26
27	口袋	1	14	302	6.81	chip	1	4	0	2177	启动控制词27
28	宿舍	1	19	309	7.00	snake	1	5	1	3512	启动控制词28
29	团长	1	10	471	6.90	mask	1	4	1	2917	启动控制词29
30	委员	1	15	340	6.93	stranger	2	8	1	2714	启动控制词30
31	站长	1	14	214	6.90	tape	1	4	1	1499	启动控制词31
32	听众	1	13	176	6.90	engine	2	6	1	1578	启动控制词32
33	陆地	1	13	352	6.81	fire	1	4	1	654	启动控制词33
34	沙发	1	12	280	6.71	pilot	2	5	1	1785	启动控制词34
35	局长	1	11	425	6.90	cake	1	4	1	2563	启动控制词35
36	羽毛	1	10	197	6.81	basket	2	6	1	3283	启动控制词36
37	学员	1	15	225	6.90	engineer	3	8	1	2011	启动控制词37
38	船长	1	15	189	6.71	screen	1	6	1	1258	启动控制词38
39	将军	1	15	426	6.71	lab	1	3	1	2108	启动控制词39
40	猪肉	1	17	123	6.86	book	1	4	1	242	启动控制词40
41	食盐	1	19	276	6.86	seat	1	4	1	897	启动控制词41
42	炮弹	1	20	159	6.60	staff	1	5	1	784	启动控制词42
43	车站	1	14	243	6.74	alcohol	3	7	1	2211	启动控制词43
44	党员	1	17	468	6.86	metal	2	5	1	1583	启动控制词44
45	妇女	1	9	1625	6.76	library	3	7	1	2148	启动控制词45
46	水泥	1	12	201	6.71	wave	1	4	1	1405	启动控制词46
47	木头	1	9	174	6.87	wood	1	4	1	1242	启动实验词1

（续　表）

序号	汉语目标词	真词为1	笔画	频数	熟悉度	英语启动词	音节	字母	课标词1	COCA排位	启动词排序
48	石头	1	10	687	6.98	stone	1	5	1	1225	启动实验词2
49	市民	1	10	198	6.71	citizen	3	7	1	1088	启动实验词3
50	汽车	1	11	1321	6.90	car	1	3	1	290	启动实验词4
51	司机	1	11	273	6.90	driver	2	6	1	1231	启动实验词5
52	舌头	1	11	228	6.81	tongue	1	6	1	2893	启动实验词6
53	机场	1	12	159	6.90	airport	2	7	1	1780	启动实验词7
54	父亲	1	13	2014	7.00	father	2	6	1	268	启动实验词8
55	母亲	1	14	2103	7.00	mother	2	6	1	230	启动实验词9
56	衣服	1	14	1188	6.95	clothes	1	7	1	1440	启动实验词10
57	足球	1	18	174	6.94	football	2	8	1	1543	启动实验词11
58	客人	1	11	510	7.00	guest	1	5	1	1317	启动实验词12
59	花园	1	14	212	6.93	garden	2	6	1	1047	启动实验词13
60	地板	1	14	155	6.69	floor	1	5	1	640	启动实验词14
61	椅子	1	15	307	6.64	chair	1	5	1	949	启动实验词15
62	苹果	1	16	272	6.95	apple	2	5	1	2718	启动实验词16
63	鼻子	1	17	568	6.95	nose	1	4	1	1748	启动实验词17
64	作家	1	17	1323	6.79	writer	2	6	0	983	启动实验词18
65	动物	1	14	2569	6.95	animal	3	6	1	729	启动实验词19
66	嘴巴	1	20	314	6.95	mouth	1	5	1	1065	启动实验词20
67	牙齿	1	12	325	6.90	tooth	1	5	1	1868	启动实验词21
68	男孩	1	16	179	6.95	boy	1	3	1	383	启动实验词22
69	经理	1	19	538	6.62	manager	3	7	1	880	启动实验词23
70	律师	1	15	172	6.71	lawyer	2	6	1	819	启动实验词24
71	食品	1	18	492	6.90	food	1	4	1	367	启动实验词25
72	咖啡	1	19	122	6.95	coffee	2	6	1	1395	启动实验词26
73	老板	1	14	313	6.95	boss	1	4	1	2344	启动实验词27
74	老鼠	1	19	292	6.79	mouse	1	5	1	3336	启动实验词28
75	诗人	1	10	491	6.86	poet	1	4	1	2947	启动实验词29

（续　表）

序号	汉语目标词	真词为1	笔画	频数	熟悉度	英语启动词	音节	字母	课标词1	COCA排位	启动词排序
76	冠军	1	15	356	6.81	champion	2	8	1	2777	启动实验词30
77	树叶	1	14	213	6.95	leaf	1	2	1	1568	启动实验词31
78	花朵	1	13	175	7.00	flower	2	6	1	1498	启动实验词32
79	婴儿	1	13	340	6.95	baby	1	4	1	589	启动实验词33
80	大洋	1	12	280	6.71	ocean	2	5	1	1856	启动实验词34
81	玉米	1	11	428	6.95	corn	1	4	1	2470	启动实验词35
82	山谷	1	10	193	6.76	valley	2	6	1	3182	启动实验词36
83	电脑	1	15	212	6.81	computer	3	8	1	590	启动实验词37
84	大街	1	15	187	6.86	street	1	6	1	555	启动实验词38
85	地图	1	14	477	6.86	map	1	3	1	1551	启动实验词39
86	法庭	1	17	130	6.76	court	1	5	1	542	启动实验词40
87	影片	1	19	273	6.71	film	1	4	1	594	启动实验词41
88	鲜血	1	20	161	6.76	blood	1	5	1	693	启动实验词42
89	军官	1	14	262	6.43	officer	3	7	1	671	启动实验词43
90	河流	1	18	462	6.60	river	2	5	1	1334	启动实验词44
91	公司	1	9	1673	6.90	company	3	7	1	189	启动实验词45
92	农场	1	12	215	6.86	farm	1	4	1	1265	启动实验词46
93	班果	0				button					启动填充词1
94	波空	0				fellow					启动填充词2
95	板题	0				clinic					启动填充词3
96	病街	0				signal					启动填充词4
97	残码	0				talent					启动填充词5
98	厂体	0				museum					启动填充词6
99	车瓜	0				planet					启动填充词7
100	床众	0				affair					启动填充词8
101	当灰	0				target					启动填充词9
102	地物	0				object					启动填充词10
103	电身	0				access					启动填充词11

（续　表）

序号	汉语目标词	真词为 1	笔画	频数	熟悉度	英语启动词	音节	字母	课标词 1	COCA排位	启动词排序
104	动村	0				matter					启动填充词 12
105	多表	0				wallet					启动填充词 13
106	范珠	0				waiter					启动填充词 14
107	房池	0				typist					启动填充词 15
108	古米	0				tailor					启动填充词 16
109	骨支	0				smoker					启动填充词 17
110	观果	0				settler					启动填充词 18
111	国耳	0				seaman					启动填充词 19
112	海机	0				sailor					启动填充词 20
113	汉光	0				poison					启动填充词 21
114	喝王	0				picnic					启动填充词 22
115	坏夫	0				bamboo					启动填充词 23
116	货蚊	0				balloon					启动填充词 24
117	阶身	0				kingdom					启动填充词 25
118	局水	0				pioneer					启动填充词 26
119	决光	0				jewelry					启动填充词 27
120	科梦	0				cartoon					启动填充词 28
121	课景	0				diamond					启动填充词 29
122	空宝	0				servant					启动填充词 30
123	劳女	0				curtain					启动填充词 31
124	泪家	0				sponsor					启动填充词 32
125	脸则	0				surgeon					启动填充词 33
126	码奏	0				blanket					启动填充词 34
127	门力	0				empire					启动填充词 35
128	面国	0				license					启动填充词 36
129	面叶	0				ceiling					启动填充词 37
130	内柴	0				highway					启动填充词 38
131	女户	0				speaker					启动填充词 39

序号	汉语目标词	真词为1	笔画	频数	熟悉度	英语启动词	音节	字母	课标词1	COCA排位	启动词排序
132	女围	0				scholar					启动填充词 40
133	偏层	0				suspect					启动填充词 41
134	前费	0				athlete					启动填充词 42
135	亲材	0				product					启动填充词 43
136	热珠	0				picture					启动填充词 44
137	人级	0				seaside					启动填充词 45
138	人厅	0				printer					启动填充词 46
139	沙官	0				postman					启动填充词 47
140	身局	0				biscuit					启动填充词 48
141	神雪	0				notebook					启动填充词 49
142	诗汉	0				waitress					启动填充词 50
143	时蛇	0				sunshine					启动填充词 51
144	实湖	0				raincoat					启动填充词 52
145	树科	0				passport					启动填充词 53
146	双地	0				overcoat					启动填充词 54
147	水姐	0				necklace					启动填充词 55
148	水眼	0				needle					启动填充词 56
149	台园	0				swallow					启动填充词 57
150	梯母	0				chess					启动填充词 58
151	体月	0				towel					启动填充词 59
152	天豆	0				opera					启动填充词 60
153	图辆	0				banana					启动填充词 61
154	外件	0				oxygen					启动填充词 62
155	威毛	0				tomato					启动填充词 63
156	物柴	0				potato					启动填充词 64
157	西纲	0				cinema					启动填充词 65
158	鲜车	0				mineral					启动填充词 66
159	心虫	0				monitor					启动填充词 67

（续　表）

序号	汉语目标词	真词为1	笔画	频数	熟悉度	英语启动词	音节	字母	课标词1	COCA排位	启动词排序
160	形脉	0				example					启动填充词68
161	性料	0				volcano					启动填充词69
162	烟准	0				republic					启动填充词70
163	羊员	0				monument					启动填充词71
164	阳孩	0				envelope					启动填充词72
165	油界	0				wife					启动填充词73
166	羽池	0				civilian					启动填充词74
167	原钱	0				universe					启动填充词75
168	院岛	0				tractor					启动填充词76
169	月谷	0				consumer					启动填充词77
170	债剧	0				official					启动填充词78
171	指号	0				criminal					启动练习词1
172	资案	0				minister					启动练习词2
173	组兄	0				document					启动练习词3
174	祖影	0				director					启动练习词4
175	作光	0				treasure					启动练习词5
176	总统	1				sandwich					启动练习词6
177	画家	1				forehead					启动练习词7
178	报纸	1				basement					启动练习词8
179	空军	1				expert					启动练习词9
180	同事	1				platform					启动练习词10

附件 14 三语 ERP 实验 8 材料表[①]

序号	藏语目标词	真词为1	音节	字母	熟悉度	藏词汉译	英语启动词	音节	字母	COCA排位	启动词排序
1	འོད	1	1	2	6.74	光	radio	3	5	907	启动控制词 1
2	སོན	1	1	2	6.64	种子	lunch	1	5	1595	启动控制词 2
3	ཐང	1	1	2	6.33	平原	actor	2	5	1507	启动控制词 3
4	འབུ	1	1	2	6.33	昆虫	virus	2	5	2724	启动控制词 4
5	ཚལ	1	1	2	6.71	蔬菜	model	2	5	505	启动控制词 5
6	རྨ	1	1	2	6.81	伤口	truck	1	5	1244	启动控制词 6
7	སྐད	1	1	3	6.60	声音	dinner	2	6	1080	启动控制词 7
8	གློག	1	1	3	6.95	电	bell	1	4	2669	启动控制词 8
9	ཟངས	1	1	3	6.71	铜	tank	1	4	1888	启动控制词 9
10	རྔུལ	1	1	3	6.67	汗	player	2	6	514	启动控制词 10
11	ལྷམ	1	1	3	6.81	鞋	mark	1	4	1692	启动控制词 11
12	གསེར	1	1	3	6.74	黄金	plate	1	5	1534	启动控制词 12
13	མདའ	1	1	3	6.81	箭	jacket	2	6	2287	启动控制词 13
14	ཉི་མ	1	2	2	6.90	太阳	owner	2	5	1024	启动控制词 14
15	ཟ་མ	1	2	2	6.74	饭	salad	2	5	2797	启动控制词 15
16	ནུ་བོ	1	2	2	6.45	弟弟	cup	1	3	780	启动控制词 16
17	ཕོ་བ	1	2	2	6.86	胃	crop	1	4	2483	启动控制词 17

① 本表中实验组和控制组的所有启动词均为新课标词。

序号	藏语目标词	真词为1	音节	字母	熟悉度	藏词汉译	英语启动词	音节	字母	COCA排位	启动词排序
18	ཨ་ར	1	2	2	6.50	胡子	pipe	1	4	3005	启动控制词 18
19	ཞིང་པ	1	2	3	6.79	农民	letter	2	6	629	启动控制词 19
20	ཨ་ཚོ	1	2	2	6.48	哥哥	wine	1	4	1456	启动控制词 20
21	ཤོག་ག	1	2	3	6.93	纸	tourist	2	7	2416	启动控制词 21
22	ཨ་ཅག	1	2	3	6.81	姐姐	knee	1	4	1497	启动控制词 22
23	ར་ལུག	1	2	3	6.52	羊	bar	1	3	994	启动控制词 23
24	གློ་བ	1	2	3	6.74	肺	tent	1	4	3095	启动控制词 24
25	ཕོ་ཅུང	1	2	3	6.71	少年	steel	1	5	2171	启动控制词 25
26	ཕ་ཡུལ	1	2	3	7.00	家乡	team	1	4	308	启动控制词 26
27	ཚོང་པ	1	2	3	6.74	商人	iron	2	4	2300	启动控制词 27
28	ཨ་ཞང	1	2	3	6.83	舅舅	butter	2	6	2424	启动控制词 28
29	ཟ་ཁང	1	2	3	6.71	饭店	winner	2	6	1930	启动控制词 29
30	ཐག་པ	1	2	3	6.95	绳子	bike	1	4	2182	启动控制词 30
31	ཡང་བ	1	2	3	6.48	蜡烛	wire	1	4	2392	启动控制词 31
32	ཁིའི་ཚོ	1	2	3	6.33	筷子	silver	2	6	2461	启动控制词 32
33	རྩོ་བོ	1	2	3	6.74	外婆	couple	2	6	532	启动控制词 33
34	དག་བོ	1	2	4	6.83	敌人	wheel	1	5	2012	启动控制词 34
35	ཟའི་གོ་ལ	1	2	4	6.71	地球	check	1	5	857	启动控制词 35
36	སྐུད་པ	1	2	4	6.65	线	fence	1	5	2676	启动控制词 36
37	སྨན་པ	1	2	4	6.86	医生	cover	1	5	561	启动控制词 37
38	སྒྲུ་གུ	1	2	4	6.93	笔	golf	1	4	1815	启动控制词 38
39	བདག་པོ	1	2	4	6.88	主人	card	1	4	895	启动控制词 39
40	མཚོན་ཆ	1	2	4	6.81	武器	bathroom	2	8	2426	启动控制词 40
41	ཚོང་ཁང	1	2	4	6.90	商店	honey	2	5	2956	启动控制词 41
42	མཇིང་པ	1	2	4	6.67	脖子	bill	1	4	809	启动控制词 42
43	བྱི་རིལ	1	2	4	6.79	糖	border	2	6	1351	启动控制词 43
44	ཚོང་ཟོག	1	2	4	6.57	货物	machine	2	7	1025	启动控制词 44
45	དཔུང་པ	1	2	4	6.86	肩膀	partner	2	7	1052	启动控制词 45

（续　表）

序号	藏语目标词	真词为1	音节	字母	熟悉度	藏词汉译	英语启动词	音节	字母	COCA排位	启动词排序
46	ཁྱི་མིག	1	2	4	6.69	钥匙	chain	1	5	1819	启动控制词46
47	སྒོ	1	1	2	6.90	门	door	1	4	344	启动实验词1
48	ཤེལ	1	1	2	6.86	玻璃	glass	1	5	823	启动实验词2
49	མགོ	1	1	2	6.40	脑袋	brain	1	4	1193	启动实验词3
50	གྲི	1	1	2	6.90	刀	knife	1	5	2261	启动实验词4
51	རྟ	1	1	2	6.95	马	horse	1	5	1286	启动实验词5
52	དོམ	1	1	2	6.79	熊	bear	1	4	1628	启动实验词6
53	དངུལ	1	1	3	6.90	钱	money	2	5	233	启动实验词7
54	བྱིའུ	1	1	3	6.86	鸟	bird	1	4	1126	启动实验词8
55	གངས	1	1	3	6.76	雪	snow	1	4	1795	启动实验词9
56	སྙིང	1	1	3	6.71	心脏	heart	1	5	461	启动实验词10
57	གྱང	1	1	3	6.90	墙	wall	1	4	572	启动实验词11
58	མཚོའུ	1	1	3	6.26	湖	lake	1	4	2204	启动实验词12
59	བཙོན	1	1	3	6.55	监狱	prison	2	6	1289	启动实验词13
60	བུ་མོ	1	2	2	6.95	姑娘	girl	1	4	364	启动实验词14
61	དུ་བ	1	2	2	6.64	烟	smoke	1	5	2436	启动实验词15
62	ཞི་མི	1	2	2	6.98	猫	cat	1	3	1788	启动实验词16
63	ཞྭ་མོ	1	2	2	6.95	帽子	cap	1	3	2326	启动实验词17
64	ཁུ་བ	1	2	2	6.86	汤	soup	1	4	3021	启动实验词18
65	བཟོ་པ	1	2	3	6.79	工人	worker	2	6	574	启动实验词19
66	ཆར་པ	1	2	3	6.68	雨	rain	1	4	1559	启动实验词20
67	བྱ་རེ	1	2	3	6.88	鸡	chicken	2	7	1546	启动实验词21
68	སྤོ་ལོ	1	2	3	6.95	球	ball	1	4	915	启动实验词22
69	རྣ་བ	1	2	3	6.95	耳朵	ear	1	3	1344	启动实验词23
70	ང་མ	1	2	3	6.76	尾巴	tail	1	4	3010	启动实验词24
71	ཟམ་པ	1	2	3	6.98	桥	bridge	1	6	1698	启动实验词25
72	ཁང་པ	1	2	3	6.69	房屋	house	1	5	258	启动实验词26
73	ཟླ་བ	1	2	3	6.83	月亮	moon	1	4	2471	启动实验词27

（续　表）

序号	藏语目标词	真词为1	音节	字母	熟悉度	藏词汉译	英语启动词	音节	字母	COCA排位	启动词排序
74	སྤ་མེ	1	2	3	6.79	票	ticket	2	6	1585	启动实验词 28
75	མེ་ལོང	1	2	3	6.38	镜子	mirror	2	6	1867	启动实验词 29
76	རུས་པ	1	2	3	6.69	骨头	bone	1	4	1450	启动实验词 30
77	དར་ཆ	1	2	3	6.36	旗帜	flag	1	4	2465	启动实验词 31
78	བུམ་པ	1	2	3	6.57	瓶子	bottle	2	6	1753	启动实验词 32
79	ཚོང་ར	1	2	3	6.60	商场	market	2	6	403	启动实验词 33
80	རྩི་ཤིང	1	2	4	6.83	植物	plant	1	5	624	启动实验词 34
81	བྱིས་པ	1	2	4	6.90	儿童	child	1	5	115	启动实验词 35
82	དོ་གདོང	1	2	4	6.76	脸	face	1	4	331	启动实验词 36
83	ཀང་པ	1	2	4	6.95	脚	foot	1	4	381	启动实验词 37
84	དཔའ་བོ	1	2	4	6.81	英雄	hero	2	4	1926	启动实验词 38
85	མེ་མདའ	1	2	4	6.88	枪	gun	1	3	843	启动实验词 39
86	ཀྲུའུ་ཞི	1	2	4	6.50	主席	chairman	2	8	1379	启动实验词 40
87	མེ་འཁོར	1	2	4	6.95	火车	train	1	5	1525	启动实验词 41
88	ཉལ་ཁྲི	1	2	4	6.81	床	bed	1	3	684	启动实验词 42
89	མཛུབ་མོ	1	2	4	6.71	手指	finger	2	6	1046	启动实验词 43
90	དམག་མི	1	2	4	6.49	士兵	soldier	2	7	1006	启动实验词 44
91	ཐབ་ཚང	1	2	4	6.81	厨房	kitchen	2	7	1055	启动实验词 45
92	སྐར་མ	1	2	4	6.81	星星	star	1	4	539	启动实验词 46
93	ལ་སྒྲོ	0					editor				启动填充词 1
94	པུ་དི	0					biscuit				启动填充词 2
95	མེ	0					rainbow				启动填充词 3
96	ཐང་དོད	0					toilet				启动填充词 4
97	འདུག་ང	0					drawer				启动填充词 5
98	སྐེས	0					cook				启动填充词 6
99	བྲེ་པ	0					hoe				启动填充词 7
100	ཀྱིའི་མོ	0					hammer				启动填充词 8
101	ཟག་ཅན	0					cannon				启动填充词 9

序号	藏语目标词	真词为1	音节	字母	熟悉度	藏词汉译	英语启动词	音节	字母	COCA排位	启动词排序
102	གེ་སོག	0					taxi				启动填充词 10
103	གུ་དུང	0					crew				启动填充词 11
104	དུ་ཐ	0					bowl				启动填充词 12
105	ནུ་ལབ	0					soap				启动填充词 13
106	ད་ཕེན	0					buddha				启动填充词 14
107	ཤེན	0					axe				启动填充词 15
108	སྣ་པ	0					cadre				启动填充词 16
109	ཀལ་ད	0					bow				启动填充词 17
110	ཤུད་ཤེད	0					fox				启动填充词 18
111	དེའི་ཚོ	0					muscle				启动填充词 19
112	ཏ་བིལ	0					piano				启动填充词 20
113	བ་ད	0					aunt				启动填充词 21
114	ནུ་སྟྲེ	0					warship				启动填充词 22
115	འ་ཤ	0					garbage				启动填充词 23
116	ཤེད	0					pot				启动填充词 24
117	སང་བ	0					thunder				启动填充词 25
118	ཡུས་ངག	0					curtain				启动填充词 26
119	འདས་ཕོ	0					sickle				启动填充词 27
120	ཉ་ཚོབ	0					motor				启动填充词 28
121	ལོག་ག	0					medal				启动填充词 29
122	ན་མག	0					collar				启动填充词 30
123	མཏེད་ཚོ	0					dragon				启动填充词 31
124	གུན་ཐ	0					thief				启动填充词 32
125	འཕོ	0					turnip				启动填充词 33
126	གྲི་ག	0					noodle				启动填充词 34
127	འཕྲ་ཀོ	0					ink				启动填充词 35
128	དུང་ཚ	0					carpet				启动填充词 36
129	འཚོ་ལོས	0					grape				启动填充词 37

（续　表）

序号	藏语目标词	真词为1	音节	字母	熟悉度	藏词汉译	英语启动词	音节	字母	COCA排位	启动词排序
130	འདོ་ཉེ	0					smell				启动填充词 38
131	ཁུ་ལི	0					broom				启动填充词 39
132	སྤུན་ལྷད	0					lion				启动填充词 40
133	ནོང་ཉ	0					bus				启动填充词 41
134	སྐེ	0					glove				启动填充词 42
135	ནང་ཕ	0					comb				启动填充词 43
136	ཀོ་ཕལ	0					brush				启动填充词 44
137	རྒོང་ཚོང	0					bucket				启动填充词 45
138	ཇ་ལོབ	0					temple				启动填充词 46
139	ནག་མ	0					nursery				启动填充词 47
140	གོས་སྲུ	0					panda				启动填充词 48
141	ཉིག	0					chess				启动填充词 49
142	ཇུན	0					trunk				启动填充词 50
143	མེན	0					runner				启动填充词 51
144	ཀྲི་ཡུ	0					swallow				启动填充词 52
145	ཚང་ག	0					oxygen				启动填充词 53
146	ལུང་ཟབུ	0					rocket				启动填充词 54
147	ནོད་ས	0					robot				启动填充词 55
148	མེ་གཏོང	0					bomb				启动填充词 56
149	ས་མོན	0					witness				启动填充词 57
150	ཀེ་ཇོ	0					spider				启动填充词 58
151	ཆ་ལ	0					nail				启动填充词 59
152	ཤེས	0					clock				启动填充词 60
153	ཕི་ཚོ	0					bamboo				启动填充词 61
154	ཟེམ་ཉ	0					brick				启动填充词 62
155	སྤུད་ཆུས	0					towel				启动填充词 63
156	འབྲོག་ག	0					needle				启动填充词 64
157	ཀྲུ་ཐུལ	0					flight				启动填充词 65

（续　表）

序号	藏语目标词	真词为1	音节	字母	熟悉度	藏词汉译	英语启动词	音节	字母	COCA排位	启动词排序
158	ནོང་ཚོ	0					navy				启动填充词66
159	ནོག་དོ	0					atom				启动填充词67
160	སོ་ཚོ	0					alarm				启动填充词68
161	ཞེལ	0					lemon				启动填充词69
162	བོ་ག	0					hotel				启动填充词70
163	ཀུན་ང	0					adult				启动填充词71
164	ཡུང་ཐེང	0					event				启动填充词72
165	དགན་ཀོ	0					button				启动填充词73
166	མཚན་ང	0					madam				启动填充词74
167	ག་ཉེ	0					cattle				启动填充词75
168	སྤུ་ཚོ	0					powder				启动填充词76
169	དིན་བ	0					cotton				启动填充词77
170	ཕྲ	0					tennis				启动填充词78
171	ཡི་ཏེ	0					hunter				启动练习词1
172	ཤུ་ཚུང	0					plastic				启动练习词2
173	སྟོ་གིས	0					guitar				启动练习词3
174	འཚག་ས	0					cigar				启动练习词4
175	གང་ལན	0					storm				启动练习词5
176	རྩ	1				向日葵	magazine				启动练习词6
177	རི་ཚོ	1				信箱	frog				启动练习词7
178	ཤ་བ	1				杏花	medicine				启动练习词8
179	ཁ་པར	1				颜料	reporter				启动练习词9
180	ཐབ་པ	1				妖魔	mountain				启动练习词10

附件 15   三语 ERP 实验 9 材料表[①]

序号	藏语目标词	答案	音节	字母	熟悉度	藏词汉译	启动词	笔画	频数	熟悉度	汉语启动词排序
1	ཡལ་ག	1	2	3	6.52	树枝	燃料	26	460	6.33	启动控制词 1
2	ཐལ་བ	1	2	3	6.57	灰尘	珍珠	19	145	6.71	启动控制词 2
3	ས་ཞིང	1	2	3	6.69	田地	石灰	11	155	6.43	启动控制词 3
4	དང་པ	1	2	3	6.60	鸭子	化肥	12	184	6.38	启动控制词 4
5	ཀེད་པ	1	2	4	6.79	腰	奴隶	13	624	6.21	启动控制词 5
6	སྒལ་པ	1	2	4	6.48	背	美元	13	613	6.71	启动控制词 6
7	གཤོག་པ	1	2	4	6.74	翅膀	脂肪	18	289	6.19	启动控制词 7
8	གྲིབ་མ	1	2	4	6.69	影子	弹簧	28	201	6.19	启动控制词 8
9	མཆིན་པ	1	2	4	6.74	肝	厂长	6	686	6.57	启动控制词 9
10	རྡོ་སོལ	1	2	4	6.69	煤炭	村长	11	124	6.86	启动控制词 10
11	ཉལ་ཆས	1	2	4	6.71	被子	金牌	20	141	6.62	启动控制词 11
12	རྫིང་བུ	1	2	4	6.48	池塘	对手	9	191	6.95	启动控制词 12
13	རྔ་མོང	1	2	4	6.71	骆驼	农具	14	143	6.95	启动控制词 13
14	སྤར་མོ	1	2	4	6.55	手掌	橡皮	15	138	6.57	启动控制词 14
15	མེན་པའི	1	2	4	6.43	面包	工地	9	181	6.9	启动控制词 15
16	སྣ་ཁུང	1	2	4	6.74	鼻孔	棺材	19	121	6.29	启动控制词 16
17	ཚོགས་མི	1	2	4	6.55	会员	下属	15	128	6.76	启动控制词 17

---

① 本表中真词答案为 1，假词为 0。

（续　表）

序号	藏语目标词	答案	音节	字母	熟悉度	藏词汉译	启动词	笔画	频数	熟悉度	汉语启动词排序
18	པའི་ཚལ	1	2	4	6.64	白菜	话筒	20	129	6.57	启动控制词18
19	མང་ཚོགས	1	2	5	6.76	群众	代表	13	1917	6.76	启动控制词19
20	རླུགས་པ	1	2	5	6.79	风	细胞	17	2524	6.26	启动控制词20
21	གྲོགས་པོ	1	2	5	6.86	朋友	橡胶	25	159	5.9	启动控制词21
22	བཟོ་གྲྭ	1	2	5	6.71	工厂	媳妇	19	469	6.86	启动控制词22
23	རྒན་ལོག	1	2	5	6.95	老人	轨道	17	827	6.24	启动控制词23
24	སྤྲིན་པ	1	2	5	6.76	云	戏剧	16	887	6.55	启动控制词24
25	ནམ་མཁའ	1	2	5	6.90	天空	水库	11	324	6.67	启动控制词25
26	གླུ་གཞས	1	2	5	6.90	歌曲	细菌	18	531	6.29	启动控制词26
27	དྲུང་ཡིག	1	2	5	6.55	秘书	会计	10	423	6.76	启动控制词27
28	སྒེའུ་ཁུང	1	2	5	6.90	窗户	电池	11	160	6.86	启动控制词28
29	སྦྲང་མ	1	2	5	6.64	蜜蜂	病毒	19	281	6.86	启动控制词29
30	གླང་ཆེན	1	2	5	6.81	大象	激光	22	201	6.29	启动控制词30
31	རྒྱ་ནག	1	2	5	6.67	内地	标本	14	222	6.57	启动控制词31
32	ཆུ་རྒྱུན	1	2	5	6.71	水流	支队	8	180	6.62	启动控制词32
33	རྩེད་ཆས	1	2	5	6.64	玩具	西瓜	11	160	6.95	启动控制词33
34	ཞ་སྨྱུག	1	2	5	6.95	铅笔	走廊	18	138	6.38	启动控制词34
35	རུས་སྦལ	1	2	5	6.71	乌龟	女婿	14	125	6.76	启动控制词35
36	སློབ་ཕྲུར	1	2	6	6.95	学生	宇宙	14	891	6.38	启动控制词36
37	གྲོང་ཁྱེར	1	2	6	6.95	城市	皇帝	18	776	6.76	启动控制词37
38	སློབ་དཔོན	1	2	6	6.50	教授	主任	11	1159	6.95	启动控制词38
39	དམག་དཔུང	1	2	6	6.83	军队	试管	22	600	6.43	启动控制词39
40	སློབ་སྤྱི	1	2	6	6.95	校长	文人	6	180	6.86	启动控制词40
41	ལྕགས་ལམ	1	2	6	6.81	铁路	院长	13	353	7	启动控制词41
42	གྲོང་ཚོ	1	2	6	6.71	镇	火山	7	180	6.9	启动控制词42
43	ཆར་གདུགས	1	2	6	6.43	雨伞	老伴	13	149	6.86	启动控制词43
44	ཀུབ་ཀྱག	1	2	6	6.71	凳子	厂家	12	116	6.62	启动控制词44
45	སྐས་འཛེག	1	2	6	6.45	楼梯	烈士	13	127	6.81	启动控制词45

（续　表）

序号	藏语目标词	答案	音节	字母	熟悉度	藏词汉译	启动词	笔画	频数	熟悉度	汉语启动词排序
46	ཞིང་འབྲས	1	2	6	6.64	水果	前人	11	167	6.86	启动控制词 46
47	མཆུ་ཏོ	1	2	3	6.60	嘴唇	嘴唇	26	345	6.62	启动实验词 1
48	ཐ་མག	1	2	3	6.29	香烟	香烟	19	169	6.62	启动实验词 2
49	རི་བོང	1	2	3	6.95	兔子	兔子	11	151	6.95	启动实验词 3
50	ཆུ་ཚོད	1	2	3	6.81	手表	手表	12	147	6.81	启动实验词 4
51	པགས་པ	1	2	4	6.69	皮肤	皮肤	13	654	6.86	启动实验词 5
52	སྨུག་པ	1	2	4	6.55	雾	雾	13	490	6.14	启动实验词 6
53	གྲོག་མ	1	2	4	6.83	蚂蚁	蚂蚁	18	346	6.38	启动实验词 7
54	མིག་ཤེལ	1	2	4	6.95	眼镜	眼镜	27	313	6.86	启动实验词 8
55	ཁྲོན་པ	1	2	4	6.88	井	井	4	290	6.9	启动实验词 9
56	གློག་ཞུ	1	2	4	6.50	电灯	电灯	11	277	6.76	启动实验词 10
57	གཉེན་ཉེ	1	2	4	6.81	亲戚	亲戚	20	202	6.75	启动实验词 11
58	རལ་གྲི	1	2	4	6.83	剑	剑	9	182	6.71	启动实验词 12
59	ཐོག་ཚེ	1	2	4	6.52	屋顶	屋顶	17	171	6.76	启动实验词 13
60	གོས་ཐུང	1	2	4	6.50	裤子	裤子	15	148	6.95	启动实验词 14
61	དཔེ་ཁྲུག	1	2	4	6.95	书包	书包	9	136	7	启动实验词 15
62	མོག་མོག	1	2	4	6.90	馒头	馒头	19	132	7	启动实验词 16
63	ཁང་ཆེན	1	2	4	6.60	大厦	大厦	15	122	6.38	启动实验词 17
64	ནག་པང	1	2	4	6.81	黑板	黑板	20	112	6.86	启动实验词 18
65	རོ་མཐུན	1	2	5	6.76	同志	同志	13	5334	6.76	启动实验词 19
66	དགེ་རྐན	1	2	5	6.95	教师	教师	17	1795	7	启动实验词 20
67	འགྲོ་ལམ	1	2	5	6.60	道路	道路	25	1417	6.86	启动实验词 21
68	ཆུ་མཚོ	1	2	5	6.62	海洋	海洋	19	1360	6.67	启动实验词 22
69	དངུལ་ཁང	1	2	5	6.86	银行	银行	17	1117	6.95	启动实验词 23
70	སྨན་ཁང	1	2	5	6.30	医院	医院	16	795	6.93	启动实验词 24
71	སློབ་ཆུང	1	2	5	6.95	小学	小学	11	589	7	启动实验词 25
72	སློབ་དེབ	1	2	5	6.88	教材	教材	18	371	6.9	启动实验词 26
73	ཐུང་གི	1	2	5	6.93	狼	狼	10	252	6.81	启动实验词 27

（续　表）

序号	藏语目标词	答案	音节	字母	熟悉度	藏词汉译	启动词	笔画	频数	熟悉度	汉语启动词排序
74	འདམ་བག	1	2	5	6.60	泥土	泥土	11	238	6.5	启动实验词28
75	སློབ་ཁང	1	2	5	6.93	教室	教室	19	228	7	启动实验词29
76	ཆོས་ཚོགས	1	2	5	6.45	教堂	教堂	22	220	6.24	启动实验词30
77	ཚིག་མཛོད	1	2	5	6.86	词典	词典	14	212	6.79	启动实验词31
78	མི་དམངས	1	2	5	6.76	人民	人民	7	166	6.81	启动实验词32
79	རྫོག་ཆས	1	2	5	6.48	行李	行李	11	161	6.55	启动实验词33
80	ཁྱིམ་ཆས	1	2	5	6.86	家具	家具	18	136	6.83	启动实验词34
81	སྣམ་ཆུང	1	2	5	6.62	盒子	盒子	14	119	6.64	启动实验词35
82	འཛམ་གླིང	1	2	6	6.98	世界	世界	14	5697	6.93	启动实验词36
83	སློབ་གྲྭ	1	2	6	6.93	学校	学校	18	2927	7	启动实验词37
84	གྲུ་གཟིངས	1	2	6	6.71	船	船	11	1443	6.9	启动实验词38
85	འབྲུ་རིགས	1	2	6	6.83	粮食	粮食	22	1242	6.9	启动实验词39
86	འཁྱགས་པ	1	2	6	6.86	冰	冰	6	599	6.93	启动实验词40
87	སྒྲོག་ཙེ	1	2	6	6.90	桌子	桌子	13	433	7	启动实验词41
88	གླིང་ཕྲན	1	2	6	6.48	岛	岛	7	358	6.33	启动实验词42
89	དུག་སྦྲང	1	2	6	6.57	蚊子	蚊子	13	144	6.76	启动实验词43
90	སྒོ་ལྕགས	1	2	6	6.71	锁	锁	12	127	6.57	启动实验词44
91	རྐང་ཤུབས	1	2	6	6.69	袜子	袜子	13	109	6.83	启动实验词45
92	སྐྱེད་སྒྲིང	1	2	6	6.70	公园	公园	11	262	6.81	启动实验词46
93	རྩུབ་པོ	0					肥料				启动填充词1
94	རྣལ་པོ	0					坟墓				启动填充词2
95	མོ་ཆིག	0					风车				启动填充词3
96	ན་ཐབས	0					疯子				启动填充词4
97	འདོ་ཀྲོ	0					地主				启动填充词5
98	ཏེད་ལོ	0					柜子				启动填充词6
99	འཕོན་ཏ	0					荷花				启动填充词7
100	ཕྲིན་ཀ	0					黄豆				启动填充词8
101	འདི་ཚོལ	0					黄瓜				启动填充词9

（续　表）

序号	藏语目标词	答案	音节	字母	熟悉度	藏词汉译	启动词	笔画	频数	熟悉度	汉语启动词排序
102	ལ་ཐབ་	0					蝗虫				启动填充词 10
103	ཕག་ལ་	0					戒指				启动填充词 11
104	ཉ་ནོད་	0					韭菜				启动填充词 12
105	ཀྱིན་ཙ་	0					锯子				启动填充词 13
106	ར་ཀུ་	0					科长				启动填充词 14
107	སྤང་ང་	0					扣子				启动填充词 15
108	ཞ་གན་	0					辣椒				启动填充词 16
109	འགས་ཟ	0					露水				启动填充词 17
110	ལ་སང་	0					狐狸				启动填充词 18
111	འཕོང་ཟ	0					毛线				启动填充词 19
112	འཚས་ལ་	0					牦牛				启动填充词 20
113	མཚོ་ནེ་	0					煤油				启动填充词 21
114	ཐ་པོ་	0					木匠				启动填充词 22
115	སྨན་ཞེ་	0					牧民				启动填充词 23
116	རོ་ལོག་	0					奶茶				启动填充词 24
117	ཀས་ང་	0					奶牛				启动填充词 25
118	ནོང་ཕུ་	0					南瓜				启动填充词 26
119	འཚོ་ཀྱི་	0					尼姑				启动填充词 27
120	ཕུ་ཚོད་	0					皮袄				启动填充词 28
121	ནེ་མགོག་	0					铅				启动填充词 29
122	གདག་ཐ	0					芹菜				启动填充词 30
123	ལོབ་མེན་	0					青菜				启动填充词 31
124	ཀྱུ་ཕོ་	0					虱子				启动填充词 32
125	སྨག་པོ་	0					水牛				启动填充词 33
126	པོ་ཟུང་	0					松树				启动填充词 34
127	འགིག་ཁ	0					酥油				启动填充词 35
128	ལོན་ས	0					蒜				启动填充词 36
129	ཀྱི་བཤུག	0					孙女				启动填充词 37

序号	藏语目标词	答案	音节	字母	熟悉度	藏词汉译	启动词	笔画	频数	熟悉度	汉语启动词排序
130	སྨྱུ་འབོ	0					孙子				启动填充词 38
131	ཐགས་ཟག	0					坦克				启动填充词 39
132	མག་དགུན	0					桃树				启动填充词 40
133	གནན་འབྱེད	0					特务				启动填充词 41
134	ཚིལ་ཆུངས	0					铁匠				启动填充词 42
135	ཡལ་གདོན	0					徒弟				启动填充词 43
136	ནལ་དགུས	0					唾沫				启动填充词 44
137	ཟས་སྐྱེང	0					瓦				启动填充词 45
138	ལུངས་ཟབ	0					豌豆				启动填充词 46
139	སྐྱེང་གྲས	0					温泉				启动填充词 47
140	ཚལ་འཚོངས	0					乌鸦				启动填充词 48
141	ཆོང་སྨྱུ	0					肠子				启动填充词 49
142	ནོག་འཁྱལ	0					锡				启动填充词 50
143	ཆནང་འཕོད	0					席子				启动填充词 51
144	སྤྲིག་ཁྱུང	0					喜鹊				启动填充词 52
145	སྐང་ཀྱུགས	0					虾				启动填充词 53
146	ཁྲོ་གཏིགས	0					仙女				启动填充词 54
147	ཁྱན་ནོག	0					县长				启动填充词 55
148	སྐྱོན་ལ	0					冬瓜				启动填充词 56
149	ནན་ཛོངས	0					信箱				启动填充词 57
150	ཚི་སྣགས	0					杏花				启动填充词 58
151	ནོག་ནོང	0					颜料				启动填充词 59
152	དཕྱིན་ཅ	0					野鸡				启动填充词 60
153	ཀྱུ་མཚོངས	0					帐篷				启动填充词 61
154	ཅུང་ཁྲོ	0					沼泽				启动填充词 62
155	སྤྲིག་ན	0					电线				启动填充词 63
156	ཚང་ཝོངས	0					队长				启动填充词 64
157	ཀྱུ་ཀངས	0					座垫				启动填充词 65

（续　表）

序号	藏语目标词	答案	音节	字母	熟悉度	藏词汉译	启动词	笔画	频数	熟悉度	汉语启动词排序
158	ཐིགས་ཎ	0					篮球				启动填充词 66
159	འབྲིལ་ནོགས	0					桃花				启动填充词 67
160	སྐྱིག་ཀྱིན	0					跳蚤				启动填充词 68
161	འདང་གྲོ	0					石匠				启动填充词 69
162	ལོད་གཙོང	0					钟表				启动填充词 70
163	གདག་འབོལ	0					爷爷				启动填充词 71
164	ཕྱིན་ཟད	0					电报				启动填充词 72
165	གཏགས་ཁ	0					野牛				启动填充词 73
166	འབོས་ལད	0					驴				启动填充词 74
167	ངག་ལ	0					大厅				启动填充词 75
168	འཐུན་ལ	0					枕头				启动填充词 76
169	ཙའི་མོ	0					长城				启动填充词 77
170	ལོད་གོ	0					观众				启动填充词 78
171	སྐྱེ་མེད	0					被告				启动练习词 1
172	ས་ལོང	0					腰带				启动练习词 2
173	ཕུ་ཞ	0					邮局				启动练习词 3
174	ཟ་གིད	0					凉粉				启动练习词 4
175	ལུ་གུད	0					毯子				启动练习词 5
176	སྤྲང་ཕ	1				植物	抽屉				启动练习词 6
177	བ་དམ	1				敌人	开水				启动练习词 7
178	མིད་པ	1				儿童	青稞				启动练习词 8
179	སྐྱིན་ཟ	1				脸	蜻蜓				启动练习词 9
180	ཕྱག་རོན	1				脚	扇子				启动练习词 10

附件 16 本研究的实验指导语

双语行为实验 1 指导语

您好！欢迎您参加我们的实验。

实验首先在电脑屏幕中央呈现一个星号（＊），提醒您开始实验，并集中注视电脑屏幕中央。星号消失后，在同一位置呈现一个汉语词，该词呈现时间极短，不要求您做任何判断。汉语词消失后，在同一位置呈现一个藏语词，请您又快又准地作出判断。如果该词表示生物或生物体的一部分，前者比如"作家"、"蝴蝶"，后者比如"牙齿"、"嘴巴"等名词，请用左手按电脑键盘 F 键，否则请用右手按电脑键盘 J 键。

明白上述指导语后，请您坐好，左手食指放在 F 键上，右手食指放在 J 键上。

准备好后，请您按 F 键开始练习。

练习结束，并确保已理解实验流程、实验任务及操作方法后，请您按 J 键进入正式实验。如果需要继续练习，请您按 F 键继续练习。

正式实验过程中有 1 次休息，整个实验持续约 15—20 分钟。

双语 ERP 实验 1 指导语

您好！欢迎您参加我们的实验。

实验首先在电脑屏幕中央呈现一个星号（＊），提醒您开始实验，并集中注视电脑屏幕中央。星号消失后，在同一位置呈现一个汉语词，该词呈现时间极短，不要求您做任何判断。汉语词消失后，在同一位置呈现一个藏语词，请您又快又准地作出判断。如果该词表示生物或生物体的一部分,前者比如"作家"、"蝴蝶",后者比如"牙齿"、"嘴巴"等名词,请用左手按按键盒 1 键,否则请用右手按按键盒 5 键。

　　明白上述指导语后,请您坐好,左手食指放在 1 键上,右手食指放在 5 键上。

　　准备好后,请您按 1 键开始练习。

　　练习结束,并确保已理解实验流程、实验任务及操作方法后,请您按 5 键进入正式实验。如果需要继续练习,请您按 1 键继续练习。

　　实验过程中有 1 次休息,整个实验持续约 15—20 分钟。

双语 ERP 实验 2 指导语

您好! 欢迎您参加我们的实验。

　　实验首先在电脑屏幕中央呈现一个星号(＊),提醒您开始实验,并集中注视电脑屏幕中央。星号消失后,在同一位置呈现一个汉语词,该词呈现时间极短,不要求您做任何判断。汉语词消失后,在同一位置呈现一个藏语词,请您又快又准地作出判断。如果该词主要表示由人的五官(眼、耳、口、鼻、舌)或手、脚发出的动作,比如"鼓掌"、"闻"等动词,请用左手按按键盒 1 键,否则请用右手按按键盒 5 键。

　　明白上述指导语后,请您坐好,左手食指放在 1 键上,右手食指放在 5 键上。

　　准备好后,请您按 1 键开始练习。

　　练习结束,并确保已理解实验流程、实验任务及操作方法后,请您按 5 键进入正式实验。如果需要继续练习,请您按 1 键继续练习。

　　实验过程中有 1 次休息,整个实验持续约 15—20 分钟。

双语 ERP 实验 3 指导语

您好! 欢迎您参加我们的实验。

　　实验首先在电脑屏幕中央呈现一个星号(＊),提醒您开始实验,并集中注视电脑屏幕中央。星号消失后,在同一位置呈现一个汉语词,该词呈现时间极短,不要求您做任何判断。汉语词消失后,在同一位置呈现一个藏语词,请您又快又准地作出判断。如果该词主要用于修饰人,表示人的某种属性,比如"诚实"、"顽皮"等词;或既可修饰人,也可修饰事物,比如

"可笑"、"著名"等词,请用左手食指按按键盒 1 键。如果该词主要用于修饰事物,表示事物的某种属性,比如"响亮"、"整齐"等词,请用右手食指按按键盒 5 键。

明白上述指导语后,请您坐好,左手食指放在 1 键上,右手食指放在 5 键上。

准备好后,请您按 1 键开始练习。

练习结束,并确保已理解实验流程、实验任务及操作方法后,请您按 5 键进入正式实验。如果需要继续练习,请您按 1 键继续练习。

实验过程中有 1 次休息,整个实验持续约 15—20 分钟。

双语 ERP 实验 4 指导语

您好!欢迎您参加我们的实验。

实验首先在电脑屏幕中央呈现一个星号(＊),提醒您开始实验,并集中注视电脑屏幕中央。星号消失后,在同一位置呈现一个藏语或汉语刺激。请您又快又准地作出判断。如果是真词,请用左手食指按按键盒 1 键。如果是假词,请用右手食指按按键盒 5 键。

本实验包括两个练习部分和两个正式实验部分。您将首先完成第一个练习部分,然后完成第一个正式实验部分。完成第一个正式实验部分并休息 2 分钟后,您将开始完成第二个练习部分,最后完成第二个正式实验部分。第一个和第二个正式实验部分的实验过程中都有 1 次短暂休息。整个实验持续约 25—30 分钟。

明白上述指导语后,请您坐好,左手食指放在 1 键上,右手食指放在 5 键上。

准备好后,请您按 1 键开始练习。

练习结束,并确保已理解实验流程、实验任务及操作方法后,请您按 5 键进入正式实验。如果需要继续练习,请您按 1 键继续练习。

双语 ERP 实验 5 指导语

您好!欢迎您参加我们的实验。

实验首先在电脑屏幕中央呈现一个星号(＊),提醒您开始实验,并集中注视电脑屏幕中央。星号消失后,在同一位置呈现一个汉语词,该词呈现时间极短,不要求您做任何判断。汉语词消失后,在同一位置呈现一个藏语刺激。请您又快又准地作出判断。如果是真词,请用左手食指按按键盒 1 键。如果是假词,请用右手食指按按键盒 5 键。

明白上述指导语后,请您坐好,左手食指放在 1 键上,右手食指放在 5 键上。

准备好后,请您按 1 键开始练习。

练习结束,并确保已理解实验流程、实验任务及操作方法后,请您按 5 键进入正式实验。如果需要继续练习,请您按 1 键继续练习。

实验过程中有 1 次休息,整个实验持续约 12—17 分钟。

双语 ERP 实验 6 指导语

您好!　欢迎您参加我们的实验。

实验首先在电脑屏幕中央呈现一个星号(*),提醒您开始实验,并集中注视电脑屏幕中央。星号消失后,在同一位置呈现一个藏语词,该词呈现时间极短,不要求您做任何判断。藏语词消失后,在同一位置呈现一个汉语刺激。请您又快又准地作出判断。如果是真词,请用左手食指按按键盒 1 键。如果是假词,请用右手食指按按键盒 5 键。

明白上述指导语后,请您坐好,左手食指放在 1 键上,右手食指放在 5 键上。

准备好后,请您按 1 键开始练习。

练习结束,并确保已理解实验流程、实验任务及操作方法后,请您按 5 键进入正式实验。如果需要继续练习,请您按 1 键继续练习。

实验过程中有 1 次休息,整个实验持续约 12—17 分钟。

三语行为实验 1 指导语

您好!　欢迎您参加我们的实验。

实验首先在电脑屏幕中央呈现一个星号(*),提醒您开始实验,并集中注视电脑屏幕中央。星号消失后,在同一位置呈现一个英语词,该词呈现时间极短,不要求您做任何判断。英语词消失后,在同一位置呈现一个汉语词,请您又快又准地作出判断。如果该词表示生物或生物体的一部分,前者比如"作家"、"蝴蝶",后者比如"牙齿"、"嘴巴"等名词,请用左手食指按电脑键盘字母键 F 建,否则请用右手食指按电脑键盘字母键 J 键。

明白上述指导语后,请您坐好,左手食指放在 F 键上,右手食指放在 J 键上。

准备好后,请您按 F 键开始练习。

练习结束,并确保已理解实验流程、实验任务及操作方法后,请您按 J 键进入正式实验。如果需要继续练习,请您按 F 键继续练习。

实验过程中有 1 次休息,整个实验持续约 13—18 分钟。

三语 ERP 实验 1 指导语

您好! 欢迎您参加我们的实验。

实验首先在电脑屏幕中央呈现一个星号(*),提醒您开始实验,并集中注视电脑屏幕中央。星号消失后,在同一位置呈现一个英语词,该词呈现时间极短,不要求您做任何判断。英语词消失后,在同一位置呈现一个汉语词,请您又快又准地作出判断。如果该词表示生物或生物体的一部分,前者比如"作家"、"蝴蝶",后者比如"牙齿"、"嘴巴"等名词,请用左手食指按按键盒 1 键,否则请用右手食指按按键盒 5 键。

明白上述指导语后,请您坐好,左手食指放在 1 键上,右手食指放在 5 键上。

准备好后,请您按 1 键开始练习。

练习结束,并确保已理解实验流程、实验任务及操作方法后,请您按 5 键进入正式实验。如果需要继续练习,请您按 1 键继续练习。

实验过程中有 1 次休息,整个实验持续约 13—18 分钟。

三语行为实验 2 指导语

您好! 欢迎您参加我们的实验。

实验首先在电脑屏幕中央呈现一个星号(*),提醒您开始实验,并集中注视电脑屏幕中央。星号消失后,在同一位置呈现一个英语词,该词呈现时间极短,不要求您做任何判断。英语词消失后,在同一位置呈现一个藏语词,请您又快又准地作出判断。如果该词表示生物或生物体的一部分,前者比如"作家"、"蝴蝶",后者比如"牙齿"、"嘴巴"等名词,请用左手食指按电脑键盘字母键 F 建,否则请用右手食指按电脑键盘字母键 J 键。

明白上述指导语后,请您坐好,左手食指放在 F 键上,右手食指放在 J 键上。

准备好后,请您按 F 键开始练习。

练习结束,并确保已理解实验流程、实验任务及操作方法后,请您按 J 键进入正式实验。如果需要继续练习,请您按 F 键继续练习。

实验过程中有 1 次休息,整个实验持续约 13—18 分钟。

三语 ERP 实验 2 指导语

您好! 欢迎您参加我们的实验。

实验首先在电脑屏幕中央呈现一个星号(∗),提醒您开始实验,并集中注视电脑屏幕中央。星号消失后,在同一位置呈现一个英语词,该词呈现时间极短,不要求您做任何判断。英语词消失后,在同一位置呈现一个藏语词,请您又快又准地作出判断。如果该词表示生物或生物体的一部分,前者比如"作家"、"蝴蝶",后者比如"牙齿"、"嘴巴"等名词,请用左手食指按按键盒 1 键,否则请用右手食指按按键盒 5 键。

明白上述指导语后,请您坐好,左手食指放在 1 键上,右手食指放在 5 键上。

准备好后,请您按 1 键开始练习。

练习结束,并确保已理解实验流程、实验任务及操作方法后,请您按 5 键进入正式实验。如果需要继续练习,请您按 1 键继续练习。

实验过程中有 1 次休息,整个实验持续约 13—18 分钟。

三语行为实验 3 指导语

您好! 欢迎您参加我们的实验。

实验首先在电脑屏幕中央呈现一个星号(∗),提醒您开始实验,并集中注视电脑屏幕中央。星号消失后,在同一位置呈现一个汉语词,该词呈现时间极短,不要求您做任何判断。汉语词消失后,在同一位置呈现一个藏语词,请您又快又准地作出判断。如果该词表示生物或生物体的一部分,前者比如"作家"、"蝴蝶",后者比如"牙齿"、"嘴巴"等名词,请用左手食指按电脑键盘字母键 F 建,否则请用右手食指按电脑键盘字母键 J 键。

明白上述指导语后,请您坐好,左手食指放在 F 键上,右手食指放在

J 键上。

准备好后,请您按 F 键开始练习。

练习结束,并确保已理解实验流程、实验任务及操作方法后,请您按 J 键进入正式实验。如果需要继续练习,请您按 F 键继续练习。

实验过程中有 1 次休息,整个实验持续约 13—18 分钟。

三语 ERP 实验 3 指导语

您好! 欢迎您参加我们的实验。

实验首先在电脑屏幕中央呈现一个星号(＊),提醒您开始实验,并集中注视电脑屏幕中央。星号消失后,在同一位置呈现一个汉语词,该词呈现时间极短,不要求您做任何判断。汉语词消失后,在同一位置呈现一个藏语词,请您又快又准地作出判断。如果该词表示生物或生物体的一部分,前者比如"作家"、"蝴蝶",后者比如"牙齿"、"嘴巴"等名词,请用左手食指按按键盒 1 键,否则请用右手食指按按键盒 5 键。

明白上述指导语后,请您坐好,左手食指放在 1 键上,右手食指放在 5 键上。

准备好后,请您按 1 键开始练习。

练习结束,并确保已理解实验流程、实验任务及操作方法后,请您按 5 键进入正式实验。如果需要继续练习,请您按 1 键继续练习。

实验过程中有 1 次休息,整个实验持续约 13—18 分钟。

三语 ERP 实验 4 指导语

您好! 欢迎您参加我们的实验。

实验首先在电脑屏幕中央呈现一个星号(＊),提醒您开始实验,并集中注视电脑屏幕中央。星号消失后,在同一位置呈现一个藏语词,该词呈现时间极短,不要求您做任何判断。藏语词消失后,在同一位置呈现一个汉语刺激。请您又快又准地作出判断。如果是真词,请用左手食指按按键盒 1 键。如果是假词,请用右手食指按按键盒 5 键。

明白上述指导语后,请您坐好,左手食指放在 1 键上,右手食指放在 5 键上。

准备好后,请您按 1 键开始练习。

练习结束,并确保已理解实验流程、实验任务及操作方法后,请您按 5 键进入正式实验。如果需要继续练习,请您按 1 键继续练习。

实验过程中有 1 次休息,整个实验持续约 10—15 分钟。

三语 ERP 实验 5 指导语

您好!欢迎您参加我们的实验。

实验首先在电脑屏幕中央呈现一个星号(＊),提醒您开始实验,并集中注视电脑屏幕中央。星号消失后,在同一位置呈现一个汉语词,该词呈现时间极短,不要求您做任何判断。汉语词消失后,在同一位置呈现一个英语刺激。请您又快又准地作出判断。如果是真词,请用左手食指按按键盒 1 键。如果是假词,请用右手食指按按键盒 5 键。

明白上述指导语后,请您坐好,左手食指放在 1 键上,右手食指放在 5 键上。

准备好后,请您按 1 键开始练习。

练习结束,并确保已理解实验流程、实验任务及操作方法后,请您按 5 键进入正式实验。如果需要继续练习,请您按 1 键继续练习。

实验过程中有 1 次休息,整个实验持续约 10—15 分钟。

三语 ERP 实验 6 指导语

您好!欢迎您参加我们的实验。

实验首先在电脑屏幕中央呈现一个星号(＊),提醒您开始实验,并集中注视电脑屏幕中央。星号消失后,在同一位置呈现一个藏语词,该词呈现时间极短,不要求您做任何判断。藏语词消失后,在同一位置呈现一个英语刺激。请您又快又准地作出判断。如果是真词,请用左手食指按按键盒 1 键。如果是假词,请用右手食指按按键盒 5 键。

明白上述指导语后,请您坐好,左手食指放在 1 键上,右手食指放在 5 键上。

准备好后,请您按 1 键开始练习。

练习结束,并确保已理解实验流程、实验任务及操作方法后,请您按 5 键进入正式实验。如果需要继续练习,请您按 1 键继续练习。

实验过程中有 1 次休息,整个实验持续约 10—15 分钟。

三语 ERP 实验 7 指导语

您好！欢迎您参加我们的实验。

实验首先在电脑屏幕中央呈现一个星号（＊），提醒您开始实验，并集中注视电脑屏幕中央。星号消失后，在同一位置呈现一个英语词，该词呈现时间极短，不要求您做任何判断。英语词消失后，在同一位置呈现一个汉语刺激。请您又快又准地作出判断。如果是真词，请用左手食指按按键盒 1 键。如果是假词，请用右手食指按按键盒 5 键。

明白上述指导语后，请您坐好，左手食指放在 1 键上，右手食指放在 5 键上。

准备好后，请您按 1 键开始练习。

练习结束，并确保已理解实验流程、实验任务及操作方法后，请您按 5 键进入正式实验。如果需要继续练习，请您按 1 键继续练习。

实验过程中有 1 次休息，整个实验持续约 10—15 分钟。

三语 ERP 实验 8 指导语

您好！欢迎您参加我们的实验。

实验首先在电脑屏幕中央呈现一个星号（＊），提醒您开始实验，并集中注视电脑屏幕中央。星号消失后，在同一位置呈现一个英语词，该词呈现时间极短，不要求您做任何判断。英语词消失后，在同一位置呈现一个藏语刺激。请您又快又准地作出判断。如果是真词，请用左手食指按按键盒 1 键。如果是假词，请用右手食指按按键盒 5 键。

明白上述指导语后，请您坐好，左手食指放在 1 键上，右手食指放在 5 键上。

准备好后，请您按 1 键开始练习。

练习结束，并确保已理解实验流程、实验任务及操作方法后，请您按 5 键进入正式实验。如果需要继续练习，请您按 1 键继续练习。

实验过程中有 1 次休息，整个实验持续约 10—15 分钟。

三语 ERP 实验 9 指导语

您好！欢迎您参加我们的实验。

　　实验首先在电脑屏幕中央呈现一个星号(＊),提醒您开始实验,并集中注视电脑屏幕中央。星号消失后,在同一位置呈现一个汉语词,该词呈现时间极短,不要求您做任何判断。汉语词消失后,在同一位置呈现一个藏语刺激。请您又快又准地作出判断。如果是真词,请用左手食指按按键盒 1 键。如果是假词,请用右手食指按按键盒 5 键。

　　明白上述指导语后,请您坐好,左手食指放在 1 键上,右手食指放在 5 键上。

　　准备好后,请您按 1 键开始练习。

　　练习结束,并确保已理解实验流程、实验任务及操作方法后,请您按 5 键进入正式实验。如果需要继续练习,请您按 1 键继续练习。

　　实验过程中有 1 次休息,整个实验持续约 10—15 分钟。

附件 17 被试语言水平调查表

姓　　名 ＿＿＿＿＿＿＿　　性别 ＿＿＿＿＿＿＿

出 生 年 月 ＿＿＿＿＿＿＿　　年级 ＿＿＿＿＿＿＿

家乡所在地 ＿＿＿＿＿＿＿

1. 你的藏语高考成绩是（　　）分，汉语高考成绩是（　　）分，英语高考成绩是（　　）分。

2. 你是否参加过大学英语四级考试？（请选择：是　否）。如果参加过，考分是（　　）。是否参加过大学英语六级考试？（请选择：是　否）。如果参加过，考分是（　　）。

3. 你是否参加过公共藏文等级考试？（请选择：是　否）。如果参加过一级考试，考分是（　　）；如果参加过二级考试，考分是（　　）；如果参加过三级考试，考分是（　　）；如果参加过四级考试，考分是（　　）。

4. 你最早学会说的语言是（请选择：藏语　汉语）；进入小学前是否会讲汉语？（请选择：会　不会）。

5. 你（　　）岁时开始学习**藏文读写**，目前已经学习了（　　）年。

6. 你（　　）岁时开始学习汉语，目前已经学习了（　　）年。

7. 你（　　）岁时开始学习英语，目前已经学习了（　　）年。

8. 平时与同学、朋友交流时，你主要使用的语言是（请选择：藏语　汉语　英语）。

9. 平时与老师交流时，你主要使用的语言是（请选择：藏语　汉语　英语）。

10. 家人之间交流时，你主要使用的语言是（请选择：藏语　汉语英语)。

11. 你是否上过幼儿园?(请选择:是　否)。如果上过,你的幼儿园位于
（　　）省或自治区。你的老师主要使用的语言是(请选择:藏语　汉
语　英语)。

12. 你是否上过学前班?(请选择:是　否)。如果上过,你的学前班位于
（　　）省或自治区。你学前班的老师主要使用的语言是(请选择:藏
语　汉语　英语)。

13. 你的小学位于(　　)市、县或自治州,小学期间的老师主要教学语言
是(请选择:藏语　汉语　英语)。

14. 你的初中位于(　　)市、县或自治州,初中期间的老师主要教学语言
是(请选择:藏语　汉语　英语)。

15. 你的高中位于(　　)市、县或自治州,高中期间的老师主要教学语言
是(请选择:藏语　汉语　英语)。

16. 你大学期间的老师主要教学语言是(请选择:藏语　汉语　英语)。

17. 进入小学前,你一直或者最主要生活在(　　)市、县或自治州。是否
来自农村(请选择:是　否)。

18. 藏、汉、英综合能力评估(请按照例 1、例 2、例 3 所示自评三种语言的
综合能力)

姓名	藏语等级评估 优秀:90—100 良好:80—89 分 中等:70—79 分 及格:60—69 分 较差:0—59 分	藏水平 自评分 (总分 100 分)	汉语等级评估 优秀:90—100 良好:80—89 分 中等:70—79 分 及格:60—69 分 较差:0—59 分	汉语水 平自评 分(总分 100 分)	英语等级评估 优秀:90—100 良好:80—89 分 中等:70—79 分 及格:60—69 分 较差:0—59 分	英语水 平自评 分(总分 100 分)
例 1: 措尔基	中等	74	及格	68	及格	68
例 2: 仁青措	良好	87	优秀	96	优秀	96
例 3: 尕尔别	较差	44	较差	52	较差	52
姓名:						

19. 藏、汉、英语言能力评估(7点量表)

能力类别	藏语水平的等级评估	汉语水平的等级评估	英语水平的等级评估
口语能力	请选：1非常差　2差　3比较差　4一般　5比较好　6好　7非常好	请选：1非常差　2差　3比较差　4一般　5比较好　6好　7非常好	请选：1非常差　2差　3比较差　4一般　5比较好　6好　7非常好
听力能力	请选：1非常差　2差　3比较差　4一般　5比较好　6好　7非常好	请选：1非常差　2差　3比较差　4一般　5比较好　6好　7非常好	请选：1非常差　2差　3比较差　4一般　5比较好　6好　7非常好
阅读能力	请选：1非常差　2差　3比较差　4一般　5比较好　6好　7非常好	请选：1非常差　2差　3比较差　4一般　5比较好　6好　7非常好	请选：1非常差　2差　3比较差　4一般　5比较好　6好　7非常好
写作能力	请选：1非常差　2差　3比较差　4一般　5比较好　6好　7非常好	请选：1非常差　2差　3比较差　4一般　5比较好　6好　7非常好	请选：1非常差　2差　3比较差　4一般　5比较好　6好　7非常好
综合能力	请选：1非常差　2差　3比较差　4一般　5比较好　6好　7非常好	请选：1非常差　2差　3比较差　4一般　5比较好　6好　7非常好	请选：1非常差　2差　3比较差　4一般　5比较好　6好　7非常好

致谢

　　本书的顺利完成和出版获得了众多师长、朋友和亲人的关心、支持和帮助。在此,我要向他们表示最诚挚的敬意和最衷心的感谢。

　　首先要感谢四川大学外国语学院的刘利民教授。刘教授既是我的硕士研究生导师,也是我的博士研究生导师,是我学习、研究的良师,生活的益友。他用渊博的专业知识,严谨的治学态度,诲人不倦的高尚师德,朴实无华、平易近人的人格魅力深深地影响了我,在科研、教学和生活中给予我很多的关心、鼓励、支持和帮助。本书从选题、实验操作、数据分析到专著的撰写,每一步都是在他细心的指导和关怀下完成的。而且如果没有刘老师在我硕士期间的指导和帮助,博士在读期间我就不可能成功申请到 2015 年度的国家社会科学基金一般项目"藏-汉双语者及藏-汉-英三语者心理词汇语义表征的 SOA 多点测试法与 ERP 对比研究"。我也就不可能完成现在这本专著了。在此,谨向我的恩师致以崇高的敬意和衷心的感谢!

　　此外,我要衷心感谢著名神经语言学家,国家 973 重大项目主持人,深圳大学医学院谭力海教授。谭教授充分肯定了本研究的重要性,并对我的实验设计给予了指导。感谢北京飞宇星公司为我的实验研究提供了全套 ERP 实验设备及技术指导。感谢北京飞宇星公司工程师刘登科和王健为我的 ERP 实验研究提供全程长达三个月之久的技术指导与服务。感谢青海民族大学外国语学院院长马福教授联系本研究三语实验的所有被试,没有马院长的大力支持,本研究的三语实验无法顺利完成。感谢青海民族大学外国语学院研究生王巍峰为本研究三语实验提供长达 3 个月之久的后勤保障与服务。感谢青海师范大学心理学教授才让措审核并修改本研究实验所造的全部藏语假词。感谢浙江海洋学院王震老师给我构造实验所需假词提出的宝贵建议。感谢中国海洋大学外国语学院陈士法教授、暨南大学心理学博士徐贵平老师，感谢他们在 ERP 实验设计和 ERP 数据分析方面给我提供的宝贵帮助和指导。感谢西南大学的杜世洪教授、文旭教授，四川外国语大学的刘玉梅教授、姜孟教授，西南民族大学的陈灿平研究员，四川大学的周光亚教授、俞理明教授、左红珊副教授、曾国才副教授、郭霞副教授，他们提出的宝贵意见和建议促成了本书的最终完成。感谢我的学生西南交通大学的边巴普赤利用课余时间辅助我学习藏语语音和词汇的基础知识长达 4 个月之久，没有她的帮助，本研究无法顺利完成。感谢西南交通大学计算机专业的硕士研究生李楠为我编写 E－Prime 2.0 实验程序。感谢我的研究生袁晓为本研究的 ERP 双语实验提供的诸多帮助和支持。感谢西藏大学、青海民族大学和西南交通大学所有参与我实验研究的 100 余位藏族师生，感谢他们的大力支持和无私奉献。感谢西南交通大学外国语学院院长李成坚教授、党委书记李卓慧副教授、王鹏飞教授、俞森林教授、吕长竑教授、徐晓燕教授、莫光华教授、杨安文副教授、易红副教授等领导、同事对我实验研究和工作的支持、关心与帮助。感谢上海三联书店的殷亚平编辑，得益于她专业、耐心和细致的编辑工作，本书才得以最终顺利出版发行。

借此机会，我要特别感谢澳大利亚悉尼大学的语言学博士，我的同事张露蓓老师。她全程参与了我长达六个月之久的实验准备和长达四个月之久的实验实施，以及长达半年之久的实验数据分析和整理。我也要特别感谢北京大学心理学专业的纪丽燕博士，她为本研究的 ERP 实验分析提供了大力支持和诸多帮助。谨向她俩的无私奉献表示诚挚的敬意和衷心的感谢！

最后，感谢我的家人给予我默默的支持，是他们的关怀给了我克服困难、不断前进的勇气和信心，为我潜心研读，撰写本书扫除后顾之忧，提供坚实的后勤保障。

我得到的无私帮助和支持让我难以回报。我会一如既往，努力拼搏，勤奋求学，以自己不断取得的成绩来感谢所有关心我的人。

图书在版编目(CIP)数据

双语者心理词汇的语义表征和词汇连接模式研究/黎明
著.—上海:上海三联书店,2020.9
ISBN 978 - 7 - 5426 - 6774 - 8

Ⅰ.①双…　Ⅱ.①黎…　Ⅲ.①词汇学-心理语言学-研究
Ⅳ.①H03 ②H0 - 05

中国版本图书馆 CIP 数据核字(2019)第 185154 号

双语者心理词汇的语义表征和词汇连接模式研究

著　　者／黎　明

责任编辑／殷亚平
装帧设计／一本好书
监　　制／姚　军
责任校对／张大伟

出版发行／上海三联书店
　　　　　(200030)中国上海市漕溪北路 331 号 A 座 6 楼
邮购电话／021 - 22895540
印　　刷／上海惠敦印务科技有限公司

版　　次／2020 年 9 月第 1 版
印　　次／2020 年 9 月第 1 次印刷
开　　本／640×960　1/16
字　　数／600 千字
印　　张／36.5
书　　号／ISBN 978 - 7 - 5426 - 6774 - 8/H・79
定　　价／128.00 元

敬启读者,如发现本书有印装质量问题,请与印刷厂联系 021 - 63779028